中国文物志

文献辑存 II

部门文件·国家文物局文件（选录）

中国文物志编纂委员会 编
董保华 总编纂
何洪 副总编纂

国家出版基金项目
NATIONAL PUBLICATION FOUNDATION

中国文化遗产
ZHONGGUO WENHUA YICHAN

文物出版社

总 目 录

本册目录

部门文件

国家文物局文件（选录）

文物事业规划和专项规划

不可移动文物

考古发掘

博物馆与馆藏文物

社会文物

文物出境进境

革命文物

文物科学技术

部门文件

地方文物管理委员会暂行组织通则

（文化部、内务部〔51〕文秘物字78号 1951年5月7日）

第一条 为了更好地保护、管理各地方的古建筑、古文化遗址、革命遗迹，并为征集散在各地的珍贵文物、图书、革命遗物的便利，各省、市得设立“文物管理委员会”。

第二条 各地方“文物管理委员会”直属该省、市人民政府。由该省、市人民政府的文教机构和民政机构会同组织之。以该二机构的负责人为当然委员，并得延聘当地专家为委员或顾问。

第三条 地方文物管理委员会之经费，由各地方人民政府负担之。

第四条 委员会下设秘书一人，并得分部或分组。部主任或组长由委员兼任。部或组下得设干事、书记或办事员若干人。

第五条 委员会以调查、保护并管理该地区的古建筑、古文化遗址、革命遗迹为主要任务。凡发现有破坏、盗掘或有其他危险情形时，应立即会同有关部门作紧急的措施。有修理或发掘的必要时，应报告地方的主管机关，听候其指示办理；地方主管机关应依据中央人民政府政务院颁发的“古文化遗址及古墓葬之调查发掘办法”及“为保护古文物建筑办法的指示”加以处理。

第六条 各地方征集到的文物、图书和革命遗物，委员会得暂时接收、保管并加以鉴定。凡地方上已有图书馆、博物馆机构的，应即行移交各该机构保管。如发现有特别珍贵的文物、图书和革命遗物时，应即行报告地方的主管机关转报中央人民政府文化部处理，不得自行处置或移交其他机关。

第七条 有特殊重要价值和意义的古建筑或文化遗址，或革命遗迹的地区，中央人民政府文化部得直接在该地区设立文物管理所，或会同中国科学院设立研究机构。

第八条 本暂行组织通则由文化部、内务部会衔公布之，修改时同。

注：关于文化部与内务部管理名胜古迹的职权分工，在兹中央人民政府政务院关于民政部门与各有关部门的业务范围划分问题的通知中作了新的规定，即：具有重大革命历史、艺术价值之革命史迹、宗教遗迹、古建筑、古陵墓、古文化遗址等，由文化部门负责拟定名单并指定或者设机构加以管理。一般的革命史迹、宗教遗迹、古建筑及山林风景，由所在地人民政府（市、县、区）负责管理。革命烈士陵园之修建管理由民政部门负责。

文化部、内务部关于地方文物名胜古迹的保护管理办法

（文化部、内务部　1951 年 5 月 7 日）

在文物古迹较多的省、市设立“文物管理委员会”，直属该省市人民政府。文物管理委员会以调查、保护并管理该地区的古建筑、古文化遗址、革命遗迹为主要任务。由该省、市文教机构和民政机构会同组织之，以该二机构的负责人为当然委员，并得延聘当地专家为委员或顾问。委员会的经费，由地方人民政府负担。未设立委员会的地方，由当地民政部门协同文化部门共同管理。

中央人民政府文化部、内务部令

一九五一年五月七日

文化部、内务部关于管理名胜古迹职权分工的规定

（〔1951〕文秘物字78号　1951年5月7日）

一、革命史迹、烈士陵园、宗教遗迹、古代陵墓、古文化遗址、山林风景、古代建筑的保护管理，由内务部主管。其中具有重大历史文化、艺术价值的，内务部应会同文化部加以保护管理。

二、古器物、图书、雕刻、书画、碑志、古代建筑等之调查、管理，由文化部负责。关于历史考古、科学研究之地上地下标本和古文化遗址之调查、发掘等，由文化部会同中国科学院办理。其中如有与内务部职权有关者，文化部应会同内务部保护管理。

三、其他难以分清界限的，由内务部、文化部会衔办理。

中央人民政府文化部、内务部令

一九五一年五月七日

中央人民政府文化部指示对地方博物馆的方针、任务、性质及发展方向的意见

（〔1951〕文秘物字217号　1951年10月27日）

据各地工作报告中了解，目前全国已有若干省市成立博物馆的筹备机构，或正在改造旧有的博物馆。但对博物馆的方针、任务、性质及发展方向，还缺乏明确一致的认识。为了在改造或筹建期间打稳基础起见，特作以下指示：

一、博物馆事业的总任务是进行革命的爱国主义的教育。通过博物馆使人民大众正确地认识历史，认识自然，热爱祖国，提高政治觉悟与生产热情。

二、全国各地原有博物馆都是旧型的，在解放时多已陷入停顿或半停顿状态。现部分已得到恢复和改造。鉴于目前国家经济情况，博物馆事业仍应以改造原有的为主，仅在个别有条件地区得筹建新的博物馆。其筹建，须报经本部批准。

三、各大行政区或省、市博物馆，应当是地方性的和综合性的。即以当地的“自然富源”（包括地理、民族、生物、资源等）、“历史发展”（包括革命历史）、“民主建设”（包括政治、经济、文化各方面的建设成绩）三部分为陈列内容，使之与地方密切结合。但同时又要注意全国性与地方性的配合，避免强调地方忽视全国的偏向。

以上各点，望转知所属各省、市文教部门。

中央人民政府政务院

文化部部长　沈雁冰

一九五〇年十月二十七日

文化部、中华全国供销合作总社关于加强保护文物工作的通知

（〔57〕文张出字第27号　1956年9月3日）

各省、自治区、市文化局，各省、自治区、市供销合作社，总社京、津、沪废品经营处，土产管理局：

根据各地历年在废旧物资、龙骨（古生物化石）中，发现重要文物及目前供销关系日益开展的情况，为了贯彻国家保护文物政策，使掺杂在废旧物资、“药用龙骨”中的重要文物、古生物化石，得到应有的保护，各地文化部门与供销合作社，必须加强相互的配合与联系，并加强宣传保护文物政策。为此，特联合通知如下：

一、供销合作社废品回收的任务，只是收购废旧物资，不收购文物。但以往供销合作社收购的废旧物资中，经常有文物发现，因此应加强鉴选工作。文化部门与供销合作社收购单位密切联系，及时进行配合鉴选。要求一方面使文物得到保护，一方面避免物资的积压。并经常向收购单位介绍一般鉴别文物的常识，以利工作。

二、各地供销合作社在收购的废旧物资中如发现有文物或类似文物的物品不能鉴别时，应分出另行集中保管，通知当地文化部门鉴定，并给予文化部门以鉴选工作的便利。

三、各地文化部门在出售、处理废旧物资时，要严格注意保护有历史艺术价值的文物和文献资料不要被混入废品中做了处理。

四、各“龙骨”产地的供销合作社，今后不得鼓励农民挖掘“龙骨”。收进的“龙骨”应保持原有的完整，不要打碎，以免破坏学术研究价值。

五、应利用一切机会和各种不同的方式，广泛宣传国家保护文物的政策。

六、文化部门对供销合作社收购单位在废旧物资收购中保护文物有成绩者，可以予以适当的表扬或奖励。

七、具体联系、配合办法，由地方文化部门与供销合作社收购单位根据各地情况共同研究制定。

文化部

中华全国供销合作总社

一九五六年九月

文化部、对外贸易部关于文物出口鉴定标准的几点意见

（〔60〕文文85号　1960年7月12日）

为了进一步贯彻党和政府保护文物的方针，坚决防止重要文物流出国外，对于历史文物出口必须进行严格的管理，加强出口文物的鉴定工作，要求各文物出口口岸在掌握鉴定标准、控制宽严尺度时，务必大体相近，基本相同。

关于出口文物鉴定标准的原则如下：

一、以一九四九年为主要标准线，凡在一九四九年我国人民革命胜利以前制作、生产或出版的具有一定历史、科学和文化艺术价值的文物、图书原则上一律禁止出口。

二、革命文物，不论年限原则上一律禁止出口。

三、凡是有泄露国家机密，或歪曲、丑化我国人民，或政治上有不良影响的文物、图书，一律禁止出口。

四、少数民族的文物，一九四九年以前生产的暂时一律不出口。

五、凡属于社会主义革命和建设时期，具有高度的政治意义和艺术水平的艺术创作、原手稿等，原则上禁止出口。

六、对于有计划组织出口的一般文物，应根据文物的类别，分别划定以下两个不同的年限：

（一）一部分以一七九五年为限（限清代乾隆六十年为限），凡一七九五年以前的一律不准出口。

（二）一部分以一九一一年为限（即清代宣统三年辛亥以前为限）。凡一九一一年以前的，一律禁止出口。

在以上两个年限以后的文物，仍应根据文物本身所具有的科学、历史、艺术价值及存量多少来确定是否可以出口。

七、旅客（包括外侨）随身携带的文物，在鉴定后认为不能出口时，凡珍贵文物应采取征收或价购的办法处理；一般的文物可以登记后发还。

八、应邀来我国访问的外宾，如接待单位认为有必要赠送外宾文物时，应根据法令规定手续批准，并执有证明者，可以准予出口。

九、一切外国的文物、图书，一般的可以从宽处理，如其中有科学、历史、艺术价值较高或比较稀见的，也可以不准许出口。

十、鉴于目前出口文物鉴定力量的薄弱，各地文化部门应当培养一部分鉴定人员，并加强现有人员的政治思想教育，同时，海关也可以考虑，在可能条件下，派一些人员到文物机关学习业务，使之具有一般的鉴定能力，以解决一些非指定的口岸中旅行携带文物问题。

附：文物出口鉴定参考标准

说明：

一、所有一切文物（包括复制品），如有可能在政治上引起不良影响以及有辱国体的文物，不论年代，一律不能出口。

二、少数民族的文物，一九四九年以前生产的，暂时一律不出口。

三、本表所列各项文物系指真品而论，仿制品不在此限。但仿制品中，如具有研究参考价值或艺术价值较高的，也可以不准出口。

四、在本表所列年限规定以内，不能出口的文物，或经过鉴定认为可以出口的文物中，其他部门已有另行规定的（例如公安部门对于淫秽荒诞的文物图书，邮电部对于邮票，外贸部对于铜器、金银器的出口等），可参照其他部门的规定办理。

五、清代的各种文物，除个别项目已注明不论残破与否一律不能出口外，倘文物残损程度已超过百分之五十以上，或经过修补后已完全改变其原貌者，可以根据文物本身的历史、艺术、科学价值及文物存量的多少，决定其可以出口与否，不以所定年限为准则。

六、本表所列各项文物品种、年限的标准，尚待补充修正。仅作为鉴定单位的内部掌握参考，不得外传。

七、地区特有的文物尚未列入本表的，可以由地区自行补充规定。

标准：

一、一切有关革命的文献及实物

不包括解放以后公开发行的书籍，不论年代一律不出口。

二、古人类化石

包括一切人类遗物遗迹的化石，不论年代一律不出口。

三、古生物化石

包括一切古代动植物遗迹、遗骸的化石，完整的一律不出口。

四、有关一切古代建筑物的实物资料

1. 建筑模型图样

包括一切古代建筑的木制模型、纸制烫样、平面立面图、内部装修画样及工种做法等，一九一一年（宣统三年）以前的一律不出口。

2. 建筑物装修、构件

（一）天花、藻井、隔扇、门窗、落地罩、隔断等装修，一七九五年（乾隆六十年）以前的一律不出口。

（二）琉璃构件、雕砖构件、石雕构件、金属构件及饰件等，一七九五年以前的一律不出口。

（三）一切有花纹、文字的完整砖瓦及水道管等少见的建筑材料，一七九五年以前的一律不出口。

（四）空心砖、画像砖、彩画砖，一律不出口。

五、绘画

1. 国画

（一）包括名家作品或非名家作品以及不署名的画家的作品，一七九五年以前的一律不出口。

（二）一切肖像、影像、风俗画、战功图、纪事图、行乐图等，一九四九年以前的一律不出口，旅客携带属于本人或其家属的肖像、影像、行乐图等可不在此限。

（三）一切古代宫殿、庙宇、石窟墓葬中的壁画，不论年代一律不出口。

2. 油画、水彩画、速写画

著名画家的作品（请美协提名）以及非名家作品中内容具有历史文献价值的作品，一九四九年以前的不出口。

六、书法

包括名人手写的一切卷轴、册、屏等及非名人手写、内容及书法具有一定历史艺术价值的写件，一七九五年以前的一律不出口。

七、碑帖

碑碣、摩崖、套帖等拓本，包括常见和稀见的，一七九五年以前所拓的一律不出口。

八、拓片

包括墓志、甲骨、铜器、玉器、陶器、竹、木、牙、石等各种古器物的全形及其铭文、花纹的拓本（近代木板刻制的匾、对、屏条等的朱墨拓本除外），一九四九年以前的一律不出口。

九、雕塑

包括各种质料雕塑的人像、佛像、鸟、兽、山子等，一七九五年以前的一律不出口。

十、铭刻

1. 甲骨

包括完整残破，有字无字，或真骨后刻假字及花纹的，一律不出口。

2. 玺印

（一）一切质料所制的历代官印（包括玺、印、戳记等等），一律不出口。

（二）名家篆刻的，名人使用的制纽精美的印章，一九四九年以前的一律不出口。

3. 封泥

不论年代一律不出口。

4. 符契

包括符节、铁券、铅券、腰牌、勋章、奖章、纪念章等，一九一一年以前的一律不出口。旅客携带、属于本人或其亲属所受的勋章、奖章、纪念章可不在此限。

5. 碑刻

一切大小完整无缺的历代石经刻石、碑刻、墓志等，不论年代一律不出口。

6. 书版、画版

包括一切木刻书版、图版、年画版、门神版等，一九四九年以前的一律不出口。

十一、图书

1. 竹简、木简

不论有字无字，不论年代一律不出口。

2. 书札

包括一切名人与非名人手写的往来函件，一九一一年以前的一律不出口。旅客携带、属于本人或其亲属的一般来往函件可不在此限。

3. 书籍

（一）包括一切木版印刷手抄的书籍以及批校本书籍，一九一一年以前的一律不出口。

（二）辛亥以后存量不多的木版书及石印、铅印的完整的大部丛书，如图书集成，四部丛刊、丛书集成、万有文库等，一九四九年以前的一律不出口。

（三）地方志、家谱、族谱（包括各种印刷的），不论年代一律不出口。

4. 图谱

（一）包括一切木刻印刷或绘制的天文图、舆地图、水道图、水利图、道里图、边防图、战功图、盐场图等，一九四九年以前的一律不出口。

（二）非公开发售的各种地图等，不论年代一律不出口。

5. 档案

包括一切档案例如：公文书及其附属图表、牌照、红白契约、钱粮地亩册、粮票、税票、公私账簿、职员录以及有关经济建设的计划建议等，不论年代一律不出口。旅客携带属于与本人有关的账簿、职员录等可不在此限。

十二、货币

1. 钱币

包括一切古代、近代的母钱样币等，一九四九年以前的不出口。旅社个别作装饰用不受有关现行管理货币办法限制的数量不多、不属于珍贵的可以许其出口。

2. 钞票

包括一切宝钞、银票、钱帖、钞票，一九一一年以前的一律不出口。

3. 钱范

包括古代各种货币范及近代各种硬币铜模，一九四九年以前的一律不出口。

4. 钞版

包括铜、铁、木、牛角等质料的钞版票版，一九四九年以前的一律不出口。

十三、舆服

1. 车船舆轿

完整全份的，一七九五年以前的一律不出口。

2. 车具马具

不论全份零件，一七九五年以前的一律不出口。

3. 履冠

一七九五年以前的一律不出口。

4. 衣服

一七九五年以前的一律不出口。

5. 首饰

包括各种质料所制的一切饰物，一七九五年以前的一律不出口。

6. 佩件

包括各种料质所制的一切佩件，一七九五年以前的一律不出口。

十四、器具

1. 生产工具

包括一切质产所制的各种生产工具，一七九五年以前的一律不出口。

2. 兵器

（一）不论何种兵器曾经名人使用，有纪年记事的铭文的，不论年代一律不出口。

（二）刀、枪、剑、戟等各种类型的古代兵器，一七九五年以前的一律不出口。

（三）我国自制的各种大小枪炮，一九一一年以前的不出口。

3. 乐器

（一）包括一切质料制作的乐器及舞乐用具，一九一一年以前的一律不出口。

（二）曾经著名艺人使用过的乐器，一九四九年以前的不出口。

4. 仪仗

（一）全份的公、私所用的零星仪仗，一九一一年以前的不出口。

（二）古代公、私所用的零星仪仗，一七九五年以前的一律不出口。

5. 度量衡

（一）包括各时代的各种度量衡及其附件，一七九五年以前的一律不出口。

（二）有年款文字记载的，一九一一年以前的一律不出口。

6. 法器

一切宗教法器（包括乐器、幡、旗等），一七九五年以前的一律不出口。

7. 明器

包括各种质料所制专为殉葬用的俑人及各种器物，一七九五年以前的一律不出口。

8. 仪器

包括日晷、罗盘、天文钟、天文仪、算筹等一切有关天文历算的仪器，一九一一年以前的一律不出口。

9. 家具

（一）一切黄花梨、紫檀、乌木、老鸡翅木所制的家具，不论年代一律不出口。

（二）其他一切质料所制的家具，包括屏风、插屏、挂屏、匾对、座灯、挂灯、壁灯等，一七九五年以前的一律不出口。

10. 铜器

包括殷商以来各时代的一切铜器，一七九五年以前的一律不出口。

11. 铁器

包括殷商以来各时代的一切铁器，一七九五年以前的一律不出口。

12. 锡器

包括殷商以来各时代的一切锡器，一七九五年以前的一律不出口。

13. 银器

包括殷商以来各时代的一切银器，一七九五年以前的一律不出口。

14. 金器

包括一切金制的成件器物，例如瓶、碗、盘、壶、盂、盏、盒及首饰等，一七九五年以前的一律不出口。

15. 瓷器

（一）包括各时代的各种瓷器制品，一七九五年以前的一律不出口。

（二）一切大小件历代官窑制品及私家款识的制品，不论年代一律不出口。

16. 陶器

包括早期的彩陶、黑陶、白陶、红陶、灰陶、印纹陶、釉陶等的成件器物及考古标本的残片，不论年代一律不出口。

17. 漆器

包括一切雕漆、彩漆、螺钿、堆灰、雕填、镶嵌等各种的漆器，一七九五年以前的一律不出口。

18. 织物

各种绸、缎、绫、罗、纱、绢、锦、麻、呢、绒等织物，包括手卷、画轴、册页上附属的包首、隔水、册页画等所用的织物，一七九五年以前的一律不出口。

19. 地毯

一七九五年以前的一律不出口。

20. 钟表

包括我国自制的各种钟表，一九一一年以前的一律不出口。

21. 烟壶

（一）包括各种质料所制的大小烟壶，一七九五年以前的一律不出口。

（二）匣画壶名家作品，一九一一年以前的一律不出口。

22. 扇子（包括扇骨）

（一）成扇，包括各种质料的折扇、纨扇、雕骨、素骨、素面、绘面的成扇，一七九五年以前的一律不出口。

（二）名家刻骨（包括地区名家），一九一一年以前的一律不出口。

十五、民间艺术

（一）包括年画、神马、剪纸、泥人等各种不同类型的民间艺术作品，一九一一年以前的一律不出口。

（二）玩具，包括风筝、走马灯等（近代仿洋玩具除外），一九四九年以前的一律不出口。

十六、文具

1. 纸

（一）素纸，包括信笺及手卷、册页所附的素纸，一七九五年以前的一律不出口。

（二）腊笺、金花笺、印花笺、暗花笺等，一九一一年以前的一律不出口。

2. 砚

（一）包括各种质料所制有雕饰铭刻的砚石及素砚，一七九五年以前的一律不出口。

（二）有铭刻的砚石，一九一一年以前的一律不出口。

3. 笔

包括各种质料所制的笔杆，一七九五年以前的一律不出口。

4. 墨

一九四九年以前的一律不出口。

5. 其他文具

包括各种质料所制的笔筒、笔架、镇纸、臂格、墨床等各种文房用具，一七九五年以前的一律不出口。

十七、文娱用品

包括象棋、围棋、双陆叶子、骰子、诗牌、骨牌（附牙牌谱）、酒筹、围筹、状元筹、升官图、游园图、投壶等各种文娱用品，一九一一年以前的一律不出口。

十八、戏曲道具品

（一）包括戏衣、皮影、木偶以及各种与戏剧有关的道具，一九一一年以前的一律不出口。

（二）唱片（外国唱片除外），一九四九年以前的一律不出口。

十九、工艺美术品

1. 玉器

包括各种玉石及翡翠、玛瑙、水晶、孔雀石、碧玺、绿松、青金、琥珀、雄精、车渠等所制大小各种物品，一七九五年以前的一律不出口。

2. 料器

包括玻璃器等，一七九五年以前的一律不出口。

3. 珐琅

包括景泰蓝、画珐琅、烧蓝等所制的大小物品，一七九五年以前的一律不出口。

4. 紫砂

（一）包括各种大小器物，一七九五年以前的一律不出口。

（二）名家款识的各种器物，一九一一年以前的一律不出口。

5. 木雕

包括髹漆、金木及各种木雕的大小物品，一七九五年以前的一律不出口。

6. 牙角

（一）象牙、玳瑁及各种骨质所制大小物品，一七九五年以前的一律不出口。

（二）犀角所制大小物品，一九一一年以前的一律不出口。

7. 藤竹器

包括各种藤竹编的大小物品及文竹制物品，一七九五年以前的一律不出口。

8. 缂丝

包括各种绣货，一七九五年以前的一律不出口。

9. 火画

包括通草画、纸织画等各种物品，一九一一年以前的一律不出口。

10. 玻璃油画

（一）肖像画、风俗画，一九四九年以前的一律不出口。旅客携带属于本人或其亲属的肖像画不在此限。

（二）一般故事画及寿意画等，一七九五年以前的一律不出口。

11. 铁画

一七九五年以前的一律不出口。

二十、邮票

（一）清代稀见的邮票，一律不出口。

（二）解放区稀少的邮票（按邮票发行局现行单行规定），一律不出口。

二十一、外国文物图书

（一）具有科学、艺术、历史价值而且比较稀见的，不能出口。

（二）一般的，可以不加限制。

文化部、商业部、外贸部关于研究执行《关于改变文物商业的性质和管理体制的方案》的通知

（国文办习字246号　1960年10月17日）

各省（市、自治区）文化局、商业局（厅）、外贸局：

为了加强对流散文物的保护和管理工作，我们提出了关于改变文物商业性质和管理体制的方案，业经国务院批复原则同意。现将国务院批复抄致你们，请即按提出的方案研究执行。有关文物商业的转移领导关系等具体事项，可由你们直接会商办理。

文化部　商业部　外贸部

一九六〇年十月十七日

附：关于改变文物商业的性质和管理体制的方案（节录）

一、改变文物商业的性质及今后任务

1. 改变性质

改变各地文物商业的纯商业性质为实行企业经营管理方法的文化事业单位，作为国家收集社会上流散的文物的收购站和临时保存所，统一划归各地文化部门负责领导。

2. 今后任务

负责收集流散在社会上的传世文物，并有计划地供应各地博物馆、研究机关和学校作为陈列或研究参考之用；有计划、有选择地供应国内需要和适当地组织出口，并办理废旧物资中的检选工作。

二、业务范围

主要经营收集具有历史、艺术、科学价值的金石、书画、陶瓷、碑帖等各种传世的历史文物（包括织绣、玉器、木器、旧货、废品、特艺、委托等行业中属于上述范围的文物）。

文物保护单位保护管理暂行办法

（文化部　1963 年 4 月 17 日）

第一条　各级文化行政部门应经常组织力量，对本地区的文物进行系统的调查研究，作出鉴定和科学记录。对于其中具有历史、艺术、科学价值和纪念意义而必须就原地保护的文物，如革命遗址、纪念建筑物、古建筑、石窟寺、石刻、古文化遗址、古墓葬等，要进行分类排队，并根据它们价值和意义的大小，按照有关规定的标准程序公布为文物保护单位。

第二条　对文物保护单位要进行下列工作：

（一）为了防止人为的破坏，必须对文物保护单位划定必要的保护范围，作出标志、说明，建立科学的记录档案和组织具体负责保护的人员。

（二）为了解决和生产建设的矛盾，更好地发挥文物的作用，要进行文物保护单位的规划工作，以便纳入城市或农村建设规划。

（三）为了防止自然力对文物的侵害，应逐步开展科学技术的研究工作和保护措施。

（四）广泛地运用各种方式，对文物保护单位进行经常的宣传与介绍工作。

第三条　文物保护单位保护范围的划定，应根据文物保护单位的具体情况而定。如古建筑、纪念建筑物、石窟寺、石刻等，首先要注意确保它的安全，在文物保护单位周围一定距离的范围内划为安全保护区，禁止存放一切易燃品、爆炸品以及一切可能危害文物安全的活动。有些文物保护单位，需要保护周围环境的原状，或为欣赏参观保留条件，在安全保护区外的一定范围内，其他建设工程的规划、设计应注意与保护单位的环境气氛相协调。

对于古遗址、古墓葬等，应该按遗址或墓群的范围划为一般保护区，并把遗物、遗址特别丰富的区域划为重点保护区。单个古墓葬可以只划重点保护区，也可以划一般保护区和重点保护区。在重点保护区内不许进行建设工程，或因特殊需要进行建设工程时，亦应在确定建设工程规划和征用土地以前按照条例的规定报请批准。

保护范围划出后，应按级报请人民委员会批准（全国重点文物单位的保护范围，应报文化部审核决定），通知有关计划、建设等部门，并用适当方式向群众进行宣传。

第四条 文物保护单位的标志和说明：

（一）标志的内容应包括保护单位的名称、级别、公布机关和公布日期，必须简明醒目，并安装牢固。

（二）说明的内容应包括文物建造或形成的时代和时间，以及它在历史、艺术、科学等方面的价值和作用，文字必须简练准确。全国重点文物保护单位的说明，应经文化部审核。

第五条 对文物保护单位的科学资料，要经常进行搜集和整理，以逐步充实记录档案。记录档案的内容主要包括可以为科学研究和保护、修复、修缮、发掘提供科学资料的文献、文字记录、拓片、照片、实测图等。各项资料必须保证科学性，做到确实完整，如数量过多，可以作目录索引纳入。省（自治区、直辖市）级文物保护单位的记录档案，由省（自治区、直辖市）文化行政部门负责搜集整理。其中全国重点文物保护单位的记录档案，如有必要可以由文化部协助进行。县（市）级文物保护单位的记录档案，由县（市）负责收集整理。如有必要可以由省（自治区、直辖市）文化行政部门协助进行。

全国重点文物保护单位的记录档案，应该有四份，文化部保存二份，文物所在地的省、自治区、直辖市、县（市）各保存一份。省（自治区、直辖市）级文物保护单位的记录档案，应该有三份，省（自治区、直辖市）保存二份，文物所在地的县（市）保存一份。文化部认为有必要时，可以请省（自治区、直辖市）抽报。县（市）级的文物保护单位的记录档案，应该有二份，由县（市）保存，省（自治区、直辖市）认为有必要时，可以请县（市）抽报。

记录档案建立后，应注意经常补充新资料，使它不断丰富和完善。补充新资料的单位应将新资料抄送保存记录档案的各单位，并采取定期核对的办法，使各份之间保持一致和准确。

第六条 文物保护单位设置的专门机构，在保护管理方面应进行下列工作：

（一）经常进行保养、整理环境工作，防止人为和自然的破坏，有条件的可以开展有关保护、修复的试验研究工作。

（二）调查搜集有关历史资料、文献及实物，组织和参加有关调查、勘察工作。

（三）定期进行全面检查工作，向上级汇报，如发生特殊情况，应及时汇报。

（四）引导参观，向群众进行文物保护和文物知识的宣传工作。

（五）其他。

第七条 接受委托负责保护管理文物保护单位的组织和使用单位，应进行下列工作：

（一）防止人为的破坏，并不得改变文物保护单位的原状。

（二）注意保护标志和说明牌，如有损坏，应及时报主管部门处理。

（三）定期向主管部门报告保护情况和问题，如发生特殊情况，应及时报告。

（四）向群众进行宣传工作。

（五）其他。

第八条 各省（自治区、直辖市)、县（市）文化行政部门应对文物保护单位设置的专门机构和接受委托负责保护管理的组织和使用单位的工作经常进行检查，使他们真正能负起保护管理的责任，不断提高他们的工作质量，并帮助他们解决工作中的问题。

文化部应对各省（自治区、直辖市）的文物保护单位，特别是全国重点文物保护单位的保护管理工作，进行督促检查，并经常交流工作经验。

第九条 各地区在调查中新发现的重要文物和正在研究报请批准公布的文物保护单位，亦应加强保护，特别重要的，应及时报告文化部。

革命纪念建筑、历史纪念建筑、古建筑、石窟寺修缮暂行管理办法

（文化部　文物字第 1364 号　1963 年 8 月 27 日）

第一条　根据 1961 年 3 月 4 日国务院公布的《文物保护管理暂行条例》（以下简称《条例》）的规定，制定本办法。

第二条　对革命纪念建筑、历史纪念建筑、古建筑、石窟寺的修缮工程，可以分为三类：

（一）经常性的保养维护工程；

（二）抢救性的加固工程；

（三）重点进行的修理修复工程。

第三条　在保养维护、抢救、加固以及修理修复工程中，对建筑、石窟寺本身和附属文物如壁画、塑像、碑刻、题记、标语等，都必须根据不同情况贯彻保持现状或者恢复原状的原则，以充分保护文物所具有的历史、艺术、科学价值。

第四条　保养维护工程系指不改变文物的内部结构、外貌、色彩、装饰等原状，而进行的经常性的小型修缮。如屋顶除草、勾抹、补漏、简易支顶加固、庭院清理等项，应由管理机构或使用单位列入年度工作计划内，报上级主管机关批准后，进行修缮。

第五条　抢救加固工程系指建筑物、石窟岩壁以及塑像、壁画等发生严重危险时，所进行的支顶、牵拉、挡堵等工程。此种工程应在技术检查的基础上，拟定加固施工方案，报请上级文化主管部门批准。全国重点文物保护单位的加固工程应报文化部审核批准。如特殊紧急情况不能事先上报时，亦必须及时补报。

抢救加固工程系临时性的措施，其目的在于保固延年，但应考虑到不妨碍以后的彻底修理修复工作，因此不宜采用浇铸式的固结措施。

第六条　修理修复工程系指对建筑物、石窟等进行的较大的修缮工程。此种工程必须先做好勘查工作，根据可靠的科学资料，进行设计。工程计划和技术设计应报省级文化行政部门批准。全国重点文物保护单位的修理修复计划和技术设计应报文化部审核批准。

第七条　修理修复工程的工程计划和技术设计包括下列各项：

（一）现状实测图；

（二）建筑物、石窟等的内外部及重要部分的细部照片；

（三）损坏情况的研究报告；

（四）修理修复的研究报告及图样；

（五）施工详图和效果图；

（六）施工说明书和详细预算；

（七）人力、物资准备情况。

第八条 在修理修复工程施工过程中，应注意对新发现的资料或文物进行记录、摄影、实测。当工程的每个重要阶段结束时，对工程质量要进行检查和小结；在工程全部完工时要认真做好验收工作和总结工作。

第九条 使用纪念建筑或古建筑的单位，对建筑负有保养维护的责任，对建筑和附属文物均不得改变原状，并应保证其安全。如因使用需要进行修缮的，亦需按照本办法的规定办理。

第十条 如因建筑工程特别需要，对已公布为文物保护单位的纪念建筑、古建筑、石窟寺等必须拆除或迁移时，应按条例的规定报请批准；对尚未公布为文物保护单位的，亦应将拆除或迁移的原因和方案报文化主管部门批准。

在进行拆除时应做好详细记录，并将拆除的重要艺术品、建筑构件等交博物馆或文物机构保存。拆除的木、砖、石等材料由文化部门保存，作文物修缮之用。在迁移过程中的拆卸阶段应做好记录工作；在新址重建时应按本办法第六、七、八条办理。

第十一条 对石窟寺以及碑刻、阙、幢、雕塑、金属铸造物等保护性建筑物的修缮亦可参照本办法办理。在对上述各项文物添建保护性建筑时亦应报请文化主管部门批准；对全国重点文物保护单位添建保护性建筑时，应报文化部审核批准。

第十二条 各级文化行政部门应经常对本地区内的纪念建筑、古建筑、石窟寺等的安全情况、使用情况进行检查，并督促管理机构或使用单位做好保养维护工作。如使用单位违反使用规定对文物有发生损毁的危险时，应立即采取措施进行纠正，必要时可以报请人民委员会停止其使用权。

对外贸易部、商业部、国家文物事业管理局关于加强从杂铜中拣选文物的通知

（贸出二字371号　商工联字49号　文物字171号）

各省、市、自治区文化、外贸、商业、物资局：

近年来，在各地废旧物资回收部门和金属冶炼厂的积极协助下，省、市、自治区文化、外贸部门从杂铜中拣选出了不少文物，有的是具有重要历史、艺术，科学价值的，如去年北京市拣选出西周铜“班簋”，上海市拣选出西周铜“龙耳尊”等。有的是可以出口的。既保护了祖国重要文物，又扩大了外贸货源。但是，在拣选工作中也还存在着一些问题，有的未经有关部门拣选即回炉冶炼，有的大件重要文物在运输过程中被砸毁。为了进一步加强从杂铜中拣选文物的工作，现特通知如下：

一、各地文化、外贸、商业、物资部门要加强领导，密切合作，经常宣传并贯彻执行党和国家有关文物工作的政策、法令，认真做好文物收集、保护和扩大外贸货源的工作。

二、废旧物资回收部门和金属冶炼厂收进的完整铜器必须注意保护，不要损坏和砸毁，并及时通知当地文化、外贸部门进行拣选。

三、拣选出来的文物，重要的由文化部门保存，可以出口的提供外贸部门出口；其他暂时不能出口的，由当地物资部门先收存起来，处理办法另作规定。

四、文化、外贸部门拣选取走和物资部门暂行收存的铜器，均按国家杂铜统一调拨价结算。

（本通知已征得国家计委同意）

对外贸易部

商业部

国家文物事业管理局

一九七三年十一月十六日

轻工业部、国家文物事业管理局关于搞好古代文物复制仿制工作有关问题的通知

（〔1979〕轻艺字122号 〔1979〕文物字192号）

各省、市、自治区轻工（二轻）局、文化（文物）局：

随着我国旅游事业的迅速发展，来我国参观、游览的外宾日益增多。为了适应旅游事业发展的需要，促进文化交流，为同家多争取外汇，各地必须采取有效措施，认真抓好古代文物的复制、仿制工作。现就有关问题通知如下：

一、凡已对外开放的游览区，轻工和文物管理部门应当紧密配合，在地方党委领导下，认真做好所在地的古代文物的复制、仿制工作，生产出更多的适销对路，为外国游客欢迎的商品。

二、文物复制、仿制品的生产，要适应旅游事业发展的需要，因地因物制宜，定点生产、定点销售。对珍贵的古文物如果文物部门有技术力量，可以文物部门为主；如果文物部门力量不够，可以工艺美术部门为主进行复制。属于仿制品，由工艺美术部门负责或与文物部门协同进行。

在生产的组织上，要以当地为主。如当地技术力量薄弱，可根据国务院一九七八年文件的有关规定，除自力更生积极发展生产外，可与其他地区进行协作，取得支持。

三、文物的复制、仿制工作，必须在保证文物绝对安全和不损害其原有价值的前提下进行。凡属复制一级文物需报请国家文物局批准，其他文物的复制，根据需要经过协商，各地文物部门尽量为工艺美术部门提供方便条件。对一些价值高，具有独特艺术风格的珍贵古文物进行复制，不能用石膏直接翻模，以免损伤文物。对古代壁画和珍贵的绘画艺术品的临摹、复制，必须采取安全保护措施。碑刻拓片印制问题，应根据国家文物局关于拓印古碑刻的有关规定办理。

四、生产文物的复制、仿制品，一定要认真负责，讲究质量，复制品在尺寸大小、外形色泽所用原料（如铜、石等）要做到与原物基本相同，达到逼真的程度。还要标明文物的年代、出土地点、时间、复制单位等，并加以编号。复制品的数量不宜多，要少而精。仿制品也要严格抓好质量，尽量做到精致美观，生产数量不限。

五、文物的复制品和具有特色的仿制品，都具有突出的地方特色，离开了陈列地点和游览区，就削弱了它的纪念意义。为了争取卖好价，多换汇，这类产品应作为旅游纪念品就地销售为宜。

不应作为普遍商品充斥国内市场和成批出口。对于一般文物的仿制品，如观音、大肚佛像等，适合全国范围销售的，可以组织一定批量出口。

对文物复制、仿制品，当地文物部门有力量的，可以自行设点销售，文物部门缺乏销售力量的，可由工艺美术部门设点销售，或者采取代销、合办等多种形式进行扩大销售。

六、文物的复制、仿制品系一种特殊商品，其零售价格应根据产品的具体情况，如文物的艺术价值、珍贵程度、国内外影响大小等，适当作价，一般可略高于其他同类的纪念品、工艺品，在购买者能够接受的条件下，尽量增加国家收入。至于出厂价格，可参考其他纪念品、工艺品的作价办法，以合理的成本为基础加上艺术价值和适当的利润制定。

七、各地文物和工艺美术部门要密切配合，互相支持，经常交流经验、互通情报，努力把这一工作搞上去。文物部门要提供文物资料，为工艺美术创作设计、提高产品质量创造条件，工艺美术部门要协助解决文物部门包装装潢方面的问题，在销售价格上要逐渐做到同一品种在同一地区之间相对平衡。

轻工业部　国家文物事业管理局

一九七九年七月三十日

国家出版事业管理局、国家文物事业管理局关于古旧书籍出口鉴定问题的函

（〔1976〕出办字34号 〔1976〕文物字6号）

各省、市、自治区文化局（文管会），出版局：

一九七五年十二月十七日国务院转发外贸部、外交部、公安部、国家出版局《关于个人携带、邮寄我国印刷品出境的暂行管理办法》第七项规定：“我国营旧书店公开出售的旧书、古籍，凭书店发票和火漆标志，可以出境。个人旧存的古旧书刊，经过文物部门鉴定的，也可准许出境。”为执行此项规定，凡不能出口的旧书、古籍，一律不在外宾柜陈列、出售，一九一一年至一九四九年间出版的，可以出口的线装书、木版书须由文物管理部门加盖火漆印后，始能在外宾柜陈列、出售。外国人、华侨、港澳同胞个人旧存古旧书刊需要出境时，须由北京、上海、天津、广州四口岸之一的海关会同文物行政部门鉴定。以上各点，希通知各地古旧书店，文物管理部门认真执行。

国家出版事业管理局　国家文物事业管理局

一九七六年二月二十日

国家文物事业管理局、国家地震局关于进一步开展地震考古工作的意见

（〔1978〕文物字213号 〔1978〕震发科字279号）

各省、市、自治区文化局（文物局、文管会）、地震局（办、队），有关局属单位：

我国地震多，历史悠久，记载地震的历史文物甚为丰富。地震历史资料是研究地震活动规律，分析各地地震危险性和确定建设地区地震烈度的重要依据。解放后，我国历史、文物部门和地震部门开展了地震历史资料的收集和历史地震的研究工作，并取得了很大的进展，为社会主义建设做出了贡献。一九七七年国务院曾批转了“关于汇编出版中国地震历史资料的请示报告”，对这项工作又做了进一步的布置。目前，地震历史资料的搜集研究工作正在全国广泛展开，各地文物管理单位的地震考古工作已取得了更大的进展，陆续发现了许多珍贵的地震历史文物。

为了使地震考古工作经常化，做好地震历史文物的保护和利用工作，希望各地文物管理单位做好以下工作：

一、在整理古籍图书等资料时，在不同版本的志书、野史、杂文中，如发现有关历史地震的记载，要及时进行摘录，并提供有关地震部门研究。

二、在古建筑的复查、维修保护工作中，如发现记述地震的碑刻、题记等实物资料，要作为有科学研究价值的文物予以重视和保护。并做好照相记录工作。同时通知有关的地震部门。

三、在古遗址、古墓葬的发掘工作中，应对其地理位置、所在高程、覆盖层厚度（墓口距现地表的深度）等方面，作认真的记录，提供给地震部门研究人类历史时期新构造运动时参考。遇有异常现象（如器物有规律的定向倾倒、砖室墓有规律的错动、裂开等），除了要做好照相、测绘等科学记录外，应及时与地震部门会商，以免对研究地震有价值的资料被遗漏或遭到损失。

各地地震部门要继续开展地震历史资料的搜集研究工作，主动配合文物管理单位，做好地震考古工作。

鉴于运用考古方法研究历史地震是一项探索性工作，现将近年来各地开展此项工作的部分有关资料目录介绍给你们，供查阅参考。

国家文物事业管理局　国家地震局

一九七八年十一月二十三日

公安部、文化部、国家文物事业管理局关于加强文物安全保卫工作的通知

各省、市、自治区公安厅（局）、文化局、文物局：

据一些地方的公安机关及文物部门报告，近两年来，有些展览馆、博物馆、文物商店文物被盗的情况十分严重。仅据北京、山东、陕西、河南、江苏、云南等地的报告，就发生重大文物被盗窃案十一起。被盗的文物，有些是全国稀有的，是研究我们古代社会的珍贵资料，有的是无价之宝。如宝鸡市金台观博物馆被盗的茹家庄西周出土文物青铜器12件，玉器169件，就是研究我国西周奴隶社会稀有的珍贵资料（已破案）。故宫博物院珍宝馆被一劳改潜逃犯把光绪“皇后之宝”金印一颗（重十四市斤）盗出，被我发现当场擒获。还有河南省黄河水利展览馆被两个少年犯盗走西安出土的汉代鸭形铜炉和宋代铜镜各一件；云南省文物商店被盗文物164件；青岛市博物馆仓库，被盗的汉、明、清时期的象牙仕女、象牙佛像、首饰、瓷器和各种铜质艺术品等500余件；江苏淮安县文化馆被盗刀币、铜甲杯等53件，这些也都是很珍贵的文物。

文物被损坏的情况也十分严重。如北京文物商店韵古斋陶瓷门市部，由于资料室墙壁倒塌，砸碎和损坏从史前到晋、宋、元、明、清各个历史时期的文物210多件，按收购价格计算，损失约三万四千八百余元。这批重要文物已珍藏多年，是研究我国历史、文化发展的重要资料。其中还有些是外宾已付款待空运、价值三千余元的文物。有些地方则因仓库透风漏雨致使文物发霉变质。还有像天津的艺林阁文物店仓库，市革委花园大楼仓库和文苑阁文物商店等，都是30年代的土木建筑结构，因地震破坏严重，如不及时保修，极易发生倒塌事故。

发生以上问题的主要原因是，领导思想麻痹，政治责任心不强，不重视也不过问文物的安全保卫工作。甚至有人竟认为没有人敢偷盗文物，即使偷了也没处卖，等等，因而在收藏、管理、收购等工作上存在一系列问题：

一是管理工作薄弱。许多文物部门不认真执行对文物保管的规定和各项制度，管理十分混乱，文物底数不清。如北京八个文物商店仓库均无专职管理人员，更无严格的管理制度。东琉璃厂陶瓷门市部库房，一次被犯罪分子撬开门锁十把，由于账目不清，究竟被盗多少文物，根本查不出来。青岛市博物馆在半年时间内，有七名作案分子先后进入仓库20多次，盗走珍贵文物五百余件，竟未发现。有的单位还发生监守自盗的情况。如北京陶瓷门市部有个营业员，利用工作之便，

半年之内就盗窃价值二千七百多元的文物八件转手又卖给了文物商店。

二是不重视文物展览的安全保卫工作。有的单位主办文物展览，事先既不同公安保卫部门取得联系，也不对展品采取必要的安全措施，漏洞很多，给犯罪分子作案大开方便之门。如河南省黄河水利委员会展览馆展品被盗，就是因为没有防护措施而发生的。

三是有的文物商店和废品收购部门，单纯为了营利或完成任务，有章不循，甚至明知出售的文物来路不明，也不盘查报告。按规定收购文物统由文物商店办理，但也有些部门也未贯彻。如山东省外贸局特艺科。收购文物不验证件，竟将一收藏价值五百元以上可换外汇两千余元的象牙仕女，以五十元从盗窃分子手中买来。这些不符合规定的做法，正适应了盗窃分子急于销赃的需要。有个犯罪分子在半年内曾七八次到收购点销赃，从未遇到盘查。有的犯罪分子供认："偷得容易，出手也快，尝到了甜头。越偷越敢偷。"

为了加强文物的保护和安全保卫工作，各地应即采取以下措施：

（一）各地文物管理部门的领导同志，要提高政治责任心，克服麻痹思想，充分认识保护文物的重要意义，切实贯彻执行一九六一年《国务院关于发布文物保护管理暂行条例的通知》，定期检查执行情况。加强对内部人员的政治思想教育，保证人员纯洁可靠。严防文物被盗、被损坏的问题发生。今后如再发生文物被盗、被损坏的情况，必须追查责任，情节严重的，应受党纪国法制裁。

（二）建立健全各项文物管理制度。各地文物管理部门，今年内必须对现有文物仓库进行一次全面的检查清理工作，检查文物的保管情况，搞清库存底数。根据不同类型、类别分别建账建卡，建立健全一套科学的完整的文物管理制度，并要严格执行。日常保管工作中，要求做到账物清楚，专人负责，措施严密，手续完备。根据国家文物局颁发的《博物馆藏品保管试行办法》，具体付诸实施。

（三）加强防护工作，改善保管设备。今后各地博物馆及文物单位，至少每半年进行一次安全大检查，对于各种可能引起事故的隐患，凡是目前能解决的，应立即解决。要求所有的文物仓库，首先是珍贵文物仓库，逐步做到防盗、防火、避雷、自动报警、灭火、调温等必要设备的完善。陈列室陈列文物的柜架也应有较好的防火、防盗设备。在目前设备不够完善的情况下，除了加强管理外，珍贵文物原则上一律以复制品陈列，确实需要展出原件的，要切实加强防护措施。鉴于博物馆及各地一些文物单位的建筑物一般比较陈旧，应尽一切可能将容易引起火灾的房屋，加工修缮并加强防火措施。

（四）各地博物馆及文物单位应根据不同情况，按照实际需要，配备保卫力量。公安机关的保卫部门要加强对文物安全保卫工作的业务领导，要主动协助文物管理部门，对重要部位、重要文物加强严密的安全防范措施。对发生的珍贵文物被盗的案件，文物管理部门要及时报告公安机关，认真保护现场。公安机关和文物部门的保卫组织，要积极组织侦察破案，并及时通知边防、海关堵截控制，防止珍贵文物外流。废品收购部门收购文物、文物商店对出售来历不明的文物要进行盘查。发现出售品有问题，要立即报告公安机关。

以上通报，各地在执行中如遇到问题，请及时报告省、市、自治区党委解决。并望于年内将贯彻执行情况写出书面材料，报告我们。

公安部

文化部

国家文物事业管理局

一九八〇年四月十六日

国家文物事业管理局、财政部、公安部关于加强安全措施防止文物失窃的意见

（〔1981〕财事字111号）

各省、市、自治区文物局（文化局）、财政局、公安厅（局）：

最近几年，各地博物馆、文管所、文物商店的文物失窃事件时有发生，并有逐渐增加之势。据不完全统计，1979年全国文物部门发生文物失窃事件十三起，1980年已猛增到二十四起，今年第一季度又发生了十起。

各地文物失窃事件充分说明，博物馆、文管所和文物商店的文物安全保护工作，是我们工作中的薄弱环节。加强对文物的安全防护，防止继续发生文物失窃，已成为文物博物馆工作中迫在眉睫的重要任务，必须引起各级人民政府、文物行政部门、文博单位以及广大文物博物馆工作者的高度重视。

为了保证文物安全，防止珍贵文物被盗，必须尽快从队伍、制度、风气、方法等方面对博物馆、文管所、文物商店等进行整顿。各级文物行政部门对这项工作要进行具体的领导，一定要抓紧抓好，绝不能等闲视之。为此，提出以下意见：

一、各博物馆、文管所、文物商店要经常不断地开展思想教育，加强确保文物安全的宣传，提高工作人员的责任心，搞正风气，培养和造就一支热爱专业和忠于职守的文物博物馆干部队伍。各级文物行政部门要认真做好干部队伍的审查工作，挑选认真负责和具有专业知识的干部担任陈列、保管和群工等工作，从队伍建设方面保证文物的安全。

二、各单位都必须建立岗位责任制，加强管理制度。库房、展厅等各个岗位和每个人员都要有明确的分工和制度，并经常进行检查。凡登记、鉴定、编目、入库、使用和调拨，都应有案可查。管理文物总登记账的人员不应兼管实物。博物馆和文管所馆藏文物的处理（包括调拨和价拨），均应报省文物行政部门审批，一级文物应报国家文物局审批。

三、各文博事业企业单位应视实际情况建立保卫机构，比较大的单位应建立保卫科（组），一般都应设专职保卫干部。保卫科、专职保卫干部必须有明确的工作职责，并认真把这项工作抓好。单位负责人要有专人分工领导这一工作。

四、下决心解决文物库房的设置。凡没有文物库房或库房破旧不堪的单位，要争取在一两年内把文物库房建立起来。凡归文物部门管理而不宜开放使用的古建筑和革命纪念建筑，能作为文物库房的，可予以修缮使用，并注意保护管理。各单位要在陈列室和库房中添置安全防护设备，装设必要的报警和消防设施。凡有条件设置报警器和消防设备而不设置的，如发生失窃或火灾，上级文物行政部门应追查其责任。

五、珍贵文物必须得到妥善保护，凡不具备收藏珍贵文物条件的单位，应将这些文物送交安全保护条件较好的省博物馆收藏保管。今后凡因不执行这项规定造成珍贵文物失窃和破坏的单位，负责人要受到严肃处理。不能确保珍贵文物安全的陈列室，禁止陈列一级品文物和金银器、玉器等珍贵文物，只能陈列这些文物的复制品。

六、对利用职权谋取私利。化公为私、监守自盗、违反国家文物政策法令的人员，各级党委和文物部门要追查处理。情节恶劣、后果严重的要依法惩处。对于不负责任、玩忽职守而屡教不改的人员要坚决调离。对于敢于同不良风气、不法行为做斗争的人员，要给予支持和奖励，绝不允许打击报复。

七、凡发生被盗事件的单位，应立即逐级上报并积极配合公安部门侦破，同时要总结经验教训，迅速改善保管条件，真正做好“亡羊补牢”工作。对已经被盗而又隐匿真情不报的和因管理不严而造成文物被盗的失职人员要按照情节轻重，分别适当处理，以儆效尤。

八、为了落实安全防护措施，必须从经费上给予一定保证。文物事业企业单位的收入（如门票收入、小卖部收入和其他收入）当前应主要用于改善防护条件方面。各地文物行政部门应当从当地文物事业经费中拨出相应数额用于改善陈列室和库房的安全条件，争取在一两年内使各地在文物安全防护设施方面有显著的改进。

国家文物事业管理局

财政部

公安部

一九八一年四月二十日

国家文物事业管理局、公安部关于加强古建筑防火工作的通知

（〔1981〕文物字319号）

各省、市、自治区文物局（文化局、文管会）、公安厅（局）：

近年来，古建筑失火事件不断发生，使祖国文化遗产遭到不可弥补的损失。仅仅在最近半年时间里，就发生了十多起古建筑失火事件，其中河北省涉县清泉寺，北京市景山寿皇门两起失火，损失尤为严重。一把火，使两处重要古建筑，顷刻变成了灰烬。

河北省涉县清泉寺，建于北齐，以后经历代重修，现存殿宇多为明代建筑。寺内住有十五户社员，堆放了很多柴草。去年十二月三日凌晨，居住寺内的生产队会计邢文全起床做饭，生火后离开炉灶去办其他事情，火苗烧着旁边堆放的荆条柴草。当时风很大，火借风势迅速蔓延，寺内人少，又无消防设备，无法控制，寺内毗卢殿、大雄殿、雷音殿、伽蓝殿和东西配殿等古建筑，除石砌的台基外，全部焚毁无存。

北京市景山寿皇门，系清乾隆时建筑，一九七九年市少年宫在此开辟“爱科学园地”。今年四月十日，工作人员刘伟琪用室内交流电源给蓄电池充电，下班不关闭电源就回家了。让各种电器照旧运转充电。至晚引起火灾，一小时不到，门楼全部烧毁。

发生以上古建筑失火事件的主要原因之一是有关领导部门对古建筑的安全保护，特别是防火工作很不重视，思想麻痹，没有采取任何有效的安全保护措施。清泉寺中乱堆柴草，寿皇门内电器、模型满地乱放，电线、开关纵横交错，这些明显的危险因素，单位领导人员均熟视无睹，不闻不问，既无严格的规章制度，又无任何防火措施，完全听之任之，终于酿成大灾。这是一条重要的教训。

我国古建筑、博物馆、文物库房等多系砖木结构，火灾是它的最大危害。一部分古建筑地处崇山峻岭之中，交通不便、水源短缺，危险性更大。这些砖木结构的建筑物一旦着火，短时间内就可变为灰烬，损失无法挽回。古往今来，不知有多少高堂大厦、琼楼玉宇、弥山别馆、跨谷离宫，由于自然或人为的火灾，顷刻之间化为乌有。秦代的阿房宫、始皇陵，“楚人一炬，可怜焦土！”明清两朝的北京故宫，几百年间烧毁过多少次，现在真正的明代以前的建筑，已经所剩无

几了。解放以后，情况有了许多改进，但毁于火灾的珍贵古建筑也都不在少数。如福建宋代建筑甘露岩寺，结构精巧，海内仅有，被使用者不慎一把火烧光了。河北省遵化县清东陵中完整宏伟的康熙景陵大碑楼，由于未安避雷针，雷雨之日轰然一声，化为陈迹。易县清西陵中的光绪崇陵东配殿，因为违反电器安装规定引起火灾，五间殿宇毁得荡然无存。这样的事例，举不胜举。这些古建筑，都是前人留下的宝贵文化遗产，毁掉以后，无法再创造，损失之大难以计算，怎不使人痛心叹息！火灾是保存古建筑的大敌，这不是危言耸听，是为几千年历史证明了的事实。对此，我们应有足够的认识，再不能等闲视之了。

为此，特作如下通知：

一、各地文物主管部门和公安部门，对文物的防火问题，必须予以高度重视，应当把它列在文物安全工作的首位，经常地摆到自己的议事日程上，认真地抓起来。

二、在最近时期，各地文物、公安部门都应对本地区古建筑、博物馆、文物库房的安全消防工作，联合进行一次检查。对列入国家重点保护的文物，要严格管理，确保安全。要求做到：

1. 确定一名领导成员为防火负责人，并实行逐级防火责任制。

2. 建立严格的火源、电源管理制度。

3. 建立和健全义务消防组织，加强业务训练，并且根据需要配备专职消防人员。

4. 建立防火宣传、检查制度，经常进行防火宣传，检查活动。

5. 做好灭火准备工作，配置足够的消防器材，开辟消防水源、道路，做好灭火作战计划。

6. 国家重点保护的古建筑，不能当作工厂、车库、货站，或交给其他有碍于保护、参观的部门使用。对已经占用的部门，要做出规划，报经当地人民政府批准，限期搬迁。在没有迁出之前，要负责保护文物的安全，今后凡违反规定引起火灾烧毁文物的，要追究责任，情节严重的要依法处理。

三、对于已经发生的古建筑被焚事件，均应严肃处理。凡渎职失职的工作人员和火灾直接肇事者，都必须在充分调查研究基础上，按情节轻重，分别追究行政或刑事责任，绝不可姑息迁就。

国家文物事业管理局

公安部

一九八一年六月二十六日

海关总署、国家文物事业管理局发布关于加强文物出口监管公告

（〔1982〕署行字105号）

根据中华人民共和国国务院《文物保护管理暂行条例》和《中华人民共和国暂行海关法》的规定，个人携带或托运、邮运出口的一切古化石和古旧的陶瓷、铜器、金银器、玉石、竹木牙角雕刻、漆器、家具、书画、碑帖、拓石、图书、文献资料、织绣、文房用品，以及货币、器具、工艺美术品等，均须事先经文物管理部门鉴定，并在携运出口时，由携运人（或代运单位）主动向海关申报。海关凭文物管理部门钤盖的火漆标志及加盖“外汇购买”章的文物销售货票，或文物管理部门开具的文物出口证明查验放行。凡不符合上述手续的，按以下规定处理：对于携运人已向海关如实申报但未经鉴定的，海关不予放行；对于携运人未向海关申报或伪报物品名称及规格的，不论是否藏匿，均按走私论处。

特此公告

海关总署　国家文物事业管理局

一九八二年三月

城乡建设环境保护部关于加强历史文化名城规划工作的通知

（〔1983〕城规字107号）

各省、自治区城建局，北京、上海、天津市规划局，二十四个历史文化名城所在地人民政府及建委（规划局、城建局）：

一九八二年二月八日，国务院批转原国家建委等部门《关于保护我国历史文化名城的报告》，并公布了国家第一批历史文化名城名单。一九八二年七月二十八日，中央领导同志在萨空了等八位政协委员关于历史文化名城保护问题的调查报告上又作了重要批示。

最近，我部城市规划局会同文化部文物局在西安召开了“历史文化名城规划与保护座谈会”，研究了当前历史文化名城规划与保护工作面临的形势和存在的问题，交流了经验，提高了认识。为了进一步统一思想，推动历史文化名城规划与保护工作的开展，我们拟定了《关于加强历史文化名城规划工作的几点意见》，现随文印发，请各地在历史文化名城规划工作中参照执行。

城乡建设环境保护部

一九八三年三月九日

附：关于加强历史文化名城规划工作的几点意见

（一）

为了做好历史文化名城的保护工作，国务院一九八二年二月八日批转了国家建委、国家文物局、国家城建总局《关于保护我国历史文化名城的报告》。国务院在批语中指出：“保护一批历史文化名城，对于继承悠久的文化遗产，发扬光荣的革命传统，进行爱国主义教育，建设社会主义精神文明，扩大我国的国际影响，都有着积极的意义。”历史文化名城集中体现了中华民族的悠久历史、灿烂文化和光荣革命传统，是全国人民极其宝贵的物质和精神财富。把历史文化名城保护好、规划好、建设好，是城市规划工作的一项重要任务。

党和国家十分重视历史文化名城和文物的保护工作。国务院多次公布了有关文物保护和管理的指示和条例，一九六一年和一九八二年两次公布了全国重点文物保护单位，一九八二年人大常委会公布了《中华人民共和国文物保护法》。一九八二年二月，国务院又公布了国家第一批历史文化名城名单。引起了各级领导的重视和各界人士的热烈反响，不少历史文化名城的有关部门协同配合，做了许多有益的工作。他们广泛宣传和组织群众，有计划、有步骤地开展调查研究工作；通过多种途径，采取了一系列保护文物古迹的具体措施；有的对历史文化名城规划的原则和方法进行了多方面的探索，有的编制了专门的历史文化名城保护规划。最近在西安召开的历史文化名城规划与保护座谈会上，交流了经验，明确了开展历史文化名城规划工作的方向。在党的十二大精神鼓舞下，开创历史文化名城规划工作新局面有了一个良好的开端。

（二）

当前，历史文化名城保护和规划建设中存在的主要问题是：

一、有些建设项目不当，影响了城市的环境和布局。一方面是不顾历史文化名城的特定性质和要求，在市区建设了一些不该建设的项目；另一方面是项目选址不当，打乱了城市的合理布局。有些历史文化名城被工业、仓库或其他城市设施包围、分割，城市环境受到污染，城市的自然景观、人文景观和传统风貌受到损害。

二、城市的文物古迹、风景名胜遭受到不同程度的自然和人为的破坏。许多具有重大历史价值的名胜古迹被一些工厂、仓库、机关、部队、学校、社队甚至私人长期占用，使一些珍贵的历史文物建筑得不到应有的维修、保护。有的常年失修、破烂不堪；有的则辟为禁区，不向群众开放。不少名山大川、河湖水面，不按规划要求，任意开山取石、乱搭乱建、修路架桥、筑坝取水、围湖造田、开渠垦殖、开掘矿藏，古树名木和大面积植被被毁，古城、古墓被乱平乱挖，文物古迹受到摧残，自然面貌、生态平衡受到破坏。

三、历史文化名城的保护与建设和旅游事业的发展不相适应。由于城市行政管理和投资体制的影响，一些城市丰富的自然风景资源和文物古迹得不到应有的保护和开发，降低了旅游价值。

历史文化名城，特别是经济基础比较薄弱的中小城镇，对文物古迹、风景名胜的保护与开发，缺乏必要的资金、材料和技术队伍，管理机构不健全，有关部门分工不明、职责不清，缺少必要的条法和规章制度。

造成以上问题的原因是多方面的，从根本上来说是长期以来“左”倾思想影响，否定历史文化传统思潮的冲击，特别是“十年动乱”，造成了我国历史文化遗产的一场浩劫，教训是深刻的。从认识上分析，主要有几方面原因：一是片面强调发展生产，较多地考虑建设项目本身的建设条件和经济效益，较少考虑城市的性质和特点，忽视整个城市的经济效益、社会效益和环境效益的统一；二是城市规划工作长期废弛，城市管理不善，不按规划办事；三是对保护历史文化名城的重要性认识不足，措施不力。

（三）

对历史文化名城规划的原则、内容和方法有以下几点意见：

一、历史文化名城规划的概念和基本内容

历史文化名城这一基本概念，反映了城市的特定性质，作为一种总的指导思想和原则，应当在城市规划中体现出来，并对整个城市形态、布局、土地利用、环境规划设计等方面产生重要的影响。历史文化名城规划首先应注意继承和发扬本城市的历史优秀传统，其目的就是要使城市的发展和建设，既符合现代生产、生活要求，又保持其特有的历史文化传统风貌。历史文化名城保护规划就是以保护城市地区文物古迹、风景名胜及其环境为重点的专项规划，是城市总体规划的重要组成部分，广义地说也包含有保护城市的优秀历史传统和合理布局的内容。编制保护规划时，一般应根据保护对象的历史价值、艺术价值，确定保护项目的等级及其重点，对单独的文物古迹、古建筑或建筑群连片地段和街区、古城遗址、古墓葬区、山川水系等，按重要程度不同，以点、线、面的形式划定保护区和一定范围的建设控制地带，制定保护和控制的具体要求和措施。

二、深入调查研究、突出名城特点

历史文化名城的规划必须建立在对城市历史和现状深入调查研究的基础上。调查的内容包括从"横的"方面摸清文物古迹，风景名胜在地域和空间的分布；从"纵的"方面掌握城市发展不同历史阶段文物古迹的完整体系。我国的历史文化名城丰富多彩，各有特色。有的是革命圣地，以光荣的革命斗争传统著称；有的是历代王朝的都城，以丰富的历史文化遗产取胜；有的是风景胜地，以山川河湖和文物古迹结合见长。调查的目的在于逐步摸清文物古迹的数量和分布，并对其历史价值、艺术价值和科学价值做出评价，以便准确地把握城市的特点。形成完整的规划构思，力求反映城市历史优秀传统发展的连续性以及城市特有的自然和传统风貌，保持与发展古城的合理的规划格局。注意实事求是和科学性，避免牵强附会或追求形式。

三、协调几方面的关系

1. 发展生产和保护历史文化名城的关系

从理论上讲，在社会主义制度下，生产发展和生产力的布局是由国民经济计划和区域经济发展规划决定的，生产的发展促进整个城市的发展，城市则通过合理的规划为生产发展提供必要的条件，二者应该是协调一致的。但是由于国民经济计划体制和某些具体环节上的缺陷，长期以来又没有区域规划为城市发展提供必要的依据，在一些历史文化名城（包括在著名的都城遗址上）建设了许多严重破坏地下埋藏的文物遗迹、污染环境、外观上又很不协调的工厂企业，发展生产和保护历史文化名城存在着某些现实的矛盾。今后如不通过全面规划加以必要的引导和控制，这种矛盾将进一步加剧。因此，在历史文化名城的规划中，对新建工业项目应有严格的选择，对有害于环境和城市面貌的工业项目必须严加控制，非建不可的也要尽可能安排到远离市区的特定地段。对现有混杂在市区的工厂企业或单位要认真调查研究，分别情况、妥善处理：乱占乱建、污染严重，至今仍造成对重要文物古迹、风景名胜严重破坏的，要采取转产、搬迁等措施，加以解决；影响环境协调、有一般污染，近期又没有条件搬迁的，应严格控制其发展，并通过改革工艺、治理污染、逐步改善其环境质量，同时在规划中考虑远期搬迁的可能性；没有污染危害、又不影响保护文物和环境协调的可予以保留。

2. 城市现代化建设特别是旧城改造和保护古城风貌的关系

随着国家经济和社会的发展，旧城市要逐步改造，城市设施和社会生活要逐步现代化，历史文化名城也将不断充实、发展并赋予新的生命力，这是一种必然的发展趋势。但是，历史文化名城的建设和发展应特别注意整个空间环境的协调。《文物保护法》明确规定各级文物保护单位都应划定必要的保护范围，并根据保护文物的实际需要，可以在文物保护单位的周围划出一定的建设控制地带。在文物保护单位的保护范围内一般不得进行其他工程建设，在建设控制地带既要求对新建工程的高度、体量进行必要的控制，又要求建筑的形式、风格和古城环境相协调。建筑形式和风格既没有固定的模式可以遵循，又不能用行政命令加以规定，需要规划、设计部门密切配合，通过多方案比较，在实践中不断探索、创新；有条件的地方可采取规划设计竞赛、开展学术讨论和交流的办法，求得规划设计水平的共同提高。在历史文化名城保护规划中，确定保护项目，划定保护范围和建设控制地带都要十分慎重，必须通过调查研究和科学鉴定，按不同情况区别对待。

3. 发展旅游事业和保护历史文化名城的关系

历史文化名城一般都以其悠久的历史文化传统和美丽的自然风光而驰名，吸引着国内外旅游者。我国历史文化名城今后的旅游事业将会有很大发展，这对社会主义物质文明和精神文明建设、扩大我国的国际影响都是十分必要的。当前，一些历史文化名城为了解决接待国外旅游者的困难，在重要的风景名胜区或文物古迹保护区内和周围大兴土木，建设现代化的高层宾馆、饭店，甚至无科学根据地随意复原古建筑，破坏了考古学遗址和整个环境的协调；有的名胜古迹对外开放，由于管理不善，也造成了一些人为的破坏。因此，有必要强调一切旅游设施的建设都要纳入城市的统一规划，遵照城建、文物、园林等部门的有关规定进行管理。历史文化名城的规划建设也要为旅游事业的发展创造必要的条件，按照本城市的具体条件开发建设新的旅游点，扩大旅游环境容量。

4. 工作关系的协调

历史文化名城的保护规划建设，涉及计划、规划、设计、文物、园林、宗教等许多部门，需要密切协作配合。实际上，文物古迹、宗教寺院和园林风景区常常是融为一体的，是一种相互依存、相互补充的关系，它们都需要通过规划，有机地组织到城市的整体环境中去，并得到妥善的保护和管理。建筑工程和市政工程设计是城市规划构思的具体化，也是实施规划过程的重要环节，对形成历史文化名城的面貌有重要影响。规划、文物、园林以及有关设计部门都要密切配合，协调行动。历史文化名城的保护和建设，需要有必要的资金，因此还必须取得计划部门的支持。

四、历史文化名城规划的编制与审批

国务院公布的历史文化名城都要编制保护规划，并按审批权限，随同城市总体规划一并上报审批，没有做的要补做，没有报的要补报。在编制总体规划的基础上，还应根据需要编制重要保护项目地段、街区、风景名胜区等的详细规划，提出保护和建设的具体实施方案。

（四）

随着对保护祖国历史文化遗产的认识不断深化，保护历史文化名城的工作已提上了议事日程，并取得了进展。但是工作才刚刚开始，发展还很不平衡，有待进一步统一认识，加深理解，不断提高规划质量和管理水平。实践证明，历史文化名城必须有一个统一规划，通过规划，对城市有个全面系统的认识，并从整体出发，在大轮廓上进行控制。但是，规划的实施必然会受到许多现实条件的制约，需要进一步加强领导，充分依靠群众，加强管理和法制建设，积极培养人才，建立一支比较稳定的规划、设计、考古勘探和文物古建维修保护技术队伍。要开辟投资渠道，保证各项保护、维修经费专款专用，在全面规划的基础上，逐步实现。

城乡建设环境保护部、文化部关于在建设中认真保护文物古迹和风景名胜的通知

（1983年5月28日）

各省、市、自治区城乡建设环境保护厅（建委、城建各局、建工局、测绘局）、文化局，建设部直属各单位：

一九八二年十一月十九日全国人民代表大会常务委员会通过并颁布了《中华人民共和国文物保护法》，一九八二年二月八日国务院国发〔1982〕26号文件审定了第一批历史文化名城，一九八二年十一月八日国务院国发〔1982〕136号文件又审定了第一批国家重点名胜风景区。这是保护祖国历史文化遗产、壮丽的国土景观和建设社会主义精神文明的重要措施。在我国悠久的历史上，创造出了极为丰富的历史文物和革命文物，建设了许多著名的风景名胜区。它们都具有重要的历史、艺术和科学价值，是我们国家和民族的珍贵财富。全国人民和各级建设部门、文物管理部门的每一个工作人员，都要把保护国家文物和壮丽的自然景观当作一项光荣义务。

建国以来，建设部门、文物管理部门的职工在发现、保护和维护国家文物、风景名胜以及执行国家有关政策法令上做出过积极贡献，取得了很大成绩。但是十年动乱期间，国家文物和风景名胜区遭到严重破坏；最近几年在各项建设中又因制度不健全，项目审查不细致，在选址、设计、施工中发生了许多破坏国家文物和自然景观的事例，造成了一些难以弥补的损失。为了切实保护国家文物和风景名胜，认真执行《文物保护法》和其他有关的国家政策、法令，特作如下通知：

一、各建设部门和文物管理部门的工作人员都要认真学习《文物保护法》、国发〔1982〕26号和国发〔1982〕136号文件等有关政策法令，提高对保护国家文物和风景名胜意义的认识，在工作中自觉贯彻执行。

二、在编制城乡规划、历史文化名城保护规划和风景名胜区总体规划时，要将各级文物保护单位和风景名胜区的保护措施纳入规划，分别确定其保护范围和控制建设地带。负责管理文物保护单位和风景名胜区的单位，要模范地遵守国家法令、落实保护责任制度，及时搞好维护，切实保护好文物古迹、风景名胜。

三、新的建设项目选址：要避开文物和风景名胜集中的地区。现已占用文物保护单位和风景

名胜区的单位。能迁出的要有计划地迁出。一时不能迁出的，也应有严格的保护措施，严禁乱拆、乱挖、乱建。有污染的要迅速治理，并且也应创造条件及早迁出。

四、临近文物保护单位和风景名胜区搞建设时，必须注意保护周围环境风貌，在建设项目的性质、规模、高度、体量、造型上要同环境取得协调，设计方案要按规定征得规划、园林和文物管理部门的同意。

五、在勘察、建设、维修和拆迁施工中发现文物古迹应严加保护；及时报告文物管理部门研究处理，不得隐瞒不报或私自处置。在文物保护单位和风景名胜周围进行建设、维修施工时，要编制施工组织规划，制定保护措施，严防损毁文物和风景名胜。经批准迁移的文物古迹，要有切实的措施，保证不改变文物的原貌，并由建设单位解决所需经费。

城乡建设环境保护部　文化部

一九八三年五月二十八日

文化部关于不作为宗教活动场所的寺观教堂等古建筑不得从事宗教和迷信活动的通知

（文物字〔1984〕56号）

各省、市、自治区文化厅、文物局：

据了解，有些文物保管机构，在已列为各级文物保护单位、并按规定不作为宗教活动场所的寺观教堂等古建筑中，从事宗教活动；有的在维修其中的文物、古建筑时，采取了一些助长迷信活动的措施，在群众中产生了不好的影响。为了更好地发挥历史文物在社会主义精神文明建设中的作用，特就不作为宗教活动场所的寺观教堂等古建筑、石窟寺，不得从事宗教活动、迷信活动的问题，作如下通知：

一、一九八二年八月十四日国务院宗教事务局、文化部和城乡建设环境保护部联合下达的《关于不作为宗教活动场所的佛道教寺观不得收取布施，出售宗教用品的通知》（宗发〔82〕第324号）规定：凡由文物部门管理、不作为宗教活动场所，又没有宗教职业人员和宗教活动的寺观，不得设立功德箱收取或变相收取信徒的布施和捐赠，不得出售宗教用品（文物纪念品不在此列），更不得搞任何宗教和迷信活动。但是有些地方的基层文物保管机构至今仍未执行这一规定。有的文物保管所甚至还不了解这方面的规定。为此，请你们对这一通知的执行情况，做一次检查。凡是没有将这一通知转发到基层的省、市、自治区，要结合检查，将通知转发到基层，严格执行。

二、有些文物保管单位，未经上级文物行政部门批准，擅自将自己管理的文物保护单位内的宗教残破塑像进行修整；有的将已剥蚀的塑像重新彩妆贴金；有的塑像已毁损无存的，也进行了毫无根据的重塑；也有的石窟寺的文管部门，擅自重新雕刻和修补石造像，甚至为使新刻造像黏结方便，竟将现存的原有石刻残迹凿毁或凿洞安装。这些做法，都是不符合文物保护原则的，只能使文物原状进一步遭受到人为的破坏，严重损害了反映我国古代雕刻艺术成就的塑像的时代特征和艺术风格，从而降低了它的文物价值。至于重新彩妆、贴金，实际上是一种宗教信徒表示虔诚的行动，文物管理部门这样做，更会引起群众的误解。为此，特规定今后凡已毁损无存的宗教塑像，文物部门不准重塑。不准对旧塑像妆金彩绘，油饰一新。对石窟造像也不得重刻重装。残破的造像，一般不再修复。只有不修补黏结就不能使塑像、造像继续保存的，才可以进行适当的黏结加固和修补。修补必须掌握充分的科学资料，提出方案和理由报请上级文物部门审批。全国重点文物保护单位中雕像的修补，要向我部申报，已新塑或修补的宗教塑像，要慎重处理。

此外，国务院〔1983〕60号文件曾确定一批汉族地区开放作为宗教活动场所的佛道教全国重点寺观。这些寺观中有一些原来是由文物部门管理的国家或省级重点文物保护单位。对这些单位的文物、古建筑的保护，除新的接管部门必须严格遵守《文物保护法》，履行保护文物的职责之外，各地文物部门必须始终对文物保护采取认真负责的态度。为此，特请你们将关于这一类寺观交接情况、管理现状以及存在和发生的问题，于一九八四年二月底以前函告我部。

文化部

一九八四年一月十八日

文化部关于进一步做好文物普查工作的通知

（〔1984〕文物字 867 号）

各省、自治区、直辖市文化（文物）厅（局）：

几年来，全国各地贯彻执行一九八一年国务院国发〔1981〕9 号文件过程中，很多省、自治区、直辖市都开展了文物普查（复查）工作，取得了很大成绩。目前，已有三分之一以上的省、自治区、直辖市基本上结束了野外调查工作，其他省、自治区、直辖市也正在继续进行中。三年来，据不完全的统计，共普查 783 个县，登记了各种类型的不可移动的文物 63000 余处，征集了流散文物 59190 件。查实了大量过去不为人所知的文物地点，其中有不少是非常重要的考古新发现，填补了文物考古编年的缺环或地域分布的空白。并使一批濒临破坏的文物古迹能及时得以挽救。在普查（复查）的基础上。各地提出、公布或重新公布了一批重点文物保护单位名单，进一步调整和健全了文物保护组织。但是，各地的文物普查（复查）工作进展很不平衡，有些地方至今尚未开展工作。有些地方草草收兵，走了过场。从全国情况看，要真正保质保量地完成这次普查（复查），任务还是相当艰巨的。为了进一步做好这项工作，特作如下通知：

一、各级文化（文物）行政管理部门必须充分认识到，文物普查是贯彻《文物保护法》的首要任务；是文物保护管理工作最重要的基本建设之一。把我国现存文物的数量、分布、时代、类别、价值和保存现状调查清楚，建立科学的记录资料档案，是一切文物保护管理和科学研究的基础。搞好了文物普查，就能有重点、有步骤地通盘规划文物保护管理工作，尽量减少在建设过程中造成的或其他人为的、自然的文物破坏现象，特别是避免重大的破坏。搞好了文物普查，也为发展我国的考古学、人类学、历史学、民族学等多种社会科学学科，以至某些自然科学技术领域，提供了丰富的资料和线索。文物普查工作本身，就是一项多学科的综合性的学术调查研究工作。同时，各地几年来传统教育的实践表明，抓紧抓好文物普查（复查）工作，还可以对当前开展爱国主义和历史唯物主义教育起重要的作用。这是开创我国文物工作新局面的一项重要内容。

二、各省、自治区、直辖市的文化（文物）行政管理部门，必须把文物普查列入工作计划，要有专门的人员或机构负责，各省、自治区、直辖市的文化（文物）部门要在当地党委和人民政府的领导下，根据本地区的实际情况，组织和指导普查工作，并制订出切实可行的计划。在全国范围内，除少数边远地区外，要争取在一九八五年底左右基本结束这次文物普查和复查工作。

三、各省、自治区、直辖市文化（文物）行政管理部门负责组织文物普查的验收工作。可指定专门的业务机构组织复查鉴定，对普查成果进行验收。

文物普查工作验收的基本标准是：

1. 应当有与本地区文化历史相适应的，具有一定数量和质量的各类文物古迹项目。

普查的对象应遵循《文物保护法》第二条的规定。在此范围内，在历史年代上不应有大的缺环，在内容类别上不应有大的遗漏。要注意与重大历史事件、革命运动和著名人物有关的文物；注意近、现代及反映民族、民俗学的代表性文物；注意征集社会上的流散文物。

普查的地域范围可由各省、自治区、直辖市自行确定，除目前因条件限制难以到达的特殊地区外，要尽量减少空白区。

2. 应当有一套完整的科学记录档案资料。

各省、自治区、直辖市在普查工作结束后，要按县（市）整理归纳出不可移动的文物古迹的《文物分布图》和文物登记表，内容包括：名称、时代、类别（按文物保护单位分类项目）、所在地点、面积范围、保存现状、价值等。分布图和登记表上记载的每一处文物点都应有相应的原始调查档案资料（包括单项调查卡片、照片、绘图、拓片、标本等）。原始记录资料的要求和管理办法由各省、自治区、直辖市自行决定。

3. 应当对普查登记过的文物提出保护意见。

要在普查的基础上尽快推荐一批不同级别的文物保护单位，并提出有关保护范围的意见。

对于目前尚未列入文物保护单位的文物古迹，也应提出有关保护、管理规划和使用的意见。

4. 在上述工作的基础上，计划编写本地区县（市）和省（市、自治区）的文物志。

四、各省、自治区、直辖市一级的文物专业机构（文物工作队、研究所、博物馆野外调查工作人员）应对本地区的文物普查工作负业务指导责任。文博单位的领导应鼓励文物考古专业和民族、民俗调查工作者，参加普查第一线的工作，并通过举办短训班、讲座等各种形式为基层培养更多的专门人才。文物普查的成果就是文物考古学术调查研究成果的一个组成部分。

对于在普查中涌现出来的大批业余文物爱好者和文物保护积极分子，各地在普查结束后，还可以通过各种形式，组织他们今后继续为文物保护事业贡献力量。

文物普查队应当是宣传队、工作队，有义务大张旗鼓地向广大干部和群众宣传《文物保护法》。各地可根据情况利用普查成果汇报展览等多种形式，生动形象地宣传爱国主义、历史唯物主义和共产主义思想，宣传文物普查和文物保护的重要意义，普及文物知识。

五、各级文化（文物）行政管理部门要关心普查人员的思想、业务、生活情况，特别在野外调查工作中，帮助他们解决实际困难。

文物普查人员的野外工作津贴，在尚无全国统一规定之前，各地可先与当地财政、劳动人事部门协商，参照地质野外普查标准酌定。

文物普查人员的工作表现、成果，要记入本人的业务考核档案，作为考察干部业务技术水平、科研成果的依据之一。

要大力宣传和表彰在文物普查中涌现出来的先进集体和先进个人，号召全体文物考古工作者发扬高度的爱国主义、共产主义精神，树立不为名、不为利、不怕苦、不怕累的工作作风和实事求是、严谨细致的科学态度。各级文化（文物）行政管理部门可负责表彰本系统的先进集体和个人。

六、加强文物普查情况和经验的交流。正在进行普查的各省、自治区、直辖市主管部门，应及时向我部文物事业管理局报告普查工作的进展、收获和存在的问题。在调查中，如有重大文物考古新发现，应立即报告。我部也将利用多种形式，帮助各地沟通情况，交流经验，促进工作开展。

文化部

一九八四年六月十日

文化部、公安部关于加强非文物部门收藏文物安全保卫工作的通知

（〔1984〕文物字1210号）

各省、自治区、直辖市文化（文物）、公安厅（局），重庆、武汉、沈阳、大连市文化、公安局：

近几年来，文化部（包括原国家文物事业管理局）、公安部，曾多次发出关乎加强文物安全保卫工作的通知和规定，全国文物部门的文物被盗案件逐年有所减少。但是，有些非文物部门收藏的文物不断发生被盗案件。仅据北京、上海、四川、陕西、山西、江苏、浙江、湖北等八个省市不完全统计，近几年来，工艺品进出口公司、群众艺术馆、美协、高等院校等收藏文物的单位发生文物被盗案件十二起，被盗文物三百余件，古字画三百余幅，古币六十六枚。现已侦破九起（监守自盗三起、内外勾结盗窃二起、外盗四起）。

上述单位发生文物被盗的原因，主要是内部人员有些没有经过严格审查，存在各种问题；管理工作十分混乱，缺乏严格的制度；安全保卫工作薄弱等。如四川省群众艺术馆收藏大量古画，没有任何登记手续，保管员刘若海自一九八一年以来，先后盗走徐悲鸿的“骏马图”等八幅绘画，价值八万余元。据刘犯被捕后交代：“分配我管理名画时，领导上只是指给一间储藏室，满屋都是字画，既无通风、除虫等措施，也没有任何登记手续，大家都心中无底，所以我敢放心大胆地偷”。上海市工艺品进出口公司保管大量“文化大革命”中不入账的字画，因管理混乱，仓库保管员陈匡麟、工人王君华、周冬林等勾结外单位人员偷盗，并与澳门走私分子接头销赃。他们从一九八二年至一九八三年，从库房内盗走珍贵字画一百二十三幅，出口价值约五十五万余元，已走私出境三十幅，还盗窃一般字画二十余幅，象牙、玉石、红木轴头一百三十四件，各种印章石刻七十四枚。北京市工艺品进出口公司三间房仓库，一九八〇年曾查获二名警卫人员利用库存文物不登记，出入库房无数的漏洞，盗窃古画七十四幅，古铜器二十五件，古瓷器三十一件，古砚、玉器二十四件，古币六十六枚，价值三万元。一九八二年又查获该库保管员、工人勾结外单位人员，从库内盗走文物七十五件，出口价值约十二万元，已有五件倒卖出口。华中师范学院历史系文物陈列室所在的教育大楼不锁门，也无人值班，致使古代的酒器、祭器、乐器等七十九件文物被盗（已破案）。

根据《中华人民共和国文物保护法》第四条“国家机关、部队、全民所有制企业、事业组织收藏的文物，属国家所有”，以及第三条关于各级文化（文物）行政管理部门主管本地区文物工作的规定，为了加强非文物部门收藏的文物的安全保卫工作，特提出以下几点要求：

一、摸清收藏文物的底数。各地文化（文物）行政管理部门和公安机关要对本地区的国家机关、企业、事业单位开展调查，摸清哪些单位收藏文物。督促收藏单位对文物进行全面清点，经文物部门鉴定分级后，逐件登记造册。其中属于一级、二级、三级品的文物，要按照文物部门的要求编目制卡，并将清册和编目卡片的副本送当地文化（文物）行政管理部门备案。

二、协同非文物部门收藏文物的单位认真做好文物保管人员的思想教育和审查考核工作，提高他们对做好文物安全保卫工作重要性的认识，增强工作责任心。对品德不良或不负责任的人员，应予调整或撤换。

三、积极协同非文物部门收藏文物的单位建立健全文物入库、出库、陈列、修复、使用、调拨和值班守卫等文物管理和安全保卫制度，做到账物清楚、专人负责、措施严密、手续完备。库房、展室要安全牢固，并添置必要的防盗、防潮和消防设备。

四、加强文物被盗案件的侦破工作。收藏单位发生文物被盗案时，要立即向公安机关报案，并积极协助侦破。对因管理混乱造成丢失文物的，要认真追查。对文物被盗后隐匿不报或因不负责任造成文物失窃的人员，要根据情节轻重，严肃处理。各地公安机关要结合当前严厉打击刑事犯罪的斗争，对文物收藏单位的文物被盗积案，认真进行分析排队，力争破案。

各地接此通知后，望能认真进行研究，加强安全保卫工作，并将执行情况报告我们。

文化部　公安部

一九八四年八月十四日

古建筑消防管理规则

（文化部、公安部　文物字〔1984〕251 号　1984 年 2 月 28 日）

第一章　总　则

第一条　古建筑是国家重要的历史文化遗产，是国家文明的重要标志。根据《中华人民共和国文物保护法》和《消防监督条例》的精神，为加强消防管理工作，保护古建筑免遭火灾危害，特制订本规则。

第二条　各级重点保护单位中的古建筑及历史纪念建筑物、古墓葬中保留有地面建筑的保护单位，均属本规则管理范围。

各级重点文物保护单位中的革命纪念建筑物、博物馆及各类文物保管陈列单位也适用本规则。

第三条　古建筑的消防工作，要贯彻从严管理、防患未然的原则。

第四条　爱护国家公共财产是我国公民的神圣义务。每个公民都要时刻提高警惕，防止古建筑发生火灾。

第二章　组织领导

第五条　古建筑的消防工作，由各古建筑管理与使用单位具体负责。当地市、县文物管理部门负责领导。

地方公安机关予以监督管理和业务技术指导。

第六条　各古建筑的管理与使用单位，要把预防火灾列为整个管理工作的一个重要部分，切实做到同计划、同部署、同检查、同总结、同评比，使防火工作做到经常化、制度化。

第七条　古建筑管理与使用单位的行政领导人，即为该单位的防火安全负责人，全面负责本单位的消防安全工作。

其具体任务是：

一、贯彻执行国家和当地政府发布的消防法规和有关指示；

二、认真实行逐级防火负责制和岗位防火责任制；

三、领导制订和督促实施各项防火安全管理制度；

四、领导开展防火宣传教育，普及消防知识；

五、定期组织防火安全检查，及时整改火险隐患；

六、组织领导专、兼职消防人员和群众性义务消防队开展工作；

七、负责规划配置消防器材设备和水源设施；

八、领导制订灭火计划，发生火灾时及时组织有效的扑救。参与火灾原因调查，总结经验教训，改进工作。

第八条 各古建筑的管理与使用单位，应根据范围、任务大小，配备专职或兼职的消防管理干部，建立群众性义务消防组织，定期教育训练，开展经常性的自防与联防活动。做到平时能防火如有灾能及时扑救。

第九条 凡在古建筑单位工作的职工和宗教职业者，均须具有基本的防火与灭火知识，积极参与消防活动，并作为工作考核的一个条件。

第十条 古建筑管理与使用单位的消防设施和各项防火活动经费，在本单位管理费中开支。如需设置重大的消防安全设施，报请上级主管部门拨款解决。

第三章 预防火灾

第十一条 凡古建筑的管理、使用单位，必须严格对一切火源、电源和各种易燃、易爆物品的管理。

禁止在古建筑保护范围内堆存柴草、木料等易燃可燃物品。严禁将煤气、液化石油气等引入古建筑物内。

第十二条 禁止利用古建筑当旅店、食堂、招待所或职工宿舍。

禁止在古建筑的主要殿屋进行生产、生活用火。

在厢房、走廊、庭院等处需设置生活用火时，必须有防火安全措施，并报请上级文物管理部门和当地公安机关批准。否则一律取缔。

第十三条 在重点要害场所，应设置“禁止烟火”的明显标志。

指定为宗教活动场所的古建筑，如要点灯、烧纸、焚香时，必须在指定地点，

具有防火设施，并有专人看管或采取值班巡查等措施。

第十四条 在古建筑物内安装电灯和其他电器设备，必须经文物行政管理部门和公安消防部门批准，并严格执行电气安全技术规程。

已经引入电源的重点文物保护单位，要补办审批手续。凡违反消防安全要求的，必须限期拆除或另行安装。

第十五条 凡与古建筑毗连的其他房屋，应有防火分隔墙或开辟消防通道。

古建筑保护区的通道、出入口必须保持畅通，不得堵塞和侵占。

第十六条 古建筑需要修缮时，应由古建筑的管理与使用单位和施工单位共同制订消防安全

措施，严格管理制度，明确责任，并报上级管理部门和当地公安机关批准后，才能开工。在修缮过程中，应有防火人员值班巡逻检查，遇有情况及时处理。

第十七条 为预防雷击引起火灾，在高大的古建筑物上，应视地形地物需要，安装避雷设施，并在每年雷雨季节前进行检测维修，保证完好有效。

第十八条 各古建筑的管理与使用单位，应结合单位实际情况，制订消防安全管理的具体办法，明文公布执行。

第四章 灭 火

第十九条 古建筑保护区，必须设有相当数量的消防用水。在城市有消防管道的地区，要参照有关规定的要求，设置消火栓。在缺乏水源的地区，要增设消防水缸，修建蓄水池。供古建筑消防用水的天然水源，要在适当地点修建可供消防车吸水的码头。原有的天然水源，应妥善维护，保障消防用水。

第二十条 古建筑管理与使用单位应根据需要，配备相应的灭火器具与报警设施。在收藏、陈列珍贵文物的重点要害部位，要根据实际需要，逐步安装自动报警与灭火装置，定期测试，保持完好。

第二十一条 公民在发现火警时，应迅速报警，并立即进行扑救。

起火单位的领导人，必须及时组织力量，迅速有效地进行扑救。邻近单位和群众均应积极支援。

第五章 奖 惩

第二十二条 认真执行本规则，在预防火灾中工作积极、成绩显著，在灭火战斗中英勇机智、表现突出，使国家财产免受重大损失者，主管部门应予表彰和奖励。

第二十三条 违反本规则，对防火工作放任自流，玩忽职守；以及引起火灾，使国家财产遭受损失者，应分别情节轻重，由主管部门予以行政纪律处分。或由公安、司法机关依法查处，直至追究刑事责任。

第六章 附 则

第二十四条 本规则由文化部、公安部联合制订。各省、市、自治区文化、公安部门可结合当地情况，制订实施细则。

第二十五条 本规则自公布之日起执行。

关于使用文物古迹拍摄电影、电视故事片的暂行规定

（文化部　文物字〔1984〕2045号　1984年12月11日）

近年来，国内、香港以及外国一些电影、电视厂，在单独或联合拍摄电影、电视故事片中，使用文物古建筑作为场景，使用馆藏文物作为服装、道具的现象日益增多，从而损坏文物古迹的事件不断发生。为了确保文物古迹的安全，又为一些摄制单位提供可资使用的文物古迹场景，特作如下规定：

一、全国重点文物保护单位之古建筑（包括古建筑、古墓葬、石窟寺和革命纪念建筑物等，下同），可以使用其室外作为拍摄电影、电视故事片场景，室内一律不得作为拍摄场景。

二、省、自治区、直辖市级重点文物保护单位，可以适当放宽。但有壁画、彩塑、悬塑、浮雕、雕龙柱、楠木殿（房）等重要文物的古建筑，不能提供作为拍摄内景。具体哪些古建筑可以提供作为拍摄内景，由省、自治区、直辖市文物行政部门决定。

三、市、县级重点文物保护单位以及内定尚未公布为文物保护单位的古建筑的提供问题，由省、自治区、直辖市文物行政部门按第二条所述原则决定。

四、古建筑之屋，宫墙、院墙之墙脊，有壁画、雕刻之墙壁、走廊，以及保护范围内之古塔、古树、石碑、假山、雕刻物等附属文物，均不得作为演员格斗、攀登、跳跃、碰撞等的实景使用。

五、文博单位的馆藏藏品，一律不得提供作为拍摄电影、电视片的服装、道具使用。

六、拍摄单位要求使用文物古建筑的，须事先提出申请并提供分镜头剧本，列明使用某古建筑场地拍摄某场戏，由所在地的省、自治区、直辖市文物行政部门审核批准。有外国人、华侨、港澳同胞参加的摄制组去非开放地区拍摄的，应先征得外事、公安、军事部门同意后，始得向文物部门提出申请。

七、拍摄单位在开拍前，应向管理古建筑的保管所（或相应机构，下同）交验省、自治区、直辖市文物行政部门的批准函件并与保管所签订保护文物的协议书，由保管所安排拍摄时间。在保证文物不受损坏的前提下，保管所应积极协助拍摄单位做好拍摄工作。不能交验省、自治区、直辖市文物行政部门批准函件的，保管所有权拒绝提供拍摄场地。

八、拍摄过程中，保管所应指派本所工作人员在场陪同，以确保文物古建的安全。如发现拍

摄单位有超出批准项目或不遵守协议书的行为，保管所有权制止其拍摄活动。

九、拍摄单位使用文物古建筑拍摄电影、电视故事片应向保管所支付文物保养费；对协助拍摄的保管所工作人员，应支付劳务费；为拍片影响观众参观造成保管所减少收入的，应支付补偿费。支付费用的标准由所在地省、自治区、直辖市文物行政部门制订，报文化部文物局备案。

革命纪念馆工作试行条例

（文化部　文物字〔85〕16号　1985年1月9日）

总　则

第一条　各类革命纪念馆是为纪念近、现代革命史上重大事件或杰出人物并依托于有关的革命遗址、纪念建筑而建立的纪念性博物馆，是有关的革命遗址、纪念建筑和文物资料的保护收藏机构、宣传教育机构和科学研究机构，是我国博物馆事业的重要组成部分。

第二条　革命纪念馆的工作应以马列主义、毛泽东思想为指导，坚持为人民服务、为社会主义服务的方向，对人民群众特别是青少年进行历史唯物主义、爱国主义和革命传统教育，提高人民群众的共产主义觉悟和道德水平。

第三条　革命纪念馆的业务工作，应以有关的革命遗址、纪念建筑和文物资料为基础，实事求是地反映重大事件和杰出人物在革命历史中的地位和作用，正确表现领袖、政党、阶级、群众的关系。

调查征集

第四条　调查征集是革命纪念馆各项业务工作的首要环节，是充实馆藏文物、资料的主要途径，是提高宣传教育质量的重要保证。

第五条　调查征集工作应根据本馆的性质和任务，结合陈列宣传工作和对有关事件或人物系统研究的需要进行；制订长远规划和近期计划，努力做到目的明确、重点突出、内容具体、先后有序。在当前，应积极抢救易损毁、易散失的文物、资料。

第六条　调查征集工作应当紧密依靠各级党政领导，充分发动群众，注意工作方法。征集到的文物必须有科学详明的原始记录；征集到的文字资料必须反复核实，鉴别真伪。

在征集革命文物的同时，也应重视对反面文物、资料的收集。

第七条　对捐献文物、资料有贡献的单位和个人，应给予适当的精神鼓励或物质奖励。

保护收藏

第八条　革命遗址、纪念建筑和文物、资料是国家宝贵的物质文化遗产，是革命纪念馆各项业务活动的物质基础，革命纪念馆必须按照《中华人民共和国文物保护法》的规定，做好有关革命遗址、纪念建筑和文物、资料的保护工作。

第九条 革命纪念馆所属的革命遗址、纪念建筑应分别确定为各级文物保护单位，做到有档案记录、标志说明、保护范围、专人管理。各革命纪念馆在制订建设规划时，应注意保护革命遗址、纪念建筑的环境风貌和历史气氛。

第十条 有关革命遗址和纪念建筑的修缮，应坚持“保持现状”或“恢复原状”原则，严禁任意拆改。如原建筑已经全毁，一般不再恢复，可就地立碑说明，以示纪念。如属意义重大，必须复建的，应由当地文物行政管理部门申报上级文物主管部门审核。

第十一条 革命文物、反面实物资料、复制品、仿制品和代用品应分别立账，参照《博物馆藏品保管试行办法》进行管理。枪支弹药等文物入藏前须经技术处理，并按政府有关规定严格管理。

第十二条 调拨、交换文物，须经省文物行政管理部门批准，一级文物须经文化部文物局批准。

革命纪念馆收藏的文物、资料，除不宜公开使用和发表的外，均有向社会提供研究参考和使用的义务。

第十三条 革命遗址、纪念建筑和文物库房应采取防火、防盗、防潮、防虫、防污染措施，附近严禁堆放易燃、易爆物品，以确保安全。

陈列展览

第十四条 陈列展览是革命纪念馆工作的中心环节，是宣传教育人民群众的重要手段；必须遵循历史唯物主义的原则，以有关革命遗址、纪念建筑的史实为内容，力求符合历史的真实。

陈列中涉及党史、军史重大问题的内容，须请示上级党委审定。

第十五条 原状陈列是对特定事件或人物活动历史场景的复原再现，应尽可能多地使用原物。其中具有重要意义的珍贵文物，在使用时应注明收藏时间、捐献者及其历史价值。原有物品已损毁散失的，可使用复制品、仿制品和代用品，并加以注明。

第十六条 辅助陈列是原状陈列的补充。以事件历史为内容的辅助陈列，应围绕所纪念的事件划定时间上下限；以人物历史为内容的辅助陈列，应以所纪念人物的生平为表现内容；纪念同一事件或同一人物的革命纪念馆，各自应以事件或人物在当地的革命活动及影响为主要表现内容。

辅助陈列的设计要不断探索新的艺术形式，力求生动活泼，丰富多彩。

第十七条 在搞好原状陈列和辅助陈列的同时，有条件的馆还可举办临时展览和流动展览，最大限度地发挥馆藏文物、资料的作用。

第十八条 辅助陈列应尽可能利用革命遗址、纪念建筑中不需要进行原状陈列的房舍，一般不新建辅助陈列室，以免破坏革命旧址、纪念建筑的环境气氛。

宣传教育

第十九条 宣传教育工作是革命纪念馆联系人民群众的纽带，是充分发挥陈列展览宣传教育作用的重要环节。革命纪念馆应加强宣传教育工作，主动地有计划地组织集体观众参观。

第二十条 导引讲解，是宣传教育工作的主要活动，要努力做到因人而异。在各种讲解场合，既要注意内容的科学性、完整性，又要力求活泼生动。特别要注意结合陈列讲解具有现实意义的内容。

第二十一条 结合本馆的性质和任务，编辑出版说明书、文物图片、资料汇编和通俗宣传材料，举办革命故事会、报告会、座谈会，开展小分队活动，恢复和建立“纪念馆之友”的群众性组织，密切和扩大同人民群众的联系。

科学研究

第二十二条 科学研究是革命纪念馆各项业务活动的基础性工作。要重视和加强科学研究，不断提高业务和管理水平。

第二十三条 革命纪念馆的科研工作主要是：对革命遗址、纪念建筑、馆藏文物资料及其保护技术和管理、陈列结构和表现手法、讲解艺术和心理效果等问题的研究；对于有关具体人物、事件、地方革命史的研究，以及纪念馆管理工作的研究。

第二十四条 科研工作必须从事业和工作需要出发，科学地制订和选择研究课题，定人、定时做出专题报告，及时将研究成果汇编出版，并反映到各项业务活动中去。

第二十五条 建立健全信息收集和交流机构，为本馆和社会科研工作服务。

加强与科研单位、大专院校或有关部门的协作，善于利用社会的科研成果，补充本馆研究力量之不足。

工作人员

第二十六条 革命纪念馆的工作人员，应拥护党的领导，有强烈的事业心和高度的责任感。领导干部应具有较高的理论水平和政策水平，有胜任领导工作的组织能力，有一定文化水平和专业知识，年富力强，作风正派。

第二十七条 业务人员应具有高中以上文化程度，具备有关的基础知识和专业知识，好学上进，钻研业务，忠于职守，热心为群众服务。

第二十八条 有计划地改善工作人员的知识结构，提高他们的业务能力和知识水平，积极为工作人员评定职称、参加学术活动、进修、培训创造条件，鼓励他们自学成才。

第二十九条 根据我国现行行政区划，革命纪念馆分别由国家、省（自治区、直辖市）、市

（地）、县级文化行政部门实行业务领导。

第三十条 实行馆长责任制。馆长按规定的范围有人事任免权，经费使用权和业务指挥权。

第三十一条 革命纪念馆应精兵简政，建立岗位责任制和相应的考核、晋升、奖惩制度。必要时可采取招聘制、合同制，以补充德才兼备的工作人员。

第三十二条 革命纪念馆可根据需要组织咨询性的学术委员会，讨论和研究本馆的重要业务工作。学术委员会可由老干部、专家、学者、社会人士和馆内业务人员组成。

经 费

第三十三条 革命纪念馆的经费除由所属各级政府拨给外，还可承包科研合同、编印书刊资料、接受捐款、组织基金会筹集资金。

第三十四条 在国家政策允许的范围内，在确保革命遗址、纪念建筑、文物安全及其周围环境风貌的前提下，可因地制宜，开办各种形式的服务项目，为观众服务，为社会服务，同时增加收入。

第三十五条 革命纪念馆要加强经济核算和经营管理。各种经济收益要用以发展事业和改善全体工作人员的生活福利。

附 则

第三十六条 本条例适用于全国文物系统所属的革命纪念馆。其他类型纪念馆可根据实际情况参照执行。

第三十七条 本条例自公布之日起试行。

博物馆安全保卫工作规定

（文化部、公安部　文物字〔1985〕59号　1985年1月25日）

第一章　总　则

第一条　博物馆是文物、标本、资料的主要收藏处所，是国家必须严加防护的要害部门之一。为了确保文物标本安全，保证博物馆各项工作的正常开展，更好地发挥博物馆的宣传教育作用，现根据《中华人民共和国文物保护法》有关规定制订本规定。

第二条　博物馆安全保卫工作，必须认真贯彻执行“预防为主，确保重点，打击敌人，保障安全”的方针，实行逐级安全岗位责任制，加强内部治安管理，积极推进综合治理。

第三条　本规定由博物馆的行政领导组织实施，上级文物行政管理部门和当地公安机关对实施情况进行监督检查。

第二章　领导职责

第四条　博物馆行政领导的主要职责是：

一、认真贯彻国家和地方政府颁布的安全保卫工作的政策法令，以及公安机关有关的规定和部署。

二、加强对保卫工作的领导。要把安全保卫工作纳入全馆重要议事日程，做到有计划、有检查、有总结、有评比。

三、经常对职工进行安全教育，克服麻痹思想，发动并依靠全馆职工做好安全保卫工作。

四、定期听取安全保卫工作汇报，组织检查各项安全保卫工作的执行情况。每逢重大节日和重要活动，会同公安机关进行全馆安全大检查，发现隐患，认真整改，及早消除。

五、对本单位发生的事故和案件，应及时果断处置，查明原因。对保护文物有功人员和失职人员给予奖、惩。

第三章　保卫组织

第五条　中央直属、省、自治区、直辖市的博物馆和藏品较多的地、市博物馆，应设立保卫处、科；其他地方的博物馆，应设保卫股或专职保卫干部。

博物馆保卫干部和警卫人员（含技术安全设备管理人员和巡逻人员）总数应占全馆职工人数

的百分之十左右；百人以下的或地点分散的博物馆可超过百分之十的比例。配备保卫干部和警卫人员，必须保证政治素质和业务素质。并根据博物馆安全保卫工作的需要，给予适当的生活补贴。

第六条 博物馆保卫组织要认真对待国家有关保卫处、科任务的规定。并做好以下工作：

一、根据公安机关的要求，结合本单位实际情况，提出安全保卫工作的实施意见，报请馆领导统一部署。

二、监督检查本单位对国家和地方政府颁布的有关安全保卫工作的政策法令的贯彻执行情况；监督检查对公安机关有关规定部署的执行情况；监督检查对危险隐患的整改落实情况。对违章作业，有权当场制止。

三、经常检查整顿包括开放路线在内的各重要部位的治安管理情况，配合公安机关认真做好重要内外宾客的安全保卫工作。

四、制订防盗、灭火的应急方案，半年组织一次演习。发生案件、事故，应立即报告公安机关和上级文物行政管理部门，并积极协助公安机关追查原因，组织侦破，对失职人员提出处理建议。单位负责人对失职人员包庇姑息的，保卫干部有权向上级文物行政管理部门和公安、检察机关如实反映情况。

五、积极参与对新建、扩建、改建施工项目设计方案中安全防范部分的审查，并监督实施和竣工的验收。

六、经常了解要害部位人员的情况，发现不适合在要害部位工作的，要建议领导妥善调整。

第四章 重点要害部位

第七条 为了贯彻“预防为主，确保重点”的方针，博物馆应研究确定本馆的重要要害部位，切实加强安全防范工作。重点要害部位是指：

一、文物存放部位，如库房、展厅、修复室等。

二、容易发生火灾部位，如化验室、配电室等。

三、机要部位，如人事档案室、控制室、文献资料室等。

第八条 确定重点要害部位由馆领导批准，并报上级文物行政管理部门和当地公安机关备案。重点要害部位确定后，有关主管部门要发动职工讨论制定安全保卫措施，加强对职工的审查。保卫组织协助实施，检查落实，建立要害部位档案。

第五章 防　盗

第九条 建立和健全以安全岗位责任制为中心的各项安全管理制度，制定防盗措施。各级负责人要经常检查，监督落实。

第十条 文物库房、展厅和其他存放文物场所的建筑必须坚固，门窗尤须保险可靠，并安装报警器。凡不具备安全条件的场所，禁止存放文物。技术安全设备不够完善的展厅，不得陈列一级品文物。

第十一条 凡收购、登记、鉴定、编目、入库、使用、出库和调拨、交换文物，必须制定严格，手续完备。文物保管人员应相对稳定。管理文物总账人员不得兼管文物。

每年六月、十二月应对一、二级文物进行清理查核。

第十二条 凡文物库房搬迁、修整，文物巡回展出，馆内展览布陈、撤陈期间等均应加强组织领导，明确分工，专人负责，保障安全。

第十三条 新设展室或文物巡回展出，事先须经保卫组织（重要的展出须报请公安机关）进行安全检查，安全无保证的，不准展出。

文物巡回展出和提取文物到馆外鉴定或调拨、交换，应派专人护送，提高使用交通工具的级别。特别重要的，应请求当地公安机关派干警押送。

第十四条 展厅工作人员和警卫人员值勤时，必须忠于职守，不得擅离岗位，发现可疑迹象，立即报告领导。

认真做好开馆前和闭馆后的文物检查和清馆净场工作，填写安全检查记录或交接班登记。切实加强闭馆期间的警卫巡逻和干部值班制度。

第十五条 对犯罪分子可能利用的登高工具和有利地形、建筑，要及时处理，并重点加强警戒。

第六章 消 防

第十六条 博物馆必须认真执行《中华人民共和国消防条例》和公安部、文化部颁布的《古建筑消防管理规则》。

第十七条 博物馆应建立由馆领导为主要负责人的防火安全组织，全面负责全馆的消防安全工作。按实际需要，配备专职或兼职消防干部，组织群众性的义务消防队。

第十八条 在防火安全组织领导和公安机关消防部门的指导下，博物馆保卫组织要根据本馆具体情况，明确消防重点，制定防火制度和灭火方案，配备灭火器具和报警设施，进行安全防火检查，消除火险隐患，追查发生火灾的原因，并加强对消防干部和义务消防队的领导和训练。

第十九条 增设、更新文物库房和展厅的陈列柜、架，要逐步改用金属柜、架。

第七章 技术预防

第二十条 博物馆要对文物库房和陈列室安装必要的防盗报警设备，并要因地制宜，制订技术防范规划。

第二十一条 选择技术安全设备，应经过公安部门鉴定或经其他单位使用证明性能良好，并根据本馆的自然环境和具体条件，选择产品的种类和数量。一般应使用两种或多种报警设备，形成点、线、面、空间综合报警系统控制网，有条件的应安装电视摄影、录像装置。

第二十二条 技术安全设备的种类、数量、性能和安装的部位，电缆的走向，信号的使用及值班人员的工作规律等，均属机密，不得泄露，并建立技术档案。

第二十三条 控制室应尽可能选在控制设备的中心，必须隐蔽保密，不得兼做它用。控制室应注意防火、防尘、防潮、通风。设专线供电。应有备用电源和专用通信工具。

第二十四条 技术安全设备较多的控制室，必须设专职人员负责安装、检查、维修和使用。值班员必须熟悉机器性能、信号使用和对紧急情况的处置。要坚持双人值班，建立严格的值班登记制度。人员要保持相对稳定，并注意培训专门的技术人才。

第八章　奖　惩

第二十五条 对在文物安全保卫工作中成绩显著，有下列贡献的单位和个人，分别给予表扬、奖状、奖金、晋级、提职和记功：

一、安全措施落实，忠于职守，全年未发生案件、事故的单位和个人；

二、主动发现隐患，及时果断处置，避免发生案件、事故者；

三、积极反映情况，提供线索，协助公安保卫部门破案，有显著贡献者；

四、为保护国家财产，与犯罪分子和自然灾害斗争中奋不顾身的有功人员；

五、保卫干部和警卫人员对安全保卫工作认真负责，全年未发生较大的案件、事故者。

第二十六条 对有下列情形之一者，应视其情节轻重，分别给予政纪处分，经济制裁，直至追究刑事责任：

一、凡因对安全保卫工作不重视，对重大隐患不积极整改，或有条件安装报名设施而不予安装，以致造成案件、事故的单位和个人；

二、有章不循，玩忽职守，违章操作，致使文物被盗或发生事故者；

三、保卫干部和警卫人员不坚持原则，发现重大问题不请示汇报，造成案件、事故者；

四、对文物被盗、损坏、丢失等情况，隐匿不报者；

五、以权谋私、倒卖文物者，监守自盗者，内外勾结作案者；

六、知情不举，窝赃、销赃者。

第九章　附　则

第二十七条 本规定适用于全国各级博物馆。文物店及其他文物收藏单位，可根据本单位实际情况参照执行。

第二十八条 各单位应根据本规定，结合具体情况，制定切实可行的实施办法。原有规章制度如与本规定相违背的，即行废止。

国家文物鉴定委员会条例

（文化部　1985 年 9 月 11 日）

第一条　为贯彻、执行《中华人民共和国文物保护法》，加强国家对文物的保护和管理，做好文物鉴定工作，特制定本条例。

第二条　国家文物鉴定委员会是国家文化行政主管部门设置的文物鉴定机构，负责对馆藏和流散文物的鉴定，评定文物的价值，为文物收集、保护、管理和执行有关保护法规提供依据。

第三条　国家文物鉴定委员会委员和常务委员，由中华人民共和国文化部聘请。委员会设主任委员一名，副主任委员二名，秘书长一名。

第四条　国家文物鉴定委员会任务：

（一）研究、审核博物馆、图书馆收藏的文物和善本图书的等级和标准。

（二）审定一级文物和善本图书。

（三）审定关于限制文物出口的界限和鉴定标准，并调查、研究执行的情况。

（四）根据有关部门要求，对涉及重大案件的文物进行鉴定，并提供鉴定证书或鉴定结论。

（五）根据国家的指令，承办各项有关文物鉴定的业务。

（六）总结文物鉴定经验，交流学术研究成果，培养文物鉴定人才。

第五条　在文物鉴定工作中，要有科学态度和负责精神，如有分歧意见，要发扬学术争鸣精神，允许保留不同意见。

第六条　国家文物鉴定委员会根据具体情况，可依照本条例拟定工作细则。根据需要，常务委员会可约请有关专业人员参加某项鉴定工作。注意发现有一定文物鉴定水平的中、青年，并向文化部建议聘为委员。

第七条　国家文物鉴定委员会所需费用，由文化部文物局文物事业费中拨付。

第八条　本条例经文化部批准后生效。

省、自治区、直辖市文物考古研究所工作条例（试行）

（文化部　文物字〔1986〕669号　1986年5月29日）

一、总　则

第一条　省、自治区、直辖市文物考古研究所是各省、自治区、直辖市文化（文物）行政管理部门领导下的文物保护和科学研究机构。

第二条　文物考古研究所承担领导部门下达的有关文物的调查、保护、发掘、研究和宣传工作。对地、市、县的文物工作进行业务辅导。

第三条　文物考古研究所必须模范执行《中华人民共和国文物保护法》及其他有关法令、条例和规程。

二、文物调查

第四条　要有计划地开展区域性普查和专题性调查，积极推动各地（市）、县（市）的文物调查工作。

第五条　逐步掌握古代文化遗存的分布、价值和保存现状等，负责编制和增订文物分布图、登记表及有关资料。

三、文物保护

第六条　向文化（文物）行政管理部门提供省、自治区、直辖市级文物保护单位和全国重点文物保护单位的有关资料，协助制订保护规划和落实保护措施。协助有关政府部门审定市、县级文物保护单位。

第七条　协助文化（文物）行政管理部门按照有关古建筑保护的规定，做好古建筑、纪念建筑物、石窟寺等的保养、修缮和技术审查指导工作。

第八条　做好历史文化名城的调查和研究，为在城市规划中保护好文物提供科学依据。

第九条　协助文化（文物）行政管理部门制止和调查处理文物破坏事件。

四、考古发掘

第十条 考古发掘工作要以配合国家经济建设为主。对于为解决学术问题而进行的主动发掘要严格控制。要及时进行各类抢救性发掘。

第十一条 加强对考古发掘工地的领导，严格执行《田野考古工作规程》，确保田野发掘工作符合科学要求。

第十二条 发掘结束后，及时向上级文化（文物）行政管理部门汇报发掘情况和保护意见。及时组织力量整理发掘资料，编写发掘报告。

第十三条 对于文物调查、考古发掘、古建筑维修的原始资料（包括文字记录、图纸、照片、拓片、录像、电影胶片等）、实物标本和文物保护单位的档案等，要制订严格的管理制度。确定专人保管。

加强图书资料管理和国内外文物考古情报的收集、编译工作。

第十四条 田野发掘出土的文物标本在编写完发掘报告后，除留下必要的科研资料外，应及时造册移交给省、自治区、直辖市文化（文物）行政管理部门指定的单位。

第十五条 一切记录资料都是国家的财富，应及时归档，任何人不得随意留存和占有。其他单位和个人如需查阅、引用本所未经发表的资料，须先征得本所的同意。

五、科学研究

第十六条 科学研究应贯穿于本机构一切业务活动。文物普查、考古发掘、古建筑维修、文物保护、文物考古资料整理汇集等各项重要业务活动，都是科学研究工作。应根据本地区实际情况选择学术研究课题、制订科研规划，积极开展学术交流与合作，编写学术资料、论著等。

要有计划地、系统地编写（或参加编写）各类介绍文物古迹的科学普及文章和书籍。

第十七条 加强文物保护科学技术研究，提高田野考古和古建筑维修的技术水平，配置必要的设备。加强绘图、摄影、录像、修复、测量、拓印等技术工作。

应重视对国内外各学科新技术、新成果的研究、利用和推广。

六、组织机构

第十八条 文物考古研究所实行所长负责制。

根据工作需要，所内一般可设立文物保护、田野考古、古建筑维修、技术、图书资料档案等业务工作部门。各工作部门都要有明确的职责范围，实行岗位责任制。

后勤工作要保证业务和科研工作的进行，努力改善职工的工作和生活条件。

第十九条 组织田野考古、古建筑维修工作队，实行领队负责制。根据工作需要可以在重点地区设立工作站。

要加强对野外工作人员的领导，关心其政治思想、生活、学习等。

七、队伍建设

第二十条 建立革命化、年轻化、知识化、专业化的领导班子。领导干部要深入文物保护和科学研究工作第一线，不断提高自己的业务水平和管理水平。

第二十一条 全体工作人员都要认真学习马列主义、毛泽东思想，树立为祖国文物考古事业献身的精神和高尚的职业道德，艰苦奋斗，团结协作，刻苦钻研业务，不断提高专业水平和工作能力。

第二十二条 认真执行党的干部政策和知识分子政策。要保证专业人员的适当比例（不得少于总人数的五分之四），并保持相对稳定。

根据有关规定做好考核、聘任、晋级、培训和奖惩工作。招收和调入新工作人员须经考核，择优录用。

八、附　则

第二十三条 在另行设立古建筑保护研究所的省、自治区、直辖市，本条例规定的有关古建筑方面的任务由该所承担。本条例的原则也适用于该所。

第二十四条 本条例自公布之日起实行，修改解释权在文化部。

文化部、公安部关于检查落实文物和古建筑防火安全措施的通知

（〔86〕文物字第668号）

各省、自治区、直辖市文化厅（局）、文物局、文管会，公安厅（局），文化部直属文博单位：

古建筑是我国珍贵的历史文化遗产，是国家文明的重要标志。党的十一届三中全会以来，各级人民政府对文物古建筑的保护做了大量工作。在发布《古建筑消防管理规则》、《博物馆安全保卫工作规定》后，各地进一步建立健全了各项管理制度，使文物古建筑的保护工作走上了依法管理、科学管理的轨道，取得了一定的成绩。

但是由于某些历史的原因，以及新形势下出现的一些新问题，有法不依、有章不循、违法不究的现象仍相当严重，近几年古建筑毁于大火的事件时有发生。一九八四年布达拉宫强巴佛殿失火，一九八五年甘肃拉卜楞寺大经堂全部被焚毁，造成了无可挽回的巨大损失。沉痛教训，实应吸取。

最近参加全国人大六届四次会议的四十一名代表和参加全国政协六届四次会议的二十五名政协委员就“进一步加强古建筑消防工作”提出了议案和提案，要求对全国重点文物保护单位进行全面消防检查，认真贯彻《古建筑消防管理规则》和其他有关法规，禁止在古建筑内开设易于引起火灾的饭店、餐厅、茶馆等，禁止擅自在古建筑内从事拍摄电影等活动。

我们认为，这些议案和提案是正确的。为进一步落实文物和古建筑的各项安全管理措施，从已经发生的火灾事故吸取教训，防患于未然，确保文物和古建筑的安全，请各省、自治区、直辖市文物行政主管部门和公安机关会同宗教、园林等部门，对辖区内的各级文物单位和古建筑逐个进行认真检查，要求：

一、在古建筑保护范围内，禁止堆存柴草、木料等易燃可燃物品，并严禁燃放鞭炮；在非指定的宗教活动场所的寺庙内，禁止点灯、烧纸、焚香，对指定的宗教活动场所，也要严加管理。

二、在重点保护的木质结构的古建筑内，一般不准安装电灯和其他电气设备，如必须安装使用，须经当地文物行政管理和公安消防部门批准，并严格执行电气安装使用规程。

三、对有雷击危险的古建筑，要安装避雷设施，并在每年的雷雨季节前，进行检测维修，保

证完好有效。

四、禁止用古建筑当旅馆、食堂、招待所和职工宿舍；严禁在古建筑内搭建易燃建筑。

五、在古建筑内要配置消防器材和报警设备，设置足够的消防用水，灭火剂应按期更新。

六、古建筑的管理和使用单位，要建立健全防火责任制，认真履行各自的职责，切实做好消防安全工作。

通过检查，对发现的问题，要明确主管领导机关和使用单位的责任，能立即整改的立即整改，暂时不能整改的要逐项登记，限期整改。各级公安机关要把文物和古建筑列为保卫重点，加强日常的消防监督检查，对文物单位和古建筑发生的火警和火灾事故，要逐件登记，认真查处，需要追究治安行政责任或刑事责任的，除追究直接责任人外，还应追究主管领导人的责任。

请各地在七月底以前将检查落实的情况分别报送文化部、公安部。文化部、公安部将组织联合工作组到一些地方进行重点检查。

文化部　公安部

一九八六年六月二日

博物馆藏品管理办法

（文化部　文物字〔1986〕730号　1986年6月19日）

第一章　总　则

第一条　为了准确鉴别藏品的历史、艺术和科学价值，加强藏品的保护管理，确保藏品的安全，充分发挥藏品的作用，根据《中华人民共和国文物保护法》有关条款，制定本办法。

第二条　博物馆应根据本馆的性质和任务收集藏品。藏品必须具有历史的或艺术的或科学的价值。藏品必须区分等级，一般分为一、二、三级。其中，一级藏品必须重点保管。

第三条　博物馆对藏品负有科学管理、科学保护、整理研究、公开展出和提供使用（对社会主要是提供藏品资料、研究成果）的责任。保管工作必须做到：制度健全、账目清楚、鉴定确切、编目详明、保管妥善、查用方便。

第四条　藏品保管是博物馆一项经常性的重要业务工作，应由馆长分工负责领导。必须设立专门保管部门或配备专职保管人员。保管人员必须实行岗位责任制，并保持相对稳定。

第五条　保管工作人员必须认真学习马列主义，刻苦钻研业务，忠于职守，廉洁奉公。对于接触有毒药品、尘埃的保管工作人员，应按照当地有关工种享受相应的劳动保护福利待遇。

第六条　为保证藏品安全，进行科学研究或充分发挥藏品的作用，文化部文物局可以调拨或借用全国文物系统所属各博物馆的藏品；省、自治区、直辖市文物行政管理部门可以调拨或借用本行政区域内文物系统所属各博物馆的藏品，其中一级藏品的调拨、交换，须经文化部文物局批准。

第二章　接收、鉴定、登账、编目、建档

第七条　征集文物、标本时，必须注意收集原始资料，认真做好科学记录，及时办理入馆手续，逐件填写入馆凭证或清册，组织有关人员认真进行鉴定，确定真伪、年代、是否入藏并分类、定名、定级。鉴定记录应包括鉴定意见及重要分歧意见。凡符合入藏标准的，应连同有关原始资料一并入藏。各种凭证每年装订成册、集中保存。

第八条　登账

1. 藏品总登记账是国家科学、文化财产账，设专人负责管理，永久保存。登记时要严格按照文化部文物局规定的格式，逐件、逐项用不褪色墨水填写，字迹力求工整清晰。如有订正，用红

墨水划双线，由经办人在订正处盖章。未登入藏品总登记账的大量重复品、参考品和作为展品使用的复制品、代用品、模型等，应另行建账，妥善保管。

管理藏品总登记账的人员不得兼管藏品库房。

2. 藏品定名

自然标本按照国际通用的有关动物、植物、矿物和岩石的命名法规定名；历史文物定名一般应有三个组成部分，即：年代、款识或作用；特征、纹饰或颜色；器形或用途。

3. 藏品计件

单件藏品编一个号，按一件计算。成套藏品按不同情况分别处理：组成部分可以独立存在的，按个体编号计件；组成部分不能独立存在的，按整体编一个号（其组成部分可列分号），也按一件计算，在备注栏内注明其组成部分的实际数量，以便查对或统计。

4. 藏品计量单位

按照国家计量总局公布的统一法定计量单位办理。

5. 藏品时代

按其所属的天文时代、地质时代、考古文化期、历史朝代或历史时期而定。中华人民共和国成立以前的文物，有具体纪年的写具体纪年，并加注公元纪年；具体纪年不明的写历史朝代或历史时期。中华人民共和国成立后的文物，一律写公元纪年。

6. 藏品现状

写明完残情况及重要附件等。

7. 藏品来源

写直接来自的单位、地区或个人，并注明“发掘”、“采集”、“收购”、“拨交”、“交换”、“拣选”、“捐赠”、“旧藏”等。自然标本应写明时代和产地；出土文物应写明出土时间、地点和发掘单位；近、现代历史文物应写明与使用者和保存者的关系。

8. 藏品总登记账、藏品分类账上的登记号，应用小字清晰地写在藏品的适当部位（不妨碍观瞻、不易摩擦之处）或标签上，并回注在入馆凭证（清册）和总登记账上。

第九条 编目、建档

1. 博物馆必须建立藏品编目卡片。编目卡片是反映藏品情况的基本资料，是藏品保管和陈列、研究的基础工作。除填写总登记账的项目外，还必须填写鉴定意见、铭记、题跋、流传经历等。文字必须准确、简明，并附照片、拓片或绘图。

2. 博物馆必须建立藏品档案，编制藏品分类目录和一级藏品目录。《一级藏品档案》和《一级藏品目录》的格式由文化部文物局规定。

各博物馆的《一级藏品档案》和《一级藏品目录》报本省、自治区、直辖市文物行政管理部门和文化部文物局备案。

3. 为加强博物馆的现代化建设，各地博物馆可根据本馆经济及人才条件，逐步使用电子计算机管理藏品。

第三章　藏品库房管理

第十条　藏品应有固定、专用的库房，专人管理。库房建筑和保管设备要求安全、坚固、适用、经济。建立定期的安全检查制度，发现不安全因素或发生文物损伤要及时处理并报告主管文物行政部门。发生火灾、藏品失窃等案件，应保护好现场并立即上报当地公安部门、文物行政管理部门和文化部文物局；发生一级藏品损伤等重大事故，应立即上报文物行政管理部门和文化部文物局，并查明原因，根据情节轻重给有关人员以必要的行政处分，直至追究法律责任。

第十一条　库房应有防火、防盗、防潮、防虫、防尘、防光（紫外线）、防震、防空气污染等设备或措施。库内及其附近应保持整洁，禁止存放易燃易爆物品、腐蚀性物品及其他有碍文物安全的物品，并严禁烟火。库房区无人时，应拉断该区所有电源开关和总闸。

第十二条　藏品要按科学方法分类上架，妥善庋藏。一级藏品、保密性藏品、经济价值贵重的藏品，要设立专库或专柜，重点保管。

第十三条　藏品出入库房必须办理出库、归库手续。对藏品的数量和现状，必须认真核对，点交清楚。藏品出库后，由接收使用部门负责保管养护，保管部门对使用情况进行监督和检查。使用部门应尊重藏品保管部门的意见，对发现的不安全因素，应及时予以纠正。

第十四条　严守库房机密，建立《库房日记》。非库房管理人员未经主管副馆长、馆长或藏品保管部门负责人许可，不得进入库房。经许可者由库房管理人员陪同入库，库房一般不接待参观。

第十五条　建立健全各类藏品的保护管理制度和安全操作规程。每年均应从博物馆的业务经费中划出适当比例，用以更新和添置必要的藏品保护、藏品庋藏设备，改善库房条件，减少、防止自然的和人为的因素对藏品的损害。

第四章　藏品的提用、注销和统计

第十六条　馆内需要提用藏品时，必须填写提用凭证，一级藏品、保密性藏品、经济价值贵重的藏品、经主管副馆长或馆长批准，其他藏品经保管部门负责人批准，始得办理出库手续，用毕应及时归库，按原凭证进行核对，办清手续。陈列的藏品，要以确保安全为原则，采取切实措施加强管理。纤维质素的文物要特别加强保护。每年提取的次数不宜过多，每次陈列的时间不宜过长，并应养护或避免紫外线照射。未用于陈列的藏品，必须及时归库。

第十七条　馆级负责人提用藏品，须经同级其他负责人同意。藏品保管部门负责人提用一级藏品，须经主管副馆长或馆长批准，提用其他藏品，须经本部门其他负责人同意，填写提用凭证后办理出库手续。

第十八条 馆外单位提用藏品时，一般应在馆内进行。一级藏品经主管副馆长或馆长批准，其他藏品经保管部门负责人批准后，由有关保管人员承办并负责藏品的安全，用后立即归库。

藏品借出馆外应从严掌握，一级藏品须经主管文物行政管理部门批准，其他藏品经主管副馆长或馆长批准后，办理借出手续。借用单位必须采取措施，确保藏品安全，并按期归还。

第十九条 藏品严禁出售或作为礼品。馆际之间藏品可相互支持、调剂余缺、互通有无。

调拨、交换一级藏品，须报文化部文物局批准，调拨、交换其他藏品，须报省、自治区、直辖市文物行政管理部门批准。

调拨、交换出馆的藏品，必须办理注销手续；进馆的藏品，必须办理登账、编目、入库手续。

第二十条 藏品总数及增减数字，每年年终应及时上报省、自治区、直辖市文物行政管理部门和文化部文物局。重要情况应附文字说明。

第二十一条 已进馆的文物、标本中，经鉴定不够入藏标准的，或已入藏的文物、标本中经再次鉴定，确认不够入藏标准、无保存价值的，应另行建立专库存放，谨慎处理。必须处理的，由本单位的学术委员会或社会上的有关专家复核审议后分门别类造具处理品清单，报主管文物行政部门批准后，妥善处理。

第五章 藏品的保养、修复、复制

第二十二条 积极开展藏品保护科学技术研究活动、运用传统保护方法和现代科学技术、设备防止自然因素（温度、湿度、光线、虫害、污染等）对藏品的损害。根据需要与可能，建立藏品消毒、修复、复制、标本制作和科学实验等设施。培养专门技术人员，逐步加强藏品保护科技力量。

第二十三条 因藏品保护或科学研究的特殊需要，必须从藏品上取下部分样品进行分析化验时，由馆长或其授权的人员组织技术人员会同藏品保管部门共同制定具体方案。一级藏品一般不予取样，尽量使用时代、类型、质地相同的其他藏品替代。必须使用一级品原件进行分析化验的，其取样方案，须报文化部文物局审批。其他藏品的取样方案由省、自治区、直辖市文物行政管理部门审批。

第二十四条 凡采用新的藏品保护、修复技术，应先经过实验，通过主管文物行政管理部门组织有关技术人员和专家评定鉴定后推广运用。未经过实验和评审鉴定证明可确保藏品安全的新技术，博物馆不得随意采用。

第二十五条 藏品修复时，不得任意改变其形状、色彩、纹饰、铭文等。修复前、后要做好照相、测绘记录，修复前应由有关专家和技术人员制定修复方案，修复中要做好配方、用料、工艺流程等记录。修复工作完成后，这些资料均应归入藏品档案，并在编目卡片上注明。

一级藏品的修复方案由主管副馆长或馆长审核同意后报上一级主管文物行政管理部门批准。

其他藏品的修复方案，国家博物馆和省、自治区、直辖市博物馆由藏品保管部门负责人批准或由藏品保管部门负责人会同科技修复部门负责人审批；其他博物馆由主管副馆长或馆长批准。

第二十六条 经常使用的一级藏品和容易损坏的藏品应予复制，作为陈列、研究的代用品。复制品应加标志，以免真伪混淆。复制品使用的材料、工艺程序、复制数量和复制时间等，均应做出详细记录归入藏品档案。

为藏品保管和陈列研究需要，复制一级藏品，由主管副馆长或馆长批准。这类复制品，不得作为商品对外提供。复制其他藏品，国家博物馆和省、自治区、直辖市博物馆由藏品保管部门负责人批准；其他博物馆由主管副馆长或馆长批准。

第六章 奖 惩

第二十七条 对在藏品保管工作中，有下列贡献的单位和个人，给予表扬或奖励：

1. 认真执行本办法，成绩显著的；

2. 库房保管措施落实，忠于职守，全年未发生文物损伤事故的；

3. 为保护藏品与违法犯罪行为坚决斗争的；

4. 在藏品保护科学和修复、复制技术方面有重要创造发明的；

5. 为博物馆征集文物、丰富馆藏做出特殊贡献的；

6. 长期从事藏品保管工作，贡献较大的。

第二十八条 有下列情形者，根据情节轻重给予批评教育或行政处分：

1. 违反本办法和《文物工作人员守则》的；

2. 发现藏品被盗、损坏或不安全因素，隐匿不报的；

3. 玩忽职守，违章操作，造成藏品损伤事故的；

4. 利用工作之便，以权谋私，中饱私囊但尚未构成刑事犯罪的。

第二十九条 有下列情形者，依法追究刑事责任：

1. 因渎职造成藏品（特别是一级藏品）重大损失，情节严重的；

2. 监守自盗藏品的或内外勾结、偷盗藏品的，依照《中华人民共和国刑法》有关条款从重制裁。

第七章 附 则

第三十条 本办法自公布之日起施行，适用于全国文物系统所属的各类型博物馆，同时也适用各级文物考古研究所和文物保管所。

第三十一条 本办法由馆长组织实施，当地主管文物行政管理部门和上级文物行政管理部门对实施的情况进行必要的指导、监督和检查。

第三十二条 各博物馆可根据本办法，结合具体情况，制定补充规定。原有规章制度中与本办法相违背的，以本办法为准。

第三十三条 各博物馆藏品保管部门或保管人员对违反本办法及馆内补充规章制度，妨碍文物安全的行为，有权不执行。双方认识无法统一时，由馆长决定。如仍存不同意见时，藏品保管部门可向主管文物行政管理部门反映并执行其最终决定。

纪念建筑、古建筑、石窟寺等修缮工程管理办法

（文化部　文物字〔1986〕917号　1986年7月12日）

第一条　根据《中华人民共和国文物保护法》（以下简称《文物保护法》）第十四条的规定，制定本办法（以下简称“办法”）。

第二条　本“办法”包括以下对象：纪念建筑、古建筑（含近代典型建筑）、石窟寺壁画、造像、古碑石刻等。

第三条　纪念建筑、古建筑、石窟寺壁画、造像、古碑石刻等修缮工程，应严格遵守“不改变原状”的原则。“不改变原状”的原则，系指始建或历代重修、重建的原状。修缮时应按照建筑物的法式特征、材料质地、风格手法及文献或碑刻、题铭的记载，鉴别现存建筑物的年代和始建或重修、重建时的历史遗构，拟定按照现存法式特征、构造特点进行修缮或采取保护性措施；或按照现存的历代遗存，复原到一定历史时期的法式特征、风格手法、构造特点和材料质地等，进行修缮的原则。

第四条　纪念建筑、古建筑、石窟寺的修缮，依工程性质，可分为以下五类：

（一）经常性保养维护工程；

（二）抢险加固工程；

（三）重点修缮；

（四）局部复原工程；

（五）保护性建筑物与构筑物工程。

文化部关于颁发《纪念建筑、古建筑、石窟寺等修缮工程管理办法》的通知保养维护工程系指不改变文物的现存结构、材料质地、外貌、装饰、色彩等的情况下所进行的经常性保养维护，如屋顶除草勾抹；局部揭瓦补漏；梁柱、墙壁等的简易支顶加固；庭院整顿清理、室内外排水疏导等小型工程。此类工程应由管理或使用单位列入年度工作计划和经费预算，作为经常性工作，各尽其职，各负其责。

抢险加固工作，系指建筑物、石窟岩壁以及壁画、造像、石刻等发生危及文物安全的险情时所进行的抢救性措施，诸如支顶、牵拉、堵挡、加固等抢救性措施。此类工程须在技术检查的基础上制定抢险加固方案，报相应的文物主管部门审批后进行。如因特殊情况不能事先申报时，须补报备案。

重点修缮、局部复原工程，系指对文物进行较大规模的重点修缮或局部复原工程。此类工程必须事先做好勘查测绘、调查研究，在充分掌握科学资料的基础上进行设计。工程设计必须经过认真分析研究，广泛征求有关方面专家的意见。并提出《修缮、复原工程申请书》报经相应的文物主管部门批准之后，方得进行施工。

保护性建筑物与构筑物工程，系指为保护文物而附加的安全设施，诸如排水防洪的堤坝、防水房、亭、新加窟檐等。凡此类构筑物或建筑物，须与文物及环境风貌相协调，不可喧宾夺主。对于文物本身和其周围的历史残迹，必须严格保护，不可因附加安全措施而遭受损坏。附加的建筑物、构筑物的设计方案，报请相应的文物主管部门核准后方可施工。

第五条 修缮工程的审批程序，根据文物保护单位的级别和修缮工程的性质或规模，分别办理。

属于经常性保养维护的，按文物级别报相应的各级文物主管部门备案；属于抢险加固工程，分别报各级文物主管部门审批；属于重点修缮、复原工程，应报上一级文物主管部门审批。凡需要报批的，未经批准前一律不得施工。

对于全国重点文物保护单位的修缮工程，一般由地方文物主管部门逐级申报，由中央一级文物主管部门，责成所在文物主管机构实施。重大工程项目，由中央一级文物主管部门指定设计和施工单位，防止因技术水平低下而造成工程事故和经济损失。

第六条 设计与施工技术水平审查及各级文物保护单位重点修缮工程的审核资格，作如下规定：

（一）为保证工程质量，采取设计与施工技术水平的审查，先由承担设计或施工部门提出申请，然后由相应审批权限的上一级文物主管部门主持，邀请文物修缮工程方面的专家、技术人员审议后，提交中央一级文物主管部门审定，并发给设计与施工资格证书。资格证书分为县、省、国家三级，并根据设计与施工水平每三年复审一次，依复审结果，或升级或降级。审查过程中，同时也对设计或施工主持人进行技术考核，亦按类发给设计证书。

（二）不具备上项规定的“资格”而承担设计或施工任务时，中央一级文物主管部门有权停止其所承担的工作，举荐具备资格的部门或技术人员承担。因违章施工，改变文物原状，延误施工造成的损失，视损失程度，应由违章施工单位赔偿损失。

（三）重点修缮工程或科技管理需要时，其设计文件的审核或进行工程验收，在部门负责人、文物主管单位领导主持下，必须配备具有一定设计、施工实际经验的工程师以上的人员，必要时，须邀请有关专家进行评议。为了维护审核、验收工作的严肃性，各方面人员须签字负责。

第七条 申报修缮工程时，依工程性质或规模分别提出下列内容的设计文件。重点修缮、局部复原工程应提出：

（一）方案设计

1.现状实测图和修缮设计方案图；

2.现状勘查报告；

3. 修缮概要说明书；

4. 概算总表。

（二）技术设计

1. 技术设计图和施工详图；

2. 技术设计和施工说明书；

3. 设计预算；

4. 现状照片；

5. 必要时应提出材料试验报告书；

6. 如果是石窟修缮加固工程，还应提出工程地质和水文地质资料及勘探报告。必要时，亦应提出化学加固及防风化处理的试验报告；

7. 凡属结构、基础与地基技术设计，均应参考国颁、部颁或地方政府颁发的现行技术规范进行。

（三）重点修缮工程属于现状维修性的，可以一次性设计。应提出下列设计文件

1. 现状实测图、技术设计图和施工图；

2. 勘查研究报告，必要时须提出材料试验报告；

3. 技术设计说明书；

4. 设计预算；

5. 残破现状及建筑特征的照片。

第八条 各类修缮工程，在施工过程中，必须注意以下事项：

（一）施工过程中，必须严格按照图纸、说明书的规定进行施工。遇到需要变更设计、补充设计等问题时，应提请原设计部门审议后，并报原审批部门审定。

（二）施工过程中如遇到新的资料和文物，或者发生施工偏差时，应切实做好记录、拍照、实测或拓印，妥为保管，并向相应的上一级文物主管部门报告。

（三）施工中应注意防火。木活加工场地不应设在木构建筑比较集中的寺院和建筑群区域内，泥水活应避开雕刻及其他艺术品，以保证文物的安全。

（四）重要工程项目告一段落时，应按照设计文件的规定，及时检查工程的质量、进度，及时逐级汇报工程进展情况；整个工程竣工时，应认真做好验收和总结。必要时，还应提出竣工图和验收报告，按保护单位级别上报文物主管部门备案。

第九条 宗教、园林、部队、民政等部门，对所管理使用的各级文物保护单位，包括附属文物和建筑及其环境风貌，负有保养、维修的责任，维修时亦须严格遵循本“办法”不得擅自动工。

（一）由非文物部门使用的文物保护单位，其保养、修缮经费和建筑材料，由使用部门自行解决。

（二）由文物部门管理、使用的文物保护单位保养、修缮经费及建筑材料，由所在县（市）列入地方预算；上级文物主管部门依据文物保护单位的级别、工程的大小，酌情给予补助。

确定作为文物保护单位的修缮，应严格按照批准的项目实施。其经费、建筑材料，要专款专用，专材专用，不得移作他用。

对于需要拆除的，应根据文物的特征，在拆前和拆除过程中做好详细测绘、文字记录、拍照。其中的艺术品、碑碣、匾额、建筑构件等，须交博物馆或文物保管机构保存；其他木、砖、瓦、石等材料，由文物保管机构备作文物修缮之用。如需要在新址重建时，应按本“办法”有关规定办理。

第十条 石窟寺、碑碣、石阙、经幢、雕塑、金属构造物或铸造物，需要添建保护性设施，或者对上述文物原有的保护性建筑物进行保养维修和重点修缮时，亦应参照本“办法”有关规定办理。

第十一条 各级文化（文物）行政管理部门，应经常检查本地区内的纪念建筑、古建筑、石窟寺等的安全和使用情况，并督促管理使用单位做好维护、保养工作。使用单位与文物主管部门签订使用合同，使用期内，必须严格遵守《文物保护法》第十五条及本“办法”的规定。如果使用部门违反规定时，文物主管部门有权采取措施加以纠正；必要时，可以报请核定公布文物保护单位人民政府批准予以经济制裁或停止其使用权。

第十二条 本“办法”所规定的现状实测图、竣工图，均按下列规定绘制：

（一）建筑群总图——位置图 1/5000 比例尺；总平面、总立面、总剖面图 1/200～1/500 比例尺。总图中应标明建筑群内的古树、碑碣及其他附属文物的相对位置。

（二）建筑群中的主体建筑——各层平面、各立面、各断面图，均用 1/50～1/100 比例尺；斗拱、门窗、匾额及其他体量较小的构件大样图，用 1/20、1/5 或 1/10 比例尺。

（三）上述各类图样，应按照建筑工程绘图规范绘制，并详细标注必要的尺寸。

（四）本“办法”所规定的方案设计及技术设计图，除有特殊要求外，可按照各建筑工程设计部门的标准和规范办理。

第十三条 本“办法”所规定的照片资料，包括建筑各种角度的全景和单体建筑的全景、各面外观及内部结构、构件细部等，如果遇有价值较高的附属文物或建筑装饰和碑碣、题铭等的照片资料，亦应随设计文件上报。

凡属随报的照片资料，应不小于 10 厘米 ×10 厘米。

第十四条 本“办法”未尽事项，根据需要，由文化部文物局另行制定实施细则或补充规定。

第十五条 本“办法”自发布之日起开始执行。我部一九六三年发布的《革命纪念建筑、历史建筑、古建筑、石窟寺修缮暂行管理办法》即行废止。

文化部关于贯彻国务院《关于打击盗掘和走私文物活动的通告》的通知

（〔1987〕文物字577号）

各省、自治区、直辖市文化厅（局）、文物局、文管会，各计划单列市、区文化局、南京市文化局，部属各文博单位：

五月二十六日国务院颁发的《关于打击盗掘和走私文物活动的通告》，是一个法规性的重要文件。它进一步明确了：打击盗掘和走私文物活动，切实保护我国文物，是各级文化行政管理部门的一项重要任务，必须迅速采取有效措施，认真贯彻执行。

近几年，各地文物走私、盗掘古墓、盗窃馆藏文物的犯罪活动日益猖獗，为建国以来所罕见。文物走私活动日趋集团化、国际化，大量珍贵文物被盗运出境，走私文物充斥港澳市场，致使日、美、英等国家和我国台湾地区都派有专人常驻港澳，伺机选购订购，文物价格暴跌。文物走私刺激盗掘古墓葬、古遗址的非法活动不断发生，愈演愈烈。每年都有数以千计的古墓葬、古遗址遭到掘毁。文物走私还诱发了一些犯罪分子直接盗取馆藏珍贵文物，馆藏一级品被盗案件一再发生，甚至有的稀世孤品也被盗窃走私出境。这些违法犯罪活动不仅使我国的文化遗产遭受极为严重的破坏，而且败坏社会风气，妨碍社会主义物质文明和精神文明建设，损害我们国家和民族的形象。各级文化（文物）行政管理部门的领导和全体工作人员，必须引起高度的警惕和重视。为了切实贯彻国务院通告的各项规定，特作如下通知。

一、要大力宣传国务院通告。各省，自治区、直辖市文化（文物）行政管理部门，要报请政府立即印制国务院通告，通过各级政府及有关部门广为张贴，并采取多种形式深入地进行宣传。在古墓葬、古遗址较多的广大农村地区，要把通告贴到乡乡村村，做到家喻户晓。要把宣传国务院通告和宣传文物保护法、刑法结合起来，制订宣传普及规划。同时要把本地区已发生的盗掘、走私和非法买卖文物的情况，特别是典型案例，报告同级政府，并通过报刊进行宣传，引起舆论重视。严惩重犯的判决书也可广泛张贴。通过宣传，使广大人民群众确立“挖坟掘墓违法”、“私相买卖文物违法”的观念，懂得“保护文物光荣、破坏文物有罪”，调动广大人民群众积极协助公安、司法、工商、海关等部门打击盗掘和走私文物的违法犯罪活动。及时发现、劝阻、制止和报告盗墓、私相买卖文物的现象，促使有违法犯罪行为的人交出盗掘、走私的文物。使“保护文物、人人有责”真正成为广大人民群众的自觉行动。

要组织文化（文物）系统的全体工作人员认真学习国务院通告和文物保护法、刑法，充分认识这些是保护文物的重要法律依据，是打击盗掘、走私文物有力的法律武器。文化（文物）工作者更要模范地遵守、执行法律，对有法不依、玩忽职守、官僚主义的现象要进行坚决的斗争，揭露那些内外勾结、监守自盗、走私文物的分子，并予以严惩。

二、积极协同公安、司法、海关、工商等部门严厉打击盗掘、走私文物等违法犯罪活动。公安、司法、海关、工商等部门近几年来在这方面已做了大量工作，现在又有更多的新案件新问题需要查处，各级文化（文物）部门一定要按照通告规定，进一步同有关部门密切配合，相互协作。要立即对所辖地区走私、盗掘、盗窃、投机倒把文物的情况进行调查，认真分析这些犯罪活动的特点、规律和趋势，及时向公安、司法、海关、工商等部门通报，并为他们侦查、审理工作提供必要的条件和方便。各省、自治区、直辖市要建立健全文物鉴定组织，充实文物鉴定人员，及时对公安、司法、海关、工商等部门查获的文物进行鉴定，提供鉴定材料，并运用多种形式，帮助他们培训一批具有初步文物鉴定知识的人员。要继续配合工商行政管理部门进一步加强文物市场的管理，对非法经营文物的单位和个人，以及走乡串户的文物商贩要坚决依法取缔。

三、加强文物保护，切实改变管理不善的状况。各级文化（文物）部门要进一步明确保护文物是文物工作的基础，加强文物保护是当前文物工作的首要任务。要把各级文物保护单位的保护工作落实到相应的组织和单位，明确责任；对没有列为保护单位的大量现存的古墓葬、古遗址、古窑址要尽快建立健全业余的文物保护组织，建立健全县、乡（镇）、村三级文物保护网，聘请当地热心文物保护的群众作为文物保护员，由文化（文物）行政管理部门发给聘书，组织他们学习文物保护法规和文物知识，关心和指导他们的工作，使他们在文物保护工作中真正发挥作用。对成绩显著的文物保护员，要给予精神、物质奖励。

各地区接此通知后，要立即进行一次安全保护工作大检查。责令那些管理混乱的文物、博物馆单位进行一次清库工作，对尚未登记造册的文物要在今年内完成建档工作，对当前保护设施较差的单位，应报请地方财政拨款维修库房，增设必要的报警装置。对一时难以改善保管条件的单位，其收藏的一、二级文物，必须送交安全保护条件较好的单位代为保管，俟原单位具备了收藏保管条件后，经省、自治区、直辖市文化（文物）主管部门验收合格，方可送归原单位收藏。今后文物库房的工作人员一律不得使用临时工和临时借调人员。对现在不适合做文物库房保管工作和保卫工作的人员，要坚决调离。各考古发掘工地，要有考古干部自始至终参加发掘工作，并对出土文物安全负责。考古干部经常不在现场的工地，一经发现，要立即停止发掘工作，必要时，吊销其考古发掘执照。对各有关部门移交来的一切收缴的走私文物、收藏单位丢失后查获的文物，查获盗掘古墓葬、古遗址的出土文物，非经正式批准挖掘出土的文物，均应由国家或省、自治区、直辖市文化（文物）行政主管部门指定单位接收和保管。

各级文化（文物）管理部门要大力加强文物、博物馆系统职工队伍的思想政治工作和职业道德教育。进一步端正业务指导思想，文物、博物馆系统的一切活动都必须以确保文物安全为前提，以社会效益为最高准则。今后评定干部职务和专业技术职称，要把本职工作包括文物保护管理的优劣与否作为重要的考核和评定条件。各地文物博物馆单位要尽快建立健全岗位责任考核制，全体文物工作人员必须认真遵守《文物工作人员守则》。今后，文物、博物馆工作人员玩忽职守，造成文物被盗、流失等重大损失的，以玩忽职守罪论处。利用职权偷盗，内外勾结走私文物的，要依法从重惩处。各博物馆馆长、文物单位负责人对本单位的文物藏品的安全负有责任，因严重官僚主义造成文物损失的，要追究领导责任。

四、各地文化（文物）行政主管部门必须把打击盗掘、走私文物等违法犯罪活动，作为当前的重要工作列入议事日程。要建立健全文物管理机构，充实文物管理干部，抽调人力，拨出经费，认真做好打击盗掘、走私文物的工作。对尚未配备文物管理干部的地、县文化局，请责成他们尽快调配必要的专职或兼职的文物管理干部。举办文物管理干部培训班，使他们更好地做好文物保护管理工作。

国务院通告的贯彻情况，请及时报告我部文物局。

文化部

一九八七年五月三十一日

文物商店向国内群众销售文物试行办法

（文化部　文物字〔1987〕641 号　1987 年 6 月 18 日）

根据国务院国发〔1981〕9 号文件批转的原国家文物局《关于加强文物工作的请示报告》中“要恢复和建立面向国内群众的文物销售业务，以丰富人民的文化生活”的规定，结合当前实际情况，为开展内销文物业务，加强管理，制定本办法。

一、文物对国内群众销售的宗旨是：适应国内各界人士鉴赏与收藏文物的需要，提高文物商店的社会效益和经济效益，为社会主义精神文明建设服务。

二、具备下列条件的地区，文物商店可申请开设专营内销文物的门市部：

（一）当地文物市场管理比较好；

（二）当地人民群众有购买文物商品的客观要求；

（三）文物商店有较充足的货源、多量的重复品、有一定的营业用房等；

（四）文物商店的内部管理制度完善。

三、凡符合上述条件，申请开设专营内销文物的门市部，须经省、自治区、直辖市文化（文物）行政主管部门审核同意，并报文化部文物事业管理局审批。

四、文物商店准备内销的文物，应由省、自治区、直辖市文化（文物）主管部门组织鉴定、挑选，凡不够博物馆收藏标准和复品较多的铜器、玉器、陶瓷器、书画、文房四宝、碑帖、钱币、家具、竹木牙石、雕刻品、杂项等文物，均属内销文物的范围。对已上柜的文物，如有博物馆等国家文物收藏单位需要，仍按藏品提供办法优先提供。

五、内销文物商品价格暂掌握在外销价的 50%左右，并一律明码标价，不折不扣，对购买者一视同仁，不搞特殊照顾；内销文物，只准零售，不得批量销售。

六、凡在国内大陆定居的中国公民，均可购买内销文物。购买者本人须出示身份证件或工作证，并填写“购买内销文物登记卡”，文物商店不得向无证件者和文物系统职工出售内销文物。

七、文物商店内销文物一律收人民币，开具内销发货票；并主动向购买者宣传《中华人民共和国文物保护法》第二十五条关于“私人收藏的文物，严禁倒卖牟利，严禁私自卖给外国人”的规定。

八、文化（文物）行政主管部门有权向购买者了解购买文物收藏情况；对违反国家规定的，要会同有关部门依法进行处理。

九、本办法自发布之日起施行。

文物出境鉴定管理办法

（文化部 文物发〔1989〕9号 1989年2月27日）

第一章 总 则

第一条 根据《中华人民共和国文物保护法》第二十七条、第二十八条的规定，制定本办法。

第二条 文物出境鉴定是指对申报出境的文物，依据《中华人民共和国文物保护法》第二条及国家规定的文物出口界限和鉴定标准，进行鉴定、查验，决定其能否出境。

第三条 凡一九四九年中华人民共和国成立以前中国和外国制作、生产或出版的陶瓷器、金银器、铜器及其他金属器、玉石器、漆器、玻璃器皿、各种质料的雕刻品、雕塑品、家具、书画、碑帖、拓片、图书、文献资料、织绣、文化用品、邮票、货币、器具、工艺美术品等；一九四九年以后，我国已故近、现代著名书画家、工艺美术家的作品等；古脊椎动物与古人类化石，都必须进行文物出境鉴定。

第四条 文物出境鉴定，由省、自治区、直辖市文物行政主管部门设立的文物出境鉴定组负责办理。

第五条 出境文物包括：销售单位申报出境的文物；私人所有并携运出境的旧存文物；暂时进出境的文物。

第二章 销售单位申报出境的文物鉴定

第六条 销售单位系指经省、自治区、直辖市文物行政主管部门同意，并报国家文物局批准经营文物的单位。

第七条 销售单位申报出境的文物鉴定，必须在销售前进行。文物出境鉴定组须在得到销售单位造具的清册和省、自治区、直辖市文物行政主管部门允许销售的批准文件后，按清册对照文物进行鉴定。未经批准、未造具清册或未列入清册的文物，一律不予鉴定。鉴定完毕后，该清册由文物出境鉴定组收存。

第八条 经鉴定允许出境的文物，应按规定位置钤盖允许出境的标识。

第九条 凡经鉴定不准出境的珍贵文物，文物出境鉴定组应登记拍照，备案存查。属一级文物的，须报国家文物局备案。国家可以对经鉴定不准出境的文物予以征购。

第十条 特许文物的出境鉴定按国务院一九七九年七月三十一日批转的《文物特许出口管理试行办法》办理。

第三章 私人所有并携运出境的旧存文物鉴定

第十一条 私人所有并携运出境的旧存文物，系指我国公民、港澳台同胞、华侨和侨居我国的外国人所有的传世文物以及通过购买、交换、赠送已为私人所有并准备携带、托运、邮寄出境的文物。

第十二条 私人携带、托运或邮寄旧存文物出境，仅限于向北京、天津、上海、广东和国家文物局指定的省、自治区文物出境鉴定组办理文物出境鉴定，经鉴定允许出境的文物，钤盖火漆标识，发予文物持有者《文物出境许可证》，由海关查验放行。

第十三条 经鉴定不准携带、托运或邮寄出境的旧存文物，由文物出境鉴定组登记发还或价购，必要时可以征购。

第十四条 私人所有并携运出境的旧存文物的放行标准按国家文物局的有关规定办理。

第十五条 在鉴定过程中，对涉嫌以盗掘、盗窃、掠夺等非法手段攫取的文物应予扣留，并依法通报有关机关审查处理。

第四章 暂时进出境文物的鉴定

第十六条 暂时进出境文物指暂时出境并复带进境的文物和暂时进境并复带出境的文物，其中包括：国家批准的对外文化交流、出国展览、合作研究等项目或其他需由我国驻外机构人员、出访人员携带、托运或邮寄的暂时出境文物；港澳台同胞、华侨、外国驻华机构人员以及其他来华外国人携带、托运或邮寄的暂时进境的文物。

第十七条 暂时出境并复带进境的文物，在文物出境前，由当地文物出境鉴定组根据批准文件和文物清单、照片查验无误后出具出境证明。未设置鉴定组的省、自治区可由国家文物局指定的鉴定组会同当地文物行政主管部门协同海关办理。复带文物进境时，须根据清单、照片进行复验。

第十八条 暂时进境并复带出境的文物，文物出境鉴定组根据海关的要求，必要时可配合其进行鉴定或复验。

第五章 火漆印章和文物出境许可证

第十九条 文物出境鉴定火漆标识是文物出境的主要凭证之一。火漆印章由国家文物局统一制作，颁发或委托给指定的省、自治区、直辖市文物行政主管部门掌管使用。国家文物局可根据情况，决定停止使用或吊销火漆印章。

第二十条 文物出境鉴定火漆印章的适用范围，限定于销售单位申报允许出境的文物和私人所有并携运出境的旧存文物。

第二十一条 火漆印章应由专人封存保管。开封和使用火漆印章必须经主管人员批准，由鉴定人员两人以上签名、登记。火漆印章除文物出境鉴定组外，其他单位和个人一律不得使用。

火漆印章在开封后的使用过程中要严加管理，不得失控。如发现丢失或损坏，要立即向国家文物局报告。

第二十二条 文物出境鉴定，必须有两名以上的鉴定组成员参加方可进行。在鉴定工作中遇有不同意见或难以定论的文物，暂时留存。经鉴定允许出境的文物，应按规定位置钤盖火漆标识，只准在本辖区内销售。文物钤盖火漆标识后任何销售部门或个人不得擅自剥除、更换、挪用。如发现违反以上规定的情况，文物出境鉴定组应立即停止鉴定。

第二十三条 《文物出境许可证》也是文物出境的主要凭证，要按国家文物局规定的统一格式印制和填写，仅适用于私人所有并携运出境的旧存文物。

第二十四条 办理文物出境鉴定，按省、自治区、直辖市人民政府或文物行政主管部门规定的标准收取手续费。

第六章 文物出境鉴定机构和鉴定人员

第二十五条 文物出境鉴定组由省、自治区、直辖市文物行政主管部门负责组建，报国家文物局核准。

第二十六条 文物出境鉴定组是代表国家进行文物出境鉴定的专门机构，由当地文物行政主管部门领导，并接受国家文物局的指导和监督。

第二十七条 省、自治区、直辖市负责组建的文物出境鉴定组应配备七至十二名以上的专职人员。文物出境鉴定组的责任鉴定人员必须是具有较高鉴定水平并取得中高级职称或是经过考核证明具有某一文物品类鉴定专长的鉴定人员，文物出境鉴定组根据需要可聘请非销售部门的专业人员参加鉴定工作。文物出境鉴定组责任鉴定人员的调动，必须在三个月前征求国家文物局的意见，事后向国家文物局备案。

第二十八条 负责办理私人携带、托运或邮寄文物出境鉴定人员和经常协助海关监管文物出境的鉴定组的人员，享受涉外人员待遇。

第二十九条 文物出境鉴定组的专职人员的职称按《文物博物馆专业职务试行条例》有关规定评定。

第三十条 文物出境鉴定所收取的鉴定手续费，可用于鉴定组的设备购置、人员学习培训、编辑资料等项开支。

第三十一条 文物出境鉴定人员，必须遵纪守法，廉洁奉公，执行《文物工作人员守则》和

《涉外人员守则》。对文物出境鉴定人员的奖惩，按《中华人民共和国文物保护法》及其他有关奖励和惩罚的规定执行。

第七章　附　则

第三十二条　各地文物出境鉴定组对国家文物局规定的文物出境鉴定统计项目，必须每半年向国家文物局上报一次，上报日期须在每年一月十五日和七月十五日以前。

第三十三条　各地文物出境鉴定组，可根据本办法并结合当地的具体情况，制订工作细则，报当地文物行政主管部门审核，送国家文物局备案。

第三十四条　本办法由国家文物局负责解释。

第三十五条　本办法自一九八九年三月一日起开始执行。国家文物局一九七七年十月十九日颁布的《对外国人、华侨、港澳同胞携带、邮寄文物出口鉴定、管理办法》同时废止。

文化部、公安部关于切实加强文物安全防护工作的紧急通知

（〔1987〕文物字795号）

各省、自治区、直辖市文化厅（文化局、文物局、文管会）、公安厅（局），各计划单列市（区）文化局、公安局，南京市文化局、公安局，部直属各文博单位：

今年上半年全国文博单位共发生文物被盗案件三十三起，与去年同期相比，上升百分之三十二。五月二十六日国务院《关于打击盗掘和走私文物活动的通告》发布以来，又相继发生了文物被盗案件十起。六月九日晚，山西省平陆县博物馆库房被犯罪分子从后墙挖洞盗走文物二十二件，其中有一级品唐代铜佛像十五件。县政府已对失职人员分别给予撤销副馆长职务和行政记大过等处分。六月十日下午，河南宜阳县文化局文物仓库发现库房被犯罪分子打洞盗走文物共计四百〇一件，其中战国空首布二百六十九枚，铜佛、玉佛各一尊，均系一级文物。此案已由公安部门侦破。六月十八日凌晨，吉林省博物馆展室被犯罪分子盗走清宫廷金银饰物六十二件，均系二级品。六月二十一日晚，江苏省苏州市博物馆传统工艺陈列室被犯罪分子翻墙进入盗走一级文物两件，二级文物四件。发生上述文物被盗案件的原因，主要是一些文博单位领导存在着严重的官僚主义，思想麻痹，管理混乱，制度松弛，纪律涣散和防范不严等。为切实加强文物管理防护工作，有效地制止盗窃文物的犯罪活动，尽快改变盗窃文物案件上升的趋势，各地文化（文物）、公安部门应认真贯彻国务院通告和两部关于贯彻通告的通知，特别要做好如下工作：

一、切实落实安全防范措施。要根据一九八五年两部制定的《博物馆安全保卫工作规定》的精神，严格文物库房、展室和考古发掘工地等易发案部位的安全防范工作。近期内，要联合对文博单位逐个进行一次安全检查，发现不安全因素，要督促文博单位认真整改。公安机关要对重大隐患发出书面通知，并限期整改。库房安全条件差的文博单位，其收藏的一、二级文物，必须送交库房安全条件好的单位代为保管，不得以任何理由拒不执行。展出珍贵文物必须有严密可靠的安全措施，安全无保障的，只陈列复制品。要建立健全安全保卫责任制。考古发掘工地必须有专人负责文物防盗工作，制定强有力的措施，切实改变目前普遍存在的对民工审查管理不严，出土文物底数不清，保管不善，有的文物由个人长期保管等混乱状况。对因思想麻痹、工作失职致使

文物被盗的有关人员和负责人，一定要追究责任，严肃处理，情节严重的，要依法追究刑事责任。凡明确需要由文化（文物）行政管理部门负责解决而拖延不办致使文物被盗的，也要追究文化（文物）行政管理部门的责任。

二、积极开展调查摸底，深挖内部的犯罪分子。各地文化（文物）、公安部门要紧密配合，互通情况，加强调查摸底，注意发现内外勾结和预谋盗窃文物的线索，深挖内部人员中盗窃、倒卖和走私文物的犯罪分子，从严予以惩处。

三、加强值班巡逻和治安联防。鉴于杀人盗窃文物和绑架抢劫文物的案件已发生多起，各文博单位要抓紧报请当地政府按《博物馆安全保卫工作规定》，建立健全安全保卫机构，选配充实安全保卫人员，以适应需要。安全保卫人员要忠于职守，切实增强防范能力。值班巡逻人员，要明确职责，严格遵守制度，那种有人值班而无明确责任的做法，必须立即改变。要加强同地方的治安联防，并制定预防抢劫、盗窃文物的保卫方案。当地公安机关要把重要的文博单位作为治安巡查的重点地区之一。

四、加强侦察破案。对已经发生的案件，应组织力量加紧侦破，对重大盗窃、破坏、走私文物的犯罪分子应继续作为重点打击对象，依法从严惩处。对已破获的案件，要认真研究、分析盗窃文物犯罪活动的特点和规律，及时加强防范，堵塞漏洞。

各地有关文物安全防护等方面的情况，应及时报告请示各省、自治区、直辖市党委和政府，并及时报部。

文化部　公安部

一九八七年七月十五日

考古调查、勘探、发掘经费预算定额管理办法

（国家文物局、国家计划委员会、财政部〔1990〕文物字248号 1990年4月20日）

第一章 总 则

第一条 为加强考古经费管理，保证考古工作正常进行，根据《中华人民共和国文物保护法》和有关法规制定本办法。

第二条 本办法适用于文物考古单位为科学研究和配合建设工程及其他动土工程而进行的考古调查、勘探和考古发掘经费预算编制工作。

第二章 考古调查、勘探预算定额

第三条 考古调查是为了解地面、地下的古代文化遗存而进行的查阅文献、实地踏勘、采集标本并做出文字、绘图、摄影记录，提出勘探或考古发掘计划等工作。调查经费预算定额的内容有：调查人员的交通、住宿、补助费、民工费、技术工人费、文具及工具损耗费、设备更新折旧费、文物包装运输费、资料整理费及不可预见费。调查经费按每平方公里500～1000元编列。调查面积不足1平方公里按1平方公里计。调查面积超过10平方公里，由文物部门核收10%的管理费。

第四条 考古勘探是为了解地下古代文化遗存的性质、结构、范围、面积等基本情况而进行的钻探工作。勘探经费预算定额内容有：勘探人员的交通费、住宿费、补助费、民工费、技术工人费、文具及工具损耗费、设备更新折旧费、资料整理费、回填费、不可预见费等。

第五条 普探指采用每平方米布孔5个的梅花点布孔法而进行的勘探工作。普通土质、孔深在2.5米深之内的普探定额标准以每百平方米用工数量为6～8工/日计算。

第六条 重点勘探指为了解墓葬及其他遗迹现象并在地面做出形状标记而必须进行的钻探工作。普通土质、孔深在2.5米深之内的重点勘探预算定额标准以每百平方米用工数量为80～120工/日计算。

第七条 较软土质以上述定额标准为基数最多核减25%。较硬、特硬土质或带水操作以此为标准增加50～150%。孔深在2.5米以上，深度每增加0.5米，预算定额相应递增10%。

第八条 普探面积最低从100平方米起计算。重点勘探面积最低从10平方米计算。

第三章 考古发掘经费预算定额

第九条 考古发掘经费预算内容包括：

（一）人工费用：

1. 民工费；

2. 技术工人费；

（二）其他发掘费用：

1. 消耗材料费；

2. 器材、设备更新折旧费；

3. 记录资料费；

4. 运输费；

5. 占地补偿费；

6. 临时建筑设施费；

7. 标本测试鉴定费；

（三）发掘工作管理费；

（四）安全保卫费；

（五）不可预见费。

第十条 人工费用：是指雇用的民工和技术工人所需的费用。

（一）民工费用：日工资标准按当地有关规定执行，用工数量标准每平方米8～12工／日。

（二）技术工人费用：依其从事的工种和熟练程度确定日工资标准，一般为当时当地民工日工资额的150%～250%。技术工人用工数量标准为民工用工数量的15%～25%。

第十一条 消耗材料是指在田野发掘、文物修复和资料整理等工作中自然损耗的小型工具、文具、包装、覆盖材料等的费用开支。

第十二条 器材、设备更新、折旧费指对发掘单位拥有的固定资产，如照相机、录像机、测绘仪器、小型运输工具、柜架等用于田野发掘、文物修复、资料整理工作等而损耗的补偿费用。

第十三条 资料记录费是指田野发掘、文物修复、资料整理等工作所必需的文字、录像、摄影、照相、绘图、测量等工作的费用及印刷费用。

第十四条 交通运输费是指田野发掘、资料整理过程中民工和技术工人往来，器材设备、消耗材料、出土文物及生活资料的运输所需费用。

第十五条 占地补偿费是指田野发掘中临时占用耕地的补偿。补偿面积一般为实际发掘面积的100%～300%。补偿数额视实际情况按季计算，经济作物可按特殊情况处理，但最多不得超过发掘费总数的 12%。

第十六条 临时建筑设施费是指田野发掘进驻期间所必需的临时性建筑设施。包括民工和技术工人住宿房、伙房、值班房、工作用房、文物库房及水电设施等。

第十七条 文物标本测试鉴定费指必须送往专门科研单位或由有关专家对文物标本进行测试鉴定的费用。

第十八条 上述费用预算定额见附表一，各项费用在考古发掘工作各个阶段中所占比例见附表二。

第十九条 管理费指持有《中华人民共和国考古发掘证照》进行考古发掘工作的单位所必须列支的人员及管理费用，包括工作人员的办公、交通、住宿、补助、补贴及民工和技术工人的医疗、劳动保险、有关部门收取的劳动管理费等项费用。其定额标准为人工费用及其他发掘所需费用总数的 20%。

第二十条 发掘现场的安全保卫费用指为保证考古发掘现场及出土文物安全而雇用的专门保卫人员及购置必要的保卫器械、设施所需费用，其定额标准为人工费用及其他发掘所需费用总数的 10%。

第二十一条 不可预见费定额标准为人工费用及其他发掘所需费用总数的 3%～5%。

第二十二条 以上预算定额适用于耕土层及文化层平均厚度在 1～2 米以内的古代遗址。文化层平均厚度不足 1 米者，以此为基数递减 30%，文化层平均厚度不足 0.5 米者以此为基数递减 50%。文化层平均厚度在 2 米以上，每增加 0.5 米预算定额相应递增 15%。

第二十三条 发掘对象为耕土层及覆土层平均厚度在 0.5 米以上遗址时，按每立方米用工数量为 2 工 / 日，另外编制清理耕土及覆土层预算定额。耕土层及覆土层在 2 米以上时，每增加 0.5 米，该预算定额相应递增 15%。

第二十四条 一般考古发掘的面积最低从 10 平方米起计算。

第四章　考古发掘特殊项目预算定额

第二十五条 发掘对象为大中型墓葬或其他特殊遗迹时，可按发掘对象的形制、规模计算劳动力投入量，以此为基数另加 200%～300% 的其他发掘费用。其中符合下列条件之一者可视实际需要单独计算发掘定额：

（一）形制特殊；

（二）规模巨大；

（三）出土文物可能特别丰富或需进行特殊保护；

（四）其他如洞穴、沙漠、贝丘、悬棺、地下水位较高等特殊遗址。

第二十六条 发掘工作中可能有塌陷、滑坡等一定危险时，可列支一定数额的安全加固费，定额标准不得超过发掘费总额的 5%。

第二十七条 发掘对象符合下列条件之一者，应额外增加不超过发掘费总额 20% 的文物保护费和不超过发掘费总额 10% 的资料出版费：

（一）发掘总面积超过 5000 平方米的古代遗址；

（二）发掘总数在 200 座以上的古代墓葬；

（三）出土文物特别珍贵、丰富或遗迹特别重要的。

第二十八条 从考古发掘单位驻在地到考古发掘工地间的距离超过 25 公里时，增编远征费，标准为预算定额总数的 2%～3%。增编远征费后，应适当核减临时建筑设施费预算定额。

第二十九条 考古发掘中发现特殊重要遗迹现象，因建设工程等原因不能就地保存，需要易地保护，视实际需要编制预算。

第五章 附 则

第三十条 各省、自治区、直辖市文物行政管理部门可视本地实际情况，根据本办法制定当地考古调查、勘探、发掘预算定额管理办法，报国家文物局备案。

第三十一条 本办法自颁布之日起实行。

国家文物局、公安部关于在严打中加强古墓葬、古遗址保护，打击盗掘、走私文物犯罪活动的通知

（〔1990〕文物字407号）

各省、自治区、直辖市文化厅、文物局、文管会，公安厅（局），各计划单列市文化（文物）局：

近一个时期以来，盗掘古墓葬、古遗址和走私文物的犯罪活动仍很严重。少数违法犯罪分子无视国家法令，不择手段地进行盗掘、走私文物犯罪活动。使祖国历史文化遗产遭受严重破坏。各地要以高度的责任感和紧迫感，在当前严厉打击刑事犯罪活动的斗争中加强保护古墓葬、古遗址工作，打击盗掘、走私文物的犯罪活动。为此，特通知如下：

一、各级文物主管部门要认真宣传贯彻《文物保护法》，深入发案较多的地区，开展增强法制观念的宣传教育，提高广大群众特别是农村群众的保护文物意识，使他们懂得盗掘、走私文物是犯罪，树立"人人爱护文物"、"人人保护文物"的社会风气。

二、加强古墓葬群、古遗址和露天文物（诸如石窟、佛像）的保护管理工作。各级文物主管部门对所辖区域内的重要古墓葬、古遗址要认真摸清底数，做到心中有数。要设立专职或义务保护员，建立健全各种类型的保护网络和管理巡逻检查制度，划区分片，严密防范，落实责任制。

三、加强考古发掘工地管理工作。对雇用的临时工要严格审核。发掘工地要有干部带班，出土重要文物的工地不得使用临时工做技术性的发掘和清理现场工作。发掘现场昼夜要有两人以上值班人员看守，严防突发性案件的发生。重要出土文物要及时送往安全地点妥为保存，不得长期存放在发掘现场。

四、公安机关要加强对考古队和发掘现场文物安全保卫工作的检查指导。对重要的发掘现场，要协助考古队认真加强安全保卫工作。

五、公安机关要加强对盗掘、走私文物大案、要案和团伙犯罪案件的侦破工作。在打击文物犯罪活动中，要积极堵住文物来源，切断贩运路线，控制走私渠道。在可能引发盗墓、走私文物的重点地区和部位，要有计划地布建秘密力量，主动开展对盗墓犯和走私文物贩子的调查。对重要的盗墓、走私文物情报线索，要认真核查，该立案的要积极立案侦查，精心布置，获取证据，适时破案。要依照最高人民法院、最高人民检察院《关于办理盗窃、盗掘、非法经营和走私文物

案件具体应用法律的若干问题的解释》，严厉打击盗掘古墓的犯罪分子，只要墓冢被破坏，不论得到文物与否，数量多少，都以故意破坏国家文物罪论处，绝不能以罚代刑。

六、各地对举报盗墓、走私文物重要线索的单位或个人，要依法给予保护，对打击报复举报人的行为要予以严厉惩处。

请各地文物、公安部门接此通知后，认真贯彻落实。

国家文物局　公安部

一九九〇年六月二十六日

国家文物局、公安部关于加强文博单位安全技术防范工程管理有关事项的通知

（〔1991〕文物字79号）

各省、自治区、直辖市文化（文物）厅（局）、文管会，公安厅（局），各计划单列市文化（文物）局：

近年来，各地文博单位安装技术防范工程在逐步建设和发展。为了加强对安全技术防范工程的管理，现将有关事项通知如下：

一、文博单位安全技术防范工程的设计、施工方案须报经上级文物、公安主管部门审核批准后组织实施。省级以上单位须报国家文物局、公安部二局成立的“文物安全技术防范工程审核组”审核批准；地、市级以下单位须报省、自治区、直辖市文化（文物）厅（局）、文管会，公安厅（局）经文保处审核批准。文物、公安主管文物保卫的部门要参与对工程的论证和验收。

二、文博单位的安全技术防范工程是一项隐蔽性的保密工程，为了保障文物安全，安全技术防范报警系统工程的设计、安装、调试、维修，不得雇请外商承担。情况特殊，确需雇请外商的须报国家文物局和公安部二局审核批准。

国家文物局

公安部

一九九一年二月一日

中共中央宣传部、国家教委、文化部、民政部、共青团中央、国家文物局关于充分运用文物进行爱国主义和革命传统教育的通知

中宣发文〔1991〕9号

各省、自治区、直辖市党委宣传部、教委（教育厅、局）、文化厅（局）、民政厅（局）、团委、文物局：

江泽民同志最近提出，要由浅入深、坚持不懈地对青少年学生和广大群众进行中国近代史、现代史及国情的教育。这是增强民族自尊、自信、自强精神，保证我国社会主义现代化建设顺利进行，抵御国内外敌对势力和平演变图谋，培养有理想、有道德、有文化、有纪律的社会主义新人的一项基础工作。我们必须从多方面采取具体措施，落实这项重要任务。

我国是一个历史悠久、富于革命传统的国家，拥有丰富的文物资源。据不完全统计，仅文物系统现有的博物馆、纪念馆等就有上千座，文物藏品达上千万件。其中，鸦片战争以来留存下的历史文物、革命文物就达四十余万件。利用丰富的文物对群众进行热爱祖国、热爱党、热爱社会主义的教育，具有直观、形象、真实、可信的特点，易于为人们接受和理解，在某些方面有着优于一般口头讲解、文字宣传的教育效果，是青少年了解历史、认识国情、学习传统的重要途径和生动教材。各级党的宣传部门，各级教育、民政、文化、文物部门和共青团组织，要充分发掘和发挥这一优势，依托博物馆、纪念馆和各种革命遗迹、遗址作为固定场所，有计划地运用文物开展爱国主义和革命传统教育活动。各地都应十分重视这件事情，把它作为加强思想政治教育的重要措施，切实摆上工作日程，认真抓紧抓好。为此通知如下：

一、各级教育行政部门、共青团组织和大、中、小学校，要把组织青少年学生参观博物馆、纪念馆，瞻仰革命遗址、烈士陵园和其他纪念设施，观看展示祖国灿烂文明的历史文物和反映近现代中国人民苦难、奋斗、胜利历程的革命文物，作为青少年思想政治教育的重要内容，作为大、中、小学生必须参加的教育活动，列入学校德育工作计划。

各级民政、文化、文物部门要把组织接待好青少年参观、瞻仰等活动，作为必须完成的业务工作认真落实。要主动与教育部门合作，积极创造条件，把博物馆、纪念馆、烈士陵园和各种纪

念设施建设成思想政治教育的课外基地。

二、关于充分运用文物进行爱国主义和革命传统教育的通知。要根据青少年不同的年龄层次、心理特点、知识水平和接受能力，结合所学课程，科学地安排活动内容，使教育由浅入深，循序渐进，逐步深化。对小学生，要着重向他们讲解与文物、遗迹有关的历史事件、革命故事和民族英雄、革命先烈的动人事迹，从小培养他们热爱祖国、热爱党和热爱社会主义的感情；对中学生和城乡青年，要着重向他们介绍中华民族的灿烂文明和中国共产党的光辉业绩，帮助他们比较系统地了解近现代史知识和中国国情知识，进行民族精神、民族气节和革命人生观、道德观教育，不断激发爱国主义感情，坚定社会主义信念，培养集体主义的高尚情操；对大学生和青年知识分子，要着重引导他们认清中国社会发展的必然规律，加深对社会主义和共产党领导的必然性、必要性的理解，增强民族自信心和历史责任感，自觉继承、发扬革命传统，接受和树立科学的世界观，争做社会主义现代化建设的合格人才。

三、运用革命、历史文物进行教育的活动，要精心设计、周密组织，力求富有吸引力和感染力。可以结合重要节日、革命纪念日、国耻纪念日，组织参观、瞻仰、祭扫活动；在纪念设施、烈士陵园、遗址遗迹等特定场所举行团队活动，请老战士、老干部、研究人员现场讲解；设立少先队光荣岗，开展美化环境和维护设施的义务劳动；利用寒暑假举办革命传统教育"冬令营""夏令营"。要把团内教育和社会教育联系起来，把校外活动和校内教育联系起来，结合参观、瞻仰，组织开展征文、演讲、主题会、专题讲座、知识竞赛等教育活动。可以把与当地文物、遗迹有关历史事件、人物事迹编入团课教材、乡土教材，贯穿到团内教育和课堂教学中去。

四、各博物馆、纪念馆、烈士陵园、纪念设施管理单位，要在办好基本陈列的同时，充分利用现有条件并挖掘设施潜力，有重点地举办近现代历史、中国国情和革命传统的专题文物展览，并与教育部门共同组织好参观活动。有条件的单位，还可举办一些富有特色的流动展览，深入学校，特别是乡村和偏远地区的学校巡回展出。要注意运用好文物、图片、史料、录音、录像和适当的辅助陈列品（如雕塑、沙盘、模型、美术作品）等多种手段，加强陈列、展览的直观性和真实感，使之更具吸引力、感染力。

五、各博物馆、纪念馆、烈士陵园和各种纪念设施管理单位，对青少年学生有组织的参观、瞻仰要优先安排，并为他们开展活动提供必要的人员、场地、教材等方面的支持和帮助。实行收费参观的单位，平时对在校学生要半价优惠或每周指定一天免费接待；寒暑假要集中一至两周时间，对在校学生免费开放。

六、各级文物、民政部门和共青团组织要密切合作，统筹规划，在重要革命纪念地和其他一些革命文物资源丰富的地方，逐步建立起一批青少年革命传统教育基地。要以基地为依托，组织开展好假期社会实践活动。

七、请各级党委、政府加强对这项工作的指导，并从人力、物力和财力上积极支持。党委宣传部门要切实担负起协调、指导的责任，帮助各有关部门建立工作联系，落实工作任务。各地要根据本通知的要求，制定出具体、可行的实施计划，把组织开展活动的情况，作为检查、考核所属有关基层单位的业务工作和精神文明建设工作的重要内容。

中共中央宣传部　国家教委　文化部
民政部　共青团中央　国家文物局
一九九一年八月二十八日

国家文物局、国家工商行政管理局、公安部、海关总署关于加强文物市场管理的通知

（〔1992〕文物字 209 号）

各省、自治区、直辖市、计划单列市文化（文物）厅（局）、文管会、工商行政管理局、公安厅（局）、海关广东分署、各直属海关：

根据《中华人民共和国文物保护法》和有关法规，全国的文物流通领域坚持实行文物商品归口经营、统一管理，保护了国家珍贵文物，方便了民间正当的文物交流。但是近年来，许多地方非法的文物交易屡禁不止，有些商贩则专门倒卖文物，甚至把国家严禁出境的珍贵文物卖给外国人，诱发了盗掘古遗址、古墓葬和盗窃馆藏文物的犯罪活动，导致文物走私更加猖獗，引起海内外各界的关注。目前一些地方的旧货市场经营旧陶瓷器、旧工艺品、旧家具等，也夹杂有文物上市。为了加强文物市场管理，特作如下通知：

一、下列物品系受国家保护的文物，只能由国家或省、自治区、直辖市文物行政管理部门依法批准的单位在准许的范围内专营，其他任何单位和个人均不得经营：

（一）1911 年以前中国和外国制作、生产、出版的陶瓷器、金银器、铜器和其他金属器、玉石器、漆器、玻璃器皿、各种质料的雕刻品以及雕塑品、家具、书画、碑帖、拓片、图书、文献资料、织绣、文化用品、邮票、货币、器具、工艺美术品等。

（二）1911 年至 1949 年间中国和外国制作、生产、出版的上款所列物品中具有一定历史、科学、艺术价值者。具体品类由各省、自治区、直辖市文物行政管理部门确定，报国家文物局备案。

（三）1949 年后已故著名书画家的作品，名单由国家文物局确定。

二、下列物品经批准后可以在旧货市场销售，但必须施行文物监管（以下简称文物监管物品）：

1911 年至 1949 年间中国和外国制作、生产、出版的陶瓷器、金银器、铜器和其他金属器、玉石器、漆器、玻璃器皿、各种质料的雕刻品以及雕塑品、家具、书画、碑帖、拓片、图书、文献资料、织绣、文化用品、邮票、货币、器具、工艺美术品等，但符合上条（二）项者除外。

三、文物行政管理部门要把会同工商行政管理、公安等部门对旧货市场施行文物监管作为文

物保护管理的一项重要任务。

销售文物监管物品的旧货市场所在地区应具备必需的文物保护行政和专业力量，能够对当地文物流通秩序实施有效监控和管理。各地旧货市场是否允许经营文物监管物品，应经各省、自治区、直辖市文物行政管理部门审查同意。在旧货市场销售文物监管物品的经营者，必须经过省、自治区、直辖市文物行政管理部门审查批准。

经批准销售文物监管物品的旧货市场所在当地的文物行政管理部门，应组织专职或兼职的文物监管人员参与旧货市场的监督管理，并结合本地区具体情况与有关部门协商制定文物监管工作办法。

如发现非法经营属于本通知第一条所列受国家保护的文物或第二条所列文物监管物品，由文物行政管理、工商行政管理部门根据情况在各自的职权范围内分别予以经营者警告、罚款、没收非法所得、没收非法经营的文物、撤销对文物监管物品的经营权、吊销营业执照等处理，对构成犯罪者，依法追究刑事责任。

四、经批准销售文物监管物品的旧货市场必须设置明显的中文、英文标志，说明："本旧货市场所出售文物监管物品如需携运出境，须按规定另行办理鉴定、出境许可手续。未办理上述手续的，海关不予放行。"

五、根据《中华人民共和国文物保护法》和中央办公厅、国务院办公厅转发的公安部、国家文物局《关于严厉打击盗掘古墓葬犯罪活动的意见》，文物行政管理部门要配合公安、工商行政管理等部门坚决取缔非法经营文物和文物监管物品的黑市，依法罚处倒卖、走私文物的犯罪分子。在倒卖、走私文物活动猖獗的地区，要适时展开专项治理，对于屡教不改的犯罪分子和团伙要坚决绳之以法。

六、文物行政管理部门要指导文物商店努力改善经营管理，满足海内外人士对文物收藏的正当需求。对于文物商业的干部职工要严格要求，发现违法乱纪行为要及时严肃查处。

七、本通知自发布之日起执行，各省、自治区、直辖市文物行政管理、工商行政管理、公安部门可根据本通知精神制定具体的管理规定，并视需要将有关内容予以公告。

国家文物局

国家工商行政管理局

公安部

海关总署

一九九二年五月三日

国家文物局、国家民族事务委员会关于加强少数民族文物工作的意见

（文物博发〔1998〕54号）

改革开放以来，我国的文物事业获得了前所未有的发展。当前，认真贯彻党的十五大精神，落实《中共中央关于加强社会主义精神文明建设若干重要问题的决议》和《国务院关于加强和改善文物工作的通知》要求，努力改变文物工作中少数民族文物工作相对薄弱的情况，加强少数民族文物工作，对维护国家统一和社会稳定，促进民族团结，繁荣有中国特色社会主义文化，具有重大的现实意义和深远的历史意义。

一、少数民族文物是中华民族优秀历史文化遗产的重要组成部分

我国是一个统一的多民族国家，各族人民在缔造祖国的历史进程中，共同造就了光辉灿烂的中华文化。各民族在各个历史时期所创造和留存下来的文物，是我国优秀历史文化遗产的重要组成部分。

由于历史原因，我国各民族社会发展形态是不平衡的，代表不同社会发展阶段和反映各自独特的生产生活方式和风俗习惯的少数民族文物，是探索和研究人类社会发展史的重要资料。

少数民族文物以其丰富的内涵和独具的特色，记载了各族人民在中华五千年文明的历史长河中，以坚韧不拔和百折不挠的英雄气概，生生不息，创造历史，推进社会的进步，发挥了巨大作用；反映了各民族之间长期以来和睦相处、友好往来、共同抵御外侮、反对分裂、反抗压迫、维护祖国统一、追求平等与幸福、争取民族振兴和昌盛的光辉历程；体现了各民族的命运与祖国的兴衰荣辱息息相关、紧密相连的血肉关系。少数民族文物作为历史的产物，凝聚了各族人民的勤劳勇敢和聪明才智。

少数民族文物以其生动直观的形式，让各族人民认识自己的历史和创造力量，增强民族自尊心、自信心和自豪感，弘扬民族优秀文化，振奋民族精神，凝聚民族力量，激发各族人民的爱国热情，鼓舞各族人民为建设社会主义物质文明和精神文明而努力奋斗。

二、抢救和保护少数民族文物是刻不容缓的历史任务

党和政府历来重视少数民族文物工作，在党的民族政策和文物工作方针指引下，我国的少数民族文物工作取得了很大的成绩。各民族的重要历史遗迹，多已分级列为文物保护单位加以保护和管理，许多珍贵的少数民族文物得到了征集和妥善保护。民族自治地方和少数民族较集中的省、地、县分别建立了一些民族博物馆。据不完全统计，目前我国各级民族博物馆约有40家。全国各地综合性博物馆，尤其是少数民族地区的综合性博物馆大都收藏有一定数量的少数民族文物，不少博物馆还设有专门的少数民族文物陈列展览。少数民族文物在社会主义精神文明建设事业中发挥了重要的作用。

随着改革开放的深入，新形势下的少数民族文物工作既有着良好的发展机遇，同时也面临许多新情况、新问题，工作中存在着一些薄弱环节。主要是一些地方和部门对近现代少数民族文物未能给予足够的重视，对近现代少数民族文物的抢救和保护缺乏统一的规划和管理，近现代少数民族文物大量流失而得不到及时的抢救和保护，少数民族文物保护机构不健全，管理队伍和专业队伍的现状跟不上工作的需要，理论研究及基础工作相对滞后，经费投入偏少等。目前，这种情况日趋严重，许多具有历史、科学和艺术价值的近现代少数民族建筑物濒临毁坏，许多数年前、数十年前一些民族尚在使用的生产工具、生活用品正在迅速消失而未能及时征集保存，许多具有艺术价值和鲜明民族特色的工艺品大量流失，等等。如果现在我们再不把这些反映少数民族历史的文物收集、保护起来，若干年后，许多民族将失去自己历史发展重要阶段的实物见证，失去对子孙后代进行民族优良传统、优秀文化教育的宝贵教材。抢救和保护近现代少数民族文物已刻不容缓，这是历史赋予民族工作者和文物工作者光荣而又重大的使命，形势的紧迫性要求我们积极行动起来，采取切实有效措施，加强抢救和保护少数民族文物工作。

三、加强少数民族文物工作的指导思想和方针原则

少数民族文物工作是我国文物工作的重要组成部分，又是我国民族工作的重要组成部分，因此具有特殊的政治地位，我们一定要从维护祖国统一，加强民族团结的政治高度来重视少数民族文物工作。少数民族文物工作要坚持以马列主义、毛泽东思想、邓小平理论为指导，贯彻执行党的民族政策，坚持“保护为主，抢救第一”和“有效保护，合理利用，加强管理”的文物工作方针和原则。保护和利用好这些珍贵文物是少数民族文物工作的根本目的和任务。目前，加强少数民族文物工作的重点，是对近现代少数民族文物的抢救和保护。

近现代少数民族文物是反映近代以来各少数民族社会制度、社会生产、社会生活，具有历史、艺术、科学价值的代表性实物资料。它们既具有文物的共性，同时也有其本身的特点，它们大多不是埋藏在地下而是存在于现实生活当中。近20年来，我国各族人民生活水平迅速提高，传统生活方式发生了深刻变化，许多反映前一阶段历史现状的有代表性的少数民族文物正在迅速退出社会生活，不少少数民族文物大量流失，我们应该在它们面临消失前采取措施，加强征集、加强保

护。我们必须统一认识，准确把握近现代少数民族文物的特点去开展工作。

四、加强少数民族文物保护基础工作，完善少数民族文物保护法规，健全少数民族文物保护机构

加强少数民族文物工作，首先和重要的是加强少数民族文物保护的基础工作。大量近现代少数民族文物的存在，哪些需要首先保护、哪些需要马上抢救、哪些需要征集收藏，各地应根据本地区的实际情况，统筹规划，确定目标，区分轻重缓急，有目的、有步骤地开展工作。

深入调查，摸清家底，做到心中有数，是开展工作的前提，这项工作要继续加强。各地文物部门应与民委、宗教等有关部门配合，做好这方面的工作。

制订操作性较强的近现代少数民族文物保护、征集的范围和分级、分类的鉴定标准，是我们工作的基础，也是目前迫切需要解决的实际问题。各省、自治区文物部门要组织专门班子，会同有关部门，在总结经验、充分研究的基础上，根据本地区各民族的情况，着手制定切实可行的相关规章，努力开展工作。国家文物主管部门在此基础上，制订出全国少数民族文物的鉴定标准等规章，并在适当的时候颁布施行。

加强少数民族文物工作，还必须加强对少数民族文物的研究工作。研究和基础工作是相辅相成、互相促进的，少数民族文物基础工作差，与当前有关少数民族文物的研究工作滞后有很大的关系。研究要与实际工作中存在的问题紧密结合，研究必须回答问题、解决问题和指导工作。

加强少数民族文物工作的第三个重要方面，是加强对少数民族文物保护的法规建设。现行文物保护法规中关于少数民族文物保护的规定相对偏少，以致在实际工作中对近现代少数民族文物的保护措施不力。针对近现代少数民族文物大量流失境外的情况，各地应抓紧制定出限制濒临消失的少数民族文物出境的有关办法，制止近现代少数民族文物以民族工艺品的名义大量外流且日趋严重的状况。要加大打击非法贩运、走私少数民族文物的力度。对具有历史、艺术、科学价值的少数民族文物和民族建筑，也应制定相应措施，有效地保护起来。国家文物主管部门要制定相应的保护法规，加强立法保护。

加强少数民族文物工作，必须重视管理和保护机构的建设。在民族自治地方和少数民族较为集中的省、地、县，各级文物行政管理部门要采取多种形式，建立和健全少数民族文物管理和保护机构，如民族博物馆、专题博物馆、民族保护村寨等，落实人员编制，给予一定的经费保证。争取经过3～5年的努力，实现我国现有55个少数民族都拥有征集、收藏、展示本民族文物的专门博物馆或陈列室。尽快建成国家民族博物馆。各地发展民族博物馆应统一规划，合理布局，实事求是，量力而行。

五、充分发挥少数民族文物的作用

在加强少数民族文物抢救保护的同时，在深入研究的基础上，举办各种少数民族文物的陈列和展览，以多种形式，向各族人民进行民族优秀传统和爱国主义、集体主义、社会主义教育，努力把各民族博物馆办成展示和宣传民族团结、民族振兴的窗口和阵地。要树立精品意识，提高陈列展览水平，不断推出思想性强、内容丰富、生动活泼、人民群众喜闻乐见的精品展览，为社会主义精神文明建设服务。

改革开放以来，各民族地区经济发展很快，人民生活水平大幅度提高，少数民族文物以及少数民族风情、民族传统工艺、民族礼仪等已成为这些地区开展旅游、发展经济得天独厚的资源优势，开发利用这些资源优势，调动各族人民的积极性，发挥少数民族文物作用，是促进少数民族地区经济发展的有效途径之一。但要注意的是，工作中一定要妥善处理好文物保护与经济建设、文物保护与发展旅游、文物保护与改善人民生活的关系，联合有关部门，采取各种形式，建立以国家保护为主、动员各民族人民群众广泛参与的保护体制，实现社会效益与经济效益的最佳结合。

六、各级领导重视，各部门密切配合，加强队伍建设，共同做好少数民族文物工作

各级党委和政府要重视少数民族文物工作，加强对少数民族文物工作的领导和支持，把少数民族文物工作纳入社会主义精神文明建设的工作中，按照《国务院关于加强和改善文物工作的通知》的要求，在少数民族文物保护上认真落实“五纳入”。

我国的少数民族大多分布于边疆、山区等自然条件相对恶劣、经济发展相对滞后的地区，各级政府应对这些地区在经济政策上实行倾斜，加大对少数民族文物保护经费的投入。

在开展少数民族文物工作中，要坚决执行党的民族政策、宗教政策，文物工作者要做模范执行党的民族政策和宗教政策的表率。文物工作与民族工作、宗教工作密切相关，各级文物部门要在当地党委和政府统一领导下，与民委、宗教等部门密切配合，相互支持，共同保护和利用好少数民族文物。

在少数民族地区，许多珍贵的少数民族文物同时也是珍贵的宗教文物，许多著名的宗教建筑同时也是具有重大历史价值和艺术价值的民族建筑。对著名的少数民族宗教建筑等重要文物保护单位要制定专门保护法规，对收藏在寺庙等宗教场所中的少数民族文物也要有相应的管理机构、管理人员，文物部门要加强指导和监督工作，将这些珍贵文物纳入文物保护、管理的范围。

目前，少数民族文物工作专业人员数量少、素质低，有针对性地举办业务培训班，在短时期内从在职人员中培养一批少数民族文物专业人员，是搞好队伍建设的好办法。要充分调动和利用综合性大学、民族学院、民族研究所等教学、科研单位的现有力量，采用馆、校结合等多种形式，培训少数民族文物工作的学术带头人和业务骨干。要选拔思想好、作风正、业务精、能力强的管理人员，充实到少数民族文物工作队伍中来，尽快在全国建立起一支少数民族文物工作专业队伍和管理队伍。

在世纪之交的重要历史时期，加强少数民族文物工作是把我国文物事业全面推向二十一世纪的一个重要环节。全国文物工作者和民族工作者以及一切热心祖国民族文物事业的有志之士，要在以江泽民同志为核心的党中央领导下，高举邓小平理论伟大旗帜，团结一致，艰苦奋斗，开拓前进，努力开创少数民族文物工作的新局面。

国家文物局　国家民族事务委员会

一九九八年九月二十九日

依法没收、追缴文物的移交办法

（国家文物局、财政部、公安部、海关总署、国家工商总局
文物保发〔1999〕17号　1999年4月5日）

一、根据《中华人民共和国文物保护法》及其实施细则第二、三十七、三十八、三十九、四十四条的有关规定，特制定本办法。

二、本办法规定的依法移交的文物，系指各级执法部门在查处违法犯罪活动中依法没收、追缴的除依法返还受害人以外的所有文物，包括珍贵文物和一般文物。依法移交的文物属于国有资产。

三、本办法规定的负责移交文物的执法部门，系指在查处违法犯罪活动中依法没收、追缴文物的各级公安部门、工商行政管理部门和海关等执法部门（以下统称移交部门）。

四、本办法规定的负责接收文物的部门，系指国家和各省、自治区、直辖市（以下简称省级）文物行政管理部门。经国家或省级文物行政管理部门授权，地、市、县的文物行政管理部门或有关国有博物馆可具体承办文物接收事宜（以下统称接收部门）。

五、依法移交文物的移交和接收，在结案后应立即全部无偿移交给接收部门。

六、移交部门应负责移交前的文物安全和保护工作。移交部门如果在结案前不具备保证文物安全无损的安全防范条件、防止自然力损害的保管条件和修复的技术力量，或者自没收、追缴之时起已逾一年未能结案的，应将文物及时移送接收部门指定的国有博物馆暂存。暂存单位应负责文物的安全，并为执法部门对有关文物的取证提供方便。

七、移交部门向接收部门移交文物，接收部门应及时组织国家或省级文物鉴定机构对移交文物进行鉴定，造具文物登记清单并评定级别。移交时由交接双方及承办机构负责确认移交文物登记清单，履行实物查点、交接和签字等完备手续。

八、交接情况每年年终由省级执法部门和接收部门汇总，分别向公安部、海关总署、国家工商行政管理局等有关执法部门和国家文物局报告，并报财政部备案。

九、接收的移交文物由国家文物局或省级文物行政管理部门根据文物保护、研究和利用等需要，指定具备条件的国有博物馆收藏保管，其中，一级文物应由省级文物行政管理部门报国家文物局备案。当地重复品较多的文物，可以由国家文物局组织，在跨省区的国有博物馆之间进行交

换、调拨。确实没有收藏价值的一般文物，报经国家文物局批准，根据归口经营，统一管理的原则投入流通，办理文物标的的鉴定许可事宜，由国家文物局或指定省级文物行政管理部门依法委托具有文物拍卖经营资格权的拍卖行进行拍卖，所得收入全部缴拍卖文物所在地的省级财政部门。

十、按照《中华人民共和国文物保护法》及其实施细则关于奖励的规定，除执法部门对办案有功者予以表彰外，对移交文物总体价值较高、保护文物做出突出贡献的执法部门或单位，文物主管部门应当将鉴定结论如实报告其上级主管部门或人民政府，提请予以奖励。

十一、各级财政、公安、工商行政管理、文物行政管理部门和海关要加强对执行本办法的行政监督，违反本办法的依法给予行政处罚，构成犯罪的，追究其刑事责任。

文物藏品定级标准

（文化部令第19号　2001年4月9日）

根据《中华人民共和国文物保护法》和《中华人民共和国文物保护法实施细则》的有关规定，特制定本标准。

文物藏品分为珍贵文物和一般文物。珍贵文物分为一、二、三级。具有特别重要历史、艺术、科学价值的代表性文物为一级文物；具有重要历史、艺术、科学价值的为二级文物；具有比较重要历史、艺术、科学价值的为三级文物。具有一定历史、艺术、科学价值的为一般文物。

一、一级文物定级标准

（一）反映中国各个历史时期的生产关系及其经济制度、政治制度，以及有关社会历史发展的特别重要的代表性文物；

（二）反映历代生产力的发展、生产技术的进步和科学发明创造的特别重要的代表性文物；

（三）反映各民族社会历史发展和促进民族团结、维护祖国统一的特别重要的代表性文物；

（四）反映历代劳动人民反抗剥削、压迫和著名起义领袖的特别重要的代表性文物；

（五）反映历代中外关系和在政治、经济、军事、科技、教育、文化、艺术、宗教、卫生、体育等方面相互交流的特别重要的代表性文物；

（六）反映中华民族抗御外侮，反抗侵略的历史事件和重要历史人物的特别重要的代表性文物；

（七）反映历代著名的思想家、政治家、军事家、科学家、发明家、教育家、文学家、艺术家等特别重要的代表性文物，著名工匠的特别重要的代表性作品；

（八）反映各民族生活习俗、文化艺术、工艺美术、宗教信仰的具有特别重要价值的代表性文物；

（九）中国古旧图书中具有特别重要价值的代表性的善本；

（十）反映有关国际共产主义运动中的重大事件和杰出领袖人物的革命实践活动，以及为中国革命做出重大贡献的国际主义战士的特别重要的代表性文物；

（十一）与中国近代（1840～1949年）历史上的重大事件、重要人物、著名烈士、著名英雄模范有关的特别重要的代表性文物；

（十二）与中华人民共和国成立以来的重大历史事件、重大建设成就、重要领袖人物、著名烈士、著名英雄模范有关的特别重要的代表性文物；

（十三）与中国共产党和近代其他各党派、团体的重大事件，重要人物、爱国侨胞及其他社会知名人士有关的特别重要的代表性文物；

（十四）其他具有特别重要历史、艺术、科学价值的代表性文物。

二、二级文物定级标准

（一）反映中国各个历史时期的生产力和生产关系及其经济制度、政治制度，以及有关社会历史发展的具有重要价值的文物；

（二）反映一个地区、一个民族或某一个时代的具有重要价值的文物；

（三）反映某一历史人物、历史事件或对研究某一历史问题有重要价值的文物；

（四）反映某种考古学文化类型和文化特征，能说明某一历史问题的成组文物；

（五）历史、艺术、科学价值一般，但材质贵重的文物；

（六）反映各地区、各民族的重要民俗文物；

（七）历代著名艺术家或著名工匠的重要作品；

（八）古旧图书中具有重要价值的善本；

（九）反映中国近代（1840～1949年）历史上的重大事件、重要人物、著名烈士、著名英雄模范的具有重要价值的文物；

（十）反映中华人民共和国成立以来的重大历史事件、重大建设成就、重要领袖人物、著名烈士、著名英雄模范的具有重要价值的文物；

（十一）反映中国共产党和近代其他各党派、团体的重大事件，重要人物、爱国侨胞及其他社会知名人士的具有重要价值的文物；

（十二）其他具有重要历史、艺术、科学价值的文物。

三、三级文物定级标准

（一）反映中国各个历史时期的生产力和生产关系及其经济制度、政治制度，以及有关社会历史发展的比较重要的文物；

（二）反映一个地区、一个民族或某一时代的具有比较重要价值的文物；

（三）反映某一历史事件或人物，对研究某一历史问题有比较重要价值的文物；

（四）反映某种考古学文化类型和文化特征的具有比较重要价值的文物；

（五）具有比较重要价值的民族、民俗文物；

（六）某一历史时期艺术水平和工艺水平较高，但有损伤的作品；

（七）古旧图书中具有比较重要价值的善本；

（八）反映中国近代（1840～1949年）历史上的重大事件、重要人物、著名烈士、著名英雄模范的具有比较重要价值的文物；

（九）反映中华人民共和国成立以来的重大历史事件、重大建设成就、重要领袖人物、著名烈士、著名英雄模范的具有比较重要价值的文物；

（十）反映中国共产党和近代其他各党派、团体的重大事件，重要人物、爱国侨胞及其他社会知名人士的具有比较重要价值的文物；

（十一）其他具有比较重要的历史、艺术、科学价值的文物。

四、一般文物定级标准

（一）反映中国各个历史时期的生产力和生产关系及其经济制度、政治制度，以及有关社会历史发展的具有一定价值的文物；

（二）具有一定价值的民族、民俗文物；

（三）反映某一历史事件、历史人物，具有一定价值的文物；

（四）具有一定价值的古旧图书、资料等；

（五）具有一定价值的历代生产、生活用具等；

（六）具有一定价值的历代艺术品、工艺品等；

（七）其他具有一定历史、艺术、科学价值的文物。

五、博物馆、文物单位等有关文物收藏机构，均可用本标准对其文物藏品鉴选和定级。社会上其他散存的文物，需要定级时，可照此执行。

六、本标准由国家文物局负责解释。

附：一级文物定级标准举例

一、玉、石器　时代确切，质地优良，在艺术上和工艺上有特色和有特别重要价值的；有确切出土地点，有刻文、铭记、款识或其他重要特征，可作为断代标准的；有明显地方特点，能代表考古学一种文化类型、一个地区或作坊杰出成就的；能反映某一时代风格和艺术水平的有关民族关系和中外关系的代表作。

二、陶器　代表考古学某一文化类型，其造型和纹饰具有特别重要价值的；有确切出土地点可作为断代标准的；三彩作品中造型优美、色彩艳丽、具有特别重要价值的；紫砂器中，器形完美，出于古代与近代名家之手的代表性作品。

三、瓷器　时代确切，在艺术上或工艺上有特别重要价值的；在纪年或确切出土地点可作为断代标准的；造型、纹饰、釉色等能反映时代风格和浓郁民族色彩的；有文献记载的名瓷、历代官窑及民窑的代表作。

四、铜器　造型、纹饰精美，能代表某个时期工艺铸造技术水平的；有确切出土地点可作为断代标准的；铭文反映重大历史事件、重要历史人物的或书法艺术水平高的；在工艺发展史上具有特别重要价值的。

五、铁器 在中国冶铸、锻造史上，占有特别重要地位的钢铁制品；有明确出土地点和特别重要价值的铁质文物；有铭文或错金银、镶嵌等精湛工艺的古代器具；历代名人所用，或与重大历史事件有直接联系的铁质历史遗物。

六、金银器 工艺水平高超，造型或纹饰十分精美，具有特别重要价值的；年代、地点确切或有名款，可作断代标准的金银制品。

七、漆器 代表某一历史时期典型工艺品种和特点的；造型、纹饰、雕工工艺水平高超的；著名工匠的代表作。

八、雕塑 造型优美、时代确切，或有题记款识，具有鲜明时代特点和艺术风格的金属、玉、石、木、泥和陶瓷、髹漆、牙骨等各种质地的、具有特别重要价值的雕塑作品。

九、石刻砖瓦 时代较早，有代表性的石刻；刻有年款或物主铭记可作为断代标准的造像碑；能直接反映社会生产、生活，神态生动、造型优美的石雕；技法精巧、内容丰富的画像石；有重大史料价值或艺术价值的碑碣墓志；文字或纹饰精美，历史、艺术价值特别重要的砖瓦。

十、书法绘画 元代以前比较完整的书画；唐以前首尾齐全有年款的写本；宋以前经卷中有作者或纪年且书法水平较高的；宋、元时代有名款或虽无名款而艺术水平较高的；具有特别重要价值的历代名人手迹；明清以来特别重要艺术流派或著名书画家的精品。

十一、古砚 时代确切，质地良好、遗存稀少的；造型与纹饰具有鲜明时代特征，工艺水平很高的端、歙等四大名砚；有确切出土地点，或流传有绪，制作精美，保存完好，可作断代标准的；历代重要历史人物使用过的或题铭价值很高的；历代著名工匠的代表作。

十二、甲骨 所记内容具有特别重要的史料价值，龟甲、兽骨比较完整的；所刻文字精美或具有特点，能起断代作用的。

十三、玺印符牌 具有特别重要价值的官私玺、印、封泥和符牌；明、清篆刻中主要流派或主要代表人物的代表作。

十四、钱币 在中国钱币发展史上占有特别重要地位、具有特别重要价值的历代钱币、钱范和钞版。

十五、牙骨角器 时代确切，在雕刻艺术史上具有特别重要价值的；反映民族工艺特点和工艺发展史的；各个时期著名工匠或艺术家代表作，以及历史久远的象牙制品。

十六、竹木雕 时代确切，具有特别重要价值，在竹木雕工艺史上有独特风格，可作为断代标准的；制作精巧、工艺水平极高的；著名工匠或艺术家的代表作。

十七、家具 元代以前（含元代）的木质家具及精巧明器；明清家具中以黄花梨、紫檀、鸡翅木、铁梨、乌木等珍贵木材制作、造型优美、保存完好、工艺精良的；明清时期制作精良的髹饰家具；明清及近现代名人使用的或具有重大历史价值的家具。

十八、珐琅 时代确切，具有鲜明特点，造型、纹饰、釉色、工艺水平很高的珐琅制品。

十九、织绣 时代、产地准确的；能代表一个历史时期工艺水平的具有特别重要价值的不同织绣品种的典型实物；色彩艳丽，纹饰精美，具有典型时代特征的；著名织绣工艺家的代表作。

二十、古籍善本 元以前的碑帖、写本、印本；明清两代著名学者、藏书家撰写或整理校订的、在某一学科领域有重要价值的稿本、抄本；在图书内容、版刻水平、纸张、印刷、装帧等方面有特色的明清印本（包括刻本、活字本、有精美版画的印本、彩色套印本）、抄本；有明清时期著名学者、藏书家批校题跋且批校题跋内容具有重要学术资料价值的印本、抄本。

二十一、碑帖拓本 元代以前的碑帖拓本；明代整张拓片和罕见的拓本；初拓精本；原物重要且已佚失，拓本流传极少的清代或近代拓本；明清时期精拓套帖；清代及清代以前有历代名家重要题跋的拓本。

二十二、武器 在武器发展史上，能代表一个历史阶段军械水平的；在重要战役或重要事件中使用的；历代著名人物使用的、具有特别重要价值的武器。

二十三、邮品 反映清代、民国、解放区邮政历史的、存量稀少的；中华人民共和国成立以来具有特别重要价值的邮票和邮品。

二十四、文件、宣传品 反映重大历史事件，内容重要，具有特别重要意义的正式文件或文件原稿；传单、标语、宣传画、号外、捷报；证章、奖章、纪念章等。

二十五、档案文书 从某一侧面反映社会生产关系、经济制度、政治制度和土地、人口、疆域变迁以及重大历史事件、重要历史人物事迹的历代诏谕、文告、题本、奏折、诰命、舆图、人丁黄册、田亩钱粮簿册、红白契约、文据、书札等官方档案和民间文书中，具有特别重要价值的。

二十六、名人遗物 已故中国共产党著名领袖人物、各民主党派著名领导人、著名爱国侨领、著名社会活动家的具有特别重要价值的手稿、信札、题词、题字等以及具有特别重要意义的用品。

国家文物局、国家经济贸易委员会、公安部、文化部、海关总署、国家工商行政管理总局关于印发《整顿规范文物市场方案》的通知

（文物保发〔2001〕57 号）

各省、自治区、直辖市文物局、文管办、经贸委、公安厅（局）、文化厅（局）、各直属海关、工商管理局：

为了认真贯彻国务院召开的全国整顿和规范文化市场秩序电视电话会议及《国务院办公厅关于进一步整顿和规范文化市场秩序的通知》（国办发〔2001〕59 号）和中央领导关于整顿文物市场的讲话精神，国家文物局、国家经贸委、公安部、文化部、海关总署、国家工商行政管理总局制定了《整顿规范文物市场方案》（以下简称《方案》）。现将《方案》印发给你们，请遵照执行。有关工作情况请及时按系统分别上报有关部局。

国家文物局　国家经济贸易委员会　公安部

文化部　海关总署　国家工商行政管理总局

二〇〇一年十月十日

附：整顿规范文物市场方案

为了贯彻国务院召开的全国整顿和规范文化市场秩序电视电话会议以及《国务院办公厅关于进一步整顿和规范文化市场秩序的通知》（国办发〔2001〕59 号）和中央领导关于整顿文物市场的讲话精神，国家文物局、国家经贸委、公安部、文化部、海关总署、国家工商行政管理总局制定了《整顿规范文物市场方案》，具体内容如下：

一、指导思想

以江泽民总书记“七一”讲话精神和“三个代表”重要思想为指导，按照《国务院办公厅关于进一步整顿和规范文化市场秩序的通知》（国办发〔2001〕59 号）和李岚清副总理在全国整顿

和规范文化市场秩序电视电话会议上“贯彻落实江泽民同志‘三个代表’重要思想大力整顿和规范文化市场秩序”的讲话精神，以及对文物管理部门做好文物市场秩序的整顿和规范工作的要求，决定集中力量在全国开展整顿和规范文物市场秩序专项行动。各地、各有关部门要充分认识文物市场整顿工作的重要意义，大力开展整顿规范文物市场经营秩序，坚决取缔非法经营文物场所和非法文物拍卖活动，全面扭转文物市场秩序混乱，假货、赝品泛滥的局面。加强文物市场准入和监管力度，健全市场规则，加强市场管理，保证文物市场健康有序地发展。

二、主要任务和目标

（一）整顿文物监管物品交易市场，建立严格的审批制度，控制市场规模和数量。按照国家有关规定，严格审批手续和经营范围，未经批准经营的任何单位和个人都不得经营文物监管物品，停止审批新的文物交易市场。

（二）全面整顿和规范文物拍卖市场。加强对文物拍卖标的的鉴定和许可审批工作。查处文物拍卖标的未按规定进行鉴定、许可的非法拍卖活动。

（三）取缔非法利用互联网销售、拍卖文物的活动。

（四）清理整顿文物复仿制品市场。对进入流通领域而未作标识的文物复仿制品要限期清理，清除以假乱真的欺诈经营行为。

（五）整顿文物购销经营单位的经营活动。清核国有库存珍贵文物，查处未经鉴定擅自出卖珍贵文物等违法违规行为。

（六）加强文物出境鉴定和文物出入境监管工作。加大私人携带文物和货运文物的查验力度，严厉打击非法贩运、走私文物犯罪活动，防止珍贵文物流失。

以整顿为目标，以规范为目的，以严格执法为手段，从根本上遏制非法经营文物、假货、赝品泛滥的势头，严厉打击各类文物违法犯罪活动。

三、工作重点

第一阶段重点：（2001 年 12 月 31 日前取缔一切非法经营文物场所）

（一）对文物监管品市场（含古玩市场）、文物拍卖活动问题较突出的地区进行专项整顿治理；对非法经营文物（特别是出土文物）活动猖獗、群众反映强烈的大、中城市进行重点整治。

（二）彻底取缔无证经营和一切非法经营文物场所。

（三）严厉打击盗掘、贩运和走私文物等犯罪活动。

第二阶段重点：（2002 年 2 月 31 日前净化文物市场）

（一）打击和取缔非法制造假文物的窝点，对各类假文物（赝品）和没有明确标识的新仿工艺品一律予以没收和销毁。

（二）对违反国家规定进行超限经营文物监管物品的单位，取消其经营资格。

四、工作措施

（一）在全国开展《文物保护法》及国际公约的宣传活动，各地文物管理部门、文物经营单位和文物保护社会团体都要积极参与文物市场整顿规范秩序工作。

（二）加强舆论宣传和监督，充分利用各种新闻媒体对文物市场存在的问题和整顿规范工作进行全面报道，对重点地区和重点问题进行连续追踪报道。

（三）各省要举办整顿文物市场秩序和学习文物保护法律法规学习班，要求经营文物市场管理人员提高对保护文化遗产和整顿规范文物市场秩序重要性的认识。

（四）各省开始对文物监管品市场和个体经营者重新审核登记工作，严格按照国家有关文物市场管理的法律法规文件统一进行。控制规模、压缩经营单位总量，淘汰一批没有管理能力、经营差或者有违规行为的经营单位和个体经营者；调整经营布局和结构，促使文物市场健康有序地发展。

（五）文物、公安、海关等执法部门密切配合，增加文物出境鉴定机构和人员，严格控制文物出境和加大文物携带出境的查验力度，打击倒买倒卖、盗掘、贩运、走私文物犯罪活动。

五、工作要求

（一）建立整顿文物市场检查制度。整顿和规范工作要认真、严格、有效果，并根据当地实际情况，组织有文物专家及经贸委、公安、工商等执法部门参加，对文物监管品市场进行全面、严格的检查。

（二）及时总结整顿文物市场经验。各地根据当地整顿文物市场的进展情况，分别于2002年1月15日前和3月15日前，向各地省政府和国家文物局及有关部局汇报第一阶段和第二阶段的整顿情况，以利检查。同时，在工作进程中要注意编写简报，交流经验，以点带面，全面推动整顿和规范文物市场工作健康有序地发展。

文化部、国家文物局关于禁止擅自改变文物保护单位管理体制的通知

（文物发〔2001〕24号）

各省、自治区、直辖市文化厅（局）、文物局、文管会：

一个时期以来，一些地方擅自改变文物保护单位的管理体制，对本应由政府实施保护管理的文物保护单位转移到企业开发经营，甚至向国内外进行招标承包。最近一些地方连续发生的文物毁坏事件，与文物保护单位管理体制的变更所带来的片面追求经济效益、忽视保护和管理、保护和使用脱节等问题直接有关，已经造成了无可挽回的损失和十分恶劣的影响。为制止擅自改变文物保护单位管理体制的现象继续发生，有效保护好祖国历史文化遗产，现就有关问题通知如下：

一、根据《中华人民共和国文物保护法》规定，国务院和各级人民政府核定公布的各级文物保护单位，由各级人民政府文化、文物行政管理部门代表政府对其实施保护管理。这一体制经过几十年的实践，证明是完全符合我国国情、符合文物工作规律且行之有效的，应继续坚持并进一步完善这一体制。当前情况下，不得擅自改变文物保护单位管理部门的社会公益性性质，由企业（公司）管理或领导。

二、根据《中共中央关于加强社会主义精神文明建设若干重要问题的决议》和《国务院关于加强和改善文物工作的通知》精神，文物保护单位的管理工作是文物事业的重要组成部分，是建立文物保护新体制的重要基础，各级政府和文化、文物行政管理部门必须坚持“保护为主、抢救第一”和“有效保护，合理利用，加强管理”的方针和原则，切实做好文物保护单位的管理工作。在明确职责、确保文物安全的前提下，加强与有关部门的协调与合作，充分发挥文物工作对社会主义精神文明和物质文明建设的促进作用。

三、任何改变文物保护单位管理体制或隶属关系和用途的，必须严格执行《中华人民共和国文物保护法》等法律法规的有关规定，根据文物保护单位的级别，由当地文化、文物行政管理部门报原公布的人民政府批准；全国重点文物保护单位应经省、自治区、直辖市人民政府同意，并报国务院批准。

四、未依法定程序批准，已改变文物保护单位管理体制或隶属关系及性质、任务、用途的，

必须予以纠正，恢复原管理体制或隶属关系及性质、任务。纠正过程中要认真做好各项善后工作，确保文物安全和对社会的正常开放。

五、因擅自改变文物保护单位管理体制或隶属关系及性质、任务、用途等造成文物损坏的，要依法追究有关责任人员的法律责任；情节严重、触犯法律的，要依法追究直接责任人的刑事责任。

六、各地文化、文物行政管理部门接此通知后，应抓紧落实，并把本行政区域内改变全国重点文物保护单位和省级文物保护单位管理体制或隶属关系及性质、任务、用途的情况以及纠正情况等，于7月31日前报送文化部、国家文物局。

文化部　国家文物局

二〇〇一年七月十日

文化部、国家文物局、国家计委、财政部、教育部、建设部、国土资源部、环保总局、国家林业局关于加强和改善世界遗产保护管理工作的意见

（文物发〔2002〕16号）

各省、自治区、直辖市文化厅（局）、文物局（文管会）、计委、财政厅（局）、教育厅（教委）、建设厅（建委）、国土厅（局）、环保厅（局）、林业（农林）厅（局）：

1972年11月16日，联合国教科文组织第十七届会议在巴黎通过了《保护世界文化和自然遗产公约》（以下简称《世界遗产公约》）。考虑到文化遗产和自然遗产越来越多地受到自然和人为破坏的威胁、许多国家和地区对遗产保护工作的不完善以及各类遗产损失对人类社会的有害影响，《世界遗产公约》要求将那些具有突出重要性的文化或自然遗产作为全人类世界遗产的一部分加以保护。《世界遗产公约》及其基本准则已得到国际社会的普遍欢迎和尊重。

我国历史悠久，文物古迹众多，自然景观丰富。新中国成立以来，党和政府一贯重视文化和自然遗产保护工作，我国有关文化和自然遗产保护的法规、政策和措施，其原则、内容与《世界遗产公约》的基本精神是完全一致的。1985年，我国正式加入了《世界遗产公约》，对国际社会做出了为全人类妥为保护中国境内世界遗产的庄严承诺。此后，我国的世界遗产保护事业发展迅速，至今已形成相当规模。我国列入世界遗产名录的项目已达28处（组），居世界前列，保护、管理世界遗产的工作水平不断提高。世界遗产保护事业在保护我国文物古迹、自然景观，促进我国社会主义精神文明和物质文明建设，宣传我国的悠久历史与灿烂文明，展示我国的壮丽山河与自然风貌，扩大中华文化的国际影响等方面发挥了积极作用。世界遗产工作已经成为我国坚持社会可持续发展战略、建设社会主义现代国家的重要组成部分，也是我国在教育、科学、文化、环境等方面参与国际事务并积极发挥作用的重要领域之一。

当前，我国的世界遗产保护事业面临着不少问题和困难，距离《世界遗产公约》的要求还存在一定差距，主要表现在法制建设有待加强，保护资金不足，专业人才缺乏，重大项目决策程序不够完善以及开发利用过度、忽视保护，甚至出现一些建设性破坏等现象。为进一步改善和加强我国世界遗产的保护管理工作，特提出如下意见：

一、各级行政主管部门要进一步端正和提高对保护世界遗产重要性的认识。保护世界文化和自然遗产事业已成为全球文化建设和环境保护的重要组成部分，对全世界人民精神和社会文化生活的构建，对保持人类文化多样化、生态多样性和促进世界各国、各民族之间的相互尊重和理解，对历史人文环境、自然演变的科学印迹和优美自然景观的保护与延续，进而对人类文明和社会的可持续发展，都具有无可替代的意义和作用。妥善保护和保存世界遗产，是一个国家法治健全、社会安定和民族团结、文明进步的标志。保护好我国的世界遗产，是对广大人民群众进行爱国主义教育和优秀传统文化教育的需要，是国家生态环境建设和可持续发展的需要，关系到我国人民特别是子孙后代的生存环境和生活质量，关系到国家与社会的整体利益和长远利益，也关系到国家与民族的国际形象。做好世界遗产的保护管理工作，是各地、各有关部门的重要职责，也是当代人义不容辞的历史使命。

二、进一步加强对世界遗产的保护管理工作，做好规划，完善制度。我国现在已有涉及世界遗产资源保护管理的《中华人民共和国文物保护法》、《风景名胜区管理暂行条例》、《森林和野生动物类型自然保护区管理办法》和规划、环保、国土资源等多方面的法规。在实际工作中，一些地方对现行相关法律法规了解不够、执行不力，甚至有法不依、各行其是。在加紧研究制订中国世界遗产保护管理专项法规的同时，各地应进一步宣传并贯彻好现行有关法规，切实检查法规执行情况，对严重违背法规，损害世界遗产的事件，必须依法查处，坚决予以纠正。

作为依法保护管理好世界遗产的重要措施，各地要依据有关法规、政策和技术规范，抓紧制订各个世界遗产地的保护和管理规划；已有规划不够合理、不够完善的，要及时修订、调整、补充。各地都要严格按规划办事。同时，要依据《世界遗产公约》的要求，制订教育和宣传计划，广泛、深入宣传保护世界遗产的重要意义和保护的科学方法，努力增强民众对世界文化、自然遗产的保护和尊重意识，把世界遗产工作置于全社会的支持、监督和保障之下。

三、正确处理世界遗产保护与利用的关系。有效保护、保存和展示文化和自然遗产，是《世界遗产公约》的基本要求。从世界范围看，对世界遗产的主要威胁来自错位开发和超容量开发。我国的世界遗产也面临同样的威胁。

世界遗产是具有特殊重要性、珍稀性和脆弱易损性的不可再生资源，必须把对遗产的保护放在第一位，一切开发、利用和管理工作，都应以遗产的保护和保存为前提，都要以有利于遗产的保护和保存为根本。这是世界遗产事业存在和发展的基础。要清醒地认识到，对世界遗产的保护、管理和利用，有很强的专业性、政策性和敏感的国内外影响；任何遗产地都有其科学的容量和适宜的开发方式，要坚决反对无限度无规划的恶性开发和使用。凡涉及世界遗产的重大建设项目、开发利用计划和管理体制的事项，均需符合国家有关保护法规和有关保护规划要求，严格执行环境影响评价制度，并经依法审批。各地要站在讲政治、讲大局的高度，努力使局部利益服从整体利益，眼前利益服从长远利益，妥善处理好保护和利用的关系，切实保障世界遗产的完整和真实。

四、树立“公约意识”，遵守国际规则。《世界遗产公约》在国际社会具有广泛的重要影响。它的各项具体规定和要求，应得到切实遵守。这不仅是依法行政的基本要求，也是中国政府履行国际承诺的具体体现。联合国教科文组织在《关于在国家一级保护文化和自然遗产的建议》中，对《世界遗产公约》各个缔约国的文化和自然遗产的保护，从国家政策、行政组织、保护措施、教育和文化行动、国际合作等方面都具体提出了建议和要求，反映了国际社会对文化和自然遗产保护的先进理念，值得我们高度重视。在我国加入WTO之后，更应该牢固树立“公约意识”，增强依照《世界遗产公约》开展工作的自觉性和主动性，杜绝忽视相关国际公约和准则的随意性做法。要认真、完全地履行申报世界遗产时的承诺。已定为世界遗产地的单位，对申报遗产时的原状如有任何变更，均须依照有关规定，履行报批手续，并通报世界遗产委员会。

五、各部门、各单位要明确责任，各司其职，密切配合，多层次、全方位地做好世界遗产的保护管理工作。保护、规划、管理和利用世界遗产资源，涉及文化、文物、计划、财政、教育、建设、国土、环保、林业等部门。各世界遗产地应建立有效的工作机制，加强对有关世界遗产工作的综合协调和宏观管理。各部门应在各级党委和政府的统一领导下，明确责任，相互协作，共同以大局为重，在各自的职权范围内切实做好工作。涉及遗产保护、管理发生重大问题或出现不良苗头时，该遗产地的责任单位要及时采取相应保护措施；确实无力解决的，应及时报告当地党委和政府，并报上级业务主管部门。对各种造成遗产损失的失职、渎职行为，要追究行政乃至法律责任。

文　化　部　国家文物局　国 家 计 委
财　政　部　教　育　部　建　设　部
国土资源部　环 保 总 局　国家林业局
二〇〇二年四月二十五日

国有文物收藏单位接收境外捐赠、归还和从境外追索的中国文物进口免税暂行办法

（财政部、国家税务总局、海关总署　财税〔2002〕81 号　2002 年 6 月 25 日）

第一条　为了促进流失境外的中国文物重回国内，并用于国有文物收藏单位的永久收藏和展示、研究等公益性活动，特制定本办法。

第二条　符合本办法规定并由国务院文物行政管理部门和国有文物收藏单位以接受境外机构及个人捐赠、归还的和从境外追索等方式获得的中国文物进口，免征关税、进口环节增值税、消费税。

第三条　本办法所称的中国文物包括：

（一）1949 年以前中国制作、生产或出版的陶瓷器、金银器、铜器及其他金属器、玉石器、漆器、玻璃器皿、各种质料的雕刻品、雕塑品、家具、书画、碑帖、拓片、图书、文献资料、织绣、文化用品、邮票、货币、器具、工艺美术品及其他具有文物价值的制品等；

（二）1949 年以后，我国已故近、现代著名书画家、工艺美术家的作品；

（三）原产于中国的古脊椎动物化石、古人类化石等。

第四条　本办法所称的捐赠是指境外机构、个人将合法所有的中国文物无偿捐献给国务院文物行政管理部门或国有文物收藏单位的行为；

本办法所称的归还是指境外机构、个人将持有的原系从中国劫掠、盗窃、走私或其他非法出境的中国文物无偿交还给国务院文物行政管理部门或国有文物收藏单位的行为；

本办法所称的追索是指国务院文物行政管理部门依据有关国际公约从境外索回原系从中国劫掠、盗窃、走私或其他非法出境的中国文物的行为。

第五条　国有文物收藏单位接受境外机构及个人捐赠、归还的中国文物，需要办理免税的，应在文物入境的一个月前，向国务院文物行政管理部门提出书面申请。

国有文物收藏单位的书面申请，应具备以下内容：

（一）单位名称、住所、性质和法人代表；

（二）境外机构、个人出具的愿向本单位捐赠、归还所持有的中国文物的书面证明；

（三）拟接受的文物的特征、价值的详细资料及清晰的彩色图片；

（四）文物拟入境的口岸；

（五）所在地的省、自治区、直辖市文物行政管理部门同意接受文物的书面意见，国务院文物行政管理部门直属的国有文物收藏单位可直接向国务院文物行政管理部门提出申请；

（六）承诺接受的文物将为本单位永久收藏，并仅用于向公众展示和科学研究等公益性活动的有关材料；

（七）国务院文物行政管理部门认为需要具备的其他内容。

第六条 国务院文物行政管理部门受理国有文物收藏单位有关接受文物入境免税的申请，应在 15 日内，做出是否同意的决定，并通知申请单位。

第七条 国务院文物行政管理部门接受捐赠、归还和从境外追索的中国文物，需要办理免税的，应指定国有文物收藏单位收藏。指定的国有文物收藏单位应书面承诺将此文物永久收藏，并仅用于向公众展示和科学研究等公益性活动。

第八条 国务院文物行政管理部门接受捐赠、归还和追索的中国文物入境，或已同意对国有文物收藏单位接受的文物入境免税的，由国务院文物行政管理部门出具《允许进口证明》和由指定的鉴定专家或授权的国家文物出境鉴定站鉴定员进行鉴定的《委托书》。进口单位凭上述文件及海关要求的其他有关文件到进口地海关办理免税手续。

出具《允许进口证明》和《委托书》的具体单位名称、印章印模和证明函、委托书格式，由国务院文物行政管理部门事先向海关总署备案，由海关总署通知进口地海关备查。

第九条 国务院文物行政管理部门指定的鉴定专家或授权的国家文物出境鉴定站鉴定员、接受文物的国有文物收藏单位在上述进口文物到货后，应持前款所述的《委托书》联系进口地海关安排对有关文物进行现场鉴定，鉴定合格后向海关出具《鉴定合格证明》（证明函格式、有关专家和鉴定员名录应事先向进口地海关备案）。海关凭《允许进口证明》和《鉴定合格证明》办理进口免税验放手续。对鉴定不合格的文物，海关通知国务院文物行政管理部门，由国务院文物行政管理部门会同有关部门研究后予以处理。有关口岸费用由进口单位承担。

第十条 国有文物收藏单位收藏免税入境文物后，应在 15 日内列入藏品总账，并编写详细档案，将档案副本报国务院文物行政管理部门、财政部、国家税务总局、海关总署。

第十一条 国有文物收藏单位应妥善保藏免税入境文物，并仅用于非营利性的展示、科学研究等公益性活动，不得将其出售、赠送、抵押。国务院文物行政管理部门负责监督和指导国有文物收藏单位对免税入境文物的保藏、展示和研究工作。

第十二条 国有文物收藏单位违反本办法规定，将免税入境文物出售、赠送给非国有单位、个人的，依照《中华人民共和国刑法》第三百二十七条的规定追究单位和直接责任人员的刑事责任。

国有文物收藏单位违反本办法规定，将免税入境文物出售、赠送给国有单位的，或将免税入境文物抵押的，国务院文物行政管理部门应会同国家有关部门追回文物，另行指定国有文物收藏单位收藏，并对原收藏单位法人代表和直接责任人员给予行政处分，没收全部非法所得，上缴国库。

国有文物收藏单位违反本办法规定，将免税入境文物用于营利性活动的，国务院文物行政管理部门应予以通报批评，并监督其予以改正，没收全部非法所得，上缴国库。情节严重的，对收藏单位法人代表和直接责任人员给予行政处分，并将文物另行指定国有文物收藏单位收藏。

第十三条　本办法由财政部会同国家税务总局、海关总署负责解释。

第十四条　本办法自公布之日起施行。

文物保护工程管理办法

（文化部令第26号　2003年4月1日）

第一章　总　则

第一条　为进一步加强文物保护工程的管理，根据《中华人民共和国文物保护法》和《中华人民共和国建筑法》的有关规定，制定本办法。

第二条　本办法所称文物保护工程，是指对核定为文物保护单位的和其他具有文物价值的古文化遗址、古墓葬、古建筑、石窟寺和石刻、近现代重要史迹及代表性建筑、壁画等不可移动文物进行的保护工程。

第三条　文物保护工程必须遵守不改变文物原状的原则，全面地保存、延续文物的真实历史信息和价值；按照国际、国内公认的准则，保护文物本体及与之相关的历史、人文和自然环境。

第四条　文物保护单位应当制定专项的总体保护规划，文物保护工程应当依据批准的规划进行。

第五条　文物保护工程分为：保养维护工程、抢险加固工程、修缮工程、保护性设施建设工程、迁移工程等。

（一）保养维护工程，系指针对文物的轻微损害所做的日常性、季节性的养护。

（二）抢险加固工程，系指文物突发严重危险时，由于时间、技术、经费等条件的限制，不能进行彻底修缮而对文物采取具有可逆性的临时抢险加固措施的工程。

（三）修缮工程，系指为保护文物本体所必需的结构加固处理和维修，包括结合结构加固而进行的局部复原工程。

（四）保护性设施建设工程，系指为保护文物而附加安全防护设施的工程。

（五）迁移工程，系指因保护工作特别需要，并无其他更为有效的手段时所采取的将文物整体或局部搬迁、异地保护的工程。

第六条　国家文物局负责全国文物保护工程的管理，并组织制定文物保护工程的相关规范、标准和定额。

第七条　具有法人资格的文物管理或使用单位，包括经国家批准，使用文物保护单位的机关、团体、部队、学校、宗教组织和其他企事业单位，为文物保护工程的业主单位。

第八条 承担文物保护工程的勘察、设计、施工、监理单位必须具有国家文物局认定的文物保护工程资质。资质认定办法和分级标准由国家文物局另行制定。

第九条 文物保护工程管理主要指立项、勘察设计、施工、监理及验收管理。

第二章 立项与勘察设计

第十条 文物保护工程按照文物保护单位级别实行分级管理，并按以下规定履行报批程序：

（一）全国重点文物保护单位保护工程，以省、自治区、直辖市文物行政部门为申报机关，国家文物局为审批机关。

（二）省、自治区、直辖市级文物保护单位保护工程以文物所在地的市、县级文物行政部门为申报机关，省、自治区、直辖市文物行政部门为审批机关。

市县级文物保护单位及未核定为文物保护单位的不可移动文物的保护工程的申报机关、审批机关由省级文物行政部门确定。

第十一条 保养维护工程由文物使用单位列入每年的工作计划和经费预算，并报省、自治区、直辖市文物行政部门备案。

抢险加固工程、修缮工程、保护性设施建设工程的立项与勘察设计方案按本办法第十条的规定履行报批程序。抢险加固工程中确因情况紧急需要即刻实施的，可在实施的同时补报。

迁移工程按《中华人民共和国文物保护法》第二十条的规定获得批准后，按本办法第十条的规定报批勘察设计方案。

第十二条 因特殊情况需要在原址重建已经全部毁坏的不可移动文物的，按《中华人民共和国文物保护法》第二十二条的规定获得批准后，按本办法第十条的规定报批勘察设计方案。

第十三条 工程项目的立项申报资料包括以下内容：

（一）工程业主单位及上级主管部门名称；

（二）拟立项目名称、地点，文物保护单位级别、时代，保护范围与建设控制地带的划定、公布与执行情况；

（三）保护工程必要性与实施可能性的技术文件与形象资料录像或照片；

（四）经费估算、来源及计划工期安排；

（五）拟聘请的勘察设计单位名称及资信。

第十四条 已立项的文物保护工程应当申报勘察、方案设计和施工技术设计文件。重大工程要在方案获得批准后，再进行技术设计。

第十五条 勘察和方案设计文件包括：

（一）反映文物历史状况、固有特征和损害情况的勘察报告、实测图、照片；

（二）保护工程方案、设计图及相关技术文件；

（三）工程设计概算；

（四）必要时应提供考古勘探发掘资料、材料试验报告书、环境污染情况报告书、工程地质和水文地质资料及勘探报告。

第十六条 施工技术设计文件包括：

（一）施工图；

（二）设计说明书；

（三）施工图预算；

（四）相关材料试验报告及检测鉴定结果。

第三章 施工、监理与验收

第十七条 文物保护工程中的修缮工程、保护性设施建设工程和迁移工程实行招投标和工程监理。

第十八条 重要文物保护工程按本办法第十条规定的程序报批招标文件及拟选用的施工单位。

第十九条 文物保护工程必须遵守国家有关施工的法律、法规和规章、规范，购置的工程材料应当符合文物保护工程质量的要求。施工单位应当严格按照设计文件的要求进行施工，其工作程序为：

（一）依据设计文件，编制施工方案；

（二）施工人员进场前要接受文物保护相关知识的培训；

（三）按文物保护工程的要求做好施工记录和施工统计文件，收集有关文物资料；

（四）进行质量自检，对工程的隐蔽部分必须与业主单位、设计单位、监理单位共同检验并做好记录；

（五）提交竣工资料；

（六）按合同约定负责保修，保修期限自竣工验收之日起计算，除保养维护、抢险加固工程以外，不少于五年。

第二十条 施工过程中如发现新的文物、有关资料或其他影响文物保护的重大问题，要立即记录，保护现场，并经原申报机关向原审批机关报告，请示处理办法。

第二十一条 施工过程中如需变更或补充已批准的技术设计，由工程业主单位、设计单位和施工单位共同现场洽商，并报原申报机关备案；如需变更已批准的工程项目或方案设计中的重要内容，必须经原申报机关报审批机关批准。

第二十二条 文物保护工程应当按工序分阶段验收。重大工程告一段落时，项目的审批机关应当组织或者委托有关单位进行阶段验收。

第二十三条 工程竣工后，由业主单位会同设计单位、施工单位、监理单位对工程质量进行验评，并提交工程总结报告、竣工报告、竣工图纸、财务决算书及说明等资料，经原申报机关初验合格后报审批机关。项目的审批机关视工程项目的实际情况成立验收小组或者委托有关单位，组织竣工验收。

第二十四条 对工程验收中发现的质量问题，由业主单位及时组织整改。

第二十五条 文物保护工程的业主单位、勘察设计单位、施工单位、申报机关和审批机关应当建立有关工程行政、技术和财务文件的档案管理制度。所有工程资料应当立卷存档并归入文物保护单位记录档案。

重要工程应当在验收后三年内发表技术报告。

第四章　奖励与处罚

第二十六条 文物保护工程设立优秀工程奖，具体办法由国家文物局制定。

第二十七条 违反本办法或对文物造成破坏的，按《中华人民共和国文物保护法》及国务院有关规定处罚。

第五章　附　则

第二十八条 非国有不可移动文物的保护维修，参照执行本办法。

第二十九条 以前发布的规章与本办法相抵触的，以本办法的规定为准。

第三十条 本办法自 2003 年 5 月 1 日起施行。

关于进一步做好文物保护“五纳入”的通知

（文物办发〔2003〕26号）

各省、自治区、直辖市人民政府、各相关省级政府工作部门：

1997年，国务院发布《关于加强和改善文物工作的通知》（国发〔1997〕13号），要求各地、各部门将文物保护纳入经济和社会发展计划，纳入城乡建设规划，纳入财政预算，纳入体制改革，纳入各级领导责任制，把各级政府保护文物的责任进一步具体化。

“五纳入”是建立国家保护为主，动员全社会共同参与的文物保护新体制的核心，是全面建设小康社会必须大力发展先进文化的重要内容，也是国家保护文物、发展博物馆事业的基本措施。“五纳入”的提出和贯彻，有力地推动了我国文物博物馆事业的发展。五年来，许多地方积极贯彻落实“五纳入”的要求，并结合本地实际，创造了许多好的经验，但在一些地方，对“五纳入”工作的贯彻落实还存在着不平衡。为进一步做好文物保护“五纳入”工作，特提出如下意见：

一、将文物保护纳入经济和社会发展计划，其实质是将文物保护紧密地与全面建设小康社会的宏伟目标相结合，与我国社会主义精神文明和物质文明建设相结合，明确文物保护和事业发展的任务和目标，实现文物的长期保护和文物事业的可持续发展。各地应专门编制本地区文物事业发展计划，并将其纳入当地国民经济和社会发展计划。文物比较丰富的地区在明确本地文物工作总体目标的同时，要分别提出文物维修项目、文物保护单位、博物馆等文物保护和利用设施建设、人才培养和队伍建设等工作的具体目标和工作措施。

二、必须严格按照《文物保护法》和《城市规划法》的有关规定，将文物保护工作纳入城乡建设规划。各地在编制和调整城乡建设规划时，应当充分考虑对于文物保护单位保护的特殊要求。文物保护单位及其建设控制地带的划定和保护，应当作为总体规划和详细规划的强制性内容。城乡建设中各类建设项目的选址，涉及不可移动文物的，在项目审批前要征求文物部门的意见。

三、要研究、探索科学的保护手段和保护方式，加强对大遗址的保护。各地在编制和调整城乡建设规划时，要考虑古文化遗址、古墓葬区等大遗址的保护发展规划，对于古文化遗址、古墓葬等要切实加强保护。历史文化名城和历史文化街区的保护规划，必须包括文物保护的内容。规划中应当划定历史文化街区地下文物埋葬密集区和各级文物保护单位的保护范围及建设控制地带，制定严格的文物保护措施和控制要求。各地城乡建设规划部门要会同文物行政部门制定历史文化名城保护规划和历史文化保护区保护规划。

四、文物保护属于社会公益性事业，各级政府应按照《文物保护法》和现行财政体制的规定，将文物保护所需经费纳入本级财政预算，按照分级管理、分级负担的原则，为文物事业发展提供经费保证。各级人民政府用于文物保护的财政拨款应随着当地财政收入的增长而增加。

五、为支持和加强文物保护工作，中央财政设立国家重点文物保护专项补助经费，对困难地区的重点文物保护及维修等项目给予专项补助。文物丰富地区的县级以上人民政府应设立文物保护专项经费，用于本行政区域的重点文物保护工作。

六、为拓宽文物事业资金投入渠道，适应社会主义市场经济要求，各级政府要进一步贯彻落实国务院确定的文化经济政策及财税优惠政策（详见国发〔2000〕41号），并结合当地文物开发利用情况，建立多渠道投入机制，促进文物保护事业的发展。国有博物馆、纪念馆、文物保护单位等的事业性收入，应专门用于文物保护；国家鼓励通过捐赠等方式设立文物保护社会基金，吸引社会资金专门用于文物保护。

七、将文物保护纳入体制改革，中心工作是建立完善的文物保护管理体制，凝聚社会力量投入文物保护事业。为此，地方各级政府要加强对文物保护工作的领导，落实文物保护职责，理顺工作关系，建立健全各项工作制度，努力促进我国文物保护事业健康发展。各级文物行政部门要承担对本行政区域内文物保护实施监督管理的责任，强化行业管理职能，维护文物管理秩序。

八、中央政府已建立国家文物保护部门协调会议制度，由发展改革、公安、民政、司法、财政、国土、建设、文化、海关、税务、环保、工商、林业、旅游、宗教、文物等相关部门组成。各地可结合当地实际需要，建立有关部门参加的协调会议制度或文物管理委员会，加强对文物工作的领导和协调。

九、把文物保护纳入领导责任制。各级政府除指定专人分管文物工作外，还应将文物保护作为考核领导干部政绩的内容之一。国务院文物行政部门和各级地方人民政府应定期对“五纳入”工作的先进地方进行表彰。对于各地方出现的损害文物事件，除应分别追究相关责任人员的行政及法律责任外，同时应追究政府主要负责同志的领导责任。

国家文物局　中央编办　国家发展改革委

财政部　建设部　文化部　国家税务总局

二〇〇三年六月二日

文物行政处罚程序暂行规定

（文化部令第33号　2005年1月24日）

第一章　总　则

第一条　为规范文物行政部门的行政处罚行为，保护公民、法人和其他组织的合法权益，根据《中华人民共和国行政处罚法》、《中华人民共和国文物保护法》及其他有关法律、行政法规的规定，制定本规定。

第二条　国务院文物行政部门以及县级以上地方各级文物行政部门，对违反文物保护法律、法规的行为实施行政处罚的，适用本规定。法律、法规另有规定的，从其规定。

第三条　文物行政部门实施行政处罚应当遵循以下原则：

（一）以法律、法规、规章为依据；

（二）遵循法定程序；

（三）公正、公平地行使法律赋予的行政职权；

（四）坚持处罚与教育相结合。

第四条　上级文物行政部门对下级文物行政部门实施的文物行政处罚行为进行监督。上级文物行政部门对下级文物行政部门违法作出的行政处罚决定，可责令其限期改正。逾期不改正的，上级文物行政部门有权依法对违法作出的行政处罚决定予以变更或者撤销。

第二章　管　辖

第五条　文物行政处罚由违法行为发生地的县级以上地方文物行政部门管辖。法律、法规另有规定的除外。

第六条　国务院文物行政部门督查并指导地方文物行政部门处理全国范围有重大影响的行政处罚案件。

省级文物行政部门可依据有关规定和本地区实际情况，规定辖区内的级别管辖。

第七条　上级文物行政部门必要时可依法直接管辖下级文物行政部门管辖的行政处罚案件；下级文物行政部门对其管辖的行政处罚案件，认为需要由上级文物行政部门管辖时，可以报请上级文物行政部门决定。

第八条 2个以上地方文物行政部门对同一违法行为均有管辖权时，应当由先立案的文物行政部门管辖。

地方文物行政部门因管辖权发生争议的，由争议双方协商解决；协商不成的，报请共同的上一级文物行政部门指定管辖，其共同的上一级文物行政部门也可以直接指定管辖。

第九条 地方文物行政部门发现案件不属于本单位管辖或者主管的，应当将相关材料移送有管辖权的文物行政部门或者相关的行政部门处理，同时报上一级文物行政部门备案。受移送的文物行政部门应当将案件处理结果及时函告移送案件的文物行政部门。

受移送的文物行政部门如果认为移送不当，应当报请共同的上一级文物行政部门指定管辖，不得再次移送。

第三章　立　案

第十条 文物行政部门对下列途径发现的违法案件应当及时处理：

（一）在检查中发现的；

（二）公民、法人及其他组织举报的；

（三）上级交办的，下级报请处理的，或者有关部门移送的。

第十一条 文物行政部门适用一般程序处理违法行为的，应当立案。

第十二条 文物行政部门发现违法行为具有下列情形的，应当在5日内立案：

（一）有明确的违法嫌疑人；

（二）有客观的违法事实；

（三）属于文物行政处罚的范围；

（四）属于本部门管辖。

决定立案的，应当填写立案审批表，报本部门主管负责人批准，并确定2名以上文物行政执法人员为案件承办人。

第十三条 文物行政执法人员在执法检查过程中，发现违法行为正在实施，情况紧急的，可以采取下列措施：

（一）对违法行为予以制止或者纠正；

（二）对涉案文物依法先行登记保存；

（三）收集、调取其他有关证据。

文物行政执法人员应当及时将有关情况和材料报告所属文物行政部门，并办理立案手续。

第十四条 有下列情形之一的文物行政执法人员，不能被确定为案件承办人：

（一）是案件当事人或者当事人近亲属的；

（二）与案件有直接利害关系的；

（三）与案件当事人有其他关系，可能影响案件公正处理的。

案件承办人具有上述情形之一的，应当自行申请回避。当事人认为案件承办人符合上述情形之一时，可以向文物行政部门申请回避。案件承办人的回避由本部门主管负责人决定。

第四章　调查取证

第十五条　案件立案后，案件承办人应当及时收集、调取证据。

第十六条　案件承办人调查案件，不得少于 2 人。案件承办人在调查取证时，应当出示执法证件。

对涉及国家机密、商业秘密和个人隐私的，案件承办人应当保守秘密。

第十七条　案件承办人可以对当事人及证明人进行询问。询问应当单独进行。询问前应当告知其如实陈述事实、提供证据。

询问应当制作笔录，并交被询问人核对；对没有阅读能力的，应当向其宣读。笔录如有差错、遗漏，应当允许其更正或者补充。经核对无误后，由被询问人逐页在笔录上签名或者盖章。案件承办人也应当在笔录上签名。被询问人拒绝签名或者盖章的，案件承办人应当在笔录上注明。

第十八条　案件承办人进行现场检查时，当事人应当在场。案件承办人应当制作现场检查笔录，当事人应当签名并注明对该笔录真实性的意见；当事人拒绝到场或者签名的，应当由案件承办人在现场笔录中注明。

第十九条　案件承办人可以要求当事人及证明人提供相关证明材料，并由材料提供人在有关材料上签名或者盖章。材料提供人拒绝签名或者盖章的，案件承办人应当在材料上注明。

第二十条　案件承办人调取的证据应当是原件、原物。调取原件、原物确有困难的，可由提交证据复制品的单位或者个人在复制品上盖章或者签名，并注明“与原件（物）相同”字样或者文字说明。

第二十一条　在证据可能灭失，或者以后难以取得的情况下，案件承办人应当填写先行登记保存证据审批表，报本部门主管负责人批准。先行登记保存证据时，案件承办人应当向当事人出具先行登记保存证据通知书。

第二十二条　文物行政部门实施先行登记保存证据时，应当有当事人在场。当事人拒绝到场的，案件承办人可以邀请有关人员参加。

对先行登记保存的证据应当开列物品清单，由案件承办人、当事人或者其他有关人员签名或者盖章。

当事人拒绝签名、盖章或者接收物品清单的，应当由案件承办人在清单上签名并注明情况。

第二十三条　对于先行登记保存的证据，应当在 7 日内作出处理决定：

（一）需要进行技术检验或者鉴定的，送交检验或者鉴定；

（二）依法不需要没收的物品，退还当事人；

（三）依法应当移交有关部门处理的，移交有关部门。

法律另有规定的，从其规定。

第二十四条 文物行政部门在处理案件过程中，需要委托其他文物行政部门调查的，应当出具文物执法调查委托书。受委托的文物行政部门应当积极完成调查工作。

第二十五条 对案件处理过程中需要解决的专业性问题，文物行政部门应当委托专门机构或者聘请专业人员提出意见。

文物的鉴定，应当以办理案件的文物行政部门所在地省级文物鉴定机构的鉴定意见为准。国家文物鉴定机构可以根据办理案件的文物行政部门的申请，对省级文物鉴定机构的鉴定意见进行复核。

第五章 处罚决定

第一节 简易程序

第二十六条 对于违法事实清楚、证据确凿，依法应当作出下列行政处罚的，可以当场作出行政处罚决定：

（一）警告；

（二）对公民处以 50 元以下罚款；

（三）对法人或者其他组织处以 1000 元以下罚款。

第二十七条 文物行政执法人员当场作出行政处罚决定的，应当向当事人出示执法证件，并填写加盖文物行政部门公章的当场处罚决定书。

当场处罚决定书应当载明当事人的违法行为，行政处罚依据（适用的法律、法规、规章名称及具体条款），具体处罚的内容、时间、地点，不服行政处罚决定申请行政复议或者提起行政诉讼的途径，以及文物行政部门名称等内容。

当场处罚决定书由文物行政执法人员填写并签名后，当场交付当事人。

第二十八条 文物行政执法人员当场作出的行政处罚决定，应当报所属文物行政部门备案。

第二节 一般程序

第二十九条 违法行为经立案并调查终结后，案件承办人应当制作调查终结报告，报文物行政部门负责人审查。

第三十条 办理案件的文物行政部门负责人对调查结果进行审查，根据不同情况分别作出如下决定：

（一）确有应当受行政处罚的违法行为的，根据情节轻重及具体情况，作出行政处罚决定；

（二）违法行为轻微，依法可以不予行政处罚的，不予行政处罚；

（三）违法事实不能成立的，不得给予行政处罚；

（四）违法行为已构成犯罪的，移送司法机关。

对情节复杂或者重大违法行为给予较重的行政处罚，文物行政部门的负责人应当集体讨论决定。

第三十一条 文物行政部门拟作出行政处罚决定的，应当由本部门负责人签发行政处罚告知书。行政处罚告知书应当载明拟作出行政处罚决定的事实、理由和依据，并告知当事人依法享有的陈述权、申辩权和其他权利。

第三十二条 当事人要求陈述、申辩的，应当在收到行政处罚告知书后 3 日内，向文物行政部门提出陈述、申辩意见以及相应的事实、理由。当事人在此期间未行使陈述权、申辩权的，视为放弃权利。当事人放弃权利的，由文物行政部门负责人签发行政处罚决定书，并送达当事人。

第三十三条 案件承办人应当充分听取当事人的陈述、申辩意见，对当事人提出的事实、理由进行复核，并向文物行政部门负责人提交复核报告。

案件承办人不得因当事人的申辩加重对当事人的处罚。

第三十四条 文物行政部门负责人根据复核情况作出最终决定，并签发行政处罚决定书。行政处罚决定书应当载明下列事项：

（一）当事人的姓名或者名称、地址；

（二）违反法律、法规或者规章的事实和证据；

（三）行政处罚的种类和依据；

（四）行政处罚的履行方式和期限；

（五）不服行政处罚决定，申请行政复议或者提起行政诉讼的途径和期限；

（六）作出行政处罚决定的文物行政部门名称和作出决定的日期。

行政处罚决定书应当加盖作出行政处罚决定的文物行政部门的印章。

第三节 听证程序

第三十五条 文物行政部门作出责令停产停业、吊销许可证或者执照、较大数额罚款等行政处罚决定之前，应当告知当事人有要求举行听证的权利；当事人要求听证的，文物行政部门应当组织听证。

地方文物行政部门对较大数额罚款的界定，依照当地省级人大常委会或者人民政府的具体规定执行。

第三十六条 文物行政部门对于符合听证程序条件的案件，应当在作出行政处罚决定前，向当事人送达听证通知。

第三十七条 当事人在收到听证通知后 3 日内提出听证要求的，文物行政部门应当在当事人提出听证要求之日起 3 日内确定听证人员的组成、听证时间、地点和方式，并在举行听证 7 日前通知当事人。

第三十八条 除涉及国家秘密、商业秘密或者个人隐私外，听证应当公开举行。

第三十九条 文物行政部门主管负责人应当指定本部门非本案承办人员担任听证主持人和书记员。

当事人认为听证主持人和书记员与本案有利害关系的，有权申请回避。听证主持人和书记员的回避由文物行政部门主管负责人决定。

第四十条 当事人收到听证通知后，应当按时参加听证，也可以委托1至2人代理听证。委托他人代理听证的，应当向听证主持人提交由当事人签名或者盖章的委托书。

当事人无正当理由不按时参加听证的，视为放弃听证要求。

第四十一条 举行听证时，案件承办人应当提出当事人违法的事实、证据和行政处罚建议；当事人可以进行申辩和质证。

第四十二条 举行听证应当制作听证笔录。听证笔录应当载明下列事项：

（一）案由；

（二）听证参加人姓名或者名称、地址；

（三）听证主持人、书记员姓名；

（四）举行听证的时间、地点；

（五）案件承办人提出的事实、证据和行政处罚建议；

（六）当事人陈述、申辩和质证的内容；

（七）听证参加人签名或者盖章。

听证结束后，听证笔录应当交当事人和案件承办人审核无误后签名或者盖章。当事人拒绝签名或者盖章的，应当在听证笔录上注明。

第四十三条 听证结束后，文物行政部门依照本规定第三十条的规定，作出决定。

第六章　送达和执行

第四十四条 行政处罚决定书应当当场交付当事人；当事人不在场的，文物行政部门应当依照民事诉讼法的有关规定在7日内送达当事人。

第四十五条 行政处罚决定书送达后，当事人应当在规定期限内对处罚决定予以履行。

当事人确有经济困难，需要延期或者分期缴纳罚款的，经当事人提出书面申请，报文物行政部门负责人批准。

第四十六条 作出罚款和没收违法所得决定的文物行政部门应当与收缴罚没款的机构分离。除按规定当场收缴的罚款外，文物行政执法人员不得自行收缴罚没款。

第四十七条 当场作出行政处罚决定，有下列情形之一的，文物行政执法人员可以当场收缴罚款：

（一）依法给予 20 元以下罚款的；

（二）不当场收缴事后难以执行的。

第四十八条 在边远、水上、交通不便地区，文物行政执法人员依照本规定作出罚款决定后，当事人向指定的银行缴纳罚款确有困难，经当事人提出，文物行政执法人员可以当场收缴罚款。

第四十九条 文物行政执法人员当场收缴罚款的，应当向当事人出具省级财政部门统一制发的罚款收据。

文物行政执法人员当场收缴的罚款，应当自收缴罚款之日起 2 日内交至文物行政部门；文物行政部门应当在 2 日内将罚款缴付指定的银行。

第五十条 当事人逾期不履行行政处罚决定的，文物行政部门应当申请人民法院强制执行。

第五十一条 行政处罚决定履行或者执行后，案件承办人应当填写结案报告，报文物行政部门负责人批准。

第七章　附　则

第五十二条 行政处罚决定执行完毕后，文物行政部门应当及时将案件材料立卷归档。

第五十三条 本规定自发布之日起施行。

大遗址保护专项经费管理办法

（财政部、国家文物局　财教〔2005〕135号　2005年8月25日）

第一章　总　则

第一条　为贯彻“保护为主，抢救第一，合理利用，加强管理”的文物工作方针，加强大遗址保护专项经费（以下简称专项经费）的管理，提高资金使用效益，根据国家相关法律和财务规章制度，结合大遗址保护工作的特点，制定本办法。

第二条　本办法所指的大遗址主要包括反映中国古代历史各个发展阶段涉及政治、宗教、军事、科技、工业、农业、建筑、交通、水利等方面历史文化信息，具有规模宏大、价值重大、影响深远特点的大型聚落、城址、宫室、陵寝墓葬等遗址、遗址群及文化景观。

第三条　专项经费是指中央财政安排用于大遗址保护和开展相关管理工作的补助经费，重点支持中央政府推动的大遗址本体保护示范工程。按照“中央主导、地方配合、统筹规划、确保重点、集中投入、规划先行、侧重本体、展示优先”的原则，经费安排优先考虑遗址本体保护需求急迫、有较好考古勘查工作基础、已编制规划或规划纲要、宣传展示可行性强、地方政府重视并有一定经费配套的项目。

第四条　按照大遗址保护工作需要和项目管理要求，专项经费实行项目库管理。项目库分为总项目库、备选项目库和实施项目库三类。

第五条　专项经费必须接受财政、审计、文物管理等部门的监督和检查。

第六条　国家文物局、财政部依照有关规定，对项目实行绩效考评。

第七条　项目实施中形成的知识产权、专利权，按照国家相关知识产权和专利法律法规执行。

第二章　专项经费使用范围和支出内容

第八条　专项经费的使用范围如下：

（一）中央政府主导的大遗址保护示范工程；

（二）中央政府引导的大遗址保护工程；

（三）大遗址保护管理体系建设。

第九条　专项经费的支出内容如下：

（一）前期费用支出。指为大遗址保护项目实施所进行的前期准备工作费用支出，包括考古调查和发掘、地形测绘、资料购置、规划设计、工程方案勘察设计、咨询论证和工程监理等。

（二）保护工程支出。指对大遗址本体和遗址保护工程费用支出，包括大遗址本体、载体的抢险、加固和科学保护，保护范围内大遗址保存环境治理工程等。

（三）保护性设施工程支出。指以大遗址本体保护、展示为目的的工程建设、设施建设支出，包括安全技术防范工程、消防工程、避雷及其他防灾减灾工程、展示设施工程等。

（四）保护管理体系支出。指为建立大遗址保护管理体系所需的工作费用支出，包括重大保护课题规划费、重大专题调研费、专家评审费等。

（五）其他支出。经财政部、国家文物局批准同意的其他项目。

第三章　部门职责与权限

第十条　财政部主要负责：

（一）确定专项经费的使用方向和范围；

（二）会同国家文物局确定实施项目库立项；

（三）审批国家文物局提出的大遗址保护项目预算；

（四）确定年度专项经费安排计划；

（五）下达年度专项补助经费；

（六）监督检查专项经费的管理和使用情况；

（七）对项目绩效考核结果进行评估。

第十一条　国家文物局主要负责：

（一）提出专项经费的使用方向和范围；

（二）负责项目立项、项目方案（含预算控制数）的审批；

（三）汇总编制大遗址保护项目预算；

（四）指导项目实施；

（五）负责专项经费使用情况年报审核、分析，监督检查专项经费的管理和使用情况；

（六）负责实施项目的绩效考评；

（七）负责组织项目竣工验收。

第十二条　省级财政部门主要负责：

（一）落实需地方承担的经费；

（二）参与项目工程设计方案和预算的初步评审工作；

（三）与文物行政管理部门联合申请项目专项经费；

（四）监督检查项目经费使用情况；

（五）与文物行政管理部门联合组织对项目进行初验和绩效考核。

第十三条 省级文物行政管理部门主要负责：

（一）会同省级财政部门组织项目立项、项目工程设计方案和预算的初审和报送工作；

（二）根据项目实施进度，与财政部门联合申请年度专项经费；

（三）负责本省专项经费使用情况年报汇总、审核、报送工作，检查、监督项目实施和项目经费使用情况；

（四）与省级财政部门联合组织对项目进行初验和考核；

（五）协助国家文物局进行项目验收和绩效考评。

第十四条 项目实施单位主要负责：

（一）负责项目的立项申请书、组织项目方案和预算的编制、报审；

（二）具体负责项目实施，严格执行批准的预算；

（三）负责编制项目经费决算，配合绩效考核；

（四）接受上级有关部门的监督、检查。

第四章 项目的申请与审批

第十五条 纳入国家中长期文物保护规划的项目构成大遗址保护总项目库，符合条件的单位可按照《大遗址保护专项经费项目立项申请书》（附1）的要求，编写立项申请书，经省级文物行政主管部门会商省级财政部门后，向国家文物局提出立项申请。

第十六条 国家文物局会同财政部对立项申请进行评估。评估标准为：

（一）遗址须符合大遗址的界定；

（二）抢救保护工作急迫；

（三）地方政府拟对项目采取保护措施并落实相应配套经费；

（四）实施保护措施后具有良好的保护和展示效果。

第十七条 通过评估的项目列入备选项目库，并在国家文物局网站上公布，同时向省级文物部门下达编制项目工程设计方案和预算的通知书，抄送省级财政部门和项目立项申请单位（以下简称“项目单位”）。

第十八条 入选备选项目库的项目工程设计方案（以下简称“方案”）和预算编制工作由项目立项申请单位负责，委托具有资质的设计单位制定实施方案和预算。方案涉及当地土地利用、城市规划、环境保护、安全、产业发展规划等事宜的，报送前要获得相关部门批准。

第十九条 省级文物行政主管部门组织对项目方案和预算进行初步评审，涉及地方配套的项目，应征求省级财政部门的意见。通过初步评审的方案和预算由省级文物主管部门报送国家文物局。

国家文物局组织对项目方案和预算申请数进行审核，通过评审的项目，经商财政部同意后纳入实施项目库。

第二十条 实施项目库由财政部和国家文物局统一规划、共同建设，并按照下列原则共同管理：

（一）依据国家有关政策、方针和项目的轻重缓急，对入库项目进行合理排序。

（二）项目入库后，原则上不再调整，因特殊情况确需调整的，按照原审批程序重新报批。

（三）上年延续项目和当年预算未安排项目滚动进入下一年度实施项目库。

第五章　经费的申请与管理

第二十一条 专项经费每年申请一次，申请经费的项目分为新增项目和延续项目。新增项目是指本年度新增的需要列入预算的项目，延续项目是指往年批准的、需要在本年度预算中继续安排经费的项目。非实施项目库中的项目原则上不予以安排。

经费申请截止时间为上一年度10月31日。

第二十二条 经费申请单位为省级文物行政主管部门和财政部门。申请单位须按照《大遗址保护专项经费项目经费申请书》（附2）的具体要求填写申请书，经省级文物主管部门、财政部门审核后联署向财政部和国家文物局申请专项经费。凡越级上报或单方面上报的申请均不予受理。

第二十三条 财政部根据年度财力状况、实施项目库排序和国家文物局所拟项目及经费安排计划，对申请专项经费的项目进行排查、审核后，确定补助数额并予以批复。

第二十四条 实施项目一经审核批准，不得调整。如遇特殊情况调整或变动已批准的项目或内容，须由省级文物、财政部门提出申请，经国家文物局、财政部批准后方能调整和实施。

第二十五条 专项经费实行“专项申请，逐项核定，国库支付，按年度拨款，年终核销支出，项目完成后结报”的财务管理办法。按照规定需实行政府采购的，经费拨付按照政府采购办法执行。

第二十六条 财政部下达专项补助经费通知后，省级财政部门根据省级文物行政管理部门按项目实施进度提出经费使用方案，及时拨付专项经费。

第二十七条 未完成项目的年度结余经费，结转下一年度继续使用；已完成并通过验收的项目净结余经费，经财政部、国家文物局核准，用于大遗址本体保护和科学研究。

第二十八条 已安排专项经费的项目，在批准文件下发两年之内仍未实施的，财政部和国家文物局将对该项目予以注销，并将已拨经费调至其他补助项目。

第二十九条 专项经费购置的资产属于国有资产，其使用权归项目实施单位，并纳入其固定资产账户进行核算与管理。资产的处置按国家的有关规定执行，防止国有资产的流失。

第六章　监督与检查

第三十条 省级以上财政部门会同文物行政管理部门或委托有关机构对专项经费的使用和管理情况进行监督检查。监督要客观、公正，且不得干预项目的正常实施。

第三十一条 项目实施单位应当建立、健全经费使用管理的监督约束机制，要对项目的一切经费开支做到审批手续完备，账目清楚，内容真实，核算准确，监督措施得力，确保资金的安全和合理使用。

第三十二条 项目实施单位必须严格按照批准的用途、范围和开支标准使用专项经费，确保专款专用，任何单位和个人不得以任何理由和方式截留、挤占和挪用。经费不得用于支付各种罚款、捐款、赞助、投资等支出，不得用于各种福利性支出，不得用于国家规定禁止列入的其他支出。

第三十三条 专项经费管理实行责任追究制度。对于弄虚作假、截留、挪用、挤占经费等违反财经纪律的行为，按照有关规定对责任人和具体项目申请单位给予行政和经济处罚，视情节轻重，可以采取通报批评、停止拨款、终止专项（项目）等措施，并依照国家法律，对有关责任人进行追究。

有下列情况之一者，暂缓拨款或不予拨款：

（一）没有按照批准的方案、项目内容和预算范围使用经费的；

（二）被查明为虚报项目的；

（三）重大施工项目组织领导工作未能落实的；

（四）多渠道筹资项目，配套经费严重不到位的；

（五）施工单位和主要技术问题没有解决的；

（六）有重大工程质量问题，造成经济损失或社会影响未处理完毕的；

（七）其他不具备实施条件和应暂缓拨款的项目。

第七章 附 则

第三十四条 项目绩效考评办法另行制定。

第三十五条 本办法由财政部和国家文物局负责解释。

第三十六条 本办法自发布之日起实施。

博物馆管理办法

（文化部令第35号　2005年12月22日）

第一章　总　则

第一条　为贯彻落实科学发展观，规范博物馆管理工作，促进博物馆事业发展，根据《中华人民共和国文物保护法》、《中华人民共和国文物保护法实施条例》、《公共文化体育设施条例》、《事业单位登记管理暂行条例》和《民办非企业单位登记管理暂行条例》等相关法律法规，制定本办法。

第二条　本办法所称博物馆，是指收藏、保护、研究、展示人类活动和自然环境的见证物，经过文物行政部门审核、相关行政部门批准许可取得法人资格，向公众开放的非营利性社会服务机构。

利用或主要利用国有文物、标本、资料等资产设立的博物馆为国有博物馆。

利用或主要利用非国有文物、标本、资料等资产设立的博物馆为非国有博物馆。

第三条　国家扶持和发展博物馆事业，鼓励个人、法人和其他组织设立博物馆。

县级以上人民政府应当将博物馆事业纳入本级国民经济和社会发展规划，事业经费列入本级财政预算。

博物馆的数量、种类、规模以及布局，应当根据本地区国民经济和社会发展水平、文物等资源条件和公众精神文化需求，统筹兼顾，优化配置。鼓励优先设立填补博物馆门类空白和体现行业特性、区域特点的专题性博物馆。

第四条　国家鼓励博物馆发展相关文化产业，多渠道筹措资金，促进自身发展。

博物馆依法享受税收减免优惠，享有通过依法征集、购买、交换、接受捐赠和调拨等方式取得藏品的权利。

第五条　博物馆应当发挥社会教育功能，传播有益于社会进步的思想道德、科学技术和文化知识。在博物馆参观或开展其他活动，应当爱护博物馆设施、展品和周边环境，遵守公共秩序。

第六条　国务院文物行政部门主管全国博物馆工作。

县级以上地方文物行政部门对本行政区域内的博物馆实施监督和管理。

第七条　县级以上文物行政部门应当促进博物馆行业组织建设，指导行业组织活动，逐步对博物馆实行分级、分类管理。

第八条 县级以上文物行政部门对发展博物馆事业做出突出贡献的机构、团体或个人，应当给予表彰或奖励。

第二章 博物馆设立、年检与终止

第九条 申请设立博物馆，应当具备下列条件：

（一）具有固定的馆址，设置专用的展厅（室）、库房和文物保护技术场所，展厅（室）面积与展览规模相适应，展览环境适宜对公众开放；

（二）具有必要的办馆资金和保障博物馆运行的经费；

（三）具有与办馆宗旨相符合、一定数量和成系统的藏品及必要的研究资料；

（四）具有与办馆宗旨相符合的专业技术和管理人员；

（五）具有符合国家规定的安全和消防设施；

（六）能够独立承担民事责任。

第十条 省级文物行政部门负责本行政区域内博物馆设立的审核工作。

博物馆名称一般不得冠以“中国”、“中华”、“国家”等字样（简称“中国”等字样）；特殊情况确需冠以“中国”等字样的，应由中央机构编制委员会办公室会同国务院文物行政部门审核同意。

非国有博物馆的名称不得冠以“中国”等字样。

第十一条 申请设立博物馆，应当由馆址所在地市（县）级文物行政部门初审后，向省级文物行政部门提交下列材料：

（一）博物馆设立申请书；

（二）馆舍所有权或使用权证明；

（三）资金来源证明或验资报告；

（四）藏品目录及合法来源说明；

（五）陈列展览大纲；

（六）拟任法定代表人的基本情况及身份证明；

（七）专业技术和管理人员的证明材料。

申请设立非国有博物馆的，应同时提交博物馆章程草案。章程草案应当包括下列主要事项：

（一）办馆宗旨及藏品收藏标准；

（二）博物馆理事会、董事会或其他形式决策机构的产生办法、人员构成、任期、议事规则等；

（三）出资人不要求取得经济回报的约定；

（四）博物馆终止时的藏品处置方式；

（五）章程修改程序。

第十二条 省级文物行政部门应当自收到博物馆设立申请材料之日起30个工作日内出具审核意见。审核同意的，应报国务院文物行政部门备案。审核不同意的，应当书面说明理由。

经审核同意设立博物馆的，申请人应持审核意见及其他申报材料，向相关行政部门申请取得博物馆法人资格。

博物馆应当自取得法人资格之日起6个月内向社会开放。

本办法实施前已批准设立的博物馆，应当在本办法实施之日起6个月内，向省级文物行政部门提交本办法第十一条第一款规定的除（一）项之外的全部材料；非国有博物馆应同时提交博物馆章程。

第十三条 博物馆的建筑设计应当符合国家和行业颁布的有关标准和规范。博物馆建筑应当划分为陈列展览区、藏品库房区、文物保护技术区、公众服务区和办公区等，相对自成系统。

第十四条 国有博物馆建设工程的设计方案，应当报请所在地省级文物行政部门组织论证。

第十五条 博物馆应当于每年3月31日前向所在地市（县）级文物行政部门报送上一年度的工作报告，接受年度检查。工作报告内容应当包括有关法律和其他规定的执行情况，藏品、展览、人员和机构的变动情况以及社会教育、安全、财务管理等情况。

市（县）级文物行政部门应当于每年4月30日前，将上一年度本行政区域内博物馆年度检查的初步意见报送省级文物行政部门。省级文物行政部门应当于每年5月31日前，将上一年度本行政区域内博物馆的年度检查情况进行审核，并汇总报国务院文物行政部门备案。

第十六条 博物馆的名称、馆址、藏品、基本陈列以及非国有博物馆的章程等重要事项发生变更前，应当报省级文物行政部门审核。

博物馆法定代表人发生变更的，应当自变更之日起10日内报省级文物行政部门备案。

第十七条 博物馆终止前，应当向省级文物行政部门提出终止申请及藏品处置方案，接受主管文物行政部门指导，完成博物馆资产清算工作。

省级文物行政部门应当自收到博物馆终止申请和藏品处置方案之日起30个工作日内出具审核意见。藏品处置方案等符合法定要求的，准予终止；藏品处置方案等不符合法定要求的，责令其改正后准予终止。相关行政部门根据省级文物行政部门的审核意见，给予办理博物馆法人资格注销登记手续。

第十八条 国有博物馆终止的，其藏品由所在地省级文物行政部门指定的国有博物馆接收。

非国有博物馆终止的，其藏品属于法律规定可以依法流通的，允许其以法律规定的方式流通；依法不能流通的藏品，应当转让给其他博物馆；接受捐赠的藏品，应当交由其他博物馆收藏，并告知捐赠人。

第三章　藏品管理

第十九条　博物馆藏品的收藏、保护、研究、展示等，应当依法建立、健全相关规章制度，并报所在地市（县）级文物行政部门备案。

博物馆应具有保障藏品安全的设备和设施。馆藏一级文物和其他易损易坏的珍贵文物，应设立专库或专柜并由专人负责保管。

第二十条　博物馆应建立藏品总账、分类账及每件藏品的档案，并依法办理备案手续。

博物馆通过依法征集、购买、交换、接受捐赠和调拨等方式取得的藏品，应在30日内登记入藏品总账。

第二十一条　依法调拨、交换、借用国有博物馆藏品，取得藏品的博物馆可以对提供藏品的博物馆给予实物、技术、培训或资金方面的合理补偿。补偿数额的确定，应当考虑藏品保管、修复、研究、展示等过程中原收藏博物馆发生的实际费用。调拨、交换、借用国有博物馆藏品的申请文件，应当包括合理补偿的方案。

第二十二条　博物馆中不够本馆收藏标准，或因腐蚀损毁等原因无法修复并无继续保存价值的藏品，经本馆或受委托的专家委员会评估认定后，可以向省级文物行政部门申请退出馆藏。

退出馆藏申请材料的内容，应当包括拟不再收藏的藏品名称、数量和退出馆藏的原因，并附有关藏品档案复制件。

第二十三条　国有博物馆所在地省级文物行政部门应当在收到退出馆藏申请材料的30个工作日内，组织专家委员会复审。专家委员会复审未通过的，终止该藏品的退出馆藏程序。

专家委员会复审通过的，省级文物行政部门应当将有关材料在国务院文物行政部门和有关省级文物行政部门的官方网站上公示30个工作日。期间如有其他国有文物收藏单位愿意接收有关藏品，则以调拨、交换等方式处理；期间如没有其他国有文物收藏单位愿意接收有关藏品，则由省级文物行政部门统一处置。处置方案报国务院文物行政部门批准后实施，处置所得资金应当用于博物馆事业发展。国有博物馆应当建立退出馆藏物品专项档案，并报省级文物行政部门备案。专项档案应当保存75年以上。

第二十四条　非国有博物馆申请藏品退出馆藏，申请材料应附理事会、董事会或其他形式决策机构的书面意见。博物馆所在地省级文物行政部门应当在收到申请材料的30个工作日内作出是否允许退出馆藏的决定，并报国务院文物行政部门备案。

第二十五条　博物馆应当以本馆藏品为基础，开展有关专业学科及应用技术的研究，提高业务活动的学术含量，促进专业人才的成长。在确保藏品安全的前提下，博物馆应当为馆外人员研究本馆藏品提供便利。

第四章 展示与服务

第二十六条 博物馆举办陈列展览，应当遵循以下原则：

（一）与本馆性质和任务相适应，突出馆藏品特色、行业特性和区域特点，具有较高的学术和文化含量；

（二）合理运用现代技术、材料、工艺和表现手法，达到形式与内容的和谐统一；

（三）展品应以原件为主，复原陈列应当保持历史原貌，使用复制品、仿制品和辅助展品应予明示；

（四）展厅内具有符合标准的安全技术防范设备和防止展品遭受自然损害的展出设施；

（五）为公众提供文字说明和讲解服务；

（六）陈列展览的对外宣传活动及时、准确，形式新颖。

第二十七条 博物馆应当根据办馆宗旨，结合本馆特点开展形式多样、生动活泼的社会教育和服务活动，积极参与社区文化建设。

鼓励博物馆利用电影、电视、音像制品、出版物和互联网等途径传播藏品知识、陈列展览及研究成果。

第二十八条 博物馆对公众开放，应当遵守以下规定：

（一）公告服务项目和开放时间；变更服务项目和开放时间的，应当提前7日公告；

（二）开放时间应当与公众的工作、学习及休闲时间相协调；法定节假日和学校寒暑假期间，应当适当延长开放时间；

（三）无正当理由，国有博物馆全年开放时间不少于10个月，非国有博物馆全年开放时间不少于8个月。

第二十九条 博物馆应当逐步建立减免费开放制度，并向社会公告。

国有博物馆对未成年人集体参观实行免费制度，对老年人、残疾人、现役军人等特殊社会群体参观实行减免费制度。

第三十条 鼓励博物馆研发相关文化产品，传播科学文化知识，开展专业培训、科技成果转让等形式的有偿服务活动。

第五章 附 则

第三十一条 博物馆违反本办法规定，情节严重的，由所在地省级文物行政部门撤销审核同意意见，由相关行政部门撤销博物馆法人资格。

博物馆违反其他法律、法规规定的，依照有关法律、法规的规定处罚。

第三十二条 本办法自2006年1月1日起施行。

古人类化石和古脊椎动物化石保护管理办法

（文化部令第38号　2006年8月7日）

第一条　为加强对古人类化石和古脊椎动物化石的保护和管理，根据《中华人民共和国文物保护法》制定本办法。

第二条　本办法所称古人类化石和古脊椎动物化石，指古猿化石、古人类化石及其与人类活动有关的第四纪古脊椎动物化石。

第三条　国务院文物行政部门主管全国古人类化石和古脊椎动物化石的保护和管理工作。

县级以上地方人民政府文物行政部门对本行政区域内的古人类化石和古脊椎动物化石的保护实施监督管理。

第四条　古人类化石和古脊椎动物化石分为珍贵化石和一般化石；珍贵化石分为三级。古人类化石、与人类有祖裔关系的古猿化石、代表性的与人类有旁系关系的古猿化石、代表性的与人类起源演化有关的第四纪古脊椎动物化石为一级化石；其他与人类有旁系关系的古猿化石、系统地位暂不能确定的古猿化石、其他重要的与人类起源演化有关的第四纪古脊椎动物化石为二级化石；其他有科学价值的与人类起源演化有关的第四纪古脊椎动物化石为三级化石。

一、二、三级化石和一般化石的保护和管理，按照国家有关一、二、三级文物和一般文物保护管理的规定实施。

第五条　古人类化石和古脊椎动物化石地点以及遗迹地点，纳入不可移动文物的保护和管理体系，并根据其价值，报请核定公布为各级文物保护单位。

第六条　古人类化石和古脊椎动物化石的考古调查、勘探和发掘工作，按照国家有关文物考古调查、勘探和发掘的管理规定实施管理。

地下埋藏的古人类化石和古脊椎动物化石，任何单位或者个人不得私自发掘。

古人类化石和古脊椎动物化石的考古发掘项目，其领队及主要工作人员应当具有古生物学及其他相关学科的研究背景。

第七条　建设工程涉及地下可能埋藏古人类化石和古脊椎动物化石的调查、勘探和发掘工作的程序和要求，按照国家有关建设工程涉及地下可能埋藏文物的调查、勘探和发掘工作的规定执行。

第八条 在进行建设工程或者在农业生产中，任何单位或者个人发现古人类化石和古脊椎动物化石，应当保护现场，立即报告当地文物行政部门。文物行政部门应当按照《中华人民共和国文物保护法》第三十二条第一款规定的要求和程序进行处理。

第九条 除出境展览或者因特殊需要经国务院批准出境外，古人类化石和古脊椎动物化石不得出境。

古人类化石和古脊椎动物化石出境展览，按照国家有关文物出境展览的管理规定实施管理。

古人类化石和古脊椎动物化石临时进境，按照国家有关文物临时进境的管理规定实施管理。

第十条 对保护古人类化石和古脊椎动物化石做出突出贡献的单位或个人，由国家给予精神鼓励或者物质奖励。

第十一条 违反本办法规定的，依照有关规定追究法律责任。

第十二条 本办法自公布之日起施行。

世界文化遗产保护管理办法

（文化部令第41号　2006年11月14日）

第一条　为了加强对世界文化遗产的保护和管理，履行对《保护世界文化与自然遗产公约》的责任和义务，传承人类文明，依据《中华人民共和国文物保护法》制定本办法。

第二条　本办法所称世界文化遗产，是指列入联合国教科文组织《世界遗产名录》的世界文化遗产和文化与自然混合遗产中的文化遗产部分。

第三条　世界文化遗产工作贯彻保护为主、抢救第一、合理利用、加强管理的方针，确保世界文化遗产的真实性和完整性。

第四条　国家文物局主管全国世界文化遗产工作，协调、解决世界文化遗产保护和管理中的重大问题，监督、检查世界文化遗产所在地的世界文化遗产工作。

县级以上地方人民政府及其文物主管部门依照本办法的规定，制定管理制度，落实工作措施，负责本行政区域内的世界文化遗产工作。

第五条　县级以上地方人民政府应当将世界文化遗产保护和管理所需的经费纳入本级财政预算。

公民、法人和其他组织可以通过捐赠等方式设立世界文化遗产保护基金，专门用于世界文化遗产保护。世界文化遗产保护基金的募集、使用和管理，依照国家有关法律、行政法规和部门规章的规定执行。

第六条　国家对世界文化遗产保护的重大事项实行专家咨询制度，由国家文物局建立专家咨询机制开展相关工作。

世界文化遗产保护专家咨询工作制度由国家文物局制定并公布。

第七条　公民、法人和其他组织都有依法保护世界文化遗产的义务。

国家鼓励公民、法人和其他组织参与世界文化遗产保护。

国家文物局、县级以上地方人民政府及其文物主管部门应当对在世界文化遗产保护中做出突出贡献的组织或者个人给予奖励。

省级文物主管部门应当建立世界文化遗产保护志愿者工作制度，开展志愿者的组织、指导和培训工作。

第八条 世界文化遗产保护规划由省级人民政府组织编制。承担世界文化遗产保护规划编制任务的机构，应当取得国家文物局颁发的资格证书。世界文化遗产保护规划应当明确世界文化遗产保护的标准和重点，分类确定保护措施，符合联合国教科文组织有关世界文化遗产的保护要求。

尚未编制保护规划，或者保护规划内容不符合本办法要求的世界文化遗产，应当自本办法施行之日起 1 年内编制、修改保护规划。

世界文化遗产保护规划由省级文物主管部门报国家文物局审定。经国家文物局审定的世界文化遗产保护规划，由省级人民政府公布并组织实施。世界文化遗产保护规划的要求，应当纳入县级以上地方人民政府的国民经济和社会发展规划、土地利用总体规划和城乡规划。

第九条 世界文化遗产中的不可移动文物，应当根据其历史、艺术和科学价值依法核定公布为文物保护单位。尚未核定公布为文物保护单位的不可移动文物，由县级文物主管部门予以登记并公布。

世界文化遗产中的不可移动文物，按照《中华人民共和国文物保护法》和《中华人民共和国文物保护法实施条例》的有关规定实施保护和管理。

第十条 世界文化遗产中的文物保护单位，应当根据世界文化遗产保护的需要依法划定保护范围和建设控制地带并予以公布。保护范围和建设控制地带的划定，应当符合世界文化遗产核心区和缓冲区的保护要求。

第十一条 省级人民政府应当为世界文化遗产做出标志说明。标志说明的设立不得对世界文化遗产造成损害。

世界文化遗产标志说明应当包括世界文化遗产的名称、核心区、缓冲区和保护机构等内容，并包含联合国教科文组织公布的世界遗产标志图案。

第十二条 省级人民政府应当为世界文化遗产建立保护记录档案，并由其文物主管部门报国家文物局备案。

国家文物局应当建立全国的世界文化遗产保护记录档案库，并利用高新技术建立世界文化遗产管理动态信息系统和预警系统。

第十三条 省级人民政府应当为世界文化遗产确定保护机构。保护机构应当对世界文化遗产进行日常维护和监测，并建立日志。发现世界文化遗产存在安全隐患的，保护机构应当采取控制措施，并及时向县级以上地方人民政府和省级文物主管部门报告。

世界文化遗产保护机构的工作人员实行持证上岗制度，主要负责人应当取得国家文物局颁发的资格证书。

第十四条 世界文化遗产辟为参观游览区，应当充分发挥文化遗产的宣传教育作用，并制定完善的参观游览服务管理办法。

世界文化遗产保护机构应当将参观游览服务管理办法报省级文物主管部门备案。省级文物主管部门应当对世界文化遗产的参观游览服务管理工作进行监督检查。

第十五条 在参观游览区内设置服务项目，应当符合世界文化遗产保护规划的管理要求，并与世界文化遗产的历史和文化属性相协调。

服务项目由世界文化遗产保护机构负责具体实施。实施服务项目，应当遵循公开、公平、公正和公共利益优先的原则，并维护当地居民的权益。

第十六条 各级文物主管部门和世界文化遗产保护机构应当组织开展文化旅游的调查和研究工作，发掘并展示世界文化遗产的历史和文化价值，保护并利用世界文化遗产工作中积累的知识产权。

第十七条 发生或可能发生危及世界文化遗产安全的突发事件时，保护机构应当立即采取必要的控制措施，并同时向县级以上地方人民政府和省级文物主管部门报告。省级文物主管部门应当在接到报告 2 小时内，向省级人民政府和国家文物局报告。

省级文物主管部门接到有关报告后，应当区别情况决定处理办法并负责实施。国家文物局应当督导并检查突发事件的及时处理，提出防范类似事件发生的具体要求，并向各世界文化遗产所在地省级人民政府通报突发事件的发生及处理情况。

第十八条 国家对世界文化遗产保护实行监测巡视制度，由国家文物局建立监测巡视机制开展相关工作。

世界文化遗产保护监测巡视工作制度由国家文物局制定并公布。

第十九条 因保护和管理不善，致使真实性和完整性受到损害的世界文化遗产，由国家文物局列入《中国世界文化遗产警示名单》予以公布。

列入《中国世界文化遗产警示名单》的世界文化遗产所在地省级人民政府，应当对保护和管理工作中存在的问题提出整改措施，限期改进保护管理工作。

第二十条 违反本办法规定，造成世界文化遗产损害的，依据有关规定追究责任人的责任。

第二十一条 列入《中国世界文化遗产预备名单》的文化遗产，参照本办法的规定实施保护和管理。

第二十二条 本办法自公布之日起施行。

文物进出境审核管理办法

（文化部令第42号　2007年7月3日）

第一条　为加强对文物进出境审核的管理，根据《中华人民共和国文物保护法》和《中华人民共和国文物保护法实施条例》，制定本办法。

第二条　国家文物局负责文物进出境审核管理工作，指定文物进出境审核机构承担文物进出境审核工作。

文物进出境审核机构是文物行政执法机构，依法独立行使职权，向国家文物局汇报工作，接受国家文物局业务指导。

第三条　文物进出境审核机构由国家文物局和省级人民政府联合组建。省级人民政府应当保障文物进出境审核机构的编制、办公场所及工作经费。国家文物局应当对文物进出境审核机构的业务经费予以补助。

第四条　文物进出境审核机构应当具备以下条件：

（一）有7名以上专职文物鉴定人员，其中文物进出境责任鉴定员不少于5名；

（二）有固定的办公场所和必要的技术设备；

（三）工作经费全额纳入财政预算。

第五条　国家文物局根据文物进出境审核工作的需要，指定具备条件的文物进出境审核机构承担文物进出境审核工作，使用文物出境标识和文物临时进境标识，对允许出境的文物发放文物出境许可证。

第六条　文物进出境审核机构的工作人员实行持证上岗制度，不得在文物商店或者拍卖企业任职、兼职。文物进出境审核机构的主要负责人应当取得国家文物局颁发的资格证书。

文物进出境责任鉴定员应当取得大学本科以上学历和文物博物专业中级以上职称，并经国家文物局考核合格。

第七条　文物进出境审核机构的日常管理工作由所在地省级文物主管部门负责。省级文物主管部门应当制定相关管理制度，并报国家文物局备案。

文物进出境审核机构应当采取措施，保证审核工作高效公正。

第八条　下列文物出境，应当经过审核：

（一）1949年（含）以前的各类艺术品、工艺美术品；

（二）1949年（含）以前的手稿、文献资料和图书资料；

（三）1949年（含）以前的与各民族社会制度、社会生产、社会生活有关的实物；

（四）1949年以后的与重大事件或著名人物有关的代表性实物；

（五）1949年以后的反应各民族生产活动、生活习俗、文化艺术和宗教信仰的代表性实物；

（六）国家文物局公布限制出境的已故现代著名书画家、工艺美术家作品；

（七）古猿化石、古人类化石，以及与人类活动有关的第四纪古脊椎动物化石。

文物出境审核标准，由国家文物局定期修订并公布。

第九条 运送、邮寄、携带文物出境，应当在文物出境前填写文物出境申请表，报文物进出境审核机构审核。

文物进出境审核机构应当自收到文物出境申请之日起15个工作日内作出是否允许出境的审核意见。

第十条 文物进出境审核机构审核文物，应当有3名以上专职文物鉴定人员参加，其中文物进出境责任鉴定员不得少于2名。

文物出境许可证，由参加审核的文物进出境责任鉴定员共同签署。文物进出境责任鉴定员一致同意允许出境的文物，文物进出境审核机构方可加盖文物出境审核专用章。

第十一条 经审核允许出境的文物，由文物进出境审核机构标明文物出境标识，发放文物出境许可证。海关查验文物出境标识后，凭文物出境许可证放行。

文物出境许可证一式三联，第一联由文物进出境审核机构留存，第二联由文物出境地海关留存，第三联由文物出境携运人留存。

经审核不允许出境的文物，由文物进出境审核机构登记并发还。

根据出境地海关或携运人的要求，文物进出境审核机构可以为经审核属于文物复仿制品的申报物品出具文物复仿制品证明。

第十二条 因修复、展览、销售、鉴定等原因临时进境的文物，经海关加封后，报文物进出境审核机构审核、登记。文物进出境审核机构查验海关封志完好无损后，对每件临时进境文物进行审核，标明文物临时进境标识并登记。

临时进境文物复出境时，应向原审核、登记的文物进出境审核机构申报。文物进出境审核机构应对照进境记录审核查验，确认文物临时进境标识无误后，标明文物出境标识，发给文物出境许可证。

第十三条 临时进境文物在境内滞留时间，除经海关和文物进出境审核机构批准外，不得超过6个月。

临时进境文物滞留境内逾期复出境，依照文物出境审核标准和程序进行审核。

第十四条 因展览、科研等原因临时出境的文物，出境前应向文物进出境审核机构申报。文物进出境审核机构应当按国家文物局的批准文件办理审核登记手续。

临时出境文物复进境时，由原审核登记的文物进出境审核机构审核查验。

第十五条 文物进出境审核机构在审核文物过程中，发现涉嫌非法持有文物或文物流失问题的，应立即向公安机关和国家文物局报告。

第十六条 文物出境标识、文物临时进境标识和文物出境许可证，由文物进出境审核机构指定专人保管。使用上述物品，由文物进出境审核机构负责人签字确认。

第十七条 违反本办法规定，造成文物流失的，依据有关规定追究责任人的责任。

第十八条 文物出境标识、文物临时进境标识、文物出境许可证、文物复仿制品证明和文物出境申请表，由国家文物局统一制作。

第十九条 尚未组建文物进出境审核机构的省、自治区、直辖市，应当根据本办法的规定组建文物进出境审核机构；组建前的文物进出境审核工作由国家文物局指定文物进出境审核机构承担。

第二十条 本办法自公布之日起施行，1989 年文化部发布的《文物出境鉴定管理办法》同日废止。

中共中央宣传部、财政部、文化部、国家文物局关于全国博物馆、纪念馆免费开放的通知

（中宣发〔2008〕2号）

各省、自治区、直辖市党委宣传部，财政厅（局），文化厅（局），文物局（文管会）：

为贯彻落实党的十七大精神，充分发挥博物馆、纪念馆宣传和传播先进文化的重要作用，加强公共文化服务体系建设和公民思想道德建设，现就全国博物馆、纪念馆向社会免费开放有关事宜通知如下：

一、博物馆、纪念馆免费开放的重要意义

博物馆、纪念馆是陈列、展示、宣传人类文化和自然遗存的重要场所，是国民教育体系的重要组成部分。博物馆、纪念馆向全社会免费开放是党的十七大关于社会主义文化大发展大繁荣的具体实践，是加强社会主义核心价值体系建设和公民思想道德建设的有效手段，是进一步提高政府为全社会提供公共文化服务水平的重要举措，是实现和保障人民群众基本文化权益的积极行动。博物馆、纪念馆免费开放符合世界文物展示业的发展趋势，有利于完善我国现代国民教育体系和履行教育功能，有利于发挥博物馆和纪念馆作为公益性文化机构的社会价值，有利于加强国际文化交流和中华民族优秀文化的宣传推广。各地区、各有关部门要统一思想，提高认识，积极行动，切实把免费开放工作做实、做细、做好，为公众提供更多、更好的公共文化产品和服务。

二、博物馆、纪念馆免费开放的实施范围和步骤

（一）实施范围

全国各级文化文物部门归口管理的公共博物馆、纪念馆，全国爱国主义教育示范基地全部实行免费开放。其中，文物建筑及遗址类博物馆暂不实行全部免费开放，继续对未成年人、老年人、现役军人、残疾人和低收入人群等特殊群体实行减免门票等优惠政策。博物馆、纪念馆按照市场化运作举办的特别（临时）展览，可根据实际情况确定门票价格。

（二）实施步骤

2008年，中央级文化文物部门归口管理的博物馆全部向社会免费开放；各省级综合博物馆全

部向社会免费开放；各级宣传和文化文物部门归口管理的列入全国爱国主义教育示范基地的博物馆、纪念馆全部向社会免费开放；浙江、福建、湖北、江西、安徽、甘肃和新疆等7省（区）文化文物系统归口管理的省、市、县级博物馆全部向社会免费开放。鼓励有条件的省（区、市）探索全面实行免费开放。

指导博物馆制定免费开放的工作计划和实施方案。各试点省（区）博物馆和各省省级综合博物馆要积极借鉴国内已免费开放的博物馆的经验，认真研究免费开放给博物馆事业带来的新情况、新问题和新要求，采取有效措施并认真实施，切实保障免费开放的平稳、安全、规范和有序。各省文物行政部门于2月29日前，将免费开放试点工作计划和实施方案报送国家文物局备案审核。争取3月实施向社会免费开放。

要针对免费开放后观众数量和结构的重大变化，按照寓管理于服务的方针，积极改革传统管理模式，健全服务制度，强化人员培训，规范服务行为；要改善文物安全保护和服务设施条件，制定突发事件的应急预案，完善应急处理机制；要科学测算博物馆的接待能力，加强人流疏导，防止人流高峰时段因观众过于集中造成的安全隐患和参观效果下降；要利用各种媒体向社会公示免费开放的有关政策措施、服务项目、开放时间、文明参观须知等内容，方便公众了解和监督，引导观众有序、文明参观，保证免费开放工作的顺利实施，不断提高博物馆运行和服务的水平。

三、强化博物馆的社会教育职能

免费开放后，各博物馆要加强调查研究，准确把握和适应社会文化生活的新特点和人民群众的新期待，努力提高办展的质量和水平。要不断探索创新办展的内容、形式和手段，把专业性和知识性、学术性和趣味性、科学性和观赏性有机结合起来，善于运用科技手段增强博物馆文化的表现力，充分展示中华文明的丰富内涵和独特魅力；要加强馆际资源整合，精心举办各种专题展览、巡回展览，以吸引观众走进博物馆，使博物馆的展示服务工作更加贴近实际、贴近生活、贴近群众。

在充分发挥博物馆社会教育功能、满足人民文化鉴赏需求方面，要高度重视对青少年的服务，建立将博物馆纳入国民教育体系的长效机制。根据青少年群体的特点，结合博物馆资源，制定有针对性的教育计划，开展有针对性的教育活动，组织有针对性的参观与讲解，以达到寓教于乐的最佳参观学习效果。要充分运用信息网络技术，延伸博物馆的传播和服务功能。国家文物局将实施“数字博物馆计划”，借助远程教育网络，使博物馆文化辐射广大城镇、农村和边远地区；省级以上博物馆和有条件的地市县级博物馆要利用网站，提升教育传播和知识普及的能力和水平，为人们提供健康精神文化生活的新空间。同时，各地博物馆要有组织、有计划地开展各种形式的“博物馆进校园、进社区”活动。积极探索博物馆文化传播的新途径，积极开发多层次的博物馆纪念品，让观众把博物馆文化带回家，使历史文化传播更广泛、更深入、更持久，同时又可以使博物馆增加经济效益。

四、全面推动博物馆体制机制的改革创新

免费开放为博物馆的科学发展提供了新的机遇，同时也对博物馆的内部管理体制和运行机制等提出了新的要求。各级文化部门和博物馆一方面要以开放的思维，积极创造有利条件，最大限度地动员社会各方面力量支持、参与博物馆建设，发动社会捐赠建立博物馆基金，培育“博物馆之友”、兼职讲解员、博物馆志愿者队伍等，支持博物馆事业的发展。另一方面要紧紧把握增强活力、改善服务这个重点，贯彻落实中央关于文化体制改革的精神，加大力度、加快进度，推动博物馆体制改革在面上展开、向纵深发展。各馆要以深化人事制度、分配制度改革为突破点，并通过优化博物馆组织结构，合理配置内部资源，完善配套激励机制，创新博物馆管理体制和运营机制等，更好地服务群众、服务社会。

文化部、国家文物局将在已开展的博物馆评估定级工作基础上，根据《关于全国博物馆、纪念馆免费开放的通知》的要求，按照省（市）部（局）共建的原则，会同财政部制定《国家级博物馆管理办法》，将代表中华民族历史文化的省级大馆，确定为首批国家级博物馆，明确中央政府和地方政府的管理责任，并分担博物馆投入经费。各地也可比照此方式，对省、市、县博物馆改进和完善扶持政策和措施，加强资源整合，推动博物馆焕发创造激情，增强创新能力，提高服务水平。

向社会免费开放是我国博物馆事业发展的一个里程碑，意义重大，任务艰巨。希望各级文化、文物部门和博物馆工作者认真贯彻落实党的十七大精神，扎实做好博物馆免费开放工作，努力开创博物馆工作的新局面，为社会主义文化大发展大繁荣，为建设和谐社会、实现小康目标做出更大的贡献。

中共中央宣传部　财政部

文化部　国家文物局

二〇〇八年一月二十三日

关于加强革命文物工作的若干意见

（文物博发〔2008〕22号　2008年3月20日）

各省、自治区、直辖市党委宣传部，发展和改革部门，教育、民政、财政、建设、文化厅（局、委），旅游、文物局，团委：

当前，我国正处在全面建设小康社会的关键时期。深入贯彻党的十七大精神，落实《中共中央、国务院关于进一步加强和改进未成年人思想道德建设的若干意见》（中发〔2004〕8号）、《国务院关于加强文化遗产保护的通知》（国发〔2005〕42号）和《中共中央办公厅、国务院办公厅关于印发〈2004～2010年全国红色旅游发展规划纲要〉的通知》（中办发〔2004〕35号），充分发挥革命文物的教育作用，对于建设社会主义核心价值体系，巩固全党全国各族人民团结奋斗的共同思想基础，加快改革开放和现代化建设步伐，推动中华民族伟大复兴，具有重大意义。现就加强革命文物的保护、利用和管理工作，提出如下意见：

一、充分认识加强革命文物工作的重要性和紧迫性

（一）革命文物是自1840年以来，中华民族为争取民族独立、实现伟大复兴而奋斗，特别是中国共产党领导下的新民主主义革命和社会主义革命与建设光辉历程的重要实物见证。革命文物包括各类与革命运动、重大历史事件或者英烈人物有关的，具有重要纪念意义、教育意义或者史料价值的近代现代重要史迹、实物、代表性建筑，蕴含着中华民族和中国共产党人的精神价值与优良传统。加强革命文物的保护、利用和管理工作，用以爱国主义为核心的民族精神和以改革创新为核心的时代精神鼓舞斗志、引领风尚；是建设社会主义先进文化，构建社会主义和谐社会的必然要求。

（二）在党中央、国务院的高度重视和统一部署下，爱国主义教育基地建设不断推进，《2004～2010年全国红色旅游发展规划纲要》逐步落实，革命文物工作取得了显著成绩，为弘扬爱国主义和革命传统，加强公民道德建设和公共文化服务体系建设，做出了重要贡献。

（三）当前革命文物工作快速发展，形势喜人，但仍存在着不少新的情况和问题。一些地方和部门对做好革命文物工作的重大意义认识不足、重视不够，片面追求经济开发而使得不少革命文物史迹及其环境风貌遭到破坏；资金投入不足、保护措施有限，部分革命遗迹自然损毁严重，甚至面临彻底塌毁的危险；一些博物馆、纪念馆和革命旧址、烈士陵园的基础设施较差，展示手段落后，吸引力、感染力不强。这些问题，必须引起足够重视，采取有效措施，切实加以解决。

二、加强革命文物工作的指导思想、基本原则和总体目标

（四）指导思想：认真贯彻落实党的十七大精神，以邓小平理论和“三个代表”重要思想为指导，深入贯彻落实科学发展观，紧紧抓住革命文物保护、利用和管理三个关键环节，贴近实际、贴近生活、贴近群众，努力提高工作水平，更好地为爱国主义教育、弘扬和培育民族精神服务，为公民道德建设服务，为实现全面建设小康社会的奋斗目标服务。

（五）基本原则：坚持统筹兼顾、分类管理，形成政府主导，各有关部门分工协作，社会力量积极参与的工作机制。正确处理经济社会发展和革命文物保护的关系，坚持依法保护和科学保护，维护革命文物的真实性和完整性。坚持把社会效益放在首位，进一步加大革命文物保护的投入，强化创新意识和精品意识，提高展示服务水平。

（六）总体目标：通过采取有效措施，革命文物工作得到全面加强。到2015年，基本建立科学完备的革命文物保护管理体系和宣传教育体系，革命文物的安全得到有效保障，展示服务水平得到全面提升，社会教育作用得到充分发挥。

三、加强革命文物工作的基本要求

（七）高度重视，加强革命文物工作的领导。

各地各部门要切实加强对革命文物工作的领导，加大宣传、贯彻《中华人民共和国文物保护法》等相关法律法规的力度，大力提倡、动员和引导全社会参与革命文物工作，依法保护、利用和管理好革命文物。要把革命文物工作作为深入贯彻落实科学发展观，促进社会主义精神文明建设和经济社会可持续发展的重要举措，切实抓紧抓好。

（八）深入调查，依法做好革命文物资源的登记、建档。

各地要按照国务院关于第三次全国文物普查的统一部署，着眼于全面反映近代以来中国社会发展历程，加强对能够体现近现代和当代经济社会发展的各类代表性革命文物的调查、登记、评估和建档。加强对可移动革命文物的征集、鉴定、建档和保管等工作。借助信息化技术，摸清革命文物底数，夯实革命文物工作基础。

（九）加强统筹，切实做好革命文物保护规划的制定实施工作。

各地要结合革命文物资源的实际情况，抓紧研究制订革命文物保护利用总体规划和专项规划，落实保护措施。要把近现代重要史迹和代表性建筑作为文化遗产保护的重要内容，纳入经济社会发展规划和城乡规划。对具有重大影响和纪念意义的旧址群，要继续做好专项保护规划的制定、发布和实施工作。

要立足长远，区分缓急，突出重点，加大对重要濒危革命文物史迹的保护力度。严格维修保护工程方案设计、实施的科学管理，确保文物的真实性。强化预防性保护理念，遏制因环境不利和管理不善致使馆藏革命文物受损的现象。

要严格遵照党中央、国务院有关文件的规定，加强宏观调控和分类指导，统筹安排革命纪念设施的建设和管理。新建和扩建革命纪念设施，应充分论证，严格报批，着力于功能完善，规模

适当，环境协调；改建革命纪念设施，应尊重原有建筑的历史传统，提倡将具有使用价值的纪念建筑物辟为革命纪念馆（地）；对已不存在的革命文物“复建”，要严加限制。

（十）改进创新，提升革命文物的展示服务水平。

要按照“贴近实际、贴近生活、贴近群众”的要求，实施资源整合与共享战略，精心组织好各种革命文物的陈列展览。重视基本陈列（包括革命旧址原状陈列）的研究和创新，坚持有址可寻、有物可看、有史可讲、有事可说的原则，突出陈列展览的个性特点。善于运用现代科技手段，增强陈列展览的表现力、吸引力和感染力。

要强化革命文物的社会教育功能，将革命传统教育和对革命文物的保护教育纳入国民教育体系，纳入公民道德建设和社会主义荣辱观教育体系，纳入未成年人思想道德建设规划和学校教育教学中。加强革命博物馆、纪念馆、革命旧址、烈士陵园等爱国主义教育基地与学校、部队、企事业单位和社会团体的协作联系，构建共建共育的长效机制。各类革命纪念设施要完善开放制度，强化内部管理，增强自身活力，改善服务质量，提高服务水平。充分挖掘革命文物资源的内涵，大力发展红色旅游，为推动经济社会发展服务。

（十一）精心组织，不断加大对革命文物的宣传普及力度。

各类革命文物保护机构要经常举办展示、论坛、讲座等活动，充分运用报刊、广播、电视、互联网等大众传媒，普及革命文物保护成果和法律法规知识，增强全社会的革命文物保护意识。

各地各部门要根据本意见，抓紧制定具体措施和办法。国家文物局将会同有关部门在适当时候对各地各部门贯彻落实的情况进行督查。

国家文物局　中宣部　发展改革委　教育部
民政部　财政部　住房城乡建设部　文化部
国家旅游局　共青团中央
二〇〇八年三月二十日

文物认定管理暂行办法

（文化部令第46号　2009年8月10日）

第一条　为规范文物认定管理工作，根据《中华人民共和国文物保护法》制定本办法。

本办法所称文物认定，是指文物行政部门将具有历史、艺术、科学价值的文化资源确认为文物的行政行为。

第二条　《中华人民共和国文物保护法》第二条第一款所列各项，应当认定为文物。

乡土建筑、工业遗产、农业遗产、商业老字号、文化线路、文化景观等特殊类型文物，按照本办法认定。

第三条　认定文物，由县级以上地方文物行政部门负责。认定文物发生争议的，由省级文物行政部门作出裁定。

省级文物行政部门应当根据国务院文物行政部门的要求，认定特定的文化资源为文物。

第四条　国务院文物行政部门应当定期发布指导意见，明确文物认定工作的范围和重点。

第五条　各级文物行政部门应当定期组织开展文物普查，并由县级以上地方文物行政部门对普查中发现的文物予以认定。

各级文物行政部门应当完善制度，鼓励公民、法人和其他组织在文物普查工作中发挥作用。

第六条　所有权人或持有人书面要求认定文物的，应当向县级以上地方文物行政部门提供其姓名或者名称、住所、有效身份证件号码或者有效证照号码，以及认定对象的来源说明。县级以上地方文物行政部门应当作出决定并予以答复。

县级以上地方文物行政部门应当告知文物所有权人或持有人依法承担的文物保护责任。

县级以上地方文物行政部门应当整理并保存上述工作的文件和资料。

第七条　公民、法人和其他组织书面要求认定不可移动文物的，应当向县级以上地方文物行政部门提供其姓名或者名称、住所、有效身份证件号码或者有效证照号码。县级以上地方文物行政部门应当通过听证会等形式听取公众意见并作出决定予以答复。

第八条　县级以上地方文物行政部门认定文物，应当开展调查研究，收集相关资料，充分听取专家意见，召集专门会议研究并作出书面决定。

县级以上地方文物行政部门可以委托或设置专门机构开展认定文物的具体工作。

第九条 不可移动文物的认定，自县级以上地方文物行政部门公告之日起生效。

可移动文物的认定，自县级以上地方文物行政部门作出决定之日起生效。列入文物收藏单位藏品档案的文物，自主管的文物行政部门备案之日起生效。

第十条 各级文物行政部门应当根据《中华人民共和国文物保护法》第三条的规定，组织开展经常性的文物定级工作。

第十一条 文物收藏单位收藏文物的定级，由主管的文物行政部门备案确认。

文物行政部门应当建立民间收藏文物定级的工作机制，组织开展民间收藏文物的定级工作。定级的民间收藏文物，由主管的地方文物行政部门备案。

第十二条 公民、法人和其他组织，以及所有权人书面要求对不可移动文物进行定级的，应当向有关文物行政部门提供其姓名或者名称、住所、有效身份证件号码或者有效证照号码。有关文物行政部门应当通过听证会等形式听取公众意见并予以答复。

第十三条 对文物认定和定级决定不服的，可以依法申请行政复议。

第十四条 国家实行文物登录制度，由县级以上文物行政部门委托或设置专门机构开展相关工作。

文物登录，应当对各类文物分别制定登录指标体系。登录指标体系应当满足文物保护、研究和公众教育等需要。

根据私有文物所有权人的要求，文物登录管理机构应当对其身份予以保密。

第十五条 违反本办法规定，造成文物破坏的，对负有责任的主管人员和其他直接责任人员依法给予处分；构成犯罪的，依法追究刑事责任。

第十六条 古猿化石、古人类化石、与人类活动有关的第四纪古脊椎动物化石，以及上述化石地点和遗迹地点的认定和定级工作，按照本办法的规定执行。

历史文化名城、街区及村镇的认定和定级工作，按照有关法律法规的规定执行。

第十七条 本办法自 2009 年 10 月 1 日起施行。

国家文物局、财政部关于开展中央地方共建国家级博物馆工作的通知

（文物博发〔2009〕40号　2009年12月7日）

各省、自治区、直辖市文物局（文化厅、文管会）、财政厅（局）：

为贯彻落实党的十七大精神，繁荣和发展社会主义先进文化，充分发挥博物馆保护、传承和弘扬中华文明的重要作用，按照中共中央、国务院关于深化文化体制改革的总体要求，根据中宣部、财政部、文化部和国家文物局《关于全国博物馆、纪念馆免费开放的通知》（中宣发〔2008〕2号）的重要部署，国家文物局和财政部决定开展中央地方共建国家级博物馆相关工作。现将有关事项通知如下：

一、充分认识开展中央地方共建国家级博物馆工作的重要意义

我国历史悠久，随着文明的进步和朝代的更替，祖先留传下来的文化遗产散落在中华大地的各个区域，这些是中华民族共有的物质和精神财富，其保护和传承是全体人民共有的责任。博物馆是保护、展示历史文化遗产和人类环境物证的文化教育机构，是一个国家、一个民族宣传其文明成就和发展水平的重要窗口。由于历史原因，一些地方博物馆集中保存有大量中华文明最具影响力和代表性的珍贵文物藏品。将地方博物馆按照文化遗产保护和传播的重要程度科学界定和分级，评估认定一批国家级博物馆，能够在现有行政隶属关系不变的情况下。通过建立新型的中央与地方共建关系，加快推进我国博物馆建设，促进博物馆事业又好又快发展。

开展中央地方共建国家级博物馆工作，是深入贯彻落实科学发展观，推进我国博物馆管理体制创新的重要举措。具有导向性和示范性的重要作用。有利于充分调动中央和地方两个积极性，大幅提高我国重点博物馆的藏品保护、展示、科研和社会教育与服务水平，使其成为具有国际一流水准的博物馆。同时，有利于加快构建以点带面、立足区域、辐射全国、面向世界的博物馆综合资源共享平台，推动我国博物馆整体水平迈向世界先进行列。

二、中央地方共建国家级博物馆的评估认定

中央地方共建国家级博物馆坚持择优认定、定期评估、动态调整和稳定支持的原则，采取专家评审、行政决策的方式，从省（市）级博物馆中有计划、有重点地遴选和培育。

认定为中央地方共建国家级博物馆必须具备五个基本条件：一是博物馆文物藏品具有极高历史、艺术、科学价值，形成完整体系；二是陈列展示与本馆使命、宗旨紧密契合，社会影响力强；三是专业技术力量雄厚，有较强的科研实力和良好的学术氛围；四是建立有完善的管理制度，并能有效地组织实施；五是制定并向社会公布科学的中长期发展规划。

2009 年，通过对全国 31 个省（自治区、直辖市）博物馆的藏品等级、保护研究业绩、社会教育能力、专业人员构成与科研成果、博物馆展览水平与馆舍环境等综合评估研究，确定评估排名前 11 位中的上海博物馆、南京博物院、湖南省博物馆、河南博物院、陕西历史博物馆、湖北省博物馆、浙江省博物馆、辽宁省博物馆等 8 个博物馆为首批中央地方共建博物馆，重庆中国三峡博物馆、首都博物馆和山西博物院等 3 个博物馆为培育对象。

三、中央地方共建国家级博物馆工作保障机制

中央地方共建国家级博物馆确定后，由国家文物局、财政部和省级人民政府签订共建协议，明确三方责任和义务。国家文物局和财政部主要负责：组织编制和实施中央地方共建国家级博物馆总体规划和发展计划，制定相关政策和管理制度；组织审定中央地方共建国家级博物馆年度计划和项目申请，合理安排专项资金；组织开展中央地方共建国家级博物馆承担项目的验收和绩效考评；组织开展中央地方共建国家级博物馆运行状况年度评估。省级人民政府主要负责：指导及监督中央地方共建国家级博物馆日常管理；落实地方支出责任，足额安排中央地方共建国家级博物馆运行经费及事业发展所需项目经费；配合开展中央地方共建国家级博物馆绩效考评与年度评估。国家文物局、财政部将制定下发相关管理办法，规范中央地方共建国家级博物馆工作。

中央财政安排中央地方共建国家级博物馆专项资金，用于支持中央地方共建国家级博物馆提升藏品保护、陈列展览、科学研究、人才培养、文化交流、社会教育与服务能力和水平等。专项资金采取因素分配与项目管理相结合的方式。资金分配综合考虑博物馆馆舍面积、藏品数量、所处地区、经费保障、举办展览、观众数量、科研成果等因素，并分别赋予相应权重，根据上年度决算资料和实际工作情况核定对各博物馆的补助金额。各博物馆根据专项资金补助额度，结合自身发展规划和年度工作计划，按照规定的资金使用范围，提出具体项目经费安排建议，按程序报财政部、国家文物局批准后执行。相关地方财政应足额安排中央地方共建国家级博物馆日常运转和事业发展所需经费，逐步加大投入力度，建立博物馆经费稳定增长机制。

四、开展中央地方共建国家级博物馆工作要求

各有关省级文物行政部门和财政部门要高度重视中央地方共建国家级博物馆工作，在做好博物馆免费开放工作的同时，按照中央文化体制改革的精神和构建公共财政体制的总体要求，遵循博物馆运行管理的规律，积极推进中央地方共建国家级博物馆的体制改革和机制创新。要加强中央地方共建国家级博物馆人事、收入分配和社会保障制度改革，建立相应的竞争、激励、约束机制，促进博物馆的馆际交流和资源共享机制。要引导和争取社会力量支持中央地方共建国家级博物馆的建设与发展，鼓励社会力量对博物馆进行捐赠，不断壮大“博物馆之友”、博物馆志愿者队伍，积极发挥中央地方共建国家级博物馆的行业示范和引导作用。

各省（自治区、直辖市）文物行政部门和财政部门要参照中央地方共建国家级博物馆工作的建设原则，制定本地区博物馆事业发展规划，积极指导本地区博物馆的体制改革和机制创新，努力提高博物馆管理水平和研究、展示水平，使博物馆在本地区的社会、文化、经济建设中发挥更大的作用。

特此通知。

国家文物局　财政部

二○○九年十二月七日

国家文物局、民政部、财政部、国土资源部、住房和城乡建设部、文化部、国家税务总局关于促进民办博物馆发展的意见

（文物博发〔2010〕11 号）

各省、自治区、直辖市文物局、民政、财政、国土资源、住房和城乡建设、文化厅（局、委）、国家税务局、地方税务局：

民办博物馆是为了教育、研究、欣赏的目的，由社会力量利用非国有文物、标本、资料等资产依法设立并取得法人资格，向公众开放的非营利性社会服务机构。进入新世纪以来，文化体制改革逐步深化，民办博物馆发展迅速。但是由于民办博物馆在我国还是一个新事物，尚处于探索阶段，还存在着准入制度不完善、扶持政策不健全、管理运行不规范、社会作用不明显等问题，严重制约了民办博物馆的健康发展。

为贯彻党的十七大关于推动社会主义文化大发展大繁荣的精神，落实中央关于深化文化体制改革的总体部署，进一步调动社会力量参与文化遗产保护和社会主义先进文化建设的积极性，现就积极鼓励、大力支持民办博物馆发展提出以下意见：

一、高度重视，积极促进民办博物馆健康发展

（一）民办博物馆来源于民间、成长于民间、服务于民间，是我国经济社会持续稳定发展大背景下公民文化需求增长的必然结果，是具有文化普及鲜明特色的公共文化服务机构，是动员全社会广泛参与，共同构建公共文化服务体系，促进文化大发展、大繁荣，建设和谐社会的一支重要力量。

（二）各地、各有关部门要切实提高对支持民办博物馆发展重要性的认识，明确和坚持积极鼓励，大力支持，正确引导，依法管理的指导思想，将民办博物馆纳入国民经济和社会发展规划，纳入博物馆事业发展规划，因地制宜，分类指导，制定符合各地民办博物馆发展的目标、措施和相关政策，支持、鼓励和引导民办博物馆的科学发展。民政、财政、国土资源、住房城乡建设、文化、税务、文物等行政部门和行业组织要加强协调，形成合力，加强调查研究，对民办博物馆在创办、开放、发展中遇到的具体困难和问题，给予必要的关注，及时帮助切实解决，保障民办博物馆健康发展。

二、加强扶持，为民办博物馆创造良好的发展环境

（三）规范民办博物馆准入制度。加快出台《博物馆条例》，完善博物馆管理基本制度体系，明确民办博物馆与公立博物馆同等的法律地位。文物、民政行政部门制订民办博物馆登记管理办法，细化民办博物馆准入标准，完善审批程序，健全民办博物馆准入制度。依照《中华人民共和国文物保护法》等法规的规定，加强对拟申办民办博物馆藏品来源合法性和真实性审查，明确博物馆对藏品的合法所有权。鼓励社会力量兴办填补博物馆门类空白和体现行业特性、区域特点的专题性博物馆。兴办民办博物馆应符合城乡规划。对符合设立条件的民办博物馆，要按照《民办非企业单位登记管理暂行条例》和《博物馆管理办法》等有关规定，及时审核和给予登记注册。要加强对民办博物馆凭证执业、依法办馆的监督，按照法律法规和规章的规定，做好民办博物馆的登记、年检、执业和监督管理工作。要开展经常性的执法检查活动，严厉打击非法办馆行为，坚决取缔无证执业，规范竞争行为，营造公平有序的发展环境，保障合法博物馆的正当权益。

（四）切实帮助解决民办博物馆的馆舍与经费保障问题。推广民办公助、公建民营等形式，在有条件的地区，建立政府对民办博物馆单位的资助机制。各地可利用在布局结构调整后闲置的房产，支持民办博物馆发展。可在旅游景区和文化产业园区内规划建设民办博物馆，为民办博物馆提供馆舍和基础设施运行保障。对符合国家《划拨用地目录》规定的非营利性民办博物馆的建设用地，经县级以上人民政府批准，可以划拨方式供地。民办博物馆建设必须贯彻节约集约用地的原则，严格执行《博物馆建设用地指标》的规定，严禁改变博物馆用地的土地用途，不得以划拨土地使用权抵押。民办博物馆因故终止的，其用地由国家依法收回后继续作为博物馆建设用地。协调金融机构为符合条件的民办博物馆提供贷款。鼓励企业、事业单位、社会团体以及个人等社会力量向民办博物馆提供捐赠。鼓励民办博物馆依托藏品、展览研发推广博物馆文化产品。民办博物馆在接收捐赠、门票收入、非营利性收入等方面，可按照现行税法规定享受有关优惠政策。

（五）加强对民办博物馆的专业指导和扶持。文物行政部门要积极探索新形势下民办博物馆的管理体制、机制和办法，根据民办博物馆自愿办馆、自筹资金、自负责任、自主管理的特点，通过法规、政策、标准、评估、督导等措施为博物馆的目标管理和质量管理提供服务。民办博物馆在行业准入、等级评定、人员培训、职称评定、科研活动、陈列展览，以及人才、学术的交流、合作、奖励、政府政策信息服务等方面，与国有博物馆一视同仁，同等待遇。对具有门类特点、行业个性或地域文化、民族（民俗）唯一性的民办博物馆，以及致力于抢救濒危文化遗产、填补某领域文化空白或稀缺的新建民办博物馆，给予必要和适当的倾斜性扶持。鼓励国有博物馆对民办博物馆的藏品保护、陈列展览、科学研究等业务活动实施帮扶。加强博物馆行业协会建设，制定行业规范，鼓励民办博物馆加入行业协会，促进行业自律。

（六）努力形成有利于民办博物馆健康发展的社会舆论氛围。要充分利用广播、电视、报纸、网络等媒体，大力宣传政府鼓励、支持、引导民办博物馆发展的方针政策，宣传民办博物馆在社

会主义先进文化建设中的重要地位和作用，宣传民办博物馆中涌现出的先进典型，扩大民办博物馆的影响。对优秀民办博物馆以及在民办博物馆事业方面做出突出贡献的单位和个人，给予表彰。

三、依法办馆，全面提高民办博物馆的质量

（七）建立健全民办博物馆内部管理制度。文物、民政行政部门要把民办博物馆纳入质量监管体系，通过评估定级和年度检查、考评等方式，指导民办博物馆严格遵守国家相关政策法规和技术标准规范以及国际博物馆协会职业道德准则，健全以理事会（董事会）、监事会为核心的法人治理结构，完善博物馆章程和发展规划，依法自我管理、科学运行，承担相应的社会义务。要落实民办博物馆的法人财产权，对举办者和其他投资者投入民办博物馆的藏品、资产、国有资产、受赠的财产、收取的费用以及办馆积累，应当分别登记建账，并依法享有法人财产权。民办博物馆存续期间，对博物馆所有资产依法享有占有、使用、收益和处分的权力，任何组织和个人不得侵占和非法干涉。

（八）规范民办博物馆的藏品管理。藏品是博物馆赖以生存的物质基础，保障藏品安全并充分发挥其社会作用是博物馆的基本义务。民办博物馆应当依照《中华人民共和国文物保护法》、《博物馆管理办法》、《博物馆藏品管理办法》等法规和国际博物馆协会职业道德准则要求，加强藏品收集，建立、健全藏品收藏、保护、研究、展示等相关规章制度，建立健全藏品总账、分类账及每件藏品的档案，并报所在地市（县）级文物行政部门备案。民办博物馆处置无保存价值的藏品，以及民办博物馆终止时的藏品处置，必须进行严格的评估，并报所在地省级文物行政部门审批。民办博物馆不再收藏的藏品应优先转让给其他博物馆收藏。处置藏品所得应当用于博物馆收藏新的藏品、改善藏品保管条件和博物馆日常维护等用途。

（九）切实加强民办博物馆展示服务工作。民办博物馆要落实“以质量求生存、以特色求发展”的办馆理念，加强人才队伍建设，加强科学研究，大力提升展示服务水平。要把博物馆的特色和品牌建设作为直接关系民办博物馆生存的大事来抓紧抓好，满足社会对优质博物馆文化资源的需求。文物行政部门要加强对民办博物馆陈列展览、社会教育和服务活动的指导，严格基本陈列内容审查，抵制低俗之风。民办博物馆要完善开放服务制度，开展进校园、进社区活动，纳入当地旅游线路，开展博物馆文化旅游活动。根据公平、择优的原则，采用公开招标和政府购买服务的方式，支持民办博物馆参与公共文化服务体系和国民教育体系建设。对于社会服务功能发挥良好、成绩突出的民办博物馆，可按规定命名为爱国主义教育基地和青少年教育基地。鼓励民办博物馆积极参与对外文化交流。

国家文物局　民政部　财政部　国土资源部

住房和城乡建设部　文化部　国家税务总局

二〇一〇年一月二十九日

国家文物局、教育部关于加强高校博物馆建设与发展的通知

（文物博发〔2011〕10号）

各省、自治区、直辖市文物局（文化厅）、教育厅（教委），教育部直属各高等学校：

改革开放以来，特别是进入21世纪以来，随着科教兴国和文化大发展大繁荣战略的实施，高校博物馆蓬勃发展，为满足广大人民群众日益增长的精神文化、教育学习需求做出了积极贡献。与此同时，高校博物馆发展中还存在一些问题，博物馆的建设、管理及运营状况与时代要求仍有较大差距，社会服务能力和水平尚待提高，这些问题在一定程度上制约了高校博物馆社会功能的发挥。

为加强高校博物馆建设与发展，充分发挥其在科教兴国、学习型社会和公共文化服务体系建设中的作用，现就加强高校博物馆建设与发展的有关事项通知如下：

一、各地、各有关部门应充分认识高校博物馆的重要意义，切实重视和支持高校博物馆建设与发展。高校博物馆具有鲜明特色，是现代教育体系和博物馆事业的重要组成部分，是探索和实践新型人才培养模式、实现高等教育现代化的重要机构，是开展探究式学习、参与式教学、实践教学的适宜场所，是开展原创科研的重要基地，也是构建公共文化服务体系，建设和谐社会的一支重要力量。高水平高校博物馆是大学深厚学术和文化积淀的重要标志，是优秀大学的重要标志。要将高校博物馆纳入国民经济和社会发展规划，纳入高等教育事业发展规划，纳入博物馆事业发展规划，因地制宜，制定符合各地高校博物馆发展的目标、措施，鼓励和引导具有中国特色的高校博物馆的科学发展。

二、教育部门要进一步明确高校博物馆在现代高等教育体系中的基础性地位，加强扶持和管理。教育部将会同国家文物局等有关部门制定“普通高等院校博物馆规程”，设立高校博物馆发展指导委员会，建立高校博物馆建设与发展联席工作会议，编制和实施高校博物馆发展规划，明确发展目标，确定发展任务，保障发展资源。并定期向社会发布高校博物馆建设与发展状况信息，增进社会对高校博物馆的认知，引领高校博物馆发展。

三、文物部门要加强履行博物馆业务指导职责，按照《博物馆管理办法》等规定，积极辅导协调高等学校做好高校博物馆的设立注册登记工作，指导高校博物馆业务活动，将高校博物馆纳入行业评估和质量监控体系。积极协调在高校博物馆之间，以及高校博物馆与区域其他博物馆建立长效的交流、

协作机制，将高校博物馆纳入博物馆协作网，在藏品保护、陈列展览、社会教育、科学研究、人才培养等业务活动领域开展密切的交流合作，实现优势互补、资源共享。加强博物馆行业协会框架内的高校博物馆专业组织建设，制定行业规范，鼓励高校博物馆加入博物馆行业协会，促进行业自律。

四、要加强对高校博物馆发展的战略研究和统筹规划。高校博物馆建设应以保护、管理和发展文化遗产为基础，以激励和实现知识的创造、分享、传播为中心任务，以服务和支持高等教育发展为主导，以坚持高校博物馆自身特色为动力，以服务高等教育现代化、支持创建优秀大学为主要目标。要从实际出发，着力于凸显大学优势学科特色，完善博物馆功能，把增加博物馆的数量与提高质量结合起来，当前尤其要在提高质量上狠下功夫。要加强博物馆建设工程前期可行性研究、立项、实施等环节的协调指导和评估论证，促进科学决策。要避免不顾实际和可能，盲目追求建设规模的现象。要加强重点博物馆建设，使一批高校博物馆率先跻身国内一流博物馆行列，并向世界先进水平迈进。

五、加强博物馆基础工作，提高专业化水平。大力支持高校博物馆加强系统收藏相关学术领域的实物研究资料和实物性研究成果，提高和优化收藏品质量。建立健全藏品科学保护机制，加强藏品管理及信息化建设，完善建档备案、日常管理等制度体系。强化预防性保护理念，改善馆藏文物保存条件，遏制因环境不利和管理不善致使文物受损的现象。充分发挥藏品资源以及高校专业力量优势，搭建开放的高水平研究平台，大力推进博物馆的学术研究，以科技创新推动博物馆的管理创新和工作创新。

六、增强社会服务能力，提升社会服务效益。高校博物馆不仅要积极支持并辅助高校教学和学科建设，参与和融入大学校园文化建设，也要切实履行公共文化设施职能，充分实现社会教育功能。高校博物馆要积极创造条件，最大限度地向社会和公众开放，开放时间应符合《博物馆管理办法》规定。要努力提升高校博物馆在展览展示和宣传教育方面的工作水平，大力传播有益于社会进步的思想道德、科学技术和文化知识，不断丰富社会各界群众的精神文化生活。鼓励高校博物馆以各种形式参与公共文化服务体系建设，鼓励将高校博物馆纳入中小学教育内容，鼓励高校博物馆开展各种进社区活动，并积极探索博物馆数字化，通过现代信息技术增强博物馆文化传播、辐射影响力。鼓励高校博物馆积极参与对外文化交流。

七、加强高校博物馆队伍建设，实施人才强馆。支持高校博物馆科学设置岗位，完善职位管理，健全评价激励机制，注重学术梯队和优秀中青年队伍建设，稳定高水平专业技术队伍。同时不断壮大以广大学生为主体的博物馆志愿工作队伍，使志愿服务与素质培养、专业志向和公益精神有机结合。

特此通知。

国家文物局　教育部

二〇一一年五月二十二日

大运河遗产保护管理办法

（文化部令第54号　2012年8月14日）

第一条　为加强对大运河遗产的保护，规范大运河遗产的利用行为，促进大运河沿线经济社会全面协调可持续发展，根据《中华人民共和国文物保护法》，制定本办法。

第二条　本办法所称大运河遗产，包括隋唐运河、京杭大运河、浙东运河的水工遗存，各类伴生历史遗存、历史街区村镇，以及相关联的环境景观等。

近代以来兴建的大运河水工设施，凡具有文化代表性和突出价值的，属于本办法所称的大运河遗产。

第三条　大运河遗产保护实行统一规划、分级负责、分段管理，坚持真实性、完整性、延续性原则，依照国家有关法律、行政法规和本办法的规定执行。

第四条　国家设立的大运河保护和申遗省部际会商小组，协调大运河遗产保护中的重大事项，会商解决重大问题。

国务院文物主管部门主管大运河遗产的整体保护工作，并与国务院国土、环保、交通、水利等主管部门合作，依法在各自的职责范围内开展相关工作。

大运河沿线县级以上地方人民政府文物主管部门，负责本行政区域内的大运河遗产保护工作，依法与其他相关主管部门合作开展工作，并将大运河遗产保护经费纳入本级财政预算。

第五条　国家鼓励公民、法人和其他组织参与大运河遗产保护。

公民、法人和其他组织可以通过捐赠等方式设立大运河遗产保护基金，用于大运河遗产保护。大运河遗产保护基金的募集、使用和管理，依照国家有关法律、行政法规的规定执行。

国务院文物主管部门、大运河沿线县级以上地方人民政府文物主管部门，应当对在大运河遗产保护中做出突出贡献的组织或者个人给予奖励。

第六条　大运河沿线省级人民政府文物主管部门应当组织调查本行政区域内的大运河遗产。

属于大运河遗产的不可移动文物，县级以上地方文物主管部门应当依法予以认定，并报同级人民政府核定公布为文物保护单位。大运河遗产中具有重大历史、艺术、科学价值的不可移动文物，应当确定为全国重点文物保护单位，报国务院核定公布。

第七条　国家实行大运河遗产保护规划制度。大运河遗产保护规划由总体规划、省级规划和市级规划构成。

大运河遗产保护总体规划，由国务院文物主管部门会同国务院有关部门制订，经大运河保护和申遗省部际会商小组审定后报国务院批准公布。大运河遗产保护总体规划应当与国家水利、航运、环境等规划相协调。

大运河遗产保护省级规划和市级规划，分别由省级和市级文物主管部门会同同级有关部门制订，报省级和市级人民政府批准公布，并报上级文物主管部门备案。

第八条 大运河遗产保护规划应当明确大运河遗产的构成、保护标准和保护重点，分类制定保护措施。

在大运河遗产保护规划划定的保护范围和建设控制地带内进行工程建设，应当遵守《中华人民共和国文物保护法》的有关规定，并实行建设项目遗产影响评价制度。建设项目遗产影响评价制度，由国务院文物主管部门制定。

除防洪、航道疏浚、水工设施维护、输水河道工程外，任何单位或者个人不得在大运河遗产保护规划划定的保护范围内进行破坏大运河遗产本体的工程建设。

第九条 大运河沿线县级以上地方人民政府文物主管部门，应当建立大运河遗产所在地标识系统，并向公众提供真实、完整的大运河遗产信息。

第十条 将大运河遗产所在地辟为参观游览区，必须保障公众和大运河遗产的安全。

在参观游览区内设置服务项目，必须符合大运河遗产保护规划的要求。

大运河遗产参观游览区保护、展示、利用功能突出，示范意义显著的，可以公布为大运河遗产公园。

第十一条 大运河遗产跨行政区域边界的，其毗邻的县级以上地方人民政府文物主管部门应当定期召开协调会议，研究解决大运河遗产保护中的重大问题。

第十二条 国家实行大运河遗产监测巡视制度，由国务院文物主管部门组织实施，定期发布监测巡视报告。

大运河遗产监测由国家、省级和市级监测系统构成，包括日常监测、定期监测和反应性监测；大运河遗产巡视由国家和省级巡视系统构成，包括定期巡视和不定期巡视。

第十三条 因保护和管理不善，致使真实性、完整性和延续性受到损害的大运河遗产，由国务院文物主管部门列入《大运河遗产保护警示名单》予以公布。

列入《大运河遗产保护警示名单》的遗产所在地保护机构，必须对保护和管理工作中存在的问题制订并公布整改措施，限期改进保护管理工作。

第十四条 违反本办法规定，造成大运河遗产损害，构成犯罪的，依法追究刑事责任；尚不构成犯罪的，由主管机关依法给予处罚。

有关行政机关不履行法定职责的，由上级行政机关责令改正，通报批评；对负有责任的主管人员和其他直接责任人员，由主管机关依法处理。

第十五条 本办法自 2012 年 10 月 1 日起施行。

关于加强和改进文物安全工作的指导意见

（文物督发〔2012〕7号）

各省、自治区、直辖市外事、发展改革、科技、公安、财政、国土资源、环境保护、住房城乡建设、文化、工商行政管理、旅游、宗教、法制、气象、文物主管部门，海关广东分署、各直属海关：

文物安全关系文化遗产事业科学发展全局，关系国家文化安全大局，关系人民群众基本文化权益。在党中央、国务院高度重视和全社会关心支持下，经过各地区、各部门的长期共同努力，文物安全工作取得一定成效。但是，当前一些地区盗窃、盗掘、盗捞、走私文物的犯罪活动突出，文物保护单位火灾事故多发，博物馆安全案件出现反弹，破坏不可移动文物的违法案件时有发生，文物安全形势依然严峻，总体处于案件、事故多发期。为全面贯彻落实全国文物工作会议精神，进一步加强和改进文物安全工作，提出以下意见：

一、指导思想和主要目标

（一）指导思想。坚持以邓小平理论、“三个代表”重要思想和科学发展观为指导，严格执行《中华人民共和国文物保护法》等法律法规，坚持“安全第一、预防为主；属地管理，单位负责；打防结合、综合治理”，健全文物安全责任体系，夯实文物安全基础条件，解决文物安全突出问题，坚决遏制文物安全事故和违法犯罪案件多发势头，促进文物安全形势稳定向好发展，为推动社会主义文化大发展大繁荣、建设社会主义文化强国提供坚强保障。

（二）主要目标。到2015年，“政府主导、部门协作、单位负责、社会参与、打防结合、综合治理”的文物安全工作格局基本形成，文物安全法规与标准规范体系初步构建，风险突出的文物、博物馆单位安全防范设施基本达标，重大文物违法犯罪案件与火灾事故得到有效遏制，人民群众满意度显著提高。

二、健全文物安全责任体系

（三）坚持“属地管理”，将地方各级人民政府依法落实文物保护管理职责作为确保文物安全的立足点，夯实安全基础。推动地方政府加强对文物安全工作的组织领导，依法设置文物保护机构，充实文物执法力量，建设安全防范设施，保障文物安全投入。在文物资源丰富的地区，推动各级人民政府将文物安全纳入政府绩效评估指标体系，建立管理目标责任制。

（四）坚持“谁主管、谁负责”，将各部门依法落实文物保护法定职责作为文物安全的重要保障，形成长效机制。公安、国土、环境保护、住房城乡建设、海关、工商、旅游、宗教部门和其他有关国家机关，要依法认真履行所承担的文物保护职责，维护文物管理秩序。各级文物行政部门要严格履行文物安全监管职责，加强安全检查和行政执法督察，对辖区内文物、博物馆单位实施严格的监督管理。

（五）坚持“单位负责”，将文物、博物馆单位依法落实文物安全主体责任作为促进文物安全形势好转的着力点，实现重心下移。文物收藏单位、不可移动文物使用单位（或使用人、所有人）是文物安全责任主体，其法定代表人或者使用人、所有人是本单位文物安全第一责任人。各单位要全面落实治安、消防等各项安全管理要求，全员实施安全岗位责任制，逐级签订安全目标责任书。

（六）坚持“责任追究”，落实《国务院关于加强文化遗产保护的通知》（国发〔2005〕42号）要求，建立文物安全责任追究制度。严厉追究因决策失误、玩忽职守、失职渎职造成文物破坏、被盗或流失的责任人的法律责任；因执法不力造成文物受到破坏的，要追究有关执法机关和责任人的责任。

三、完善文物安全防控体系

（七）健全机构队伍。各级文物行政部门应建立健全安全监管与执法机构，配置专职人员，完善执法装备与设施。公安机关应根据需要，在重要文物、博物馆单位设立派出所、警务室。文物、博物馆单位应依法设置安全保卫部门，按比例配备专职安全保卫人员，配置防卫器械，技防、消防控制室操作人员必须持证上岗。距离公安消防队较远、被列为全国重点文物保护单位的古建筑群的管理单位，应建立单位专职消防队；其他文物、博物馆单位应根据需要，建立志愿消防队等多种形式的消防组织。

（八）加强源头管控。行政审批部门要严格按照文物保护法律法规办事，涉及文物保护事项的基本建设项目，须依法在项目批准前征求文物部门意见。文物部门要严格执行安全管理相关法律法规，博物馆安防、消防、防雷设施未经公安机关、气象部门依法审核验收的，省级文物行政部门不得核准设立；博物馆安全条件不达标的，一律不得对外开放。

（九）强化末端守护。完善对不可移动文物特别是尚未核定公布为文物保护单位的不可移动文物的安全管理，加强对基层和农村地区文物安全工作的组织领导，建立文物安全末端守护机制。各级文物行政部门要通过签订文物安全责任书等形式，逐处落实不可移动文物的保护机构或保护管理责任人，明确具体保护措施，并公告施行。积极发挥乡镇综合文化站作用，大力发展群众文物保护员队伍，完善“县”、“乡”、“村”三级文物安全保护网络。

（十）增强防范能力。在文物资源富集地区，试点创建“文物安全综合管理实验区”，加强示范引领。开展“文物、博物馆单位安全管理综合达标”，实施量化考核，全面提升文物、博物馆单位安全管理水平。持续完善文物保护单位安全防范设施，重点建设全国重点文物保护单位中古墓葬、古遗址等防盗设施和文物建筑的消防、防雷设施，试点开展重点海域水下文物安全防范工作。各地要制定、实施本地区文物安全防范设施建设规划，切实提升防范能力和水平。

（十一）治理安全隐患。各级文物行政部门要坚持预防为主，以隐患排查整治为重点，认真开展安全检查与巡查，建立文物安全隐患挂牌督办、跟踪治理和逐项整改销号制度，重大隐患及时向当地政府报告。文物、公安、旅游、宗教、气象等部门要建立联合安全检查工作机制，大力推进综合治理。国土、气象、文物部门要建立文物防灾减灾预警联动机制，提升重大地质、气象灾害预警与应急处置能力。公安机关要加强重要文物、博物馆单位周边巡逻防控，必要时开展专项整治，维护文物单位周边治安秩序。

四、严厉打击文物违法犯罪

（十二）坚决查处违法案件。各级文物行政部门要常态化开展执法巡查，督察各地落实文物保护法和相关法规情况，督促整改违法违规行为。充分发挥各部门的职能作用，集中力量联合处置文物行政违法突发事件，查处违法行为。对涉及多行业、多部门或跨区域破坏文物的违法行为，由牵头部门组织联合专项执法督察。

（十三）严肃处理安全事故。各级文物行政部门要督促文物、博物馆单位严格落实突发事件报告制度，按照“原因不查清不放过、责任者得不到处理不放过、整改措施不落实不放过、教训不吸取不放过”的原则，依法调查处理文物安全责任事故，及时查明原因，弥补漏洞，完善措施，举一反三改进安全工作。

（十四）严厉打击文物犯罪。公安、海关、工商、文物等部门要加强协调配合，始终保持对盗窃、盗掘、倒卖、走私文物违法犯罪活动的高压态势，建立严打、严防、严管、严治的长效工作机制，适时开展打击文物犯罪专项行动。公安部、海关总署、国家文物局建立“联合防范和打击文物犯罪工作机制”，对重大文物犯罪案件和重大走私文物案件进行联合督办；各级公安机关要建立“重大文物案件快侦快破机制”，坚决避免案件积压和文物流失。公安、海洋、文物部门要严厉打击盗捞、破坏水下文物违法犯罪活动，确保水下文物安全。

五、组织协调与监督保障

（十五）加强统筹协调。进一步发挥全国文物安全工作部际联席会议制度作用，统筹协调指导文物安全工作，研究解决重大问题，提出政策建议和工作思路。有关部门要按照职能分工，加强协调，密切配合，共同推进。各地要逐级建立相应的工作协调机制，各级文物部门要充分发挥职能作用，确保联席会议制度取得实效。

（十六）完善管理制度。在文物保护法律法规框架下，制订完善文物保护单位、博物馆安全管理与文物建筑消防安全管理规章，配套出台监督检查制度、隐患整改制度、应急处置制度、责任追究制度等专门规定。制订完善文物、博物馆安全技术防范和消防、防雷技术标准，完善文物安全管理标准，形成较为完备的文物安全标准规范体系。

（十七）加大投入力度。探索建立中央、地方、单位共同承担的文物安全多渠道投入机制。中央财政进一步加大对全国重点文物保护单位安全防范设施投入和免费开放博物馆经费的支持和保障力度。地方各级政府要在文物保护经费中，保障文物安全与行政执法合理支出。国有文物、博物馆单位要依法使用事业收入，留足用好安全巡查、设备运行、安全检测、演练培训等安全经费。

（十八）提高科技应用。坚持技术适用、经济合理、切实可行的原则，积极推进科技手段在文物安全防范领域的应用，提升防盗、防火、防雷、防破坏技术能力。试点建设文物安全与行政执法监控预警系统。充分发挥“全国文物安全工作部际联席会议办公室文物犯罪信息中心”职能作用，建好、用好“全国文物犯罪信息管理系统”，推进信息共享，为防范和打击文物犯罪提供信息和技术支持。

（十九）注重宣传培训。深入开展文物行业职业道德教育和典型案例警示教育，加强“心防”。积极开展文物行政执法人员培训，提高执法能力和执法水平。积极开展文物、博物馆单位全员安全培训，确保一线人员熟练掌握安全知识和技能。面向公安、海关等部门一线执法人员培训文物知识，提高执法监管能力。多种形式宣传文物保护法律法规和先进典型，宣传打击文物违法犯罪成果，提高全社会文物保护意识，引导群众关心支持和积极参与文物保护工作。

（二十）主动接受监督。坚持信息公开，深入推行文物安全公示公告制度，对重大文物案件和安全事故进行通报，对文物行政执法和安全监管情况进行公示，主动接受社会、舆论和公众监督。建立、完善舆情收集机制和举报奖励制度，及时核查处置媒体曝光和群众举报的文物安全案件、事故、隐患，督促落实整改，推进群防群治。

国家文物局　文化部　外交部　国家发展和改革委员会　科学技术部

公安部　财政部　国土资源部　环境保护部　住房和城乡建设部

海关总署　国家工商行政管理总局　国家旅游局

国家宗教事务局　国务院法制办公室　中国气象局

二〇一二年十一月十五日

国家文物局、公安部、海关总署、国家工商总局关于进一步加强文物经营活动管理工作的通知

（文物博发〔2012〕8号　2012年7月31日）

各省、自治区、直辖市文物局（文化厅），公安厅（局），海关总署广东分署、各直属海关，工商行政管理局：

《中华人民共和国文物保护法》及《中华人民共和国文物保护法实施条例》明确规定，文物属于限制流通的特殊商品，文物流通实行归口管理、许可经营的制度，符合《中华人民共和国文物保护法》第五十条规定的文物可以依法流通，国务院文物行政部门或省、自治区、直辖市人民政府文物行政部门批准设立的文物拍卖企业、文物商店可以依法从事文物的商业经营活动。近年来，各地不断出现古玩城、古董店、艺术品市场、收藏市场等古玩旧货市场，其中夹带文物经营活动。这些市场在满足群众日益增长、多样化的收藏需求方面发挥了一定的积极作用，但也存在着未取得文物经营许可、买卖出土文物等违法违规问题，引起了社会各界的广泛关注。为进一步加强古玩旧货市场中文物经营活动的管理工作，促进文物市场的健康发展，国家文物局、公安部、海关总署、国家工商总局现就有关事项通知如下：

一、充分认识加强古玩旧货市场中文物经营活动管理工作的重要意义

文物是不可再生的文化资源，保护文物是全社会的共同责任。加强古玩旧货市场中文物经营活动的管理工作，对于遏制文物违法犯罪活动，确保国有文物安全，保护消费者合法权益，促进文物市场的健康发展都具有十分重要的意义。各地文物、公安、海关、工商等部门要统一认识，从保护我国文化遗产、建设文化强国、维护市场秩序和群众利益的大局出发，高度重视古玩旧货市场中文物经营活动存在的问题，切实依法加强管理。要坚持严格管理与积极引导并举，规范秩序和促进发展并重，努力营造主体合法、经营有序、守信自律、健康繁荣的文物经营活动秩序。

二、加强古玩旧货市场中文物经营活动管理工作的主要任务和目标

（一）开展对古玩旧货市场中有关商户的文物经营资质审批工作。文物行政部门依照相关法律法规确立的文物商店审批条件和程序，对古玩旧货市场中经营文物的商户进行审批。

（二）建立古玩旧货市场中文物经营活动日常监管制度。文物、工商等部门依法对古玩旧货市

场中文物经营活动进行检查，对其中未经许可开展的文物经营行为进行查处。文物行政部门依法对经批准设立的文物商店销售的文物进行审核，并对买卖国家禁止买卖的文物的行为进行处罚。

（三）加强对古玩旧货市场中文物经营活动的引导。文物行政部门督促市场主办单位组织其中的文物商店，按照有关规定对珍贵文物的购买销售做出如实记录，并集中报文物行政部门备案。

（四）建立多部门联合执法机制。整顿、规范古玩旧货市场中的文物经营活动。发现在古玩旧货市场中买卖盗窃、盗掘和走私文物等违法犯罪线索，移交公安或海关部门立案侦查。

（五）加强人员培训和法律宣传。文物行政部门有计划地开展针对古玩旧货市场管理人员和经营人员的培训，进一步提高其专业知识和法律意识。同时，联合相关部门在全社会深入宣传文物保护及相关法律法规，营造健康的文物市场整体环境。

通过上述规范引导措施，切实达到加强古玩旧货市场中文物经营活动管理、促进文物市场健康发展的目的，使古玩旧货市场真正成为推动文化产业发展和社会主义文化大发展大繁荣的积极力量。

三、加强古玩旧货市场中文物经营活动管理有关工作的时间安排

今明两年，加强古玩旧货市场中文物经营活动管理工作大致分为两个阶段：第一阶段，自本通知下发之日起至 2012 年 12 月底，重点推进古玩旧货市场中从事文物经营商户的资质审批工作；第二阶段，从 2013 年 1 月至 2013 年 6 月，全面完成本通知提出的各项任务。各地区要按照本通知的要求，分阶段认真做好检查总结工作，并向省、自治区、直辖市政府和国家文物局及有关部局汇报加强古玩旧货市场中文物经营活动管理工作的有关情况。

四、加强古玩旧货市场中文物经营活动管理工作的组织领导

加强古玩旧货市场中文物经营活动管理工作时间紧、任务重，各地文物、公安、海关、工商等部门要切实加强领导，建立起分工明确、密切协作的联合工作机制，认真制定工作方案，落实工作责任，明确时间要求，统一步调，协调动作，积极稳妥地推进本地区加强古玩旧货市场中文物经营活动管理的各项工作任务。

国家文物局　公安部　海关总署　国家工商总局

二〇一二年七月三十一日

国家文物局、国家旅游局关于贯彻落实《国务院关于进一步做好旅游等开发建设活动中文物保护工作的意见》的通知

（文物政发〔2013〕1号）

各省、自治区、直辖市文物局（文化厅）、旅游局（委）：

为切实加强旅游等开发建设活动中的文物保护工作，国务院近日印发了《关于进一步做好旅游等开发建设活动中文物保护工作的意见》（国发〔2012〕63号）（以下简称《意见》）。现就贯彻落实《意见》通知如下：

一、认真学习贯彻《意见》精神。各地文物、旅游部门要认真学习、深刻领会《意见》的重大意义，切实把思想和行动统一到《意见》的部署和要求上来，正确处理旅游等开发建设活动与文物保护的关系，紧紧依靠当地党委政府，充分发挥有关部门作用，努力破解文物保护、利用面临的新问题，推动文物保护与旅游业全面协调可持续发展。

二、摸清情况，自查自纠。各地文物、旅游部门要督促各文物旅游景区按照《意见》要求，制定具体工作方案，对照《意见》指出的五种违法违规行为，逐项进行自查。对于自查中发现的问题，要提出明确的处理意见和整改措施。能够立即纠正的问题，应当立即依法纠正。需要其他部门协调处理的问题，要在当地人民政府的统一领导和组织协调下限期纠正。

三、开展《意见》落实情况的检查和督察。2013年4月底前，省级文物、旅游部门要对照《意见》各项具体要求，联合检查各地旅游等开发建设活动中相关法律和规定的落实情况，并将检查结果汇总报送国家文物局和国家旅游局。国家文物局、国家旅游局等部门将适时组织联合检查组，赴重点省份开展实地检查，对重点案件进行督察（检查工作的具体方案另行通知）。

四、抓紧研究制定文物旅游景区游客承载标准。以古遗址、古建筑、石窟寺等易损文物为核心的景区，要根据文物保存状况及文物保护要求、游客安全需要、游客停留时间和人均开放空间面积等，科学测算游客最大承载量，通过听证、公示等方式，认真听取、吸纳公众意见，研究提出游客承载标准，报请当地人民政府核定公布。省级文物、旅游部门要对文物旅游景区游客承载标准的研究制订工作给予协调和指导。

五、着力做好文物保护规划与旅游发展规划的编制、衔接和落实工作。要把文物和游客的安全放在首位，确保文物保护规划和旅游发展规划的科学性、权威性。对于已开放为旅游景区的文物保护单位，各地文物、旅游部门要对文物保护规划和旅游发展规划的编制、衔接和执行情况进行监督检查；编制涉及文物的旅游规划，要与文物保护规划相衔接，要有文物保护章节或相关内容。

六、切实加强对文物旅游的监督管理。各级文物部门要加强对文物旅游活动的指导和监督，对不落实文物保护与安全管理规定，造成文物破坏、损毁的，要依法追究相关单位和人员的责任。各级旅游部门要把依法保护文物、确保文物安全作为文物旅游景区评级、达标和监管的刚性要求，对达不到文物保护要求的旅游景区要通报批评，并降低或取消旅游景区质量等级。各地文物、旅游部门要按照《意见》要求，研究提出文物旅游景区经营性收入用于文物保护的具体比例，报请同级人民政府确定。同时，各地文物、旅游部门要建立和完善文物旅游突发事件应急预警机制、巡视检查制度、专家咨询制度等管理规范，切实提高景区的文物保护和旅游发展水平。

国家文物局　国家旅游局

二〇一三年一月二十三日

国家文物局、教育部关于加强文教结合、完善博物馆青少年教育功能的指导意见

（文物博发〔2015〕9号）

各省、自治区、直辖市文物局（文化厅）、教育厅（教委），新疆生产建设兵团文物局、教育局：

为认真贯彻落实习近平总书记关于文化遗产工作、教育工作的一系列重要讲话精神，引导广大中小学生了解中华优秀传统文化，积极践行社会主义核心价值观，实现博物馆青少年教育资源与学校教育的有效衔接，探索构建具有均等性、广覆盖的中小学生利用博物馆学习的机制，特提出如下指导意见：

一、指导思想和实施原则

（一）指导思想。坚持以邓小平理论、“三个代表”重要思想、科学发展观为指导，深入贯彻落实党的十八大、十八届三中及四中全会精神和习近平总书记系列重要讲话精神，全面贯彻文物工作方针和教育方针，积极培育和践行社会主义核心价值观，以建立中小学生利用博物馆学习的长效机制为重点，整体规划、分层设计、有机衔接、系统推进，培养青少年学生的民族自信心和爱国主义精神，促进他们全面发展，成为社会主义事业建设者和接班人。

（二）实施原则。坚持“均等便利”的原则，教育项目实施要做到广覆盖，保障广大青少年特别是农村青少年的文化鉴赏权益；把博物馆资源与中小学课堂教学、综合实践活动的实施有机结合，增强博物馆青少年教育的针对性；坚持“机制创新”原则，以构建中小学生利用博物馆学习的长效机制为目标，使利用博物馆学习成为中小学校日常教学的有机组成部分。

二、主要任务

（三）开发教育项目。按照“重参与、重过程、重体验”的教育理念，进一步突出博物馆教育特色，紧密结合国家课程、地方课程与学校课程，设计研发丰富多彩的博物馆青少年教育课程。博物馆教育课程可涵盖幼儿园、小学低年级、小学中高年级、初中、高中不同年龄段，要明确每个课程的目标、体验内容、学习方式及评价办法。

（四）建设教育资源库和项目库。可结合国家颁发的学科课程标准，进一步深化博物馆教育资源分析，系统整理各地、各级各类博物馆的馆藏、展览展示、教育项目、数字化资源、研究成果，研究提炼博物馆资源与学校教育的有机结合点，鼓励开发各类博物馆教育教学资源，建设博物馆

青少年教育资源库和项目库。建立资源共享机制，推广示范课程。

（五）加强课程教材中博物馆教育有关内容。进一步加强博物馆教育与学校教育的契合度，积极推动在中小学德育、语文、历史、艺术、体育等教学中，增加博物馆学习环节。地理、数学、物理、化学、生物等学科，应充分挖掘和利用博物馆资源，开展动手操作、科学实验等活动。

（六）实施流动教育项目。为使博物馆资源相对薄弱的中小城市和农村地区中小学生能够有效利用博物馆学习，进一步提高流动展览教育项目的实施效果，各地文物部门要组织博物馆设计适合进校园、下基层的流动展览和教育项目，利用青少年之家、乡村少年宫等活动平台，精心设计开展经常性、参与面广、实践性强的博物馆展示教育活动。

（七）实施远程教育和网络教育。利用现有的远程教育终端系统、电视电台及其他网络视频互动系统，进一步扩大博物馆青少年教育的覆盖面，将现场教学以实时或录播的形式实现博物馆教育课程全面覆盖中小学校，将教学视频以光盘形式提供给远离博物馆的基层学校和学生，切实增强博物馆教育辐射力。

（八）加强博物馆教育资源统筹。各级各类博物馆要围绕青少年教育的需求，进一步加强资源统筹，设置充足的适合开展青少年教育的馆内场地，配套必要的教育设备，配备专业人员，在设计实施基本陈列、展览项目时要充分考虑青少年教育项目的需求，在进行藏品数字化、智慧博物馆建设中，要兼顾青少年教育项目实施的功能。

（九）建立中小学生利用博物馆学习的长效机制。文物部门和博物馆要加强与教育部门和学校的联系，根据教学需要实施相关教育项目，配备专职辅导人员，使博物馆教育与学校教育相互补充、相互促进。未实施免费开放的遗址类博物馆，应当对中小学生集体参观博物馆实行免费。中小学校要把教育教学活动与博物馆学习有机结合，合理安排时间，并做好具体组织工作。

三、保障措施

（十）加强组织领导。各地文物、教育部门要建立协调机制，定期召开工作会议，研究年度规划，实施推进重点项目，协调落实日常工作，建立相关的监督管理机制。利用“全国青少年校外教育工作联席会议”的统筹协调职能，协调重大政策和重大问题。

（十一）加强师资培训。各地文物、教育部门根据实际举办不同形式的联合培训。通过教师研习会、双师课堂、教师博物馆之友会员等多种方式，增强博物馆教辅人员与在校教师的双向互动，使博物馆教育人员熟悉学校教育，中小学教师熟悉博物馆教育项目。

（十二）完善督导评价机制。将中小学生利用博物馆学习项目纳入博物馆运行评估、定级评估、免费开放绩效考评等体系，纳入学校督导范围，定期开展评估和督导工作。

国家文物局　教育部

二〇一五年六月十一日

国家文物局文件（选录）

文物事业规划和专项规划

文物博物馆事业发展十年规划和“八五”计划纲要

一、序言

中共中央关于制定国民经济和社会发展十年规划和“八五”计划的建议指出：“在我国社会主义现代化建设的历史进程中，本世纪最后十年是非常关键的时期……直接关系到我国社会主义制度的巩固和发展，关系到中华民族的前途和命运。”我国是著称于世的文明古国，文物博物馆事业是我国社会主义宏大事业的重要组成部分，文物博物馆事业的建设和发展，对继承和弘扬民族优秀的历史文化传统和光荣的革命传统，树立民族的自信心和自豪感，增强民族的凝聚力和使命感，促进中华民族的兴旺、繁荣、昌盛，建设具有中国特色的社会主义，推进我国现代化建设的历史进程，有着无可替代的重大作用。

党的十一届三中全会以来的八十年代，文物博物馆事业的建设和发展取得了巨大的成就。文物保护的法制建设大大加强；文物保护事业已具备相当的规模；博物馆事业蓬勃发展；流散文物工作进一步加强和改善；文物的对外交流与合作日益扩大；文物队伍不断发展和壮大。文物事业作为全社会、全民族的事业，它的重要意义、影响、作用和在整个社会主义事业中的地位不断扩大和提高。为九十年代文物博物馆事业的发展奠定了坚实的基础。

在取得巨大成就的同时，也存在问题和矛盾。盗掘、盗窃、走私文物的违法犯罪活动屡禁不止；自然力对文物的破坏不断加剧；各种人为破坏文物的情况依然存在；大量文物亟待抢救和保护；文物管理体制不顺；文物经费严重短缺；管理工作存在一些薄弱环节。这些问题和因素都将直接制约文物博物馆事业的发展。

十年规划和“八五”计划纲要的制定，估计了我国文物博物馆事业的现状与发展趋势，既考虑已有的良好基础和各种有利条件，又对面临的问题和困难做出切实的估计，既从需要与可能出发，积极进取，锐意开拓，又实事求是，留有余地。

纲要把十年规划和“八五”计划结合起来，对十年发展规划做了发展蓝图式的设想，提出了主要的奋斗目标。对“八五”期间中短期发展计划做了较为具体的安排。纲要在执行过程中，根据实际情况，还需要对现实规定的目标加以调整和充实。

二、基本指导方针

实现我国文物博物馆事业发展的总体目标的基本方针是“加强保护，改善管理，搞好改革，充分发挥文物的作用，继承和发扬民族优秀的文化传统，为社会主义服务，为人民服务。”即：

——坚持马克思列宁主义、毛泽东思想的指导，继承和发扬祖国优秀的历史文化传统和光荣的革命传统，加强文物的保护和研究，充分发挥文物的作用，繁荣和发展具有中国特色的文物博物馆事业。

——坚持把文物保护放在首位，把文物的抢救性维修和保护摆在突出地位，大力加强各项文物保护工作，提高各级人民政府保护文物的责任感，不断提高全民族的文物保护意识。

——坚持正确处理社会效益和经济效益之间的关系，把文物博物馆工作的社会效益始终放在首位，加强和改善经营管理，不断增强自身发展的活力，促进社会主义精神文明和物质文明建设。

——坚持不断推进文物博物馆工作的深化改革和扩大开放，发挥全体文物工作者的积极性和创造性，调动一切可以调动的积极因素，创造和争取更好的社会环境和更有利的外部条件，力争几年登上一个新的台阶。

全面贯彻执行这个方针，是使我国文物博物馆事业沿着正确方向前进，实现本世纪奋斗目标的根本保证。

三、一九九一至二〇〇〇年文物博物馆事业发展总体设想和远景蓝图

未来十年文物博物馆事业发展的总体设想大致可以概括为：

——在全国范围内形成完整的文物保护体系。

——建成具有中国特色的社会主义博物馆体系。

基于这一总体设想，二〇〇〇年文物博物馆事业的远景蓝图可以做如下勾画：

（一）二〇〇〇年的文物保护体系

——国家颁布的全国重点文物保护单位达到一千二百处，国家重点文物保护单位都划定了保护范围，做出了标志说明，建立了科学档案，进行了比较好的维修和养护。省级文物保护单位达到一万五千处，县级文物保护单位与我国文物保护的总体规模相适应有较大幅度的增加。八十年代全国文物普查登记的三十余万处文物点得到较为妥善的保护和管理。在全国范围内形成一个反映中国古代灿烂文化和光荣革命传统的文物史迹网，从纵的方面充分反映了中华民族发生、发展的全部历史过程，从横的方面展示了每一时期我国历史发展各个侧面的相互联系。这是我国文物保护体系的主体部分。

——国家颁布的历史文化名城和省级历史文化名城保持有原来的历史风貌和景观特色，不仅形成了在特定地区和范围内对历史文物和革命文物保护相对独立的系统，而且构成全国文物保护网中的若干单元，标志着我国文物保护工作发展到一个新的水平。

——我国考古工作的整体水平不断提高，考古事业取得新的重大成果。大大丰富了中国考古的研究内容，拓宽了中国考古的研究领域，有力地促进和加强了文物保护事业。

——我国文物科学技术保护的整体水平大大提高。随着新技术革命的蓬勃发展以及我国在基础理论、应用科学研究方面的进步，现代科学在文物保护、修复、维修等方面的应用进入一个新的时期，取得重大成果和实质性的突破，某些特殊领域居于领先地位。

——我国文物资料信息情报工作的水平大大提高，以中国文物信息情报资料中心为主体，各省、区、市为基础，建成我国文物资料数据库。这是我国文物保护体系基础工程的重要组成部分。

（二）二〇〇〇年的博物馆体系

——本世纪末全国博物馆由现在的一千多座增加到二千四百座，按人口计算平均每五十万人占有一座博物馆。这个数字虽然低于发达国家，但从我国的国情出发，基本上满足了人民的需要。

——建设一批高水平的、具有一定国际声誉的国家级博物馆。这些博物馆有着丰富的文物藏品。第一流的陈列展览，出色的群众教育工作，拥有一批高、精、尖人才，有着现代化的设备和较高的科学管理水平，是我国博物馆事业发展到一个较高水平的重要标志。

——在全国各省、自治区、直辖市都建有一座地志性博物馆，省辖市均建有博物馆，在经济文化条件较好的县也设有博物馆。全国各民族都建有一座博物馆。这些博物馆全面地或从一个侧面真实地、形象地反映了各个地区和民族的历史沿革、文化传统、风土人情、环境风貌，具有鲜明的地方特色和民族特色。

——在我国对外开放城市和经济特区新建、扩建和整修一批具备较高现代化水平的博物馆。这些博物馆集中反映我国实行改革开放政策以来社会主义现代化建设事业所取得的重大成就，是我国博物馆工作对外宣传的重要阵地和窗口。

——从鸦片战争、太平天国、辛亥革命到五四运动、党的建立、第一和二次国内革命战争、抗日战争、解放战争等每个历史时期的重要革命事件和历史事件，都建有一座或几座博物馆和纪念馆。并以我国近现代杰出人物，特别是著名的政治家、军事家、文学家、艺术家、科学家等的出生地或主要活动地的纪念建筑为依托，建成一批纪念馆，这些博物馆和纪念馆集中反映了近现代历史中国人民为争取民族生存、国家解放所进行的伟大斗争史实，充分体现了我国社会主义博物馆体系的重要特色。

——到本世纪末，我国博物馆范围较窄、种类较少的情况将从根本上改观。各地区、各部门、各行业兴建的各种规模和品类的博物馆广泛分布在全国各地，它们内容广泛、品种多样、异彩纷呈，是我国博物馆事业极其重要的组成部分。

综上所述，到本世纪末，在我国九百六十万平方公里的土地上，遍布着得到妥善保护的各级文物保护单位和各级各类博物馆，它像一部巨大的编年史，展示着伟大中华民族的发生、发展，真实地反映着中国人民所走过的每一伟大历史进程，再现着这一历史进程中每一王朝的兴衰，无论是政治的、经济的、军事的、文化的，中华民族所取得的举世瞩目的辉煌成就以及为祖国物质文明和精神文明做出巨大贡献的群星灿烂般的历史杰出人物和人民的聪明才智。展示着中国近现代历史上，中国人民为捍卫国家独立、争取民族生存所进行的长期的不屈不挠的斗争，从林则徐、洪秀全、康有为到孙中山，直到五四运动后中国无产阶级壮大，中国共产党成立，中国革命在党的领导下逐步走向胜利的伟大历史。

四、“八五”计划期间文物博物馆事业建设和发展的基本任务和主要奋斗目标

（一）文物法制建设

——加强文物立法工作，以《文物保护法》和《文物保护法实施细则》为核心，进一步完善文物法规体系，主要调研、草拟、制订文物市场管理、博物馆管理、文物复制、拍摄管理、科学研究中文物使用权限、涉外文物工作的法律运用等方面的法规。积极参与国际文物保护公约和双边文物保护协定的调研、制定工作。

——搞好文物法规清理工作，根据《文物保护法》和《文物保护法实施细则》适时修改、补充、废止有关的法规，切实保证文物立法的连续性、权威性和科学性。编辑出版《中华人民共和国文物法规选编》。

——广泛深入地宣传《文物保护法》，贯彻实施“八五”普法规划，宣传国家保护文物的政策和法律，普及文物和文物保护知识，在每年 11 月 19 日组织开展宣传日、宣传周活动，充分利用舆论工具，唤起社会公众对文物保护的关注，增强文物保护工作的群众基础。

——建立健全文物执法机构，建设一支具有较高政治觉悟和业务能力的行政执法队伍，加强执法人员的培训，教育和鼓励他们在实际工作中敢于执法、善于执法、廉洁执法、文明执法，树立坚定的职业信念和良好的职业道德。建立必要的执法监督检查制度，对文物部门执法人员的执法活动进行监督检查，认真做好行政复议和行政应诉工作。

——加强与公安、检察、法院、工商、海关等部门的协调与配合，严厉打击盗掘、盗窃、走私、投机倒把文物等违法犯罪活动，依法强化文物的保护管理。

（二）文物保护单位

——报请国务院批准颁布第四批全国重点文物保护单位三百处，全国重点文物保护单位在“八五”期间达到八百处。各省、自治区、直辖市在“八五”期间公布一到二批省级文物保护单位，全国省级文物保护单位的总数达到七千处，县级文物保护单位的数量要有较大的增加。在公布的各级文物保护单位中，适当增加民族文物在全国重点和各级文物保护单位中的比例，体现我国多民族国家的特点，使我国各民族优秀历史文化遗产得到更好的保护。

——现有的全国重点文物保护单位和省级文物保护单位划定保护范围的工作在一九九二年底以前基本结束。“八五”期间新公布的全国重点文物保护单位和省级文物保护单位划定保护范围的工作在公布以前基本完成。该项工作作为国家依法对各级文物保护单位管理的基本措施和保证，完成验收的基本标准是，必须把保护管理责任落实到组织，其保护范围都应向有关部门履行具有法律效力的手续。

——加快现存文物古迹特别是精华部分的抢救性维修和保护。中央财政“八五”期间增加的拨款主要用于全国重点文物保护单位和部分重要省级文物保护单位的保护和维修，文物建筑维修的原则是保护维护原状，一般不再复建已损毁的建筑。每年重大的保护和维修项目大体在100项左右，“八五”期间共计300余项。

——从众多的全国重点文物保护单位中有计划地选择五到十处，在科学调查、勘测、保护和环境整治的基础上，进行全面的维修和整建，作为举世公认和瞩目的人类文明遗迹，向联合国教科文组织推荐列入“世界文化遗产清单目录”。

——加快对大型古文化遗址和古墓葬群的总体保护方案，妥善解决好文物保护与基本建设以及群众生产生活之间的矛盾，争取有关部门和人民群众的支持与配合。

——会同城建部门做好历史文化名城的规划保护建设，加强其范围内各级文物保护单位的保护管理工作。

（三）文物科技事业

——文物科技事业要坚持以“防”为主，“防”、“治”结合的方针，建立较完整的文物科技管理的运转机制，加强文物科研项目的宏观管理。

——进一步深化科技体制的改革，激发科技人员的积极性、创造性。积极配合“八五”期间文物抢救性维修和保护工作，集中必要的财力、物力、人力，积极开展社会协作，围绕急需解决和带有普遍性的问题，有计划、有步骤地组织课题攻关，将已成熟的文物保护技术和最新科技成果尽快应用于文物保护工作，迅速转化为社会效益和经济效益。

——在各省级博物馆、文物考古研究所、古建筑研究所内部建立文物保护科研机构，配备实验室和科研人员，逐步形成若干文物保护研究中心。

——“八五”前期完成中国文物研究所所址的基本建设，配备先进的科研和技术装备，加强各研究领域与国外的合作和交流，力图使中国文物研究所在文物保护自然科学研究的某些领域处于世界领先地位，逐步在全国发挥技术指导、人才培训和信息资料情报中心的作用。

（四）考古事业

——继续贯彻“两利”方针，通过配合基本建设的发掘，有目的地解决重大学术课题，以文物保护的需要和现有能力及技术手段确定考古发掘的宏观调控规模，大体保持每年发掘项目五百至六百项的水平，其中主动发掘项目不超过20%到25%。对于目前文物保护技术尚不过关或保护经费尚不能保证的大中型古墓葬仍不进行主动发掘。

——继续发展水下考古事业，进一步加强人才培养，收集情报资料，配置专用设备等各项基础工作。同时，对沿海地区的水下遗址开展有计划的调整，根据实际情况，选择其中有较大学术价值的遗址进行水下考古发掘工作。

——积极推进考古工作的对外开放，在不损害我国声誉和权益的前提下，积极、谨慎、稳妥地组织一些高水平的与外国合作的考古调查、发掘项目，引进先进的考古技术手段，获取一些外资援助。

——加强自然科学研究手段在考古学研究方面的应用。不断提高考古科学研究能力，使我国考古学研究达到新的水平。

（五）文物普查

——推进和加快边疆省、区的文物普查工作和部分省、区的田野补查和复查，争取一九九二年底以前全部结束。

——对我国现有分布较广，保护管理工作较为薄弱的几种类型的文化遗存进行专题调查，如岩画调查、民居调查、革命旧址调查等，为今后制定保护措施提供依据。

——通过对地区文物分布和保存特点的综合研究，拟定针对性的保护办法，选择重要的发现推荐公布为不同级别的文物保护单位。主动向规划、建设等部门提供有关的普查资料和保护意见，配合国家基本建设工程，做好考古发掘和文物保护工作。

——抓好全国文物普查成果的分析、整理、归档工作。进一步加快全国各省、自治区、直辖市文物志的编写和出版工作。《中国文物地图集》各省、自治区、直辖市分卷陆续出版发行。

（六）博物馆事业

——确定一批各项基础工作比较好的博物馆，进一步加强和改善内部管理，推广先进技术设备的应用，逐步采用电子计算机检索文物资料，运用先进的视听设备和其他现代化设备，提高文物藏品的科学管理水平和陈列展览水平。这些博物馆作为样板，对其他博物馆具有广泛的指导意义。

——加强新建馆特别是一些“挂牌”博物馆的充实和提高，实行以岗位责任制为中心的目标管理，建立比较系统科学的考核指标体系，完善运行机制，从基础工作方面提高这些博物馆的基本素质。

——“八五”期间新馆的建设以中小型专业化博物馆为主，不搞“小而全”，要以藏品和馆址的选址为基础，突出特色和个性，有计划地合理开发博物馆的新品类，促进博物馆数量和质量、品种和布局的协调发展。从需要与可能出发，量力而行地建设少量大型博物馆。

——加强全国各级文物收藏单位安全防范设施的建设。“八五”前期先行解决迫切需要建设的部分文物库房；后期有重点地解决博物馆和其他文物收藏单位的文物库房建设。准备重点扶持一批省级博物馆，按照《文物系统博物馆风险等级和防护级别的规定》分期分批建设现代化防火、防盗设备，完成微机网络报警系统的安装、调试和使用的工作，并以此作为全国文博系统安全防范设施建设的示范样板。

——馆藏文物作为博物馆各项业务活动的基础，“八五”期间在全国文博系统完成藏品建档工作，特别是一级品的建档工作，真正做到“制度健全、账目清楚、鉴定准确、编目详明、保管妥善、查目方便”，使馆藏文物的管理工作逐步科学化、规范化、制度化。一级文物的藏品建档工作在一九九五年底完成，国家文物局组织编纂《全国一级文物藏品总目》。

——加强陈列展览和博物馆的宣传教育工作。在办好基本陈列的同时，重视发挥馆藏文物的优势，多办、办好临时展览，搞好馆际间的交流，做到常换常新，丰富多彩。在注重完整表现陈列内容，深刻揭示陈列主题的同时，积极探索新的陈列形式。注重加强同社会各界的联系，努力拓展为观众、为社会服务的深度和广度。

（七）文物市场和私人文物管理

——积极推进文物流通管理工作的改革。坚持文物归口经营，统一管理，加强对社会旧货市场的文物监管，在设立海关的城市逐步建立文物出境鉴定组，配合有关部门严厉打击文物非法经营和文物走私活动。

——改善文物商店的经营管理，努力向博物馆和科研、教育机构提供藏品。扩大向国内群众的销售，探索多种灵活的经营方式，满足各界人士的合法需求。

——加强文物收购工作。注意发挥经济杠杆作用，强化经济手段，集中一定资金，搞好重点地区文物的专项收购，端正文物流动的导向。

——加强对私人文物的管理，逐步在全国开展私人文物的登记工作，私人文物登记应按群众自觉自愿，文物部门严格保密的原则进行，积极开展为私人收藏文物提供鉴定、保护、修复等方面的咨询服务工作。对捐献文物的个人给予表彰和奖励。

——逐步在国外设置经营工作机构，参与国际市场文物的经营，提高文物经营的经济效益，改变仅以国内文物为商品来源的状况，同时，对国外收藏中国文物和国际市场交易情况，做好调查和评议工作，争取做成几件特别珍贵文物回归祖国的大事。

（八）队伍建设

——加强人才预测工作，不断提高文博队伍的素质。争取在业务岗位工作的职工，80%以上受过高等教育或专门的业务培训。专业人员的比例不低于50%，使队伍构成比例基本趋于合理。对那些技能性强，文物部门特有的专业，要统筹安排，逐步加以培训。

——加强与有关大学的联合办学工作，切实贯彻“文理融汇，扬长补短，馆校结合，由博返约”的教学原则，为国家培养高层次文物管理和科技人才。

——坚持把岗位培训作为加强队伍建设的重要途径，制定各类人员岗位规范，对参加岗位规范培训的人员进行严格考核，做到先培训后上岗。

——发展以省为重点的各级办学的积极性，多层次、多形式、多渠道长期举办各种类型的培训班，扩大地、县人才培训网络，并与各有关方面协作，加强短缺专业人才的培训。

——注重国外培训工作，采取“派出去、请进来”的办法，把外国先进的经验学习到手。

（九）文物对外交流与合作

——继续加强文物出国展览工作，每年出国展览的总体规模不少于30个，并少量组织规模较大、展品级别较高的具有轰动效应的展览，取得更好的社会和经济效益。逐步在国外建立长期展览的地点，适当增加在第三世界国家的文物展览，扩大我国文物的影响区域和覆盖面积。

——在维护我国主权和各项正当权益的前提下，进一步扩大与国外交流与合作的领域，“八五”期间与国外特别是文物科学保护技术比较发达的国家的合作，主要侧重于文物科学技术保护、考古调查、发掘等方面的合作，特别是某些文物科学技术保护的重大课题、重大项目和我国文物科学技术保护比较薄弱和落后的领域。搞好文物合作出版和摄影制品的对外合作，加强立项审批和综合平衡的工作。争取获得较多的技术、设备和资金方面的援助。

——积极参与国际机构或组织举办的各种活动，促进政府间和民间的交流，组织好专家学者的交流与互访，每年派往国外的团组大体在50个左右，不少于200人次。鼓励和提倡文物博物馆单位与国外同行的交流活动，利用重大纪念日或重大学术研究课目举办国际学术讨论会，国际考察参观活动等。

为实现纲要提出的本世纪末文物博物馆事业发展的总体目标，“八五”计划的实施至关重要，“八五”期间既要继续巩固已取得的成绩，又要有相应的较大发展，为本世纪后五年文物博物馆事业的发展奠定良好的基础，这一时期是我国文物博物馆事业承前启后继往开来的关键时期。各省、自治区、直辖市应依据这个纲要，结合各地的实际情况，着手制定本省、自治区、直辖市文物博物馆事业发展的中短期计划和长远发展规划，以保证文物博物馆事业发展十年规划和“八五”计划纲要提出的奋斗目标和各项任务的执行和实施。

中国文物、博物馆事业“九五”计划及2010年远景目标纲要

（文物综发〔1997〕16号　1997年3月30日）

一、序言

中国是世界上著名的文明古国之一，具有悠久的历史和光荣的革命传统。我们的先辈所创造的辉煌灿烂的文化，对人类文明的发展做出了伟大贡献。保存于地上地下的不可移动文物和博物馆的文物藏品，丰富多彩，博大精深，蕴藏着丰富的文化信息和各族人民群众的聪明智慧，是中华民族发展的历史见证，是进行科学研究的重要资料，对人民认识自己的历史和创造力，提高民族自信心，增强中华民族的凝聚力和自豪感，激励中华儿女团结奋斗，振兴中华，有着极其重要的不可替代的作用。在建设具有中国特色社会主义伟大进程中，进一步加强文物工作，发展文物、博物馆事业，对继承和发扬中华民族的优秀文化和革命传统，促进社会主义物质文明和精神文明建设，具有重要的现实意义和深远的历史意义。

党的十一届三中全会以来，我国的文物工作取得了很大成绩，文物、博物馆事业有了长足发展。但是，就整体而言，当前文物、博物馆事业的现状，同建设具有中国特色社会主义现代化强国的历史进程还不相适应，同我国这样一个著称于世的文明古国的地位不相适应。我们必须抓住机遇，迎接挑战，克服困难，进一步发展文物、博物馆事业。《中国文物、博物馆事业“九五”计划和2010年远景目标纲要》，是根据八届全国人大四次会议批准的国民经济和社会发展“九五”计划和2010年远景目标纲要与《中共中央关于加强社会主义精神文明建设若干重要问题的决议》的基本精神及文物、博物馆事业发展现状制订的。它从现有的基础与可能出发，着重对“九五”期间文物、博物馆事业的发展进行规划并提出了2010年远景目标。为了完成该规划纲要确定的计划与目标，我们要坚持解放思想，实事求是，深化改革，开拓创新，振奋精神，团结奋进，在党中央和国务院的领导下，把文物、博物馆事业推进到一个新的、更高的水平，为社会主义物质文明和精神文明建设做出更大的贡献。

二、“八五”期间文物、博物馆事业发展现状

“八五”期间，在党中央和国务院领导下，各级政府贯彻执行《文物保护法》和“保护为主，

抢救第一”的方针，进行了大规模的文物保护抢救工作，取得了显著成绩，人民群众的文物保护意识明显增强，文物、博物馆事业不断发展。其突出表现是：

——“八五”期间，中央财政共安排经费 5.8 亿元，用于保护、抢救全国重点文物保护单位的专项补助；各级地方政府财政安排的文物事业经费为 47.97 亿元。在中央和地方共同努力下，开展了建国以来最大规模的文物抢救维修和保护工作。由中央财政补助文物维修保护、考古发掘和博物馆建设的项目 1795 项，其中较大型工程 303 项。一大批濒临毁坏的地上地下文物得到抢救和保护，其中包括西藏布达拉宫和敦煌莫高窟、榆林窟等重要文物。为配合基本建设而进行的考古发掘工作，抢救、保护了一大批重要文物，取得了重大成果，其中有南京汤山旧石器时代地点、曲沃晋侯墓地、永城汉梁王陵及梁孝王寝园和麟游唐九成宫遗址等重大新发现。水下考古工作也有了较大进展。同时，加强了郑州商代遗址、安阳殷墟和西安汉长安城等大遗址的保护管理和规划工作，对为世人瞩目的三峡工程淹没区及迁建区的文物进行了全面调查，并制定保护抢救规划。公布了第三批国家历史文化名城 37 座。西藏布达拉宫、承德避暑山庄及周围寺庙等四处被列入世界文化遗产名录。

——新建和完善了上海博物馆、河南省博物馆、敦煌莫高窟陈列中心、陕西文物保护技术中心等一批重要博物馆和文物保护技术设施。完成文物保护科研项目近 30 项，其中 26 项被评为文物科技成果进步奖，有的项目被评为国家科技成果进步奖。博物馆、纪念馆和文物保护单位年接待观众达 1.5 亿人次。一大批博物馆和革命旧址等被确定为爱国主义教育基地。探索、研究了适应新形势的文物市场管理办法，改善了文物经营单位的经营机制，人民群众日益增长的收藏需求得到不断满足。

——修改补充了《文物保护法》第 30 条和第 31 条，并相应地对《刑法》作出补充规定；颁布了《文物保护法实施细则》和《考古涉外工作管理办法》等法规。强化了打击文物犯罪力度，加强了文物安全防范措施，博物馆等文物收藏单位文物失盗的发案率逐年明显下降。

——文物对外交流扩大，共举办了 204 次出国文物展览，争取和利用外援开展了文物保护合作项目及保护技术研究，多次参加国际文物保护会议，在国际文物保护工作中产生了积极的影响。

在肯定成绩的同时还应当看到，文物、博物馆工作中一些旧有的问题尚未得到彻底解决，而随着社会主义市场经济体制的建立，文物、博物馆事业的发展出现了不少新的困难，受到严重制约，面临着新的挑战。主要表现如下：

——文物、博物馆事业发展与整个国民经济和社会发展比例不相适应，投入严重不足。一些地方对文物、博物馆事业的投入基本上没有纳入当地国民经济和社会发展规划。

——文物保护与基本建设的矛盾不断发生，尤其是许多具有重要价值的大型遗址和文物丰富地区受到了较大程度的威胁和破坏，急需加强管理和抢救力度。

——许多博物馆达不到国家规定的科学保护和安全防范的条件，大批馆藏文物亟待抢救保护。

——盗掘古墓葬和走私文物等犯罪活动仍十分严重，并呈现暴力化、集团化倾向，对此我们尚缺乏有力的防范、打击措施。

——古建筑，特别是全国重点文物保护单位的古建筑的消防设施及消防供水基本上没有解决，火灾隐患很大。

——全国大批重要的不可移动文物需要增加抢救、维修和保护的经费投入。历史文化名城的保护急需专项资金支持。

——现代科技在文物保护工作中的应用仍是一个薄弱环节，同时，科技研究与科技保护经费严重不足。

——由于物价上扬及其他因素，“八五”期间国家文物保护专项补助的保护项目有60%未能按期完成，必须结转至“九五”期间完成。

——文物、博物馆队伍整体素质有待提高，文物保护科技人才门类短缺，学科带头人和高级管理人才严重不足，特种传统技艺后继乏人。

——文物部门税收优惠政策迟迟未能出台，造成了文物部门自身收入的大量减少，加重了自身负担，削弱了自我发展的活力。

三、文物、博物馆事业发展的指导思想和方针

1. 以马列主义、毛泽东思想和邓小平同志建设有中国特色社会主义理论和党的基本路线为指导，坚持“保护为主，抢救第一”的方针和“有效保护，合理利用，加强管理”的指导思想，加强文物保护，加强博物馆建设和充分发挥文物的作用，为社会主义物质文明和精神文明建设做出贡献。

2. 坚持社会主义精神文明建设的指导方针，坚持“为人民服务，为社会主义服务”的方向，大力宣传保护文化遗产，弘扬优秀传统文化。加强爱国主义和革命传统教育，提高人们的思想觉悟，增强民族自豪感和凝聚力。丰富人民的精神生活，提高全民族的思想道德素质和科学文化素质。同时，要继续扩大文物对外交流，积极向世界各国介绍中华民族的优秀传统文化。

3. 贯彻党的关于实行两个根本转变的指导方针，进一步改革文物、博物馆管理体制，深刻认识文物特点和文物、博物馆工作规律，正确处理和规范国家与社会、个人保护文物的关系，逐步形成具有中国特色的文物保护管理体制。

4. 大力贯彻“以法治国”的战略方针，广泛宣传和认真贯彻执行《文物保护法》。进一步加强文物法制建设和宏观管理，继续完善与社会和经济发展相适应的文物法律体系，为文物、博物馆工作提供更加完备的依法行政和依法管理的法律保障。

5. 继续贯彻科教兴国的战略方针，密切关注现代科技对文物、博物馆工作的巨大影响，进一步提高现代科技在文物、博物馆工作中的地位和作用。不断加大文物、博物馆人才培养和文物科技的投入，加大文物保护技术攻关力度，大力推广文物科技成果，运用于文物保护实践。要认真总结、继承和发扬我国保护文物的传统技术，并注意传统技术与现代技术的相互结合。

6. 坚持把文物、博物馆工作的社会效益放在首位，力求实现社会效益和经济效益的最佳结合。充分发挥文物作为文化资源的优势和作用，不断增强文物、博物馆机构的活力。

四、“九五”计划和2010年远景目标

“九五”期间文物、博物馆事业发展的计划和总体目标是：

——继续公布一至二批文物保护单位，基本完成全国重点文物保护单位和省级文物保护单位的基础工作。做好国家历史文化名城的保护规划和实施工作。完成一批重点保护维修项目，特别是要抓紧保护维修一批有特殊影响的全国重点文物保护单位。要使前三批全国重点文物保护单位基本无险情，使第四批全国重点文物保护单位急迫的保护问题初步解决。保护、维修工作实现依法管理。

——考古工作要紧密配合文物保护抢救和基本建设，以学术课题为指导，进一步增强科学性、计划性和主动性。加强管理，全面而有重点的组织审批考古科研项目。加强考古科研队伍建设。努力促进并加大现代科学技术在考古工作中的应用。加强我国内地重要区域、重点城市和边疆及少数民族地区的考古工作，全面探讨中华文明起源和融合发展的过程。积极稳妥地开展涉外考古工作，逐步使中国考古学走向世界。

——建立以国家级博物馆为龙头，省、自治区、直辖市博物馆为骨干，各地方博物馆和各行业博物馆全面发展的博物馆体系。加强宏观调控，逐步改善我国博物馆的地理分布和门类格局；进一步规范博物馆各项活动，提高博物馆的管理水平，注重高新技术和先进设备在博物馆的运用，使博物馆的藏品保护、陈列展示、社会服务和设施建设在现有基础上得到较大提高。

——加强文物流通环节的管理，防止珍贵文物流失，促进海外的珍贵文物回流。促进合法的文物流通，逐步满足人民群众日益增长的收藏、鉴赏文物等高雅的精神文化需求。

——文物安全工作要以防范、预防为主，确保重点，做到万无一失。完成一批风险单位安全技术防范报警系统达标任务，解决一批全国重点文物保护单位古建筑的消防设施。

——抓好国家和重点地区文物保护技术机构建设，形成全国性文物保护科技研究与应用体系。逐步建成文物科技信息、文物资料信息和管理信息网络。

——进一步加强人才培养工作，实行“馆（院）校结合”，有目的、有计划地培养造就一批献身文物、博物馆事业的学科带头人和高级管理人才。

——进一步加强文物法制建设，继续完善具有中国特色的文物法律体系。

中国文物、博物馆事业2010年的远景目标是：

——在公布各级文物保护单位的基础上，形成一个以全国重点文物保护单位为骨干的各种史迹齐全的文物史迹网，建立起比较完善的保护管理体系。

——建成国家博物馆。建立博物馆门类齐全、布局合理的具有中国特色的博物馆体系。全国博物馆总量达到2500座左右。

——全面形成与社会和经济发展相适应的文物、博物馆事业宏观管理和调控体制，各级文物、博物馆事业单位形成良好的运行机制，使全国文物得到科学、有效的保护和合理利用，并充分发挥其在社会主义物质文明和精神文明建设中的作用。

为实现上述目标，各项工作的具体措施和要求如下：

（一）文物保护与维修工作

——做好文物调查工作，完成文物普查遗留的复查、补查任务。其中，要特别集中一部分力量完成边疆和少数民族地区的文物调查。要完成对我国水域、水下文物普查工作，重点做好对南海岛礁和渤海湾周围我国水域、水下文物勘查。对一些尚未公布为文物保护单位和新发现的不可移动文物，做好登记建档和保护工作。“九五”期间完成编辑、出版《中国文物地图集》各省（区）分册。

——继续建议公布文物保护单位，争取公布全国重点文物保护单位500处左右；省、自治区、直辖市文物保护单位4000处左右；县（市）级文物保护单位10万余处。

——继续申报世界文化遗产项目。力争在“九五”期间把平遥古城、丽江古城和苏州古典园林、元上都遗址、北京天坛、颐和园等列为世界文化遗产名录。至2010年，再申报20处。

——制定或修订大部分国家历史文化名城的保护规划，划定、保护一批历史文化街区和民居。建立和健全历史文化名城保护管理制度和法规。

——加强大型文物遗址的保护工作，制定专项保护规划和管理办法，其中特别要加强诸如汉魏洛阳城、汉唐长安城等著名古代都城遗址和历代帝王陵区等大遗址的保护管理工作。配合各级政府采取调整产业结构，调整土地用途等措施，改变大遗址文物保护工作的被动局面。

——集中力量继续完成“八一”南昌起义旧址、太平天国王府旧址、蓟县独乐寺、大同云冈石窟、易县清西陵等“八五”期间的维修收尾项目 抓紧整理出版高质量的维修报告。

——力争完成一批重点维修保护项目。包括黄埔军校旧址、井冈山革命旧址、延安革命旧址、山西金元以前建筑、武当山古建筑、西藏古格王国遗址及托林寺、甘肃炳灵寺石窟、新疆石窟、四川大足石窟、南京明祖陵等。

——抓紧制定文物维修保护工作政策法规，依法对现有设计和施工队伍进行考核、整顿和认证，建立国家、省、市（地）三级专业技术队伍。严格规范、管理维修保护设计、施工和质量监理。

——加强配合基本建设的文物抢救与保护，重点完成《三峡工程文物保护抢救规划》的论证、上报审批。在三峡工程建设委员会领导下，按规划进度开展库区内的文物保护抢救工作。至2010年，基本完成规划中的文物拆迁、考古发掘工作。

——在文物比较集中的地区建立县、乡（镇）、村三级文物保护网。首先在陕西、河南、山西、山东、河北、北京等省市的文物集中地区建立试点，引导当地群众制定乡规民约，自觉地保护文物。确立以国家保护为主，同时动员全社会保护文物的体制，逐步在全国推广。

（二）考古工作

——继续重视和发挥考古工作对文物保护和科学研究的重要作用，加强考古调查、发掘和整理研究工作。除继续完成“八五”期间的关于中国文明起源的研究，苏鲁豫皖地区和环渤海地区的考古学研究等重大课题外，积极开展夏商周断代工程中的考古工作，加强古代城市和边疆及少数民族地区的考古发掘与研究。古代城市考古工作以黄河、长江、辽河流域等有关地区的早期城市和西安、洛阳、广州、成都、大同、扬州等城市为重点；进一步加强边疆及少数民族地区考古工作，东北地区以高句丽、渤海考古学研究为重点，西北地区着重做好丝绸之路的考古学研究，西南地区要使滇文化、夜郎文化及藏民族文化的考古学研究有一定突破。加强建国以来积压发掘资料的整理研究，除应完成“八五”期间考古发掘资料的整理及报告编写工作外，同时要完成50%以上历年积压的考古发掘资料的整理和报告编写工作。

——继续重视和加强现代科技手段在考古工作中的应用，使考古学研究通过相关学科的支持与协助获得更为丰富的研究手段和更多的考古信息；加强地理信息系统的应用；积极采用非破坏性的、可大面积进行的航空考古调查勘测手段；坚持水下考古工作，并在现有基础上有所发展。

——积极、稳妥、慎重地开展涉外考古工作。在“以我为主，对我有利”的原则下，合理地安排涉外考古项目，每年以安排3个左右的大中型合作项目为宜。要进一步发挥中国考古学在国际范围的作用，待条件具备时，派出一定研究力量参加东北亚、西亚及东南亚地区的考古发掘及研究工作。

——加强省、自治区、直辖市以及重点城市和地区文物考古机构的建设（或在博物馆内设考古部），特别注意考古野外工作站的基地建设。注意培养各个层次、各个方面的考古研究人员，注意培养年轻人才，使队伍配备梯次合理，后继有人。进一步完善考古领队资格评审制度。

——考古发掘项目的安排要以文物保护为目的，继续坚持以配合经济建设为主的原则，注意文物保护、抢救工作与考古课题的结合，加强考古发掘项目的审批、统计和质量检查，增强考古工作的科学性、计划性、主动性。主动发掘仅安排国家重大学术课题或为保护抢救工作所必需进行的项目。非保护抢救工作所必需，一般不对已公布为全国重点文物保护单位的古代遗址或大型墓葬进行发掘。

——重视考古学的普及知识的宣传工作。考古发掘工作在取得阶段性成果后，其发掘现场及出土文物，都应对群众进行公开宣讲，普及历史文物知识，加强文物保护宣传。

（三）博物馆工作

——发展和完善具有中国特色的博物馆体系。加强文物部门博物馆、纪念馆建设，认真做好整顿和提高工作，完善设施，健全功能；少数民族集聚地区的博物馆，要特别加强对少数民族文物的研究和展示；省、自治区、直辖市博物馆要发挥好示范作用，带动其他博物馆、纪念馆共同发展。提倡各行各业建设体现行业特点的专题博物馆，使我国博物馆的品种更加丰富；重视东部、中部各省博物馆事业建设，大、中城市应重点建设好有地方特点的博物馆，努力形成各自的博物馆网络；以发挥地方积极性为主，积极推动西部省区和少数民族地区加快建设、发展博物馆事业的步伐，使我国博物馆的地理布局更加合理。到2000年，全国博物馆、纪念馆总数量达到2000座以上。

——各博物馆、纪念馆要限期完成本馆藏品的清仓查库和编目建档工作，做好收藏保护和展示利用。继续抓好全国博物馆古代文物和革命文物（近现代文物）一级品鉴定确认和建档工作，力争“九五”末期编制出《全国博物馆一级藏品总目录》。继续抓好二、三级藏品鉴定和建档工作。要加快运用电脑管理藏品的步伐。

——抓好重点博物馆、纪念馆基本陈列的改陈工作，尽可能做到内容与形式的完美统一。运用现代技术，突出陈列展览主题，强化宣传教育效果，形成博物馆陈列展览题材内容和形式风格的多样化。在1997香港回归、党的十一届三中全会召开二十周年纪念和庆祝建国五十周年时，举办大型文物展览。实施精品工程，努力办好精品展，组织“精品展工程”评选。全国博物馆每年要推出10个精品展览，年观众数量要达到1亿人次以上。

——博物馆、纪念馆和开放的文物保护单位是进行爱国主义、革命传统教育的重要阵地，要抓好教育基地建设工作，把以青少年为重点的爱国主义教育推向深入。

——积极做好博物馆馆际间的藏品交换和调拨工作。在报经国家文物局批准后，博物馆之间可在自愿、互利的基础上调剂余缺、互通有无。做好文物行政管理部门指定的出土文物、罚没文物和拣选文物的移交接收工作。要重视征集古代文物、近现代和当代文物，特别要加强革命文物、民族文物、民俗文物的征集工作。

——加强对各行业博物馆和私人博物馆的指导和管理工作。研究和制定有关政策和法规，实行博物馆登记制度，进行必要的政策规范和业务指导，保障它们健康、有序地发展。

（四）社会流散文物保护管理工作

——对现有的国有文物经营单位和外销文物商店的数量实行总体规模控制，着力于改善经营管理和增强文物经营单位的自身活力。要通过国有文物经营单位的内部调整和改革，进一步改善和健全其经营机制，充分发挥其在文物流通中的主渠道作用。在经营活动中，力求实现社会效益和经济效益的最佳结合，把收集、发现和为博物馆等文物收藏单位提供珍贵文物作为其经营活动中的一项重要任务。

——文物拍卖是文物流通中的一种辅助形式，要认真做好拍卖文物的鉴定、许可工作。应将拍卖文物中的重要文物进行登记、造册、存档，审核拍卖文物的来源，出土文物、馆藏文物和国家禁止买卖的珍贵文物一律禁止上拍；根据文物的等级和品种确定定向拍卖的范围，为博物馆等国有文物收藏单位收购珍贵文物创造条件。

——逐步建立文物监管物品市场监管队伍，会同有关部门加大执法力度，建立一个良好有序的文物流通环境。

——认真做好文物出境鉴定、特许鉴定和涉案鉴定等工作。要扩大建立文物出境鉴定站的范围，由现在的省级文物出境鉴定站扩展到一些重点城市建立文物出境鉴定站，总数量由现有的17个增加至30个以上。要与海关紧密配合，采取有效措施，核查复出境文物。探索在有关执法部门建立兼职文物鉴定队伍的途径。积极配合公、检、法等部门做好涉案文物鉴定工作。

——制定国有非收藏单位文物的登记管理办法，有步骤地进行试点工作，争取在“九五”末期建立起较为完善的国有非收藏单位文物登记管理制度。

——积极探索私人收藏文物登记和管理办法，首先在一些有基础的地区进行私人收藏珍贵文物登记、管理的试点工作，并逐步纳入规范化、制度化的轨道。

——配合或指导银行、冶炼厂、造纸厂以及废旧物资回收部门拣选出掺杂在金银器和废旧物资中的文物，并尽快向文物行政管理部门作价移交。积极敦请有关执法部门将在查处违法犯罪活动中没收、追缴的文物，在结案后尽快按照规定移交给文物行政管理部门。

（五）文物安全工作

——做好安全技术防范报警工程规划、设计和施工工作。要精心设计、精心施工，保证工程质量。“九五”期间，全国第一批74个一级风险单位的安全技术防范报警系统要全部达标，二、三级风险单位的安全技术防范报警系统要保证三分之一以上的单位达标。全国重点博物馆文物安全技术防范形成点、线、面、空间综合报警系统网络。到2010年，要全面完成风险单位安全技术防范报警系统的达标任务，争取实现全国文物安全管理信息网络化。

——做好古建筑消防和防雷工作，确保古建筑安全。对古建筑消防要从严管理，防患于未然；完成全国重点文物保护单位中古建筑防雷设施，建立和完善消防报警和供水系统。要解决好西藏布达拉宫、色拉寺、哲蚌寺、大昭寺，山东曲阜孔府、孔庙、孔林，北京明十三陵，河北承德外八庙、遵化清东陵、易县清西陵等重要古建筑的消防供水问题。

——建立大型古遗址和古墓葬区的群众保护组织，聘请保护员，协助保管机构做好防范和保护工作；与公安机关协商，在重要文物保护地区和单位创造条件设立公安派出所。

——健全保卫组织，加强队伍建设。建立健全以安全岗位责任制为中心的行之有效的各种安全管理制度，确定重点要害部位，重点加强警戒。规模较大、人员较多的文物、博物馆单位，要组织和保持一支有战斗力和应变能力的安全保卫队伍，制定应急方案，以便及时有效地预防和制止各种突发事故。

——认真调查研究盗掘、盗窃和走私等文物犯罪活动的情况、特点、规律和趋势，积极采取防范措施，密切配合公安、司法和海关等部门，严厉打击各类文物犯罪活动。

（六）文物宣传出版工作

——加强科研和出版工作。坚持正确舆论导向，继续办好《中国文物报》和《文物》、《文物天地》等报刊。制定文物宣传工作提纲，充分运用各种手段开展文物宣传活动，弘扬优秀传统文化，开展爱国主义和革命传统教育；普及文物及其保护知识，增强全民族文物保护意识，形成“祖国文物，保护有责”的良好社会风尚。在文物书报刊和音像制品等出版工作中，要精心培植，不断推出一批具有正确导向性和强烈感染力的、学术资料价值较高的精品佳作。

——文物图书出版工作要做到重点突出，提高与普及兼顾，多出传统文化精品和系列精品，多出价值较高的学术著作。除继续完成已列入重点图书出版规划的《敦煌石窟全集》、《中国古代建筑精华》、《中国美术分类大全》等图书的编辑出版工作外，重点扶持体现文物抢救保护成果的《马王堆出土帛书、简牍、文献》、《湖北荆门楚墓竹简》、《高昌史稿》和大型系列工具书《中国文物地图集》等重点图书的整理、编辑和出版，切实保存好这些弥足珍贵的第一手史料。要注重对具有普及性的文物知识读物的编辑、出版，在人民群众特别是青少年读者中宣传普及文物知识。大力提高文物图书质量。

——继续强化文物影视拍摄和出版的管理。尽快制定和修改完善关于文物拍摄、出版的各项规定　要严格审批制度，依法保护文物本体及其文物出版物、文物音像制品、文物科技成果的商标权、著作权（版权）、专利权及其他知识产权　尤其要加强对外文物合作拍摄、合作出版项目的审批管理，在坚持以我为主，确保维护国家利益、保证文物安全的基础上，推动对外文物合作拍摄、合作出版工作健康有序地开展。

（七）文物保护科技工作

——增加文物科技投入，加大文物科技保护力度。加强文物保护科技项目的研究和重点项目的攻关；加强多部门、多学科的合作与协作；重点做好文物科技推广工作；尽快形成国家文物保护技术中心与地方文物保护技术中心相结合的文物保护研究与应用体系；在充分利用传统技术的同时，推广运用现代化高新技术手段。

加强文物科技研究项目的宏观管理，针对文物抢救保护工作中具有迫切性和普遍性的科技难题，有组织、有重点、有计划地开展科技攻关。要积极主动地争取自然科学和工程技术部门的参与合作，重点研究考古发掘现场有机物提取和保护技术、土质遗址保护、石质文物保护、潮湿环境下壁画和彩塑的保护、木构建筑防虫和防霉技术、影响文物保护的环境因素及文物保护的环境质量标准等。力争在上述研究项目上有所突破，接近、达到或超过世界先进水平。重点做好已经成熟的文物保护技术和最新科技的推广应用工作。

——在古建筑维修、考古调查发掘、藏品保护及陈列展示等方面，充分利用和运用物理化学方法、遥感技术、探测技术、测年技术、检测技术、现代化仪器设备及其他先进手段。继续开发、引进、研究文物保护新技术、新设备、新材料。将计算机技术应用于文物维修、考古调查发掘、文物藏品保护利用、社会流散文物登记流通中，实现数据化、信息化、网络化管理，编制使用考古主题词表、考古调查信息数据库和馆藏文物档案管理数据库。到2010年，国家和省级文物科技保护机构实现计算机联网。争取加入国际信息网络。

——充分运用传统技术和传统工艺开展文物科技保护。在文物维修中注重运用传统材料和施工技术；在文物复制与修复中，注重运用传统的古字画装裱和古铜器、古陶瓷修复技术。大力抢救濒于失传的传统技术和工艺，包括抢救和保护传统工艺老艺人和技师。

——加强文物科技队伍建设，健全文物保护科技研究机构，吸纳多学科专业人才参与文物保护科技工作。重点支持目前具有较高文物科研水平的科研单位继续巩固和提高，形成专业性、区域性文物保护中心，以点带面。在省、自治区、直辖市博物馆和文物考古研究机构内建立、健全文物保护科技研究室，配备实验室及科技人员。

——加强文物档案情报信息中心的建设，购置各种现代化设备，吸收引进先进的管理办法，增强获取和分类处理各种文物信息的手段和能力，收集整理和利用好文物档案资料，逐步建立文物资料齐全、内容丰富、反应快捷、服务周全的信息中心。

（八）人才培养工作

——做好预测与规划、培养与使用、配置与管理的人才总体设计，有计划、有侧重地培养造就一批政治强、业务精、作风正、献身文物事业的学科带头人和高级管理人才，逐步形成合理的人才配置，基本满足文物、博物馆事业发展的需求。到2010年，培养出一批在田野考古、博物馆、文物鉴定、文物保护科技等方面具有敬业精神、学术造诣较深的专家、学者队伍。

——坚持“馆校结合”的方式，委托高校培养文物保护技术、古建筑维修设计、文物鉴定等专业人才，逐步解决后继乏人的问题。选拔适量的熟悉现代科学技术的专业人才参与文物保护技术研究工作，选拔法学人才参与文物法规法制建设工作。积极选拔政治、业务素质较高、具有一定实践经验的中青年干部进入高校接受硕士生课程的教育，培养一批兼晓行政管理、现代科技和外语等知识的复合型人才　对少数民族地区和偏远地区的人才培养实行政策倾斜，抓紧招收、定向培养一批抢救保护和研究少数民族文物的大专生、本科生和硕士生。积极筹办中国文物博物馆学院。

——制定在职专业人员培训计划，采取多种形式培养在职文物干部职工。对某些特殊的文物保护传统技术，要借鉴培养中医师的经验，采取以师承方式培养专业技术人才的办法。坚持短期培训各类在职专业人员，使其更新专业知识，提高素质，逐步形成在职上岗的梯次专业人才队伍。建立、健全岗位培训制度，分期分批地培训在职的文物干部职工，使他们具备从事某项文物、博物馆工作的基本专业技能，持证上岗。

——创造良好环境，充分发挥现有专家学者的作用，提供便利条件，制定各种优惠政策，采取有力措施培养与吸收专业人才。根据我国文物保护工作的客观需要，有计划地选派优秀的专业技术骨干出国深造。建立激励机制，设立文物出版奖励基金，鼓励支持中青年学者著书立说。建立后备干部制度，培养一批热爱祖国，热爱人民，拥护社会主义，有真才实学的专门人才。支持优秀人才攀登新的高峰。坚持开展经常性的专业技术职务评聘工作，及时评聘优秀中青年专业人员进入高级专业技术职务系列，不断优化文物、博物馆专业队伍的年龄结构和知识结构，增强文物、博物馆事业发展的活力与后劲。

（九）文物对外交流与合作

——要认真研究和努力探索文物对外交流与合作的新思路，拓宽文物对外交流与合作的渠道，加强文物展览、文物保护技术和文物研究人员等方面多层次、多方位的交流与合作，宣传我国优秀传统文化，发展同世界各国人民的友谊。积极配合我国外交工作的需要，有针对性地举办民族历史文物或现代文化成果展览。开展对第二、第三世界国家的文物展览、交流与合作。积极参与柬埔寨吴哥古迹的保护工作。

——文物出境展览实施有效的宏观调控。在充分调查研究的基础上制定计划，根据文物出境的不同性质确定具体目标。适当控制举办中国文物展览比较密集的国家和地区的展览数量。

——有计划、有选择地在华举办国外优秀的文物展览，以使我国人民更多地了解其他国家、民族的历史文化，开阔眼界，增进同其他国家人民之间的友谊。

——积极争取并参与国际文物保护组织的活动，有计划、有目的地增加专业人员的交流，加强专家学者的互访，学习、借鉴外国先进的文物保护技术和保护管理经验。

——通过各种渠道了解流失到海外的珍贵文物信息。加强对具有先进管理经验和较高文物保护水平及历史悠久、文物丰富的国家的情况了解与研究，条件具备时。编辑一套外国文物保护管理方面的资料。

（十）博物馆等文物部门设施建设

——做好国家博物馆选址论证工作，力争“十五”期间动工。从现在起就要着手开始展品的征集与整体布展设计工作。

——力争完成中国历史博物馆和中国革命博物馆的扩建和国际友谊博物馆的新建或临时展馆工程。在地方博物馆的馆舍建设中，要充分发挥专业部门的指导和支持作用，主要项目集中在西藏、海南、山西、江西等省级馆和边疆少数民族集中的具有民族特色的重要地、市级博物馆。

——文物藏品库房基本建设主要集中在一级风险单位和文物相对集中地区中心文物库房与配套设备工程。

——完成局机关、文物出版社和文物交流中心办公用房与文物流通协调中心办公用房和文物库房的基本建设工程。

（十一）计划财务管理工作

——力争各级政府的财政和计划部门对文物的保护事业费逐年有所增加，并纳入地方财政固定投入的范畴。对历史文化名城和不可移动文物相对丰富的地区，从城市维护费中划拨一定比例经费用于文物保护。

——本着统筹兼顾、集中资金，保证重点、讲究效益的原则，强化文物保护经费的有效管理，制定与国家事业单位财务管理相适应的行业财务管理办法和文物保护维修工程预算标准，以确保文物保护经费的合理使用和国有资产的有效管理。

——争取国家增加对文物保护专项补助经费投入的基数，以保证全国重点文物保护单位的抢救和维修工作。

——继续坚持文物保护专项补助经费专款专用。为保证工程质量，防止挪用、浪费和腐败问题发生，要进一步加强财务审计工作。

——充分调动文物部门自身积极性，发挥文物部门的自身行业优势，积极合理创收，扩大自我投入。争取各级政府的优惠政策，使创收大部用于文物保护事业。

——争取建立文物、博物馆单位事业发展周转金，主要用于文物资源相对丰富、有偿还能力和能够产生良性循环的保护项目，以扩大合理创收和自我投入。

——努力创造保护文物的良好环境，多方争取境内外社会各界对文物保护的捐资赞助，建立文物保护基金，实施社会保护与国家保护文物相结合的有效措施。

（十二）文物法制建设

文物行政管理机关要进一步转变观念、转变职能，强化宏观调控、指导和监督。要加强调查研究，针对文物、博物馆工作在新时期出现的新情况、新问题，根据文物特点和文物、博物馆工作基本规律，制定有关的方针政策和法规，规范文物、博物馆工作，以增强宏观管理手段。进一步增强法制观念和法律意识，做到依法决策、依法行政和依法管理。

——重点做好《文物保护法》的修订工作，争取在1997年度列入全国人大立法计划。在2005年之前，争取在实施《博物馆管理条例》的基础上，制定出《中华人民共和国博物馆法》。

——进一步发展、完善文物行政法规。针对当前文物、博物馆工作面临的迫切需要解决的问题或尚未规范的工作领域，研究制定《历史文化名城保护管理条例》、《博物馆管理条例》、《文物拍卖管理办法》等行政法规。积极申报加入《关于被盗或者非法出口文物公约》。根据国际公约争取与一些国家磋商、签订双边或多边协议，采取国际合作的方式和措施，联手防止文物被盗或非法出口。

——进一步完善地方性文物法规，未制订地方性文物法规的省（市）应积极争取把制订省（市）文物保护管理法规列入立法计划，抓紧完成。对已经公布实施的地方性文物法规，需要补充、完善的，应抓紧进行。

——进一步加强文物行政规章调研与制订工作。国家文物局应抓紧制订：《中国世界文化遗产项目管理办法》、《文物修缮保护工程管理办法》、《文物修缮保护工程勘察设计资质认定管理办法》、《文物修缮保护工程施工资质认定管理办法》、《文物修缮保护优质工程评定办法》、《古文化遗址、古墓葬保护管理办法》、《考古团体资格和项目领队资格审核办法》、《博物馆登记管理办法》、《文物拍摄管理办法》、《文物复制管理办法》、《文物图书音像合作出版管理办法》、《博物馆自然标本藏品分级标准》、《文物工作者行为准则》等。

各省、自治区、直辖市文化（文物）行政管理部门应从本辖区文物、博物馆工作实际出发，研究起草某些工作方面的专项管理办法草案，其中包括研究起草某些全国重点文物保护单位单项的和少数民族文物的保护管理办法草案。报人民政府公布实施。

——建立一支相对稳定的行政执法队伍，进行执法培训，颁发执法证件，规范行政执法行为，严格执行法律法规的规定，模范履行职责，对违法行为进行检查、纠正，或者依法进行处罚。

——加强内部监督和检查，使违法或不当的行政行为得以及时制止或纠正。重视行政复议工作，设立行政复议机构，明确工作人员，做好复议，避免或减少行政诉讼，对应诉工作要认真对待。

——认真实施“三五”普法规划。把“三五”普法工作摆上重要位置，做出具体安排，认真组织干部职工学习《宪法》和《文物保护法》等法律，增强法律意识和法制观念，创造依法治文的重要条件和群众基础。

五、加强领导，充分发挥文物在现代化建设中的积极作用

1. 深入学习邓小平建设有中国特色社会主义理论，努力掌握其科学体系和基本原理及其精神实质，掌握马克思主义的立场、观点和方法，并用以指导工作实践。要努力钻研业务，学习社会主义市场经济知识、现代科学技术和法律知识，学习中国历史和近现代史，提高思想道德和科学文化素质，指导、推进文物、博物馆工作，解决文物、博物馆工作遇到的新情况和新问题，促进文物、博物馆事业健康发展。

2. 加强廉政建设和职业道德建设。采取切实措施，抓紧对干部、职工进行廉政教育和职业道德教育，党纪、政纪、法纪教育，树立爱岗敬业、埋头苦干、淡泊名利、艰苦奋斗、服务群众、奉献社会的精神。大力提倡讲学习、讲政治、讲正气、讲团结、讲纪律，激励干部、职工在改革开放与文物、博物馆工作实践中，认清自己的历史责任，坚持党的基本理论和基本路线，经受锻炼和考验，牢记全心全意为人民服务的宗旨，把文物、博物馆队伍建设提高到一个新的水平，为完成规划纲要确定的计划和目标做出贡献。

3. 保护文物是各级人民政府的职责。各级政府要加强对文物工作的领导，把文物、博物馆工作摆上议事日程，切实纳入当地经济和社会发展计划、纳入城乡建设规划、纳入财政预算、纳入体制改革、纳入领导责任制，认真研究，精心部署；指导和督促文物部门做好各项工作，帮助解决工作中的实际困难，逐步改善他们的工作和生活条件。对文物、博物馆负责人要提出明确的任期目标并认真进行政绩考核。对文物、博物馆工作人员也要建立业绩考核制度。对工作成绩突出的，应给予表彰和物质奖励：

4. 文物行政管理机关要转变观念、转变职能，加强宏观管理，不断提高科学管理水平。进一步强化服务意识，率先垂范，改进工作作风，提高工作效率和质量。领导干部要深入实际，调查研究，求真务实，认真研究解决工作中的问题，总结推广先进经验，切实为开展文物、博物馆工作办实事，努力促进规划纲要所列“九五”期间各项工作的落实，把我国文物、博物馆事业推上一个新的台阶，为21世纪文物、博物馆事业的更加繁荣和发展奠定坚实的基础，为祖国现代化建设做出贡献。

中国革命文物和革命纪念馆事业“九五”计划纲要

（文物博发〔1997〕47号　1997年10月28日）

鸦片战争以来留存的革命遗址、革命纪念建筑物（以下通称“革命旧址”）和可移动的革命文物，是我国各族人民光辉革命历程和英勇斗争精神的实物见证。依托有关革命旧址建立的纪念近、现代革命史上重大事件或杰出人物的革命纪念馆，是人民群众学习历史，认识国情，缅怀先辈光辉业绩，激发革命斗志的实物课堂。在建设有中国特色社会主义的伟大进程中，进一步加强革命文物工作，发展革命纪念馆事业，坚持不懈地对人民进行中国近代史、现代史和国情教育，对继承和发扬中华民族的优良民族传统和革命传统，鼓舞全民族团结奋进、振兴中华的坚强斗志，促进社会主义物质文明和精神文明建设，具有十分重要的意义。

根据我国《国民经济和社会发展“九五”计划和2010年远景目标纲要》及《中国文物、博物馆事业“九五”计划和2010年远景目标纲要》，结合革命文物和革命纪念馆事业的实际，制定《中国革命文物和革命纪念馆事业“九五”计划纲要》，从现有的基础和可能出发，对“九五”期间革命文物和革命纪念馆事业的发展进行规划，做好革命旧址维修和革命文物的征集、保护、管理、研究、展示和宣传工作，把革命文物和革命纪念馆事业推上新的台阶，是革命文物工作者义不容辞的历史责任。

一、“八五”期间革命文物和革命纪念馆事业的发展状况

“八五”期间，革命文物和革命纪念馆事业受到党和政府的高度重视。各级政府贯彻执行《文物保护法》和“保护为主，抢救第一”的方针，开展了较大规模的革命文物保护抢救工作。各地文物部门和革命纪念馆立足现实，改革进取，加强革命文物的征集和保管、科学研究和陈列宣传，深入开展爱国主义、社会主义和革命传统教育，取得了显著成绩。

“八五”末期，我国有全国重点文物保护单位500处（其中革命旧址有84处，占总数的16.8%），省级文物保护单位6804处（其中革命旧址934处，占总数的13.7%），县级文物保护单位47293处（其中革命旧址7000余处，约占总数的15%）；全国文物系统管理的革命纪念馆291所，比“七五”末期增加了83所，增长39.9%。

“八五”期间中央和地方财政安排了一定资金，用于保护、抢救革命旧址，改善革命纪念馆的基础设施。其中中央财政文物保护专项补助经费共安排了4762万元，对全国重点文物保护单位和省级文物保护单位224处革命旧址进行了维修，并使20余所革命纪念馆的库房、展厅等基础设施得到了有效改善。在中央和地方共同努力下，一大批濒于毁坏的革命旧址得到了抢救和保护。

初步制定了林则徐销烟与虎门炮台旧址、太平天国忠王府、威海甲午战争遗址、宁波镇海海防遗址、孙中山故居、黄埔军校旧址、井冈山革命遗址、延安革命遗址、西柏坡中共中央旧址、重庆歌乐山烈士陵园等重点革命旧址群的总体保护规划。妥善处理了南昌“八一”起义指挥部旧址、虎门炮台旧址等保护工作与基本建设的矛盾。孙中山故居、武昌起义军政府旧址、云南陆军讲武堂旧址、井冈山革命遗址、瑞金中华苏维埃中央政府旧址、遵义会议会址、延安革命遗址、西柏坡革命遗址（迁移）、北京大学红楼等一大批重点革命旧址得到了有效维修和保护。

新建和开放了丹东抗美援朝纪念馆、沈阳“九一八”事变陈列馆、威海甲午战争博物馆、陕甘宁边区银行纪念馆、淮安周恩来纪念馆、宁乡花明楼刘少奇纪念馆、开县刘伯承纪念馆等一批重点革命旧址和纪念设施。新建了吉林省革命博物馆馆舍、北京鲁迅博物馆陈列楼，完成了中国革命博物馆大楼维修工程，开展了中国人民抗日战争纪念馆二期工程、平津战役纪念馆、天津周恩来邓颖超纪念馆、乐亭李大钊纪念馆等工程的立项及前期准备工作。

一大批革命旧址和革命纪念馆被确定为爱国主义教育基地，改进陈列展览，调整开放内容，充分发挥文物优势，对广大群众和青少年进行各种形式的“两史一情”教育，为宣传党在社会主义初级阶段的基本路线，弘扬爱国主义、社会主义和革命传统，做出了积极贡献。全国革命旧址、革命纪念馆年接待观众达4000多万人次。

各地革命旧址和革命纪念馆锐意改革，强化管理，改善开放环境，加强文物安全，提高服务水平，各项基础工作有了较大进展。截至“八五”末期，全国13个省、自治区、直辖市189个文博单位的7722件馆藏革命文物（近现代历史文物）经过国家文物局组织的革命文物专家组的鉴定，其中有3131件被确认为国家一级文物，总确认率为40.5%

在肯定成绩的同时，应当看到革命文物和革命纪念馆工作在社会主义市场经济体制建立过程中，面临着一些新的情况和问题。主要表现在：

（一）有些地方和部门对新时期革命文物工作的重大意义认识不足；革命文物保护管理体制尚不适应社会主义市场经济体制建立过程中不断发生的形势变化。

（二）革命旧址保护与基本建设的矛盾要进一步加以协调解决，尤其是一些具有重要历史价值和纪念意义的革命旧址群和纪念地，在地方经济建设中，受到了较大程度的威胁和破坏，急需加强抢救和管理。

（三）革命纪念馆（地）的保护、修缮和陈列展示经费投入不足，基础设施陈旧，展示手段落后，展示内容单调，展示环境欠佳，难以吸引观众。

（四）革命纪念馆的设置内容和地理布局不尽合理。对西部地区和边远少数民族地区未能引起足够重视。

（五）反映建国以来经济、文化、科技、教育等各条战线发展进步的社会主义革命和社会主义建设时期的文物，长期未能得到有计划、有目的的普查与保护，毁坏和流失比较严重。

（六）革命文物工作队伍的整体素质有待提高，研究出版、宣传教育和管理工作需要进一步重视和改进。

二、革命文物和革命纪念馆事业发展的指导思想和方针原则

（一）坚持以马列主义、毛泽东思想和邓小平理论为指导，坚持党的“一个中心，两个基本点”的基本路线，切实贯彻“保护为主，抢救第一”和“有效保护，合理利用，加强管理”的文物工作方针和原则，建立适应社会主义市场经济体制要求、遵循文物工作自身规律、国家保护为主并动员全社会参与的革命文物保护管理体制。

（二）坚持为人民服务、为社会主义服务的方向，坚持以史育人，充分运用革命文物直观形象、生动感人的鲜明特点，弘扬主旋律，展示爱国志士和革命先烈的英雄业绩，反映中国共产党领导中国人民英勇奋斗的历史，激励全国人民投身改革开放和现代化建设的伟大事业

（三）贯彻执行党的十四届六中全会通过的《中共中央关于加强社会主义精神文明建设若干重要问题的决议》，把革命文物和革命纪念馆事业纳入各地社会主义精神文明建设的总体规划，充分利用，积极建设，加强保护，为改革开放和社会主义现代化建设提供精神动力。

（四）深入持久地贯彻落实《爱国主义教育实施纲要》，充分发掘各级革命文物保护单位和革命纪念馆自身的优势与潜力，进一步加强爱国主义教育基地建设，创造优美环境，提高服务水平，不断探索和创新宣传形式，把以青少年为重点的爱国主义、社会主义、革命传统教育和思想道德教育不断推向深入。

（五）坚持把社会效益放在首位，坚持社会效益和经济效益最佳结合的原则，精心搞好革命旧址的保护和维修，调整开放内容，突出陈列主题，强化精品意识，实施精品战略，做好宣传组织工作，不断扩大社会教育面。

（六）认真贯彻《中华人民共和国文物保护法》和《国务院关于加强和改善文物工作的通知》，适应社会主义市场经济体制需要，加强法制建设和依法管理，用改革的办法解决革命文物工作面临的新问题，积极探索和逐步建立起符合革命文物、革命纪念馆事业单位自身发展规律、充满生机与活力的管理体制、运行机制和自我约束机制。

三、“九五”计划发展目标和任务

“九五”期间，革命文物和革命纪念馆事业发展的基本目标和任务是：

（一）革命旧址保护

1. 做好革命旧址普查工作，摸清全国革命史迹的分布和保存状况，完善记录资料，区分内涵价值，继续申报和核定公布各级文物保护单位。在开展普查和研究工作的基础上，做好县市级、省级文物保护单位的核定公布工作，并着手进行、申报第五批全国重点文物保护单位的推荐工作，

合理调整地区分布，有计划地适当补充和提高经济、文化、科技、教育等领域革命旧址的数量，使全国革命旧址在各级文物保护单位中的比例获得较大幅度的增长。

2. 大力加强革命旧址保护基础工作，完成前三批全国重点文物保护单位并及时开展第四批全国重点文物保护单位的“四有”（有保护标志、有保护范围、有科学记录档案、有保护机构）工作，开放的重要革命纪念地要切实做到“有物、有事、有据、有址”；对已“无物可看”的地方，要树立纪念标志，供人们凭吊追思。

3. 加强革命旧址群的保护和建设，选择东莞市虎门镇林则徐销烟池与虎门炮台旧址、威海中日甲午战争纪念地、井冈山革命遗址、遵义会议会址、延安革命遗址、西柏坡中共中央旧址、武乡八路军总司令部旧址、泾县新四军军部旧址等著名革命旧址，制定专门保护规划和管理办法，通过试点，推广经验，带动各地革命旧址逐步建立起以国家保护为主，同时动员社会力量进行保护的新体制，引导当地群众制定乡规民约，激发革命情感，自觉保护革命旧址。

4. 集中力量继续完成南昌“八一”起义指挥部旧址、昆明云南陆军讲武堂旧址等“八五”维修项目的收尾和竣工验收；做好第四批全国重点文物保护单位中革命旧址抢救维修项目的选审立项工作；新开工并力争完成一批全国重点文物保护单位革命旧址特别是革命旧址群的重点维修工程，做好保护工作并有计划地改进其开放内容，优化环境氛围，提高管理水平，充分发挥宣传教育作用。

5. 通过抢救维修，使全国重要革命旧址基本排除险情，环境风貌得到有效恢复和治理；总结革命旧址保护维修工作的实践经验，制定专项法规，依法对保护维修项目进行论证、评审，提高设计、施工水平，严格工程质量监督和竣工验收。

（二）革命纪念馆建设

1. 建议各省在重要革命纪念地有选择、有步骤地建设或充实规模不等的革命纪念馆或陈列馆；合理调整区域布局，重视和推动西部地区和少数民族地区加快革命纪念馆建设的步伐，发展和完善具有中国特色的革命纪念馆网络。

2. 发挥中国革命博物馆、省（自治区、直辖市）革命博物馆（含综合性省博物馆革命文物的收藏、展示）和重要革命纪念馆的龙头、示范作用，带动其他革命纪念馆共同发展；认真做好偏远地区基层革命纪念馆（室）的巩固和提高工作，完善基础设施，健全社会教育功能，并积极推动馆际协作，发挥群体优势。

3. 抓紧开展中国革命博物馆原址扩建和国际友谊博物馆基建项目的前期准备工作。继续指导和支持鸦片战争海战馆、李大钊纪念馆等新建、扩建项目的建设与开放。逐步充实和完善中国人民抗日战争纪念馆、平津战役纪念馆的陈列内容。抓好革命博物馆、纪念馆基本陈列和原状陈列的改陈工作，树立精品意识，运用现代技术，更新陈列设施，突出陈列主题，强化教育效果。全国革命纪念馆每年要推出5～10个精品展览，年观众要达到五千万人次以上。

4. 大力加强对社会上散存的重要革命文物史料的调查和征集工作，对能够全面反映中国近、现代社会变革和进步的各方面实物和文献，以及当代社会主义建设事业中有价值的典型文物要加强征集、保护、研究和管理，强化抢救与保护的力度。

5. 继续集中力量抓好全国馆藏一级革命文物的鉴定确认和建档工作，力争“九五”末期着手编辑出版《全国一级革命文物藏品总目》。各省、自治区、直辖市文物行政管理部门要继续抓紧完成本辖区二、三级革命文物的鉴定、建档工作。加快运用电脑管理藏品的步伐，切实提高革命纪念馆文物和资料的管理水平。

（三）宣传教育工作

1. 加强对革命纪念馆（地）开展爱国主义教育基地建设的指导，进一步抓紧抓好鸦片战争博物馆、孙中山故居纪念馆、中共一大会址纪念馆、井冈山革命博物馆、遵义会议纪念馆、延安革命纪念馆和西柏坡纪念馆等具有重大影响的爱国主义教育基地的建设工作。改善基地设施，优化教育环境，丰富活动内容，提高服务质量，增加观众数量，扩大宣传教育效果。

2. 采取措施，完善机制，努力培养、造就一支德才兼备、堪当重任的宣传教育专业队伍，组织开展好以爱国主义、社会主义和革命传统教育为主题的宣讲活动。

3. 重视加强革命文物的研究和宣传工作，编辑出版《中国革命纪念馆丛书》，推出一批旨在传播革命历史知识，弘扬革命斗争业绩的精品图书和普及性读物。

（四）文物安全和管理工作

1. 抓紧落实《文物系统博物馆风险等级和安全防护级别的规定》，健全革命旧址和革命纪念馆的安全保卫制度，做好安全技防工程规划、设计和施工。“九五”期间要力争使风险等级三级以上的单位，基本达到相应级别的安全技术防范要求。全国重点文物保护单位中的革命旧址，要重点做好消防及避雷工作，完善管理措施，消除险情隐患，确保文物安全。

2. 加强立法工作和法制宣传，针对新形势下革命文物和革命纪念馆工作中遇到的新问题，积极开展调查研究，适时修改《革命纪念馆工作试行条例》，制定更加完备的管理法规，依法强化革命文物的保护管理工作。

3. 加大革命文物和革命纪念馆事业的改革力度，在各级政府给予经费保证的同时，要努力面向社会开辟多种渠道，积极筹措资金，不断增加保护投入。在做好各项业务工作和坚持社会效益第一的前提下，开展多种为观众、为社会服务的经营项目，以创收所得为事业发展注入活力，逐步形成管理体制和运营机制的良性循环。

（五）人才培养和干部队伍建设

1. 以马列主义、毛泽东思想和邓小平同志建设有中国特色社会主义理论武装全体干部职工，抓好政治思想教育。树立正确的世界观、人生观、价值观，全心全意为人民服务。模范执行《中国文物、博物馆工作人员职业道德准则》，立足本职，忠于职守，勤奋工作，奉献社会。

2. 通过积极尝试，建立起一支“专职、兼职、志愿者”三结合的革命文物工作队伍。要聘请曾经参加过革命战争的老同志，在职或退休的教师、干部、史学工作者和理论工作者作为兼职或志愿人员参与革命文物工作；广泛吸引大中专学校学生，经过短期培训，参加组织观众和讲解工作，扩大革命文物工作的社会影响，使之变为全社会的事业。

3. 鼓励和提倡在职干部接受理论、文化和专业知识教育（包括参加短期脱产培训班和电视大学、业余大学教育），也鼓励和提倡干部职工通过实践锻炼，在实际工作中增长才干，自学成才。

4. 运用马克思主义的立场、观点和方法，加强学术研究工作。支持和鼓励有较高学术水平和较大学术影响的重点课题的研究，造就一批造诣高、成就突出的专门人才。有计划地吸收一批具有大学本科或专科学历的毕业生充实到革命文物各个专业特别是讲解员队伍中去，逐步改善和提高干部队伍的整体素质

5. 转变工作作风，树立服务意识，改变过去等客上门的传统做法，制定服务公约，完善规章制度，事事处处为观众着想，不但要把观众请进来，而且要利用“展览图片下乡”等形式走出去，为社会提供优质高效、热情周到的服务，树立起社会公益性事业单位和文博战线精神文明建设窗口的良好形象。

实现“九五”期间革命文物和革命纪念馆事业改革和发展的目标，是一项光荣而艰巨的政治任务和历史使命，是落实党中央“两手抓，两手都要硬”的指导方针，促进两个文明建设，培养跨世纪社会主义新人的一项重要工作。在各级党委、政府的领导和关怀下，要从战略高度加强对革命文物和革命纪念馆事业的领导，切实加大扶持力度。给予应有的经费保证。各级宣传、教育、民政、文化、文物等部门和工会、共青团、妇联等团体，要在各级党委、政府的统一领导下，加强配合，相互支持，共同推动革命文物工作的发展。各级文物行政管理部门，各革命博物馆、纪念馆和开放的革命旧址，要结合本地区、本单位的实际，制订年度工作计划、“九五”规划和远景发展规划，脚踏实地，勤奋工作，努力提高革命文物的保护、利用和管理水平，为二十世纪我国革命文物和革命纪念馆事业的更加繁荣和发展奠定坚实的基础，为建设有中国特色的社会主义现代化国家做出更大的贡献。

文物事业“十五”发展规划和2015年远景目标纲要

中国有5000年悠久历史和灿烂文化，形成了国家统一、民族团结、独立自主、爱好和平、自强不息的优良传统。遍布大江南北的历史文化古迹、馆藏珍贵文物和近现代革命旧址，是中国人民引为自豪的珍贵文化遗产，它对继承和弘扬中华民族优秀历史文化传统，树立民族自信心和自豪感，增强民族凝聚力，促进中华民族的伟大复兴有着不可替代的作用。

江泽民总书记在党的“十五大”报告中强调，要“重视科学、历史、文化的遗产和革命文物的保护。”文物、博物馆工作是有中国特色社会主义文化工作的重要组成部分，是凝聚和激励全国各族人民的重要力量，是综合国力的重要标志之一。它渊源于中华民族五千多年文明史，又植根于有中国特色社会主义的实践，具有鲜明的时代特点和独特的社会教育功能，成为实施科教兴国战略的重要环节，也是对广大青少年进行社会主义教育、爱国主义教育和革命传统教育的重要基地。

改革开放以来，我国文物保护工作取得了巨大成就。《中华人民共和国文物保护法》的颁布实施，为依法保护文物提供了有力的法律保障；博物馆事业的蓬勃发展，促进了爱国主义教育基地的建设；少数民族文物的抢救性征集，对宣传我国是一个统一的多民族国家发挥了重要作用；文物的对外交流与发展，使世界进一步了解了中国，增进了中国人民与世界各国人民的友谊。

“九五”期间，在党中央、国务院正确领导下，文物工作继续贯彻执行《中华人民共和国文物保护法》，落实“保护为主，抢救第一”的方针和“有效保护，合理利用，加强管理”的原则，取得了显著成绩。广大人民群众的文物保护意识明显增强。

文物保护维修专项经费逐年增加，一大批濒临毁坏的珍贵文物得到及时抢救和保护。中央财政共安排国家重点文物保护专项补助经费6.08亿元，用于2228项（次）文物保护项目。在中央财政增加投入的主导作用下，各级地方政府也逐年增加对文物保护工作的投入，设立了文物保护专项资金。全国地方财政“九五”前四年用于文物保护的投入达4.5亿元。

“九五”后期，各级文物部门认真贯彻落实国家关于西部大开发工作的有关精神，及时布置了西部文物保护工作。三峡文物抢救保护工程已全面展开。

文物的有效保护促进了地方旅游业的发展，丰富的文物古迹成为我国旅游资源的重要组成部分。据不完全统计，由于实施了精品战略，面向社会推出了一批精品展览，全国文物系统博物馆每年举办各类陈列展览达6000多个，年接待国内外观众1.2亿人次，充分发挥了博物馆在精神文明建设中的作用。民族文物工作继续得到重视和加强。文物对外交流活动和国际合作领域不断拓展，参加联合国教科文组织拯救柬埔寨吴哥窟古迹的保护工程进展顺利。

文物安全保卫工作认真贯彻落实江泽民总书记关于加强防火安全工作的重要指示，取得显著成绩。博物馆、文物保护单位的消防基础设施建设逐步加强，博物馆技术防范设施逐步完善。重点打击了盗窃馆藏文物、田野文物和盗掘古墓走私文物犯罪活动，首次成功追回走私到英国的3000余件中国文物。经过多方工作，台湾同胞陈永泰先生捐回被盗出境的山西灵石资寿寺18罗汉头像。美国、日本友好人士也主动归还和捐赠了近年被盗和出境流失在海外的1976年山东博兴出土的北朝晚期石雕菩萨立像一躯，河北曲阳出土的五代王处直墓门神石刻一面等文物。

文物保护工作中的科技含量不断增多，文物科研成果覆盖文物保护的各个领域。文物信息资料系统的建设工作有了新的进展。与北京大学联合举办的中国文博学院发挥出重要作用，文物、博物馆队伍建设及人才培养又上新的台阶。

文物法制工作不断完善。《中华人民共和国文物保护法》的修订已由国务院审议通过并报全国人大常委会审议。经全国人大常委会、国务院批准，我国已签署了全部（总共4个）有关文物保护的国际公约。

目前，我国已知地上地下不可移动文物近40万处。其中县（市）级文物保护单位6万处，省级文物保护单位7000处，全国重点文物保护单位1268处。有27处自然和文化遗产列入联合国教科文组织《世界遗产名录》。100座城市被公布为国家级历史文化名城。全国博物馆2000余座（其中文物系统博物馆1384座），收藏各类文物标本1200余万件（其中一级品6万余件）。

在建立社会主义市场经济体制的过程中，文物工作的社会环境已发生了很大变化，文物保护工作面临着新的困难和问题。文物保护工作同社会主义市场经济体制的建立和完善还不相适应；同社会主义精神文明建设的各项要求还不相适应；同广大人民群众对文化生活日益增长的需求还不相适应。大规模的经济建设给文物工作既带来了新的机遇，也带来了严峻挑战。存在的主要问题是：许多具有历史、科学、艺术价值的不可移动文物仍然存在不同程度的险情；大量馆藏珍贵文物缺乏必要的科技保护和科学修复；各种对文物的“建设性”破坏事件时有发生；文物流通领域亟待规范；盗掘、盗窃、走私文物的犯罪活动依然猖獗；文物保护经费严重短缺；文物保护队伍中各种专业人才匮乏；文物保护政策和理论研究工作滞后；文物管理体制改革工作尚需加强。

国家《国民经济和社会发展第十个五年计划纲要》提出，要“加强博物馆等文化设施建设”，“加强民族文化遗产保护”。据此，文物事业“十五”发展规划将依据行业自身发展特点和优势，充分把握事业发展现状，从需要与可能出发，实事求是地编制《文物事业“十五”发展规划和2015年远景目标纲要》。

“十五”期间，文物事业发展的基本指导方针是：以马列主义、毛泽东思想和邓小平理论为指导，深入学习和实践江泽民同志“三个代表”的重要思想。紧紧围绕经济建设这个中心，服务于全党、全国工作大局。继续坚持“保护为主，抢救第一”的方针和“有效保护，合理利用，加强管理”的原则，把握社会主义市场经济发展的内在规律和社会需求，在改革和发展中进一步加强文物保护和博物馆建设。充分发挥文物作用，为社会主义精神文明建设和物质文明建设服务，为建设和推进当代中国先进文化做出应有的贡献。

“十五”期间，文物事业发展的有关原则是：

——坚持实施可持续发展战略，加强文物保护工作的基础建设。坚持解放思想、实事求是，处理好改革、发展、稳定三者间的关系。

——紧紧把握社会主义方向，遵循文物工作自身规律，适应社会主义市场经济体制要求，坚持把社会效益放在首位，实现社会效益和经济效益的最佳结合。

——继续贯彻落实《国务院关于加强和改善文物工作的通知》精神，认真实施“五纳入”。妥善处理好文物保护与经济建设的关系；文物保护与发展旅游经济的关系；文物保护与管理利用的关系。

——逐步完善和实施既有利于文物保护，又有利于发挥文物作用的管理模式和运作形式。在确保国家所有权的前提下，探索合理利用文物的多种形式。逐步建立以国家保护为主，动员全社会力量参与保护的文物保护新体制。

——坚持考古发掘工作以配合基本建设为主。坚持考古工作的计划性、科学性和课题意识。从保护的目的出发，一般不对帝王陵寝进行主动性发掘。

——坚持把对重要文物古建筑的抢救维修放在首位并优先安排的原则。在文物保护抢救维修中，坚持“不改变文物原状”，切实保存文物的真实历史信息，使之“延年益寿”。

——坚持不在已全部损毁的重要文物遗址、遗迹内搞重建、复建工程或仿建“假古董”。未经法定程序批准，不进行文物“重建”、“复建”工程。

——坚持规范管理，积极扶持、促进博物馆事业的社会发展。突出重点、完善功能、创新体制，强化基础，激发现有博物馆的活力。加强协调、指导，鼓励发展行业特色博物馆和民办专题博物馆。

——认真探索在社会主义市场经济体制条件下，大型古代文化遗址保护的新思路、新体制，建设国家大遗址保护园区，逐步扭转大遗址保护被动局面。重点扶持探索古代文明起源、边疆考古等重大学术课题。

——贯彻中央关于加快中西部地区发展的战略部署，加大对中西部地区文物工作的扶持力度，鼓励东部地区与中、西部地区在文物工作的各个方面进行相互交流与合作。

——继续加强各级文物保护单位的“四有”基础性工作。选择在文物普查工作中发现的具有较高价值的文物点，继续核定公布为各级文物保护单位。

——建立和发展以国家博物馆为龙头，省级博物馆为骨干，国有博物馆为主体，民办博物馆为补充，各行业和各种所有制博物馆全面发展的博物馆体系。完善现有博物馆功能，发展具有鲜明特色的专题博物馆，改善地区分布和品类布局。

——努力发展博物馆文化，重视对广大青少年的爱国主义、革命传统教育和素质教育。积极开展馆际间文物展览交流活动，丰富人民群众的文化生活。吸收社会力量建设各类专题性博物馆，鼓励民间合法收藏物的展示和交流。

——加强文物保护单位、博物馆的安全保卫，消防技防等设施建设，健全防范体制，提高防火防盗能力。

——利用现有文物保护科技力量，重点建设区域性、专题性文物保护科技中心，形成辐射全国的文物科技保护网络。充分发挥中国文物博物馆学院（北京大学文博院）等高等院校力量，培养急需的各类专门人才。

——建立和完善全国文物信息数据库，加强文博信息标准化研究，初步实现文物资源数字化，文物管理和信息传播网络化。扩大文博信息对外交流，提高我国历史文化遗产和博物馆在虚拟空间的地位和作用，力争我国文博信息化工作达到较先进水平。

——努力整顿和规范文物流通秩序，继续有条件地允许文物进入市场流通。加强文物经营资格的审批与监督，规范文物经营主体的业务活动。建立社会单位和私人文物的鉴定、登记、发放流通许可证制度。

——加强对社会民间收藏文物的管理，正确引导社会日益增长的收藏、鉴赏文物的需求。严禁各种文物制假、贩假行为。严格限制文物出口，坚决打击走私文物的犯罪活动。建立社会文物征购保护基金，在文物流通领域的各个环节防止珍贵文物流失。

——继续进行世界文化遗产名录的申报和管理，使我国重要文物古迹列入世界文化遗产名录的数量不断增长。积极参与国际性文化遗产保护组织的各种活动，扩大对外文物交流，进一步提高我国作为文明古国在国际文化遗产保护中的大国地位。

——到 2015 年，我国全国重点文物保护单位将达到 1800 处左右，“四有”基础工作全部完成；40%的全国重点文物保护单位将制订完成专项保护法规；国家文物信息数据库基本建成；初步建成门类齐全、布局合理、管理有序的中国博物馆体系，全国博物馆达到 3000 座，基本实现每个中等以上城市拥有一所功能齐全的博物馆。

——在现有国家核定公布全国重点文物保护单位 1268 处的基础上，继续由国务院核定公布 1～2 批国保单位。根据文物保护的实际需要，继续由省、自治区、直辖市人民政府核定公布一批省级文物保护单位，由县（市）级人民政府核定公布一批县（市）级文物保护单位。继续组织向联合国教科文组织申报世界文化遗产项目的工作。

——完成边疆和少数民族地区的文物调查。初步完成对中国沿海水下文物的普查。“十五”期间基本出齐《中国文物地图集》各省（区、市）分册。编辑出版《陈列展览精品集成》、《中国博物馆》、《新中国出土墓志》等重要图书。

——实施大型古代文化遗址保护工程，“十五”期间争取建成若干处国家级大遗址保护展示园区。积极推动中国古代文明起源的研究工作，重点做好东北高句丽、渤海，西北丝绸之路以及新疆地区等边疆考古课题研究。

——继续做好配合三峡工程、黄河小浪底水库、新疆油田建设、南水北调工程、西部地区城市和基础设施建设等工程的文物考古工作。积极推进东北、西北地区的航空考古工作。建立考古发掘资料整理和报告出版基金。

——抓紧对濒危文物古迹的抢救维修工作，每年集中安排70项大中型抢修工程。“十五”期间争取安排350～500项大中型文物抢救维修项目。

——会同国家建设行政管理部门做好历史文化名城的保护管理工作。

——抓紧国家博物馆建设的立项论证，组织力量完成国家博物馆建设项目的前期工作。完成中国历史博物馆、中国革命博物馆的改扩建工程和两馆基本陈列的修改工作。协调各地做好山西、天津、辽宁、四川、重庆、湖北、福建、甘肃、青海、新疆、贵州、深圳、宁波、成都等重点省市博物馆的新建和改、扩建工程。

——制订馆藏文物保存环境标准，促进博物馆库房、展厅等基础设施建设，40%以上的地、市级以上博物馆实现场馆达标。

——完成全国博物馆一级文物的建档、备案和总目编制工作。开展对馆藏书画、青铜器、漆木器、丝织品、壁画等珍贵文物的抢救性保护工程。

——继续抓好陈列展览精品工程，不断提高陈列展览水平。全国各类博物馆每年推出陈列展览约7000个左右，年观众人数1.5亿人次。进一步拓宽文物对外交流渠道与合作方式，每年组织对外文物展览5～8个，专业人员学术交流50～70人次。

——继续提高博物馆和全国重点文物保护单位安全技术防范能力，“十五”期间，100个一级风险单位的安全技术防范报警系统工程全部达标，二级风险单位争取80%以上单位达标。

——加强古建筑消防基础设施建设，完善消防供水和防雷设施。“十五”期间，建成并完善布达拉宫、罗布林卡、萨迦寺、晋祠、承德外八庙、清东陵、清西陵等一批全国重点文物保护单位的古建消防供水系统和防雷设施。全国重点文物保护单位和省级文物保护单位的古建筑争取50%以上健全消防供水系统。

——加强文物鉴定力量，开展社会流散文物登记工作。建立和完善社会流散文物市场监管体制和民间文物的流通、展示、利用体制。完善文物流通管理体系。建立、完善文物拍卖资质审查和审批制度。

——重点建设文物科技保护中心，包括区域性、专题性中心。主要是中国文物研究所、上海博物馆、陕西文物保护修复中心、四川文物保护修复中心等。

——“十五”期间，80%的省级博物馆应逐步建立馆藏文物数据库，其中上海博物馆、故宫博物院、天津历史博物馆、河南博物院等要基本建成。

——加强文物系统在职职工的业务培训工作，特别是对中高级管理人才的培训。“十五”期间，基本完成省、市级文物行政管理部门负责人的轮训。注重对边疆少数民族地区文博干部的培训工作。

（一）地面文物保护

1. 对全国重点文物保护单位中的古建筑、石窟寺及石刻、近现代重要史迹以及代表性建筑进行现状调查评估。

2. 对全国重点文物保护单位和部分省级文物保护单位制订保护规划。继续开展地面文物保护的理论研究工作。

3. 抓紧进行文物保护单位日常保养、养护工作的制度化。继续贯彻“保护为主，抢救第一”的方针，逐步实施文物保护重点工程项目。

4. 对重点文物保护单位的开放管理工作进行研究，建立适应不同类型、不同地区行之有效的开放管理制度。

（二）大遗址保护和考古

1. 基本完成1～5批全国重点文物保护单位中古遗址、古墓葬的“四有”工作。完成大部分大遗址的保护规划。完成部分大遗址管理条例的制定工作。

2. 做好大遗址保护的前期调查、发掘。每年重点实施一批大遗址保护工程，建立遗址博物馆或遗址工作站，建设重要遗迹保护设施。争取建设完成2～3处国家大遗址保护展示园区。

3. 积极推动中华文明起源研究工程的开展。重点做好东北地区高句丽、渤海和西北地区丝绸之路，特别是新疆的西域都护府、汉西域诸国等边疆考古课题。进一步加强边疆及少数民族地区的考古工作。

4. 积极开展水下文物的抢救和发掘。争取完成南海、东海水域的文物普查。积极推动东北和西北地区的航空考古工作。继续重视和加强现代科技手段在遗址保护和考古学中的应用，重点做好土质遗址保护的研究工作。

5. 建立文物考古调查发掘资料整理和报告出版基金，重点解决文物考古调查发掘资料的积压，力争做到新的发掘项目在3年内完成发掘报告的编写工作。重视考古学的成果转化和普及知识的宣传工作，继续做好考古发掘现场和出土文物的宣传展示。

6. 有计划地开展涉外考古和国际合作文物保护工作，每年安排一定数量的涉外考古和国际合作文物保护项目。积极创造有利条件，扩大中国考古学在世界的影响。

7. 进一步加强各地文物考古机构、考古野外工作站和遗址博物馆的基地建设，重视考古队伍从业人员的业务培训。完善考古领队资格评审制度。继续做好田野考古奖的评奖工作。

（三）社会文物管理

1. 制订《民间收藏文物保护管理办法》，开展社会流散文物登记工作，为全面掌握社会流散文物的保存状况，建立合理的社会流散文物保护管理体制奠定基础。

2. 制订《文物经营单位管理办法》，加强文物经营单位资质的审查，建立完善的资质审查和审批制度，对文物经营行为（包括文物拍卖）实行总体规模控制。

3. 完善文物鉴定、登记和出境许可制度，建立文物市场监管体制和民间收藏文物的流通体制，坚决制止非法文物、假冒文物上市流通。未经鉴定、登记和许可的民间收藏文物不得上市流通和公开展示。

4. 进一步完善文物出入境的程序和标识体系，建立丢失文物挂失系统，提高执法部门和国内外公众对非法流通文物及走私文物的防范意识和防范能力，打击文物非法交易与走私。

5. 加强和改善文物鉴定站的工作，加强文物流通前的鉴定许可及文物出境时的鉴定许可，逐步将售前鉴定和出境鉴定统一为面向文物所有者的登记、鉴定和检查制度。“十五”期间各省普遍建立文物鉴定登记机构。

6. 积极探索国有文物购销经营单位的改革，改善经营状况，提高文物经营活动的社会效益与经济效益。建立符合社会主义市场经济条件的经营体制，充分发挥其在文物经营中的主渠道作用。

7. 探索建立文物转让特别是携带文物出境的征税制度。施行免征文物进口税收制度，鼓励境外文物回流，鼓励民间合法收藏。逐步推行私人合法所有文物出境的限量、限期申请制度，制订在申请期限内国家或国内法人优先购买待出境文物的优惠政策与制度，避免珍贵文物流失。

（四）博物馆管理

1. 进一步强化博物馆精品意识，坚持社会主义方向，坚持为两个文明建设服务，为人民群众服务。坚持把社会效益放在首位，为公众提供更多更好的优秀陈列和展览。

2. 调整结构，合理布局，统筹规划，积极引导，鼓励发展行业博物馆和有代表性的遗址博物馆。鼓励、支持社会各行业依法兴办专题陈列馆和博物馆，健全、完善博物馆体系，满足人民群众对精神文化的需求。

3. 继续做好文物和标本的征集、保护、管理等基础工作。依据《中华人民共和国文物保护法》、《中华人民共和国文物保护法实施细则》、《博物馆藏品管理办法》、《文物藏品定级标准》等法律和《关于博物馆文物清库、登记、建档工作的意见》，努力推动全国博物馆文物藏品征集、保管工作的规范化、制度化和现代化建设。

4. 在认真总结馆藏一级文物鉴定确认工作的基础上，编制《全国一级文物藏品总目录》和《全国一级革命文物藏品目录》。各地在“十五”期间内完成博物馆藏品清单和三级以上藏品的鉴定、建档工作。

5. 努力拓宽藏品征集范围，实施有计划的征集和收藏。特别是抢救征集少数民族文物、民俗文物、反映近现代及当代中国社会变革和进步的各方面实物、文献。注重对反映改革开放以来有关的珍贵实物和资料的征集工作。加快藏品电脑数据库和信息化管理的步伐，切实提高藏品的信息化管理水平。

6. 依据《博物馆安全保卫工作规定》和《文物系统博物馆风险等级和安全防护级别的规定》等规章的要求，完善博物馆库房和展厅的安全设施，改善库房条件，确保文物安全。新建博物馆的安全技术防范工程应与基建工程同步进行并纳入基建预算。

（五）文物科技管理

1. 加强馆藏文物科技保护的基础应用研究。主要包括：青铜器的氧化及风化腐蚀机理与保护研究；铁器保护的研究，重点解决大型铸铁器物的保护；纤维质文物，包括：各类纸张、丝织品类文物的传统工艺和保护方法的研究；彩绘陶瓷器的质地、内部结构的研究；结合我国文物特点，参考国际文物保护规定的修复材料，进行保护修复材料筛选与使用规范的研究。

2. 加强文物保存环境研究。结合评价室外和馆藏文物所处环境特征和现状，着重研究如何治理恶劣环境的方法，提出保护对策和防治措施。通过现场测试、模拟试验等方法，对文物环境的质量进行评价。参考环保部门及国外文物保存环境质量标准，制定有效可行的分类、分级技术标准，提出控制环境质量的综合指标。

3. 加强文物保护单位的自然灾害应急对策研究，为提高文物防灾、抗灾能力提供科学依据。主要包括：古代建筑物的防火、防生物侵害及防震加固技术的研究；大型石刻、石窟寺的防火和防震技术研究；博物馆、陈列馆等文物收藏部门综合抗震防护技术研究及技术规范的制定；古代墓葬、遗址的土质加固技术研究；制定自然灾害防护措施标准，建立文物自然灾害应急防护信息库。

4. 加强考古发掘现场文物保护系统研究，主要是对考古发掘现场环境、各种质地文物的保护技术及保护材料的研究；考古发掘现场文物保护基本规程的研究；考古发掘现场环境监测研究；考古发掘现场各类文物特性和损坏机理研究；以及考古发掘现场对文物影响因素的确定及防治对策。

5. 加强对不可移动文物维修工程标准化的制订工作。包括：制订古建筑、石窟寺等不可移动文物维修保护工作工程主要技术专业的规范与标准；制订古建筑中残破构件更换的物化界定标准和用于文物建筑使用的传统建筑材料生产的质量标准；编撰不可移动文物维修保护工程的标准。

（六）事业教育培训

1. 加强文物、博物馆科学研究、人才培养和队伍建设工作。推进在文物学、建筑学、历史学、考古学、博物馆学、管理学以及相关学科和专题研究领域中的科学研究工作。鼓励多学科交叉、综合性研究。充分发挥文物科学研究机构、博物馆人才的群体优势，培养一批学科带头人和科研骨干，以更高层次的学术成果、更高水平的业务活动，确立文物、博物馆工作在整个文化、学术界的重要地位和影响。

2. 与国家教育行政管理部门协商，合理配置高等院校的文博专业，加强文物科技保护，古建筑维修等专业建设，完善中国文物博物馆学院（北京大学考古文博院）的专业设置，尽快将文物科技保护和古建筑维修确定为正式专业。

3. 针对文物、博物馆学科属于文理交叉学科的特点，在中国文物博物馆学院（北京大学考古文博院）和其他高等院校的文博专业课程设置上，增加自然科学和现代科学技术方面的内容和比重，并在教学和实习中加强各专业之间的衔接。

4. 加强文博在职干部的培训，以中国文物博物馆学院（北京大学考古文博院）为基地，对全国文博系统省级文博单位主要领导进行岗位轮训。鼓励省级文物管理部门与有关高校文博院系合作，开展面向当地文博系统的教育培训工作。

5. 通过“馆校结合”、“师承制”等形式，培养文物、博物馆事业急需的各级各类专业人才，抢救濒临失传的经验和技艺。

6. 大力培养复合型高层次人才。主要目标是：培养一支既懂文博业务，又有管理知识的复合型管理骨干队伍。培养一支既懂文博专业知识，又懂现代科学技术（尤其是文物保护科技和信息网络技术）的新型专业人才队伍。培养一支既懂文博专业知识，又精通外语的管理、研究、宣传队伍。

7. 加强与国外在教育培训方面的交流，采用“走出去”与“请进来”相结合的方式学习国外先进经验，拓宽中外人才交流的广度和深度。

8. 加强西部地区的文博教育工作，在政策制定、经费投入等方面向西部倾斜。加强地区间协作，积极鼓励东部地区选派优秀文博人才到西部锻炼。根据西部地区文博工作的实际需求，有针对性地举办各类研讨班和培训班，为西部大开发中的文物保护工作服务。

（七）文博信息化工程

1. 制订、完善并颁布实施以博物馆信息规范和重点文物保护单位信息规范为主的文博行业信息化规范，为实现系统联网和信息共享奠定基础。

2. 适应国家经费管理体制改革的需要，开发“全国重点文物保护专项补助经费项目管理系统”，包括全国重点文物保护单位，大遗址保护，考古发掘管理，重点博物馆及文物库房维修，一级风险文博单位安防工程，社会文物征集，馆藏珍贵文物和重要出土文物科技保护，文物、博物馆事业年度统计资料等。

3. 建设以国家文物局机关局域网为中心的全国文博行政业务管理网，实现中央、地方各级政府文物管理部门公文办理、业务来往的政府办公自动化。

4. 开发并建成“全国文物、博物馆信息管理系统”，内容包括世界文化遗产、重点文物保护单位、大遗址、考古发掘点、博物馆及文物库房、馆藏珍贵文物及重要出土文物、陈列展览、社会收藏与文物流通、海外流失文物、学术研究、文物科技保护、安防工程、对外交流、机构与人员、专家与人才等。

5. 建设并开通内、外版“中国文物”网站，使其成为全国文博系统办公自动化的统一平台和面向全国和世界的交流窗口。借鉴国内外经验，建设“数字博物馆”，使之成为我国文物、博物馆事业在信息网络时代虚拟数字世界的形象代表。

——贯彻落实和深入宣传《中华人民共和国文物保护法》，进一步加强文物保护措施，规范文物流通领域，明确文物行政管理部门执法主体地位。

——制订《全国重点文物保护单位管理办法》、《中国世界文化遗产管理办法》、《文物单位开放标准管理办法》、《文物保护单位保护规划编制办法》、《博物馆管理办法》、《文物鉴定管理办法》，修订《考古调查、勘探、发掘经费预算定额管理办法》和《考古涉外工作管理办法》。

——认真落实《国务院关于加强和改善文物工作的通知》以及《关于进一步完善文化经济政策的若干规定》，积极探索建立文物有效保护的新型管理体制。

——加强文物维修工程的管理工作。在文物保护工程实施过程中建立、健全工程招、投标制度和工程监理、验收制度，提高文物维修经费使用效益。

——加强考古管理工作，完善考古发掘申报、领队资格审查和汇报检查、奖励等项制度。逐步解决考古资料积压的历史遗留问题，促进考古发掘成果尽快向社会转化。

——开展对博物馆的评估和分类，着力扶持代表国家形象的重点博物馆。积极、稳妥推进博物馆内部管理机制的改革。

——国家文物行政管理部门组建文博信息化工作领导机构，组织制订文博信息化规划及实施方案，负责文博信息化建设的宏观管理和重大项目的组织实施。组建中国文物信息咨询中心。

——进一步明确博物馆等文物事业单位是文化特色突出、社会教育功能明显、不以营利为目的的公益性事业单位，是社会文化教育事业中不可缺少的组成部分，享受与基础教育、基础研究以及图书馆同等的地位和待遇。

——商财政部研究对文物、博物馆单位实行所得税采取先征后返政策，比照现行“宣传文化发展专项资金”的办法，用文物事业单位上缴所得税建立“文物保护与事业发展专项资金”，由财政全额返还文物部门，用于文物保护事业的发展。

——商财政部研究制订鼓励社会资金投入文物、博物馆事业的优惠政策，允许企业用纳税前所得以捐赠方式用于文物保护，捐赠部分不纳入计税所得。国有博物馆从境内外征集文物藏品，接受捐赠，免征增值税。

——商公安部建立对打击犯罪，保护文物有突出贡献单位和个人的奖励制度，设立专项奖励经费，遏制文物违法案件的发生。

——商国家计委落实国家博物馆建设工程前期投资。国家扶持地方投资建设若干个重点省级博物馆。大遗址保护展示园区建设资金由中央和地方财政合理分担。

——商财政部进一步加大中央财政对文物保护资金的投入。“十五”期间，中央对文物维修、考古发掘、文物保护单位、博物馆安全防护及珍贵文物征集的补助经费和文物保护设施建设投资补助经费，在现有基础上有较大幅度增长。

展望新的世纪，文物工作有广阔的发展前景。全国各级文物部门都要认真贯彻落实党中央、国务院确定的文物工作“保护为主，抢救第一”的方针和“有效保护，合理利用，加强管理”的原则。全面准确地宣传文物的价值及特殊作用，科学利用文物资源和优势，展示中华民族在漫长的历史进程中所拥有的强大凝聚力、创造力和生命力，帮助人民群众认识自己的悠久历史和优良传统，提高思想道德素质和科学文化水平，建设社会主义精神文明，是全国文物工作者的光荣任务。

只要我们始终不渝地坚持“三个代表”重要思想，解放思想，实事求是，开拓创新，与时俱进，坚定不移地坚持为人民服务，为社会主义服务的方向，我们必将在中华民族伟大复兴的事业中做出更加辉煌的业绩。

国家文物事业“十一五”发展规划

第一章　前　言

中国是世界文明古国，中华文明源远流长，在漫漫历史长河中，留下了浩瀚如海且弥足珍贵的文物古迹，其蕴藏之丰富、品种之繁多、门类之齐全，为世界所少有。这些文物古迹遍布全国各地，真实见证了中华民族自强不息、百折不挠的伟大发展历程，蕴含着中华民族特有的精神价值、思维方式和意识形态，体现着中华民族旺盛的生命力和不竭的创造力，凝聚着中华民族的杰出智慧，是中华民族的魂之所系、根之所在，是联结民族情感的牢固纽带。保护、管理、利用好祖国文物，对于维系中华民族血脉，弘扬优秀文化传统，增进民族团结，振奋民族精神，捍卫国家主权和领土完整，推动人类文明进步和维护全球文化多样性，均具有重要作用；同时也是我们承先启后，继往开来，发展社会主义先进文化、落实科学发展观和构建社会主义和谐社会，建设高度发达的社会主义物质文明、政治文明和精神文明，实现社会可持续发展的必然要求。

党和政府历来重视文物工作，做出了一系列重大决策和部署。胡锦涛同志在致联合国教科文组织第28届世界遗产委员会大会的书面贺词中指出：“中国政府高度重视保护文化和自然遗产，将继续弘扬中华民族的优秀文化，保护生态环境，扩大国际合作，保证文化和自然遗产的充分保护和适度利用，进一步促进人与自然和谐发展。”《国务院关于加强文化遗产保护的通知》明确要求：各级人民政府和有关部门要从对国家和历史负责的高度，从维护国家文化安全的高度，充分认识保护文化遗产的重要性，进一步增强责任感和紧迫感，切实做好文化遗产保护工作。

改革开放以来，我国文物保护工作出现了一个崭新局面。从总体发展趋势来看，随着经济社会的持续快速发展，经过20多年的不懈努力，我国文物保护事业已经取得了令人瞩目的成就。各级文物保护机构普遍建立；文物保护专门队伍日益壮大；立法工作步伐明显加快，执法工作有力跟进；文物保护和管理的水平逐步提高；保护专项经费逐年增加；众多濒临毁坏的珍贵文物得到及时抢救和保护；一批具有中华民族鲜明特征的文化遗存被列入《世界遗产名录》；文物保存、保护环境明显改善；各类博物馆、纪念馆数目和规模迅速增长；面向社会、面向世界的文物展览以及交流与合作日益频繁；在有效保护前提下，广大文物工作者注重合理利用、发挥文物古迹的社会价值和功能，为开展旅游以及其他相关产业的发展创造了有利条件，在促进经济、社会可持续发展方面取得了明显的效果。

本规划旨在客观评价、科学分析、准确把握、深入研究全国文物事业所面临的形势、问题和任务，统筹安排，正确引导全国文物事业的发展与方向，最大限度地发挥现有财力、人力、技术资源，全面提升我国文物保护管理工作的整体水平，促进文物事业可持续发展，逐步实现我国从文物保护大国向文物保护强国的跨越，切实发挥文物事业在构建社会主义和谐社会中不可替代的重要作用。

第二章 “十五”期间文物事业发展状况和存在的问题

“十五”期间，我国经济实力、综合国力和国际地位显著提高，文物事业进入全新的发展阶段，基本完成《文物事业“十五”发展规划和2015年远景目标纲要》提出的主要目标和重点工作，取得了明显成绩，为传承中华文明，普及科学知识，发展先进文化，构建和谐社会做出了积极贡献。

文物法制建设工作稳步推进，文物保护法规体系基本形成。2002年10月，第9届全国人大常委会第30次会议审议通过了对《中华人民共和国文物保护法》的修订；2003年5月，国务院第8次常务会议审议通过了《文物保护法实施条例》。在上位法的指导下，文化部、国家文物局制定了《文物保护工程管理办法》、《文物行政处罚程序暂行规定》等部门规章及《文物保护工程勘察设计资质管理办法》、《文物保护工程施工资质管理办法》、《文物保护科学和技术研究课题管理办法》、《文物保护行业标准管理办法》和《文物拍卖管理暂行规定》、《文物出境展览管理规定》等30余项规范性文件和管理规定，并研究制定了文物保护法规体系框架及文物保护中、长期立法计划。各地积极推动地方文物立法工作，《江苏省文物保护条例》、《北京市长城保护管理办法》、《甘肃省敦煌莫高窟保护条例》等一批地方性法规先后出台，从而为文物保护工作有法可依、依法行政提供了基本保障，有效营造了依法决策、依法管理的文物保护法律环境。

文物保护“五纳入”工作不断推进。各地、各部门积极将文物保护纳入经济社会发展计划和城乡建设规划。“十五”期间中央财政用于文物保护的专项补助经费总投入17.36亿元，比“九五”增长138%。各级地方政府用于文物事业的经费也在逐年增多，一些地方设立了文物保护专项经费。一些省市在机构改革中加强了文物行政管理机构和执法队伍的建设。社会力量以多种形式参与文物保护，文物工作的社会环境进一步改善，以国家保护为主，动员全社会共同参与的文物保护新体制正在形成。

全国文物资源的核查、建档工作取得明显成效。国家文物局部署开展了全国重点文物保护单位记录档案备案、全国重点文物保护单位保护状况调研、全国馆藏一级文物建档备案、全国馆藏文物腐蚀损失调查、文物调查及数据库管理系统建设等重点工作和项目，初步摸清了全国文物资源家底，基本掌握了国有不可移动文物和馆藏文物的数量、质量、分布和保护状况，为制定有关工作计划，有效保护文物，提供了科学依据和可靠保证。山西、河南、辽宁、甘肃四省作为文物调查及数据库管理系统建设试点单位，组建了文博信息化工作机构和队伍，建立文物数据中心，搭建文博信息网络，初步实现了文物数据的动态管理。

人才队伍建设力度加大。认真贯彻实施人才强国战略，着眼于人才总量增长和人才素质提高，强化培训措施，在文物博物馆行业逐步推行持证上岗制度。国家文物局举办了全国省级文物局局长、博物馆馆长、考古所所长和古建所所长培训班，世界文化遗产保护管理机构负责人培训班，高句丽遗址地区文博管理干部和业务人员培训班。成功开展了梅隆基金会博物馆高级管理人员赴美培训和中意合作文物保护修复培训等中外合作人才培养活动。各地文物行政部门也加快了人才培养的步伐。全国文博系统初步建立了专业管理干部、专业技术人员多层次、分级别培训体系，培养了一批高水平的专业技术和管理骨干。

文物安全保障工作日益加强。一批重点博物馆的相继落成，博物馆藏品保存环境达标试点工作的开展，《文物系统博物馆风险等级和安全防护级别》达标工作的推动落实，使馆藏文物安全防范工作不断加强。各地相继成立文物行政执法机构或设置专职行政执法人员，增强了文物行政执法能力。文物部门与公安、海关、工商等部门密切合作，不断加大防范和打击文物领域犯罪的力度，组织研制了防止田野文物被盗的技术防范监控设备。积极寻求与其他国家和地区的双边合作，共同打击走私文物犯罪活动，先后从美国海关追索回被走私的河北曲阳五代王处直墓彩色石雕像、从香港克里斯蒂拍卖公司依法索回河北承德被盗出境的40件珍贵文物等。

文物保护各项基础工作进一步推进。国家文物局开展了全国文博单位基本情况普查工作。报请国务院核定公布了第五批全国重点文物保护单位，全国重点文物保护单位总数达到1271处。重点开展了西藏布达拉宫、罗布林卡、萨迦寺，北京故宫等国家重点文物维修保护工程和一大批全国重点文物保护单位的抢险工作，基本实现了全国重点文物保护单位没有重大险情的目标；通过中央政府和地方政府的投入与努力，北京故宫、龙门石窟、高句丽王城、王陵和贵族墓葬等一批重点文物保护单位的周边环境明显改善，大量省、县（市）级文物保护单位也相应得到了保护和修缮，周边环境得到有效治理。

国家文物局指导编制完成50处古遗址保护规划和36处国家重点大遗址保护规划纲要，初步建立了大遗址保护规划体系。国家设立重点大遗址保护专项经费，有力推进了大遗址保护专项法规、保护工程、保护设施和保护展示园区的建设进程。宁夏西夏陵、陕西秦始皇陵、大明宫、汉阳陵、四川三星堆、黑龙江渤海上京龙泉府宫城遗址、辽宁绥中姜女石秦汉宫殿遗址、吉林高句丽遗迹等的保护设施建设项目已初具规模，为大规模抢救保护和利用大遗址提供了范本。

配合基本建设的考古调查、勘探和发掘工作成绩显著。加强西部大开发中文物保护和管理工作，西气东输、青藏铁路等国家大型工程中的考古工作圆满完成。三峡工程考古和文物保护工作进展顺利。南水北调东、中线一期工程文物保护工作正式启动并稳步推进。城市考古、边疆考古、环境考古、科技考古、水下考古、航空遥感考古、合作考古等取得了可喜成绩。各地配合基本建设进行的考古调查、勘探和发掘不断取得新的成果。

世界文化遗产保护管理工作取得明显成效。我国世界文化遗产项目的定期监测与反应性监测，得到世界遗产中心的充分肯定。云冈石窟、罗布林卡、明清帝王陵寝、龙门石窟、高句丽王城、王陵和贵族墓葬、沈阳故宫、澳门历史城区申报世界遗产成功。我国世界遗产数量已达到31处，位居世界第三位。

博物馆建设不断推进。全国各类博物馆达到2300余座，拥有馆藏文物2000余万件（套），每年推出近万个陈列展览，接待国内外观众约1.5亿人次。中国国家博物馆改扩建工程启动。一批大型博物馆如中国财税博物馆、中国烟草博物馆、北京天文馆、天津博物馆、福建博物院、青海省博物馆新馆、山西博物院新馆、辽宁省博物馆新馆、重庆中国三峡博物馆等建成开放。上海博物馆、南京博物院、河南博物院、湖南省博物馆、中国科技馆等一批博物馆在基础设施、研究展示、管理运行与社会服务等方面快速提升，正在赶上或接近国际博物馆的先进水平。

文物流通、进出境管理日趋规范。国家对文物市场进行了整顿和规范，初步建立了文物拍卖准入制度。财政部与国家文物局积极探索国家征集珍贵文物工作新模式，设立了“国家重点珍贵文物征集专项经费”，成为保护祖国珍贵文化遗产、建设先进文化的重要举措，并已取得突出成效，成功征集到北宋米芾书法《研山铭》、龙门石窟佛雕等珍贵流失文物。

文物工作科技含量显著提高。开展了一批重要的文物保护科研项目，并进行科研成果的转化。国家重点科技攻关项目“文物保护技术与中华文明探源预研究”顺利实施。国家文物局设立“文物保护科学和技术创新奖”，19项科技成果分获一、二等奖，德国专家米歇尔·佩策特、美国专家内维尔·阿格纽分获2001、2005年度国家科技合作奖。“秦俑彩绘保护研究”获2004年度国家科技进步二等奖。一些博物馆和科研机构建立了重点科研实验室，中国文物研究所等文物保护科研单位的基础条件不断改善。国家文物局认定了陶质彩绘文物保护、古代壁画保护、出土木漆器保护、砖石质文物保护、馆藏文物保存环境、文化遗产保护规划等6个重点科研基地。《中国文物古迹保护准则》的推广实施，标志着中国文化遗产保护理念开始走向成熟。

文物宣传和出版工作颇具成效。各地文物部门以贯彻落实文物保护法为核心，采取多种形式，广泛开展文物保护法律法规的宣传活动。积极促进全社会文物保护意识的提高，努力创造人人热爱文物、关心文物的良好社会氛围。举办了文物保护标志征集大赛，制作并推广文化遗产保护公益歌曲，与中央电视台等单位联合制作了大型纪录片《中华文明》、大型电视文化专题片《中国博物馆》。文物系统主办的报纸、书刊和网站已经形成了颇具规模的文物宣传网络，故宫博物院等一批文博单位的网站建设获得社会公众普遍好评。大量普及文物知识的优秀图书出版发行，《中国古代书画图目》、《唐宋时期的雕版印刷》等图书分获国家图书荣誉奖和国家图书奖。

文物对外及对港澳台地区交流与合作发展势头良好。政府间的合作继续加强，每年赴国外及港澳台地区举办展览达60余项，向世界各国和港澳台地区宣传展示了中华民族悠久灿烂的文明和改革开放以来文物保护所取得的成就。同时，引进国外文物来华展出、开展考古合作发掘研究、合作培训专业人员、借鉴国外先进文物保护科技等活动空前活跃。我国积极参与了联合国援助柬埔寨吴哥窟保护维修项目，并成功主办了第28届世界遗产大会和第15届国际古迹遗址理事会。

文物保护事业在经济建设和文化建设中的促进作用日趋凸显。一些文物资源特别丰富的地区，如北京、西安、承德、曲阜、平遥、丽江等，一些著名的文博单位，如故宫博物院、敦煌研究院、秦始皇兵马俑博物馆等，已成为具有较大影响和较强竞争力的文物旅游城市和景区。越来越多的文博单位逐渐成为公众汲取文化科学知识、文化休闲与旅游消费的上佳选择。全国有1000多个博物馆、纪念馆被确定为爱国主义、科普等方面的教育基地。

在全国各地积极配合下，国家文物局完成了全国文物保护“十一五”专项规划的编制及项目库建设工作，基本反映了未来五年全国重点工程项目和资金重点投入方向，为推行文物保护项目库管理、建立绩效考评体系以及实施专项经费的“阳光工程”奠定了基础，是我国文物保护项目及经费使用管理模式的创新。

随着经济全球化趋势和现代化进程的加快，以及社会主义市场经济体制的确立，我国的文化生态发生了巨大变化，文化遗产保护面临新的形势和问题。目前我国文物事业发展的总体水平仍与我们文明古国、文物大国的地位不相适应，与我们面临的文物保护、管理、利用的繁重任务不相适应，与人民群众日益增长的物质文化和精神文化需要不相适应。主要问题有：“五纳入”工作没有得到深入落实；文物行政管理机构和文物行政执法能力相对薄弱，文物保护的法规体系建设和有效执法工作尚需深入；经济建设与文物保护的矛盾仍然突出，不少历史文化名城（街区、村镇）古建筑、古遗址及其风貌在城镇改造和其他基本建设活动中遭到破坏；过度开发和滥用文物古迹的现象较为普遍，许多具有重要价值的文物古迹濒临消亡；对文物本体的抢救性和预防性保护任务依然艰巨；文物非法交易现象以及盗窃田野文物、盗掘古墓葬和走私文物的违法犯罪活动仍然猖獗；博物馆建设“重硬件，轻软件”“重建设，轻管理”的倾向还相当普遍，博物馆布局不平衡、品类不丰富，展示、服务水平普遍有待提高；随着生存环境的不断变迁，一些少数民族文化遗产正处在迅速消失的危险境地；文物保护科学研究、专业队伍建设、高新技术应用、社会服务等工作亟待加强。造成以上问题的主要原因，一是一些地方和部门领导对文物工作不够重视，没有充分认识到文物工作的重要意义，不能正确处理经济建设、社会发展与文物保护的关系；二是文物保护的法律体系还不完善，文物保护法律法规贯彻执行不力，有法不依、执法不严现象普遍存在；三是文物管理体制不顺，职责不清，责权分离，文物管理机构欠缺，人员不足；四是文物事业经费短缺，作为历史悠久、文化遗产丰富的发展中大国，国家用于文物事业的经费与实际需要仍有很大差距；五是全社会共同保护文物的环境还有待完善。一方面，社会公众对文物事业缺乏正确的认知和理解，公众的文物保护意识还比较淡漠；另一方面，国家还应该积极拟制并实施动员和吸引社会各界参与文物保护的政策和措施；六是文博系统内部也存在思想不够解放，改革不够深入，基础理论研究薄弱，创新精神和实事求是的科学态度有待加强等因素。

今后五年（2006～2010年）是我国全面建设小康社会的重要历史时期。经济文化呈全球化发展趋势，工业化、城市化快速推进，科技进步日新月异，公众对文化遗产的兴趣日趋增长，以旅游休闲为表现的对体验、参与和知识更新的需求给文物保护工作带来巨大冲击与推动，文物事业既面临良好的发展机遇，也必须积极应对时代的挑战。

第三章　指导思想和基本原则

一、指导思想

以邓小平理论和“三个代表”重要思想为指导，认真落实科学发展观和构建社会主义和谐社会的重大战略构想，贯彻落实《文物保护法》，坚持“保护为主，抢救第一，合理利用，加强管理”的文物工作方针，遵循文物工作自身规律，顺应经济社会发展客观要求，服务于经济建设这个中心，注重科技，以人为本，抓住机遇，务实创新，构建科学有效的文物保护体系，整体提高我国文物保护、管理、利用水平，提高全社会文物保护意识，充分发挥文化遗产在传承中华文化、提高人民群众思想道德素质和科学文化素质、增强民族凝聚力、促进社会主义先进文化建设和构建社会主义和谐社会中的重要作用。

二、基本原则

（一）坚持依法行政。以《宪法》为基础，以《文物保护法》为核心，加强文物法制建设，丰富和完善文物保护法规体系。

（二）坚持改革创新，坚持全面、协调、可持续发展战略。处理好文物保护、管理和利用的关系，处理好改革、发展和稳定的关系。

（三）坚持实施“五纳入”。积极探索新形势下文物保护、管理、利用的新模式，逐步建立和完善以国家保护为主导，全社会共同参与的文物保护新体制。

（四）坚持保护文物的真实性和完整性。坚持在文物工作中积极研究、运用、推广现代科学技术，增加科技含量，实施科学化、规范化保护和管理。

（五）坚持文物安全第一。加强安全保护基础工作，提高防范能力，确保文物安全。

（六）坚持文物工作的社会公益性。适应社会主义市场经济体制和构建和谐社会的要求，坚持贴近实际、贴近生活、贴近群众，不断提升博物馆、纪念馆和各类文物开放单位的展示服务水平，实现社会效益和经济效益的最佳结合。

（七）坚持统筹规划、分步实施、优势互补、突出重点。集中财力优先实施重大项目和重点工程，加大对“老、少、边、穷”地区和西部地区的扶持力度，实现中央支持与地方自主发展有机结合。

（八）坚持一切从实际出发，从我国国情出发，因地制宜，求真务实，勤俭节约，不断提高资金使用效率。

第四章　发展和改革思路

“十一五”是承前启后的重要时期。文物事业要以邓小平理论和“三个代表”重要思想为指导，以科学发展观统领全局，站在新的历史起点，充分融入党和国家全面建设小康社会的大局，深入贯彻《文物保护法》和“保护为主、抢救第一、合理利用、加强管理”的文物工作方针，落实《国务院关于加强文化遗产保护的通知》精神，转变发展观念，创新发展模式，提高发展质量，提升文物事业在综合国力中“软实力”地位，抓住机遇，加快步伐，统筹兼顾，不断增强文物事业发展活力，整体推进文物事业向前发展。

进一步深化体制改革，构筑优良体制环境，使文物的保护、抢救、利用和管理工作在更加协调有效的体制下顺利开展。切实将文物保护纳入当地经济和社会发展规划、纳入城乡建设规划、纳入财政预算、纳入体制改革、纳入各级领导责任制。加快行政管理体制改革，推进政事分开，健全科学民主决策机制和行政监督机制。推进文物事业的社会化进程，制定切实有效的政策、措施，建立文物行业专业技术标准，鼓励、引导社会力量进入文物保护领域，努力建立多层次、广覆盖、适合国情的，以国家保护为主并动员全社会参与的文物保护新体制。

加强文物行政部门管理能力建设。优化组织机构，理顺权责职能，用科学的理念指导文物保护管理工作。健全法规体系，坚持依法办事，加大执法力度，健全执法机构，加强执法能力，打击各种文物犯罪。做好文物保护各项基础工作，确保文物安全。强化科学管理和规范管理，建立重大项目跟踪监督、绩效考评制度，逐步实施项目管理“阳光工程”，增强决策的科学性，确保文物保护资金使用的规范性、有效性。提高对外开放水平，着重引进先进技术、管理经验和高素质人才。

以贯彻落实《文物保护法》为核心，开展文物保护法律法规和科学、先进的文物保护理念的宣传。发动社会力量，利用宣传媒介，提高人民群众对文物保护重要性的认识，正确引导和规范广大群众保护文物的积极性，增强全社会文物保护意识。努力使各级领导干部熟悉国家文物保护法律法规和方针政策，掌握文物保护的基本理念和要求。形成人人关心文物保护，人人支持文物工作的良好社会氛围。

推进理论创新，为事业发展提供智力支撑。解放思想，更新观念，尊重群众的首创精神。研究关系文物事业发展大局和对推动经济社会发展具有重大作用的历史文化遗产课题，研究建立文物保护新体制的政策措施，研究国际先进文化遗产保护的理论与实践，结合中国文物保护实际，形成具有指导意义和较强操作性的文物保护理论体系。

推进科技创新，为事业发展提供动力保障。树立科学思想、科学方法和科学态度，注重自主创新、重点跨越。加强基础、应用、软科学研究，启动一批重要的科技项目，大力开发对文物事业发展具有重大带动作用的高新技术，促进传统技术和现代科技有机结合。加强科学普及，推动先进科学技术在文物保护中的应用。加强国家级重点科研基地建设，整合科技资源，形成跨领域、跨部门、多学科交叉联合和技术集成，尽快形成科学技术对文物保护工作的全面支撑。

壮大文物人才队伍。树立人力资源是重要资源、人才资源是第一资源的观念。创造培育和使用人才的良好环境，坚持学历教育与实践培养结合，自我培养与引进人才互补。将素质建设和综合考评机制紧密结合，健全以品德、能力和业绩为重点的人才评价、选拔任用和激励保障机制。既重视培养中青年文物学科带头人和高层次复合型领导人才，也重视培养高素质、高技能、专业化的工作人员。

充分利用文物的宣传和教育优势，大力发挥文物在弘扬民族精神、进行爱国主义教育、促进国家统一、增强民族自豪感方面的作用，为全面建设小康社会提供强大的思想保证和精神动力。坚持以人为本，落实“三贴近”要求，以基层博物馆为重点，加强博物馆整体建设，不断提升博物馆展示和服务水平，满足人民日益增长的精神文化需求，促进社会主义物质文明、政治文明和精神文明共同进步。扩大对外交流合作，推动中华文化走向世界。

以促进经济社会发展为主要奋斗目标，充分发挥文物事业的积极作用。寻求促进经济社会发展的新着力点，扩大行业间交流，充分发挥文物保护在建设资源节约型和环境友好型社会中的作用。寻求与旅游等行业协调发展，增加就业岗位、提高当地收入、带动环境整治，使广大人民群众成为文物事业的受惠者、共享者，全面提高全民族精神生活和物质生活质量。

第五章　主要目标

文物法规体系更加完善，基础理论研究不断深入，保护文物理念深入人心。摸清家底，基本完成各级文物保护单位“四有”工作和馆藏文物建档备案工作。全国重点文物保护单位得到有效保护、总量大幅增长。建立有效的世界文化遗产保护管理机制，建立大遗址保护和利用良性互动模式。完成国家重大工程建设中的考古工作，边疆考古、航空考古、水下考古和合作考古取得较大进展。完善博物馆体系，增加博物馆数量，改善藏品保存环境，提升博物馆展示、服务水平。文物安全防范能力明显提高。文物工作科技含量不断增强，支撑和引领文物保护事业的发展。文物流通领域和民间文物收藏不断规范。文博人才总量稳步增长，从业人员素质整体提升。对外交流合作更加广泛深入。到2010年，初步建立比较完备的文物保护制度，文物保护状况得到明显改善。到2015年，基本形成较为完善的文物保护体系，文物得到全面有效保护。充分发挥文物事业在构建和谐社会中的积极作用。

第六章　主要任务

一、法制建设

开展《文物保护单位保护条例》、《世界文化遗产保护管理条例》、《水下文物保护管理条例》、

《博物馆管理条例》、《长城保护条例》等法规、规章的拟订、修订工作，不断完善文物法规体系。

二、宣传教育

（一）以《文物保护法》的宣传为核心，深入宣传党和国家关于文物保护的重大决策和工作部署，宣传《国务院关于加强文化遗产保护的通知》、《国家“十一五”时期文化发展规划纲要》，宣传文物保护成就，认真举办“文化遗产日”等系列活动，提高人民群众对文物工作重要性的认识，增强全社会的文物保护意识。健全完善文物宣传的统筹协调机制和新闻发布机制。

（二）进一步繁荣文物图书编辑出版工作，在多出学术图书的同时，注重编撰普及文物知识的读物，努力实现提高与普及的统一，学术性与趣味性的统一，社会效益与经济效益的统一。

三、政策理论研究

（一）开展文物事业与中国经济社会发展课题研究，推出一批具有指导意义的研究成果。

（二）系统研究和总结国际先进文物保护理论与实践，结合中国文物保护实际，形成具有较强操作性和指导意义的文物保护理论体系。

四、地面文物维修保护

（一）开展第三次全国文物普查工作，进一步摸清家底。

（二）基本完成各级文物保护单位“四有”工作，重点完成全国重点文物保护单位记录档案备案和相关资料数据库建设，完成保护范围和建设控制地带的划定，协调地方政府建立健全保护机构，进一步规范保护标志。

（三）完善文物保护工程相关法规和技术规范，建立健全文物保护工程管理规章制度，规范工作程序，实现文物保护维修工程科学、规范管理。

（四）建立全国重点文物保护单位维修管理资料动态查询系统，为宏观掌握、统筹安排和科学管理保护维修项目提供信息支撑。

（五）编制全国重点文物保护单位中石窟寺、石刻、古民居村落总体保护规划，有效保护文物本体和周围环境。

（六）全国重点文物保护单位排除重大险情，得到有效保护。对险情突出的全国重点文物保护单位采取主动保护措施。每年重点安排100项左右险情严重的全国重点文物保护单位整体维修保护，控制其周边环境变化的不良影响。完成西藏三大重点文物保护工程。

（七）开展长城保护工程。完成长城资源调查、现状调研和总体保护规划纲要编制等工作，对险情严重的重点段落实施抢险维修保护。

（八）开展元代以前古建筑维修保护工程，启动西藏扎什伦布寺、大昭寺、宗山抗英遗址、青海塔尔寺保护维修项目，力争完成云冈石窟、平遥古城、应县木塔保护维修工程，冉庄地道战遗址保护工程，敦煌莫高窟综合保护，渤海、高句丽遗址保护与研究工程等重点项目。

（九）加强对军队等部门、单位使用管理文物古迹的调查、研究、保护和管理。

（十）继续开展援助柬埔寨保护吴哥古迹二期工程和援助蒙古博格达汗宫博物馆门前区维修工程。

五、考古工作

（一）加强考古管理工作。建立完善考古发掘资质资格审查和考古发掘项目申报审批、汇报、检查、验收、监理、奖励等各项制度。加强各地文物考古机构、考古工作站等建设。

（二）继续将基本建设中的抢救性考古发掘作为全国考古工作的首要任务，不对帝王陵寝进行主动发掘，控制对重要都城遗址中心区重要遗存的发掘。正确处理考古发掘与文物保护的关系。

（三）做好三峡、南水北调工程的文物抢救保护工作。组织全国考古研究机构支援南水北调工程文物保护工作，做好工程所涉区域考古发掘和文物保护工作。

（四）积极开展以配合大遗址保护工作为重点的考古调查、勘探、发掘，为编制大遗址保护规划、方案提供科学依据。

（五）推动区域考古调查。加强跨省区、跨系统共同研究，深入开展不同文化区之间的比较研究与综合研究。

（六）开展遥感航空摄影考古，重点推动东北和西北地区航空考古工作。建立航片资料信息库，出版航片资料集，为考古发掘和大遗址保护提供基础信息。

（七）开展沿海和近海海域水下文物普查工作。加强对出水文物保护的研究，建立南海水下文化遗产保护研究中心、设立西沙群岛水下考古工作站。

（八）重视现代科技在考古工作中的应用。加强考古发掘现场文物保护技术研究，最大限度获取资料信息，提高发掘单位面积内的信息量。

（九）集中力量攻关，力求一些重大课题研究有所突破。加强中国古代文明起源和发展历程的研究、东亚地区新旧石器文化过渡暨早期新石器文化研究、中国古代城市考古学研究、中国古代宗教遗存的考古学研究、大运河遗迹综合研究。加强边疆及少数民族地区考古研究工作。

（十）建立文物考古调查发掘资料整理和报告出版基金，重点解决文物考古调查发掘资料的积压问题，力争新发掘项目在3年内完成发掘报告出版。重视考古学的成果转化和普及考古知识的宣传工作。

（十一）积极稳妥地开展与国外考古学界的合作交流，拓展合作考古领域，扩大中国考古学的世界影响。

六、大遗址保护

（一）建立完善大遗址“四有”工作，建立大遗址综合信息库，为科学保存、保护、展示和管理奠定基础。

（二）以大遗址保护规划为工作重点，制定整体保护策略。继续编制100处重要大遗址总体保护规划纲要，编制完成40～60处大遗址保护总体规划。每年稳步实施8～10项重大保护工程。

（三）建立大遗址保护规划和工程设计的规范体系，建立大遗址保护监测和评估体系。

（四）探讨由大遗址群组成的若干历史文化保护片区综合保护模式，制定规划纲要，策划国家大型文化遗产的整体保护。

（五）继续开展大遗址保护展示项目。引入相关技术，丰富展示手段。建成和完善 10～15 个具有较高质量和标准的大遗址保护和展示示范园区。

（六）开展多学科合作，借鉴国外先进经验和理念，加强大遗址保护理论和技术研究，提高大遗址保护科学水平。

（七）建立健全大遗址管理机构，成立高层次管理委员会，全面负责遗址所在地经济社会发展与大遗址保护的协调工作，提高大遗址管理水平。

七、世界文化遗产保护管理

（一）理顺世界文化遗产保护管理体制，全面提高我国世界文化遗产保护管理水平。

（二）加强世界文化遗产地的文物维修保护工作，系统实施文物保护修复工程，有效保护我国的世界文化遗产。

（三）建立健全世界文化遗产保护管理专家咨询制度、监测巡视制度、国家文物保护部际联席会议等有效机制。

（四）加强世界文化遗产申报工作，保持我国世界文化遗产数量稳步上升的势头。

（五）建立动态管理的我国世界文化遗产预备清单，加大对预备清单中遗产项目的宣传力度。

（六）完成对 10 个左右世界文化遗产项目的定期监测工作。

八、博物馆工作

（一）建立健全博物馆体系。坚持国有博物馆的主体地位，努力建成一批标志国家及地方文明形象的博物馆。基本实现每个地级以上中心城市拥有一个功能健全的博物馆。东部发达地区和红色旅游线上的市县级博物馆初步达到现代化水平。逐步实现每个民族拥有 1 个以上的民族、民俗博物馆，大力扶持民办博物馆，优先发展专题博物馆，完善博物馆品类结构。

（二）继续推进博物馆藏品定级、建档和备案等基础工作，完成三级以上馆藏文物建档和备案工作。继续推进文物调查及数据库管理系统建设项目。

（三）完善博物馆文物收藏和保护机制，努力推进文物藏品征集、保管工作的规范化、制度化和现代化建设。拓展文物藏品征集领域和途径。发挥地市级以上博物馆等文物收藏单位的区域保护中心作用，探索和推进藏品集中代管机制。

（四）建立博物馆质量评估制度，实施分类、定级和动态管理，切实扭转博物馆发展中“重建筑，轻功能”、“重硬件，轻软件”的不良倾向。

（五）推进博物馆学、博物馆工作基础理论研究，构建中国特色的博物馆学体系。加强实用技术研发推广，力争产生若干在全国乃至世界具有一定影响的学术和科技成果。

（六）改善博物馆藏品保存条件，规划兴建标准文物库房，改造现有不符合标准的库房。重点推动和完成省级文物收藏单位和珍贵文物集中代管单位的技防系统达标工作。完成100个地市级以上博物馆馆藏文物保存环境达标工作。

（七）依托各级文物保护科研基地，构建以国家级文物修复机构和队伍为核心，省级文物修复机构和队伍为辅助的全国文物保护修复体系。完成5万件馆藏一、二级珍贵文物和重要出土文物的保护修复。

（八）加强展示宣传和社会服务工作。建立陈列展览和社会服务质量评价体系，增强陈列展览的专业性、学术性和知识性、趣味性、观赏性，以及服务内容的丰富性和多样性。全国博物馆每年推出陈列展览1万个以上，年观众数1.7亿人次以上。改善县级等中小博物馆的展示和服务工作，实现200个基层博物馆展示和服务水平明显提升。探索建立陈列展览项目、学术文化成果的交流机制和平台，实现资源共享。

（九）按照市场经济规律，准确把握博物馆事业与相关产业的关系。探索在办好公益性事业的同时发展博物馆相关产业，积极研发和推销富有特色和个性的博物馆文化衍生产品和服务项目，使之成为公益性事业的有效支撑，增强博物馆的自我生存和发展能力。

（十）加强部门合作，贯彻落实中央关于加强未成年人、大学生思想道德建设的战略部署，积极推进爱国主义教育基地“一号工程”“五三三工程”和《2004～2010年全国红色旅游发展规划纲要》的实施。加强博物馆与教育、旅游、工青妇等部门的合作，探索建立博物馆参与国民教育体系、旅游休闲体系的长效机制。

九、文物安全与执法督察

（一）加强安全防范基础设施建设，充分利用现代科学技术，提高技术防范能力。继续推进一级风险单位安防、消防达标工作。

（二）加强田野文物防范体系试点和推广工作。加强对重要大型墓葬集中区保护现状和对策的研究，制定有效保护措施。

（三）加强文物行政执法工作，落实行政执法责任制。加强文物行政执法机构和队伍建设，加大督察文物违法案件力度，建立督察结果报告制度、重大文物违法案件公布制度、行政执法评议考核和行政责任追究制度，规范文物行政执法工作。

（四）加强文物行政执法中的取证与资料收集工作，建立文物行政执法信息资料库和动态管理系统。

（五）加强与公安、海关、工商等部门的协作，建立区域联席会议制度，密切配合，预防和打击文物犯罪活动。

十、科学和技术发展

（一）以文物保护的重大需求为导向，以重点解决文物保护科技的热点、难点和瓶颈问题为核心，以重大文物保护科技计划为载体，以充分调动全社会一切可以利用的优秀科技资源为手段，建立共享平台，协同解决文物保护的关键技术问题，促进我国文物保护科技水平的整体提高。

（二）全力推进文物资源科技调查和评估，关键技术攻关，传统工艺抢救、保护与科学化，科技成果推广应用，科技人才队伍建设，行业标准体系建设等6项科技计划；重点实施“指南针计划——中国古代发明创造的价值挖掘与展示”、数字京杭大运河、中华文明探源综合研究、重大遗产地及大遗址综合保护研究与科技示范、文物保存环境综合研究等5大科技专项。

（三）积极构建文物保护科技基础条件平台。以“整合、共享、完善、提高”为建设原则，初步建立试验基地与大型科学仪器设备、标本资源、科学数据、科技文献、成果转化公共服务、科技网络环境等6大共享平台，为广大文物保护科技人员提供更加开放、高度共享的科技资源。

（四）合理布局，重点建设10～15个国家文物局重点文物保护科研基地；扶持30个基层文博单位与社会科技资源组建的科研联合体。

（五）扩大国际交流与合作。充分利用各种渠道，有针对性地引进国外先进管理经验、技术、人才、设备、资金，统筹安排和重点指导，推动我国文物保护科技水平整体发展。

十一、信息化发展

（一）开展文物事业信息化体系和发展趋势等重大战略问题研究，编制重点信息化工程项目和信息化专项规划；初步建立行业信息化技术标准规范体系。

（二）开展以全国馆藏珍贵文物和全国重点文物保护单位基础数据库（群）为核心的国家文物超级数据中心建设；充分利用国家政务专网，建立连接中央、省级文物行政部门、重要文博单位和国家文物超级数据中心的信息网络。

（三）以国家文物超级数据中心为底层支撑，启动中国数字博物馆建设，最终实现全国文物信息资源的无缝链接、跨库检索、传输和加工；启动“中国数字博物馆”大型文化遗产门户网站建设，以互联网为载体，传播中华传统文化。

（四）利用“数字地球”概念和现代空间信息技术，以不可移动文物航空照片、卫星照片、地理地图等为基础，逐步建设不可移动文物二维、三维空间信息数据库（群）及虚拟模型库，搭建以不可移动文物管理、研究与信息服务为主体的应用平台。

（五）以国家文物超级数据中心和不可移动文物空间信息数据库（群）为底层支撑，逐步建设和完善以文物行政管理、信息服务为核心的国家文物综合管理服务平台。

（六）依托文物信息资源和现代信息技术，开展适应信息时代传播特点和受众需求的文化遗产数字产品的研究与开发，包括数字电影、数字电视节目、动漫、游戏等，培育数字文化创意产业。

十二、社会文物管理

（一）积极推进国有文物商店体制改革，改善文物商店经营状况，建立既符合文博事业发展规律，又适应社会主义市场经济体制的经营机制，充分发挥其在保护文化遗产中的作用。

（二）加强对文物拍卖经营活动的管理，进一步规范资质审查、资格审批和拍卖标的审核备案制度，完善监督检查制度，建立文物拍卖企业数据库。

（三）严格规范、宏观管理文物经营行为，加强市场监管，规范民间文物收藏行为，严厉打击非法倒卖文物的违法犯罪活动，维护正常文物流通秩序。

（四）理顺现有文物进出境审核机构体制，逐步在全国建立健全文物进出境审核机构，严格规范文物进出境审核许可制度，进一步完善进出境审核标准和标识体系，建立与海关系统的联动机制，提高执法部门和公众对非法流通文物及走私文物的防范意识和防范能力，逐步建立携带文物出境征税制度，实行免征文物进口税收制度，促进境外文物回流。打击文物走私。

（五）做好国家重点珍贵文物征集工作，抢救流失海外及散落民间的珍贵文物，补充国家藏品缺项，引导市场和民间收藏，发挥征集文物的社会效益。

（六）尝试开展社会文物登记工作，掌握民间收藏文物的保存状况，引导建立规范、健康的社会文物保护管理秩序。

（七）发挥国家文物鉴定委员会的重要作用，加强机构建设及制度管理。开展文物鉴定机构资质及人员资格审核认证工作。

十三、人才培养

（一）加强学历教育与在职人员继续教育相结合的人才培养模式。继续加强与高校文博院系的合作，鼓励支持在职人员参加学历教育。健全完善专业管理干部培训。继续举办全国省级专业管理干部培训班，同时大力推进地市级文博单位负责人和全国重点文物保护单位管理机构负责人培训。结合教育培训工作，逐步推行行政管理人员和执法人员持证上岗制度。

（二）加强文博专业技术人员培训。继续办好各类专业技术培训班。加大对西部和少数民族地区文博干部培训的支持力度。

（三）建立与资质、资格审定相结合的培训工作模式。完善文博系统专业技术职务任职资格评审办法，制定和完善文博行业资质、资格管理办法，逐项开展馆藏文物修复、复制、拓印、文物拍卖、文物鉴定机构资质认证和从业人员执业资格培训、考试和认证工作。在全国范围推行并完善文博行业持证上岗、资质认定和年检制度。结合以上制度，开展有针对性的人才培训。

（四）加强人才培养的国际交流与合作。学习国际文博人才培养的先进经验，重点培养视野开阔、理念先进的师资队伍和人才培养管理人员。利用现有条件和优势，推进国内培训项目的国际化。开展中意合作文物保护修复培训二期项目、中日合作文物保护人员培训活动。不断拓展合作范围和领域。

十四、对外（港澳台）交流与合作

（一）以服务于外交战线和文物事业大局为原则，与更多国家、地区和国际组织建立文物保护合作关系，不断拓展合作范围和深度。

（二）争取与更多国家政府签署有关文物保护的双边协定，学习借鉴国外文物保护法规和管理措施，积极参与有关国际文化遗产保护政策和准则的制定，培养选派人员竞选担任国际组织中的领导职位，努力提高我国国际地位和影响。注重培养文物外事工作队伍。

（三）拓展对外交流渠道与合作方式，精心培育文物展览市场，积极组织对外文物展览和引进文物展览。

（四）加强与香港、澳门特区政府的联系，支持港澳地区的考古发掘、文物展览和研究工作，鼓励内地文博机构与港澳有关机构开展学术交流。继续与港澳两地海关等部门合作打击走私文物等违法犯罪活动。

（五）加强与台湾地区的文物交流，积极推动两岸在文物保护、文物展览、人员培养、学术研究等方面的合作。充分发挥文物特殊的宣传教育功能。

第七章　重大工程和重点项目

“十一五”期间，要在全面完成各项主要任务的同时，着重抓好以下重大工程和重点项目。

一、中国国家文化遗产中心

以我国丰富的文化遗产资源为基础，以先进的信息技术为手段，以学术研究和科技成果为支撑，建立一个以国家文化遗产为主要内容的多功能的交流平台，成为涵盖文化遗产资源和保护成果展示、信息管理与利用、学术研究与交流、教育与培训等内容的国家文化遗产保护综合平台。满足不同层次的需求，为政府部门、教育科研机构和社会公众提供便捷、准确的信息资源服务。

二、第三次全国文物普查

充分利用现代科学技术开展全国文物普查，全面掌握我国地上、地下、水下不可移动文物的数量、时代、分布、价值、保存状况等基本数据，并登记、记录、建档，根据其文物价值核定公布为各级文物保护单位。形成普查专项报告，普查资料数字化。

三、新农村建设中文物保护工作

加强规划。积极配合建设、农业、国土等部门及地方政府，把文化遗产保护内容纳入新农村建设总体规划，使乡村建设规划的制定和实施与当地文化遗产保护规划相协调。创新管理体制。在乡土建筑的管理、移民安置补偿、维修保护、人才培养、科学研究、土地置换、产权转移等方面，积极探索新的管理方式，制定合乎实际又利于保护的管理制度，妥善解决文化遗产保护与经济发展的关系。结合第三次全国文物普查，推动各地进行乡土建筑调查，摸清家底。加大资金投入。争取中央财政设立乡土建筑保护专项资金，鼓励各级政府和集体加大投入，探索资金投入新机制，多渠道筹集民居保护资金，抢救保护乡土建筑遗产。

四、南水北调工程文物保护工作

积极协调，动员全国力量参与南水北调工程文物保护工作，最大限度地保护文物并支持南水北调工程的顺利施工；加强检查指导，狠抓田野考古质量。会同有关部门制订专门管理办法，规范工作，加强管理。结合实际，运用新的管理理念、运作模式，探索新形势下开展南水北调工程文物保护工作的新思路。加强横向联合，组织力量进行深层次课题攻关，广泛开展专题和综合课题研究。结合工作实践开展多种形式的业务人员培训，锻炼队伍，培养人才。

五、大遗址保护工程

全面开展大遗址保护工作的调查研究和出版宣传，加强相关法规制度建设，逐步建立科学规范的大遗址保护管理体系。重点推进“丝绸之路”、“汉长安城”等规模宏大、价值重大、影响深远的大遗址保护工程。通过科学规划，集中资金，重点投入，整体保护，合理利用，使大遗址保护工作纳入法制化、规范化、系统化的轨道，全面提升大遗址综合保护水平。

六、长城保护工程

根据《长城保护工程（2005～2010 年）总体工作方案》要求，完成长城资源调查并建立档案；编制《长城保护总体规划大纲》；组建国家级长城保护机构；启动“长城及其保护管理研究”课题实施；建立健全相关法规制度；理顺长城保护管理体制；编制长城重点地段保护维修方案、抢险工程计划和项目经费预算；依法查处破坏长城行为；深入开展长城保护宣传。

七、大运河文物保护工程

成立国家级运河保护研究中心。开展运河沿岸文物古迹调查、勘探、测绘，搜集整理运河历史及文化内涵等信息资料，建立档案并编辑出版。加强运河保护科学研究，完成“运河及其保护管理研究”课题，编制《大运河文物保护规划纲要》，完成申报世界遗产的比较研究工作。重点开展周店闸体保护及环境治理、分水龙王庙与戴村坝保护、宿迁龙王庙行宫维修、明祖陵保护维修、高邮盂城驿保护维修、扬州唐城遗址保护、普哈丁墓保护、柳孜运河码头遗址保护等抢救性保护工程。

八、古建筑等其他重点文物保护工程

开展明清帝王陵寝、武当山古建筑群、敦煌莫高窟、云冈石窟、平遥古城、应县木塔、元代以前早期建筑等维修保护工程，编制保护规划，开展古建维修，完善保护设施，实施环境整治。开展渤海、高句丽遗址保护研究。编制全国重点文物保护单位中石窟寺、石刻、古民居村落总体保护规划。

九、明清海防遗存综合保护前期研究

全面调查明清海防遗存的分布、类别、布局、规模、价值、保存状况等，在综合分析的基础上进行科学评估，编制明清海防遗存不同阶段保护与研究规划，为明清海防遗存所在各级政府历史文化遗产保护决策提供咨询或指导，提出保护建议，探索作为特定保护对象的相关法规、政策和规范，为明清海防遗存的保护与利用提供支撑，探索线性大尺度历史文化遗产的综合保护管理与合理开发利用模式。

十、中国海疆考古

开展沿海地区和近海海域水下文物普查工作，开展西沙群岛、南沙群岛海域水下文物普查、重点调查和发掘，开展与海上丝绸之路相关的港口、水下遗址和古窑址的调查发掘工作；开展全国海域水下文化遗址线索和资料收集研究；建设南海水下遗产博物馆，建立南海水下文化遗产保护研究中心及西沙群岛水下考古工作站，加强出水文物保护的研究和设施建设，加强水下考古科研成果的宣传、出版及相关展览工作。

十一、文物调查及数据库管理系统建设

总结试点经验，统筹规划，分省推进，完成全国文物系统馆藏珍贵文物的数字化采集，建立并运行全国动态文物数据库管理系统，实现文物数据的动态管理和资源共享，完善文博信息资源建设和管理的有效模式。

十二、抢救性文物保护设施建设

以加强文物保存环境为着力点，以博物馆库房改扩建和安全设施建设、大型古遗址（含古建筑群）的管理用房和安防建设、环境整治为重点，逐步解决馆藏文物保存环境、大型古遗址（含古建筑群）保护设施建设中的薄弱环节，改善文物保存环境。重点完成4个省级、182个市县级博物馆库房新建和改扩建工作；新建、改扩建32个区域性中心文物库房；完成31个省、市级考古研究所文物库房新建和改扩建工作；完善博物馆库房、考古研究所文物保护设备和安防消防设施建设。完善重要大型古遗址、元代以前早期古建筑群的安防消防设施设备；完成82处大遗址和74处古建筑的环境整治、道路改造、卫生设施建设和管理用房建设等工程。

十三、博物馆馆藏文物技术保护

按照国际通行和我国文物修复保护的基本原则，保护修复各类馆藏一级文物1万余件，馆藏二级文物3万余件，重要出土文物1万余件。加强对长沙马王堆汉墓出土古尸、丝织品及漆木器等的技术保护。抢救濒危馆藏壁画，为全面、系统地保存、保护、修复、展示馆藏壁画提供科学方法、基础数据、理论依据和相关标准。

十四、指南针计划——中国古代发明创造的价值挖掘与展示

以实证我国古代重大发明创造的文物为工作对象，组织跨学科、跨领域、跨部门力量，利用现代科学技术，开展农业、医学及诊治保健器材、水利、交通设施与交通工具、营造、人居环境、材料与加工、纺织以及工具、机械与仪器等领域的系列文物专项调查，进行古代发明创造的整理与研究，以及博物馆展示理论、技术的研究与示范工作。通过项目实施，逐步树立中国古代发明创造的科学地位，深入挖掘实证我国古代发明创造的文物的历史、艺术和科学价值，增强博物馆陈列展览的学术性、知识性、趣味性、观赏性。

十五、文物保护关键技术研究与开发

针对脆弱易损文物本体保护问题，加强信息技术、激光技术、生物化学技术等高新技术的应用，开展新技术、新材料的研发；针对博物馆藏品库房、展示和运输等文物保存环境中的有害因素，开展综合研究，形成文物保存环境监测、评价、控制等系列技术标准及相关产品；针对考古发掘现场缺乏抢救性保护技术和设备等问题，研发现场应急处理的新技术、新材料，以及现场保护移动实验室；针对应县木塔的保护问题，开展整体结构和构件应力分析与稳定性评估，构建数学模型，研发适用的加固技术；针对博物馆展示和遗产保护缺乏信息技术应用，开展数字京杭大运河、数字博物馆关键技术及遗产病害自动识别系统研究。

十六、筹建文物保护传统技术与工艺工作室

筹建“中国文物研究所文物保护传统技术与工艺工作室”，全面开展文物保护传统技术与工艺的抢救、保护、传承、研究工程。持续、深入探寻发掘文物保护传统技术与工艺典籍、专家及其作品，致力传承、研究文物保护传统技术与工艺，并服务于文物保护事业。

十七、国家文物进出境审核机构建设

在现有17个进出境鉴定机构基础上，配合全国41个直属海关建制，逐步实现每个直属海关建设一个文物进出境审核机构，与海关相互配合，充分发挥文物进出境审核的关口作用，既要防止珍贵文物流失境外，又要更好地为中外文化交流服务。培养和充实文物进出境鉴定专职人员。加强文物进出境审核机构的标准化、信息化建设，提高管理水平。借鉴海关的垂直管理模式，逐步实现垂直管理，保证其依法独立、客观公正地开展工作。

第八章　保障措施

贯彻落实《中华人民共和国文物保护法》，进一步明确文物行政部门执法主体地位。建立健全各级文物管理机构，充实文物保护执法力量，加大执法力度，完善文物执法体制，充分发挥法律调控作用和约束力。

贯彻落实《国务院关于加强文化遗产保护的通知》、《国家“十一五”时期文化发展规划纲要》，加强领导、落实责任。成立国家文化遗产保护领导小组，地方成立文化遗产保护协调机构，定期研究文化遗产保护工作的重大问题，统一协调文化遗产保护工作。

完善文物法规体系。开展《文物保护单位保护条例》等行政法规和《文物保护工程设计、施工招投标管理办法》等部门规章，以及《文物认定标准》等行业标准的拟订或修订。

坚持改革、深化改革。用改革的办法、发展的办法、创新的办法解决事业发展中的矛盾和问题。着力推进行政管理体制改革，转变政府职能，推进政企分开、政事分开。坚持解放思想、实事求是、勇于探索。通过深化改革，增强事业发展活力，使文物事业在经济社会发展中发挥应有的作用。

加强文物维修工程管理工作，完善文物保护工程实施过程中的调查、规划、立项审核制度，以及工程招标、投标制度和工程监理、验收、审计制度，强化资质管理，规范工作程序，建立健全各类文物保护技术规范，提高文物维修经费使用效益。

加强考古管理工作，完善考古发掘申报、领队资格审查和汇报检查、奖励各项制度。进一步解决考古资料积压的历史遗留问题，促进考古发掘成果尽快向社会转化。

加强大遗址保护管理工作，着力抓好保护规划的制订、实施和跟踪监测，以及保护工程的立项、设计、施工和管理，建立和完善质量管理和技术监理制度，确保工程符合文物保护的理念和准则。

建立健全博物馆登记和年检制度，加强对国有、民办博物馆的分类管理和指导。建立博物馆质量评估制度，实施等级评定和动态管理。积极、稳妥推进博物馆内部管理机制的改革。

贯彻科教兴国战略，确立人才培养工作在文物事业中优先发展的基础性地位。建立具有先进管理经验和保护理念的文博队伍。建立与文博行业资质、资格认定，持证上岗制度紧密结合的教育培训制度。鼓励各级、各地文博人才的合理流动，实现资源共享，优化人才队伍结构。全面落实和巩固文物保护“五纳入”，实现“国家用于文物保护的财政拨款随着财政收入增长而增加”。“十一五”期间，中央对文物维修、考古发掘、大遗址保护、文物保护单位、博物馆安全防护、博物馆馆舍维修、珍贵文物征集、一二级文物及重要出土文物科技保护以及抢救性文物保护设施建设投资补助经费，在现有基础上有较大幅度增长。会商财政部建立文物科研专项资金、文化遗产展示宣传专项资金。争取部分国家彩票公益金用于文物事业。会商国家发展改革委落实投资，国家扶持地方建设若干重点省级博物馆。

借鉴“宣传文化发展专项资金”的办法，研究用文物事业单位上缴所得税建立“文物保护与事业发展专项资金”，用于文物保护事业的发展。

研究制订鼓励社会资金投入文物事业的优惠政策，允许企业用纳税前所得以捐赠方式用于文物保护，捐赠部分不纳入计税所得。建立健全多渠道、多形式投入文物事业的新格局。

鼓励发展文化产业。按照市场经济的要求，准确把握文物事业与相关产业的关系。借鉴国际经验，积极研发和推销富有特色和个性的文物衍生产品和服务项目，增强博物馆等文物事业单位的自我生存和发展能力。

通过报刊、广播、电视、出版物、互联网等媒体和其他方式加强宣传，普及与文物保护相关的法律法规和知识理念，激励和发挥非政府组织及公众自觉参与文物保护的积极性，营造有利于文物事业发展的社会环境。

国家文物博物馆事业发展“十二五”规划

（文物政发〔2011〕12号　2011年6月3日）

前　言

我国是历史悠久的文明古国。在漫长的岁月中，中华民族创造并留下了丰富多彩的珍贵文物。文物是不可再生的文化资源和战略性资源，蕴含着中华民族的生命力和创造力，传承着中华民族的文化基因，体现着国家的文化软实力。

文物博物馆事业，事关文化传承、历史延续，事关社会发展、文明进步，事关民族团结、祖国统一，事关国家安全、国家形象。保护好、利用好、传承好文物，发展好文物博物馆事业，始终是各级党委、政府的重要职责，始终是全社会的共同义务。

根据《中华人民共和国文物保护法》、《中华人民共和国国民经济和社会发展第十二个五年规划纲要》、《国务院关于加强文化遗产保护的通知》，编制本规划。本规划主要阐明“十二五”时期文物博物馆事业的发展目标和工作重点，是未来五年全国文物博物馆工作的行动指南，是各地区各部门推动文物博物馆事业发展的重要依据。

本规划的规划期是2011～2015年。

第一章　发展形势

一、“十一五”时期文物博物馆事业的发展成就

“十一五”时期，党和国家高度重视文物博物馆工作。党的十七大将包括文物博物馆事业在内的文化建设纳入全面建设小康社会的总体布局，明确要求“重视文物和非物质文化遗产保护”。国务院《关于加强文化遗产保护的通知》为新时期文物博物馆事业指明了发展方向，部署了主要任务，设立了“文化遗产日”，为文化遗产保护营造了良好的社会环境。

“十一五”时期，是文物博物馆事业加快发展的五年。国家文物保护投入大幅增长，“十一五”规划确定的主要发展目标如期实现。文物博物馆基础工作进一步夯实，文物保护能力建设明显加强。一批文物博物馆法规制度相继实施，文物保护制度初步建立。第三次全国文物普查、长城资源调查、重大文物保护工程、灾后文物抢救保护、基本建设中文物保护、大遗址保护、世界文化遗产保护、水下文物保护等重点文物保护工作扎实推进，文物保护状况得到切实改善。

博物馆体系逐步完善，博物馆免费开放取得重大突破，公共文化服务水平日益提高。文物博物馆事业对外交流合作成绩斐然，有力推动了中华文化走向世界。文物科技工作取得长足进步，科技支撑引领作用得以提升。文物行政执法督察机制初步建立，文物安全形势有所好转。文物博物馆工作队伍稳步壮大，人才培养得到加强。文物保护知识逐步普及，全社会积极参与文物保护势头方兴未艾。文物保护成果进一步惠及公众，文物博物馆事业对经济社会发展的贡献持续增长。文物保护对象和范围进一步拓展，文物保护理念和管理制度不断创新，文物博物馆事业初步实现由政府行为到全社会共同参与的转变。这些都为“十二五”时期文物博物馆事业发展奠定了良好基础。

二、“十二五”时期文物博物馆事业面临的机遇与挑战

展望“十二五”，我国仍处于全面建设小康社会的关键时期，仍处于经济社会发展的重要战略机遇期，仍处于工业化、信息化、城镇化、市场化、国际化深入发展的历史阶段。这一时期，文物作为能够服务于当代和未来发展的不可再生的稀缺资源的重要地位日益凸显，文物博物馆事业的战略意义和社会影响日趋上升。党和国家高度重视文物博物馆事业发展，我国综合国力再上新台阶，产业结构优化升级和经济发展方式加快转变，人民群众精神文化需求快速增长，文化体制改革深入推进，全社会参与文物保护利用的热情日益高涨，我国国际地位和影响力显著提高，这些有利于文物博物馆事业科学发展的良好态势将得以保持和持续增强。

与此同时，一方面，大规模的城镇化建设和新农村建设，频发的自然灾害和自然腐蚀，对文物的破坏与威胁依然存在。另一方面，制约和影响文物博物馆事业发展的一系列问题依然突出：文物博物馆事业的区域发展不平衡问题仍将持续；文物保护的法律制度和技术标准尚需健全，有法不依、执法不严现象仍然存在；文物管理体制尚需理顺，文物安全监管机制亟待完善；文物博物馆管理部门、保护机构、人员队伍及其能力建设尚无法完全满足事业发展的需要；文物保护科技有效供给不足，成果转化亟待加强；博物馆体系有待完善，博物馆发展质量亟待提高；文物博物馆公共文化产品供给能力仍显不足，公共文化服务质量亟待提升；文物利用需要进一步凝聚共识、提高效益；社会力量参与文物保护利用的途径仍需拓展，民办博物馆发展亟须引导，民间文物收藏行为亟须规范等等。总之，文物保护能力建设与文物资源大国的地位不相适应，文物博物馆公共文化服务水平与人民群众日益增长的精神文化需求不相适应，文物工作开拓创新能力与全面建设小康社会的使命不相适应。文物博物馆事业既进入了加速发展的“黄金机遇期”，也进入了保护压力不断累积、保护形势依然严峻的“矛盾凸显期”。因此，各地区、各有关部门都要以高度的历史责任感和强烈的忧患意识，切实抓住机遇，积极应对挑战，解放思想，奋发有为，推动文物博物馆事业又好又快地发展。

第二章　指导思想、基本原则和发展战略

一、指导思想

高举中国特色社会主义伟大旗帜，以邓小平理论和“三个代表”重要思想为指导，深入贯彻落实科学发展观，严格执行《中华人民共和国文物保护法》，始终坚持“保护为主，抢救第一，合理利用，加强管理”的文物工作方针。围绕国家经济社会发展大局，以文物博物馆事业科学发展为主题，加快构建法制完备、体制健全、机制合理、规范有序的文物保护体系和文物博物馆公共文化服务体系，积极推动文物保护、利用、传承的有机结合，全面提升文物保护质量，全力加速文物博物馆事业发展。努力实现文物本体保护好、周边环境整治好、经济社会发展好、群众生活改善好，充分发挥文物博物馆引导社会、教育人民、推动发展的重要作用，为全面建设小康社会、实现中华民族伟大复兴做出积极贡献。

二、基本原则

（一）保护为主

把保护文物、传承文明作为文物博物馆事业加速发展的根本。保护是文物博物馆事业发展的前提，利用是文物博物馆事业发展的过程，管理是文物博物馆事业发展的手段，传承是文物博物馆事业发展的目的。坚持依法保护和科学保护，遵循文物保护规律，保护文物的真实性和完整性，保护文物的自然环境和人文环境。建立科学保护文物的长效机制，推进文物的抢救性保护与预防性保护的有机结合。加强文物的日常保养，监测文物的保护状况，改善文物的保存环境。

（二）提高质量

把提高质量作为文物博物馆事业加速发展的核心任务。统筹兼顾文物博物馆事业的规模发展和内涵发展，更加注重文物保护理念的转变，更加注重文物管理体制和运行机制的改革，更加注重文物保护模式和利用途径的创新，更加注重文物博物馆工作的制度建设，有效提升文物博物馆管理的精细化、规范化和信息化水平。提高文物博物馆工作质量，确保文物安全和永续传承；提高文物博物馆公共文化服务质量，更好地满足人民群众多层次多样化的精神文化需求。

（三）围绕大局

把经济社会发展作为文物博物馆事业加速发展的前提和基础。围绕经济社会发展大局，合理利用好文物资源，构筑经济社会发展的新优势和新动力。充分释放文物资源潜能，充分挖掘文物资源价值，使文物博物馆事业成为促进经济社会发展、优化城乡面貌、彰显地域魅力、改善生态环境、提高人民生活质量的重要内容和有力支撑。

（四）以人为本

把以人为本作为文物博物馆事业加速发展的基本理念。树立文物资源属于人民、文物保护成果惠及人民的理念。鼓励公众参与文物保护利用工作，确保公众在履行文物保护义务上各尽其能，

在共享文物保护成果上各得其利。尊重中华民族的悠久历史，敬畏历代先民的创造智慧，关注当代人的民生需求，爱护后代人的发展资源，维护文物资源共享的代际公平，在文物保护中传承文明，建设中华民族共有精神家园。

（五）改革创新

把改革创新作为文物博物馆事业加速发展的强大动力。加快构建有利于文物博物馆事业科学发展的体制机制，更加重视改革的顶层设计和总体规划，凝聚改革发展的共识，提高改革决策的科学性，增强改革措施的协调性，力求在重点领域和关键环节的改革上取得突破。推进观念创新、体制机制创新、科技创新、传播手段创新、保护传承方式创新，促进文物博物馆事业在参与创造物质财富和精神财富的实践中焕发活力，发挥文物博物馆资源的综合效益。

三、发展战略

（一）基础优先

以文物立法、文物调查建档、人才培养和文物安全保障为重点，建立文物博物馆基础工作的长效机制。发展规划优先安排基础工作，财政资金优先保障基础工作，公共资源优先满足基础工作。充分发挥人才第一资源作用，壮大优化文物博物馆人才队伍。健全文物保护管理机构，加大公共财政投入，完善文物保护基础设施和基本装备。

（二）能力先行

以提高实践能力和创新能力为重点，加强文物部门和文物工作者的宏观管理能力、依法行政能力、科技保护能力和公共文化服务能力建设。推动文物行政部门由办文物博物馆事业向管文物博物馆事业、由微观管理向宏观管理、由部门管理向行业管理转变。突出文物博物馆基础理论和宏观战略的先导作用，增进文物博物馆法律制度和技术标准的规范作用，强化文物行政执法和安全监管的保障作用，发挥文物博物馆事业对经济社会发展的促进作用。

（三）科技支撑

推进文物保护利用与现代科学技术的有机融合，增强文物博物馆事业发展的创新能力和传播能力。加强文物科技的研究、应用和推广，掌握一批文物保护利用的共性技术和关键技术，解决文物保护的热点、难点和瓶颈问题。积极应用现代科技手段挖掘、传承和改良文物保护的传统工艺和技术。加强现代信息技术在文物保护、利用、管理、传播和传承中的应用。

（四）示范引领

着力培育一批文物保护利用的示范工程、关键技术、品牌活动、先进机构、领军人才，引领文物博物馆事业在创新中发展。发挥全国重点文物保护单位、世界文化遗产、国家考古遗址公园、国家一二三级博物馆的示范作用，促进文物博物馆工作质量全面提升。实施一批重点文物保护工程和重大文物保护科技项目。开展馆藏文物保存环境、国有文物收藏单位藏品定级、文物安全防范设施和文物博物馆公共文化服务质量达标创建活动。创建全国文物工作先进县、全国文物系统先进集体和先进工作者、文物保护科技创新奖、全国文物安全综合管理实验区、文物保护优秀工程、全国十大考古新发现、全国博物馆十大陈列展览精品、全国文化遗产十佳图书、文化遗产日、国际博物馆日、国际古迹遗址日等文物工作品牌，让公众认识文物价值，积极支持和参与文物博物馆事业。

第三章 发展目标

一、总体目标

基本形成较为完善的文物保护体系，具有历史、文化和科学价值的文物得到全面有效保护；保护文物深入人心，成为全社会的自觉行动，为实现文化遗产大国向文化遗产强国的转变奠定坚实基础。建立健全中国特色、世界接轨的文物博物馆理论体系，科学完备、保障有力的文物博物馆法律体系，责权明晰、效能统一的文物博物馆管理体系，联动响应、监管到位的文物博物馆安全体系，特色鲜明、布局合理的博物馆体系，政府主导、惠及全民的文物博物馆公共文化服务体系，结构优化、素质过硬的文物博物馆人才队伍体系，重点突破、支撑发展的文物博物馆科技创新体系，多方协力、共建共享的文物博物馆社会参与体系，传输便捷、覆盖广泛的文物博物馆传播体系，加快文物博物馆事业的发展步伐。推进文物博物馆事业融入经济社会发展，使文物博物馆事业成为推动经济社会发展的积极力量。

二、发展指标

（一）约束性发展指标

1. 世界文化遗产和150处重要大遗址的保护规划编制启动率达到100%。

2. 第一至六批全国重点文物保护单位的重大险情排除率达到100%。

3. 每个地市级以上中心城市拥有1个功能健全的博物馆，每个少数民族的文化遗产和民族文化都能通过博物馆的形式得到全面保护、研究和展示。

4. 国有博物馆一级文物的建账建档率达到100%。

5. 文物博物馆一级风险单位中文物收藏单位的防火、防盗设施达标率达到100%。

（二）预期性发展指标

1. 第七批全国重点文物保护单位的重大险情排除率达到50%。文物保护工程勘察设计甲级资质、施工一级资质和监理甲级资质单位总数达到300家。

2. 省级文物行政执法机构建成率达到70%，地市级文物行政执法机构建成率达到30%，县区级文物行政执法机构建成率达到15%。建成20个国家文物安全综合管理实验区（示范单位）。

3. 全国博物馆总数达到3500个。免费开放博物馆、纪念馆总数达到2500个。国家一二三级博物馆总数达到800个。法人治理结构规范化、管理专业化的民办博物馆建设率达到10%。全国博物馆年均举办陈列展览达到1万个以上，年接待观众达到5亿人次以上。每年在国（境）外举办120个中国文物展览，每年引进50个国（境）外文物展览。

4. 全国文物进出境审核机构总数达到20家，文物进出境责任鉴定员总数达到200人。

5. 世界文化遗产、150处重要大遗址、国家一级博物馆的文物安全监测平台建设率达到100%。每三年完成一轮世界文化遗产监测巡视工作。

6. 建成35～40个国家级文物标本库房、5个国家级出水文物库房。

7. 实施50项大遗址保护重点工程。建成30个国家考古遗址公园和30～50个大遗址保护管理机构。建设30个遗址博物馆。

8. 文物保护行业重点科研基地总数达到27个。组建10～15个文物保护技术创新联盟和5～10个文物保护科技区域创新联盟。培育3～5家文物保护科研机构进入国家重点实验室序列。制定50～70项文物保护行业标准。

9. 可移动文物保护设计和修复资质单位总数达到150家。开展100个包括国家文物保存环境监测中心、区域文物保存环境监测中心、文物保存环境监测站在内的全国珍贵文物保存环境监测网络建设工作。完成100个包括文物保护综合技术中心、文物保护修复区域中心、馆藏文物保护修复技术和成果推广服务站在内的全国可移动文物保护修复架构体系建设。建成15个考古现场文物保护移动实验室。

10. 开展大规模文物博物馆干部培训，培训总数达到15000人次。其中，文物博物馆管理干部培训3500人次，重点开展全国县级文物部门负责人培训；专业技术人员培训3500人次；文物行政执法人员培训8000人次。与高校合作培养研究生学历人员120人次。

第四章　主要任务

一、加强文物保护能力建设

（一）文物资源调查

建立文物资源调查的长效机制，基本摸清文物家底。全面完成第三次全国文物普查，公布第三次全国文物普查成果，出版全国不可移动文物名录。加强革命文物、水下文物、工业遗产、乡土建筑、文化线路和文化景观等不可移动文物的调查登记工作。开展国有可移动文物普查，推进国有馆藏文物的认定、登记和建账建档工作。推动建立民间收藏文物调查、认定、登记、流转制度。开展流失文物调查、研究、登记和建账建档工作。加强现代信息技术在文物资源调查中的应用。

（二）文物博物馆法制和标准化建设

基本形成全面覆盖、协调配套、科学合理、实施有力的中国特色文物保护法律体系。推动修订《中华人民共和国文物保护法》《中华人民共和国文物保护法实施条例》《中华人民共和国水下文物保护管理条例》。发布实施《博物馆条例》。研究制定《大运河遗产保护条例》《世界文化遗产保护管理条例》。健全文物保护单位、地下文物、水下文物、馆藏文物、社会文物、文物安全、大遗址保护等法规制度。促进地方文物保护法规建设。

基本建立面向应用、重点突出、科学规范、便于操作的文物保护标准体系。构建文物保护技术标准体系框架，指导文物行业标准化工作。健全文物保护的技术标准、管理标准、工作标准和基础标准，推进文物保护技术实施和管理工作的制度化、规范化、科学化。加强文物保护标准的宣传、实施和推广。

（三）文物执法督察和安全监管

推动建立国家文物督察制度，研究设立国家文物局直属的区域性文物督察派出机构。制定文物行政执法机构建设标准，健全各级文物行政执法机构。推行文物安全与执法巡查制度。建设以世界文化遗产、重要大遗址、全国重点文物保护单位为重点的文物违法预警监管系统。

完善文物安全工作联席会议制度，健全部门间联合执法长效机制，严厉打击文物违法犯罪行为。健全文物安全责任制度，落实文物安全责任制，实行文物安全事故责任追究制度。建立文物安全评价体系，创建国家文物安全综合管理实验区（示范单位）。完善文物安全检查工作机制，定期发布文物安全形势报告。加强文物安全防范基础工作，实施文物平安工程，开展文物博物馆风险单位安全防护设施达标建设。推广应用文物安全防护新设备、新技术、新材料和新工艺。研究制定文物行政执法督察和文物安全保卫人员的资格准入制度。制定文物安全保卫人员依法配备防卫器械标准并开展达标工作，提高文物安全保卫一线人员的装备与防护水平。

（四）文物博物馆人才队伍建设

文物博物馆人才队伍更加优化，高级人才脱颖而出，紧缺人才得到补充，青年人才稳步成长。培养一批熟悉文化遗产工作、懂经营善管理的复合型人才，一批善于运用现代科技手段保护和利用文化遗产的科技型人才，一批熟悉和掌握传统工艺技术的专业型人才，一批历史文化知识丰富、具有世界眼光、熟悉外语的外向型人才。注重培养文物保护规划、文物保护工程、文物修复、水下考古、出水文物保护、文物鉴定、陈列展示设计、文化创意、国际交流合作等方面紧缺的专门人才。以提高专业水平和创新能力为重点，注重培养文物保护科学家、科技领军人才、工程技术专家和创新团队。注重培养文物保护一线青年人才。加快培养一支门类齐全、技艺精湛的文物修复人才队伍和职业化、专业化的文物博物馆公共文化服务人才队伍。稳步壮大文物保护员队伍和文物博物馆志愿者队伍。实施文化名家工程，建立文物保护修复执业资格制度。建设文物博物馆行业人才信息数据库。建立健全文物博物馆机构资质准入制度和文物博物馆专业人员资格准入制度。完善文物博物馆工作者继续教育制度。推进文物博物馆专业培训在内容和方式上与文物博物馆重大项目、重点工程、重点工作相衔接，与文物博物馆工作者岗位职责相对接，增强培训的针对性、实用性和有效性。发挥全国文物保护职业教育教学指导委员会作用。开展文物博物馆专业学位研究生教育，促进文物博物馆相关高等教育和职业教育在学科建设、专业设置、课程设计等方面与事业发展需求紧密结合。

（五）文物博物馆科学研究和技术创新

基本形成以技术体系为核心、以组织体系为支撑、以制度体系为保障的文物博物馆行业创新体系，重点突破制约文物博物馆科技发展的瓶颈问题。组织实施以中华文明探源工程及相关文物保护关键技术研究、指南针计划——中国古代发明创造的价值挖掘与展示、文物风险预控技术体系研究与示范、水下文化遗产保护关键技术研发、文物保护传统工艺科学化研究和文物保护修复专用装备研发为重点的重大科技专项。推进文物保护关键技术提升计划和文物保护基础研究推进计划。挖掘和抢救濒临失传的文物保护传统工艺和技术。健全文物博物馆科研组织体系，加强国家级文物保护科研机构、国家文物局重点科研基地、国家工程技术研究中心、国家重点实验室和国家文物分析检测中心建设。支持文物博物馆机构与社会科技力量共建科研联合体，建立一批文物保护技术专业创新联盟和区域创新联盟。构建文物保护科技基础条件共享平台，建立文物保护科技基础数据库（群）。加强文物保护专业装备建设。促进文物保护科技成果的转移扩散。加强文物博物馆基础理论、发展战略和政策法规研究，推动文物博物馆学科建设，为文物博物馆事业创新发展提供有效支撑。

（六）文物博物馆对外（对港澳台）交流与合作

服务国家外交大局，创新中华文明“走出去”和“引进来”模式，增强中华文化的国际影响力。积极落实与外国政府签订的文化交流执行计划，推动与更多国家签署政府间防止盗窃、盗掘和非法进出境文物的双边协定、谅解备忘录及部门间合作协议，形成文物保护国际协作机制。积极参与在国（境）外举办的国家文化年、文化节活动。扩大出入境文物展览交流与合作。开展柬埔寨、肯尼亚、蒙古、阿富汗等文物保护对外援助项目。加强与中亚国家的文物保护交流合作，推动丝绸之路联合申遗工作。加强与文物保护国际组织和民间机构的交流合作，积极参与文物保护国际行动和文物保护国际公约制定与实施，举办高质量的国际文物博物馆学术会议。加强博物馆国际文化交流，实施中华文明展示工程。推进国际文物保护科技合作，推动在国际标准化组织设立文化遗产保护标准化技术委员会。加强中外文物保护人才合作培训工作。深化与港澳台地区的文物博物馆交流合作。

（七）文物博物馆信息化建设

加强现代信息技术特别是物联网技术在文物博物馆行业中的推广应用，提高文物博物馆各领域信息化水平。建设国家文物资源基础数据库、文物预防性保护信息平台、文物博物馆公共服务平台和文物安全监测平台，开发文物地理信息系统。建设文物保护、考古发掘、陈列展示、监测预警、安全防范、公共服务、动态管理与辅助决策的信息技术支持系统，推动文物博物馆重要信息系统的互联互通、资源共享和业务协同。推进数字博物馆工程。加强电子政务建设。加强文物信息的社会化服务和传播普及工作。

二、实现文物抢救性保护与预防性保护的有机结合

（八）文物保护维修

着力实施一批重大文物抢救性保护工程，有效保护一大批重要文物，初步建立中国特色文物维修保护理论体系和文物保护工程管理体系。报请国务院核定公布第七批全国重点文物保护单位。实施新疆、西藏、涉台、元代以前早期建筑、明清古建筑群、工业遗产等一批重大文物保护工程；开展四川和青海灾区、第六至七批全国重点文物保护单位的重点文物抢修工程，基本排除重大文物险情。加强全国重点文物保护单位中石窟寺石刻、古村落古民居的现状调查、规划编制、维修保护和环境整治工作。做好历史文化名城名镇名村保护工作，加强历史文化名城名镇名村中重要文物保护单位的维修保护工作。开展近现代重要史迹保护工程，加大革命文物保护力度。加强少数民族地区文物维修保护工作。规范文物保护工程勘察、设计、施工、监理、验收的业务流程管理。加强不可移动文物的日常巡查保养工作。积极探索文物保护单位维修后的展示和利用途径。加强文物保护工程前期研究，建立国家级和省级重点文物保护工程项目储备库。编写出版一批重点文物保护工程报告。

（九）考古

提升考古在文物保护利用中的基础地位，形成基本建设考古项目为主的工作格局。积极做好基本建设工程和各类经济开发区建设区域的文物抢救保护工作。增强基本建设项目中考古工作的主动性、计划性、科学性和规范性。提高基本建设考古项目的审批效率，加大考古工地管理力度，提升基本建设考古工作质量。开展中华文明探源工程等重大学术课题研究，确立中国考古学文化系列和编年框架，构建中华文明表达体系，促进考古学科发展。加强大遗址考古、边疆考古、区域考古、石窟寺考古、科技考古、公众考古、中外合作考古工作。加强考古业务管理，研究编制考古规划，完善考古技术标准。推行地下文物埋藏区认定公布制度，研究建立基本建设项目文物影响评估制度和考古项目监理制度，修订基本建设项目考古调查勘探发掘费用标准。健全文物考古机构，建设文物标本库房，配置出土文物现场保护设备。加强现代空间技术、物探技术、数字化测绘技术在考古中的应用。加强考古资料整理和考古报告出版工作。

（十）大遗址保护

基本形成以西安、洛阳、荆州、成都、曲阜、郑州 6 个大遗址片区，长城、大运河、丝绸之路、茶马古道 4 条文化线路，环国境线分布的重要大遗址为重点，150 处大遗址为支撑的大遗址保护格局。加强大遗址考古，编制大遗址保护规划。实施一批大遗址保护展示工程，提高大遗址研究、保护、展示、管理和利用水平。推进国家考古遗址公园和遗址博物馆建设。创新管理体制，建立健全大遗址保护管理专门机构。推动中央地方共建国家级大遗址保护示范园区建设。探索建立以大遗址为核心的文化遗产保护片区。建设大遗址文物信息数据库、大遗址技术保护科技研究中心和大遗址保护监测预警平台。完善大遗址保护管理制度，制定大遗址保护技术规范，评估大

遗址保护绩效，提高大遗址保护项目、专项资金的监管水平和使用效益。

（十一）世界文化遗产保护

发挥世界文化遗产作用，创建世界文化遗产保护与区域经济社会协调发展的共赢局面。健全世界文化遗产保护管理法规，改革世界文化遗产保护管理体制，研究提升世界文化遗产保护管理的行政层级。完善世界文化遗产监测巡视、专家咨询机制，建立定期发布世界文化遗产监测报告制度。建设世界文化遗产监测预警系统，建立中国世界文化遗产保护监测中心，实现世界文化遗产保护的动态监控和信息化管理。实施世界文化遗产保护维修工程，加强世界文化遗产地工程管理。规范世界文化遗产的展示服务设施建设，提升世界文化遗产的利用效益，促进世界文化遗产地旅游业可持续发展。加强世界文化遗产地历史环境景观保护和建设控制地带划定工作。做好世界文化遗产申报工作，完善中国世界文化遗产预备名单动态管理制度。加强世界文化遗产基础研究，提高世界文化遗产保护管理的科技含量和标准化水平。

（十二）水下文物保护

初步建立制度健全、基础扎实、队伍精干、技术领先的水下文物保护体系，形成国家主导、以沿海海域为主、兼顾内陆水域的水下文物保护格局。健全水下文物保护管理的部门协作机制。开展沿海海域和部分内陆水域水下文物考古调查。实施南海Ⅰ号、南澳Ⅰ号、华光礁Ⅰ号等一批水下文物重点保护工程。加强国家水下文化遗产保护中心和区域性、地方性水下文物保护机构建设。建造水下文物保护专用船舶和配套设备设施。开展近海海域水下文物动态监测试点工作。建设国家水下文物标本库、出水文物保护科技实验室和水下文物基础信息数据库。开展出水文物信息提取留存技术、预防性保护技术和现场保护移动实验装备的研究与应用。推进海上丝绸之路等重点课题研究。

三、推动博物馆发展从数量增长向质量提升转变

（十三）优化博物馆体系

基本形成以中央地方共建国家级博物馆为龙头，国家一二三级博物馆和重点行业博物馆为骨干，国有博物馆为主体，民办博物馆为补充的博物馆体系，构建辐射全国、面向世界的博物馆资源共享平台。建成一批体现国家或地方文明形象的博物馆，新建、改扩建一批地市级和文物大县博物馆，加强博物馆基础设施、安全防范设施、保管装备、保存环境控制设施、陈列展示设施建设。大力推进中央地方共建国家级博物馆和创建世界一流博物馆工作。支持各省、自治区、直辖市建设地方重点博物馆。立足行业特点和地域文化特色，积极发展科技、艺术、自然、民族、民俗、工业遗产等类型的专题性博物馆，大力推进生态博物馆、社区博物馆、数字博物馆等新形态博物馆建设。实施民办博物馆质量提升行动计划，引导、规范和扶持民办博物馆发展。

（十四）深化博物馆免费开放

坚持博物馆的公益属性，充分发挥博物馆的公共文化服务功能。完善博物馆免费开放机制，将国有行业类博物馆以及符合条件的民办博物馆纳入国家政策支持的免费开放范围。建立博物馆免费开放经费保障机制，监管博物馆免费开放专项资金，开展博物馆免费开放绩效的评估和考核。健全博物馆免费开放的部门协作机制、管理制度和服务规范。创新博物馆文化传播的内容、形式和手段，增强博物馆陈列展览的知识性、趣味性、观赏性、互动性和可参与性，拓展博物馆的教育功能、传播功能和文化休闲功能，提升博物馆的发展质量，推动由“上博物馆”向“爱上博物馆”的转变。支持博物馆以各种形式参与学校、农村、社区、企业、军营文化建设，使博物馆工作成果惠及更多民众。

（十五）加强博物馆藏品保护和科学研究

拓展博物馆藏品来源渠道，丰富博物馆藏品种类，增加博物馆藏品数量。创新博物馆与文物考古研究机构的协作机制，推进考古发掘品向国有文物收藏单位移交。鼓励民间文物收藏者将珍贵文物捐赠或委托博物馆保管，提高民间收藏文物的保护展示水平。加强地市级博物馆库房和区域文物中心库房建设，建立文物中心库房集中保管重要藏品制度。结合国有可移动文物普查，建立全国博物馆藏品数据库。开展国家一级文物藏品档案复核工作，实施全国国有文物收藏单位藏品定级达标建设活动。推进博物馆藏品保存环境达标建设，研究推广应用博物馆藏品保存保护技术，有效降低博物馆藏品的自然损坏率。开展国有馆藏一级文物以及重要出土文物的病害分析和健康评估工作，修复保护一批博物馆藏品。加强博物馆藏品的科学研究和保护技术攻关，提高博物馆的科研能力、学术地位和社会影响力。

（十六）创新博物馆管理机制

以中央地方共建国家级博物馆和国家一级博物馆为重点，逐步构建公益目标明确、投入机制完善、监管制度健全、治理结构规范、微观运行高效的现代博物馆制度。健全博物馆馆际交流、陈列展览项目交流合作、藏品开放工作制度，建立以国家一级博物馆为核心的博物馆专业协作网络，推进对中小型博物馆的连锁、代管和对民办博物馆的帮扶，激发基层博物馆的活力。建立博物馆藏品共享平台和藏品利用激励机制，大幅提高博物馆藏品利用效率。推进博物馆陈列展览精品工程，建立博物馆陈列展览和社会服务质量评价制度。完善博物馆登记、年检制度，分类管理国有博物馆和民办博物馆。健全博物馆评估定级和运行评估制度，建立政府、行业和社会共同参与的博物馆监督管理机制。实行博物馆专业人员资格管理制度。壮大博物馆之友和博物馆志愿者队伍。加强博物馆行业协会建设。提高博物馆工作人员的职业道德水平。

四、促进文物博物馆事业融入经济社会发展

（十七）加强社会文物管理

探索建立文物鉴定资质资格制度与文物鉴定社会服务机制，引导民间文物收藏行为。健全文物司法鉴定工作机制。加强文物市场法规制度建设，将文物监管品市场纳入合法的文物流通渠道，推进文物市场规范化管理。加强文物拍卖市场管理，健全文物拍卖许可证年审、文物拍卖标的审核备案及国家优先购买权等管理制度。推进文物商店体制机制改革。加强文物进出境审核管理机构和人才队伍建设，完善文物进出境责任鉴定机构资质和责任鉴定员资格制度。建设文物进出境审核信息管理系统，实现文物进出境审核信息化、标准化管理。推动建立流失海外文物追索返还工作机制。开展国家重点珍贵文物征集工作。

（十八）建设文物博物馆公共文化服务体系

以博物馆和文物保护单位为重点，基本建成文物博物馆公共文化服务体系。加强文物博物馆公共文化服务设施建设。完善博物馆免费开放、文物保护单位对特殊群体免费开放的机制，扩大文物博物馆公共文化服务的免费范围。开展世界文化遗产、国家考古遗址公园、文物保护单位定期免费开放试点工作，优先向学校师生、城市农民工、老年人等免费开放，切实维护低收入群体和特殊群体的基本文化权益。对未能完全免费开放的博物馆、文物保护单位，建立灵活多样的特定时段或对特定人群免费开放制度。创新文物博物馆公共文化服务方式，拓展公共文化服务领域，丰富公共文化产品和服务种类，增强公共文化产品和服务供给，提升公共文化服务质量。加快制定文物博物馆公共文化服务机构的服务标准和服务规范，健全文物博物馆公共文化设施服务公示制度，创建文物博物馆国家公共文化服务体系示范区（项目）。建设面向社会、惠及全民的文物博物馆公共文化资源共享平台和公共文化服务信息平台，基本形成覆盖城乡的文物博物馆数字文化服务体系。实行定点服务与流动服务相结合，推动文物博物馆公共文化服务向社区和农村延伸。探索建立文物博物馆免费讲解服务制度。健全文物博物馆公共文化服务机构的组织体制和运行机制，创建将博物馆教育纳入国民教育体系和义务教育体系的工作机制。积极引导社会力量参与文物博物馆公共文化服务，实现公共文化服务多元化、社会化。实施民办博物馆公共文化服务扶持工程，探索建立民办博物馆公共文化服务补偿制度。

（十九）发展文物博物馆相关文化产业

全面贯彻文物工作方针，建立健全严格规范、引导有序的文物利用制度，探索文物利用的新形式、新途径。鼓励具有市场前景的文物资源在国家政策支持下，与产业和市场相结合，参与创造物质财富和精神财富，实现文物有效传承和持续发展。鼓励和支持文物旅游、文物复制、文物信息、文物出版、文物展示、文物创意、文物流通、文物知识产权等相关文化产业发展。以国家一级博物馆为龙头，以文化创意产品为核心，培育博物馆文化产品示范项目和研发基地，创新博物馆衍生品和文化产品。推进大遗址保护和国家考古遗址公园建设，建立文物保护和利用的双赢机制。实施红色旅游发展规划纲要，提升红色旅游重点景区文物保护和利用水平。加强工业遗产和文化景观的综合利用。创建具有文物博物馆特色的文化创意产业园区。深化文化体制改革，培育文物博物馆市场主体。支持文物商店、文物拍卖企业深化改革，拓展业务。积极推动社会力量和社会资金参与文物资源利用工作。积极争取文化产业发展专项资金支持文物博物馆相关文化产业发展。

（二十）加强文物博物馆宣传

基本形成导向正确、配合有力、形式多样、内容丰富的文物博物馆宣传机制，营造文物保护利用的良好氛围。坚持内宣与外宣、传统媒体与新兴媒体并重，推进文物博物馆信息传播公开透明、及时准确，自觉接受舆论监督。建立文物博物馆舆情监测机制，建立文物博物馆行业定期新闻发布制度和重大新闻发布制度。继续做好中国历史文化名街评选推介工作。加强重大文物保护工程和考古新发现的宣传力度。加强文物宣传出版工作，不断推出优秀文博图书。加强文物博物馆行业电子政务建设，推进文物博物馆政务信息公开。组织文化遗产日、国际博物馆日、国际古迹遗址日系列宣传活动，推动文物博物馆工作创先争优，建立文物博物馆领域荣誉称号制度，评选表彰文物博物馆工作先进典型。实施文化遗产知识宣传普及工程，提高全社会文物保护意识。创新文物博物馆对外宣传方式，提升中华文化的国际传播力。

第五章　重大工程

一、国有可移动文物普查工程

研究制定国有可移动文物普查标准规范。公布全国国有可移动文物普查成果，编制全国国有可移动文物名录。建立国有可移动文物普查数据库管理系统，廓清全国国有可移动文物家底。

二、国家文物安全监测平台建设工程

以世界文化遗产、150处重要大遗址和国家一级博物馆为重点，初步建成国家文物安全监测平台。建立文物及其周边环境保护状况的监测、预警与响应的动态安全机制。评估文物及其周边环境的保护状况，定期发布文物安全监测报告。

三、文物平安工程

实现中国世界文化遗产地安防、消防设施达标。推进文物收藏单位防火、防盗设施达标建设。基本完成第一至四批全国重点文物保护单位防火设施建设，重点加强第五至七批全国重点文物保护单位中大型建筑群、民居、村落的防火设施建设。对被盗风险性强的帝王陵寝、墓群、窑址、石窟寺等开展安全技术防范设施建设。开展水下文物安全防范试点。

四、文物博物馆人才队伍能力提升工程

以加强文物保护能力建设为着力点，大力发展文物博物馆行业继续教育，努力形成多层次、多渠道、大规模的文物博物馆教育培训工作新格局，统筹推进文物博物馆管理人员、执法人员和专业人员培训工作，提高文物博物馆人才队伍的整体素质。培养一批文物博物馆行业急需的高级专门人才和青年骨干人才。依托高等学校、科研院所和文物保护机构，建设一批国家级文物博物馆行业继续教育基地。

五、文物保护关键技术提升工程

以文物博物馆事业发展的重大瓶颈问题为主攻方向，以文物风险预控技术、不可移动文物保

护关键技术、考古与出土现场应急保护关键技术、水下文物保护关键技术、可移动文物保护修复关键技术、博物馆展示和传播服务技术为战略重点，集中突破一批文物博物馆行业共性技术和关键技术，大幅增强文物博物馆行业的科技创新能力。

六、文物保护基础研究推进工程

开展可移动文物劣化机理、文物保护材料作用机制与保护效果评价、不可移动文物结构稳定性及健康评价方法研究，进行文物保护技术路线图、文物保护科技贡献率和文物保护传统工艺科学化研究，初步建立文物保护理论框架体系和学科建设战略布局，显著提升文物博物馆的基础研究能力和水平。

七、文物保护科技成果推广工程

积极开展文物保护科技成果的推广应用，建立和实行科技成果评价与推广制度，开展科技成果的效果和适用范围评估和评价，定期发布重点科技成果转化项目指南。依托国家级文物保护科研机构、工程技术研究中心、行业重点科研基地、专业创新联盟、区域创新联盟，实施重大科技成果推广示范项目。建立科技成果推广服务工作站，促进文物保护科技成果快速转移与扩散。

八、中华文明展示工程

积极推进中华文化与世界文化的对话与交流，提升中华文化的国际影响力。深化博物馆领域的国际交流及港澳台地区的合作，加强与国（境）外知名博物馆的战略合作。拓展文物博物馆事业的对外（对港澳台）交流渠道与合作方式，建立中国特色文物对外（对港澳台）展览品牌。巩固与欧美、东亚国家文物出入境展览的交流合作，加强与亚洲、美洲、非洲国家及港澳台地区文物出入境展览的交流合作。

九、国家文物博物馆资源基础数据库建设工程

研究制定国家文物博物馆资源基础数据库建设规划。建设全国重点文物保护单位、世界文化遗产、重要大遗址、国家一二三级博物馆、国有馆藏一级文物等国家文物博物馆资源基础数据库。建立国家文物博物馆资源基础数据管理、使用、共享和服务工作机制。基本实现文物博物馆资源基础信息在数据管理、科学研究、公共服务、决策支持等方面的信息化。

十、近现代重要史迹保护工程

开展近现代重要史迹及湘鄂赣渝皖等省份重要革命文物的修缮保护和周边环境整治工作。改善近现代可移动文物的保存条件。提高近现代重要史迹的展示水平。探索近现代重要史迹的合理利用途径，促进区域经济社会发展。

十一、少数民族地区重点文物保护工程

实施新疆文物保护工程，促进新疆跨越式发展和长治久安。开展西藏重点文物保护工程，基本排除西藏境内全国重点文物保护单位及重要的自治区级文物保护单位的重大险情，推动中华民族特色文化保护地建设。实施青海、甘肃、四川、云南 4 省藏区第一至七批全国重点文物保护单位的保护维修工程以及广西花山岩画、内蒙古明清古建筑群、贵州民族特色建筑群等重点文物保护工程。开展人口较少民族文物保护工作。

十二、古村落古民居保护工程

开展全国重点文物保护单位中古村落古民居的现状调查、保护利用规划编制、基础设施和安防设施建设、环境整治工作。实施古村落古民居抢修保护工程。结合旧城改造和新农村建设，加强古村落古民居的综合保护利用工作。加大历史文化名城名镇名村中重要文物保护单位的维修保护、规划编制、环境整治力度。

十三、重大基本建设考古与文物抢救工程

积极做好南水北调、西气东输、高速铁路与公路、大型水库等国家重大基本建设工程的考古和文物抢救保护工作。加强基本建设工程考古管理，开展基本建设工程的考古研究，提高基本建设考古工作质量。

十四、文物标本库房建设工程

新建和改扩建一批全国重点文物考古科研机构的文物标本库房。新建一批文物修复整理室和特殊质地标本保存室。新建一批出水文物周转库房和保护整理室。配置一批文物库房安全防护和环境检测控制设备设施。

十五、国家考古遗址公园建设工程

创新国家考古遗址公园建设的理念、方法和机制，探索一条文物保护与区域经济社会协调发展共赢的新路。建成一批具有典型示范意义的国家考古遗址公园。加强国家考古遗址公园理论研究，完善国家考古遗址公园管理制度和技术标准。推进大遗址的本体保护工程、周边环境整治工程、安全防护和展示服务设施建设、大遗址保护管理机构建设。加强国家考古遗址公园的综合利用工作。

十六、世界文化遗产保护工程

加强世界文化遗产保护的基础工作。实施长城保护、明清皇家建筑保护、大型石窟寺保护等重点工程。建设世界文化遗产监测巡视体系。开展世界文化遗产的安全防护和展示利用设施建设。加大世界文化遗产周边环境整治力度。推进世界文化遗产保护与区域经济社会协调发展。

十七、水下文物保护工程

调查研究沿海海域和内陆水域水下文物资源分布状况。开展以南海Ⅰ号、华光礁Ⅰ号为重点的沉船发掘及出水文物的保护展示。加强南澳Ⅰ号沉船发掘及出水文物保护。开展水下文物保护监测试点工作。建成一批水下文物保护工作基地。研发一批出水文物保护技术。加强水下文物考古装备建设。

十八、博物馆免费开放工程

完善博物馆免费开放机制。核定增补免费开放博物馆。加强博物馆基础设施、接待设施、服务环境建设。提高免费开放博物馆的展陈水平和服务质量。丰富博物馆的文化产品和文化服务。实施博物馆免费开放绩效评估。

十九、基层博物馆建设工程

新建和改扩建一批地市级综合性博物馆和文物大县博物馆。配套建设一批基层博物馆消防安防设施、馆藏文物保管装备、馆藏文物保存环境检测控制设施和文物陈列展示设施。推进地市级博物馆和文物大县博物馆陈列展示质量提升达标工程。

二十、可移动文物保护工程

加强受损可移动珍贵文物的技术保护。开展馆藏珍贵文物和重要出土出水文物的健康评测，加强馆藏文物本体保护修复和预防性保护工作。建立馆藏文物保存环境监测平台，提高馆藏文物收藏保管能力。加强可移动文物保护修复机构、装备和人才建设，培养造就一支可移动文物保护修复技术人才队伍，提升文物保护修复行业能力建设水平。

二十一、县级文物管理所建设工程

为全国无博物馆的县（区）建设一批文物库房，配套建设相应安全防护设施。为县级文物管理所配置一批文物保护巡查专用车辆和专业设备。启动县级文物管理所标准化建设。实施全国县级文物管理机构负责人中央级培训规划。

二十二、文物保护装备保障工程

开展文物保护修复实验室标准化建设。建立馆藏文物保存环境监测平台。装备水下文物考古专用船只和出水文物保护专用设备。配置一批考古现场文物保护移动实验室和基层文物保护巡查设备设施。

二十三、文化遗产知识宣传普及工程

组织文化遗产日、国际博物馆日、国际古迹遗址日等系列宣传活动，向全社会普及文化遗产知识。组织全国博物馆十大陈列展览精品、十大重点文物保护工程、十大考古新发现和中国历史文化名街等评选推介项目，不断丰富广大公众的文化体验。组织全国青少年文化遗产知识大赛和优秀文物展览进校园、进社区等活动，推进文化遗产保护成果融入国民教育。

第六章　保障措施

一、政策保障

研究制定文物博物馆事业发展战略和规划实施的配套政策。推动制定将文物博物馆教育纳入国民教育体系和义务教育体系的政策制度。研究制定社会力量和社会资金参与文物保护利用的优惠政策。加强文物政策制定的计划性、合法性、科学性、可行性和操作性。加强文物博物馆事业发展规划实施的绩效评估考核机制研究。创建第三方科研机构独立评估文物博物馆事业发展规划实施绩效制度。启动国家文物博物馆事业发展“十三五”规划前期研究。

二、法制保障

根据文物博物馆事业的发展需求，研究、制定和修订急需的法律、行政法规、部门规章和规范性文件。健全文物保护责任制度和责任追究制度，完善文物法律法规和标准规范的落实机制。推进以技术标准和工作规程规范文物的保护、利用、管理、传播和传承工作。加强文物保护法制宣传教育，提高全社会文物保护意识。加强文物立法前期调研论证，提高文物立法质量。

三、体制机制保障

健全完善权责明确、统筹有力的文物保护管理体制和运行机制。按照政府主导、属地管理、分级负责的原则，明确中央和地方政府在文物保护管理方面的责任、权利和义务。建立权责明确、行为规范、运转高效、监督有力的文物行政执法督察和安全监管机制，做到有法必依、执法必严、违法必究。加快政府职能转变，加强国家文物行政部门的政策引导、法规标准制定、宏观管理和执法督察职责，加强地方各级政府及文物行政部门的统筹协调、监管督察和公共服务的职责。推动文物保护规划与城乡建设规划同步编制、同步修订。建立文物行政工作和重大事项的科学决策程序。推进博物馆法人治理结构建设，探索建立博物馆理事会或董事会制度。努力建立适应社会主义市场经济体制要求、遵循文物工作自身规律、国家保护为主并动员全社会参与的文物保护体制。建立文物博物馆社会服务中介机构的准入、资助、监管和行业自律制度，发挥文物博物馆行业社会组织的作用。优化民办博物馆的发展环境，规范民办博物馆准入、退出机制，健全民办博物馆专业化建设的扶持资助机制，探索民办公助、公建民营等博物馆建设模式。推动文物保护单位、博物馆与学校、农村、社区、企业和部队等开展共建共享活动。探索建立文物保护员和文物保护志愿者的扶持奖励制度。

四、人才保障

深化文物博物馆事业单位人事制度改革，健全以业绩为依据、以能力为导向的文物博物馆人才评价、选拔和激励机制，营造人才辈出、人尽其才的生动局面。加强重大文物保护项目实施与人才能力建设的有机衔接，将文物博物馆科研基地建设、人才培养、技术标准、知识产权纳入重大文物保护项目的绩效考核指标。积极引进创新团队、青年人才、社会人才、海外人才参与国家重大文物保护科技项目和重点文物保护工程。完善人才引进政策，健全人才服务体系，建立高级人才跟踪培养服务制度。健全文物部门与高等院校、科研院所合作共建、联合培养文物博物馆人才的工作机制。

五、科技保障

充分发挥国家级科研机构和国家文物局重点科研基地的骨干作用，统筹规划科技研究、装备升级、人才培养和基地建设，建立自然科学、工程技术科学与人文社会科学交叉融合的创新模式，着力解决文物保护管理的关键问题和瓶颈问题。以国家重大科技任务为载体，将科技指标纳入重大文物保护项目考核指标体系，将科技经费纳入重大文物保护项目经费预算范围。建立与社会共享文物博物馆科技资源的开放制度，鼓励各类科研机构和社会科研力量参与文物博物馆科技研究和应用。支持面向行业的共性技术与关键技术的应用推广。加强现代科研院所制度建设。

六、经费保障

健全以政府公共财政投入为主、多渠道筹措文物博物馆经费的机制，加大经费投入。中央和地方政府按照属地管理、分级负担的原则，将文物保护经费列入各级政府财政预算，落实其法定增长要求。中央文物保护财政专项资金优先扶持西部地区、边远贫困地区、民族地区、革命老区的文物博物馆事业发展。推动建立国家公共财政资金对非国有文物保护维修的资助政策。健全国家公共财政资金对民办博物馆发展的扶持政策。推动设立文物保护员和文物保护志愿者专项补助经费、文物工作奖励专项经费。支持社会力量和社会资金设立公益性文物保护基金，鼓励企业、个人和其他社会组织兴办博物馆，以及对文物博物馆事业进行公益性捐助捐赠。加强中央财政文物保护专项资金支持与各省、自治区、直辖市文物博物馆事业发展预期绩效的对接，推动将文物保护专项资金使用绩效纳入文物保护责任目标管理制度建设。树立文物保护成本意识，建立文物保护经费使用绩效评估制度，加强文物保护经费使用监督审计工作。

第七章　实　施

贯彻实施本规划，是各级党委、政府及文物部门的重要职责。做好文物博物馆事业发展规划与经济社会发展规划的衔接。做实做深文物博物馆事业专项规划。推动各省、自治区、直辖市编制好本地区文物博物馆事业发展规划。

建立《国家文物博物馆事业发展“十二五”规划》及专项规划的分级分层落实责任机制。坚持以规划目标管理为中心，分解规划任务，落实目标责任，明确进度安排，做到规划任务有执行主体，经费投入有保障渠道，任务完成有绩效考核。推动建立规划实施的问效问责制度和奖励制度。

国家文物行政部门建立规划评估考核与规划实施动态调整机制，加强对规划执行情况的督察评估，通报规划实施情况。在 2013 年和 2015 年，分别对本规划的执行情况进行中期评估和期末评估。

“十一五”期间大遗址保护总体规划

（国家文物局、财政部　文物办发〔2006〕43号　2006年11月29日）

“大遗址”主要包括反映中国古代历史各个发展阶段涉及政治、宗教、军事、科技、工业、农业、建筑、交通、水利等方面历史文化信息，具有规模宏大、价值重大、影响深远的大型聚落、城址、宫室、陵寝、墓葬等遗址、遗址群。在我国已公布的六批2351处全国重点文物保护单位中，约有500余处是大遗址，占总数的四分之一左右，其中一部分已被列入世界文化遗产或作为世界文化遗产的重要组成部分。

大遗址承载着丰富的历史信息和文化内涵，是中国五千多年灿烂文明史的主体和典型代表，不仅具有深厚的科学与文化底蕴，同时也是极具特色的环境景观和旅游资源，在建设社会主义政治文明、物质文明和精神文明，向世界展示悠久的中华传统文化，促进大遗址所在地社会经济文化发展等方面发挥着重要作用。

当前，我国大遗址保护面临机遇和挑战。快速发展的城乡建设、基础设施建设、农民生产生活和盗掘文物的犯罪活动以及千百年来自然力的破坏，使许多本已异常脆弱的大遗址本体及其环境风貌受到致命威胁、设置大遗址保护专项，抢救保护祖国珍贵的文化遗产，显得尤为必要和紧迫。

国家设立大遗址保护专项资金，实施大遗址保护工程，在有效保护遗址本体及其环境风貌的同时，加强展示和宣传工作，对于全面提高文物保护、管理、利用水平，发挥文物在经济和社会发展中的重要作用，实现文物保护事业的可持续发展具有重要的意义。

一、规划范围

“十一五”期间大遗址保护项目库的100处重要大遗址（名单详见附件）

二、指导思想和原则

（一）指导思想

以邓小平理论和“三个代表”重要思想为指导，按照科学发展观和构建社会主义和谐社会的重大战略构想，认真贯彻落实十六届五中、六中全会精神，坚持“以人为本”和“贴近群众、贴近基层、贴近生活”，坚持“保护为主，抢救第一，合理利用，加强管理”的文物工作方针，推动文物事业健康、快速、协调发展，更好地为社会主义政治文明、物质文明和精神文明建设服务。

（二）基本原则

1. 坚持把握长远利益和当前利益、全局利益与局部利益关系的原则；

2. 坚持既有利于文物保护、又有利于经济建设和提高人民群众生活质量的原则；

3. 坚持中央主导、地方配套、统筹规划、集中资金、重点投入、注重实效的原则；

4. 坚持规划先行、突出重点、分步实施、侧重本体、优先展示的原则。

三、总体目标

到2010年，初步建立比较完备的大遗址保护管理体系，大遗址的本体和环境的整体保护得到明显改善，执法力度明显加大，努力使部分有条件的大遗址列入世界文化遗产名录；探讨大遗址保护展示的科学途径，建设大遗址保护展示示范园区（遗址公园）和遗址博物馆；发挥专项保护资金的综合效益，促进城市建设和人民群众生活方式与质量的改善，谋取区域社会效益，生态效益的和谐与可持续发展。

四、主要内容和任务

（一）初步完成大遗址保护管理体系建设。包括开展大遗址保护专题立法及宣传，加强针对大遗址保护工作而专门开展的考古调查、勘探和现状调研与评估工作，建立大遗址文物遗存信息保存系统；加强大遗址科技保护工作，提升科技含量，编制完成大遗址保护科技规划；加强基础工作，完善大遗址的“四有”建设；开展大遗址保护管理培训工作。基本形成包括法规体系、规划和工程设计规范体系、管理体系、监测评估体系和安防体系、绩效考核体系在内的大遗址保护综合管理体系。

（二）编制重要大遗址保护规划纲要和保护总体规划，编制100处在中华文明史中占有重要地位的大遗址总体保护规划纲要，完成秦始皇陵、偃师商城、楚纪南城、汉长安城等40～60处大遗址的考古调查、测绘和保护总体规划的编制，着手开展遗址群或片区保护规划大纲的编制工作。

（三）继续实施中央主导和引导的大遗址保护示范工程，对已列入项目库的100处大遗址实行统筹规划，分步实施。通过具有典型性的示范案例研究，将具有普遍指导性意义的保护理念和技术运用于大遗址保护实践、带动我国大遗址保护工作整体水平的逐步提高，确保我国大遗址保护工作科学有序发展。

（四）建成10～15个具有较高质量、较高标准的大遗址保护展示示范园区（遗址公园）和一批遗址博物馆，全面提升大遗址保护和利用水平，确保大遗址公园“建一个成一个”的目标。

五、“十一五”期间大遗址保护工作步骤及阶段性成果

（一）2006年至2008年

1. 管理体系建设：完成5处大遗址保护管理条例（办法）；完成100处重要大遗址的“四有”工作；收集100处重要大遗址的航片卫片资料；收集汇编国外关于大遗址保护管理的相关资料；完成《大遗址保护规划编制规范和标准》、《大遗址保护工程勘察设计文件编制深度规定》等技术标准和规范；组织有关大遗址保护和管理的技术培训。

2. 规划编制：完成第二批64处大遗址保护总体规划纲要编制；完成偃师商城遗址、燕下都遗址、郧城遗址、秦始皇陵、良渚遗址等重要大遗址保护规划；启动二里头遗址、楼兰遗址等保护规划编制工作；开展长城、大运河文化遗产考古调查、勘察、测绘、发掘、资源调查、综合研究和规划纲要编制等前期工作。

3. 示范工程：完成殷墟遗址保护项目，完成长城保护试点工程、渤海遗迹保护工程、里耶古城遗址保护工程及大明宫（丹凤门、御道、太液池）保护项目和交河古城、高昌故城保护项目；启动并实施洛阳地区大遗址保护项目，高句丽二期和后续保护项目、龟兹佛教遗址保护项目和大运河保护前期工作。

4. 展示园区建设：完成阳陵遗址博物馆、金沙遗址博物馆等5处高质量的遗址博物馆的建设；殷墟、大明宫遗址、阳陵、圆明园遗址公园初具规模。

5. 2008年开展阶段性成果检查，中期评估，形成中期报告。

（二）2009年至2010年

完成10～15处大遗址保护管理办法；完成30处大遗址的保护规划和西安、洛阳、荆州等片区文物保护规划的编制工作；启动临安城遗址等30处大遗址保护规划；完成里耶古城遗址二期保护项目、龟兹佛教遗址保护项目、高句丽二期和后续保护项目，洛阳地区大遗址保护项目和大运河沿线抢救性保护示范项目；初步建成和完善大明宫、秦始皇陵、阳陵、偃师商城、洛南里坊区等10～15处遗址公园；完善重要遗迹保护设施。

六、经费预算

大遗址保护项目所需资金，采取中央和地方共同筹集的方式解决。其中，中央财政在“十一五”期间投入大遗址保护专项资金20亿元。

七、项目的实施方式与组织管理

为确保大遗址保护工作顺利开展，保证大遗址保护工作的质量，确保资金使用的规范性、安全性和有效性，根据《文物保护工程管理办法》（2003年文化部第26号令）、《大遗址保护专项经费管理办法》（财政〔2005〕135号）和相关财务制度，大遗址保护工作在组织上实行中央财政部门和文物行政主管部门、省级财政部门和文物行政主管部门及项目单位三级管理，对大遗址保护工作采取立项及方案（含预算控制数）审批（核）、工程招标、施工监理、完工结项验收和绩效考核等项目管理方式。对于地方积极性较高、配套资金落实情况好、规划和方案完成较好、绩效考核成绩突出的大遗址保护项目，国家将根据不同地方的不同情况，采取“以奖代补”的方式进行奖励，奖励经费用于大遗址保护项目。

附："十一五"期间重要大遗址（100处）名单

"十一五"期间重要大遗址（100处）

一、各省、自治区、直辖市

1. 北京：周口店遗址、圆明园遗址、琉璃河遗址

2. 河北：赵邯郸古城、定窑遗址、邺城遗址、燕下都遗址、泥河湾遗址群、磁县北朝墓群

3. 山西：陶寺遗址、侯马晋国遗址、天马一曲村遗址、晋阳古城遗址

4. 内蒙古：辽上京遗址、元上都遗址、辽陵及奉陵邑、居延遗址

5. 黑龙江：渤海国上京龙泉府遗址、金上京会宁府遗址

6. 吉林：渤海中京城遗址、高句丽王城王陵及贵族墓葬（含辽宁桓仁五女山山城）

7. 辽宁：牛河梁遗址、姜女石遗址、凤凰山城

8. 江苏：扬州城遗址、鸿山墓地

9. 福建：万寿岩遗址、屈斗宫德化窑遗址、崇安汉城

10. 江西：吴城遗址、湖田窑遗址、景德镇御窑遗址

11. 安徽：尉迟寺遗址、凌家滩遗址

12. 浙江：良渚遗址、上林湖越窑遗址、大窑龙泉窑遗址、临安城遗址

13. 山东：临淄齐国故城、两城镇遗址、城子崖遗址、桐林遗址、大辛庄遗址、曲阜鲁国故城

14. 河南：二里头遗址、偃师商城遗址、汉魏洛阳故城、隋唐洛阳城遗址、殷墟遗址、郑韩故城、古城寨城址、北阳平遗址群、郑州商代遗址、黄冶三彩窑址、宋陵、清凉寺汝官窑遗址、邙山陵墓群、三杨庄遗址

15. 湖北：石家河遗址、楚纪南故城、盘龙城遗址、京山屈家岭遗址、龙湾遗址

16. 湖南：城头山遗址、里耶遗址、铜官窑遗址

17. 广东：南越国宫署遗址

18. 广西：靖江王府及王陵、合浦汉墓群

19. 四川：三星堆遗址、金沙遗址、成都古蜀船棺合葬墓、邛窑

20. 云南：太和城遗址、石寨山古墓群

21. 西藏：古格王国遗址、藏王墓

22. 陕西：秦咸阳城遗址、周原遗址、阿房宫遗址、汉长安城遗址、大明宫遗址、秦始皇陵、姜寨遗址、秦雍城遗址、周公庙遗址、西汉帝陵（含阳陵）、唐代帝陵、统万城遗址、黄堡镇耀州窑遗址

23. 甘肃：大地湾遗址、许三湾城及墓葬群

24. 宁夏：西夏陵、水洞沟遗址

25. 青海：喇家遗址、热水吐蕃墓群

26. 新疆：丝绸之路新疆段

二、跨省、自治区、直辖市

1. 长城（北京、天津、河北、山西、内蒙古、辽宁、山东、河南、陕西、甘肃、宁夏、新疆）

2. 大运河（北京、天津、河北、江苏、浙江、安徽、山东、河南）

3. 秦直道（内蒙古、陕西、甘肃）

大遗址保护“十二五”专项规划

（国家文物局、财政部　文物保发〔2013〕11号　2013年5月27日）

大遗址是中华民族文明发展史最具代表性的综合物证和弥足珍贵的文化遗产。大遗址保护既是一项文化工程，也是一项惠民工程，有利于促进优秀传统文化传承体系建设、美化城乡环境、推动经济社会协调可持续发展。“十一五”时期，在党中央、国务院的高度重视和国家有关部门的大力支持下，大遗址保护工作取得了令人瞩目的历史性成就：启动100处大遗址保护工程，殷墟遗址、元上都遗址成功列入《世界遗产名录》；建成一批大遗址保护展示示范区，有效保护遗址本体及其环境风貌；国家设立大遗址保护专项资金，出台一系列专门性法规，初步建立大遗址保护管理体系；全面完成《“十一五”期间大遗址保护总体规划》的目标任务，基本构建以“三线两片”为核心、100处大遗址为支撑的大遗址保护格局。

“十二五”时期，是全面建成小康社会的关键时期。在推进经济建设、政治建设、文化建设、社会建设、生态文明建设五位一体总体布局的进程中，大遗址保护既具备加快发展的良好机遇，也面临一些新情况新问题。大遗址保护投入持续稳定增长，各级党委、政府大力支持，社会参与大遗址保护的热情日益高涨，将为大遗址保护提供更加坚实的物质保障和广阔的发展空间。同时，我们还必须看到，大规模城镇化建设和新农村建设、频发的自然灾害和自然腐蚀等对大遗址的破坏威胁依然存在，伤害文物本体、占压大遗址的现象时有发生，经费投入存在不足，文物本体安全形势依然严峻，大遗址保护基础工作依然薄弱等。加强大遗址保护刻不容缓。为协调大遗址保护与国家经济社会发展之间的关系，进一步强化责任、加大投入、加强引导，全面推进大遗址保护工作，特制定本规划。

一、规划范围

“十二五”时期大遗址保护项目库的150处重要大遗址（名单附后）。

二、指导思想和原则

（一）指导思想

以邓小平理论、“三个代表”重要思想和科学发展观为指导，深入贯彻《中华人民共和国文物保护法》，坚持“保护为主，抢救第一，合理利用，加强管理”的文物工作方针，推进大遗址的保护利用和传承发展，充分发挥大遗址在弘扬传统文化、传承中华文明、维护中华民族多元一体和国家文化安全等方面独特的、不可替代的重要作用，推动文物事业全面协调可持续发展，为社会主义文化大发展大繁荣、建设社会主义文化强国做出更大贡献。

（二）基本原则

1. 坚持中央主导，属地管理，保护为主，惠及民众的原则。

2. 坚持着眼宏观，全面布局，规划先行，和谐发展的原则。

3. 坚持集中投入，注重实效，突出重点，分步实施的原则。

三、总体目标和主要任务

（一）总体目标

以实施重大保护示范项目、建设大遗址保护示范园区为着力点，构建“六片、四线、一圈”为重点、150处大遗址为支撑的大遗址保护新格局。充分发挥专项资金使用的综合效益，加强大遗址保护管理能力建设，提高大遗址保护展示水平，提升大遗址服务社会的能力，实现大遗址保护与生态文明建设、经济建设紧密结合，社会效益与经济效益协调统一，使大遗址成为推动区域经济社会和谐发展的积极力量，使广大民众充分享受大遗址保护的成果。以大遗址保护为突破口，探索创新符合我国国情的文物事业发展道路，为努力建设文化遗产强国做出更大贡献。

（二）主要任务

1. 加强大遗址考古工作，完成新增50处重要大遗址测绘工作，加强大遗址基础数据信息化工作，初步建立大遗址文物信息平台。

2. 编制大遗址保护与发展战略规划和大遗址保护片区规划。150处大遗址保护规划编制完成率达到90%。

3. 深化西安片区和洛阳片区的整体保护工作，重点推进荆州片区、曲阜片区、郑州片区和成都片区的遗址保护工作，持续开展长城、大运河和丝绸之路的保护工作，形成规模和联动效应。

4. 实施大遗址保护重点工程。开展150处大遗址保护工程，完成牛河梁遗址、良渚遗址、铜官窑遗址、扬州城遗址、御窑厂遗址、秦咸阳城遗址、南宋临安城遗址、老司城遗址、古蜀国遗址、西夏王陵等25项重点保护展示工程。

5. 推进大遗址保护展示示范园区和遗址博物馆建设。建成15个具有典型作用和示范意义的大遗址保护展示示范园区，以及一批特色鲜明、具有较高展示水平的遗址博物馆。

6. 建设大遗址安防设施。提高大遗址保护展示示范园区和重要田野墓葬群的安防水平。

7. 创新管理机制，完善大遗址保护网络。建立健全大遗址保护工作的各项管理制度、技术规范和监测机制。加强大遗址保护的多学科、跨行业协作，提高大遗址保护、展示科技水平。

四、实施步骤和阶段成果

（一）2011年至2013年：

1. 基础工作：收集30处大遗址的航片卫片资料；结合大遗址保护开展50个重点考古项目，完成30处重要大遗址测绘；启动大遗址文物信息数据库建设工作；完成扬州城遗址、秦咸阳城遗址、赵邯郸故城等30处重要大遗址保护规划编制；推动长城保护总体规划大纲、大运河各级保护规划编制工作。

2. 管理体系：完成《大运河遗产保护管理办法》、《邙山陵墓群保护条例》等5～8处大遗址专项法律法规的制定；规范大遗址保护工程监理、检查、验收等各环节工作；组织有关大遗址保护和管理培训。

3. 重点工程：完成大运河、牛河梁遗址、良渚遗址、楚纪南故城、铜官窑遗址、隋唐洛阳城宫城遗址、北庭故城、南越国宫署遗址、御窑厂遗址等遗址核心区保护展示项目；启动荆州、曲阜、成都、郑州片区大遗址保护项目，继续开展西安、洛阳片区、丝绸之路和高句丽、渤海大遗址保护项目。

4. 大遗址保护展示示范园区、遗址博物馆建设：完成牛河梁遗址、大地湾遗址、铜官窑遗址、周口店遗址等5～10处高质量的遗址博物馆建设；牛河梁遗址、铜官窑遗址、汉魏洛阳故城、里耶古城遗址、曲阜鲁国故城、楚纪南故城、御窑厂遗址等10处大遗址保护展示示范园区建设项目初具规模。

5. 2013年，开展阶段性成果检查和中期评估，形成中期评估报告，并根据评估结果和实际效果对规划项目实施计划和重点进行调整。

（二）2014年至2015年：

1. 推动大遗址保护基础工作，收集20处大遗址的航片卫片资料；大遗址保护规划编制完成率达到90%；完成大遗址保护与发展战略规划编制工作；完成5～10处大遗址保护管理办法制定。

2. 建成北庭故城、汉魏洛阳故城、钓鱼城遗址、偃师商城遗址、老司城遗址、渤海中京城遗址等10处大遗址保护展示示范园区；完成30个安防技防项目（大遗址保护展示示范园区和重要墓葬群）。

五、项目组织管理和保障措施

为积极推进大遗址保护工作的顺利开展，保证大遗址保护工作质量，确保专项资金使用的规范性、安全性和有效性，根据相关经费管理办法和财务制度，大遗址保护工作在组织上实行国务院文物主管部门和财政主管部门、省级文物主管部门和财政主管部门及项目单位三级管理。大遗址保护实行项目管理制度。逐步完善大遗址保护项目管理体系，建立相关标准规范，明确管理方式，加强项目检查及阶段性评估。

（一）组织保障。国家文物局与大遗址所在地各省级人民政府签订工作协议，强化责任，保障大遗址保护工作顺利推进。

（二）经费保障。财政部、国家文物局将根据事业发展与财力可能，按照中央与地方投入责任、按经费使用范围等确定大遗址的经费投入。加强对重点大遗址的集中投入。加强经费使用情况的监督，建立大遗址保护经费使用绩效评价制度，完善激励、奖励机制。积极引导地方政府增加大遗址保护经费投入，努力拓宽大遗址经费渠道。对进展顺利、成效突出的大遗址保护项目，采取以奖代补的形式加大支持力度。

（三）理论保障。深化大遗址考古、规划、保护、展示、利用、安防、监测、管理等基础研究，完善大遗址保护和遗址博物馆等理论支撑，加强大遗址保护总体规划和顶层设计，指导大遗址保护实践。

（四）人才保障。加强能力建设，健全培训机制，充实培训内容，形成一支组织体系完备、地域分布合理、专业结构齐全的高素质大遗址保护人才队伍。

大遗址保护“十三五”专项规划

（文物保发〔2016〕22号　2016年10月31日）

“十二五”时期，我国初步形成了以“六片、四线、一圈”为核心，以150处大遗址为支撑的大遗址保护格局，全面启动150处大遗址保护规划编制，开展大遗址考古，掌握了一批重要大遗址的分布范围和保存情况，实施一批文物保护展示和环境整治工程，大遗址本体和环境得到有效保护，压力缓解明显，建成24家国家考古遗址公园和一批遗址博物馆，提高了大遗址的保护展示水平，推动元上都、大运河、丝绸之路、土司遗址等相继列入世界遗产名录，充分发挥了大遗址保护对地方区域经济社会发展的促进作用。

“十三五”时期是全面建成小康社会的决胜阶段，国土空间优化开发新格局基本确立，新型城镇化建设和美丽乡村建设也正在快速推进。同时，中央进一步明确提出要构建中华优秀传统文化传承体系和公共文化服务体系。这都给大遗址保护提出了新的要求，大遗址保护也面临着新的机遇和挑战。

为做好新形势下大遗址保护展示利用工作，服务经济社会发展大局，更好地满足人民群众的精神文化需求，根据《国家文物事业发展“十三五”规划》，特制定本规划。

一、指导思想

高举中国特色社会主义伟大旗帜，全面贯彻党的十八大和十八届三中、四中、五中、六中全会精神，深入贯彻习近平总书记系列重要讲话和加强文物保护重要论述精神，围绕“五位一体”总体布局和“四个全面”战略布局，坚持创新、协调、绿色、开放、共享的发展理念，坚持“保护为主、抢救第一、合理利用、加强管理”的文物工作方针，落实《国务院关于进一步加强文物工作的指导意见》，坚持稳中求进，协调做好文物的研究、保护、传承、利用和发展，为统筹推进文物保护与经济社会发展服务。

二、基本原则

1. 以人为本，传承文化，保护为主，合理利用。

2. 中央主导，属地管理，社会参与，成果共享。

3. 统筹规划，分步实施，分类指导，示范带动。

4. 科技支撑，创新发展，彰显特色，注重实效。

三、总体目标和主要指标

（一）总体目标

基本实现大遗址本体和环境安全，完善大遗址保护规划和管理体系，加强基础设施和保护利用设施建设，全面实现大遗址对外开放，继续推进国家考古遗址公园建设，有效提升大遗址保护展示利用水平，充分发挥大遗址在构建中华优秀传统文化传承体系和公共文化服务体系中的作用，充分发挥大遗址在新型城镇化建设和美丽乡村建设中的带动作用，促进大遗址所在地经济社会协调发展，为全面建成小康社会贡献力量。

（二）主要指标

列入项目库的大遗址考古调查、勘探和测绘工作基本完成；

列入项目库的大遗址基础信息“一张图”完成率 100%；

列入项目库的大遗址保护规划编制完成率 100%；

列入项目库的大遗址基本实现对外开放；

列入项目库的大遗址专门管理机构设立率 100%；

建成 10～20 个专门的考古工作基地（站）；

新建成 20～30 个遗址博物馆；

新建成 10～15 个国家考古遗址公园；

形成 8～10 处大遗址保护片区；

形成一批大遗址保护的理论和科技成果。

四、主要任务

1. 开展考古工作

持续开展系统性的大遗址考古调查、勘探、测绘、研究工作，强化课题意识、科技意识、保护意识、展示意识，全面掌握列入项目库的大遗址的内涵、范围、布局。有重点地开展系统考古发掘，推进“长江下游区域文明模式研究”、“河套地区聚落与社会研究”、“长江中游文明进程研究”等跨区域的综合性考古研究项目，不断加深对中华文明悠久历史和宝贵价值的认识。

2. 整合信息数据

采集综合信息数据，实现大遗址基础数据的数字化、信息化和规范化，搭建地理信息系统平台，初步完成列入项目库的大遗址“一张图”。鼓励各地根据实际情况，将大遗址综合信息数据纳入当地城乡建设及土地管理“一张图”。

3. 编制保护规划

继续推动大遗址保护规划编制工作，强化空间布局，加强与城乡总体规划和土地利用总体规划的衔接，理顺大遗址保护与城乡发展的关系。全面完成列入项目库的大遗址保护规划编制工作，并公布实施。鼓励编制线性遗产规划和大遗址区域性空间引导规划，对接新型城镇化建设和美丽乡村建设，实现整体保护与协调发展。

4. 实施重点工程

实施一批文物本体抢救性保护工程和安全防范工程，加大保护范围内环境治理工作力度，基本实现大遗址本体及环境安全。

实施一批具有带动和示范效应的保护展示工程，重点做好凌家滩、陶寺、石峁、三星堆、大堡子山、齐国故城、汉唐帝陵、紫金城城址及铁河古墓群、明中都皇故城等遗址的保护展示，以及良渚、二里头、殷墟、盘龙城、鲁国故城、秦始皇陵、汉长安城、扬州城、西夏陵、景德镇御窑厂、圆明园等遗址的展示利用提升，整体提升大遗址保护展示利用水平。

推进体现中华文明发展主体进程的陶寺、石峁、二里头、周原、圆明园等10～15处重要大遗址研究、基础设施改造、环境整治和展示提升及遗址博物馆建设工程，并将其纳入国家记忆工程，包括科学、系统展示大遗址的核心价值，集中展示中国历史文明的进程，发掘并弘扬大遗址所蕴藏的优秀传统文化内涵，向国人和世界充分展示中华文明的灿烂辉煌。

继续做好长城、丝绸之路、大运河等线性遗产的保护展示工程，开展海上丝绸之路、万里茶路、明清海防、蜀道、茶马古道、秦直道保护展示工程。

重点支持东北、西北和西南等边疆地区能体现并维护主权安全、国土安全和文化安全，扩大国际和区域影响力的大遗址保护展示利用工程。

5. 提升服务能力

加强大遗址基础设施、保护利用设施、公共服务设施建设，丰富展示手段，充实展示内容，提高展示和服务水平，实现列入项目库的大遗址对外开放。鼓励以大遗址为核心，统筹考虑遗址区域及周边重要文化遗产的展示利用，产生聚合效应和规模效应，有效承担城市或社区功能，发挥公共文化服务作用，成为新型城镇化建设和美丽乡村建设的有机组成部分。

重点建设二里头、景德镇御窑厂等20～30处遗址博物馆。大幅提升国家考古遗址公园接待服务能力，实现每处国家考古遗址公园均有1处遗址博物馆或展示服务中心。开展数字化展示试点，推动“互联网+”展示项目试点。大力发展文物旅游和文化创意产品，提供更多的优质旅游资源。

6. 建设遗址公园

出台国家考古遗址公园建设和运行管理指导性文件，加强国家考古遗址公园运行评估与监管，新建成10～15处国家考古遗址公园。鼓励各地参照国家考古遗址公园模式，积极开展省级考古遗址公园建设，共同推进大遗址保护利用工作。

7. 加强科学研究

加强理论研究，探索适用于我国大遗址特性的保护利用理念和方法，研究如何发挥大遗址保护展示利用在公共文化服务体系中的作用，形成一批研究成果。

加强管理体制机制研究，探索适用于大遗址保护利用的合理模式，研究大遗址分类管理的相关要求，研究大遗址和国家考古遗址公园融入国家公园体制。

加强政策研究，探索大遗址综合保护利用和统筹发展的有效途径。开展大遗址保护文物补偿专项研究和试点。结合大遗址所在地居民生产生活需求，探索大遗址保护范围内土地合理、有效利用的可行方式。

加强技术创新，形成一批具有较强应用性的保护技术手段；加强数字技术的应用研究。

8. 规范日常管理

深化管理体制改革，创新管理机制，加强大遗址保护管理机构建设，实现每处大遗址均设有专门的管理机构，鼓励设立综合性管理机构，支持建设专门的考古工作基地（站）。加强专业人员配备，提高考古和文博专业人员比例，加强专业培训，提高从业人员专业水平。开展大遗址日常监测，做好日常养护，深化、细化各项规范和管理措施，实现科学化、精细化、标准化管理。

9. 发挥片区优势

继续做好西安、洛阳、郑州、曲阜、成都、荆州大遗址保护片区保护利用工作，鼓励文物资源丰富、价值重大和相对集中的区域建设新的大遗址保护片区，形成8～10处大遗址保护片区，关注保护片区内各大遗址之间的有机联系，推进各大遗址的协调发展，充分发挥大遗址的集群效应和联动效应。

五、保障措施

（一）政策保障。中央明确提出要构建中华优秀传统文化传承体系，加强文化遗产保护；增加公共服务供给，加强公共文化服务。国务院印发《关于进一步加强文物工作的指导意见》，为“十三五”大遗址保护工作的顺利实施提供了有力保障。

（二）组织保障。加强与国家相关职能部门之间的沟通与协调，建立有效的协调机制，做好大遗址保护与经济社会发展、土地利用和城乡建设之间的规划衔接。发挥地方人民政府的主观能动性和积极性，统筹协调大遗址保护工作。

（三）经费保障。国家设立重点文物保护专项补助资金和遗产保护设施建设专项资金，有力地保证大遗址保护工作的顺利开展。立足于中央专项资金与地方资金相结合，进一步完善鼓励和吸纳社会资金投入大遗址保护的投资机制。

（四）人才保障。加强能力建设，健全培训机制，充实培训内容，形成一支组织体系完备、地域分布合理、专业结构齐全的高素质大遗址保护人才队伍。

附：“十三五”时期大遗址

“十三五”时期大遗址

一、各省、自治区、直辖市

1. 北京：周口店遗址、圆明园遗址、琉璃河遗址、金代皇陵

2. 河北：赵邯郸故城（含赵王陵）、邺城遗址（含河南安阳高陵）、燕下都遗址、泥河湾遗址群、元中都遗址、中山古城遗址、磁州窑遗址、东先贤遗址—邢国墓地

3. 山西：陶寺遗址、侯马晋国遗址、曲村一天马遗址、晋阳古城遗址、蒲津渡与蒲州故城遗址

4. 内蒙古：辽上京遗址、元上都遗址、辽陵及奉陵邑、居延遗址（内蒙古、甘肃）、辽中京遗址、和林格尔土城子遗址、二道井子遗址

5. 辽宁：牛河梁遗址、姜女石遗址（含河北北戴河秦行宫遗址）、高句丽遗址（凤凰山山城、五女山山城、燕州城山城、石台子山城、城子山山城、高丽城山城、高俭地山城）、金牛山遗址

6. 吉林：高句丽遗址（洞沟古墓群、丸都山城与国内城、罗通山城、自安山城、龙潭山城、万发拨子遗址）、渤海遗址（西古城遗址、八连城遗址、龙头山古墓群、六顶山古墓群、苏密城、磨盘村山城）、帽儿山墓地、辽金捺钵遗址（城四家子城址、春捺钵遗址群）

7. 黑龙江：渤海国上京龙泉府遗址、金上京会宁府遗址

8. 上海：福泉山遗址

9. 江苏：扬州城遗址、鸿山墓群、徐州汉墓群（含徐州汉代采石场）、阖闾城遗址、龙虬庄遗址、南唐二陵

10. 浙江：良渚遗址、上林湖越窑遗址、大窑龙泉窑遗址、临安城遗址、安吉龙山古城遗址

11. 安徽：凌家滩遗址、六安王陵、寿春城遗址、明中都皇故城及皇陵石刻、繁昌窑遗址、蚌埠双墩遗址（含蚌埠双墩春秋墓）

12. 福建：万寿岩遗址、城村汉城、德化窑遗址、南山遗址

13. 江西：吴城遗址（含筑卫城遗址）、湖田窑遗址、御窑厂遗址（含高岭瓷土矿）、吉州窑遗址、铜岭铜矿遗址、紫金城址与铁河古墓群

14. 山东：临淄齐国故城（含临淄墓群、田齐王陵）、两城镇遗址（含尧王城遗址）、城子崖遗址（含东平陵故城）、曲阜鲁国故城（含郕国故城、汉鲁王墓群、明鲁王墓）、大汶口遗址、即墨故城及六曲山墓群（含琅琊台遗址）、大辛庄遗址

15. 河南：二里头遗址、偃师商城遗址、汉魏洛阳故城、隋唐洛阳城遗址、殷墟、郑韩故城、北阳平遗址、郑州商代遗址、宋陵、清凉寺汝官窑遗址、邙山陵墓群、城阳城址、仰韶村遗址、北宋东京城遗址、贾湖遗址、庙底沟遗址、平粮台古城遗址

16. 湖北：石家河遗址、楚纪南故城、盘龙城遗址、龙湾遗址、擂鼓墩古墓群、铜绿山遗址、屈家岭遗址、容美土司遗址、走马岭遗址

17. 湖南：里耶古城遗址、铜官窑遗址、城头山遗址（含八十垱遗址、彭头山遗址、虎爪山遗址、汤家岗遗址）、老司城遗址、炭河里遗址、汉代长沙王陵墓群

18. 广东：南越国宫署遗址、石峡遗址（含马坝人遗址）

19. 广西：靖江王府及王陵、合浦汉墓群与汉城遗址（含合浦汉墓群、草鞋村遗址、大浪古

城遗址）、甑皮岩遗址

20. 重庆：钓鱼城遗址

21. 四川：三星堆遗址、金沙遗址、邛窑、成都平原史前城址、明蜀王陵墓群、罗家坝遗址、城坝遗址

22. 贵州：可乐遗址、海龙屯

23. 云南：太和城遗址

24. 西藏：古格王国遗址、藏王墓、卡若遗址

25. 陕西：秦咸阳城遗址、周原遗址、阿房宫遗址、汉长安城遗址、秦始皇陵、秦雍城遗址、西汉帝陵（含薄太后陵）、唐代帝陵（含唐顺陵）、统万城遗址、黄堡镇耀州窑遗址、丰镐遗址、石峁遗址、杨官寨遗址、黄帝陵

26. 甘肃：大地湾遗址、许三湾城及墓群、锁阳城遗址、大堡子山遗址

27. 青海：喇家遗址、热水墓群

28. 宁夏：西夏陵、水洞沟遗址、开城遗址

29. 新疆：坎儿井

二、跨省、自治区、直辖市

长城（北京、天津、河北、山西、内蒙古、辽宁、吉林、山东、陕西、甘肃、宁夏、青海、新疆、河南、黑龙江）

丝绸之路（新疆、甘肃、青海、宁夏、陕西、河南）

大 运 河（北京、天津、河北、江苏、浙江、安徽、山东、河南）

万里茶路（河北、山西、内蒙古、福建、江西、河南、湖北、湖南）

秦 直 道（内蒙古、陕西、甘肃）

茶马古道（云南、四川、西藏、贵州、青海、甘肃、陕西）

明清海防（辽宁、河北、天津、山东、江苏、上海、浙江、福建、广东、广西、海南）

蜀道（陕西、四川、重庆）

博物馆事业中长期发展规划纲要（2011~2020年）

（文物博函〔2011〕1929号　2012年2月2日）

序　言

博物馆是人类收藏历史记忆凭证和熔铸新文化的殿堂，担负着保护、研究和展示人类及人类环境遗存，推动人类文明发展的重要职能。我国是历史悠久的文明古国。进入21世纪以来，党和政府从实现科学发展和促进人的全面发展的战略高度，大力推动社会主义先进文化建设。博物馆作为公共文化服务体系的重要组成部分，得到了前所未有的关注和支持。特别是公共博物馆实施免费开放，加强管理，改善服务，更加贴近实际、贴近生活、贴近群众，受到了全社会的广泛欢迎，对实现文化遗产保护成果惠及民生，丰富公众文化生活发挥了积极作用，为促进经济社会发展做出了重要贡献。

截至2010年，全国依法注册的博物馆3415个（含民办博物馆456个），其中国家一级博物馆83个、二级博物馆171个和三级博物馆288个。除文物建筑及遗址类博物馆外，1804个公共博物馆实现了向社会免费开放。除基本陈列外，全国博物馆举办展览超过10000个，年观众达5亿余人次。以国家级博物馆为龙头、省级博物馆为骨干，国有博物馆为主体、民办博物馆为补充，类别多样化、举办主体多元化的博物馆体系初步形成。博物馆致力于文化与自然遗产的保护和传播，研究、展示、教育和社会服务水平显著提升，社会影响力日益增强。我国博物馆事业及其文化价值理念得到国际社会广泛认同。

未来十年，是我国全面建设小康社会的关键时期。随着经济全球化、政治多极化的曲折发展，现代化的快速推进，各种思想文化的相互激荡也日趋激烈，尊重与维护文化的多样性，更加重视文明的对话与交流、传承和发展，日益成为全人类的共识。我国改革开放，工业化、城市化和信息技术革命的快速推进，给经济发展和社会进步注入了强劲的生机和活力，也给认知领域带来了巨大的变化，为新时期文化的发展更新创造了必要和可能。2011年10月党的十七届六中全会通过了《中共中央关于深化文化体制改革　推动社会主义文化大发展大繁荣若干重大问题的决定》，提出了“努力建设社会主义文化强国”战略目标，指出“要大力发展公益性文化事业，保障人民基本文化权益。加强博物馆、图书馆、美术馆、科技馆、纪念馆等公共文化服务设施和爱国主义教育示范基地建设”。文化体制改革步伐的加快，公众对精神文化需求的迅速增长，以及与社会主义市场经济相适应、与社会主义法制相协调、与民族传统美德相承接的道德规范体系和中华民族共有精神家园的建设的推进，都给博物馆事业带来前所未有的发展机遇。

必须清醒地认识到，我国博物馆的专业化品质、社会服务能力、管理水平与时代赋予博物馆的使命尚有不小的距离。博物馆体系结构需要优化，品类和区域发展不平衡；藏品保护基础工作仍较薄弱，研究能力、科技支撑和专业队伍建设亟待加强；陈列展览和社会服务整体水平不高，博物馆教育尚未能制度化地纳入国民教育体系；博物馆体制机制不完善，运行活力不足。

必须增强责任感和使命感，主动适应我国经济社会和文化发展需要，进一步明确博物馆事业的方向和目标，以提高质量为核心，加快发展步伐，加强改革创新，激发可持续发展的活力，推动博物馆事业在新的历史起点上科学发展，加快从博物馆大国向博物馆强国迈进，致力于传承中华文明，传播科学知识，促进经济社会发展，提高人民生活品质，为中华民族伟大复兴和人类文明进步做出更大贡献。

《博物馆事业中长期发展规划纲要（2011～2020年）》，旨在明确未来十年全国博物馆事业的发展目标和主要任务，是未来十年全国博物馆事业发展的行动纲领，是各地区各部门发展博物馆事业的重要依据。

第一章　总体战略

一、指导思想和基本原则

（一）指导思想

以邓小平理论和“三个代表”重要思想为指导，深入贯彻落实科学发展观，立足全面建设小康社会和社会主义文化强国的基本国情，把握博物馆发展阶段性特征，遵循博物馆规律，坚持贴近实际、贴近生活、贴近群众，以实现各类博物馆又好又快协调发展为主线，完善中国特色博物馆体系，全面提升博物馆的专业化、现代化、社会化水平，强化博物馆文明传承、文化沟通、增进知识和公众教育的职能，建设博物馆强国。

（二）基本原则

坚持以人为本。把以人为本作为博物馆事业加速发展的基本理念。树立博物馆文化资源属于人民、博物馆文化发展依靠人民、博物馆文化成果惠及人民的理念。把人才队伍建设作为博物馆事业科学发展的关键环节。鼓励公众参与博物馆事业，维护博物馆文化资源共享的公平，建设中华民族共有精神家园。

坚持质量优先。树立以提高质量为核心的博物馆发展观，注重博物馆内涵发展。建立以提高博物馆质量为导向的管理制度和工作机制，把博物馆资源配置和博物馆工作重点集中到强化博物馆功能和职能发挥、提高办馆质量和水平上来，鼓励博物馆办出特色、办出品牌。

坚持服务优先。把充分发挥博物馆的社会作用作为博物馆发展的根本任务，强化藏品保护研究和博物馆学术研究，创新展示教育传播的内容、形式、手段，切实提高博物馆公共文化服务水平，更好地满足人民群众的精神文化需求。

坚持改革创新。把深化改革作为推动博物馆发展的根本动力。坚决破除束缚博物馆发展的思想观念和制度障碍，创新博物馆管理体制、运行机制，构建与社会主义市场经济体制相适应、有利于博物馆科学发展的体制机制，建设现代博物馆制度，激发博物馆的活力。

二、总体目标和发展战略

（一）总体目标

到2020年，基本形成特色鲜明、结构优化、布局合理的博物馆体系，基本实现博物馆管理运行的现代化，基本建立运转协调、惠及全民的博物馆公共文化服务体系，博物馆文化深入人心，进入世界博物馆先进国家行列。

——博物馆公共文化服务人群覆盖率明显提高，从40万人拥有1个博物馆发展到25万人拥有1个博物馆。

——科技、（当代）艺术、自然、民族、民俗、工业遗产、二十世纪遗产、非物质文化遗产等专题性博物馆和生态、社区、数字博物馆等新形态博物馆得到充分发展，博物馆门类更加齐全，类型结构趋于合理。

——中西部博物馆基础设施条件全面改善，中小型博物馆展示服务功能全面提升，博物馆的区域分布和结构逐步优化。

——民办博物馆的发展环境优化，民办博物馆占全国博物馆比例逐步达到20%，涌现出一批专业化程度高、社会影响力强的优秀民办博物馆。

——国家一二三级博物馆占全国博物馆的比例达到并稳定在30%，涌现出一批世界一流博物馆，形成层次清晰、重点突出、特色鲜明的博物馆网络。

——国有博物馆一二三级文物藏品的建账建档率达到100%，国有博物馆风险单位的防火、防盗设施、藏品保存环境达标率达到100%。

——完成100个包括文物保护综合技术中心、文物保护修复区域中心、馆藏文物保护修复技术和成果推广服务站在内的全国可移动文物保护修复架构体系建设。

——博物馆教育和服务体系更加完善，公共博物馆全面免费开放。除基本陈列外，博物馆年举办展览数量达到3万个，展示水平显著提升。博物馆年观众达到10亿人次。

（二）发展战略

一是推动博物馆体系结构战略性调整，充分发挥政策指导和资源配置的作用，改善宏观调控，促进博物馆类型、层次结构与经济社会文化发展相协调。

二是引导博物馆合理定位，强化各具特色的办馆理念，在不同层次、不同领域呈现优势，争创一流，造就一批高水平的博物馆群体。

三是加强博物馆能力建设，创新发展理念和运行模式，使博物馆“收集和保护”、“教育和研究”、“开放和服务”三种内在职能统一化、组织化，大幅度提升专业化水准。

四是发挥科技和人才支撑作用，加强博物馆领域的基础性研究，运用现代科技手段，建设高素质人才队伍，增强博物馆事业发展的创新能力。

五是改革博物馆发展体制机制，按照文化体制改革总体要求，以深化博物馆免费开放为契机，完善博物馆管理体制，创新博物馆激励保障机制，营造博物馆可持续发展的法律制度与社会环境。

六是着力培育一批博物馆发展的示范工程、品牌活动，发挥示范引领作用，带动博物馆事业整体繁荣。

第二章　发展任务

一、博物馆体系建设

（一）优化结构，突出特色。适应国家和区域经济社会发展需要，建立博物馆分类体系和动态调整机制，不断优化博物馆类型、层次结构，促进资源整合，提升发展质量，优化博物馆体系。发挥政策指导和资源配置的作用，引导博物馆合理定位，克服同质化倾向，在不同层次、不同领域办出特色，提升水平。

（二）优化区域布局结构。加强标志国家及地方文明形象的重点博物馆建设。实施地市级及文物大县博物馆建设计划，重点向中西部博物馆文化服务资源短缺地区倾斜。鼓励东部地区博物馆率先发展。加大东部博物馆对西部博物馆对口支援力度。2015 年实现每个地级以上中心城市拥有 1 个以上功能健全的博物馆，东部经济发达地区县级博物馆实现现代化。2020 年基本实现全国县级博物馆的现代化。

（三）推进各类国家级博物馆建设。整合具有中华文明象征意义的故宫博物院、中国国家博物馆、中国人民革命军事博物馆、中国美术馆、中国科技馆等国家级博物馆资源，上海博物馆、南京博物院、陕西历史博物馆、河南博物院等中央地方共建国家级博物馆资源，以及我国的世界文化、自然遗产资源，形成充分涵盖和全面反映中华文明优秀成果的国家博物馆群体，发挥博物馆事业的改革发展核心作用。

（四）大力发展立足行业特点和地域文化特色的专题性博物馆。建设好纪念北京奥运会、上海世博会等反映人类文明进步成就的专题博物馆。加强艺术类博物馆（美术馆）的发展，服务公众美育。落实《全民科学素质行动计划纲要（2006～2020 年）》，服务科教兴国战略，大力发展自然科技类博物馆。依托国家地质公园、森林公园、风景名胜区、自然生态保护区，建设好各类专题自然科学博物馆。地市级以上中心城市逐步建立自然科学或科技博物馆。建设好国家民族博物馆，支持民族地区的博物馆发展，实现每个民族的文化遗产都能通过博物馆的方式得到有效保护和展示。

适应考古事业的发展，依托具有重大考古价值的古代遗存建设遗址博物馆。依托历史文化名镇（名村）、历史文化街区，建设具有中国特色的生态博物馆、社区博物馆。加强具有文化遗产价值的近现代工业厂房建筑、生产设备等实物资料的保护和利用，建设反映工业文明的工业遗产博物馆。

（五）加快建设世界一流博物馆。加快故宫博物院、中国国家博物馆等标志中华文明形象的重点博物馆建设，加大“中央地方共建国家级博物馆”的建设力度，构建辐射全国、面向世界并带动我国博物馆整体发展的综合资源共享平台。改进管理模式，引入竞争机制，实行绩效评估，进行动态管理。鼓励博物馆优势领域面向世界，积极参与和主导国际文化、自然遗产合作行动计划，与境外高水平博物馆建立协作机制。形成一批国际领先的原创性博物馆文化成果，为提升我国综合国力贡献力量。

（六）激发社会力量参与博物馆事业的积极性。优化保障民办博物馆持久稳定发展的社会环境，规范民办博物馆准入制度，健全对民办博物馆的专业化建设扶持机制，法人治理结构规范、专业水平高、社会影响力大的民办博物馆建设率达到10%。

二、博物馆藏品收集保护

（一）充实藏品体系。加大投入力度，改进激励办法和机制，支持博物馆树立符合博物馆学原理和规律的收藏理念，根据自身使命和发展方向，制定明确的收藏政策和具有前瞻性的体系化的长远收藏规划，完善征集程序，不断增加藏品数量，提高藏品质量。加强近现代文物、20世纪遗产、当代遗产实物资料的收藏。加强非物质文化遗产实物载体和信息载体的收藏。加强自然历史标本、科技发展物证的收藏。加强民族民俗文物的收藏。加强当代各门类艺术品的收藏。

积极开拓收藏渠道和途径。把捐赠作为博物馆获得藏品的重要途径，做好社会收藏群体的联系和服务工作，鼓励社会收藏群体捐赠藏品或委托博物馆保管利用。进一步完善考古出土文物管理，做好考古发掘品的依法收藏保护。创新馆际藏品资源交流共享激励机制，通过依法调拨、交换、借用等方式，对博物馆藏品资源进行有效整合，优化配置，提高保护利用效率。

（二）加强藏品登记、建档和安全管理。采用现代科学技术，开展国有可移动文物、标本普查，全面完成博物馆藏品登记、建档等基础工作，建立全国博物馆藏品数据库。推进藏品信息资源共享、利用，分期发布馆藏珍贵文物目录。加强科学保管，落实离任移交和藏品丢失、损毁责任追究制。

（三）全面实施藏品保存、保护达标。强化预防性保护理念，全面实施藏品保存环境达标建设，促进博物馆藏品保存条件的改善。以地市级以上博物馆保存环境达标为重点，创新保管资源共享机制，推进对区域基层博物馆馆藏珍贵文物等重要藏品集中保管，带动基层博物馆有效预防藏品自然损毁的潜在风险和损失。依托国家文物局文物保护重点科研基地和中央地方共建国家级博物馆，加强成熟技术的推广应用，开展可移动文物本体修复工作，使漆木器、丝织品、青铜器、古书画等门类文物和自然标本的腐蚀损失状况基本得到遏制。

三、博物馆公共文化服务

（一）推进博物馆陈列展览精品工程。重点实施基层和中小博物馆展览教育和开放服务提升计划。建立健全陈列展览管理办法、规范、标准等制度体系。建立策展人制度，建立陈列展览设计、施工单位资质管理制度。强化学术研究对陈列展览的支撑。鼓励馆际展览交流。改进全国博物馆陈列展览精品评选办法，完善评价标准，建立陈列展览和社会服务质量评价体系，提高权威性和公信度。

（二）博物馆纳入国民教育体系制度化。深化与教育机构合作，开展博物馆教育示范点建设，建立长期有效的馆校联系制度，将博物馆教育纳入中小学历史、艺术、科学、自然、思想道德等课程和教学计划，创造与教学内容结合互补的教育活动项目品牌。加强博物馆青少年服务部门建设，大中型博物馆要建立专门的青少年服务部门，小型博物馆可以设立青少年服务专员。培养专家型讲解员和辅导员队伍，结合博物馆资源制定有针对性的青少年参观与讲解计划，提高对青少年服务的质量。

（三）创新博物馆文化传播。充分运用信息、互联网、多媒体、新媒体等技术手段，通过数字博物馆、远程教育网络和文化信息资源共享工程，使博物馆文化成果惠及更多民众。创新国际博物馆日宣传活动，增强公众对博物馆的认知与互动。适应文化休闲经济的需要，健全博物馆纳入文化旅游体系的政策制度，使博物馆成为所在区域重要的旅游资源，实现省级以上博物馆全部纳入国内旅游精品线路，并积极纳入国际旅游精品线路。鼓励博物馆以各种形式参与社区文化建设。随着老龄化社会的到来，应大力挖掘老年观众参观的潜力。

（四）深化免费开放。完善博物馆免费开放机制，将国有博物馆以及符合条件的民办博物馆纳入国家支持的免费开放范围。未能完全免费开放的博物馆，健全灵活多样的特定时段或特定人群免费开放制度。建立博物馆免费开放经费保障机制，监管博物馆免费开放专项资金，开展博物馆免费开放绩效的评估和考核。健全博物馆免费开放的部门协作机制、管理制度和服务规范，提高教育、服务水平。

（五）加强文化产品开发。充分运用国家扶持文化创意产业优惠政策，鼓励社会力量与博物馆合作，依托文物藏品、陈列展示等博物馆元素，建立以省级综合博物馆和国家一级博物馆为中心的博物馆文化产品开发网络，培育博物馆文化产品研发示范项目。开展博物馆文化产品交流、交易和展评活动，推荐优秀博物馆文化产品参加中国驰名商标等的评选，鼓励在条件成熟的地区建设博物馆文化产品交易中心、创意园区和生产基地，形成产业聚集，增强博物馆文化产品在文化产业和消费体系中的竞争力。

四、博物馆科学研究和科技保护

（一）健全博物馆科研组织体系。加强省级以上博物馆和国家一级博物馆科研能力建设。支持博物馆与社会科技力量共建科研联合体，建立一批博物馆科技创新联盟和区域创新联盟。构建博物馆科技基础条件共享平台，建立博物馆科技基础数据库（群）。省级以上博物馆和国家一级博物馆的研究水平和能力达到与普通高校基本相当。

（二）加强博物馆基础理论、发展战略和政策法规研究。深入开展博物馆学基础理论研究，强化博物馆建筑、藏品保护、陈列展览、教育传播、社会服务、运行管理等实践重点领域基础研究，建立博物馆理论框架体系和学科建设战略布局，提升博物馆的基础研究能力和水平，为博物馆事业创新发展提供有效支撑。办好《中国博物馆》杂志等核心刊物。

（三）加强藏品科技保护基础理论和应用技术研究。开展不同材质的藏品保存环境控制、预防性保护的监测研究、标准研究，研发藏品保存环境调控和环境监测平台技术，健全藏品保存环境标准体系。推动藏品修复实验室标准化建设。开展馆藏珍贵文物、重要出土文物等藏品病害检测分析、保护修复的研究，健全藏品保护修复科技体系，促进博物馆科技成果的转移扩散。

（四）强化信息技术应用。研究制定博物馆基础信息管理利用要求，加快博物馆信息化进程。加强博物馆网络资源体系建设，搭建博物馆管理公共服务平台，推进数字化博物馆建设，不断提高博物馆管理现代化水平，为公众提供丰富多彩的公共文化信息服务。

五、博物馆国际合作交流

（一）建立展览、科技保护国际合作示范平台。以故宫博物院、中国国家博物馆和中央地方共建国家级博物馆等为重点，加强与国外高水平博物馆的战略协作，联合推进高水平遗产保护、研究、展示、传播行动计划。吸引更多世界一流的专家学者来华从事博物馆科技保护和管理工作，有计划地引进海外高端人才和学术团队。借鉴国际上先进的博物馆理念和经验，促进我国博物馆改革发展，提升我国博物馆的国际地位、影响力和竞争力。

（二）促进国内外博物馆之间互换展览、合作办展等科学有效的展览交流。实施中华文明展示工程，系统展示中华文化的灿烂精深，增强中华文化的国际影响力。实施世界文明展示工程，合理利用国外优质博物馆文化资源，共享人类文化优秀成果。

（三）积极参与双边、多边和全球性、区域性博物馆合作。积极参与和推动联合国教科文组织、国际博协等国际组织博物馆政策、规则、标准的研究和制定，搭建高层次国际博物馆交流合作与政策对话、理论研究和创新实践活动平台。加大博物馆人才培养国际合作力度，为发展中国家培养培训专门博物馆人才。深化内地与港澳台地区的博物馆交流与合作，扩展交流内容，创新合作模式，促进博物馆事业共同发展。

第三章　体制机制创新

一、建立现代博物馆制度

（一）健全政事分开、权责明确、统筹协调、规范有序的博物馆管理体制。明确政府管理权限、职责和各级各类博物馆办馆权利、责任，构建政府、博物馆、社会之间新型关系。探索建立符合博物馆发展规律的管理制度和配套政策，综合应用立法、拨款、规划、信息服务、政策指导和必要的行政措施，完善博物馆目标管理和绩效管理机制，规范博物馆办馆行为。不同类型博物馆采取适应自身特点的办馆模式，避免千馆一面。克服行政化倾向，逐步取消实际存在的行政级别。

（二）落实和扩大博物馆办馆自主权。博物馆按照国家法律法规和宏观政策，在办馆模式、资源配置、人事管理、社会参与、社会服务等方面充分享有自主权，自主开展藏品保护、科学研究、展示教育和社会服务，自主制定博物馆规划并组织实施，自主设置业务、行政管理机构，自主确定内部收入分配，自主管理和使用人才，自主管理和使用博物馆财产和经费。

（三）完善博物馆法人治理结构。各类博物馆应依法制定章程，依照章程规定管理博物馆。探索建立博物馆理事会或董事会，吸纳有代表性的社会人士、专业人士、基层群众参与管理，健全社会支持和监督博物馆发展的长效机制。健全议事规则与决策程序，完善博物馆馆长负责制。完善馆长任职条件和任用办法。充分发挥学术委员会在业务建设和博物馆管理中的重要作用。全面实行聘任制度和岗位管理制度。确立科学的考核评价和激励机制。探索博物馆与社会密切合作共建的模式，推进博物馆与教育部门、科研院所、社会团体的资源共享，形成协调合作的有效机制，提高服务经济建设和社会发展的能力。推进博物馆后勤社会化改革。

（四）推进专业评价。深化博物馆评估定级，完善博物馆基本标准，建立博物馆质量综合评价体系，健全政府、行业和社会联合参与的监督管理机制，通过绩效考评实施优胜劣汰。严格评估要求，控制和稳定国家一二三级博物馆数量和构成比例。整合博物馆质量监测评估机构及资源，鼓励专门机构和社会中介机构对博物馆业务等水平和质量进行评估，探索与国际高水平博物馆评价机构合作，形成中国特色博物馆评价模式，完善监测评估体系，建立科学、规范的评估制度。建立博物馆质量年度报告发布制度，定期发布监测评估报告。加强博物馆监督检查，完善博物馆问责机制。

（五）加强行业协作和自律。完善行业协会、专业学会、基金会等各类博物馆服务专业机构的准入、资助、监管制度，培育博物馆服务专业机构，建立健全协调运行机制，积极发挥博物馆服务机构在博物馆公共治理和运行中的作用。重点加强中国博物馆协会能力建设，完善运行机制，切实履行博物馆行业协作协调自律职能。

（六）促进社会参与。规范社会参与决策程序，重大博物馆政策出台前要公开讨论，充分听取公众意见。加强博物馆改革和发展重大事项咨询论证，提高政府重大博物馆决策的科学性和管理的有效性。健全博物馆事务公开制度，接受博物馆员工和社会的监督，形成依法办馆、自主管理、民主监督、社会参与的局面。

二、深化办馆体制改革

（一）健全政府主导、社会参与、办馆主体多元、办馆形式多样、充满生机活力的办馆体制，形成国有博物馆和民办博物馆共同发展的格局，进一步激发博物馆活力，满足人民群众多层次、多样化的文化需求。

（二）深化国有博物馆办馆体制改革，探索多种形式，加强优质博物馆文化资源整合，增强办馆活力，提高办馆效益。各地可从实际出发，发挥省级以上博物馆和国家一级博物馆的区域辐射作用，开展国有博物馆联合办馆、委托管理等试验，推进对中小型博物馆的连锁和代管，构建博物馆协作网，并积极鼓励行业、企业等社会力量参与国有博物馆办馆，扶持薄弱博物馆发展，提高办馆水平。

（三）健全促进民办博物馆发展的优惠扶持政策。鼓励、引导社会资金以多种方式进入博物馆领域，促进社会力量以独立举办、共同举办等多种形式兴办博物馆。鼓励公平竞争，政府委托民办博物馆承担有关遗产保护、研究、展示任务，拨付项目经费。县级以上人民政府可以根据本行政区域的具体情况设立专项资金，用于资助民办博物馆。完善民办博物馆管理和运行机制，鼓励国有博物馆对口帮扶民办博物馆，支持民办博物馆创新办馆模式，提高质量，办出特色，成为国有公益性博物馆的有益补充。政府对发展民办博物馆做出突出贡献的组织和个人给予奖励和表彰。

（四）依法管理民办博物馆。文物行政部门要切实加强民办博物馆的统筹、规划和管理工作。规范民办博物馆法人登记。完善民办博物馆法人治理结构。民办博物馆依法设立理事会或董事会，保障馆长依法行使职权，逐步推进监事制度。探索民办博物馆督导制度。依法明确民办博物馆变更、退出机制。切实落实民办博物馆法人财产权。建立民办博物馆办馆风险防范机制和信息公开制度。扩大社会参与民办博物馆的管理与监督。加强对民办博物馆的评估。引导民办博物馆健全功能，提升专业品质。

第四章　保障措施

一、加强博物馆从业人员队伍建设

（一）建设高素质博物馆人员队伍。明确博物馆知识密集型文化教育机构的属性和定位，创造有利条件，严格博物馆从业人员资质，提升从业人员素质，努力造就一支品德高尚、业务精湛、结构合理、充满活力的高素质专业化博物馆从业人员队伍。

（二）建立健全并严格实施博物馆从业人员准入制度。制定博物馆从业人员资格标准，强化博物馆从业人员任职学历标准、专业背景和品行要求，严把博物馆从业人员入口关。建立博物馆从业人员上岗培训制度。探索建立统一的博物馆从业人员职务（职称）系列。制定馆长任职资格标准，促进馆长专业化，提高馆长管理水平。制定博物馆编制标准，加强岗位管理，创新聘用方式，规范用人行为。完善评价激励机制，建立健全博物馆从业人员流动机制。壮大博物馆志愿者队伍，拓展社会力量参与博物馆事业发展的领域和范围。

（三）提高博物馆从业人员业务水平。完善培养培训体系，做好培养培训规划，优化队伍结构，提高博物馆从业人员专业水平和实践能力。依托相关高等学校和省级以上博物馆以及中国博物馆协会等相关机构，引导博物馆相关高等教育和职业教育在学科建设、专业设置、课程设计与博物馆事业发展需求相结合，共建博物馆从业人员培养培训基地。将人员培训经费列入政府预算，对博物馆从业人员实行每五年一周期的全员培训。加强馆长培训，重视博物馆业务部门主任培训。加强文博专业硕士学位教育，通过研修培训、学术交流、项目资助等方式，以中青年为重点，培养博物馆业务骨干、学术带头人和馆长，造就一批优秀的博物馆管理经营、建筑规划、藏品修复、文物鉴定、陈列展示设计、教育传播、文化创意、国际交流合作等急需紧缺专门人才和学科专业领军人才。以地市县级博物馆和民族地区博物馆为重点，提高中小博物馆从业人员队伍整体素质。省级以上博物馆实施高层次人才引进计划，为博物馆集聚具有国际影响力的学科领军人才。

（四）加强职业道德建设和作风建设。引导广大博物馆从业人员特别是名家名人自觉践行社会主义核心价值体系，增强社会责任感，弘扬科学精神和职业道德，发扬严谨笃学、潜心钻研、淡泊名利、自尊自律的风尚，努力追求德艺双馨，坚决抵制学术不端、情趣低俗等不良风气，自觉成为优秀文化的生产者和传播者、道德品行和人格操守的示范者。将职业操守和道德作风作为博物馆从业人员考核、聘任（聘用）和评价的首要内容。

二、保障经费投入

（一）健全以政府投入为主、积极探索多渠道筹集经费的体制，实行以举办者投入为主、博物馆设立基金接受社会捐赠等多途径筹措经费的机制，大幅度增加博物馆投入。

（二）进一步明确各级政府提供博物馆公共文化服务职责，保障博物馆经费的稳定来源和增长。博物馆免费开放全面纳入财政保障范围，进一步完善中央财政和地方财政分项目、按比例分担的经费保障机制，提高保障水平。进一步加大地市县级博物馆、民族地区博物馆投入，加强关键领域和薄弱环节，解决突出问题。

（三）完善财政、税收、金融和土地等优惠政策，鼓励和引导行业、企业及其他社会力量捐资、出资办馆。完善捐赠博物馆激励机制，落实个人博物馆公益性捐赠支出在所得税税前扣除规定。

（四）建立经费使用绩效评价制度，加强重大项目经费使用考评。坚持勤俭办馆，严禁铺张浪费，建设节约型博物馆。

三、推进依法管理

（一）加快博物馆法制建设进程。加强博物馆法规建设基础研究，统筹规划，确立框架，基本形成全面覆盖、协调配套、科学合理、实施有力的中国特色博物馆法律体系。抓紧出台规范博物馆管理的行政法规——博物馆管理条例。研究制定保障博物馆事业发展的基础性法律——博物馆法。健全博物馆管理办法、博物馆登记办法和规范博物馆藏品保护、陈列展览、社会服务、专业队伍，以及建筑、设施、环境、安全等方面的部门规章。建立面向应用、重点突出、科学规范、便于操作的博物馆行业技术标准、管理标准、工作标准和基础标准或技术规范体系框架。

（二）加强博物馆法规、标准的宣传、实施和推广工作。强化对政府落实博物馆法律法规和政策情况的督导检查。建立督导检查结果公告制度和限期整改制度。探索博物馆行政执法体制机制改革，落实博物馆行政执法责任制，及时查处违反博物馆法律法规、侵害博物馆和公众权益、扰乱办馆秩序等行为。强化社会监督。完善博物馆信息公开制度，保障公众对博物馆的知情权、参与权和监督权。

四、重大项目

（一）创建世界一流博物馆工程

继续实施“中央地方共建国家级博物馆”，改进管理模式，引入竞争机制，实行绩效评估，进行动态管理，形成一批国际领先的原创性博物馆文化成果，构建辐射全国、面向世界并带动我国博物馆整体发展的综合资源共享平台。

（二）中小博物馆提升工程

新建和改扩建一批地市级综合性博物馆和文物大县博物馆及其他县级博物馆。配套建设一批基层博物馆消防安防设施、藏品保管装备、藏品保存环境检测控制设施和陈列展示设施。推进地市级博物馆和文物大县博物馆及其他县级博物馆陈列展示质量提升达标。

（三）博物馆藏品普查登录工程

制定馆藏文物、标本登录标准规范，开展博物馆藏品普查、登记和建账建档，廓清全国博物馆藏品家底，编制全国博物馆藏品名录，建立全国博物馆藏品数据库管理系统。

（四）新形态博物馆——生态（社区）博物馆探索工程

开展生态（社区）博物馆示范点建设，制定生态（社区）博物馆建设指南和发展规划，推动以生态（社区）博物馆的形式，加强历史文化名镇（名村、街区）、工业遗产、二十世纪遗产以及非物质文化遗产的全面保护和传承发展。

（五）民办博物馆帮扶工程

加强民办博物馆的统筹、规划和管理，健全对民办博物馆的专业化建设扶持机制，开展国有博物馆对口帮扶，探索建立民办博物馆公共文化服务补偿制度，提升民办博物馆法人治理、藏品保护、研究、展示和服务能力及水平。

（六）中国数字博物馆建设工程

研究制定中国数字博物馆项目发展规划，集成和开发以国家一二三级博物馆、珍贵馆藏等为核心的科研、教育、科普及全社会的数字博物馆资源，搭建基于互联网的博物馆资源共建共享服务平台。

（七）博物馆藏品保护工程

加强各类珍贵文物、标本征集。加强受损珍贵文物藏品的技术保护。开展珍贵文物藏品的健康评测，加强藏品本体保护修复和预防性保护工作。建立文物藏品保存环境监测平台，提高文物、标本收藏保管能力。加强文物藏品保护修复机构、装备和人才建设，培养造就一支文物藏品保护修复技术人才队伍，提升文物藏品保护修复行业能力建设水平。

（八）博物馆馆际交流展览精品工程

制定馆际交流展览管理办法和规划，建立馆际展览项目的交流机制和平台。依托省级博物馆和国家一级博物馆，整合全国博物馆藏品资源，形成年度原创性展览精品，并在具备条件的博物馆中巡展。

（九）中华文明和世界文明展示工程

完善文物进出境展览管理办法，鼓励我国博物馆与境外博物馆直接合作，倡导交换展览、合作办展，建立中国特色文物对外展览品牌，并有计划地引进世界优秀文明成果的展览，积极推进中华文化与世界文化的对话与交流，满足公众多元文化需求。

（十）博物馆人才队伍能力提升工程

统筹推进博物馆管理人员和专业人员吸收、培训工作。开展博物馆新进员工和新任馆长上岗培训，逐步实行从业人员资格认证。依托高等学校、科研院所和文物博物馆机构，建设一批国家级博物馆行业继续教育基地。培养造就一批博物馆行业急需紧缺的高级专门人才和青年骨干人才。

文化遗产保护科学和技术发展“十一五”规划（2006~2010年）

基本原则：转变观念，大胆进行体制创新和机制创新，以技术创新带动文化遗产保护科技工作的全面、有效提升；坚持“远近结合，规划发展”，将宏观战略与具体实际相结合，中长期规划与近期任务相结合；坚持“队伍建设，优先发展”，培养能适应文化遗产保护工作发展需要、结构合理、内外互补的人才队伍；坚持“继承传统，弘扬发展”，加强传统工艺的发掘、整理、总结，与现代科学技术相结合，发展中国特色的文化遗产保护科技；坚持“基础支撑，应用推广”，以基础研究提升文化遗产保护科技水平，以成果推广应用提高文化遗产保护的科技含量；坚持“前瞻研究，适度超前”，适度布局前瞻性基础研究工作，促进文化遗产保护科技的可持续发展；坚持“突出重点，以点带面”，重点解决文化遗产保护中的关键技术问题，带动文化遗产保护科技水平的整体提升；坚持“不求所有，但求所用”，打破条块界限、集中国内优势资源，建立共享平台，协同解决文化遗产保护的关键技术问题；坚持“对外开放，合作共进”，支持并鼓励多种形式的国际合作，有目的地选择国际科技资源为我所用；坚持“推行标准，规范管理”，建立文化遗产保护的标准体系，推进我国文化遗产保护工作的标准化进程；坚持“绩效评价，奖励引导”，建立并推进第三方绩效评价和奖励体系，引导文化遗产保护科技工作的健康发展。

发展目标：基本建立与文化遗产保护科技发展要求相适应的政策体系；初步形成集国家级文化遗产保护科研机构、行业重点科研基地以及文物博物馆单位和其他科研部门构成的三个层次的科技创新体系；初步建立“文化遗产保护科技基础条件平台”；建设结构优化的，能基本满足文化遗产科技保护发展需要的人才队伍；形成一批具有广泛推广价值的共性技术；基本建立文化遗产保护的管理以及技术标准体系，完成一批急需的基础性、关键性技术标准的制定工作；逐步建立文化遗产保护的有关技术、产品等的准入制度；提升科技投入与产出效益，初步建立科技示范体系，完成一批先进科技成果推广和转化。

主要任务：全力推进6项科技计划、重点实施5大科技专项、积极构建文化遗产保护科技基础条件平台、大力支持面上项目

前　言

党中央、国务院对文化遗产保护十分重视。党的十六大报告明确提出，要扶持对重要历史文化遗产的保护工作。胡锦涛同志指出："要注意保护历史文化遗产和古都风貌。关键在于狠抓落实，各有关方面都要大力支持。"文化遗产保护是我国政府的重要职责之一，也是全社会的共同义务。

为明确今后一个时期文化遗产保护科学和技术发展的方向与任务，确定"十一五"期间文化遗产保护科学和技术工作的重点，切实推动文化遗产保护科技进步与创新，全面支撑和引领文化遗产保护工作，依据《中华人民共和国文物保护法》及其实施条例的有关规定，贯彻落实《中共中央国务院关于加强自主创新，落实科技规划纲要的决定》和《国务院关于加强文化遗产保护工作的通知》的文件精神，按照《国家中长期科学和技术发展规划纲要（2006～2020年）》，以及《文化遗产保护领域中长期科学和技术发展规划战略研究报告》提出的目标、任务和发展重点，特制定本规划。

本规划中文化遗产包括可移动文物与不可移动文物，也包括相关无形文化遗产。文化遗产保护包括对文化遗产的历史、艺术、科学价值的调查、评估、认定、研究、展示和传承，对文化遗产本体的保存、保全和修复等，以及对文化遗产相关环境的控制与治理。文化遗产保护科学和技术包括人文社会科学、自然科学、工程与技术科学等一切与文化遗产保护相关的科学和技术。

一、"十五"文化遗产保护科技发展工作回顾

（一）主要成绩

"十五"期间，文化遗产保护科技工作得到国家高度重视，取得了明显成绩。

1. 社会对文化遗产保护科技的认识正在加强

全民对文化遗产保护的认识不断提高，参与范围不断扩大。联合国教科文组织世界遗产委员会第28届会议和国际古迹遗址理事会第15届会议在我国召开，极大地加强了人们保护文化遗产的意识，激发了全国科技人员参与文化遗产保护的热情；全国文物保护科技工作会议成功召开，全面总结成就，分析问题，对当前和今后一个时期的工作进行了部署；首次举办的"全国历史文化遗产保护科学和技术成果展"，在有关各界的大力支持和参与下，系统展示了建国以来文化遗产保护的科技成就；"文化遗产保护科技平台"的开通，以及《中国文物报》科技专版的设立，极大地推动了科技信息的交流与共享；由原文物系统内部开展的科研课题立项，已向全社会开放，为更多的科技人员参与文化遗产保护科学研究提供了条件。

2. 基础性工作取得重要进展

系统掌握文化遗产总体资源的重要基础工作得到进一步重视。"全国馆藏文物腐蚀损失调查"项目顺利完成，为系统开展文化遗产科学调查评估行动积累了经验；"全国重点文物保护单位记录档案备案"、"国家一级文物藏品档案建设"、"文物调查及数据库建设"等工作稳步推进，并取得了阶段性成果。

文物考古研究工作进一步开展。文物地图集编撰工作在全国范围内取得新进展，《长沙走马楼三国吴简》、《新中国出土墓志》等专项成果陆续发表。

科研基础条件的建设力度进一步加大。中国文物研究所、中国国家博物馆、故宫博物院等单位的科技基础设施条件大为改善；国家文物局设立了古代壁画保护、陶质彩绘文物保护等6家行业重点科研基地。

3. 科技管理体系初步形成

《中华人民共和国文物保护法》及其实施条例，以及《国务院关于加强文化遗产保护的通知》，对文化遗产保护科技工作做出明确规定。国家文物局制定了涵盖人文社会科学、自然科学、工程与技术科学的《文物保护科学和技术研究课题管理办法》、《文物保护科学和技术研究课题招标评标暂行办法》、《文物保护科学和技术评审与咨询专家暂行管理办法》、《文物保护科学和技术研究课题评审程序暂行规定》、《文物保护科学和技术创新奖励办法（试行）》、《国家文物局重点科研基地管理办法（试行）》、《文物保护行业标准管理办法（试行）》等7项部门规范性文件；明确了文物保护行业标准归口管理范围，文物保护技术标准已列入国家标准系列，筹备成立了全国文物保护标准化技术委员会；对已往课题进行系统梳理，制定发布了《2004～2005文化遗产保护科学和技术研究课题指南》。初步形成了适应文化遗产保护科技发展的管理体系。

4. 战略研究取得重要收获

响应国家号召，遵照整体部署，组织开展了行业中长期科技发展规划战略研究工作，完成了《文化遗产保护领域中长期科学和技术发展规划战略研究报告》，并着力凝练若干重大科技专项，如：指南针计划——中国古代发明创造的价值挖掘与展示、大运河整体综合性保护研究、中华文明探源综合研究、大遗址保护科技研究、铁质文物保护综合研究、脆弱馆藏文物保护关键技术研究、馆藏文物保存环境及控制技术研发、遗址及考古发掘现场保护关键技术研发、信息技术在文化遗产保护中的应用研究等。国际古迹遗址理事会中国国家委员会研究制订的《中国文物古迹保护准则》，标志着我国文化遗产保护理念正趋于成熟；"文物保护发行彩票等筹资渠道的研究"、"博物馆规划与立法研究"等软科学研究课题也取得重要收获。

5. 应用研究成果丰硕

国家"十五"重点攻关项目"文物保护技术与中华文明探源预研究"顺利结项，在大木构件原址保护、金属器保护、纺织品保护等方面，攻克多项技术难题；20余项科技成果获得省部级以上奖励，"秦俑彩绘保护"获2004年度国家科技进步二等奖，"前剂量饱和指数法测定瓷器热释光年代"、"集安高句丽遗产地保护规划和工程"、"敦煌莫高窟第85窟保护修复研究"、"蓟县独乐寺维修工程"等19项成果获"文物保护科学和技术创新奖"；跨学科合作渐成风气，陕西秦始皇陵遗址区保护、西藏布达拉宫保护工程，以及诸多名城、名镇、名村保护实践中，综合运用考古、规划、生态、环境、地质、物理、生物、化学、农林等科学技术，取得了丰硕成果；馆藏文物保存环境标准研究，取得重要进展。科技在文化遗产保护中的重要作用日益凸显。

6. 国际合作进一步扩大

我国正式加入了联合国教科文组织国际文化遗产保护修复中心，并成为理事国；我国与美国、德国、意大利、日本等国的合作与交流取得新进展，如中国文物古迹保护准则研究、文物保护修复人员培训、区域考古调查、敦煌石窟壁画保护、西安唐大明宫遗址保护、丝绸之路古迹保护、洛阳龙门石窟保护等，提高了我国文化遗产保护科技水平；继续参加国际拯救柬埔寨吴哥古迹行动，援助完成周萨神庙的修复工程。通过扩大合作，不仅利用国际科技资源促进了我国文化遗产保护工作，也向世界展示了我国文化遗产保护的科技成就。

（二）存在问题

与发达国家相比，我国文化遗产保护科技发展水平还存在一定差距；与国内其他行业相比，发展速度相对缓慢。面对我国文化遗产保护任务日趋繁重的形势，科技的支撑和引领作用尚显不足。主要表现为：

科技意识相对淡薄，重视不够；基础研究不足，战略研究和规划工作滞后；科技资源布局不合理，专业人才匮乏；学科交叉融合不够，新兴学科发展速度缓慢；科学研究总量偏少，科技成果未能得到有效推广应用；科技投入不足，基础条件薄弱；跨学科、跨领域、跨部门联合攻关尚未形成，解决热点、难点、瓶颈问题的能力有待提高；同时，在体制、机制方面还存在不少弊端。

针对文化遗产保护科技的上述问题，迫切需要国家高度重视并给予政策倾斜和资金支持。深入实施科教兴国战略和人才强国战略，提高自主创新能力，充分发挥科技对文化遗产保护工作的支撑和引领作用，将成为今后一个时期文化遗产保护科技工作的紧迫任务。

（三）发展趋势

纵观国际文化遗产保护科技发展趋势，一是现代科学技术广泛应用于文化遗产保护，文化遗产保护科技含量不断提高；二是多学科交叉、联合攻关，解决文化遗产保护难题已成共识；三是文化遗产数据库（群）的建设不断完善，信息资源共享与应用得到加强；四是针对文化遗产保护的重点科技问题，顶层设计工作得到充分重视；五是文化遗产保护科技需要多层次、多学科的人才，创新团队建设得到高度重视；六是世界优秀科技资源协同参与地区文化遗产保护工作，文化遗产保护科技的“全球化”正在形成。

二、指导思想、基本原则和发展目标

（一）指导思想

坚持邓小平理论和“三个代表”重要思想，牢固树立科学发展观，努力构建社会主义和谐社会，坚持文物工作方针和科技发展指导方针，积极推动理论创新、体制创新、科技创新，努力构建文化遗产保护创新体系；以文化遗产保护的重大需求为导向，以重点文化遗产保护中的热点、难点和瓶颈问题为核心，以重大文化遗产保护科技计划为载体，以充分调动全社会一切可以利用的优秀科技资源为手段，加强文化遗产保护科技的研究、运用、示范和推广工作，促进我国文化遗产保护科技水平的整体提高，不断建设完善具有中国特色的文化遗产保护理论体系，全面支撑和引领文化遗产保护的发展。

（二）基本原则

“十一五”期间，要转变观念，大胆进行体制创新和机制创新，以技术创新带动文化遗产保护科技工作的全面、有效提升。

坚持“远近结合，规划发展”，将宏观战略与具体实际相结合，中长期规划与近期任务相结合；坚持“队伍建设，优先发展”，培养能适应文化遗产保护工作发展需要、结构合理、内外互补的人才队伍；坚持“继承传统，弘扬发展”，加强传统工艺的发掘、整理、总结，与现代科学技术相结合，发展中国特色的文化遗产保护科技；坚持“基础支撑，应用推广”，以基础研究提升文化遗产保护科技水平，以成果推广应用提高文化遗产保护的科技含量；坚持“前瞻研究，适度超前”，适度布局前瞻性基础研究工作，促进文化遗产保护科技的可持续发展；坚持“突出重点，以点带面”，重点解决文化遗产保护中的关键技术问题，带动文化遗产保护科技水平的整体提升；坚持“不求所有，但求所用”，打破条块界限、集中国内优势资源，建立共享平台，协同解决文化遗产保护的关键技术问题；坚持“对外开放，合作共进”，支持并鼓励多种形式的国际合作，有目的地选择国际科技资源为我所用；坚持“推行标准，规范管理”，建立文化遗产保护的标准体系，推进我国文化遗产保护工作的标准化进程；坚持“绩效评价，奖励引导”，建立并推进第三方绩效评价和奖励体系，引导文化遗产保护科技工作的健康发展。

（三）发展目标

力争至“十一五”末，实现文化遗产保护的整体科技水平提升到一个新的高度，全面提升自主创新能力，建设创新型行业的发展目标。具体包括：基本建立与文化遗产保护科技发展要求相适应的政策体系；初步形成集国家级文化遗产保护科研机构、行业重点科研基地以及文物博物馆单位和其他科研部门构成的三个层次的科技创新体系；初步建立“文化遗产保护科技基础条件平台”；建设结构优化的，能基本满足文化遗产科技保护发展需要的人才队伍；形成一批具有广泛推广价值的共性技术；基本建立文化遗产保护的管理以及技术标准体系，完成一批急需的基础性、关键性技术标准的制定工作；逐步建立文化遗产保护的有关技术、产品等的准入制度；提升科技投入与产出效益，初步建立科技示范体系，完成一批先进科技成果推广和转化。

三、主要任务

“十一五”期间，重点部署以“6 项计划、5 大专项、1 个平台”为代表的文化遗产保护科技工作，继续大力支持面上项目，全面促进文化遗产保护科技水平不断提升。

（一）全力推进6项科技计划

1. 文化遗产资源科技调查和评估计划

文化遗产调查和评估是实施文化遗产保护的基础和主要依据。组建文化遗产调查评估队伍，开展相关培训工作；总结国内外文化遗产调查的成果和经验，优化我国文化遗产调查评估技术与方法体系，分类制定调查方案及相关技术标准；利用信息技术、空间技术等手段，研究建立文化遗产登录系统；利用先进的技术方法和手段，开展普查、复查、详细调查和专项专题调查；利用实验室分析仪器和移动分析设施，获取文化遗产的保存现状和危害因素信息；开展文化遗产的价值评估以及文化遗产保存状况和保护措施评估工作，提高文化遗产真实性和完整性的认知和评估水平。

2. 关键技术攻关计划

关键技术攻关是解决文化遗产保护技术难题的重要途径。针对脆弱易损文物本体保护问题，加强信息技术、激光技术、生物化学技术等高新技术的应用，开展新技术、新材料的研发；针对博物馆藏品库房、展示和运输等文物保存环境中的有害因素，开展综合研究，形成文物保存环境监测、评价、控制等系列技术标准及相关产品；针对考古发掘现场缺乏抢救性保护技术和设备等问题，研发现场应急处理的新技术、新材料以及现场保护移动实验室；针对木结构建筑的保护问题，开展整体结构和构件应力分析与稳定性评估，构建数学模型，研发适用的加固技术；针对博物馆展示和文化遗产保护缺乏信息技术应用，开展数字博物馆关键技术及文化遗产病害自动识别系统研究。

3. 传统工艺抢救、保护与科学化计划

传统工艺抢救、保护与科学化是文化遗产保护科技工作的一项重要而紧迫的任务。一方面传统工艺属于重要的被保护对象，另一方面不少传统工艺仍在文化遗产保护与修复中发挥有效的作用。从应用角度出发，针对目前文化遗产保护修复中急需传承和发展的我国文化遗产保护修复传统工艺，特别是对青铜器、瓷器、漆器、书画、木作、彩绘装饰等文化遗产的保护与修复所需的传统工艺，优先实施抢救性保护行动；由此逐步推动传统工艺抢救工作的开展，运用人文科学与自然科学多种方法，全面挖掘、整理、解析、继承，并在文化遗产保护与修复的实践过程中完成传统工艺的科学化。

4. 科技成果推广应用计划

科技成果推广应用是文化遗产保护的重要环节。建立科技成果推广与示范的新机制，依托中国文物研究所和国家文物局重点科研基地，编制相关技术标准和操作规程，培训专业技术人员；开展区域性保护示范、重大文化遗产地保护示范、保护工程示范、考古发掘现场保护示范、馆藏文物保护示范；重点实施马王堆汉墓出土文物保护、饱水漆木器脱水技术保护、陶质文物彩绘技术保护、石质文物防护技术、馆藏墓葬出土壁画保护、重要易损材质珍贵文物充氮技术密封保存等科技成果推广应用项目。

5. 科技人才队伍建设计划

科技人才队伍建设是文化遗产保护的根本保障。依托各级科技人才培养计划，结合重点科研项目、科技成果推广项目、文化遗产保护专项、重点科研基地建设和联合办学项目以及国际学术交流与合作，积极推进创新团队建设，努力培养和造就一批德才兼备、国内一流的文化遗产保护战略科学家、学术带头人和复合型专业人才，特别是要抓紧培养造就一批中青年高级专家；初步建立全国性培训体系和培训网络，通过职业教育、继续教育与培训，培养适应文化遗产保护发展需求的实用技术专业人才；同时，加大人才引进力度，尤其是要积极引进行业外热心文化遗产保护的优秀科学家参与文化遗产保护科技工作。

6. 行业标准体系建设计划

行业标准是文化遗产保护的专业依据。加大行业标准化工作力度，以推动科学和技术应用和规范管理为目标，重点将一批先进科技成果转化为行业标准，开展行业标准体系研究，逐步建立行业质量认证和准入制度。重点开展名称、符号、代码、术语和分类等基础标准以及业务管理工作规范和质量控制、文化遗产保护修复档案记录等管理标准的制定工作；逐步建立试验方法、新技术、新产品、保护工艺和工程质量等方面的技术标准。

（二）重点实施 5 大科技专项

1. 指南针计划——中国古代发明创造的价值挖掘与展示专项

“指南针计划”是以促进国家自主创新和文化遗产保护为目的，局部重点突破带动整体全面提高的战略性引导项目。本项目是以实证我国古代重大发明创造的文化遗产为工作对象，组织跨学科、跨领域、跨部门的力量，利用现代科学技术，开展农业、医学及诊治保健器材、水利、交通设施与交通工具、营造、人居环境、材料与加工、纺织以及工具、机械与仪器等领域的系列文化遗产专项调查，进行古代发明创造的整理与研究以及博物馆展示理论、技术的研究与示范工作。通过项目的实施，逐步树立中国古代发明创造的科学地位，深入挖掘实证我国古代发明创造的文化遗产的历史、艺术和科学价值，增强博物馆陈列展览的学术性、知识性、趣味性、观赏性。

2. 数字京杭大运河专项

在已有研究成果基础上，制定京杭大运河信息采集标准，系统开展调查评估工作。利用 GPS、GIS、RS、VR 等技术手段建立京杭大运河文化遗产综合信息系统，将大运河的文字、图片、地图、遥感图像等非空间数据和空间数据在同一地理参考坐标系下进行统一管理，实现通过文字和图形进行双向查询、检索分析并对图像进行浏览、查询、分析和制图，形成基础信息数据库，为实施京杭大运河的保护、研究、展示、管理和决策提供有力支撑。

3. 中华文明探源综合研究专项

在已有研究成果的基础上，以距今 5000 年左右的古代文化遗存为研究对象，在“多元一体”

理论的指导下，加强人文社会科学与自然科学的交叉融合，采用多学科协作的方式，通过对已有考古资料的系统整理以及重点区域调查和重点文化遗存的勘查和研究，在黄河流域、长江流域和辽河流域等中华早期文明率先启动的区域，逐步完善这一时期的年代框架，开展自然环境、社会环境的变迁及其经济、技术发展与文明化进程的关系研究，并加强对中华文明形成的认知和展示方法的研究。

4. 重大文化遗产地及大遗址综合保护研究与科技示范专项

以西安、洛阳等为例，针对城市化加速进程中的重大文化遗产地及大遗址综合保护所面临的问题和科技需求，从社会、经济、管理和法规等方面，分析重大文化遗产地及大遗址调查、评估、认定、规划、实施、总结调整过程中出现的问题及原因。整理国内外保护实例和相关文献，归纳和总结成功经验，加大综合性保护技术研究、基础理论研究以及管理研究，探究重大文化遗产地及大遗址保护与利用协同发展的模式，提出系统解决方案，建立并实施重大文化遗产地及大遗址动态管理与监测系统，提高风险抵御和安全防范能力；并在上述基础上，实施3～5处重大文化遗产地及大遗址综合保护及科技示范。

5. 文物保存环境综合研究专项

针对我国馆藏文物保存环境监测、控制技术及设备基础薄弱、相对落后的客观现状，研究保存环境温度、湿度、光线、大气污染物、持久性有机释放物对文物的影响机理，初步探明文物保存环境有害影响因素的分布特征和变化规律，建立适合文化遗产保存环境特点的微量污染物的采集、监测和分析方法，确定环境有害因素对馆藏文物的影响参数，制定馆藏文物保存环境中所用材料的监测、分析、评价和控制使用的技术标准，研发馆藏文物保存和陈列的微环境控制技术、材料和设备，为馆藏文物预防性保护提供技术手段。

（三）积极构建文化遗产保护科技基础条件平台

根据“整合、共享、完善、提高”的建设原则，启动文化遗产保护科技基础条件平台的建设，建立以共享为核心的文化遗产保护科技制度体系，培育一支专门从事科技基础条件平台管理与技术支撑的人才队伍。至2010年，初步形成适应文化遗产保护科技创新和事业发展的支撑环境。整合以中国文物研究所为代表的国家级文化遗产保护科研机构、重点科研基地和社会相关科技资源，完善现有文化遗产保护科研机构功能；重点建设10～15个国家文物局重点科研基地；扶持30个基层文博单位与社会科技资源组建的科研联合体；初步建立试验基地与大型科学仪器设备、标本资源、科学数据、科技文献、成果转化公共服务以及科技网络环境等六大共享平台，为广大文化遗产保护科技人员提供更加开放、高度共享的科技资源。

（四）大力支持面上项目

推进文化遗产保护科技创新能力，鼓励原创性研究和关键技术创新，提倡研究中加强多学科交叉和技术集成，重点支持基础理论研究、应用技术的研发以及科研成果推广研究。基础研究要力求具有原创性或开拓性，应用研究要突出针对性和实效性，避免低水平重复研究。

四、支撑条件和措施

（一）加大促进科技发展的政策保障力度

地方各级人民政府及文物行政部门要高度重视文化遗产保护科技工作，加强指导，研究提出本地区文化遗产保护科技发展规划，制定和实施有效地促进文化遗产保护科技发展的各项政策措施；加强科技管理机构的设置和建设，设立科技管理岗位，有条件的地区要设立专门的科技管理机构，建立健全科技管理制度，有效组织管理科技工作；及时研究、解决文化遗产保护专项和其他重点任务实施过程中遇到的科技问题，为促进文化遗产保护科技进步创造良好的政策保障。

（二）健全科技管理体制和运行机制

进一步深化科技体制改革与文化体制改革，以加强自主创新、建设创新型行业为目标，重点建立健全文化遗产保护科技决策机制，努力消除体制机制性障碍，建设决策科学化、管理制度化、资源社会化的科技管理体制。积极筹建中国文化遗产研究院，将其作为全国文化遗产保护科技的中心平台，形成与其地方合作机构、行业重点科研基地、文博单位和其他科研部门关联有效、协作共进的新型科研院所体制。打破学科壁垒和条块分割局面，加强部门之间、地方之间、部门与地方之间的统筹协调，切实加强行业与社会科技资源的整合，提高重大文化遗产保护科技活动的组织实施能力，建立和完善开放、流动、竞争、协调的文化遗产保护科技发展运行机制。

（三）建立多渠道的科技投入体系

充分发挥政府在文化遗产保护科技投入中的主导作用，并积极引导全社会的文化遗产保护科技投入和捐赠。各级文物行政部门要把促进文化遗产保护科技工作发展的投入，特别是要把提高自主创新能力的投入作为一项战略性投资，在本级经费预算中设立文化遗产保护科技专项经费，并逐年增加，增加的幅度要高于文化遗产保护经费的增长幅度。每年文化遗产保护科技投入比例不少于保护经费的3.8%，科技成果推广应用项目和科技示范项目不少于文化遗产保护专项经费的10%。继续加大对国家文物局重点科研基地的投入，通过科技成果推广与保护专项实施相结合的方式，调整和优化文化遗产保护科技经费的投入方式，增强政府投入调动社会科技资源配置的能力，形成多元化、多渠道、高效率的科技投入体系，提高科技经费的使用效益。

（四）构建人才队伍建设的良好环境

尊重人才，为科研人员创造良好的科研环境。各级文物行政部门要做好人力资源开发引进的政策制定和服务工作，关心和爱护广大科技人员，充分发挥他们的作用，有效保证他们的研究时间，努力改善他们的工作、生活条件。各级文博单位要努力营造鼓励人才干事业、支持人才干成事业、帮助人才干好事业的科研环境，形成有利于优秀人才脱颖而出的体制和机制，用事业留住人才、用制度吸引人才、用感情凝聚人才，最大限度地激发科技人员的创新激情和活力，特别是要为年轻人才施展才干提供更多的机会和更大的舞台。构建有利于创新人才成长的文化环境，努力形成宽松和谐、健康向上的创新文化氛围。加强科研职业道德建设，树立良好的学术风气。

（五）扩大国际交流与合作

继续坚持全方位对外开放方针，进一步扩大文化遗产保护科技的国际交流与合作。充分利用多边、双边、民间等各种渠道，引进国外先进管理经验、技术、人才、设备、资金，为我国文化遗产保护服务。组织开展国外文化遗产保护政策法规、管理规划、科学技术等优秀文献资料的引进翻译工作。积极响应、参与国际重大文化遗产保护行动，继续加强与发展中国家的交流与合作，认真做好文化遗产保护援外工作，为传承人类文明、保护人类共同文化遗产做出贡献。

（六）加强文化遗产保护科技的宣传和普及

加大宣传力度，营造激励自主创新的舆论氛围。充分发挥博物馆、文物保护单位，以及新闻媒体和互联网的优势，深入宣传文化遗产保护科技发展对实现文物保护强国地位的重要作用，大力宣传献身文化遗产保护事业并做出突出贡献的科学家、工程技术人员和管理人员的先进事迹以及在文化遗产保护中坚持自主创新的典型经验，调动和引导全社会投身文化遗产保护科技创新工作的热情，提高大众文化遗产保护科技意识，全面推进我国文化遗产保护事业的发展。

国家文物保护科学和技术发展“十二五”规划（2011~2015年）

（文物博发〔2011〕14号 2011年9月21日）

前言

中华民族五千多年的文明史留存了丰富的文化遗产，这些宝贵遗产是历史与社会发展的见证，是文化认同的标志，是提高创新能力的源泉。科学、系统地保护文化遗产是国民经济和社会发展的重要组成部分。在我国全面建设小康社会和实现中国特色社会主义现代化的伟大历史进程中，文物是推动文化大发展大繁荣，提高国家文化软实力的不可再生的重要物质资源；同时，也是调结构促发展、培育战略性新兴产业，实现经济社会全面、协调、可持续发展的重要战略性资源。

党中央、国务院高度重视文物保护工作。文物保护是各级政府的重要职责，也是全社会的共同义务。党的十七大报告明确提出，“要重视文物和非物质文化遗产保护”，“提高自主创新能力，建设创新型国家。”胡锦涛同志指出：“要切实把科学技术摆在优先发展的战略地位，要高度重视对科技工作的领导和支持”。文物保护科技的进步对文物、博物馆事业的可持续发展具有决定性作用，已成为推动我国从文化遗产大国向文化遗产保护强国转变的核心要素，文物保护的能力和水平反映了一个国家的综合实力。

为明确今后一个时期文物保护科学和技术发展的方向与任务，确定“十二五”期间文物保护科技工作的重点，切实推动文物保护科技进步，全面支撑和引领文物、博物馆事业健康发展，依据《中华人民共和国文物保护法》及其实施条例的有关规定、《中共中央国务院关于加强自主创新，落实科技规划纲要的决定》和《国务院关于加强文化遗产保护工作的通知》的文件精神，按照《国家中长期科学和技术发展规划纲要（2006～2020年）》和《国家文物博物馆事业发展“十二五”规划》，以及《历史文化遗产保护领域中长期科学和技术发展规划战略研究报告》提出的发展目标、重点领域和优先主题，特制定本规划。

本规划涉及的对象包括文物和相关非物质文化遗产，同时也涵盖近年来受国际文化遗产界高度关注的文化景观、文化线路、二十世纪遗产等新兴类型。文物是人类社会历史发展进程中遗留下来的、由人类创造或者与人类活动有关的一切有价值的物质遗存，与非物质文化遗产和自然遗产密切关联。为加强价值认知和保护的真实性、完整性与科学性，要高度重视系统性研究。文物保护包括对价值的认知、保护措施的实施和经营管理，涵盖了调查、研究、评估、认定、记录、展示和传承，对文物本体的保存、维护和修复，以及对相关环境的控制与治理。文物保护科技是一个开放的复杂系统，是人文社会科学、自然科学、技术科学和工程技术等一切与文物保护相关的科学和技术相互渗透融合的交叉学科。

本规划在系统总结、分析国内外文物保护科技现状和发展趋势的基础上，确定指导思想，明确发展目标和工作思路，部署主要任务，制定保障措施，指导"十二五"期间全国文物保护科技工作。

一、现状与趋势

（一）主要成绩

"十一五"以来，科学和技术在文物保护领域的重要作用日益凸显，我国文物保护科技进入前所未有的活跃时期，从宏观到微观，从广度到深度，都有较快的发展。新技术革命的来临，促使人们对文物保护科技进行重新审视与定位。根据国家"提高自主创新能力，建设创新型国家"的战略部署，文物保护科技工作在文物工作方针和科技发展方针的指导下，以体制机制创新为先导，以制度创新为保障，以跨学科、跨领域、跨行业、跨部门合作为纽带，以重大科技计划为载体，实现了文物保护科技的跨越式发展，行业创新体系初步形成，成为国家创新体系的重要组成部分。

1. 技术创新活动全面展开

国家先后启动实施了"中华文明探源工程（二）""文化遗产保护关键技术研究""大遗址保护关键技术研究与开发""古代建筑保护技术及传统工艺科学化研究""石质文物保护关键技术研究""中华文明探源工程及其相关文物保护技术研究""指南针计划——中国古代发明创造的价值挖掘与展示"等一批重大科研项目和面上项目。通过联合攻关，在系统揭示文化遗产价值、探究中华文明形成与早期发展的特征与规律、现代科学技术在考古领域的应用、大遗址的保护与管理、馆藏文物保护修复技术与材料、馆藏文物保存环境的监测与控制、传统工艺科学化、不可移动文物保护、文物保护集成装备等方面取得了一批具有自主知识产权的共性和关键技术研究成果，文物保护科技水平显著提高，若干制约文物、博物馆事业发展的重点、难点和瓶颈问题得以解决。

各地在积极组织力量参与国家文物保护重大科技项目的同时，立足于本地区的发展需求，组织开展具有地方特色和优势的创新活动，一些省份在"十一五"期间，还增设了科技专项经费，用于支持改善本地区科技基础条件和解决文物保护工程实施过程中的科技问题，初步形成了中央与地方互为促进、互为补充的良性发展模式。

白鹤梁题刻原址水下保护工程研究与实践、文物出土现场保护移动实验室、"南海Ⅰ号"整体打捞及保护等一批优秀科技成果，以及优秀科技工作者获得国家级和省部级科技奖励。许多科技成果在第三次全国文物普查、长城资源调查、重点文物保护工程、大遗址保护工程、灾后文化遗产抢救性保护、可移动文物保护、馆藏文物保存环境改善、博物馆展示服务提升等重大工程和重点工作中得以应用，有效提升了文物保护的科技含量，取得了显著的社会效益和经济效益。

2. 科研组织规模发展迅速

“十一五”期间，文物保护领域的科研组织规模迅速扩大，多元化、结构化的科研组织体系和发展模式基本形成。

国家级科研机构实力增强。中国文化遗产研究院实现了改所建院，创新活力和创新动力不断提高，并向着国家级文物保护科技中心平台的方向迈进；“古代壁画保护国家工程技术研究中心”获准成立，并在相关省份设立工作站，有效扩大了科技成果的辐射范围；依托文博单位、高等院校和科研院所分4批设立的17家行业重点科研基地，成为整合文物保护及相关领域创新资源、培育创新人才、开展科技攻关和学术交流的重要平台。

专业性研究机构数量快速增长。“十一五”期间，文博单位、高等院校、科研院所设立的区域性、专题性文物保护科技中心已发展到80余家，共建成实验室近500个，科技基础条件得以改善。在加强自身建设的同时，部分科研机构积极参与了本区域的大型科学仪器协作共用网，科技资源共享程度得到进一步提高。

合作网络多元发展。国家文物局与中国科学院积极探索全方位的战略合作，针对文物保护的重大需求，联合组建技术创新平台；与中国科学技术协会开展了战略合作，利用其全国专业技术协会的资源优势，推动了文物保护科技研究和科学普及工作；与浙江省人民政府联合启动实施了国家文化遗产保护科技区域创新联盟试点建设项目，有效整合和发挥了中央与地方在政策、组织和技术等方面的优势；陶质彩绘文物保护专业技术创新联盟签约运行，实现了研发链条各环节间的优势互补。

人才培养和创新团队建设取得显著成效。系统内文物保护科研人员数量较以往大幅增加，高素质科技人才比例快速提升；系统外科研人员大量涌入，人才队伍得以充实壮大。一批行业领军人物脱颖而出，一些科技专家进入国际科技组织的领导层。以优秀创新人才为主体的科研团队建设初见成效，逐步成为推动文物保护科技进步的核心力量。

国际科技合作进一步深化。我国已与30余个国家和地区开展了科技交流与合作。通过文物保护修复人员培训、科技考古、壁画保护、石质文物保护、陶质彩绘文物保护、金属文物保护、纸质文物保护等合作项目的实施，提高了我国文物保护科技水平；通过柬埔寨吴哥窟周萨神庙、茶胶寺、蒙古博格达汗宫修缮工程等援助项目的实施，扩大了我国文物保护科技的国际影响。

3. 科技管理能力显著加强

“十一五”期间，文物保护科技管理工作逐步形成了依靠法规强化管理、依靠规划引导管理、依靠标准规范管理和依靠技术手段辅助管理的科技管理模式。

国家文物局在博物馆与社会文物司的基础上，进一步明确了科技司的职能，文物保护科技行政管理能力得以加强。行业科技管理制度体系初步建立，涵盖行业科研课题、科研基地、科技成果、科研奖励和专家管理等方面的规范性文件及指导意见先后出台，科研管理水平进一步提高。特别是在重大科技项目管理中引入第三方评估咨询制度，探索并实践了科技评估咨询活动由“自然人”行为向“法人行为”的转变，实现了科技项目管理制度的重大创新。

文物保护标准化技术委员会正式成立，一批基础性的文物保护技术国家标准和行业标准相继颁布，积极参与国家标准化体系建设工程，“文化遗产领域走向国际化，建立文化遗产保护国际标准化组织”已成为国家标准化工作实现国际突破的重点支持方向。

文化遗产保护科技平台、文化遗产保护科技项目（课题）备选库和国家文物局科研课题管理系统的陆续开通运行，提高了管理的效率和透明度。

（二）存在问题

在肯定成绩的同时，我们必须清醒地认识到，我国文物保护科学和技术的总体发展水平与国外相比，与国内其他行业相比，与文物保护的重大需求和繁重任务相比，仍然相对落后，科学和技术的有效支撑和引领作用仍显不足。制约文物保护科技发展的因素，既有历史遗留问题，也有发展过程中产生的新情况、新问题和新矛盾，主要表现在以下方面：

一是战略研究滞后。针对“科学发展为主题”、“推动文化大发展大繁荣，提升国家文化软实力”和“保护发展文化遗产、建设共有精神家园”提出的新要求、新挑战、新战略的研究支持能力不足。

二是较为完整的学科体系尚未建立。与其他领域相比，文物保护领域的学科体系建设仍处于初期阶段，哲学层次、基础科学层次、技术科学层次和工程技术层次中包含的各分支学科的界定和相互关系尚需明确，制约了文物保护科技的发展。

三是技术供给总量不足。针对文物保护的要素、类型、时间尺度、空间尺度、性质和形态等发生的深刻变化，原有的技术体系和方法体系难以适应保护的需求，急需扩展与完善；科学决策的技术辅助手段匮乏，文物保护、管理、利用的综合分析和宏观决策的科技支撑能力薄弱。

四是创新成果转移与扩散不力。实验室成果向现实生产力转化的中间环节缺失、手段单一、机制不健全，标准体系尚不完善、科技成果集成度不高，缺乏对科技成果示范的支持，众多科技成果难以直接转化为显性效益。

五是科技人才仍然匮乏。一方面科研人员在行业从业人员的比例偏低、总量严重不足；另一方面能够把握国际文化遗产保护科技发展前沿、站在国家发展高度思考文化遗产保护重大科技问题的战略科学家，既有广博的知识修养、又在本专业领域具有较深的理解能力和独到见解的复合型科技人才，以及具有大局意识与统筹协调能力的科技管理人才严重短缺。基于自主创新的科技人才队伍再造需进一步加强，创新人才的成长环境尚需优化。

六是科技投入有待加强。文物保护科技投入的长效机制尚未建立；科技投入总量不足、区域性失衡和结构性失调问题突出；一些地区的科技基础条件依然十分落后，针对文物保护的科研标本、实验数据、科技文献等科技基础性投入亟须加强。

七是体制机制亟待完善。科技宏观管理仍然薄弱，工作重点需要进一步向战略研究、规划和政策制定、环境建设等方面转变；学科壁垒、条块分割，以及结构性、体制性障碍，阻碍了满足文物保护战略性需求的大团队合作研究模式的形成。

“十二五”时期，文物保护科技将进入从量的积累到质的提高的重要跃升期，必须把科学和技术真正摆在文物、博物馆事业优先发展的战略地位，深刻理解和科学把握文物保护科技的发展规律——既要符合文物、博物馆事业发展的规律，也要符合文物保护科技发展的自身规律。只有着力解决这些制约文物保护科技发展的主要矛盾和瓶颈问题，才能实现文物保护科技的全面、协调、可持续发展。

（三）发展趋势

世界各国对文化遗产保护给予了高度重视，在人力、物力和资金投入等方面都有了极大提高，许多国家已将文化遗产保护提升到国家战略的高度，各主要文化遗产保护强国也不约而同地将科技创新作为提高文化遗产保护与利用能力的核心战略，作为争取未来主导权和话语权的重要举措予以前瞻部署。目前，文化遗产保护科技的发展速度和预期空间超过以往任何时期，文化遗产保护领域正孕育着新的群体性突破。未来 5 到 10 年将是文化遗产保护科技发展的重要战略机遇期，纵观国际文化遗产保护科技发展，主要表现出以下趋势：

一是科学和技术的飞速发展，促进了文化遗产保护理念的不断进步，建立在价值认知和风险评估基础上的主动的系统性保护，已成为时代的要求；

二是关于文化遗产的保护、利用、管理和研究等方面的实践经验不断积累和丰富，使建立文物保护科学的理论体系成为可能；

三是基础学科与应用学科、技术科学与工程技术、自然科学与人文社会科学之间的相互交叉渗透不断深入，文化遗产保护科技自主创新和系统集成的能力进一步增强；

四是现代分析技术和科研装备的不断进步，提高了对文化遗产真实性、完整性的认知能力，文化遗产保护的安全性和可靠性不断加强；

五是新材料、生物技术、空间技术、信息技术等高新技术的广泛应用，极大丰富了文化遗产保护的方法与手段；

六是文化遗产材质劣化机理与防治等方面的定向基础研究不断深入，将引发文化遗产保护技术的重大突破；

七是现代科技的全面介入，将加快实现文化遗产保护传统工艺技术的继承、扬弃与创新；

八是战略科学家、复合型科技人才、工程技术人才和科技管理人才已成为文物保护科技可持续发展的核心资源；

九是多元化、多维度的合作网络的形成和完善，将成为文物保护科技全面提升的有效途径。

二、指导思想、发展目标和工作思路

（一）指导思想

以邓小平理论和“三个代表”重要思想为指导，全面落实科学发展观，坚持文物工作方针和科技发展方针，解放思想、改革创新，培育行业科学精神、科学思想、科学态度，推动技术创新、组织创新、制度创新。以增强行业整体创新能力为战略目标，以提升自主创新能力为战略重点，以培育科学创新能力为战略储备，以整合科技资源、优化创新服务能力为战略支撑，以实施若干重点科技攻关为战略突破，科学谋划、精心组织、知难攻坚、确保绩效，加快文物保护行业创新体系建设，推动我国从文化遗产大国向文化遗产保护强国的历史性转变。

（二）发展目标

至“十二五”末，基本形成以技术体系为核心，以组织体系为支撑，以制度体系为保障的行业创新体系。进一步提高文物保护领域的技术识别、获取、扩散和应用能力，力争在若干重点领域取得重大突破和跨越发展；着力解决影响发展全局的机制性和结构性问题，形成较为合理的组织框架和发展布局；营造良好的政策环境，进一步完善与文物保护科技发展要求相适应的法规、标准体系。明显增强文物、博物馆行业可持续科技创新能力，有效支撑和引领我国文物、博物馆事业的又好又快发展。具体目标如下：

1. 显著提高馆藏文物和重要遗产地的风险预控能力。基本建立馆藏文物环境监测体系，在馆藏文物保存环境调控技术方面取得重要进展；建立风险评估指标体系，初步建立基于风险管理理论的文化遗产地监测和辅助决策技术体系。

2. 大幅提高可移动文物保护修复的科学化水平。重点突破馆藏文物保护修复关键技术瓶颈，在可移动文物无损、微损检测和材质分析方面取得重要技术进展，逐步完善馆藏文物保护修复技术标准。

3. 显著提升不可移动文物保护领域的技术供给总量和技术集成能力。在古代建筑安全稳定性评价、潮湿环境土遗址保护等方面取得关键技术突破。在墓葬原址保护和石质文物保护的系统解决方案的设计和实施方面取得重要进展。

4. 重点提升高新技术对考古调查、勘探和发掘的技术支撑能力。初步建立考古调查、勘探、发掘应用技术体系；在文物出土现场应急保护技术方面取得重要进展；完善实验室考古的技术、方法，建立相关技术标准与规范；建立水下文化遗产调查、定位、标注、监测的技术体系框架。

5. 显著提高文物安全的技术防范能力。建立不可移动文物安全防范技术体系框架；在盗掘、非法建设、文物盗窃和走私等违法犯罪活动的防范方面实现重要技术突破，建立相关技术标准与规范。

6. 提高文物保护专有装备水平，显著提高文物保护质量。在考古现场、馆藏文物保护修复、不可移动文物保护以及文物分析调查装备研发方面取得重要突破，初步建立与各类文物保护技术相配套的专业化装备体系。

7. 提高博物馆现代化水平。提高大型博物馆建筑工艺设计能力和水平；在智能博物馆关键技术标准和集成技术，以及提升博物馆陈列展览文化与艺术表现能力的适宜技术方面取得进展；在数字博物馆建设的关键技术和标准方面取得重要突破。

8. 显著提升基础研究能力与水平。在文物腐蚀与控制、文物保护材料评估和传统工艺科学化等方面取得重要进展；初步构建文物保护科技基础数据库（群）。

9. 基本形成布局合理、功能齐全、装备先进、运转高效的科研组织体系。进一步完善各级、各类科研组织的建设部署；显著改善行业科技基础条件；重点培养一批战略型、复合型、管理型科技创新人才，加强创新团队建设；基本形成开放、灵活、多元、高效的科研组织机制。

10. 进一步加强和完善科技制度体系建设。提出文物保护科技发展技术路线图；初步形成以资源共享为核心的科技基础条件建设制度体系；构建文物保护技术标准体系框架；完善文物保护科技成果转移扩散机制。

（三）工作思路

“十二五”期间，面对发展中出现的新情况、新问题，在“十一五”成功经验的基础上，大胆改革、勇于创新，进一步明确工作思路，努力实现规划目标。

顶层设计、战略谋划。加强顶层设计，正确处理好近期与远期、局部与整体、理论与实践、现代与传统的关系，努力做好战略规划的持续研究工作，把加快行业创新体系建设，全面提高科技创新能力摆在战略高度予以部署。

需求牵引、重点突破。根据文物、博物馆事业发展中的重大需求反推科技抓手，确定工作目标和重点任务；集中有限资源，在文物、博物馆事业发展的瓶颈问题和关键点取得重大突破。

人才为本、强化团队。坚持把人才资源作为文物保护科技发展的第一资源，把人才培养摆在各项工作的首要位置，强化以学术带头人为核心的创新团队建设，努力营造人才培养和团队建设的良好环境。

优化合作、完善布局。以制度引导合作机制的不断完善，从最初的“打破封闭、实现开放”，上升为“优化合作、完善机制”，有效整合和充分利用国内外优质资源，推进资源共享、风险与成本共担、优势互补的战略合作，建立实体研发组织与虚拟研发组织相结合的新型科技创新组织模式。

深化改革、体制创新。坚持深化科技体制改革，完善文物保护科技的管理体制、工作机制、评价和奖励机制，激发科技创新的活力，以体制机制创新为动力，推动文物保护科技工作的可持续发展。

三、主要任务

（一）重大专项

1. 文物风险预控技术体系研究与示范

系统开展文物自然劣化、突发灾害、人为破坏等风险因素的识别、分级、预测、评估和处理研究，建立文物风险预控的理论及方法体系。研发馆藏文物微环境高效调控技术及博物馆环境监测系统解决方案，初步建立博物馆环境质量评估、监测和调控技术支撑体系。应用空间信息技术、图像分析技术、环境监测技术、物联网技术、海量数据存储与分析技术等，建立基础地理数据库、环境监测数据库、文物状态数据库、图像存储信息库、安全防范数据库等，形成文物预防性保护及辅助决策的技术支撑体系、标准规范体系和信息管理系统平台。针对文化遗产地、博物馆等领域的文物保护特点，有计划地开展科技示范，提高文物保护管理的信息监测、动态管理与辅助决策支持能力。

2. 中华文明探源工程及相关文物保护关键技术研究

针对中华文明起源这一重大科学问题，在系统总结已有研究成果的基础上，重点揭示长江、黄河、辽河流域的文明形成及早期发展的背景、环境、特征和历史脉络，研究中华文明的形成机制和早期发展特征，总结中华文明在人类文明发展史上的地位，丰富人类文明起源理论。开展探源工程相关现代实验技术和方法的应用研究，空间技术、物探技术、数字化测绘技术在考古研究中的应用，研究建立考古探测技术可控试验场，基于文物出土现场移动实验室的出土文物应急保护技术体系研究。

3. 指南针计划——中国古代发明创造的价值挖掘与展示

以实证我国古代重大发明创造的文物为研究对象，利用现代科学技术，开展农业、水利、矿冶、轻工、纺织、食品、营造、人居环境、交通、机械仪器、军事技术、医药技术、文化传播等领域的系列文化遗产专项调查，系统地掌握具有重大意义的我国古代发明创造的基本概况；以多重证据的方法揭示古代发明创造的工艺、原理、技术发展脉络，以及产生的机制、背景和环境；开展博物馆展示理论和技术的综合研究，推出一批反映中国古代发明与创造的系列展览和现场展示实验、实物复原模型、虚拟现实复原模型、科普著作和数字影视作品。促进自然科学与社会科学、保护与研究、展示与教育的结合，提高文物科学研究和展示的整体水平。

4. 水下文化遗产保护关键技术研发

针对水下文化遗产调查、发掘、保护中存在问题和需求，开展海洋和内湖河流文化遗产调查、探测、定位的关键技术与相关设备研发；开展混浊水域水下文化遗产考古调查的关键技术与相关装备研发；开展出水陶瓷器、石质文物、金属文物、木船构件及整船等保存及保护技术研究；利用空间技术建立海洋文化遗产调查和监测信息平台，提高我国在该领域的技术集成创新能力和水平。

5. 文物保护传统工艺科学化研究

系统调查整理我国古建筑木作、砖石瓦作、油饰彩画等传统工艺的历史与现状，建立传承谱系；围绕青铜器、陶瓷器、纺织品、漆器修复及书画装裱等传统工艺，揭示材料组成与性能、专用装备与工具、工艺流程与技法的科学原理；改良传统文物保护修复材料、工具和工艺，满足当代文物保护修复需求，建立现代科技与传统工艺结合的文物保护方法，提高保护的安全性、可靠性和科学性。

6. 文物保护修复专用装备研发

针对考古发掘、不可移动文物保护、馆藏文物保护修复专用装备缺乏、适用性差、集成度低等问题，重点开展智能探测设备、现场文物保护快速检测分析仪器设备、脆弱文物应急保护、提取及保存装置的研发；开展基于空间技术的大遗址专用监测系统装置、基于传感技术的古建筑专用监测系统装置、土遗址加固成套装备的研发；开展馆藏文物专用清洗和加固装置、专用修复设备与成套工具、环保熏蒸装置、保存环境监测与调控装置等研发；初步构建文物保护修复技术装备体系。

（二）战略研究

1. 文物保护基础理论和学科建设

通过对文化遗产保护基本理论与方法的研究，初步建立跨学科的文物保护理论框架体系。针对文化遗产保护学科的范畴、内涵、特征、理论体系和研究方法开展系统研究，依据学科发展规律，剖析学科重点领域和凝练学科方向，提出文化遗产保护学科建设的战略布局和构架，以及学科建设的发展规划。

2. 文物保护技术路线图研究

针对我国文物保护技术研究缺乏前瞻性、技术研发被动和各类高新技术进入缓慢的状况，通过对文物保护需求的系统分析和技术预见，识别行业所需的关键技术、共性技术，以及与其他行业的技术差异，研究长期支持行业科技发展的政策制定、关键项目选择、技术发展导向、社会资源参与的文物保护技术路线图，确定文物保护科技长远发展的重点领域和优先主题，规划中国特色的文物保护科技发展路径。

3. 文物保护科技贡献率研究

针对我国文物保护长期以来科技投入不足、科技对文物保护的推动作用缺乏充分认识，从而影响我国文物、博物馆事业整体发展的状况，开展文物保护科技贡献率研究，从宏观上研究科技、资金和劳动力三大因素投入与保护发展的关系，客观反映科技进步对文物保护的贡献作用；以科技在我国文物、博物馆事业中的贡献为重要参考依据，指导我国未来文物保护科技投入、科研结构调整和管理政策制定等宏观决策。

（三）文物保护关键技术提升计划

1. 可移动文物保护修复关键技术提升计划

开展可移动文物无损或微损检测技术和应用规范研究；开展金属文物深层有害锈转化关键技

术研究，研发新型环保的缓蚀、加固和封护材料；开展脆弱陶质文物快速脱盐及加固材料与工艺研究；针对脆弱纺织品和纸质文物污染、粉化、褪色等病害，开展生物技术清洗、接枝加固和显微修复关键技术及材料研究；针对竹木漆器干缩、变形、漆层开裂脱落等病害，开展木质纤维微结构修复、整器加固定型和漆层回贴加固关键技术和工艺研究；针对骨角质文物酥松、脆化等主要病害，开展生物技术修复和加固关键技术研究；针对油画的空鼓、开裂、变色等病害，开展保护修复的关键技术研究；开展近现代文物病害专题调研和保护修复技术适用性研究；在已有关键技术成果的基础上，开展保护修复技术规范化研究，实施科技示范工程。

2. 不可移动文物保护关键技术提升计划

针对古建筑、石质文物、土遗址、壁画等存在的保护瓶颈问题，重点开展文物保护工程前期勘察的适宜技术研究，建立勘察的成套技术体系；在古代木结构建筑安全稳定性评价关键技术及专有装备方面实现突破，建立木结构建筑安全监测技术系统解决方案；开展砂岩类石质文物表面风化程度无损检测技术、保护材料和修复工艺等关键技术研发，解决砂岩类石质文物保护的关键问题；开展石窟寺危岩体加固效果评价的关键技术研究与示范；开展饱和土和非饱和土遗址保护综合技术研究，研发针对土遗址坍塌、开裂、遗址表面风化等病害的专有集成技术；开展墓葬壁画环境控制、霉菌防治、地仗及颜料层保护材料和工艺关键技术研究；开展遗址博物馆生物病害防治关键技术的研究，以及激光清洗技术在石质文物、烟熏壁画和历史建筑等方面的应用研究；针对不可移动文物保护和修复的共性和关键科学问题，建立多场耦合模拟实验场。

3. 考古与出土现场应急保护关键技术提升计划

系统开展考古调查发掘、现场应急保护和实验室分析等关键技术研究，多维度认识和解读古代遗存所蕴涵的物质和文化属性。重点开展低空遥感技术在考古遗址识别中的应用研究；开展磁法、电法以及雷达探测技术在地下遗迹遗存预探测中的集成应用研究；建立基于GIS技术的考古发掘信息记录系统；加强考古工作数理统计方法研究；系统开展脆弱出土文物微环境控制封存、可逆性加固材料和技术、现场防霉技术以及新型整体文物包装材料和技术等研究；开展现场快速分析检测技术对出土文物与埋藏环境的分析研究；建立考古发掘过程中各类文化堆积状况和包含物的量化描述标准；开展测年技术、同位素技术、DNA技术、显微分析技术等在实验室考古中的应用研究，建立相关规范和技术标准。

4. 博物馆技术提升计划

通过博物馆建设工艺设计、陈列展览新技术应用、数字博物馆建设、数据库平台建设，整体提升博物馆的科技含量。重点加强博物馆低碳运营工艺的设计规范研究，以及智能博物馆关键技术标准和集成技术研究与示范；以全面提升博物馆陈列展览文化与艺术表现能力为目标，研究适合于博物馆陈列展览需要的现代声光电技术、虚拟现实、人机交互、知识工程和新媒体技术等现代技术应用的应用体系理论和方法，开展博物馆陈列展览适宜技术支撑体系研究与示范；通过我国数字博物馆框架体系和关键技术研究，建立基于物联网的“中国数字博物馆工程”软硬件支撑平台、实施模式和技术标准，运用人工智能和知识库技术，整合、制作加工博物馆数据资源，构建博物馆馆际交流网络平台与统一规范的博物馆信息管理平台；构建基于文物的创意设计素材库（群），探索与培育新兴文化业态。

（四）文物保护基础研究推进计划

1. 可移动文物劣化机理研究

针对我国馆藏文物劣化机理研究薄弱制约保护技术进步的现状，重点开展馆藏金属文物、陶质彩绘文物、壁画、纸质文物、骨角质文物、纺织品和竹木漆器的材质劣化影响因素、劣化过程和腐蚀产物研究，以及检测与分析的新技术、新方法研究，科学揭示文物劣化过程的物理和化学原理，为文物保护修复提供理论依据。

2. 文物保护材料作用机制与保护效果评价研究

针对文物保护材料应用和评价方面基础薄弱的状况，依据材料特性和应用功能，开展保护材料分类方法和分类体系研究；重点针对金属文物、纸质文物、壁画、彩塑文物、纺织品、竹木漆器、石质文物和土遗址，采用材料科学、现代分析测试和模拟试验技术，开展保护材料主要评价指标研究，保护材料应用的理化特征、力学行为、作用机制和后效评价方法研究；制定保护材料应用效果的评价标准和规范；建立文物保护修复材料应用数据库，构建文物保护材料应用效果评价体系。提高文物保护修复材料应用的有效性和安全性。

3. 不可移动文物结构稳定性评价方法研究

针对不可移动文物在自然环境下因材质劣化导致的力学性能降低、结构失衡及濒临危险等状况，以建立不可移动文物结构稳定性评价方法为研究目标，运用现代无损检测技术、结构稳定性综合监测技术、测绘技术和分析技术，针对木构建筑、土遗址、石质文物、壁画和彩塑等不可移动文物，重点开展影响结构稳定性的常见因素与机理，以及结构整体安全稳定状态的变化与损毁规律，结构稳定性诊断评价方法等内容的研究。在此基础上，提出适于我国国情的集检测、监测、评价于一体的不可移动文物结构稳定性评价标准化成套技术，为提高不可移动文物保护的风险预见和预防性保护能力提供科学有效的技术支撑。

（五）科技基础条件建设

1. 科研组织机构建设

搭建以中央级科研院所为核心，联合行业重点科研基地、创新联盟及科技活动工作站的开放合作的科技创新平台。鼓励各地在已有工作的基础上建立区域创新联盟和专业技术创新联盟，重点扶持文博单位与科研院所、高等院校合作组建 8～10 个国家级专业技术创新联盟，以及通过中央和地方合作组建 4～6 个国家级区域性创新联盟；与中国科学院联合组建 13 个行业科技创新平台；全面培育优秀行业重点科研基地进入国家重点实验室或国家工程技术研究中心序列，新组建 10～15 家行业重点科研基地。依托各级各类科技创新平台，培养 10～20 名战略科学家，30～50

名学术带头人，150～200名高端文物保护修复工程技术人才。

2. 基础条件平台建设

强化文物保护科技的综合研发能力，依托文博单位、高等院校、科研院所，认定一批服务于文物保护修复基础研究和应用技术研发的分析测试实验室，构建大型科学仪器设备共享平台；初步建立包括金属器、陶瓷器、纺织品、纸质文物和壁画等文物的科技标本库、分析检测数据库和科技文献数据库，初步建成适应文物科技创新和事业发展的科技基础条件平台支撑环境，形成以共享机制为核心的管理体制、与平台建设和发展相适应的科研机构体系，为广大文物保护科研人员提供更加开放、高度共享的科技资源。

（六）科技成果推广

建立和实行科技成果评价与推广制度，开展科技成果的效果和适用范围评估和评价，定期发布重点科技成果转化项目指南。依托国家级文物保护科研机构、工程技术研究中心、行业重点科研基地、专业创新联盟、区域创新联盟，实施重大科技成果推广示范项目。在文物出土现场应急保护、馆藏文物保存环境监测与调控，以及土遗址、铁质文物、壁画、古建筑油饰彩画、陶质彩绘文物、竹木漆器和纸质文物的保护等方面开展技术成果的推广及示范。建立科技成果推广服务工作站，促进文物保护科技成果快速转移与扩散。

四、保障措施

（一）加强组织领导意识，强化统筹协调能力

牢固树立“科学技术是第一生产力”的思想，提高对科技进步、增强科技创新能力重要性和紧迫性的认识，切实把科技工作摆在文物、博物馆事业优先发展的战略地位，加强和改善各级文物行政部门对科技工作的领导，发挥政府管理调控的主导作用，把加快文物保护行业创新体系建设、全面提高科技创新能力作为落实科学发展观和正确政绩观的重要内容。

建立国家文物保护科技指导委员会，组织制定文物保护科技发展战略和中长期发展规划，指导、推动和监督“十二五”各年度计划的执行，研究解决重大专项和重点任务实施过程中遇到的组织管理问题。各省级文物行政部门应相应建立本行政区域的文物保护科技指导委员会，统筹和协调本行政区域的文物保护科技工作。

（二）健全管理制度体系，推进行业标准化进程

加快科技管理制度的建设步伐，完善科技项目（课题）、科技经费、科技项目第三方评估咨询、科技成果评价及奖励，以及科技机构等方面的管理制度，逐步建立健全文物保护科技管理制度体系。加强科技成果转移与扩散，探索并逐步建立适应文物保护领域的知识产权管理机制。尽快建立科学合理的文物保护标准体系框架，强化标准和规范的制订及宣贯工作，推进行业标准化进程；积极推动文化遗产保护国际标准化组织的建立，促进我国文物保护技术标准的国际化。

（三）继续加大科技投入，合理配置科技经费

积极争取中央和地方财政对文物保护科技的投入，各级文物行政部门要把科技投入作为预算保障的重点，充分体现法定增长的要求，并逐步提高和扩大用于科技工作的经费比例与规模；同时，积极争取各级科技行政部门对文物、博物馆行业的支持；鼓励和吸引社会资金投入。调整投入结构，合理安排经费比例，加大对应用基础研究、科技基础性工作、科技基础条件建设以及科技成果转化的支持，将科技经费纳入各类文物保护工程项目的预算范围。完善文物保护科技投入管理机制，建立适应新形势的科技经费监督管理和绩效评估体系，提高经费使用效率。

（四）完善多元合作机制，整合社会优质资源

通过体制机制创新，建立和完善多元合作模式。从战略高度深化部门间、中央和地方间、机构间的合作，积极推进技术创新平台、创新联盟、行业重点科研基地的建设与发展，探索适应文物保护科技发展需要的新型合作模式与合作机制。鼓励积极参与国际科技合作，重点支持我国文物保护科研人员和机构牵头或参与组织的国际和区域性合作研究；同时，加强与港、澳、台地区的科技合作，不断提升我国文物保护的国际地位和实力。

（五）统筹推进队伍建设，大力培养紧缺专门人才

逐步建立学校教育和实践培养相结合、国内培养和国际交流合作相结合、外部引进和内部培养相结合的开放式人才培养体系。依托重大科技专项、重点科研项目、文物保护工程、行业重点科研基地，以及国际交流合作项目，培养高层次、高技能的科技人才。重点培育文物保护领域的战略科学家、复合型科技人才、学术带头人，重视文物保护修复技术人才与科技管理人才的培养，注重系统化的科学知识和实践经验的有机结合，建设符合文物保护特点和需要的人才队伍。建立健全科技人才评价、使用的政策体系，完善人才激励机制，努力营造人才辈出、人尽其才的发展环境。

（六）紧跟重大科技需求，建立规划实施的动态机制

建立健全规划实施协调机制，制订各项重点项目和任务的实施计划。建立健全技术预测、预见机制，跟踪本规划确定的重大项目和任务的实施情况，为规划的动态调整提供依据。建立规划的评估监督与动态调整机制，定期评估规划的执行情况，逐步提高评估监督的科学性和透明度；加强同公众的交流与互动，建立必要的公众参与和反馈机制；根据科学技术的新进展和文物保护需求的新变化，对规划做出调整。

全国文博人才发展中长期规划纲要（2014~2020年）

（2014年4月23日）

文博人才资源是提升文物保护、利用和管理水平的关键所在，是促进国家文物事业发展、确保文化强国战略目标实现的战略性资源。改革开放以来，我国文博人才工作和人才队伍建设取得了长足进步，文博人才队伍规模不断扩大，整体素质明显提高，人才工作制度和机制不断完善，为文物事业发展起到了重要的支撑作用。但我们还要清醒地看到，我国文博人才队伍总体状况与建设文化遗产强国的要求尚不相适应：人才总量短缺，队伍结构不合理，人才素质偏低，特别是高层次领军人才、科技型专业技术人才、技能型职业技术人才、复合型管理人才严重匮乏；人才发展体制机制障碍依然存在。当前我国文物事业正处于高需求、快发展的“黄金机遇期”，我们必须切实增强紧迫感、责任感和使命感，全面深化改革，着力开拓创新，把加强文博人才队伍建设作为推动文物事业发展的根本举措，保障文物事业再创辉煌，实现文化强国。

为此，根据《国家中长期人才发展规划纲要（2010～2020年）》、《2020年文物事业发展目标体系》以及《国家文物博物馆事业发展“十二五”规划》，结合文博人才发展实际，制定本规划。

一、指导思想、基本方针与发展目标

（一）指导思想

以邓小平理论和“三个代表”重要思想为指导，深入贯彻落实科学发展观，牢固树立人才资源是第一资源的科学理念，遵照党管人才原则，建立聚集人才的体制机制，牢牢把握社会主义先进文化的前进方向，遵循文物事业人才工作规律和人才成长规律，适应走一条“大文博”之路的发展要求，以深化改革为动力，以结构调整为重点，以建立人才集聚体制为目标，以能力建设为核心，以“金鼎工程”为载体，充分整合社会资源，集聚发挥各方力量，改革管理制度、创新人才政策，优化人才环境，加大文博领军人才和急需紧缺人才队伍建设力度，统筹推进各类人才队伍协调发展，为国家文物事业繁荣发展提供强有力的人才和智力保障。

（二）基本方针

——解放思想，创新机制。以改革创新为根本动力，坚决破除束缚人才发展的思想观念和制度障碍，从加强各级文物机构建设、建立健全文物博物馆职业资格制度、建立健全科学合理的培养开发、评价发现、选拔任用、流动配置、激励保障等制度机制，完善人才服务保障体系入手，构建与现代文物事业发展相适应的人才工作体制机制，最大限度地激发各类文博人才的创造活力。

——高端引领，整体提升。以行业领军人才为龙头，充分发挥重点领域、重点专业、重点岗位高端人才的引领作用。不断健全和完善文博人才结构布局，以点带面，充分发挥多层次、多门类、多专业人才的整合和溢出效应，在保持人才总量有机增长的同时，实现文博人才能力素质的整体提升。

——服务发展，以用为本。根据文博事业发展需求确定人才工作重点，根据人才开发需求优化人才制度，以事业发展成效作为检验人才工作成效的出发点和落脚点。积极调动和整合各类社会资源，把用活用好各类人才作为人才工作的中心环节，积极搭建人才平台、充分调动人才潜能、有效发挥人才价值，大力激励各类人才在事业发展中干事创业。

——强化协调，形成合力。妥善处理管理人才和专业人才、高层次人才和基础型人才、扩大增量与盘活存量、提升素质与改善结构的关系，促进人才当前发展与可持续发展相协调，实力增强与效能提升相统一。有效整合体制外的各类社会资源，充分发挥行业协会作用，促进不同所有制、不同区域文博人才的交流与合作；开放用人渠道、探索多元用人方式，壮大文博人才队伍力量。

（三）发展目标

文博人才发展的战略目标是：紧密结合文物工作实际和发展需求，积极实施“大文博”人才发展战略，扎实推进人才优先发展。到2020年，培养和造就一支数量充足、门类齐全、结构优化、素质优良、充满活力的文博人才队伍，为提升国家文化软实力，建设文化遗产强国奠定坚实的人才基础。

——人才队伍规模不断扩大。到2020年文物行业从业人员规模从现有的12.5万人增至13.0万人，文博人才资源总量从现在的10.3万人增至10.7万人，年均增长0.48%，基本满足文物事业发展需要。

——人才队伍结构持续优化。到2020年，人才队伍梯次逐渐合理、知识结构更加多元、专业化程度不断提升，各类人才在不同机构和部门、不同行业、不同区域之间分布更加合理。高中初级专业技术人才比例达到2 ： 3 ： 5。科研机构专业技术人员 所占比例达到75%以上。领军人才、专业团队不断涌现；科技型专业技术人才、技能型职业技术人才、复合型管理人才及志愿工作者结构优化，人才发展布局与文物行业发展布局相适应、相协调。

——人才素质能力明显提升。到2020年，全国文物行业从业人员中，专业技术人才占人才总量的比重达到 45%以上；包括专业技术领军人才在内的高中级人才占专业技术人才队伍总量的比例达到 50%以上；高技能人才占技能劳动者比例不断提高，人才队伍的专业化优势不断增强。

——人才发展环境更加完善。人才培养开发、评价发现、选拔任用、流动配置、激励保障等制度机制和管理服务体系基本健全。市场在文博人才资源配置中的决定性作用逐步确立，多元化、多渠道、多方式的人才培养机制基本完善。人才投入大幅增加，促进优秀人才脱颖而出、人尽其才的人才发展环境基本形成，人才工作科学化水平显著增强。

到2020年，文博人才队伍建设主要量化目标如表1所示：

表1　全国文博人才发展总量预测

单位：万人　年份

年份	从业人员	人才总量			
			专业技术人才	行政执法人才	经营管理人才
2012	12.50	10.30	5.20	0.10	5.00
2020	13.00	10.70	5.30	0.20	5.15

二、人才队伍建设的主要任务

根据建设文化遗产强国和文博事业各领域发展目标的要求，统筹抓好各类人才队伍建设，推进文博人才队伍整体发展。

（一）突出培养高层次文博领军人才

围绕文博事业发展需求和国际竞争力的提升，依托各级各类科技创新平台，以高层次创新型领军人才为重点，培养一批具有国际影响力的文博专家、专业领域学术技术带头人和高水平专业团队，带动文博人才队伍整体发展。

2020年，培养造就一批具有世界水平的领军人才，数十名专业领域学术技术带头人，上百名高端文物保护修复工程技术人才，数十个高水平专业团队。

制定加强文博高层次领军人才队伍建设的相关政策和措施。依托国家重大科研、工程和保护项目、国际合作项目、重点学科和科研机构，建设多领域、多学科交叉的文博综合实验基地和研究发展基地，形成高层次创新型文博人才培养机制。组织实施文博领军人才培养计划，在重点单位和优势领域组建由一流专家领衔的文博事业发展团队和专家工作室。健全有利于高层次考古、鉴定、修复专家，高端工程技术人才和经营管理人才发挥作用的选拔、使用、评价和激励机制。建立符合文博行业特点的创新团队和学术技术带头人制度。

（二）加快开发科技型专业技术人才

以重点领域、重点专业为切入点，切实加大科技型专业技术人才开发力度。到2020年，在文物考古、鉴定、修复，博物馆展陈策划与设计、藏品存储，文化传播、信息技术、工程管理等专业领域新增数百名专业骨干人才，培养一批掌握现代科技知识和传统工艺的科技型专业技术人才，满足文博事业可持续发展对急需紧缺人才的基本需求。

以文物事业发展需求为导向，建立以文博行业企事业单位为主体，以科研院所和高等院校为依托的文博科技型专业技术人才培养体系。实施培养科技型专业技术人才计划。鼓励与国内外知名科研院所、高等院校及行业企业的交流与合作，共建人才培养基地、实验室、工程中心、技术中心及其他形式的产学研联盟，形成文博研究成果转化、产业发展和人才培养协调发展的一体化模式。研究制定《文博行业重点人才开发目录》。建立特殊人才和急需紧缺人才引进绿色通道。重点吸引、培育和稳定一批处于干事创业活跃期的青年骨干人才。建立社会化人才评价、使用和开发机制，健全适应行业需求，体现行业特点的职业资格制度。

（三）大力培育技能型职业技术人才

适应不可移动文物修缮、田野考古和可移动文物修复等重点业务发展需要，充分利用社会各类资源，以提升整体素质和职业技能为核心，打造一支以技师和高级技师为骨干，以高级工为主体，数量充足、技艺精湛、门类齐全，能够支撑行业可持续发展的技能型技术人才队伍。到2020年，在文物保护和修复、考古发掘、古建修缮等相关领域，培养数百名熟悉文博行业技术、工艺、材料和设备的技能型职业技术人才，以及大批掌握传统和现代文物保护修复技术、工艺的技术工人，形成规模稳定、新老人员衔接有序的技能人才队伍。

制定有效吸纳和使用社会人才的技能型职业技术人才队伍建设方案，实施培育技能型职业技术人才计划，健全和完善以文博行业企事业单位为主体、以中高等职业院校和行业培训基地为基础、政府推动与社会支持相结合的文博技能型职业技术人才培养体系，推动文博行业技能型职业技术人才培训开发。面向社会，积极开展文博传统与现代技术、工艺、设备的技能培训，着重提升文博技能人才的实践操作能力。创新文博技能型职业技术人才评定模式，改革技能型职业技术人才考核评价方式，健全职业资格制度。在考古挖掘、古建修缮、文物保护修复、文物鉴定、复制拓印等重点领域设立行业荣誉制度，建立首席技师制度和技能专家工作室，完善师承制，充分发挥技能型职业技术人才在技术攻关、工艺创新和带徒传技方面的引领示范作用。打造社会化、开放式的文博技能型职业技术人才资源共享平台，促进文博技能型技术人才合理流动。积极贯通技能型技术人才与专业技术人才职业发展通道，鼓励优秀技能人才脱颖而出。研究文博志愿工作者资质认定管理制度，深度开发志愿工作者资源。

（四）统筹推动各类复合型管理人才队伍建设

适应走“大文博”发展之路和建设世界文化强国的战略需要，以提高领导水平和行政能力为核心，以复合型管理人才和行政执法人才为重点，建设一支政治坚定、勇于创新、勤政廉洁、求真务实的高素质人才队伍。到2020年，培养造就一大批掌握文化遗产保护知识、科学文化知识和相关法律知识，具备现代管理意识和服务能力、高素质、复合型文博行政管理人才；努力推动文物行政执法队伍建设。行政人才专业化水平明显提高，结构更趋合理，能够满足文博事业发展对公共管理和公共服务提出的新要求。

健全管理人才培训常态、长效机制。依托知名高校和培训机构建立管理干部培训基地。实施提升复合型管理人才能力计划，通过轮岗、多岗锻炼、跨地区交流、到境外培训学习，提升管理干部素质能力。加强县级文物部门负责人、博物馆（纪念馆）馆长、文物保护单位负责人培训，提高基层管理干部实际工作能力。健全以工作实绩为核心的行政管理人员考核、评价、激励机制。积极引进、培育高素质行政执法人才，大力推进行政执法人员知识技能专题培训计划。

三、重点工程

全面加强文博人才队伍整体建设，实施培养文博人才“金鼎工程”。

——造就文博领域领军人才计划

围绕文物保护、修复、文物鉴定等重点领域，培养文博行业领军人才。

1. 到 2020 年，具有国际声誉的领军人才达到 10～20 名；具有国内权威、行业公认的学术技术专家 100～150 名。

2. 依托 30 个行业重点科研基地、10～15 个行业科技协同创新平台，培养数十个具有技术特色的专家团队。

3. 以重点或重大项目为支点加大科研或专项资金投入。

——培养科技型专业技术人才计划

着眼于打造一支知识结构优化、能力素质过硬的科技型专业技术人才队伍，重点提升专业技术人才实践能力和创新能力。

1. 到 2020 年，培养 500 名左右科研能力拔尖、掌握现代科学技术、文物保护修复技艺精湛的专业技术人才。

2. 实施中青年优秀专业人才重点培养项目，入选计划者可享受一定额度经费支持和重点科研基地或平台科研基础资源支持。

3. 设立文博人才国际交流专项基金，建立国内外人才常态交流机制，积极推动相关人才赴海外学习培训。

4. 建立文博人才专项培训基金，每年定期对相关专业人员进行业务培训。

5. 拓展与高等院校的合作范围，在文博专业设置等方面探索文博人才联合培养模式。

——培育技能型职业技术人才计划

满足文物保护与修复的增长需要，大力培养和引进一大批熟悉传统工艺、掌握现代技术的文物保护与修复技能人才。

1. 每年新增 100 名左右文物修复技能人才，到 2020 年，新增文物保护与修复技能人才 700 名左右。

2. 建立一批技能专家工作室，完善名师带徒的人才培养模式。

3. 鼓励各级文博单位为职业技术院校优秀学生提供专业见习岗位，考核优秀者可优先聘用。

——提升复合型管理人才能力计划

建设一支懂业务、善管理的复合型管理和行政执法人才队伍。

1. 到 2020 年，培养一支能够适应文物事业发展，管理素质较高的复合型文博行政管理人才队伍。

2. 定期实施文物部门负责人、博物馆（纪念馆）馆长、文物保护单位负责人综合培训，提高相关人员能力素质。

3. 培育高素质文物行政执法人才，定期实施专题培训。

四、保障机制

围绕用好用活人才，改革体制机制，在机构建设和制度建设方面，充分保障人才的创新动力和创造活力，推进文博人才队伍全面协调可持续发展。

（一）创新人才使用机制

完善人员聘用制和岗位管理制度，建立权责清晰、分类科学、激励适当、监管有力的事业单位人事管理制度。进一步落实事业单位用人自主权，协调相关部门，研究制定符合文博事业单位岗位特点和专业需求的人员聘用指导性意见。开放市场，规范和培育文博相关社会组织，建立健全资质资格、水平评价制度，吸引各种社会力量加入文博事业。推动规范省级、加强地级、完善县级文物机构建设，适时成立各级文物执法组织。制定相关政策，鼓励创立企业型文博组织，广泛吸纳社会各类人才。建立健全志愿工作者的选拔、培训、准入、激励、使用、退出长效机制。

（二）改革人才评价机制

建立以岗位职责要求为基础，以品德、能力和业绩为导向，科学化、社会化的人才评价发现机制。会商相关部门，推进文博专业岗位设置和职业资格制度改革，探索制定“考古探掘师”、“文物修复师”等国家职业技术标准。建立融合职业资格、职业技能水平认证和专业技术职务评聘为一体的文博人才职业能力评价体系，改革以论文和专著为主要评价指标的粗放式人才评价标准，创建符合文博人才岗位特点，以工作实绩为主要指标的人才考核评价指标体系。文博专业技术人才和技能人才以业内专家评价为主，侧重能力和业绩；文博行政执法人才以社会公众评价为主，侧重依法履职和执法效率；文博经营管理人才以市场评价为主，侧重任期目标和经营效益。

（三）完善人才培养机制

完善文博人才培养机制，建立开放多元的人才培养模式。健全院校文博人才培养体系，完善文博专业设置，优化课程体系，拓宽实习实践渠道，培养与文博事业发展相衔接的学术型人才、应用型人才、技能型人才。建立基于各区域文博资源禀赋特点的互补型人才培训开发体系，健全分类分层的人才培训制度，建立文博人才培训基地。加强政、产、事、学、研紧密合作，建立“文博人才培养联盟”，制定高等院校、科研院所、文博企事业单位高层次人才双向交流兼职制度，推行联合培养研究生的“双导师制”。建立基于重大项目的人才培养制度。实施文博人才对口支援计划和重点区域援助计划。建立师承制，发挥专家工作室的传帮带作用。逐步建立文博人才预警、储备和动态调控机制。

（四）创新人才激励机制

建立健全与工作业绩紧密联系、充分体现人才价值、有利于激发人才活力和维护人才合法权益的激励保障机制。建立完善事业单位岗位绩效工资制度；探索知识、技术、管理、技能等生产要素按贡献参与分配的办法；逐步建立秩序规范、激发活力、注重公平、监管有力的工资制度。研究制定特殊岗位津补贴办法，建立健全文博系统特殊职业、特殊岗位人才保障机制。探索建立文博人才荣誉制度，逐步设立相关荣誉称号。

（五）强化人才投入机制

改变重物轻人的投入模式，确立人才投入优先的理念，建立以政府为主导的文博人才发展投入机制，为文博人才发展提供必要的经费保障。争取在文博部门预算中设立文博人才科目，增加对文博人才工作的投入力度。在国家文博重大工程项目、重大科技攻关项目以及重大基础理论研究课题中，明确一定比例的人力资本投入，并作为项目验收（结题）的重要依据。适当向欠发达地区和基层单位倾斜文博人才培养经费投入，促进文博人才均衡发展。建立多元化人才发展投入机制，鼓励企业和社会组织支持建立文博人才发展基金，用于文博人才的奖励和培养，形成支持文博人才的发展合力。加强人才发展资金监管，提高资金使用效率。

（六）建立人才资源整合机制

充分调动和运用市场力量，走“大文博”之路。即引导推动建立社会第三方组织，充分利用政府采购手段，购买社会化服务。逐步建立市场化、开放式文博人才集聚机制和第三方社会评价机制，推动中介服务组织大发展。建立完善社会组织发展和服务的规制体系，授权有资质的专业机构和部门提供专业化的人才服务。在有条件的地区或部门设立文博专业人才市场。

五、规划的组织实施

（一）加强组织领导

加强人才发展中长期规划纲要实施的组织领导。国家文物局成立相关组织机构，负责规划实施的统筹协调和宏观指导，制定落实规划的实施意见及相应配套政策和保障措施；建立科学的决策机制、协调机制和督促落实机制，确保人才队伍建设各项任务落到实处。各级文物行政部门和企事业单位可根据本规划纲要，结合自身实际，编制人才发展规划，形成文博系统人才发展规划体系，并以主要任务和重大工程为重点，分解落实方案，提高规划实施的有效性。

（二）夯实基础建设

加强文博人才资源统计工作，建立文博人才资源统计、需求分析和信息发布制度，建立文博人才信息平台和数据库。建立人才资源动态变化预警机制，形成文博人才监测评估体系，促进文博人才合理流动和资源有效配置。逐步将文博人才资源纳入行业统计体系。建立规划实施评估机制，制定切实可行的评估方案，开展规划实施的过程评估。2017 年，对规划执行情况进行中期评估；2020 年组织开展终期评估。

（三）营造良好环境

采取多种形式，通过各种宣传媒体，认真做好本规划的宣传解读工作，大力宣传文博人才在国家经济社会发展和文化强国中的重要地位和作用，大力宣传各地、各级和各类文博机构人才工作的新做法、新成效、新经验，大力宣传文博优秀人才的先进事迹。积极营造有利于规划实施的政策法规环境、管理体制环境、市场机制环境和社会文化环境，广泛动员 全社会力量关心、支持、帮助文博人才工作，进一步形成有利于文博人才发展的良好社会环境和舆论氛围。

2020年文物事业发展目标体系

（文物政发〔2013〕17号　2013年11月7日）

一、文物管理体系建立健全

1. 中国特色文物保护利用、传承发展理论体系基本建立

——对文物工作、文物事业基本内涵、基本规律的认识和把握不断深化。

——文物保护利用、传承发展的基本理念、理论体系初步建立。

——形成文物、考古、博物馆等系列科学研究成果。

2. 法律制度全面建立

——形成以新修订的《文物保护法》为核心，行政法规、部门规章和地方性法规相配套，与刑事、民事等法律相衔接的文物、博物馆法律制度体系。

——初步建立国家标准、行业标准、地方标准、企业（单位）标准相互补充、结构合理、满足急需、适应文物资源多样性的文博标准体系。

3. 政府主导、社会参与的体制机制基本确立

——建立权责一致、运转高效的文物行政管理体制。

——建立健全文物、博物馆单位的法人治理结构。

——建立政社分开、权责明确、依法自治的文博行业社会组织。

——建立健全社会力量参与文物保护利用的激励机制，保护文物成为全社会的自觉行动。

二、各类文物得到全面有效保护

1. 文物资源状况全面廓清

——建立文物调查、登录制度，实现文物名录、档案动态更新和规范管理。

——全面掌握文物保护单位、馆藏珍贵文物的保存状况和保护需求。全国重点文物保护单位记录档案完成率达到100%，建立全国重点文物保护单位基本信息管理平台。完成国有博物馆文物藏品和民办博物馆珍贵文物藏品登记、建档，建成全国博物馆藏品和国有单位收藏文物数据库。

——开展水下文物普查，基本掌握我国海域和内水水域水下文物整体分布和保存状况。

——开展民间收藏文物调查、登录试点，为摸清民间珍贵文物收藏保存状况奠定基础。

——开展流失海外文物调查，基本摸清流失海外中国文物总体情况。

2. 文物保护水平显著提升

——文物保护单位保存状况全面改善，保护管理水平显著提升。世界文化遗产、第1至7批全国重点文物保护单位“四有”工作、150处大遗址保护规划编制全面完成，文物保护工程重点项目每年开工达到300个以上。涉及世界文化遗产和全国重点文物保护单位的重点文物保护工程合格率达到100%，重大险情排除率达到100%。各级文物保护单位抢救性保护、预防性保护实现常态化。

——完成远海考古研究船、水下文物保护基地、水下考古工作站及出水文物库房建设，水下文物保护装备和科技水平达到世界先进水平。

——馆藏文物保存环境全面改善。珍贵文物保护修复重点项目每年实施达到200个以上。涉及一二级文物的修复合格率达到100%。漆木器、丝织品、青铜器、古书画等门类文物和自然标本的腐蚀损失状况基本得到遏制。一二三级博物馆和地市级以上博物馆等重点文物收藏单位藏品保存环境全部达标。

3. 文物安全形势明显好转

——完善全国文物安全工作部际联席会议制度，健全与公安、海关、建设、工商、旅游等部门联动的文物执法与安全保障机制。推动建立国家文物督察制度。

——文物执法效能全面提升。文物保护单位执法巡查实现全覆盖；文物行政违法案件查处率达到100%。盗窃、盗掘和破坏文物的违法犯罪行为得到有效遏制。

——文物安全责任体系基本建立。政府属地管理职责、相关部门法定职责、文物部门监管职责有效落实。文物、博物馆单位（所有人和使用人）主体责任及岗位责任层层落实，严格文物安全责任追究。

——健全文物安全评价与达标机制，文物保护单位、国有博物馆风险等级重新评定工作全面完成。风险突出的文物、博物馆单位安全防范设施基本达标，一级风险单位达标率达到100%。文物安全监管平台初步搭建，文物监测与违法预警系统基本建成。

三、在“五位一体”建设中发挥重要作用

1. 文物的价值得到充分挖掘，成为构建优秀传统文化传承体系的重要内容

——文物的历史、科学、艺术价值和作用充分彰显，将文物开放单位、博物馆建设成为优秀传统文化挖掘整理、宣传展示、普及弘扬、对外传播的中心，为实现中华民族伟大复兴的中国梦做出重要贡献。

——形成系列文物知识普及读物、影视动漫作品，建成一批传统技艺传习基地，将文物开放单位、博物馆建设成为爱国主义教育、思想道德培育和科学知识普及的重要阵地。

——形成传承优秀传统文化、弘扬爱国主义和改革创新精神的文物展览精品系列，将文物开

放单位、博物馆建设成为国民教育的重要课堂。

——开展文物领域重要文化典籍建设，完成《中国文物志》、《新中国文物事业 70 年》等编纂出版工作，将文物开放单位、博物馆建设成为优秀传统文化荟萃的高地。

2. 文物、博物馆宣传教育功能得到充分发挥，成为公共文化服务体系的重要支撑

——符合条件的公共博物馆全部实行免费开放，国有、民办有机结合，综合、专题门类结构优化，面向城乡、服务公众的博物馆体系基本完备。

——博物馆公共文化服务人群覆盖率从 40 万人拥有 1 个博物馆发展到 25 万人拥有 1 个博物馆。年举办陈列展览 2 万个以上，接待观众 7 亿人次以上。

——文物开放单位、博物馆服务水平显著提升，公共安全制度建立健全，设施设备规范完善，参观文物开放单位、博物馆成为广大公众重要的文化体验。

3. 文物保护与城乡建设有机结合，成为建设美丽中国的积极力量

——建成 50 个以上生态博物馆和社区博物馆，30 个考古遗址公园，推出一批古村落保护利用试点项目和文物保护样板工程，优化人居环境，提升城镇品质。

——大遗址、古村落、古民居等保护利用纳入城乡建设和新农村建设总体布局，成为生态文明建设的新亮点。

4. 文物市场有序发展，搭建收藏鉴赏平台，满足公众需求

——建立完善的文物市场监管服务体系和文物经营资质管理制度，形成依法经营、诚信自律的文物市场经营环境。

——建立健全文物鉴定评估管理制度，有效服务文物司法鉴定、博物馆收藏、文物市场监管、公共收藏、文物鉴赏电视节目等公益文化活动。

——文物造假售假行为得到遏制，文物复仿制品生产制作、古玩旧货市场管理进一步规范。

——文物进出境审核管理实现标准化、信息化，文物进出境活动更加规范，非法流失现象明显减少。

5. 文物事业在经济社会发展中彰显突出价值，为全面建成小康社会做出重要贡献

——形成若干世界文化遗产、文化景观、文物片区、文物线路、名城街区、博物馆群和红色旅游、文化旅游示范园区，文物资源成为文化、旅游等相关产业发展的重要支撑，对经济社会发展的促进作用明显提升。

——文物事业服务社会、惠及民生的作用充分发挥，推动发展、彰显国家主权的功能显著增强。

四、在国际文化遗产领域的影响力显著提升

1. 中国特色文物保护理念、制度和技术在国际上得到广泛认同，对推动人类文化遗产保护产生重要影响

——形成系列国际化表达的中国文化遗产保护实践与理论研究成果。

——在世界遗产申报与管理、水下文化遗产保护、打击文化财产非法贩运及促进返还原属国等领域发挥建设性作用。

2. 在国际文化遗产事务中发挥积极作用，参与双边、多边以及区域性交流与合作的能力显著增强

——扩大与文化遗产领域主要国际组织间的项目合作，与更多文物主要流入国（地区）签署防止盗窃、盗掘和非法进出境文化财产双边协定，形成以政府间交流为主、民间交流为辅的双边、多边文化遗产合作机制。

——文物对外交流、援助的国家和地区更加广泛，参与文化遗产国际事务的广度和深度进一步拓展，服务国家外交大局的能力显著提高。

3. 文物对外展示传播渠道更加畅通，为中华文化走向世界做出更大贡献

——建立外交、外宣、文化、文物等多部门联动的对外文物交流机制，文物出展国家、出展地区进一步扩大，渠道和方式更加多元。

——形成中国内涵、国际表达的对外文物展览系列，建立文物出入境展览新格局。

五、政策保障切实有力

1. 制度建设和政策保障基本完善

——建立健全文物保护责任制度和责任追究制度，文物工作纳入各级政府及文物部门领导责任制，纳入科学发展考核评价体系。

——形成完整、配套的文物保护利用财税、金融、土地、知识产权以及鼓励社会资金投入文物事业、鼓励个人收藏文物捐赠给博物馆的有关税收减免政策。

2. 资金保障机制建立健全

——完善中央、地方财政共担经费保障机制，公共财政对文物事业投入的增长幅度高于财政经常性收入增长幅度。

——形成多元化的文物保护利用资金渠道，社会资金投入、社会捐赠大幅增加。

——完善专项资金使用监督检查制度和财政投入绩效评价制度，资金使用效益显著提升。

3. 科技支撑作用显著增强

——科技创新能力不断提升。文物保护科学技术和装备取得重要突破，遥感、物探、卫星影像数据分析等现代科学技术在考古、大遗址保护中广泛应用；文物风险预控和古代壁画、饱水漆木器、古代书画、丝织品等保护技术达到世界先进水平。

——文物数字化保存与利用能力明显加强。基本实现一二三级博物馆和世界文化遗产、全国重点文物保护单位的数字化，推进智慧博物馆建设。

——形成实体研发机构与虚拟研发组织相结合的组织创新体系，组建30个行业重点科研基

地、10～15个行业科技协同创新平台。

4. 人才队伍建设全面提升

——文物保护力量得到加强，实现文物保护机构、人员与职责任务相匹配。

——形成规模适度、结构优化、素质优良的人才队伍。文物行业从业人员规模达到13万人，专业技术人员所占比例达到45%以上，高中初级专业技术人才比例达到2∶3∶5，科研机构专业技术人员所占比例达到75%以上。

——建立符合事业发展需要，多层次、多方位的文博人才培养体系。高等教育专业设置更加完备，高等职业技术教育形成规模，在职培训人员每年达到1.5万人次，文物保护与修复等技术人才短缺现象明显缓解。

国家文物事业发展“十三五”规划

（文物政发〔2017〕4号　2017年2月21日）

前言

文物承载灿烂文明，传承历史文化，维系民族精神，是国家的“金色名片”，是中华文明源远流长和生生不息的实物见证，是传承弘扬中华优秀传统文化的历史根脉，是加强社会主义精神文明建设的深厚滋养，是推动经济社会发展的优势资源。保护文物功在当代、利在千秋。加强文物保护利用，让收藏在博物馆里的文物、陈列在广阔大地上的遗产、书写在古籍里的文字都活起来，对于坚定文化自信、增强中华民族凝聚力、满足人民群众精神文化需求、促进文明交流互鉴、实现中华民族伟大复兴中国梦具有重要意义。

“十二五”以来，在党中央、国务院的坚强领导下，在中央国家机关相关部门和地方党委、政府的大力支持下，在广大文物工作者的共同努力下，我国文物事业取得显著成就。全社会保护文物的共识初步形成，各级党委、政府落实保护责任，相关部门齐抓共管，社会力量积极参与，文物的价值和作用得到广泛认同。文物资源家底基本廓清，文物保护对象和范围更加拓展，第三次全国文物普查圆满完成，第一次全国可移动文物普查全面推进；不可移动文物766722处，文物藏品4138.9万件/套；全国重点文物保护单位4296处；世界遗产50项，跃居世界第二，其中世界文化遗产35项、世界文化和自然遗产4项。文物保存状况有效改善，承德避暑山庄及周围寺庙、大足石刻千手观音造像、延安革命旧址群等文物保护修缮重点工程顺利完成，抗战文物和传统村落保护展示全面提速，水下文化遗产、大遗址保护及国家考古遗址公园建设取得突破，城乡建设中文物考古和抢救保护协同推进，可移动文物保护修复有序开展。博物馆建设蓬勃发展，全国博物馆总数达到4692家，其中国有博物馆3582家、非国有博物馆1110家，免费开放博物馆4013家，全国平均29万人拥有1家博物馆。文物法律制度体系基本形成，《文物保护法》启动修订，《博物馆条例》公布实施，文物执法督察和联合执法力度逐步加大，依法行政能力和宏观管理水平有效提升。文物工作保障体系日渐完善，文物保护投入大幅递增，文物科技支撑能力明显增强，文物博物馆机构稳步增长，文物博物馆人才培训力度持续加大。文物对外交流合作长足发展，文物进出境管理持续加强，流失海外中国文物追索返还取得新成果。文物保护成果更多惠及人民群众，文物事业对经济社会发展的贡献持续增长，全社会依法保护文物的意识不断增强。文物事业呈现出前所未有的良好态势，面临着前所未有的发展机遇。

“十三五”时期，是全面建成小康社会的决胜阶段，也是文物事业改革发展的关键时期。随着经济社会快速发展，文物保护利用的任务更加艰巨，文物工作责任更加重大，文物资源在推动经济社会发展中的积极作用有待进一步发挥，文物事业治理能力和治理水平有待进一步提高。各级文物部门必须牢固树立政治意识、大局意识、核心意识、看齐意识，不辱使命，守土尽责，抓住机遇，奋发有为，全面推进文物工作迈上新台阶。

根据《中华人民共和国文物保护法》《博物馆条例》《中共中央关于制定国民经济和社会发展第十三个五年规划的建议》《中华人民共和国国民经济和社会发展第十三个五年规划纲要》，编制本规划。

一、总体要求

（一）指导思想

高举中国特色社会主义伟大旗帜，全面贯彻党的十八大和十八届三中、四中、五中、六中全会精神，以马克思列宁主义、毛泽东思想、邓小平理论、“三个代表”重要思想、科学发展观为指导，深入贯彻习近平总书记系列重要讲话特别是关于文物工作重要指示批示精神，紧紧围绕“五位一体”总体布局和“四个全面”战略布局，牢固树立创新、协调、绿色、开放、共享的发展理念和保护文物也是政绩的科学理念，贯彻执行《中华人民共和国文物保护法》《博物馆条例》和“保护为主、抢救第一、合理利用、加强管理”的文物工作方针，全面落实《国务院关于进一步加强文物工作的指导意见》《关于实施中华优秀传统文化传承发展工程的意见》，统筹好文物保护与经济社会发展，切实加大文物保护力度，推进文物合理适度利用，使文物保护成果更多惠及人民群众，广泛动员社会力量参与，切实做到在保护中发展、在发展中保护，努力走出一条符合国情的文物保护利用之路，为实现“两个一百年”奋斗目标、实现中华民族伟大复兴中国梦做出更大贡献。

（二）发展目标

到2020年，文物资源和保存状况基本摸清，全国重点文物保护单位、省级文物保护单位保存状况良好，市县级文物保护单位保存状况明显改善，尚未核定公布为文物保护单位的不可移动文物保护措施得到落实；馆藏文物预防性保护进一步加强，珍贵文物较多的博物馆藏品保存环境全部达标；文物保护的科技含量和装备水平进一步提高，文物展示利用手段和形式实现突破；博物馆体系日臻完善，馆藏文物展示利用效率明显提升，文物单位文化创意产品体系逐步形成，有条件的文物保护单位实现对外开放，公共文化服务功能和社会教育作用更加彰显；文物法律制度体系基本完备，文物保护利用理论架构基本确立，文物行业标准体系和诚信体系基本形成；文博人才队伍结构不断优化，专业水平明显提升；文物执法督察体系基本建立，文物行政执法力量得到加强，文物安全责任体系更加健全，文物安全形势明显好转；文物市场活跃有序，文物收藏者的合法权益得到有效保护，文物进出境监管和文物鉴定服务日趋完备；社会力量广泛参与文物保护利用格局基本形成，文物保护成果更多惠及人民群众，文物事业的社会影响力进一步提升，文物工作在传承中华优秀传统文化、弘扬社会主义核心价值观、推动中华文化走出去、提高国民素质和社会文明程度中的重要作用进一步发挥，文物工作在促进经济发展、推动社会进步、坚定文化自信、拓展中外人文交流中的积极作用进一步增强。

二、切实加大文物保护力度

坚持分类指导，突出重点，加强基础，实现由注重抢救性保护向抢救性与预防性保护并重转变，由注重文物本体保护向文物本体与周边环境、文化生态的整体保护转变，确保文物安全。

（一）加强不可移动文物保护

夯实不可移动文物基础工作。建立全国重点文物保护单位保护管理状况评估制度，发布年度评估报告。开展工业遗产、农业遗产和水利遗产普查和保护，加强新中国成立以来的文物保护。开展第八批全国重点文物保护单位的推荐和遴选，落实市县级文物保护单位“四有”工作，完善尚未核定公布为文物保护单位的不可移动文物保护措施。加强文物保护单位保护规划编制、公布和实施，推动将文物保护规划相关内容纳入城乡规划。全国重点文物保护单位和省级文物保护单位“四有”工作完成率达到100%，全国重点文物保护单位和省级文物保护单位文物保护工程合格率达到100%。

提升考古在文物保护中的基础性地位和作用。开展“考古中国”重大研究工程，对古文化遗址有重点地进行系统考古发掘，不断加深对中华文明悠久历史和宝贵价值的认识。继续重视基本建设考古，做好北京城市副中心考古和文物保护工作。研究建立文物影响评估制度，推动地下文物埋藏区的认定与公布。全面推进大遗址保护利用，实施国家考古遗址公园建设工程，推动考古、保护、研究与展示、利用的良性循环。

加强革命文物保护。实施革命文物保护利用工程，全面提升革命文物保护展示水平。编制革命文物保护利用规划，加强革命文物和革命文献史料的调查、征集、研究工作，做好馆藏革命文物的清理、定级、建账和建档工作。加强革命文物的安全防范设施建设，完善馆藏革命文物监测调控设施，改善革命文物的藏品保管和陈列展览条件。

实施文物保护重点工程。加强濒危文物抢救保护，简化项目审批，开辟绿色通道。加强长城保护。开展山西古建筑、江西海昏侯墓保护等一批具有重大影响和示范效应的文物保护重点项目，开展西藏、四省藏区和新疆文物保护、近现代代表性建筑保护、西部地区石窟保护展示工程。建立京津冀文物保护协同机制，实施冬奥会区域文物保护展示工程，推进京张铁路整体保护利用示范项目。推动文物预防性保护常态化、标准化，出台日常养护、岁修、巡查和监测工作规范。指导古建筑密集区开展古建筑养护工程试点和古建筑保护利用综合试点。

加强新型城镇化和新农村建设中的文物保护。完善历史文化名城、村镇、街区申报和管理制度，加强历史文化名城、村镇、街区和传统村落整体格局和历史风貌的保护，实施古村落古民居保护工程。

加强水下文化遗产保护。开展西沙群岛、南沙群岛及沿海重点海域水下文化遗产调查和水下考古发掘保护项目，划定一批水下文化遗产保护区。推进南海Ⅰ号、丹东Ⅰ号等考古发掘和保护展示项目，实施海上丝绸之路文物保护工程。提升水下文化遗产保护装备水平，建成国家水下文化遗产保护南海基地。

加强世界文化遗产申报、保护和管理。坚持有利于突出中华文明历史文化价值、有利于体现中华民族精神追求、有利于向世人展示全面真实的古代中国和现代中国的工作原则，加强中国世界文化遗产预备名单动态管理，推进花山岩画文化景观、鼓浪屿·历史国际社区、古泉州（刺桐）史迹、良渚遗址、海上丝绸之路保护与申遗工作，推动陆上丝绸之路其他廊道申遗。加强长城、大运河、“丝绸之路：长安—天山廊道的路网”沿线文物保护。完成世界文化遗产保护管理规划编制和世界文化遗产基础数据库建设，完善世界文化遗产保护状况监测和报告制度。

（二）加强可移动文物保护

全面完成第一次全国可移动文物普查，公布普查数据和普查成果，实行国有可移动文物身份证制度，建立全国国有可移动文物资源库。

加强可移动文物修复。制定文物病害程度和健康状况分析评估标准，实施馆藏珍贵文物保护修复工程，重点开展纺织品、漆木器、书画、青铜器等易损文物抢救修复工作。建立国家、省、市三级可移动文物保护修复平台，提升馆藏文物保护基础设施和专业装备水平。

加强馆藏文物预防性保护。出台馆藏文物日常养护技术标准和管理规范，制定博物馆库房标准，实施馆藏文物保存条件达标和标准化库房建设工程。在文物收藏较为集中的博物馆，建设文物保存环境监测平台、环境调控系统和专有装置，实现国家一、二级博物馆文物保存环境全部达标。在地震多发地区，开展馆藏文物防震设施建设。实施馆藏革命文物预防性保护工程，改善馆藏革命文物保存环境。

（三）加强文物安全

创新文物安全监管模式。推动将文物安全纳入地方政府绩效考核或社会治安综合治理体系，层层落实文物安全责任。制修订文物安全监管工作规范、文物博物馆单位应急管理规范和安全保卫人员岗位职责，推动文物安全监管规范化、标准化。

提升文物安全监管能力。制定全国重点文物保护单位安全风险评估规范，开展文物被盗、被破坏和火灾风险评估，建立全国重点文物保护单位文物安全数据库，推广文物博物馆单位安全防范系统远程监管、文物建筑消防物联网监控和文物安全监管人员田野文物智能巡检，基本形成人防、物防、技防相结合的文物安全防护体系。

提高文物安全防范水平。实施文物平安工程，健全文物安全防护标准，推广文物博物馆单位防火防盗防破坏先进技术和专有装备，加强文物博物馆单位安全防护设施建设。

专栏1　文物保护工程
1. 长城保护计划：构建“政府主导、社会参与、惠及民生”的长城保护体系，编制实施长城保护总体规划和省级长城保护规划，实施一批长城抢险加固、保护修缮、设施建设和综合展示工程，新建一批长城保护展示示范区。健全长城保护管理制度，推动组建国家级长城保护研究中心，开展长城保护宣传教育活动。 2. 革命文物保护利用工程：建立革命文物资源目录和大数据库，推进革命旧址保护修缮三年行动计划和馆藏革命文物修复计划，实施一批具有重大影响和示范意义的革命旧址保护展示项目，抢救修复濒危、易损馆藏革命文物；推广赣南等原中央苏区革命旧址整体保护经验，实施鄂豫皖大别山区革命文物保护展示项目，继续加强抗战文物保护展示；加强对革命文物的研究阐释，改进提升革命文物陈列展示水平，推出一批弘扬革命精神、彰显社会主义核心价值观的革命文物专题展览，做到见人、见物、见精神。实施“长征——红色记忆工程”，编制长征文化线路保护总体规划，加强长征文物保护展示，打造长征红色旅游精品线路，助力革命老区脱贫攻坚行动和经济社会发展。 3. “考古中国”重大研究工程：以良渚等遗址为重点，深入研究展现早期中华文明的多元一体格局；以殷墟等遗址为重点，深化夏商周考古工作，揭示早期中国整体面貌；以河套地区聚落与社会、长江中上游文明进程、长江下游区域文明模式研究为重点，推进区域文明化进程研究。实施良渚、殷墟、石峁、二里头、三星堆、秦始皇陵、景德镇御窑、圆明园等遗址展示提升工程，建成一批遗址博物馆和国家考古遗址公园。 4. 海上丝绸之路文物保护工程：开展海上丝绸之路史迹调查，基本掌握西沙海域文物遗存状况，加强明清海防设施、窑址、海岛文物调查研究，推进东海、黄海、渤海及内水重点区域水下文化遗产调查，实施一批海上丝绸之路文物保护修缮、展示提升和环境整治项目。 5. 西部地区石窟保护展示工程：加强四川、重庆、甘肃等石窟寺石刻保护展示，实施石窟稳定性评估、石窟本体及载体加固治理、窟檐保护性设施建设项目，形成西南地区和西北地区石窟展示廊道。 6. 西藏、四省藏区和新疆重点文物保护工程：实施西藏重点文物保护工程和青海、四川、云南、甘肃藏区全国重点文物保护单位及省级文物保护单位保护工程，传承藏族传统营造技艺；实施新疆重点文物保护工程，加强新疆生产建设兵团辖区文物特别是军垦文物保护。 7. 古建筑和传统村落保护工程：继续实施山西古建筑、曲阜孔府孔庙孔林、武当山古建筑群、沈阳故宫等古建筑保护利用工程，推出一批精品工程。完成270处全国重点文物保护单位和省级文物保护单位集中成片传统村落整体保护利用项目。

8. 近现代代表性建筑保护展示提升工程：制定近现代文物建筑保护利用导则和养护规程，实施上海、广州、青岛等近现代文物建筑综合保护和京张铁路、中东铁路历史建筑整体保护工程，基本完成全国重点文物保护单位中工业遗产、名人故居保护修缮项目，提升近现代代表性建筑的保护管理和展示利用水平。

9. 水利遗产保护工程：健全水利遗产保护管理制度，制定水利遗产保护的技术标准和工作规范，开展水利遗产保护、监测、管理和展示、利用研究，实施一批重要水利遗产保护利用示范项目，加强水利遗产保护宣传教育。

10. 馆藏珍贵文物保护修复工程：完成5万件馆藏珍贵文物的病害分析与健康评估工作，完成4万件馆藏珍贵文物及重要出土文物、出水文物的保护修复工作，建立馆藏文物保护修复基础资料数据库。

11. 馆藏文物保存条件达标和标准化库房建设工程：完成150家博物馆及重要文物收藏单位的馆藏文物保存条件达标建设项目；完成10万件珍贵文物柜架囊匣配置工作；完成省级博物馆库房标准化改造，实现新建地市级博物馆库房达标；完成处于全国7度抗震设防区国家一、二、三级博物馆珍贵文物的防震加固设施建设。

12. 文物平安工程：实施全国重点文物保护单位中高风险古遗址、古墓葬、石窟寺防盗技术设施建设，高风险古城镇、传统村落、古建筑群防火技术设施建设和高风险古建筑防雷技术设施建设。完成1000处第六批、第七批全国重点文物保护单位防火防盗设施建设，基本建成规模较大、风险较高的全国重点文物保护单位安全防护体系。

三、全面提升博物馆发展质量

博物馆是保护传承人类文明的重要殿堂，是连接过去、现在、未来的桥梁，在促进世界文明交流互鉴方面具有特殊作用。中国各类博物馆不仅是中国历史的保存者和记录者，也是当代中国人民为实现中华民族伟大复兴中国梦而奋斗的见证者和参与者。贯彻落实好《博物馆条例》，优化博物馆结构，丰富博物馆藏品，促进博物馆文化创意产品开发，提升博物馆公共服务功能和社会教育水平，建设现代博物馆体系。

（一）优化博物馆建设布局

到2020年，主体多元、结构优化、特色鲜明、富有活力的博物馆体系基本形成，全国博物馆公共文化服务人群覆盖率达到每25万人拥有1家博物馆，观众人数达到8亿人次/年。推动公布《博物馆建设标准》。加强标志国家及地方文明形象的重点博物馆建设，支持故宫博物院、中国国家博物馆等建设世界一流博物馆。完善中央地方共建国家级博物馆工作机制，推进上海博物馆、河南博物院、湖南省博物馆、湖北省博物馆、西藏博物馆等改扩建和功能提升工程。加快二里头遗址博物馆、国家自然博物馆、国家设计博物馆、国家人类学博物馆、当代艺术博物馆等专题博物馆建设，推进生态博物馆、社区博物馆和工业遗产博物馆建设，形成一批具有鲜明主题和地域特色的博物馆群体。加强市县博物馆建设，支持革命老区、民族地区、边疆地区、贫困地区博物馆建设，实施边疆地区博物馆建设工程。

（二）完善博物馆管理机制

完善博物馆藏品管理、陈列展览、科学研究、公共服务和社会教育机制，健全博物馆藏品和展览备案制度，建立博物馆综合评价体系，推进博物馆理事会制度建设，公布《国有博物馆章程范本》，修订《博物馆评估办法》。支持非国有博物馆发展，完善非国有博物馆法人治理结构，健全非国有博物馆准入退出制度，修订《非国有博物馆章程示范文本》，实施非国有博物馆发展质量提升工程。

（三）提升博物馆教育质量

完善博物馆免费开放工作机制，建立博物馆免费开放绩效评估管理制度，探索对免费开放博物馆实行动态管理，将更多博物馆纳入各级财政支持的免费开放范围，促进博物馆公共文化服务标准化、均等化。改善博物馆服务设施和接待条件，拓展博物馆文化休闲功能，发挥博物馆的文化中心和研究中心作用。健全博物馆陈列展览质量标准和评价体系，建立国家一级博物馆与市县级博物馆借展、联展、巡展合作机制。加强流动博物馆建设，推动展览陈列进乡村、进社区、进学校、进军营、进企业。强化文教结合，完善博物馆青少年教育功能，定期开展博物馆中小学生教育活动，推出一批博物馆教育精品项目和示范活动。

（四）加强博物馆藏品管理

完善博物馆藏品征集标准，拓展博物馆藏品征集领域和途径，充实基层博物馆藏品数量和类型。加强近现代文物征集，注重民俗文物、民族文物和非物质文化遗产征集，实施经济社会发展变迁物证征藏工程。健全文物藏品档案管理制度，建立全国可移动文物藏品信息备案系统，形成博物馆藏品资源共享和馆际交流机制，推进考古机构依法向博物馆移交考古发掘的出土文物和出水文物。

专栏2　博物馆建设工程
1. 博物馆青少年教育功能提升工程：全国国有博物馆为中小学生讲解服务 10 万小时以上 / 年，每家博物馆开展中小学生讲解服务或教育活动 4 次以上 / 年。建立博物馆青少年教育项目库，制作博物馆青少年教育精品课程 100 个以上。开展博物馆教育示范点建设，建立馆校合作机制，创建与学校教学相结合的博物馆青少年教育活动项目品牌。 2. 边疆地区博物馆建设工程：实施新疆、西藏、云南、广西、内蒙古、黑龙江、吉林、辽宁等省级博物馆改造提升工程，建成一批反映边疆历史及多民族融合发展的边疆博物馆，全面提高边疆地区博物馆的藏品保存和陈列展示水平。

3. 非国有博物馆发展质量提升工程：将非国有博物馆纳入博物馆质量评价体系，开展非国有博物馆定级评估，加强非国有博物馆藏品管理、保护修复、公共服务和教育设施建设。推进国有博物馆对口帮扶非国有博物馆，加强对非国有博物馆的专业指导、技术扶持和人才培养。支持非国有博物馆开展社会教育活动，推出100项非国有博物馆精品展览或教育活动，促进将符合条件的非国有博物馆纳入政府公共文化服务采购范围。

4. 经济社会发展变迁物证征藏工程：开展新中国成立以来反映国家重点建设成就、区域经济发展、社会生产生活方式变迁的重要实物调查与征藏，制定入藏门类、标准和规范，重点充实基层博物馆藏品资源，新增经济社会发展变迁物证藏品达到10万件以上。

四、多措并举让文物活起来

坚持保护为主、保用结合，坚持创造性转化和创新性发展，大力拓展文物合理适度利用的有效途径，传承中华优秀传统文化，培育社会主义核心价值观，让历史说话，让文物活起来，讲好中国故事，提升中华文化国际影响力，让宝贵遗产世代传承、焕发新的光彩，用文明力量助推发展进步。

（一）发挥社会教育功能，弘扬中华优秀传统文化

实施国家记忆工程，建设全民共识的国家精神标识。实施“互联网+中华文明”三年行动计划，激活中华优秀传统文化的生命力和影响力。推进山东曲阜优秀传统文化传承发展示范区、甘肃华夏文明传承创新区建设，加强北京历史文化名城保护。编纂出版《中国文物志》。

（二）彰显文物资源优势，促进经济社会发展

创新文物合理利用模式。推动文物保护利用与新型城镇化和新农村建设相结合，与扶贫攻坚和经济发展相结合，与美丽中国建设相结合，延续历史文脉，建设人文城市，打造特色小镇和美丽乡村。促进文物保护单位开放利用，推动有条件的行政机关、企事业单位、社会团体、军队管理使用的文物保护单位定期或部分对公众开放。分类分级制定文物景区游客承载量标准，培育以博物馆和文物保护单位为载体的体验旅游、研学旅行、休闲旅游精品线路。

促进文化创意产品开发。贯彻落实国务院办公厅转发文化部、国家发展改革委、财政部、国家文物局《关于推动文化文物单位文化创意产品开发的若干意见》，出台《博物馆商业经营活动管理办法》，开展文物单位文化创意产品开发试点和经验推广。研究制定社会力量参与文物保护利用规范性文件。实施“互联网+中华文明”三年行动计划，支持各方力量利用文物资源开发文化创意产品，推出一批具有示范带动作用的文化创意产品开发项目和优秀企业。到2020年，打造50个博物馆文化创意产品品牌，建成10个博物馆文化创意产品研发基地，文化创意产品年销售额1000万元以上的文物单位和企业超过50家，其中年销售额2000万元以上的超过20家。扩大文

物资源开放，实施全国可移动文物资源共享工程。

（三）鼓励民间合法收藏文物，提升社会文物管理服务水平

开展民间文物收藏情况调研，组织鼓励民间合法收藏文物相关课题研究，建立健全鼓励民间合法收藏文物的政策措施，印发《文物拍卖管理办法》，研究制定《文物市场管理办法》，规范文物经营活动，引导民间收藏行为。完善文物经营资质审批和文物拍卖标的审核备案制度，加强文物市场和网上文物交易监管，完善联合监管机制。建立文物经营主体信用信息公示系统和违法失信“黑名单”管理制度。编制文物鉴定规程和民间收藏文物鉴定指导意见，支持培育各类合格主体开展民间文物鉴定业务，规范文物鉴定活动。制定涉案文物鉴定管理办法、技术标准和操作规范，涉案文物鉴定机构达到35个，每个省（自治区、直辖市）至少拥有1个涉案文物鉴定机构。推广科技手段在文物鉴定中的应用。

加强文物进出境管理。完善文物进出境审核信息管理系统，推广文物身份电子标识，实现文物进出境审核管理信息化标准化。加强协同监管，加强对自贸区、保税区的文物进出境管理服务，加大打击文物走私力度。优化文物进出境审核机构布局，文物进出境责任鉴定员达到260人。开展流失海外中国文物调查研究，推动流失文物追索返还取得新成果。

（四）拓展文物对外交流合作，建设“一带一路”文化遗产长廊

加强与文化遗产国际组织的深度合作，提高文化遗产国际公约履约水平。扩大与各国政府间文物交流互动，推动与更多国家签署防止盗窃盗掘和非法进出境文物的双边协定，构建稳定、多维的政府间文物合作网络。增进与“一带一路”沿线国家及文化遗产国际组织的交流合作，建设“一带一路”文化遗产长廊。加强中华文物对外交流合作，推出一批具有中国内涵、国际表达、创意融合的对外文物展览，引进一批高水平来华文物展览。统筹开展援外文物保护工程和境外合作考古项目，推出一批中国文物保护理论成果和实践案例，实施中华文物走出去精品工程。加强与香港、澳门、台湾在文物领域的交流合作，促进港澳台同胞共享中华优秀文化遗产。

专栏3　文物合理利用工程

1.国家记忆工程：依托文物建筑、文化典籍、国家档案等，通过体现中华优秀传统文化、革命文化和社会主义先进文化的代表性文物，分类分批实施国家历史、文化、艺术、科学记忆工程及国家记忆数字化保存行动计划，建设全民共识的国家精神标识。

2.“互联网+中华文明”三年行动计划：坚持政府积极引导、社会共同参与，推动互联网的创新成果与中华优秀传统文化的传承、创新与发展深度融合，充分发挥市场作用，通过观念创新、技术创新和模式创新，推动文物信息资源开放共享，推进文物信息资源、内容、产品、渠道、消费全链条设计，丰富文化供给，促进文化消费，进一步发挥文物资源在培育社会主义核心价值观、构建中华优秀传统文化传承体系和公共文化服务体系中的独特作用。推进文物信

息资源开放共享，调动文物博物馆单位用活文物资源的积极性，激发企业创新主体活力，完善业态发展支撑体系，形成一批具有示范性、带动性和影响力的融合型文化产品和服务品牌，有力促进大众创新、万众创业。

3. 全国可移动文物资源共享工程：运用第一次全国可移动文物普查数字化成果，建立可移动文物资源共享机制。公布文物藏品信息达到100万件以上，向社会公众提供查询服务。

4. “一带一路”文化遗产长廊建设工程：编制实施“一带一路”沿线文化遗产保护利用规划，推进陆上丝绸之路扩展项目、海上丝绸之路的保护与申遗工作，加强“丝绸之路：长安——天山廊道的路网”跨国协作与文物保护，开展丝绸之路“南亚廊道”研究。构建“一带一路”文化遗产双边、多边交流机制和合作平台，实施“一带一路”沿线国家援外文物保护工程和合作考古、科技保护、文物展览项目，促进民心相通，增进深度认知。举办“丝绸之路文化遗产”主题研讨会、高级别论坛和陆上、海上丝绸之路文物交流展。

5. 中华文物走出去精品工程：充分利用党和国家领导人重要对外活动契机，抓住重大节庆、重大事件、重要会议、重要节展赛事的时间节点和国家文化年、文化节系列活动，向世界推介更多具有中国特色、凸显中国精神、蕴含中国智慧的文物精品展览，扩大文物出展国家和地区。全方位拓展文物对外交流合作渠道平台，大力创新方法手段，在重点国家实现突破，在周边国家巩固扩大，在非洲、拉美等地区扩大覆盖范围，打造一批文物对外交流合作品牌。将中华文化走出去融入文物对外援助工作，继续推进援助柬埔寨、乌兹别克斯坦、尼泊尔、缅甸等文物保护工程，做好境外联合考古项目。举办面向港澳台青少年的历史文化研习营活动，组织赴港澳台文物展览，保持与台湾文化遗产领域机制性交流。

五、加强文物科技创新

构建以技术创新为核心、以组织创新为支撑、以制度创新为保障的文物行业创新体系，支撑引领文物事业科学发展。

（一）提高技术预测预见能力，加强基础科学技术前沿研究

加强文物保护基础理论研究和学科建设，重点开展文物领域技术预测、预见的方法研究，规划文物科技发展战略、重点领域和行动计划，制定技术路线图。开展文物价值综合研究、文物本体材料及制作工艺、文物病害、保护材料与文物本体作用机制等应用基础研究，重点推进以应用基础研究为先导的技术创新。支持文物风险识别、评估预警和处置的理论、方法和模型前沿研究。

（二）加强共性关键技术攻关，加快文物保护装备建设

开展考古调查与发掘专用技术、无损分析检测和多技术协同探测技术研发，构建考古现场保护体系。开展文物风险评估技术与方法、风险处置关键技术和出水文物、土遗址、壁画、石窟寺等成套保护技术及生物病害综合防治技术研发。开展书画、纺织品、陶质彩绘文物传统修复工艺

与现代科技相结合的共性关键技术研究，文物保护材料性能和保护效果评价方法研究，木结构建筑和历代书画传统工艺谱系研究。以博物馆和大遗址为对象，开展智慧博物馆技术支撑体系研究。深化“制造商 + 用户”、“产品 + 服务”发展模式，加强企业与文博科研单位、用户单位的合作，推进文物博物馆专有装备研发、推广应用、替代升级，形成文物保护装备产品系列。制定文物保护装备产品标准，建设国家文物保护装备产业基地。

（三）加快急需标准制定，推进文物信息化建设

加强文物术语与编码等基础标准的制修订，加强文物数字资源采集、加工、存储、传输、交换、服务等通用标准的制修订，加强文物价值评估、风险管理、保护技术等技术标准和管理标准的制修订，完善标准复审制度，完成 50 项以上行业技术标准的制修订工作。推进单位（实验室）标准、地方标准建设，开展团体标准试点。强化文物标准宣传贯彻，开展标准化示范试点。全面推进文物保护、利用、管理、研究信息化整合共享工作，建设国家文物大数据库，建成国家文物主管部门综合行政管理平台，完善文物部门政务公共服务系统，实现文物信息互联互通与数据资源共享共建。

（四）推广文物科技成果，构建多元化科研组织

促进文物科技成果的推广应用，开展文物科技成果的效果和适用评估，建立文物科技转移和成果扩散机制，发布重点文物科技成果转化项目指南。依托国家文物局重点科研基地及工作站、科技创新联盟，实施文物保护科技示范工程。鼓励社会科技资源参与文物科技创新，加强资源共享、风险共担、优势互补的战略合作，建立实体研发组织与虚拟研发组织相结合的新型文物科技创新组织模式。建成 30 个国家文物局重点科研基地、5 个以上文物行业科技协同创新平台。培育国家文物局重点科研基地进入国家级研发基地序列，完善文物科技项目、科技成果和科研机构评价制度。

专栏 4　文物科技创新应用工程
1. 文物保护科技示范工程：依托不可移动文物保护工程和可移动文物修复项目，围绕土遗址、彩塑壁画、石质文物、陶质彩绘文物、出水文物、竹木漆器、纺织品、纸质文物和馆藏文物保存环境监测调控、馆藏文物防震、遗产地风险预控等方面，实施 20 项以上文物保护科技示范项目。 2. 智慧博物馆建设工程：运用物联网、大数据、云计算、移动互联等现代信息技术，研发智慧博物馆技术支撑体系、知识组织和“五觉”虚拟体验技术，建设智慧博物馆云数据中心、公共服务支撑平台和业务管理支撑平台，形成智慧博物馆标准、安全和技术支撑体系。建设智慧故宫、智慧敦煌、智慧秦始皇陵博物院。

3. 文物保护装备应用示范工程：研发水下考古机器人搭载平台、文物数字化装备和智能感知终端、智慧博物馆装备、文物素材再造设备和系统等前沿技术，形成一批拥有自主知识产权的文物保护装备。促进文物预防性保护、文物安全、文物运输、文物管理等专有装备应用。建设装备企业和文博科研、用户单位相结合的文物保护装备产业基地和应用示范区。

六、加强文物法治建设

坚持制度先行，完善文物法律制度，健全文物政策措施，落实文物行政执法主体责任，增强文物法律意识，提升文物法治水平。

（一）完善法律制度，加强文物普法宣传

加快形成系统完备、科学规范、运行有效的文物法律制度体系。落实《国家文物局贯彻落实〈法治政府建设实施纲要（2015～2020年）〉实施方案》，推动《文物保护法》和《水下文物保护管理条例》修订工作，制定一批配合文物法律法规实施的部门规章及规范性文件，做好文物行政法规、部门规章和规范性文件清理工作。开展文物系统“七五”普法工作，深化文物法律进机关、进乡村、进社区、进学校、进企业、进单位主题活动。加强文物普法宣传员队伍建设，鼓励社会力量参与文物法治宣传工作，促进文物法治理念深入人心。

（二）坚持依法行政，深化文物行政审批制度改革

深入推进文物领域“放管服”改革，简政放权，转变职能，优化文物行政审批流程，更新文物行政审批事项服务指南，加强事中事后监管。推行文物行政许可标准化和“双随机、一公开”监管方式，完善“一单两库一细则”。推进文物行政审批事项的标准化、规范化，实现文物行政审批事项在标准上规范、程序上简约、管理上精细、时限上明确。进一步明确文物部门的职责定位和发展定位，进一步规范文物部门的权力清单和责任清单。推进文物部门决策、执行、管理、服务、结果公开和重点领域信息公开。

（三）加大层级监督，强化文物行政执法督察

完善国家文物督察制度。构建“国省督察、市县执法、社会监督、科技支撑”的文物执法督察体系，依法督察地方政府履行文物保护职责情况，依法督办重大文物违法案件和文物安全事故。公开曝光一批重大文物违法案件和文物安全事故，对影响恶劣的，及时约谈地方政府负责人。开展文物法人违法案件三年整治专项行动和长城执法专项督察，重大文物违法案件查处率达到100%。

充实文物行政执法力量。优化省级以上文物执法督察力量配置，落实市县文物行政执法职能，实现省市县文物行政执法主体全覆盖。完善文物行政执法责任制，开展省级文物执法效能评估。建立全国文物行政执法人员动态管理系统，建立岗位培训制度，提高文物行政执法人员素质。

规范文物行政执法程序。健全文物行政处罚裁量权基准制度，建立文物行政执法全过程记录

制度，规范文物行政执法行为。建立文物违法案件分级处置、重大案件挂牌督办和约谈通报曝光机制。推广说服教育、劝导示范、行政指导等非强制性执法手段。健全文物行政执法和刑事司法衔接机制，完善文物案件通报、移送标准和程序。

提升文物行政执法能力。强化科技、装备在文物行政执法领域的应用，实施文物行政执法能力提升工程。发挥国家文物局文物违法举报中心作用，建好用好“12359”文物违法举报热线，建立文物违法社会监督员制度，形成文物执法领域志愿服务机制。

（四）加强联合执法，打击文物违法犯罪行为

发挥全国文物安全工作部际联席会议的协调作用，落实“两高”文物犯罪司法解释，完善联合打击和防范文物犯罪长效机制。提升全国文物犯罪信息中心的实战作用。开展打击文物犯罪专项行动和文物建筑火灾隐患整治专项行动，有效遏制重大文物犯罪案件和文物火灾事故高发势头。完善多部门联合执法机制，强化水下文化遗产执法合作，开展多领域联合行政执法行动。

（五）严格责任追究，健全文物违法行为惩戒机制

地方政府、有关部门和单位因不依法履行职责、决策失误、失职渎职导致文物遭受破坏、失盗、失火并造成一定损失的，要依法依纪追究有关人员的责任；涉嫌犯罪的，移送司法机关处理。建立文物保护责任终身追究制，对负有责任的领导干部，不论是否已调离、提拔或者退休，都必须严肃追责。建立健全文物保护工程勘察设计、施工、监理、技术审核质量负责制，对违反国家法律法规和技术标准，造成文物和国家财产遭受重大损失的，依法追究相关单位和人员的责任。建立健全文物领域守法信用记录制度，完善守法诚信行为褒奖机制和违法失信行为惩戒机制。

专栏5　文物法治建设工程
1. 文物行政执法能力提升工程：建成全国重点文物保护单位执法监督管理系统，开展全国重点文物保护单位执法监督在线巡查试点和执法终端建设试点，建设全国文物行政执法监管平台。开展不可移动文物执法遥感监测，抽查100个县域单元，对其文物消失或违法情况进行监测。推动5个文物资源密集城市建立文物安全保护志愿服务队伍，指导文物资源密集市县建立文物违法社会监督员制度。 2. 文物宣传传播能力提升工程：围绕文物法律、重大政策、重要节庆、重要事件、典型案例和重要考古发现、文物保护利用重点工程、执法督察行动开展主题宣传系列活动。做好国际博物馆日全国主会场、中国文化遗产日主场城市活动。加强文物普法宣传，加大文物新闻发布力度，开展文物网络舆情监测。打造文物系统网络新媒体矩阵，开设文化遗产公开课，建设文物传播专家库和资源库。

七、完善规划保障措施

加大政策引导，强化资金保障，加强队伍建设，为文物事业改革发展提供有力支撑。

（一）出台政策举措，完善文物保护管理制度

建立国家文物登录制度。健全文物认定、登录标准，规范文物调查、申报、登记、定级、公布程序，建设国家文物登录中心。研究制定不可移动文物降级撤销和馆藏文物退出机制，推进文物信息资源社会共享。

健全文物保护工程质量监督管理体系，加强文物保护工程检查指导，推动第三方机构参与文物保护工程质量和效果评估，提高文物保护工程质量。制修订《文物保护工程管理办法》《文物保护工程招投标管理办法》《古建筑修缮工程施工规程》《近现代建筑保养维护工程技术规程》。

研究制定文物保护补偿办法。研究探索对文物资源密集区的财政支持方式，在土地置换、容积率补偿等方面给予政策倾斜。表彰向国家捐献文物、捐赠文物保护资金及其他支持文物保护的行为。

广泛动员社会参与。出台城乡群众自治组织保护管理使用尚未核定公布为文物保护单位的不可移动文物的指导意见。推广政府和社会资本合作（PPP）模式，拓宽社会资金进入文物保护利用渠道。研究制定文物保护志愿者管理制度，培育文物行业社会组织。

（二）拓宽投入渠道，提高文物保护资金使用效益

增强文物保护中央财政专项资金的导向性，发布专项资金年度项目申报指南，对革命老区、民族地区、边疆地区、贫困地区予以倾斜，对重大项目、重点工程和重大政策实施予以保障。

加强文物保护资金规范管理。制定《文物保护项目预算编制规范》《馆藏文物修复计价清单》，进一步完善支出标准体系。建设文物保护中央财政专项资金管理平台，健全中央财政和地方财政文物保护投入绩效考评制度，完善第三方评估机制，加大重点文物保护工程项目专项资金使用情况的监督、管理、评估和验收，制定《国家重点文物保护专项补助经费绩效管理暂行办法（试行）》《国家重点文物保护专项补助资金项目财务验收管理办法》。

落实省级和市县级文物保护单位保护资金投入。拓宽社会资金进入文物保护利用渠道，发挥文物保护基金平台作用，探索开发文物保护保险产品，为非国有不可移动文物保护维修提供资金支持。

（三）提高人才素质，增强文物保护管理能力

继续推进文博人才培养“金鼎工程”，实施高层次文博行业人才提升计划，将高层次文博人才引进和培养纳入国家“千人计划”、“万人计划”和文化名家暨“四个一批”人才项目。加强对急需专业技术人才、技能型人才和复合型管理人才的培养，加大跨行业、跨部门文博人才培养力度。加强文博人才培训基地建设，完善文博人才培养体系，对经济欠发达地区基层文博单位人员培训予以倾斜。强化“以修代培”，推动文博人才培养与不可移动文物保护工程、可移动文物修复项

目、传统村落保护项目相结合。研究制定文博行业职业教育指导意见，将文物传统工艺的保护传承纳入职业教育，推动职业院校与文博企事业单位的产学研协同创新平台建设。研究制定文博行业相关职业标准，完善专业技术人才、技能型人才职业能力评价和人才考核评价体系。完善全国文博网络学院，实现文物行业网络培训全覆盖。

专栏 6　文物人才培养工程
1. 文博人才培养“金鼎工程”：举办文物领域培训项目达到 300 个以上，培养各类文博人才达到 1.8 万人次以上；实施“以修代培”项目 20 个以上。实施文物行业领军人才计划，在文物重点领域培养领军人才 20 名以上；实施专业技术人才培育计划，举办专业技术培训班 10 个以上 / 年；加强技能型人才培养，新增文物保护修复人才 700 名以上；实施文博人才扶贫计划，举办贫困地区文物专业技术和管理人员培训班 30 个以上。 2. 民间匠人传统工艺传承工程：开展文物保护传统工艺人才调查，加强传统工艺、工匠研究与保护，支持民间匠人参与文物保护工程项目实施，推动传统工艺纳入高等院校、职业院校教学内容，建设以传统工艺传承保护为核心的产学研协同创新平台。

八、形成规划实施合力

各级文物部门要加强对本规划实施的组织、协调和督导，地方文物部门要结合实际制定地方规划和年度计划。完善规划实施机制，坚持规划管理的目标导向与问题导向相结合，对重大工程、重大项目、重大政策和重要任务进行细化落地、落实责任主体、明确进度安排，确保如期完成。加强财政预算与规划实施的衔接协调，推动各级财政加强对规划实施的保障作用。充分发挥各级党委政府、社会各界参与文物保护利用的积极性、主动性和创造性，共同推动规划顺利实施，努力形成全社会群策群力、共建共享的生动局面。

国家文物主管部门要建立规划执行情况的监测、评估和督察机制，开展规划实施的年度监测，组织规划实施的中期评估和期末评估，把监测评估结果作为改进文物工作和加强绩效考核的重要依据。

不可移动文物

国家文物事业管理局关于进一步加强保护古窑址的通知

（1973年5月16日）

江西、福建、浙江、安徽、广东、河南、河北省文化局：

我国历代劳动人民所创造的陶瓷工艺是我国优秀的历史文化遗产之一。各地历代瓷窑遗址遗留有大量实物标本，是系统了解和研究我国陶瓷发展的科学资料。因此，国内外研究者和爱好者十分重视。解放后大部分著名古瓷窑遗址都得到了保护。

但是，在个别地方也存在着贯彻文物保护法令不力，对古瓷窑遗址重视不够的现象，致使有的著名窑址遭受破坏，造成损失。为此，希望有关省、市、自治区的文化部门今后应进一步加强对古代瓷窑遗址的保护：一、凡在著名古瓷窑遗址范围内兴建工程时，请施工单位必须按有关规定事先与文物部门协商，提出方案，报请省、市革委会审查批准。二、严禁个人和集体在古瓷窑遗址采集瓷片，同时要与外事部门取得联系，绝不准外国人采集。有关文博考古单位因工作需要采集者，要报请当地文化主管部门同意。

特此通知。

国家文物事业管理局

一九七三年五月十六日

关于加强对长城保护的通知

（〔1978〕文物字61号）

北京、辽宁、吉林、黑龙江、河北、内蒙古、陕西、宁夏、甘肃、山西、新疆、湖北、山东、河南省、市、自治区文化局：

万里长城是我国古代最为宏伟的建筑工程，表现了我国古代劳动人民的创造才能和坚强毅力。由于万里长城的历史悠久，工程宏伟，早已闻名中外，被列为世界的奇迹之一。

解放以后，各有关省市都很重视长城的保护工作。国务院于1961年即已将山海关、居庸关、八达岭、嘉峪关等处重要地段的长城公布为第一批全国重点文物保护单位。但是由于林彪、“四人帮”对文物保护工作的干扰破坏，拆毁破坏长城的情况多次发生。如密云、怀柔、延庆、昌平等县即拆毁了长城数十里，敌楼、墙台数十座。最近河北秦皇岛市山海关属于重点保护范围之内的长城也被拆毁。其他省市拆毁长城的事件也都不断发生。

最近中共北京市委和北京市革命委员会遵照李先念副主席对《长城不能毁》的指示，对市区所辖长城沿线的四个县提出了坚决制止毁坏长城并做好保护工作的三项措施报李副主席和国务院。经华主席、党中央批准同意。

我局认为北京市委、市革委所提坚决制止毁坏长城并做好保护工作的三项措施非常重要，请根据你省、区的实际情况，参照执行。现将三项措施抄转如下：

一、加强领导，做好宣传教育工作。责成长城脚下的社、队党组织，向广大社员深入宣传保护长城的重要意义和国家对文物保护的规定，做到家喻户晓，人人皆知。并发动群众深入批判“四人帮”煽动的无政府主义思潮的影响，加强组织纪律性，依靠群众做好保护长城的工作。

二、要求长城沿线的各县、社、队认真遵守文物保护的规定，坚决制止乱拆长城的行为。过去发生的，一般以教育为主，今后如再发生，则要严肃处理。

三、对阶级敌人的破坏活动要坚决打击。

国家文物事业管理局

一九七八年五月三日

拓印古代石刻的暂行规定

（〔1979〕文物字143号　1979年9月4日）

一、内容涉及我国疆域、外交、民族关系的石刻，要严格控制传拓数目。除保管文物的部门可拓一至三份作为资料保存外（已拓有资料的即不再拓），不得再拓。国内有关单位因特殊需要传拓的，须经我局批准。

二、内容和图画为天文、水文、地理等科学资料的石刻和未发表过的墓志铭石刻，不能传拓出售，或将拓片作为礼品赠送外国人。外国学术团体、专家索要和我学术团体为了学术交流需要对外赠送的，须经我局批准。国内学术团体索要拓片作为资料和文物部门之间作为资料交换的，须经所在省、市、自治区文物（文化）局批准。

三、（一）内容不属一、二两项范围的石刻，其书法为我国艺术史上有定评的名碑，文物部门拟传拓拓片出售的，只许翻刻副版传拓。这些名碑中有少量石质好、未风化、现在字迹仍很清楚的，可特许用原碑传拓少数拓片，编号作为“珍贵拓片”出售。但事先必须由所在省、市、自治区文物（文化）局将品名、石碑现状、拟拓数量报经我局批准。（二）内容不属一、二两项范围，书法又非名作之石刻，及宋代以上的，只许翻刻副版传拓出售。宋以下的，允许使用原碑传拓。

四、内容为图像的石刻、石雕和经幢，元及元以上的，只许翻刻副版传拓或用珂罗版印刷出售。元以下的，允许使用原碑传拓。

五、为了保护我国石刻的发表权利，各拓片和珂罗版出售的文物单位，要采用已经发表过的石刻；需使用未发表过的石刻的，种类和数量要严格控制。属全国重点文物单位的，须经我局批准。其他的由所在省、市、自治区文物（文化）局批准，并报我局备案。

六、为了减少由于传拓对石刻所造成的损坏，在传拓时禁止使用木头捶打法。

文化部文物事业管理局关于制定系统内全国重点文物保护单位维修和安全保护规划的通知

（〔1983〕文物字497号）

各省、市、自治区文化厅（局），北京市文物局，重庆市文化局：

为了加强对各级文化系统使用的全国重点文物保护单位的维修和安全保护（如防火、防雷、防盗设施等）工作，抓紧制定全面规划是非常必要的。为此，特通知如下：

一、请你厅（局）从实际出发，将辖区内文化系统使用的每一全国重点文物保护单位的维修和安全保护规划，尽速制定出来。

二、规划的主要内容包括：该文物保护单位现状；为达到确保其安全的要求，需进行哪些维修工程，采取哪些安全保护措施；计划几年内完成这些项目，共需经费多少，其中需我局补助多少；逐年的项目安排和需用经费情况。

三、文物保护单位内已不存在的部分建筑，原则上不重建。个别因特殊需要非重建不可的，应详细说明重建理由。

四、对革命和历史建筑物，在维修中仍应坚持“不塌不漏”原则。彩画工程一般不做或少做：其中对外开放的单位，维修标准可适当提高，注意其环境整洁并与周围建筑协调，但也不宜大兴土木。

五、按每一文物保护单位填制规划一式二份，最迟于明年三月底以前报来；为便于与你厅（局）所报一九八四年申请直拨款计划衔接，凡明年申请直拨款各文物保护单位的规划，可先行报送。

此外，其他部门使用的全国重点文物保护单位，根据《文物保护法》规定，使用单位“应当负责建筑物的保养和维修”，请你厅（局）推动各该单位，也要制定出维修与安全保护规划，并督促其分年实施，以加强对全国重点文物保护单位的管理。

文化部文物事业管理局

一九八三年九月十三日

全国重点文物保护单位保护范围、标志说明、记录档案和保管机构工作规范（试行）

（〔1991〕文物字185号　1991年3月25日）

第一章　总　则

为加强全国重点文物保护单位的保护管理工作，根据《中华人民共和国文物保护法》，制定本工作规范。

对全国重点文物保护单位划定必要的保护范围、做出标志说明、建立记录档案和分别设置专门机构或专人负责管理等，是国家依法对全国重点文物保护单位实施保护管理的基本措施和保证，由省、自治区、直辖市人民政府负责组织实施。

第二章　划定保护范围

保护范围是对文物保护单位本体及周围一定范围实施重点保护的区域。在保护范围内不得在地面、地下及空中从事危害文物保护单位安全的活动。全国重点文物保护单位占地面积较大或情况复杂的，可以根据实际需要在保护范围内划分重点保护区和一般保护区。

保护范围根据文物保护单位的类别、规模、内容及周围环境的历史与现实情况合理划定。确定保护范围的原则是保证下列文物的完整性，并在文物保护单位本体之外保持一定的安全距离。

（一）革命遗址、纪念建筑物、古建筑、石窟寺等的单体、群体及附属建筑。

（二）古遗址的文化堆积和相关遗迹现象。

（三）古墓葬封土或已探明的墓葬、墓群及陵园或其他地面建筑等。

（四）石刻、碑碣及其他文物的单体、群体和相关遗迹。

根据文物保护的实际需要划定建设控制地带。建设控制地带是指保护范围外需要保护环境风貌及对建设项目加以限制的区域。建设控制地带根据保护对象的格局、安全、环境和景观的需要合理划定。建设控制地带内不得安排直接或间接从空中或地下对文物构成危害和破坏文物保护单位环境风貌的建设项目。在这一地带内修建新建筑物或构筑物时，其形式、高度、体量、色调等应与文物保护单位的气氛相协调。

第三章　树立标志说明牌

标志须标示该文物保护单位的级别、名称、公布机关、公布日期、竖标机关以及树立日期等。竖标机关为省、自治区、直辖市人民政府。

标志形式采用横匾式，自左至右书写。标志牌比例为横三竖二。标志牌最小为60×40厘米，最大为150×100厘米，可根据文物保护单位的具体情况选择比例适宜的尺度。除文物保护单位的名称可用仿宋字体或楷书、隶书等外，其余一律用仿宋字体。

保护标志应采用石材等坚固耐久材料，颜色要庄重朴素、显明协调。

全国重点文物保护单位的说明可书写在标志牌的背面，也可另立说明牌。说明文字为简要介绍文物保护单位名称、时代、性质、内容、价值和保护范围等，其内容应经省、自治区、直辖市文物行政管理部门审定。

民族自治地方应同时竖立用当地少数民族文字书写的标志牌和说明牌。

全国重点文物保护单位范围较大或文物分布点多线长的，可设置若干分标志。

对保护范围及建设控制地带可视实际需要设置坚固耐久的保护界桩。

第四章　建立记录档案

记录档案包括对文物保护单位本身的记录和有关文献史料，内容分为科学技术资料和行政管理文件，形式有文字、摄影（照片、幻灯片、电影胶片）、录像、绘图、拓片、摹本、计算机磁盘及其他信息载体。

记录档案必须科学、准确、翔实。记录档案分为主卷、副卷和备考卷。主卷以记录保护管理工作和科学资料为主。副卷收载有关行政管理文件及日常工作情况。备考卷收载与该文物保护单位有关、可供参考的资料。

以上各卷记录档案应不断充实，力求做到系统、完整。

主卷包括以下内容：

第一部分

1.《全国重点文物保护单位登记表》。

2. 地理位置和自然环境。详细记述该全国重点文物保护单位的经纬度、地理位置、周围山脉、河流、植被、土壤、居民点等情况。

3. 历史沿革。

4. 保存现状。

5. 历史、艺术、科学价值。

6. 历次维修或发掘情况。

7. 保护范围及建设控制地带范围。

8. 保护标志、说明牌和界标的位置、数量和编号。

9. 重要文物藏品登记表，文物数量较多的可做目录索引。

10. 有关文献，数量较多的可做摘要或目录索引。

11. 有关文物、考古调查记录。

12. 文物保护单位专门管理机构和群众性保护组织的基本情况。

13. 使用全国重点文物保护单位的非文物部门设置的专人及保护机构情况。

第二部分

图纸、照片、拓片、摹本等。

图纸包括地理位置图、总平面图；建筑群体和主要单体的平、立、断面图；历次重要维修的实测、设计、竣工图。遗址的发掘区遗迹平面图、典型地层剖面图、重要遗迹的平、剖面图；重要文物藏品的平、剖面图及其他必须绘制的图纸等。对其余有关图纸可做目录索引。

照片包括全景或航测照片。建筑群体和主要单体外景、内景照片及重要部位照片，重要藏品照片，建筑物历次重要维修前后照片及保护标志、说明牌、界标的照片等。对其余有关照片可做目录索引。

拓片包括石刻、碑碣等文物的主要铭刻内容。

第三部分

电影片、录像、磁盘及其他信息载体等。

电影片规格为35毫米，录像带规格为ＶＨＳ，磁盘规格为5.25英寸。

副卷包括以下内容：

（一）各级政府或文物行政管理部门关于该项全国重点文物保护单位的有关保护文件、布告、通知等。

（二）有关该项全国重点文物保护单位的奖励和惩罚情况。

（三）文物保护管理机构与群众性保护组织签署的保护合同。

（四）文物档案建立情况，包括建档时间、参加人员和其他需要说明的问题。

备考卷包括以下内容：

（一）有关该项全国重点文物保护单位的出版物等。

（二）与主、副卷各项内容有关的详细资料。

（三）其他对了解该项全国重点文物保护单位有参考价值的资料。

全国重点文物保护单位的记录档案，由省、自治区、直辖市文物行政管理部门指定机构负责管理，并制定收集、整理、借阅、利用档案制度。记录档案的主卷必须报送国家文物局和省、自治区、直辖市文物行政管理部门各一套。保存记录档案必须有安全的场地和设施，并有专人负责。

记录档案的装帧：

上报国家文物局的全国重点文物保护单位记录档案主卷统一使用国家文物局印制的卷皮、登记表和专用纸。各省、自治区、直辖市文物行政管理部门可自行确定其余档案资料的装帧规格。

要及时把有关全国重点文物保护单位的新发现、新成果或原记录档案需要变更的内容补充到档案中，并按第十八条规定及时上报，以保证各记录档案完整与一致。

第五章　建立健全保护机构

全国重点文物保护单位必须区别情况分别设置专门的保护管理机构，或设专人管理，负责文物保护管理工作。

全国重点文物保护单位的专门管理机构，如文物保护管理所（处）等是国家对该文物保护单位直接实施保护管理的事业机构。负责该项文物保护单位的调查征集、保护管理、维护修缮、藏品保管、宣传陈列和科学研究等工作，并可根据不同情况建立多种形式的群众性保护组织。对于设有博物馆、纪念馆等的全国重点文物保护单位，省、自治区、直辖市文物行政管理部门根据需要下达有关的保护管理任务。

对于尚不具备条件设置专门管理机构的全国重点文物保护单位，应由当地人民政府指定有关文物机构根据不同情况委托专人管理或建立多种形式的群众性保护组织、聘请义务保护员。

上述各种保护管理形式都应签订具有法律效力的保护合同。

非文物部门的单位使用全国重点文物保护单位的应指定法人代表为文物保护负责人，并与文物行政管理部门签订保护合同。其文物保护管理工作接受文物行政管理部门的指导和监督。

第六章　附　则

本规范由国家文物局负责解释。

本规范自发布之日起试行。

中国文物古迹保护准则

（国际古迹遗址理事会中国国家委员会制定　国家文物局推荐　2000 年 10 月）

序　言

中国是世界上地域辽阔，历史悠久，文化传统不曾中断的多民族统一国家。遗存至今的大量文物古迹，形象地记载着中华民族形成发展的进程，它们不但是认识历史的证据，也是增强民族凝聚力，促进民族文化可持续发展的基础。

和平与发展已成为当代社会的主题。通过对彼此文物古迹的认识，可以促进各个国家、地区间的文化交流，有利于保持世界和平，共同发展。中国优秀的文物古迹，不但是中国各族人民的，也是全人类共同的财富；不但属于今天，更属于未来。因此，将它们真实、完整地流传下去，是我们现在的职责。

中国近代的文物保护观念和方法开始于 20 世纪 30 年代。中华人民共和国成立以后，在有效保护了一大批濒于毁坏的古迹的同时，形成了符合中国国情的保护理论和指导原则，并由国家颁布了《中华人民共和国文物保护法》和相关的法规。在此基础上，参照以 1964 年《国际古迹保护与修复宪章》（《威尼斯宪章》）为代表的国际原则，特制定本《准则》。它是在中国文物保护法规体系的框架下，对文物古迹保护工作进行指导的行业规则和评价工作成果的主要标准，也是对保护法规相关条款的专业性阐释，同时可以作为处理有关文物古迹事务时的专业依据。

第一章　总　则

第 1 条　本准则适用的对象通称为文物古迹。它是指人类在历史上创造或人类活动遗留的具有价值的不可移动的实物遗存，包括地面与地下的古文化遗址、古墓葬、古建筑、石窟寺、石刻、近现代史迹及纪念建筑、由国家公布应予保护的历史文化街区（村镇），以及其中原有的附属文物。

第 2 条　本准则的宗旨是对文物古迹实行有效的保护。保护是指为保存文物古迹实物遗存及其历史环境进行的全部活动。保护的目的是真实、全面地保存并延续其历史信息及全部价值。保护的任务是通过技术的和管理的措施，修缮自然力和人为造成的损伤，制止新的破坏。所有保护措施都必须遵守不改变文物原状的原则。

第 3 条　文物古迹的价值包括历史价值、艺术价值和科学价值。

第 4 条 文物古迹应当得到合理的利用。利用必须坚持以社会效益为准则，不应当为了当前利用的需要而损害文物古迹的价值。

第 5 条 保护必须按程序进行。所有程序都应符合相关的法律规定和专业规则，并且广泛征求社会有关方面的意见。其中，对文物古迹价值的评估应当置于首要的位置。

第 6 条 研究应当贯穿在保护工作全过程，所有保护程序都要以研究的成果为依据。

第 7 条 保存真实的记录，包括历史的和当代的一切形式的文献。保护的每一个程序都应当编制详细的档案。

第 8 条 建立健全独立稳定的工作机制。要依法加强基层文物保管机构的管理职能。从业人员应当经过专业培训，通过考核取得资格。重要的保护程序实行专家委员会评审制度，委员会成员应具有本专业的高等资质和丰富的实践经验。

第二章　保护程序

第 9 条 文物古迹的保护工作总体上分为六步，依次是文物调查、评估、确定各级保护单位、制订保护规划、实施保护规划、定期检查规划。原则上所有文物古迹保护工作都应当按照此程序进行。

第 10 条 文物调查包括普查、复查和重点调查。一切历史遗迹和有关的文献，以及周边环境都应当列为调查对象。

第 11 条 评估的主要内容是文物古迹的价值，保存的状态和管理的条件，包括对历史记载的分析和对现状的勘察。对新发现的古遗址评估需要进行小规模的试掘，应依法报请批准后才能进行。

第 12 条 确定文物保护单位及其级别，必须以评估结论为依据，依法由各级政府公布。已确定的文物保护单位应进行“四有”工作，即有保护范围，有标志说明，有记录档案，有专门机构或专人负责管理。保护范围以外，还应划出建设控制地带，以保护文物古迹相关的自然和人文环境。

第 13 条 制订保护规划必须根据评估的结论，首先要确定主要的保护目标和恰当的保护措施。一般规划应包括保护措施、利用功能、展陈方案和管理手段四方面内容，特殊的对象可制订分区、分类等专项规划。各类保护规划特别是历史文化街区（村镇）的规划都要与当地的总体规划密切结合，并应当依法审批，纳入当地的城乡建设规划。

第 14 条 实施保护规划必须进行专项设计。列入规划的保护工程的专项设计，必须符合各类工程的规范，依法审批后才可实施。列入规划的展陈和教育计划，也应当进行专项设计。

第 15 条 定期检查规划的目的是总结规划实施的效果和经验，如发现缺陷或新的情况，可对规划作适当调整。

第16条 保护规划和重要的保护工程设计，应当由相关专业的专家委员会提出评审意见。

第17条 日常管理贯穿于保护全过程。管理者的主要职责是及时消除隐患，保护文物古迹不受损伤，同时不断提高展陈质量，收集文献档案；并在保护规划获得批准以后，确保按照规划实施保护。

第三章 保护原则

第18条 必须原址保护。只有在发生不可抗拒的自然灾害或因国家重大建设工程的需要，使迁移保护成为唯一有效的手段时，才可以原状迁移，易地保护。易地保护要依法报批，在获得批准后方可实施。

第19条 尽可能减少干预。凡是近期没有重大危险的部分，除日常保养以外不应进行更多的干预。必须干预时，附加的手段只用在最必要部分，并减少到最低限度。采用的保护措施，应以延续现状，缓解损伤为主要目标。

第20条 定期实施日常保养。日常保养是最基本和最重要的保护手段。要制定日常保养制度，定期监测，并及时排除不安全因素和轻微的损伤。

第21条 保护现存实物原状与历史信息。修复应当以现存的有价值的实物为主要依据，并必须保存重要事件和重要人物遗留的痕迹。一切技术措施应当不妨碍再次对原物进行保护处理；经过处理的部分要和原物或前一次处理的部分既相协调，又可识别。所有修复的部分都应有详细的记录档案和永久的年代标志。

第22条 按照保护要求使用保护技术。独特的传统工艺技术必须保留。所有的新材料和新工艺都必须经过前期试验和研究，证明是最有效的，对文物古迹是无害的，才可以使用。

第23条 正确把握审美标准。文物古迹的审美价值主要表现为它的历史真实性，不允许为了追求完整、华丽而改变文物原状。

第24条 必须保护文物环境。与文物古迹价值关联的自然和人文景观构成文物古迹的环境，应当与文物古迹统一进行保护。必须要清除影响安全和破坏景观的环境因素，加强监督管理，提出保护措施。

第25条 已不存在的建筑不应重建。文物保护单位中已不存在的少量建筑，经特殊批准，可以在原址重建的，应具备确实依据，经过充分论证，依法按程序报批，在获得批准后方可实施。重建的建筑应有醒目的标志说明。

第26条 考古发掘应注意保护实物遗存。有计划的考古发掘，应当尽可能提出发掘中和发掘后可行的保护方案同时报批，获准后同时实施；抢救性的发掘，也应对可能发现的文物提出处置方案。

第27条 预防灾害侵袭。要充分估计各类灾害对文物古迹和游人可能造成的危害，制订应付突发灾害的周密抢救方案。对于公开开放的建筑和参观场所，应控制参观人数，保证疏散通畅，优先配置防灾设施。在文物古迹中，要严格禁止可能造成重大安全事故的活动。

第四章　保护工程

第 28 条　保护工程是对文物古迹进行修缮和相关环境进行整治的技术措施。对文物古迹的修缮包括日常保养、防护加固、现状修整、重点修复四类工程。每一项工程都应当有明确的针对性和预期的效果。所有技术措施都应当记入档案保存。

第 29 条　日常保养是及时化解外力侵害可能造成损伤的预防性措施，适用于任何保护对象。必须制定相应的保养制度，主要工作是对有隐患的部分实行连续监测，记录存档，并按照有关的规范实施保养工程。

第 30 条　防护加固是为防止文物古迹损伤而采取的加固措施。所有的措施都不得对原有实物造成损伤，并尽可能保持原有的环境特征。新增加的构筑物应朴素实用，尽量淡化外观。保护性建筑兼作陈列馆、博物馆的，应首先满足保护功能的要求。

第 31 条　现状修整是在不扰动现有结构，不增添新构件，基本保持现状的前提下进行的一般性工程措施。主要工程有：归整歪闪、坍塌、错乱的构件，修补少量残损的部分，清除无价值的近代添加物等。修整中清除和补配的部分应保留详细的记录。

第 32 条　重点修复是保护工程中对原物干预最多的重大工程措施，主要工程有：恢复结构的稳定状态，增加必要的加固结构，修补损坏的构件，添配缺失的部分等。要慎重使用全部解体修复的方法，经过解体后修复的结构，应当全面减除隐患，保证较长时期不再修缮。修复工程应当尽量多保存各个时期有价值的痕迹，恢复的部分应以现存实物为依据。附属的文物在有可能遭受损伤的情况下才允许拆卸，并在修复后按原状归安。经核准易地保护的工程也属此类。

第 33 条　原址重建是保护工程中极特殊的个别措施。核准在原址重建时，首先应保护现存遗址不受损伤。重建应有直接的证据，不允许违背原形式和原格局的主观设计。

第 34 条　环境治理是防止外力损伤，展示文物原状，保障合理利用的综合措施。治理的主要工作有：清除可能引起灾害和有损景观的建筑杂物，制止可能影响文物古迹安全的生产及社会活动，防止环境污染造成文物的损伤，营造为公众服务及保障安全的设施和绿化。服务性建筑应远离文物主体，展陈、游览设施应统一设计安置。绿化应尽可能恢复历史状态，避免出现现代园林手法，并防止因绿化而损害文物。

第 35 条　经过发掘的古文化遗址和古墓葬，一般情况下，在取得研究所需资料后应回填保护，并防止盗掘。特殊情况核准露明保护的，应严格保护现状，除日常保养外尽量少加干预。无条件原址保存的构件，才允许易地保护。

第五章　附　则

第 36 条　曾经发生过重大历史事件的纪念地，可参照本准则的有关条款保护其地点和环境原状。

第 37 条　风景名胜区及历史文化名城中的人文历史景观、水下文化遗产，可根据本《准则》的相关条款，制订各自的保护准则。

第 38 条　本《准则》由国际古迹遗址理事会中国委员会制订、通过，中国国家文物局批准向社会公布。国际古迹遗址理事会中国委员会负责对本《准则》及其附件进行解释。在需要进行修订时也要履行相同程序。

关于开展全国重点文物保护单位记录档案备案及相关工作的通知

（文物保发〔2003〕4号）

各省、自治区、直辖市文化厅（局）、文物局、文管会：

文物保护单位“四有”工作是文物事业最重要的基础工作之一，落实这项工作是各级文物行政部门的法定职责。根据《中华人民共和国文物保护法》第十五条：全国重点文物保护单位的保护范围和记录档案，由省、自治区、直辖市人民政府文物行政部门报国务院文物行政部门备案的规定，我局决定从2003年起开展全国重点文物保护单位记录档案备案工作。同时，汇集全国省、县（市）级文物保护单位名单、省级文物保护单位简介，已经向社会公众开放的各级文物保护单位名单以及各级文物保护单位的专项保护法规等。现将有关要求通知如下：

一、充分认识全国重点文物保护单位档案备案工作的重要意义，加强组织领导，落实措施，确保按时高质量地完成该项工作。

全国重点文物保护单位记录档案备案工作是摸清我国不可移动文物家底的一项重要措施，是在一些极端情况下（例如自然灾害、盗窃等）文物遭到破坏后进行维修、追索的重要依据。也是各级政府和文物部门贯彻“保护为主、抢救第一、有效保护、加强管理”的文物工作方针，依法履行职责的重要内容和依据，对加强不可移动文物管理具有十分重要的作用和积极意义。

各省、自治区、直辖市文物行政管理部门要进行专门研究，提出具体工作计划和安排必要的经费，以确保这项工作能够按时高质量地完成。

二、全国重点文物保护单位记录档案备案工作的总体目标是实现规范化管理，适应文物事业发展的需要。

计划用三年时间（2003～2005年）将1269处全国重点文物保护单位记录档案全部汇集、整理、归档保管，建立“国家全国重点文物保护单位记录档案库”和“国家全国重点文物保护单位记录档案（核心指标）数据库”。这项工作完成后，将实现全国重点文物保护单位记录档案的数字化管理，使我国的文物事业步入更加科学、更加规范的轨道。

三、全国重点文物保护单位记录档案备案及相关工作的具体部署：

1. 各省级文物主管部门于2003年3月31日前将本省的《全国重点文物保护单位记录档案清单》和第一至第四批全国重点文物保护单位记录档案报送到中国文物研究所。

2. 各省级文物主管部门负责汇集省、县（市）级和已开放的文物保护单位名单、省级文物保护单位简介以及各级文物保护单位的专项保护法规，并在规定的时间内将相关资料汇总报送我局。具体报送时间为：省、县（市）级文物保护单位和已经向社会公众开放的各级文物保护单位名单、各级文物保护单位的专项保护法规为2003年3月31日以前；省级文物保护单位简介为2003年6月30日以前。

3. 对报送的名单、简介等资料的基本要求

（1）名单、简介和专项法规

省、县（市）级文物保护单位名单以该级人民政府公布的为准；各级文物保护单位的专项保护法规是指各级人大、政府就某一文物保护单位的保护管理工作发布的专项法规性文件，包括管理办法、条例、通知等。以上需附人大或政府公布文件的复印件。

省级文物保护单位简介以省级文物主管部门报请省级人民政府公布该文物保护单位时的资料为准。

已经向社会公众开放的各级文物保护单位名单的内容应包括：该文物保护单位的名称、级别、时代、地理位置、管理单位名称及行政隶属关系、开放的起始时间、年均参观人数、门票价格等。

（2）报送资料的规格

报送的名单、简介等资料请统一用A4纸打印，并附3.5英寸计算机软盘（盘内文件请存为纯文本或WORD格式）。

国家文物局

二〇〇三年一月十五日

关于请立即纠正擅自改变文物保护单位管理体制问题的通知

（文物办发〔2003〕2号）

各省、自治区、直辖市文物局（文化厅、文管会）：

2001年文化部与我局《关于禁止擅自改变文物保护单位管理体制有关问题的通知》下发后，全国范围内擅自改变文物保护单位管理体制的情况得到遏制，许多文物保护单位的管理体制问题得到解决。但是，在一些地方，此类问题仍然时有发生，特别是擅自将文物保护单位交由旅游企业开发经营，文物工作的正常秩序被扰乱，文物安全得不到有效保障。根据修订后的《中华人民共和国文物保护法》关于国有文物保护单位不得作为企业资产经营，如果必须作其他用途，应当按相应级别报上一级文物行政部门审批的规定，以及全国文物工作会议上国务院领导同志关于必须立即纠正擅自改变文物保护单位管理体制问题，不得将国有文物保护单位作为企业资产经营的指示精神，我局重申以下意见：

1. 各级文物行政部门要坚决执行《中华人民共和国文物保护法》，认真贯彻“保护为主、抢救第一、合理利用、加强管理”的文物工作方针，协助本级人民政府正确处理经济建设、社会发展与文物保护的关系，确保文物安全。基本建设、旅游发展必须遵守文物工作方针，其活动不得对文物造成损害。

2. 按照《中华人民共和国文物保护法》的规定，国有文物保护单位，除可以建立博物馆、保管所或者辟为参观浏览场所外，如果必须作其他用途的，应当经核定公布该文物保护单位的人民政府文物行政部门征得上一级文物行政部门同意后，报核定公布该文物保护单位的人民政府批准。国有不可移动文物不得转让、抵押。建立博物馆、保管所或者辟为参观游览场所的固有文物保护单位，不得作为企业资产经营。

3. 未依法定程序批准，已改变文物保护单位管理体制或隶属关系和性质、任务、用途的，应由上级人民政府督促作出改变决定的人民政府尽快予以纠正，恢复原管理体制或隶属关系和性质、任务，认真做好各项善后工作，确保文物安全和正常开放。

4. 各省级文物行政部门要尽快把本通知精神全面准确地向当地党委、政府做一次专题汇报，并尽快传达到各市、县级文物行政部门。同时，要采取有效措施，结合《中华人民共和国文物保护法》的贯彻落实工作，调查了解本行政区域内各级文物保护单位的管理体制情况，凡涉及拍卖、租赁、转让、抵押文物保护单位，改变原来管理体制者，必须责令限期改正，逾期仍未纠正者，应根据《中华人民共和国文物保护法》对擅自改变国有文物保护单位的用途的行为给予相应行政处罚，并将执法检查情况于3月15日前书面报我局。

国家文物局

二〇〇三年一月二十一日

全国重点文物保护单位记录档案备案工作实施方案

（文物保发〔2003〕34号　2003年4月23日）

一、全国重点文物保护单位记录档案备案工作的依据、现状及意义

《中华人民共和国文物保护法》第十五条规定，全国重点文物保护单位记录档案，由省、自治区、直辖市人民政府文物行政部门报国务院文物行政部门备案。因此，完成此项工作是各级文物行政部门的法定职责。

记录档案即一般所说的“四有”档案，其内容包括对文物保护单位本身的记录和有关文献史料，可大致分为科学技术资料和行政管理文件两部分。记录档案在形式上分为主卷、副卷和备考卷。主卷以记录保护管理工作和科学资料为主。副卷收载有关行政管理文件及日常工作情况。备考卷收载与该文物保护单位有关、可供参考的资料。记录形式有文字、照片、幻灯片、电影胶片、图纸、拓片、计算机磁盘、光盘及其他信息载体。记录档案必须科学、准确、翔实。

从1961年开始，国务院已经公布了五批，计1271处全国重点文物保护单位。按每处一套记录档案计，共计1271套。

国家文物局于1993年下发了《全国重点文物保护单位“四有”工作规范》。1998年召开全国文物保护单位“四有”工作会议，检查并进一步布置了相关工作。2000年再次布置各地对此项工作的进展情况进行自查。2001年又组织四个工作小组分赴12个省、自治区、直辖市进行检查。从总体上看，全国各有关单位进行了大量工作，初步建立起了全国重点文物保护单位的记录档案。

全国重点文物保护单位记录档案备案工作，是摸清我国不可移动文物家底的一项重要举措，也是为在一些极端情况下（例如：自然灾害、盗窃、战争等），文物遭到破坏后对文物进行维修、追索等提供可靠依据的重要措施，是各级政府和文物行政部门贯彻“保护为主、抢救第一、有效保护、加强管理”方针，履行法律赋予职责的重要内容，具有十分重要的作用和积极意义。

二、全国重点文物保护单位记录档案备案工作的主要内容和总体目标

全国重点文物保护单位记录档案备案工作主要包括以下两个方面的内容：

一是编制、发布工作计划，制定记录档案备案标准、档案管理办法和开发相关计算机软件等。如：《全国重点文物保护单位记录档案备案工作实施方案》、《全国重点文物保护单位记录档案管

理办法》、《全国重点文物保护单位记录档案标准文本》、《全国重点文物保护单位记录档案著录说明》、《国家全国重点文物保护单位记录档案（核心指标）数据库》等。

《全国重点文物保护单位记录档案备案工作实施方案》是这项工作的具体工作计划。制定严密的工作计划，并严格按照计划实施，是按时、高质完成备案工作的制度保障；备案后的档案管理和使用，须有《全国重点文物保护单位记录档案管理办法》这样一套严格的规章制度规范，以确保档案安全和发挥其作用；国家文物局 1993 年发布的《全国重点文物保护单位“四有”工作规范》对记录档案形式、内容等的规定较为原则，各地据此编制的记录档案的内容、格式、形式也不很统一，不便于存档、管理。因此，需要在原标准基础上编制记录档案标准文本和著录说明予以规范；建立“国家全国重点文物保护单位记录档案数据库”，需要开发一个标准软件，并在这次备案工作中应用。同时，该软件还将以适当的方式发至全国各有关单位，以规范记录档案的数据录入工作。

第二个方面的内容是收集、汇总全国重点文物保护单位记录档案，并按标准整理、归档、保管，在此基础上建立传统形式的“国家全国重点文物保护单位记录档案库”和数字化的“国家全国重点文物保护单位记录档案数据库”、“国家全国重点文物保护单位记录档案（核心指标）数据库”，逐步实现全国重点文物保护单位记录档案管理的规范化，增加档案管理的科技含量，以适应文物事业发展的需要。这也是全国重点文物保护单位记录档案备案工作的总体目标。预计用三年左右的时间（2003～2005 年），经过努力可以初步实现这个目标。

三、全国重点文物保护单位记录档案备案工作的组织实施

1. 全国重点文物保护单位记录档案备案工作的组织形式和运作机制。

全国重点文物保护单位记录档案备案工作是文物事业的基础工作之一，是国家文物局和全国文物系统近期的重点工作项目。为此，国家文物局成立了由主管副局长牵头的工作领导小组，并委托中国文物研究所等单位为项目承办单位，具体承担、实施该项目。各省、自治区、直辖市文物主管部门及所有全国重点文物保护单位管理机构分别负责本地区和本单位的全国重点文物保护单位记录档案备案工作。

全国重点文物保护单位记录档案备案工作的运作实行“项目责任人负责制”。中国文物研究所等单位为该项工作的承办单位，成立“项目实施小组”，落实项目责任人；各省、自治区、直辖市也应成立“工作领导小组”和“项目实施小组”，并落实责任人。

2. 全国重点文物保护单位记录档案备案工作实施的技术路线。

（1）“分散建档，集中备案”。即：各省、自治区、直辖市文物行政部门负责本地区的全国重点文物保护单位记录档案整理、归档工作，然后集中报送国家文物局备案。中国文物研究所负责记录档案的接收、整理、归档、保管。

（2）“统一标准，分散录入，资源共享”。全国重点文物保护单位记录档案数据及核心指标数据，按《全国重点文物保护单位记录档案数据库》和《全国重点文物保护单位记录档案（核心指标）数据库》标准软件录入。其中，第一至第四批的记录档案数据由中国文物研究所等单位负责统一录入。第五批的记录档案由各省、自治区、直辖市文物主管部门负责录入，然后集中报送国家文物局。国家文物局委托有关单位负责汇总，建立“国家全国重点文物保护单位记录档案数据库”、“国家全国重点文物保护单位记录档案（核心指标）数据库”，并依据有关规定向全国文物系统乃至社会提供服务，实现资源共享。

3. 全国重点文物保护单位记录档案备案工作的资金来源。

全国重点文物保护单位记录档案备案工作是各级政府文物行政部门的法定职责，所需经费应由各级政府财政解决。其中，建档和向国家文物局报送档案工作所需经费由文物所在地政府财政负担；备案后的记录档案的整理、归档、管理所需经费由中央财政解决。

四、全国重点文物保护单位记录档案备案工作实施步骤

拟分为三个阶段完成全国重点文物保护单位记录档案备案工作：

第一阶段，12 个月（2003 年）

1. 国家文物局成立“全国重点文物保护单位记录档案备案工作领导小组”。领导小组组长由国家文物局主管副局长担任，文物保护司及相关单位领导任副组长。领导小组的主要工作任务是组织、协调，并指派相关同志具体抓该项工作。领导小组将于 2003 年 3 月 1 日前完成组建工作。

2. 中国文物研究所等单位成立“全国重点文物保护单位记录档案备案工作项目实施小组”，“项目实施小组”由中国文物研究所等单位指派专人组成，具体负责全国重点文物保护单位记录档案备案工作的落实。

3. 各省、自治区、直辖市文物行政部门成立“全国重点文物保护单位记录档案备案工作领导小组”和“项目实施小组”。各省级文物行政部门指派一名主管领导牵头，成立“领导小组”和“项目实施小组”，负责本辖区相关工作的组织、实施和落实，并于 2003 年 4 月 30 日前将组织机构成立情况报国家文物局备案。

4. 编制、发布《全国重点文物保护单位记录档案备案工作实施方案》。

5. 报送和接收第一至第四批全国重点文物保护单位的记录档案。记录档案由各省级文物行政部门集中报送到中国文物研究所。各地可按《全国重点文物保护单位“四有”工作规范》的规定报送主卷部分，有条件的地方也可以将主卷、副卷、备考卷一并报送。报送工作应在 2003 年 3 月 31 日前完成。

6. 报送和接收“第一至第五批全国重点文物保护单位记录档案清单”。各省级文物行政部门应在 2003 年 3 月 31 日前将清单集中报送到中国文物研究所，以便于接收单位掌握总体情况，及时安排相关工作，特别是配备接收库房、设备等。

7. 编制《全国重点文物保护单位记录档案标准文本》。由中国文物研究所以课题方式组织有关人员完成。选择有代表性的古遗址、古墓葬、古建筑、石窟寺及石刻、近现代重要史迹及代表性建筑等类别的文物保护单位档案（包括主卷、副卷、备考卷）各一套，编制成标准文本，发至各有关单位在整理记录档案时参考。

标准文本将在2003年4月30日前完成初稿，修改完善后，7月底前报国家文物局批准发布。

8. 编制《全国重点文物保护单位记录档案著录说明》（附：《文物保护单位记录档案编号规则》）。

《全国重点文物保护单位记录档案著录说明》的主要作用是具体说明、规范记录档案的内容、格式、形式等。在备案工作中，对所有记录档案必须统一编号，以便于存档、管理。因此，需要编制《文物保护单位记录档案编号规则》，为全国重点文物保护单位记录档案提供编号标准（还包括为省、县级和未定级的约40万处不可移动文物档案编号预留位置）。编制依据主要有：《科学技术档案案卷构成的一般要求 GB/T 11822—2000》、《全国重点文物保护单位“四有”工作规范》、《文物保护单位信息指标体系规范》等。此项工作由中国文物研究所以课题方式组织有关专业人员承担，2003年4月30日前完成初稿，7月底前报国家文物局批准发布。

9. 设计全国重点文物保护单位记录档案主卷、副卷、备考卷卷皮、登记表和专用纸。

卷皮、登记表和专用纸的设计指导思想是便于归档，便于装订，便于提取，便于永久保存，美观大方。规格为8开本。其中主卷、副卷、备考卷卷皮为布面硬皮。

中国文物研究所负责组织相关人员于2003年4月30日前完成初步设计，在征求各方意见并修改后，6月底前报国家文物局批准。

10. 统一印制全国重点文物保护单位记录档案主卷、副卷、备考卷卷皮及登记表和专用纸。中国文物研究所组织相关人员于2003年12月底前完成。共印制1500套，部分用于装订汇总到中国文物研究所的档案，部分发至各省装订仍在当地的档案。

11. 安装1500平方米档案库房、购置相关设备。

档案库专用设备的购置、安装由中国文物研究所根据国家有关规范、标准，制定详细的专项计划报国家文物局批准后实施。此项工作应在2003年6月30日前完成。

12. 开发《全国重点文物保护单位记录档案数据库》软件。

《全国重点文物保护单位记录档案数据库》分两大部分：数据采集和文档管理。数据采集包括：记录档案中的文字和图像（照片、幻灯片、电影胶片、图纸、拓片）录入。文档管理包括：系统登录、信息发布、报表制作、系统管理、分布式数据管理模块等。

中国文物研究所会同有关单位在其正在开发的《全国重点文物保护单位数据库系统》软件基础上升级开发。完成时间为2003年12月31日前。

13. 开发《全国重点文物保护单位记录档案（核心指标）数据库》软件。

《全国重点文物保护单位记录档案数据库》是数字化的全国重点文物保护单位记录档案的完全版，内容全面，规模庞大，全面建成需要假以时日。为了尽快发挥记录档案的效益，同时提高工作效率，需要开发简化版的数字档案——《全国重点文物保护单位记录档案（核心指标）数据库》。

全国重点文物保护单位记录档案核心指标拟在国家文物局即将出台的《文物保护单位信息指标体系规范》的371个信息指标项中提取，用最基本、最核心的指标搭建《全国重点文物保护单位记录档案（核心指标）数据库》，在尽可能短的时间内初步实现全国重点文物保护单位记录档案的数字化管理。有关单位需于2003年12月31日前完成该项软件的研制工作。同时完成1271处全国重点文物保护单位简介数据录入，并在这个软件上试运行。

14. 召开“全国重点文物保护单位记录档案备案工作会议”（待定）。

第二阶段，12个月（2004年）

1. 编制、发布《全国重点文物保护单位记录档案管理办法》。

从档案管理角度制定本管理办法，具体涉及档案整理、备案、保管、借阅、复制、保密、安防等一系列内容。拟于2004年6月30日前完成初稿，12月31日前定稿。中国文物研究所编制，国家文物局发布。

2. 全面完成第一至第四批750处全国重点文物保护单位记录档案的报送、整理、归档工作。

在2003年工作的基础上，各省级文物行政部门以《全国重点文物保护单位“四有”工作规范》和相关标准为依据，将2003年未报送的第一至第四批全国重点文物保护单位记录档案的副卷、备考卷及主卷中的短缺内容做进一步整理、归档、补齐。2004年6月30日前集中报送国家文物局（中国文物研究所接收）备案。

3. 2004年12月31日前完成第一至第四批750处全国重点文物保护单位记录档案核心指标数据录入工作。

4. 报送和接收第五批521处全国重点文物保护单位的记录档案。

各省、自治区、直辖市文物主管部门于2004年12月31日前，将以《全国重点文物保护单位“四有”工作规范》和《全国重点文物保护单位记录档案著录说明》等相关标准为根据整理、归档的第五批全国重点文物保护单位记录档案主卷、副卷、备考卷等，集中报送国家文物局（中国文物研究所接收）备案。

第三阶段，12个月（2005年）

1. 对第五批521处全国重点文物保护单位记录档案（主卷、副卷、备考卷）进行整理、归档。此项工作由中国文物研究所于2005年6月30日前完成。

至此，国家全国重点文物保护单位记录档案库基本建成。

2. 2005年9月30日前完成第五批521处全国重点文物保护单位记录档案核心指标数据录入和《国家全国重点文物保护单位记录档案（核心指标）数据库》建库工作。

3. 2005年第四季度，国家文物局验收“国家全国重点文物保护单位记录档案库”和“国家全国重点文物保护单位记录档案（核心指标）数据库”。

全国重点文物保护单位记录档案工作规范（试行）

（文物保发〔2003〕93号　2003年12月3日）

第一章　总　则

第一条　为了加强全国重点文物保护单位记录档案（以下简称：记录档案）的编制和管理工作，依照《中华人民共和国文物保护法》、《全国重点文物保护单位保护范围、标志说明、记录档案和保管机构工作规范》等法规的有关规定制订本规范。

第二条　记录档案包括对全国重点文物保护单位本身的记录和有关文献。内容分为科学技术资料和行政管理文件。形式有文字、图纸、照片、拓片、摹本、电子文件等。

第三条　记录档案必须科学、准确、翔实。记录档案分为主卷、副卷、备考卷。主卷以保护管理工作记录和科学资料为主。副卷收载有关行政管理文件及日常工作情况。备考卷收载与本处文物保护单位有关、可供参考的论著及资料。

第二章　主　卷

第四条　主卷包括：文字、图纸、照片、拓片及摹本、保护规划及保护工程方案、文物调查及考古发掘资料、文物保护工程及防治监测、文物展示、电子文件、续补等十种案卷。

第五条　文字卷包括以下内容：

（一）全国重点文物保护单位登记表。

（二）地理位置。

（三）自然与人文环境。

（四）历史沿革。

（五）基本状况描述。

（六）价值评估。

（七）相关研究情况。

（八）历次调查、发掘、保护工程、展示情况。

（九）保护范围、建设控制地带及建设项目控制情况。

（十）保护标志情况。

（十一）保护机构情况。

（十二）安全保卫工作情况。

（十三）附属文物登记表。

（十四）重要文物藏品登记表。

（十五）古树名木登记表。

第六条 图纸卷包括以下内容：

（一）总体图纸：地形地貌图；地质图；行政区划图；文物分布图；保护范围和建设控制地带图等。

（二）考古图纸：考古发掘平面图；典型地层剖面图；重要遗迹分布图和平、剖面图；典型器物图等。

（三）建筑图纸：建筑群体总平面图；单体平面图、立面图、剖面图；结构图、节点大样图等。

（四）历史资料性图纸和研究复原图等。

第七条 照片卷包括以下内容：

（一）全景照片；群体和单体的外景、内景、重要部位照片。

（二）附属文物、重要文物藏品、主要古树名木照片。

（三）保护标志牌、说明牌及界桩照片。

（四）重大活动照片。

（五）重大事故、自然灾害或其他异常现象照片。

（六）历史资料性照片。

第八条 拓片及摹本卷包括以下内容：

（一）摩崖石刻、碑碣、重要铭刻等拓片。

（二）壁画、岩画等摹本。

第九条 保护规划及保护工程方案卷包括以下内容：

（一）保护规划。

（二）保护工程方案。

第十条 文物调查及考古发掘资料卷包括以下内容：

（一）文物调查记录。

（二）考古发掘记录、工作报告等。

第十一条 文物保护工程及防治监测卷包括以下内容：

（一）文物保护工程记录、竣工报告等。

（二）文物监测、病害防治记录及成效报告等。

第十二条 文物展示卷包括以下内容：

文物展览及陈列方案、工作报告等。

第十三条 电子文件卷包括以下内容：

与本处全国重点文物保护单位有关的各类电子文件。

第十四条 续补卷包括以下内容：

收录主卷内容的动态续补。

第三章 副 卷

第十五条 副卷包括：行政管理文件、法律文书、大事记、续补等四种案卷。

第十六条 行政管理文件卷包括以下内容：

各级人民代表大会、政府和文物行政管理部门发布的，关于本处全国重点文物保护单位的专项法规、文件、布告、通知等。

第十七条 法律文书卷包括以下内容：

各级政府、文物行政管理部门或文物保护管理机构与使用单位、群众性保护组织等签署的责任书、保护合同及其他法律文书。

第十八条 大事记卷包括以下内容：

与本处全国重点文物保护单位相关的重大事件记录。

第十九条 续补卷包括以下内容：

收录副卷内容的动态续补。

第四章 备考卷

第二十条 备考卷包括参考资料、论文、图书、续补等四种案卷。

第二十一条 参考资料卷包括以下内容：

与本处全国重点文物保护单位有关、具有参考价值的非正式出版的各种资料。

第二十二条 论文卷包括以下内容：

与本处全国重点文物保护单位有关的正式发表的研究论文、散见于各种出版物的考古发掘报告（演示文稿）、文摘、报道、历史文献等。上述论文资料数量较多的，可选取有代表性的归档，其余部分编入目录。

第二十三条 图书卷包括以下内容：

与本处全国重点文物保护单位有关的各种图书。上述图书资料数量较多的，可选取有代表性的归档，其余部分编入目录。

第二十四条 续补卷包括以下内容：

收录备考卷内容的动态续补。

第五章　管理、装帧和归档

第二十五条　全国重点文物保护单位的记录档案，由省、自治区、直辖市文物行政管理部门组织制作并指定机构负责管理，要建立严格的收集、整理、借阅、使用制度。记录档案的主卷、副卷、备考卷必须报送国家文物局和省、自治区、直辖市文物行政管理部门备案。保存记录档案必须有符合国家标准的安全场地和设施，并指派专人负责。

第二十六条　全国重点文物保护单位记录档案（主卷、副卷、备考卷）的制作，统一使用国家文物局监制的卷盒、卷内表格、专用纸等。

第二十七条　根据归档的实际需要，案卷可采用装订和不装订两种形式。案卷装订不允许使用金属物。

第二十八条　制作档案的书写材料及工具，应符合耐久性要求（如：热敏纸、复写纸、铅笔、圆珠笔、红墨水、纯蓝墨水等不能使用）。

第二十九条　全国重点文物保护单位记录档案必须按下列要求归档：

（一）图纸：总体图纸中的地图，必须使用国家专业部门制作的图纸。各类专业图纸应由受过专业训练的技术人员按照国家相关标准绘制。测绘图纸一般应参照国家标准规定的幅面尺寸套用，如图幅较大无法套用的，可自行制定幅面尺寸，但同一个项目的一套基本图纸，幅面尺寸应尽量统一。所有图纸应采用底图或晒蓝图、计算机打印图。

（二）照片：必须采用专业相纸冲洗，规格不得小于 5 英寸。

（三）拓片：必须用宣纸捶拓。

（四）摹本：尽量用宣纸临摹。

（五）保护规划、保护工程方案、文物调查记录、考古发掘记录、考古发掘报告、文物保护工程记录、文物保护工程报告、文物监测及病害防治记录与成效报告等（包括其中的图纸、照片等全部资料），全文本归档，不拆分。

（六）电子文件，一律采用通用格式存储于不可擦除型光盘（一式两套）。各种磁带、磁盘、幻灯片、电影胶片、录像带、录音带等其他载体的信息必须转换成光盘存储。光盘内应编制文件目录。

（七）专项法规、文件、布告、通知、责任书、保护合同及其他法律文书需采用原件或副本。

（八）正式出版的研究论文、考古发掘报告、文摘、报道等需采用原件或副本。

第三十条　与全国重点文物保护单位记录档案内容相关的变化情况应及时按主卷、副卷、备考卷分别组成续补卷补入档案。

第六章　附　则

第三十一条　其他不可移动文物记录档案的编制和管理工作可参照本规范执行。

第三十二条　本规范由国家文物局负责解释。

第三十三条　本规范自公布之日起实施。

全国重点文物保护单位保护规划编制审批办法

（文物办发〔2004〕87号　2004年8月2日）

第一条　为加强文物保护单位保护规划编制和审批的管理，根据《中华人民共和国文物保护法》、《中华人民共和国城市规划法》、《中华人民共和国文物保护法实施条例》及其他相关法律法规，制定本办法。

第二条　本办法的适用范围为全国重点文物保护单位保护规划的编制和审批。

第三条　文物保护单位保护规划是实施文物保护单位保护工作的法律依据，是各级人民政府指导、管理文物保护单位保护工作的基本手段。

第四条　编制文物保护单位保护规划，必须坚持“保护为主、抢救第一、合理利用、加强管理”的文物工作方针，正确处理文物保护与经济建设的关系，文物保护与合理利用的关系，促进文物保护事业的可持续发展，使文物保护单位及其环境得到有效保护。

第五条　文物保护单位保护规划应当纳入所在地的国民经济和社会发展规划、城乡建设发展规划，应当与相关的生态保护、环境治理、土地利用等各类专门性规划相衔接。

第六条　全国重点文物保护单位保护规划应当在省级文物行政部门指导下，由所在地的县级以上人民政府组织编制。

跨省、自治区、直辖市的全国重点文物保护单位保护规划，由国家文物局指定或协调有关省、自治区、直辖市组织编制；跨地、市、县的全国重点文物保护单位保护规划，由省级文物行政部门指定或协调有关政府机构组织编制。

第七条　承担编制文物保护单位保护规划的单位，必须具有国家文物局认定的相应资质。

第八条　国家鼓励文物保护规划理论和技术的研究、创新与运用，提倡多学科结合，提高文物保护单位保护规划的编制水平。

第九条　编制文物保护单位保护规划应当满足下列基本原则和要求：

（一）尽可能减少对文物本体的干预，保存文物本体的真实性，注重文物环境的保护和改善，保护文物本体及其环境的完整性；

（二）做好前期调研和评估工作，充分考虑文物本体的组成要素及其环境的历史格局，提高保护措施的科学性、前瞻性和可操作性；

（三）坚持科学、适度、持续、合理地利用，统筹协调文物保护与地方经济发展的关系。

第十条 编制文物保护单位保护规划应当对文物保护单位的历史沿革、现存状况、保护和管理状况、考古工作状况以及研究的历史和成果等进行深入的调查分析，对文物所在地的自然与生态环境、社会和经济发展状况等进行普遍的了解，取得准确的、充分的基础资料。

编制组织单位应配合提供编制文物保护规划所需要的基础资料。

第十一条 文物保护单位保护规划可根据文物保护单位的规模和复杂程度分为总体规划和专项规划。

规模特大、情况复杂的文物保护单位应首先进行可行性研究并编制总体保护规划纲要。

第十二条 文物保护单位保护规划一般应当包括下列主要内容：

（一）评估文物保护单位的价值、重要性及其环境影响、社会与人文影响；

（二）评估文物本体及其环境的保存、保护、管理和利用现状，分析主要破坏因素；

（三）明确规划原则、性质、目标、重点和保护对象等；

（四）划分保护范围与建设控制地带，提出管理规定；

（五）制定保护措施，包括保护工程和保护技术要求；

（六）制定相关的环境治理和生态保护措施；

（七）提出其他相关领域规划的要求；

（八）划定功能分区，限定利用功能；

（九）制定开放计划，核定游客容量控制指标，确定展示项目、路线组织和必要的服务设施；

（十）说明规划范围内拟建项目的必要性，编制选址策划，提出建筑功能设定、规模测算和建筑设计的规划要求；

（十一）提出管理建议，确定日常养护和监测内容，考虑社区参与计划；

（十二）编制规划分期、实施重点与投资估算，提出实施保障。

第十三条 文物保护单位保护规划中保护目标、保护范围及建设控制地带的划分与管理规定、文物本体的主要保护措施、利用功能限定和游客容量控制指标等内容，应当作为保护规划的强制性内容。

第十四条 保护规划的期限一般为20年。

规划期内可根据要求分为近期、中期、远期。近期规划一般不超过5年，应优先解决文物保护单位存在的主要问题，安排亟待实施的保护项目。

第十五条 保护规划成果一般由规划文本、规划图纸、规划说明和基础材料汇编组成。

总体保护规划纲要包括文字说明和必要的示意性图纸。

第十六条 文物保护单位保护规划编制深度应满足保护的有效性和实施的可操作性。《全国重点文物保护单位保护规划编制要求》作为本办法附件与本办法一同发布并施行。

第十七条 全国重点文物保护单位保护规划编制完成后，应当由规划编制组织单位报省级文物行政部门会同建设规划等部门组织评审，并由省级人民政府批准公布。省级人民政府在批准公布全国重点文物保护单位保护规划前，应征得国家文物局同意。

第十八条 对全国重点文物保护单位保护规划的内容进行调整或修改，应当按照原报批程序进行。

第十九条 省级和市、县级文物保护单位保护规划的编制审批办法，由省级文物行政部门参照本办法另行制订。

第二十条 本办法由国家文物局负责解释。

第二十一条 本办法自公布之日起施行。

全国重点文物保护单位保护规划编制要求

（文物办发〔2004〕87号　2004年8月2日）

第一章　总　则

第一条　为统一文物保护单位保护规划技术文件的内容和深度，依据《全国重点文物保护单位保护规划编制审批管理办法》，制定本要求。

第二条　本要求是和《全国重点文物保护单位保护规划编制审批管理办法》配套的具体规定，编制文物保护单位保护规划除遵守本要求外，尚应符合其他有关标准、规范的规定。

第三条　文物保护单位保护规划设计成果的各组成部分要求如下：

（一）规划文本：表达规划的意图、目标和对规划的有关内容提出的规定性要求，文字表达应当规范、准确、肯定、含义清楚。

（二）规划图纸：用图像表达现状和规划内容。要求清晰准确，图例统一，图纸表达内容应与规划文本一致。规划图纸应绘制在近期测绘的现状地形图上，规划图上应显示出现状和地形。图纸上应标注图名、比例尺、图例、绘制时间、规划设计单位名称。

（三）规划说明：内容包括文物保护单位的价值与重要性、现状、管理等各项评估的详细内容，论证规划意图，解释规划文本等。

（四）基础资料汇编：内容包括有关文物保护单位的各类基础资料与规划依据等。

第二章　规划文本

第四条　规划文本基本内容：

规划文本内容一般应包括各类专项评估、规划原则与目标、保护区划与措施、若干专项规划、分期与估算五部分基本内容；规模特大、情况复杂的文物保护单位规划文本还应包括土地利用协调、居民社会调控、生态环境保护等相关内容。

规划文本的体例一般为：

（一）总则；

（二）专项评估；

（三）规划框架；

（四）保护区划；

（五）保护措施；

（六）环境规划；

（七）展示规划；

（八）管理规划；

（九）规划分期；

（十）投资估算；

（十一）附则。

第五条 总则编制内容：

表述规划对象的概况（含行政区划、类型、保护级别与公布时间）和规划性质、编制依据、规划范围、规划期限等。

第六条 专项评估编制内容：

明确保护对象，提出价值评估（含文物价值与社会价值）、现状评估、管理评估、利用评估的结论和主要破坏因素或现存主要问题。

第七条 规划框架：

提出规划原则与目标、基本对策、规划重点、总体布局等内容。

第八条 保护区划编制内容：

（一）保护区划：

文物保护单位保护规划应根据确保文物保护单位安全性、完整性的要求划定或调整保护范围，根据保护相关环境的完整性、和谐性的要求划定或调整建设控制地带。

在考古调查、勘探工作尚未全面展开的情况下，编制保护规划应当分析文物分布的密集区、可能分布密集区和可能分布区，以此确定文物保护单位的分布范围、重点保护对象和不同的区划等级或类别。

各类保护区划必须明确四至边界，注明占地规模，制定管理规定。

（二）区划等级：

保护范围可根据文物价值和分布状况进一步划分为重点保护区和一般保护区。

建设控制地带可根据控制力度和内容分类。

（三）制定管理规定：

各类保护区划的管理规定应当依据《中华人民共和国文物保护法》和相关法律法规，结合文物保护单位的实际情况编制。

涉及城镇建设用地的建设控制地带应提出详细的建设控制要求，包括建筑物的体量、高度、色彩、造型等，必要时应提出建筑密度、适建项目等要求。

第九条 保护措施编制内容：

（一）制定保护措施：

根据文物保护单位的价值与现状评估，针对破坏因素，结合保护目标，制定保护措施。

保护措施的制定要以各项评估为依据，区分保护力度，划分措施等级。

保护措施既包括技术层面的各种具体措施（化学的、生物的、工程的），也包括各类管理控制要求。

一般保护措施应满足文物的保存、管理、安防和日常维护要求。

特殊保护措施必须经由专业技术论证，要考虑可逆性。

涉及防火、防洪、防震等急性灾变的保护措施应制定应急措施预案。

（二）制定专项保护工程及其他工程规划：

涉及古建筑群修缮、岩（土）体加固、防灾工程等专项保护工程时，应提出具体规划要求、技术路线、实施方案计划等，注明其对文物保护单位本体的干扰程度，测算工程量，制定分期实施计划。

（三）说明保护范围内规划建造项目的必要性，编制选址策划，提出建筑功能设定、规模测算和建筑设计的规划要求。

第十条 环境规划编制内容：

（一）提出环境治理与保护要求：

环境治理内容包括禁止开山采石、保持视线通廊、空间景观整治、道路修建改建、居民搬迁调控、不协调建造物的拆除或整饰要求等。

环境保护内容包括编制环境质量标准、垃圾处理方式和污染治理等要求。

（二）提出生态保护要求：

生态保护内容包括维护地形地貌、防止水土流失、策划水系疏浚、防治风蚀沙化、农业综合治理等。

（三）编制景观保护规划：

参考历史环境资料，提出与文物保护单位环境相和谐的景观保护设计要求，包括环境风貌、视线通廊、空间景观等内容；同时结合生态保护要求，确定植被类型与品种要求，编制绿化景观规划。

第十一条 展示规划编制内容：

（一）制定展示原则、目标和方式等；

（二）划分功能分区，提出展示和使用要求；

（三）规划展示主题、布局等内容；

（四）组织展示路线；

（五）策划展示设施；

（六）设置游客服务设施；

（七）测算开放容量（包括最大控制容量／日、控制容量／年等）；

（八）其他内容。

第十二条 管理规划编制内容：

（一）提出管理机构、经费与人员编制要求；

（二）提出管理办法制订要求；

（三）提出管理机构的责权范围与日常工作内容；

（四）提出培训计划和宣传、教育计划。

第十三条 规划分期编制内容：

提出分期依据，列出各期规划实施重点和措施。

第十四条 投资估算编制内容：

（一）列出估算依据，核算有关数据；

（二）对规划各项内容进行分期、分类的资金投入估算；

（三）提出规划实施保障，或资金筹措及有关政策建议；

（四）可评估社会效益或经济效益。

第十五条 附则：

（一）文本的法律效力；

（二）规划解释权；

（三）执行时间。

第十六条 规划文本可根据文物保护单位的类别、规模和复杂程度，增补下列相关的专项规划章节。编制深度参照国家有关技术规范标准，涉及专门性规划的内容以建议方式表述。

（一）道路交通调整规划；

（二）人口调控或社会居民调控规划；

（三）土地利用调整规划；

（四）基础设施调整规划；

（五）建筑保护与更新模式规划；

（六）利用功能调整规划等。

第三章 规划图纸

第十七条 保护规划基本图纸与内容：

（一）区位图：标明文物保护单位在行政辖区的位置。

（二）环境图：标明文物保护单位与相关地理形貌及其周围地区的关系。

（三）现状图：标明文物保护单位分布范围及其相关环境因素，注明相关经济技术指标。本体面积单位：平方米（m^2），占地面积单位：公顷（hm^2）。

（四）评估图：标明文物保护单位的价值等级、完好程度、病害类别、破坏速度、主要破坏因素以及历代建造或修缮记录、功能利用现状等评估内容。

（五）保护规划总图：综合性标明保护范围内的主要规划内容。

（六）保护区划图：标明文物保护单位的保护范围、建设控制地带等保护区划的边界、占地面积和分级分类内容，注明相关经济技术指标；标注保护对象。

（七）保护措施图：标明各种保护措施、保护工程的实施范围和相关经济技术指标。涉及历史文化保护区性质的文物保护单位（古村镇、坞堡等）应参照历史文化保护区规划编制要求补充绘制相关的规划图。

（八）环境规划图：标明环境规划涉及的各项内容实施范围与相关经济技术指标。

（九）展示规划图：标明展示目标位置与名称、说明标牌位置、参观路线、停车场、游客服务设施或陈列馆室等，注明相关经济技术指标。

（十）管理规划图：标明围栏、门卫、监控及其他安防设施的位置，巡查管理分片范围等。

（十一）基础设施图：包括道路交通、排水沟渠和工程管网。其中：道路交通图应规定交通出入口方位，确定保护范围内路网系统及其与外围道路的联系，主要道路的断面；工程管网图应确定消防设施、给排水管线、电力电讯等各单项工程管线的走向、管径等，制定相应的规划实施要求（环境和谐要求）；必要时配竖向规划图。

（十二）分期规划图：标明规划各期实施内容的范围与经济技术指标。

（十三）工程方案图：各类保护、展示、管理工程的主要设计方案图。

第十八条　保护规划说明图纸与内容：

（一）测绘图：即文物保护单位文物的标准测绘图（古建筑测绘图、石窟测绘图、考古发掘平剖面图等）。

（二）历史沿革图：相关历史时期行政区划图、方志图和文献中的相关图形资料。

（三）相关示意图：标示文物保护单位的结构格局、文化谱系区划、地理气候区划等相关信息的示意图。

第十九条　保护规划补充性图纸与内容：

（一）用地功能分区图：适用于规划范围较大、非单一功能规划用地的文物保护单位，应标明用地分类、用地性质、各类用地规模等。

（二）地形地貌分析图：适用于地形地貌复杂的文物保护单位及其环境。

（三）环境整治规划图：适用于规划范围较大、环境整治内容复杂的文物保护单位。

（四）道路交通调整规划图：适用于涉及城镇体系交通关系调整的文物保护单位。标明保护范围内道路系统及与外部道路系统的联系，标明各级道路的红线位置、道路横断面、路口转弯半径等，表示机动车道与非机动车道以及人行道的分流和衔接、停车场的位置和出入口。大型文物保护单位可简化制图。

（五）土地利用协调规划图：适用于涉及土地利用性质调整的文物保护单位，应分类标绘土地利用现状，深度以《城市用地分类与规划建设用地标准》中的中类为主，小类为辅；必要时应配“土地利用现状图”。

（六）社会居民调控规划图：适用于人口调整规模跨乡镇行政区划的文物保护单位，应绘制搬迁型、缩小型、控制型居民点和定向安置选址等内容；必要时配“人口分布密度现状图”和“人口分布密度规划图”。

（七）建设用地发展方向规划图：适用于涉及城乡建设发展方向的文物保护单位。

（八）生态环境保护图：适用于涉及大面积生态保护的文物保护单位。

（九）保护规划补充性图纸的绘制内容可分别参照《城市规划编制办法实施细则》（1995）、《风景名胜区规划规范（GB 50298—1999）》、《历史文化名城保护规划编制要求》（1994）、历史文化名城保护规划和村镇规划等技术文件的对应条款。

第二十条 规划图纸绘制要求：

（表略）

第二十一条 规划图纸绘制要求说明：

（一）基本图纸可根据实际情况，表现内容简单的可绘制综合图；表现内容复杂的可在综合图的基础上拆分单项内容、独立成图。

（二）分图一般应在总图的比例上酌情加大。

（三）用于规划实施阶段的图纸深度与比例应参照建筑设计总平面图要求绘制。

第四章 规划说明与基础资料

第二十二条 规划说明用于论证规划意图、解释规划文本。

编制格式可以由保护对象说明、专项评估报告、专项规划说明、规划实施保障建议等内容组成。

第二十三条 保护对象说明：

收集与整理文物保护单位的所有图、文档案，明确说明规划的保护对象，包括文物保护单位的构成内容及其相关历史环境因素，编制概括、准确的《文物清单》，配置必要的分析示意图。

考古基础资料不能满足确定保护对象的规划需求时，可在补充探查与实地调研的基础上，编制专项调查报告，分析、确定保护对象的分布情况，为规划确定保护对象提供依据。

第二十四条 专项评估报告：

（一）价值评估：评估文物保护单位的文物价值（包括历史价值、艺术价值和科学价值）和社会文化价值（对社会、文化、经济的影响作用）。

（二）现状评估：评估文物保护单位及其环境现存状况的真实性、完整性、延续性。真实性评估主要内容为现存各类工程干扰情况；完整性评估主要内容为保护区划状况、文物残损状况以及病害类型；延续性评估主要内容为破坏速度与破坏因素等。

（三）管理评估：评估文物保护单位的管理状况，包括“四有”建档情况、管理措施现状（保护级别公布、政府文件、管理机构、管理规章）、管理设备、技能与人才队伍以及历年保护工作的重要事件等相关工作评价。

（四）利用评估：评估文物保护单位的利用状况，包括社会教育效益、旅游经济效益、开放容量情况、交通与服务设施的配置与使用情况、展示设施的使用情况等。

（五）上述 4 项为保护规划的基本专项评估，评估结论最终应进行综合归纳，提炼出现存主要问题或主要破坏因素。

（六）价值突出、规模特大、情况复杂的文物保护单位还可以酌情增加档案建设、保护措施、监测体系、游客管理、学术研究、宣传教育等评估内容。

第二十五条 专项规划说明：

专项规划说明主要用于解释和说明规划文本中各专项规划的条款与编制依据。

有关工程的策划说明应包括选址、功能、规模的论证，说明有关建筑设计的各项规划要求。

开放容量的计算应包括详细的计算依据与过程，列出算式。

投资估算的计算应说明计算依据、计算过程，以及投资项目的不同类别、不同规划实施期限的计算数额；提出资金筹措渠道或来源。

第二十六条 规划实施保障建议：

规划实施保障建议主要援引我国有关文物保护的现行法律法规，结合地方社会经济文化具体条件，根据规划实施过程的各个环节，提出规划实施方式与支撑保障的建议，供规划实施者参考。

第二十七条 编制保护规划需搜集、研究的基础资料一般包括下列内容：

（一）符合国家勘察、测量规定的测绘图（包括各个时期的航拍、地形地貌图等）。

（二）历史文献资料和相关的地理、地震、气候、环境、水文等资料；必要时，应由专业部门提供专项评估报告。

（三）文物调查、勘探、发掘的相关资料和报告。

（四）历年保护措施的实施情况与监测记录。

（五）文物保护单位及其周边环境的现状图文资料。

（六）文物保护单位所在地当前的社会、文化、经济、交通、人口、地理、气候、水文、地质等基础资料和城乡建设发展的相关规划文件。

（七）文物展示、服务设施情况，历年游客人数与收费统计等。

（八）机构、经费、人员编制、政府管理文件等。

（九）其他相关资料。

关于加强工业遗产保护的通知

（文物保发〔2006〕10号）

各省、自治区、直辖市文物局、文化厅（局）、文管会：

在我国经济高速发展时期，随着城市产业结构和社会生活方式发生变化，传统工业或迁离城市，或面临“关、停、并、转”的局面，各地留下了很多工厂旧址、附属设施、机器设备等工业遗存。这些工业遗产是文化遗产的重要组成部分。加强工业遗产的保护、管理和利用，对于传承人类先进文化，保持和彰显一个城市的文化底蕴和特色，推动地区经济社会可持续发展，具有十分重要的意义。

目前，各地对工业遗产的保护还存在一些问题，一是重视不够，工业遗产列入各级文物保护单位的比例较低；二是家底不清，对工业遗产的数量、分布和保存状况心中无数；界定不明，对工业遗产缺乏深入系统的研究，保护理念和经验严重匮乏；三是认识不足，认为近代工业污染严重、技术落后，应退出历史舞台；四是措施不力，“详远而略近”的观念偏差，使不少工业遗产首当其冲成为城市建设的牺牲品。

鉴于工业遗产保护是我国文化遗产保护事业中具有重要性和紧迫性的新课题，国家文物局就加强工业遗产保护的有关要求通知如下：

一、各地文物行政部门应结合贯彻落实《国务院关于加强文化遗产保护的通知》的精神，按照科学发展观的要求，充分认识工业遗产的价值及其保护意义，清醒认识开展工业遗产保护的重要性和紧迫性，注重研究解决工业遗产保护面临的问题和矛盾，处理好工业遗产保护和经济建设的关系。

二、各地文物行政部门应努力争取得到地方各级人民政府的支持，密切配合各相关部门，将工业遗产保护纳入当地经济、社会发展规划和城乡建设规划。认真借鉴国内外有关方面开展工业遗产保护的经验，结合当地情况，加强科学研究，在编制文物保护规划时注重增加工业遗产保护内容，并将其纳入城市总体规划。密切关注当地经济发展中的工业遗产保护，主动与有关部门研究提出改进和完善城市建设工程中工业遗产保护工作的意见和措施，逐步形成完善、科学、有效的保护管理体系。

三、制订切实可行的工业遗产保护工作计划，有步骤地开展工业遗产的调查、评估、认定、保护与利用等各项工作。首先要摸清工业遗产底数，认定遗产价值，了解保存状况，在此基础上，有重点地开展抢救性维护工作，依据《文物保护法》加以有效保护，坚决制止乱拆损毁工业遗产。

四、像重视古代的文化遗产那样重视近现代的工业文化遗存，深入开展相关科学研究，逐步形成比较完善的工业遗产保护理论，建立科学、系统的界定确认机制和专家咨询体系。开展对工业遗产价值评判、保护措施、理论方法、利用手段等多方面研究，并形成具有一定水平的研究成果，从而指导工业遗产保护与利用的良性发展。

五、结合工业遗产保护与保存情况，利用多种渠道，采取多种形式，开展保护工业遗产的宣传教育，提高公众对工业遗产的认识，使工业遗产保护的理念和意识深入人心，充分调动社会各界保护工业遗产的积极性，营造良好的社会保护氛围，推动我国工业遗产保护工作的顺利开展。

国家文物局

二〇〇六年五月十二日

中国世界文化遗产监测巡视管理办法

（文物保发〔2006〕92号　2006年12月8日）

第一条　为了加强我国世界文化遗产的保护管理，更好地履行《保护世界文化和自然遗产公约》缔约国的责任和义务，依据《中华人民共和国文物保护法》和《世界文化遗产保护管理办法》制定本办法。

第二条　本办法适用列入《世界遗产名录》的中国文化遗产及世界文化与自然混合遗产中的文化遗产部分。

第三条　国家对世界文化遗产实行国家、省、世界文化遗产地三级监测和国家、省两级巡视制度。监测包括日常监测、定期监测、反应性监测；巡视包括定期或不定期巡视。

国家文物局负责制订世界文化遗产监测巡视工作的方针、政策、管理制度和技术规范；组织或委托专业机构实施反应性监测；组织定期或不定期巡视。

省级文物行政部门负责对本辖区内世界文化遗产进行定期监测、反应性监测，及定期或不定期巡视。

世界文化遗产保护管理机构负责世界文化遗产的日常监测。

第四条　日常监测的内容包括文物本体保存状况、核心区和缓冲区内的自然或人为变化、周边地区开发对文物本体的影响、游客承载量等。

定期监测是指省级文物行政部门每五年对世界文化遗产实行的系统监测以及每年对列入《濒危世界遗产名录》或者《中国世界文化遗产警示名单》的世界文化遗产进行的重点监测。系统监测的内容包括对保护规划执行情况、遗产保护、管理、展示、宣传等情况的全面监测；重点监测内容包括对保护存在问题采取的解决方法及成效的监测。

反应性监测是针对保护管理出现的问题进行的一种专门监测，内容包括对威胁到遗产保护的异常情况或危险因素进行监测。

第五条　国家文物局或省级文物行政部门组织对遗产地进行定期或不定期巡视，巡视内容包括审核监测结果，检查保护、管理状况，并提出整改要求。

第六条　世界文化遗产保护管理机构须于每年1月将上年度的日常监测报告上报省级文物行政部门。

省级文物行政部门须将审核后的年度日常监测报告于每年3月上报国家文物局，并按照国家文物局的要求按时报送定期监测报告。

国家文物局每年向社会公布世界文化遗产保护管理监测结果。

第七条 国家、省、世界文化遗产保护管理机构分别对反应性监测、定期监测、日常监测工作形成记录档案，并妥善保管。

国家文物局负责建立并运行世界文化遗产保护管理记录档案数据库系统。

第八条 鼓励使用先进科学技术手段，对世界文化遗产开展多学科、多部门合作的监测。

国家文物局负责建设世界文化遗产动态监测管理系统。

第九条 监测资料、监测数据的真实性、全面性必须予以保证。国家文物局和省级文物行政部门对未按规定开展监测工作、未按时报送以及隐瞒、篡改监测结果的机构和个人予以警告并依法责令改正。

对监测巡视中发现的问题，世界文化遗产保护管理机构应按要求及时整改。未按期整改的，国家文物局可将其列入《中国世界文化遗产警示名单》或根据情况建议列入《濒危世界遗产名录》。

第十条 本办法中规定的世界文化遗产监测巡视工作所需费用从国家文物局和省级文物行政部门和世界文化遗产保护管理机构的事业经费中列支。

第十一条 与本办法相关的《中国世界文化遗产监测技术规范》另行制定。

第十二条 列入《中国世界文化遗产预备名单》的文化遗产，其监测巡视工作参照本办法实行。

第十三条 本办法自公布之日起实施。

第十四条 本办法由国家文物局负责解释。

中国世界文化遗产专家咨询管理办法

（文物保发〔2006〕92号　2006年12月8日）

第一条　为加强和规范中国世界文化遗产的保护和管理，充分发挥专家咨询在世界文化遗产工作中的作用，依据《世界文化遗产保护管理办法》制定本办法。

第二条　世界文化遗产、文化与自然混合遗产中的文化遗产部分和《中国世界文化遗产预备名单》的文化遗产的申报、保护和管理实行专家咨询制度。

第三条　建立中国世界文化遗产专家库和专家委员会，为国家文物局开展世界文化遗产申报、保护和管理等工作提供专业咨询。

专家委员会成员每届任期3年。

第四条　国家文物局从文物保护、规划、建筑、考古、历史、景观、法规等相关领域内遴选具有较高学术造诣的专家学者组成专家库。

专家库实施开放动态管理，具备条件的专家可随时纳入专家库。根据需要，可邀请少量外籍专家进入专家库。

第五条　国家文物局按照以下标准从专家库中遴选专家组成专家委员会：

（一）热爱世界文化遗产事业，具有良好的职业道德，具有高度的责任心；

（二）具有科学的文化遗产保护理念，熟悉世界文化遗产相关工作内容和程序，了解国际相关领域的现状和发展动向；

（三）从事与文化遗产保护相关的专业研究，在相关领域具有较高的学术造诣，经验丰富，有突出业绩；

（四）身体健康，能够承担相关工作。

第六条　在进行世界文化遗产监测、巡视工作时，国家文物局可征询专家委员会意见，或委托专业咨询机构进行咨询，也可直接听取专家意见。

对于世界文化遗产的申报、预备名单的设定等世界文化遗产工作中的重大事项，国家文物局可委托专家委员会提出咨询评估意见，为科学决策提供参考。

第七条　在进行审核世界文化遗产文物保护工程项目，审批世界文化遗产缓冲区内工程建设项目，验收世界文化遗产保护工程等工作时，国家文物局可征询专家委员会意见，或委托专业咨询机构进行咨询，也可直接听取专家意见。

第八条 国家文物局可委托世界文化遗产专家委员会开展世界文化遗产保护与管理的重大课题研究，为世界文化遗产工作提供理论支撑。

第九条 非经国家文物局委托或专家委员会指派，任何人不得以专家委员会或世界文化遗产专家库成员身份进行活动。对于违反规定的专家，国家文物局可将其从专家库和专家委员会中除名。

第十条 专家在执行咨询任务时，要坚持公平公正的原则，严守职业道德，保守工作秘密。对与本人有利害关系的咨询事项应主动申明并回避。未经授权或许可，专家不得擅自泄露尚未公布的专家委员会有关决定，不得代表各级文物行政部门或专家委员会发表个人意见。咨询任务结束后，专家应毫无保留地将了解到的情况，以及个人的意见和建议反映给专家委员会和国家文物局。

第十一条 受国家文物局委托而发生的专家咨询，所需经费从国家文物局相关专项经费中列支。

第十二条 地方各级文物部门及各遗产地管理机构要配合受国家文物局委托而进行的专家咨询工作，并为此提供必要条件。

第十三条 地方各级文物部门及各遗产地管理机构开展世界文化遗产申报、保护和管理工作，也应实行专家咨询制度，其专家咨询工作可参照本办法制定相关办法。

第十四条 本办法自颁布之日起实施。

第十五条 本办法由国家文物局负责解释。

关于加强乡土建筑保护的通知

（文物保发〔2007〕19号）

各省、自治区、直辖市文物局（文化厅、文管会）：

乡土建筑作为我国文化遗产的重要组成部分，不仅是传统杰出建筑工艺的结晶，也是探寻中华文明发展历程不可或缺的宝贵实物资料，蕴藏着极其丰富的历史信息和文化内涵。乡土建筑以其鲜明的地域性、民族性和丰富多彩的形制风格，成为反映和构成文化多样性的重要元素。

当前，我国正在全面推进社会主义新农村建设。充分利用新农村建设这一宝贵机遇，积极推动乡土建筑等农村地区文化遗产的保护工作，对于传承和弘扬优秀传统文化，促进各项建设事业，实现经济、社会的全面、协调和可持续发展，具有重大的现实意义和深远的历史意义。

为此，国家文物局特就加强乡土建筑保护的有关工作通知如下：

一、提高认识，将乡土建筑保护纳入新农村建设

各级文物行政部门应当充分认识乡土建筑保护工作的重要性和紧迫性，积极主动地同各有关部门加强协作，提前介入新农村建设的村庄整治工作。将乡土建筑保护作为新农村建设的重要内容，纳入新农村建设的总体规划，使乡村建设规划的制定和实施与当地文化遗产保护规划相协调，实现乡土建筑保护与当地经济社会发展的良性互动。

二、在第三次全国文物普查中做好乡土建筑调查

在第三次全国文物普查中，将乡土建筑作为重点内容。通过普查准确掌握乡土建筑的资源分布和保护现状，并对其予以登记认定，公布为不可移动文物。及时将普查中发现的具有重要价值的乡土建筑公布为各级文物保护单位，将乡土建筑资源丰富、保存较好的村镇公布为历史文化名村、名镇。

三、鼓励和引导农民群众自觉保护乡土建筑

农民群众的支持和参与是做好乡土建筑保护工作的关键因素。要积极探索和尝试按照责、权、利相一致的原则，以多种方式调动农民和村集体在乡土建筑保护上的积极性，引导他们在自愿基础上实现乡土建筑产权或使用权的转移，鼓励和扶助他们依靠自身力量维修保护乡土建筑。积极争取财政资金以一定比例补助属于私人和集体所有的乡土建筑保护维修费用，享受补助者应当在乡土建筑的使用、管理、开放、展示和处分等方面履行相应的义务。

四、深入开展科学研究，加强人才培养和队伍建设

组织有关专业机构深入研究乡土建筑的特点和保护管理的科学规律，抓紧制订具有较强针对性和适用性的本地区乡土建筑保护技术标准、规范。充分发挥高校和科研单位的重要作用，进一步加强对乡土建筑保护相关专业的人员培养。扶持和培训民间维修队伍，重点支持在乡土建筑保护维修方面有特长的队伍，发掘和传承具有地方、民族特色的传统工艺、技能。

五、兼顾乡土建筑保护和合理利用

在有效保护乡土建筑的前提下，充分考虑农村地区的实际情况，引导农民群众通过房屋内部设施改造，使乡土建筑基本适应现代生活的要求，或者开辟为农民群众喜闻乐见的文化活动室和公共场所，继续发挥乡土建筑的功用和价值。在乡土建筑集中分布的古村落中，在不损害文物本体、格局和历史风貌的基础上，改善水、电、通讯等基础设施，为居民提供应有的生活便利，延续古村落的历史文化传统，避免因居民大量外迁造成的空壳化。

六、完善保护管理体制

按照建设服务型政府的要求，根据乡土建筑保护的实际需要，适当简化保护维修的行政审批程序，提高审批效率，使审批工作更加以人为本、切合实际、简便可行。通过改革和完善乡土建筑保护的管理体制，进一步提高管理和服务水平。

七、加强技术指导，积极开展保护维修试点工作

加强对乡土建筑保护维修的技术指导，深入基层帮助农民群众解决保护维修工作中的实际困难。积极开展乡土建筑保护维修的试点工作，有重点地选择一些乡土建筑分布密集、具有典型意义的村庄，集中技术力量帮助当地群众和村集体在乡土建筑保护维修中做出试点工程，使农民群众有样可循，有例可依，有效降低保护维修成本。在工作实践中提炼和总结出一套行之有效、在当地具有普遍意义的乡土建筑保护管理方法和经验。通过树立典型和经验推广，有力地带动整个地区的乡土建筑保护工作。

国家文物局

二〇〇七年四月三十日

南水北调东、中线一期工程文物保护管理办法

（文物保发〔2008〕8号　2008年2月4日）

第一条　南水北调东、中线一期工程（以下简称“南水北调工程”）文物保护工作是南水北调工程建设的重要组成部分。为了进一步加强南水北调工程文物保护工作的管理，保护我国历史文化遗产，确保工程建设和文物保护工作顺利进行，根据《中华人民共和国文物保护法》等法律、法规，结合南水北调工程的实际情况，制定本办法。

第二条　本办法适用于南水北调工程永久占地范围内的文物保护与管理工作。

第三条　国家文物局负责对南水北调工程文物保护工作进行协调、指导和监督。

国务院南水北调工程建设委员会办公室（以下简称“国务院南水北调办”）参与指导、协调、监督南水北调工程文物保护工作。

国家文物局会同国务院南水北调办等有关部门共同组成工作协调小组，就南水北调工程文物保护工作中出现的重大问题进行研究协商。工程涉及的有关省市可参照建立相应的协调机制。

第四条　省级文物行政部门是本辖区南水北调工程文物保护工作的责任主体，具体负责文物保护工作的组织实施和管理。

省级征地移民主管部门和项目法人等配合做好南水北调工程的文物保护工作。

第五条　南水北调工程考古发掘工作应严格遵守《考古发掘管理办法》和国家文物局《关于加强基本建设工程中考古发掘工作的指导意见》的相关规定。

承担考古发掘项目的考古发掘资质单位应与省级文物行政部门签订工作协议，并严格按照协议规定开展工作，不得转让所承担的发掘项目，同一考古发掘领队每年负责的考古发掘项目不得超过两项。

第六条　省级文物行政部门在组织实施考古发掘项目的过程中，可根据项目实际情况，对少数项目的工作量予以调整，调整结果需报省级征地移民主管部门、项目法人和国家文物局备案。

第七条　南水北调工程中的地面文物保护工作应严格遵守《文物保护工程管理办法》等有关规定。对迁移保护的地面文物应依法办理相关手续。

第八条　对列入迁移保护的民居类文物建筑，应按照国家有关法规政策，由地方文物部门同产权人签订有关协议，划清产权归属，做好价值登记及补偿工作。

第九条 为确保文物保护工作质量，南水北调工程文物保护项目实行监理制度，应根据实际情况和需要开展综合监理或单项文物保护项目监理。具体监理办法由各省级文物行政部门组织制定。

监理工作要严格依照《中华人民共和国文物保护法》和《考古发掘管理办法》、《田野考古工作规程》以及其他相关法律、法规进行。

第十条 省级文物行政部门应组织对本辖区内南水北调文物保护项目进行检查和统计，并接受省级人民政府和国家有关部门组织的检查。

检查和统计过程中，要加强对文物保护工作进展情况、各项规程执行情况、工作计划执行情况、经费使用情况以及文物与人员安全情况等的检查和统计，确保文物保护工作符合有关法规和规范的要求。检查和统计情况应定期报送国家文物局，同时抄送省级征地移民主管部门和项目法人。

第十一条 省级文物行政部门应会同省级征地移民主管部门对本辖区内的南水北调工程文物保护项目进行验收。验收工作应包括项目完成情况、经费使用情况等。

第十二条 在工程建设期间，省级文物行政部门应会同省级征地移民主管部门制订文物保护应急预案，确保工程施工中的文物安全。

第十三条 在工程建设过程中发现文物，施工单位应按照《文物保护法》的规定，做好现场保护工作，相关责任人要及时将有关情况分别向省文物行政部门和项目法人报告，协商文物保护措施。发现重要文物时，省级文物行政部门应及时向国家文物局报告。

第十四条 省级文物行政部门应制定办法，采取措施，加强对辖区内南水北调工程涉及的出土文物标本、文物建筑构件及相关文物资料的管理，并按有关规定建立科学档案。

第十五条 考古发掘资料及出土文物标本，在发掘单位按规定编写出版发掘报告后，由省级文物行政部门统一指定文物收藏单位保管。须作鉴定或测试的文物标本，应按相关规定办理。

第十六条 南水北调工程文物保护资金的使用和管理应严格遵守有关规定。

第十七条 在南水北调工程文物保护工作过程中，有下列情形之一的单位或个人，国家文物局会同国务院南水北调办给予表彰和奖励：

（一）认真执行文物法律、法规，保护文物成绩显著的；

（二）取得重要发现和重要研究成果的；

（三）在文物安全保卫方面有突出贡献，抢救文物有功的；

（四）在工程建设过程中，发现文物及时报告的；

（五）考古工地和地面文物设计、施工项目质量优秀的；

（六）为保护文物与破坏、盗窃文物的违法犯罪行为做斗争事迹显著的。

第十八条 有下列行为之一的，将分别视情况给予相应的处罚；构成犯罪的，移交司法机关追究刑事责任。

（一）盗掘古遗址、古墓葬、偷盗文物及故意拆除、破坏地面文物的；

（二）在工程建设施工或移民搬迁中发现文物隐匿不报，或不听劝阻，强行施工，造成文物损坏或丢失的；

（三）工作中严重失职，给文物造成较大损失的；

（四）贪污、挪用南水北调工程文物保护专项经费的。

第十九条　南水北调地方配套工程涉及的文物保护工作由省级文物行政部门参照此办法制订相关管理办法。

第二十条　本办法由国家文物局和国务院南水北调办负责解释。

第二十一条　本办法自公布之日起施行。

文物保护工程审批管理暂行规定

（文物保发〔2008〕19号　2008年3月21日）

一、为适应文化遗产保护事业发展需要，进一步加强文物保护工程管理，根据《中华人民共和国行政许可法》《中华人民共和国文物保护法》《中华人民共和国文物保护法实施条例》《文物保护工程管理办法》等，制定本规定。

二、本规定的适用范围为，《文物保护工程管理办法》规定的属于全国重点文物保护单位的古建筑、石窟寺和石刻、近现代重要史迹及代表性建筑保护工程。

三、除保养维护工程以外，其他文物保护工程必须按以下规定履行立项报批程序：

（一）省级文物行政部门在对工程项目的必要性、紧迫性以及可行性进行科学评估后，向国家文物局申报立项；

（二）国家文物局按照行政许可的有关规定在专家审核的基础上作出同意或者不同意立项的决定，并书面通知相关的省级文物行政部门。

四、工程项目的立项申报资料包括以下内容：

（一）工程业主单位及上级主管部门名称；

（二）拟立项项目名称、地点、时代，保护范围与建设控制地带的划定、公布及执行情况，保护规划的编制、公布及执行情况；

（三）保护工程必要性与实施可行性的说明文件（包括照片、图纸，必要的勘测资料及原则性的保护措施说明）；

（四）经费估算、来源及计划工期安排。

五、工程业主单位根据国家文物局的批准意见委托具有相应资质的勘察设计单位进行方案设计。

六、省级文物行政部门受国家文物局委托负责工程方案的审查与批准工作。国家文物局认为有必要由其审查批准的重要文物保护工程方案，由国家文物局直接组织审查并出具批复意见。国家文物局审批方案的文物保护工程应当在批准立项的文件中予以注明。

七、审核方案要以《文物保护法》《文物保护法实施条例》《文物保护工程管理办法》等法律法规规章及相关准则规范为依据，遵循最少干预和不改变文物原状的原则，保护文物及其历史环境的真实性和完整性。

八、文物保护工程方案实行专家咨询制。国家文物局建立全国重点文物保护工程专家库，负责全国重点文物保护工程咨询工作。各省、自治区、直辖市应成立专家组或建立专家库，负责本行政区域的文物保护工程咨询工作。审核方案的专家应熟悉文物保护方面的法律法规和政策，具有良好的职业道德和较高的文物保护理论与专业技术素养，并有较丰富的实践经验。

九、审核方案应通过现场论证会、专家函审等方式进行。参与审核的专家应熟悉审核对象的保存现状，其中全国重点文物保护工程专家库相关专业专家不少于两名。论证过程或函审过程要有详细记录，并最终出具专家论证会或函审意见，提交省级文物行政部门作为对方案批复的依据。

十、设计方案的论证或函审应做到客观、公正、透明。会审或函审意见应包括以下内容：

（一）指导思想、原则是否正确；

（二）是否符合依法批准的文物保护规划；

（三）勘察测绘是否全面、真实；

（四）维修设计对象研究评估是否到位；

（五）存在问题定性定量是否准确；

（六）维修措施和技术手段是否得当；

（七）其他需要说明的内容。对设计方案存在的问题应明确指出，并提出修改意见。会审或函审的结论为可行、原则可行、不可行。

十一、工程项目主要内容及会审或函审的主要意见和结论应通过互联网报国家文物局备案并在国家文物局网站上公示，备案、公示时间不少于五个工作日。备案和公示结束无异议后，省级文物行政部门出具正式批复意见。

十二、国家文物局负责组织对省级文物行政部门的方案审批和实施情况进行检查。

十三、工程竣工后，由方案审批部门组织工程验收。参加验收的专家原则上以审核原方案的专家为主。

十四、抗震、防洪、消防、避雷工程设计方案由省级文物行政部门根据文物保护的要求审核批准后，按规定程序报有关业务主管部门批准实施。安防工程设计方案由省级文物行政部门初审同意后，报国家文物局审批。

十五、工程预算由省级文物行政部门按照批准的方案组织审查并报国家文物局备案。

十六、本规定自二〇〇八年五月一日起试行。

国家考古遗址公园管理办法（试行）

（文物保发〔2009〕44号　2009年12月17日）

第一条　为促进考古遗址保护、展示与利用，规范考古遗址公园的管理，有效发挥其在经济社会发展中的作用，根据《中华人民共和国文物保护法》，制定本办法。

第二条　本办法所称国家考古遗址公园，是指以重要考古遗址及其背景环境为主体，具有科研、教育、游憩等功能，在考古遗址保护和展示方面具有全国性示范意义的特定公共空间。

第三条　国家文物局负责国家考古遗址公园的评定管理工作，省级文物行政部门负责本行政区域内国家考古遗址公园的监督管理工作，遗址所在地县级以上人民政府负责国家考古遗址公园建设和运营的组织实施。

第四条　国家文物局鼓励、支持国家考古遗址公园的建设。对于在经济社会文化发展中做出突出贡献的国家考古遗址公园，予以表彰、奖励。

第五条　符合下列条件的遗址，可向国家文物局提出国家考古遗址公园立项申请：

（一）已公布为全国重点文物保护单位；

（二）保护规划已由省级人民政府公布实施；

（三）考古工作计划已获批准并启动实施；

（四）具备符合保护规划的遗址公园规划；

（五）具备独立法人资格的专门管理机构。

第六条　国家考古遗址公园的立项申请由遗址所在地县级以上人民政府提出，经省级文物行政部门初审同意后，报国家文物局。

第七条　国家考古遗址公园立项申请需提交以下材料：

（一）符合第五条所列条件的相关材料；

（二）国家考古遗址公园建设项目计划书；

（三）国家考古遗址公园建设文物影响评估报告。

第八条　经审查符合条件者，由国家文物局批准国家考古遗址公园立项。

第九条　国家考古遗址公园建设过程中，涉及遗址保护范围和建设控制地带内的建设项目须按相关程序报批。

第十条　经国家文物局批准立项，符合以下条件，且已初具规模的考古遗址公园，可由遗址所在地县级以上人民政府提出评定申请，经省级文物行政部门初审同意后，报国家文物局。

（一）所有自然或人为因素引起的对遗址的破坏行为已得到控制或纠正；

（二）各建设项目的审批手续齐全；

（三）所有建设项目均符合遗址公园规划；

（四）已向公众开放，或已具备开放条件；

（五）无重大安全隐患。

第十一条　国家文物局按照《国家考古遗址公园评定细则》开展评定工作。

评定合格者，由国家文物局授予“国家考古遗址公园”称号，并向社会公布。

第十二条　申请评定的单位经核实有弄虚作假、行贿舞弊等违法违规行为的，由国家文物局撤销其所得称号。

第十三条　被评为国家考古遗址公园的，如需修编规划、变更或扩展建设项目，须按原程序上报。

第十四条　国家考古遗址公园的专门管理机构负责公园的日常管理及运营。

第十五条　国家考古遗址公园管理机构须履行以下职责：

（一）依法履行文物保护职责；

（二）实施遗址公园规划；

（三）建立健全相关管理规章制度；

（四）提供良好的卫生、服务、消防、救护等公共设施，并不断改善服务质量；

（五）在规定时限内向国家文物局提交年度运营报告。

第十六条　国家考古遗址公园内遗址的保护和管理，依照国家有关遗址保护和管理的规定执行。

第十七条　国家考古遗址公园的管理与运营除遵守文物保护法律法规外，还应当执行国家其他有关法律、法规的规定，并接受文物行政部门的指导和社会监督。

第十八条　国家对国家考古遗址公园实行巡视制度。由国家文物局指定巡视专家对国家考古遗址公园进行定期或不定期巡视，检查其遗址保护和公园管理、运营状况，对发现的问题提出整改要求。

第十九条　任何单位和个人不得擅自改变国家考古遗址公园的用途和功能，不得侵占其合法用地，不得擅自改变国家考古遗址公园的用地性质，不得开展任何不利于遗址保护的活动。

第二十条　对管理和运营不当，发生责任事故或造成文物损毁，已不具备国家考古遗址公园条件的，国家文物局视情节轻重分别给予通报批评、警告、撤销称号处分，并追究有关责任人责任。被撤销称号者，三年之内不得再次申报。

第二十一条 对违反本办法规定，造成国家考古遗址公园内遗址、环境、生态、景观等资源损毁和破坏的机构与个人，依照有关法律法规的规定处理；构成犯罪的，依法追究刑事责任。

第二十二条 本办法自公布之日起施行。

世界文化遗产申报项目审核管理规定

（文物保发〔2010〕27号　2010年7月6日）

第一条　为加强和规范世界文化遗产申报项目审核工作，依据《中华人民共和国文物保护法》和《世界文化遗产保护管理办法》，并参照《保护世界文化和自然遗产公约》及其《操作指南》，制订本规定。

第二条　本规定所称世界文化遗产申报项目，是指已列入《中国世界文化遗产预备名单》并在联合国教科文组织备案，拟申报列入联合国教科文组织《世界遗产名录》的文化遗产项目。

第三条　国家文物局负责世界文化遗产申报项目的审核工作。省级文物行政部门负责本行政区域内世界文化遗产申报项目的初审工作。

第四条　世界文化遗产申报项目中、英文申报文本，由文化遗产所在地市或县人民政府组织编制。

世界文化遗产申报项目，涉及一个省、自治区、直辖市行政区域内多个市、县的，由省级文物行政部门协调有关市或县人民政府统一组织编制申报文本；涉及多个省、自治区、直辖市的，由各有关省级文物行政部门进行协商，统一组织编制申报文本。

第五条　世界文化遗产申报项目中、英文申报文本（纸质件和电子件各一式三份），由组织编制机构报省级文物行政部门。

第六条　省级文物行政部门依据《实施保护世界文化和自然遗产公约操作指南》的相关要求，对申报文本进行初审。

第七条　省级文物行政部门对于初审同意的世界文化遗产申报项目，应当报请省级人民政府批准后，在3月31日前将该项目中、英文申报文本及初审意见、当地民众和利益相关方支持申报的情况说明、省级人民政府批准文件等材料，一并报国家文物局。涉及多个省、自治区、直辖市的世界文化遗产申报项目，应当由有关省级文物行政部门共同报国家文物局。2011年6月28日

第八条　国家文物局收到申报材料后，委托专业机构对申报材料进行评估。

第九条　接受委托的专业机构应当自受托之日起60日内，组织有关专家依据《实施保护世界文化和自然遗产公约操作指南》，对申报项目进行评估，并向国家文物局提交评估报告，提出推荐申报的建议。

第十条 国家文物局依据专业机构的评估报告，对世界文化遗产申报项目和申报文件进行审核，并将审核意见告知有关省级文物行政部门。

第十一条 经国家文物局审核同意的世界文化遗产申报项目，由相关部门报请国务院批准后，向联合国教科文组织世界遗产中心正式提交申报文本。

第十二条 申报世界文化和自然混合遗产项目，其中文化遗产部分的审核管理，参照本规定执行。

第十三条 本规定自颁布之日起施行。

国有文物保护单位经营性活动管理规定（试行）

（文物政发〔2011〕16号　2011年8月25日）

第一条　为规范国有文物保护单位的经营性活动，根据《中华人民共和国文物保护法》制定本规定。

第二条　本规定所称国有文物保护单位的经营性活动，是指在建立博物馆、保管所或者辟为参观游览场所的国有文物保护单位开展的经营性活动。

第三条　国有文物保护单位的经营性活动，旨在提高社会服务能力和水平，更好地满足公众的基本需求。

鼓励国有文物保护单位管理机构开展与自身性质、任务相适应，面向公众的服务类经营性活动，保护发展文化遗产。

第四条　国有文物保护单位的经营性活动，必须遵守有关法律法规，严格履行审批程序；经营性活动的收入应当用于文物事业发展，任何机构或者个人不得侵占、挪用。

国有文物保护单位开展经营性活动，不得增加文物保护单位及其环境的安全风险；经营性活动的内容和规模，应当与文物保护单位的文化属性和承载力相适应。

安全防范设施设备未达标的国有文物保护单位，不得开展经营性活动。

第五条　国有文物保护单位的经营性活动，不得采取以下方式：

（一）背离公共文化属性，以各种名目对公众设置准入门槛的；

（二）将文物保护单位作为企业资产经营的；

（三）租赁、承包、转让、抵押文物保护单位，以营利为目的进行商业开发的；

（四）妨碍公共安全，对文物保护单位造成安全隐患的；

（五）其他违背法律法规情形的。

第六条　国有文物保护单位的经营性活动，由文物保护单位管理机构为主体开展。未设置管理机构的国有文物保护单位，不得开展经营性活动。

第七条　文物保护单位管理机构与其他机构合作开展经营性活动，应当签署合作协议。合作协议签署前，应当由文物保护单位管理机构报与文物保护单位级别相应的文物行政部门批准；世界文化遗产、全国重点文物保护单位报所在地省、自治区、直辖市文物行政部门批准。合作协议有效期不得超过 5 年。

第八条 国有文物保护单位经营性活动的方案，由文物保护单位管理机构报与文物保护单位级别相应的文物行政部门备案；世界文化遗产、全国重点文物保护单位报所在地省、自治区、直辖市文物行政部门备案。未经备案同意的，不得实施。

第九条 各级文物行政部门应当依法加强对国有文物保护单位经营性活动的监督管理。

第十条 违反本规定开展经营性活动，依法追究相关机构和个人的责任。

第十一条 其他文物博物馆单位经营性活动的管理，参照本规定执行。

第十二条 本规定自发布之日起施行。

国家考古遗址公园规划编制要求（试行）

（文物保函〔2012〕2285号　2012年12月31日）

第一章　总　则

第一条　为规范国家考古遗址公园规划（以下简称规划）的内容和深度，制定本要求。

第二条　规划适用于确需建设国家考古遗址公园（以下简称遗址公园）的大遗址。规划必须以文物保护规划为依据，符合文物保护规划中展示规划的原则和要求，是遗址公园建设与管理的技术性文件。

第三条　规划应在科学保护遗址的基础上，充分、准确阐释遗址的价值，评估相关社会、经济和环境条件，确定遗址公园的定位、建设目标、内容等。

第四条　规划须遵守文物保护的法律法规和相关行业技术规范，并与地方国民经济与社会发展规划、土地利用总体规划等相关规划相协调。

第五条　规划编制工作需由具有文物保护工程勘察设计（规划类）甲级资质单位，或城乡规划、建筑工程设计、风景园林工程设计等相关甲级资质单位，与在该遗址从事过考古工作的考古发掘资质单位共同完成。

第六条　规划成果主要包括规划说明、规划图纸及附件。

第二章　规划说明

第七条　规划说明应在科学评估的基础上说明规划的原则、目标和思路，对各项规划内容进行阐述，文字表达应准确、清晰、科学、规范，并与规划图纸保持一致。一般应包括如下内容：

（一）概述；

（二）资源条件与现状分析；

（三）总体设计；

（四）专项规划；

（五）节点设计；

（六）投资估算。

第八条　概述内容包括：

（一）遗址概况：应包括遗址名称、位置、时代、性质、范围、遗存构成和历史沿革等；

（二）编制依据：应包括有关法律与行政法规、部门规章与规范性文件、技术标准和规范、考古与科研成果以及相关规划等；

（三）规划范围：应说明规划范围和面积、遗址公园范围和面积；

（四）规划目标：应明确遗址公园定位及建设目标；

（五）规划原则：应围绕规划目标，从考古、保护、研究、利用、管理等不同层面提出具有针对性的原则。

第九条 资源条件与现状分析内容包括：

（一）文物资源：明确遗址的价值与价值载体，评估价值载体的保存、保护状况及利用条件，以及遗址公园范围内其他文物资源条件。

（二）区位条件：评估遗址公园与所在区域的城乡区位关系、外部交通条件等情况。

（三）社会条件：评估遗址公园所在区域的社会经济条件、人文资源条件、地方政府政策与资金支持、土地利用现状、土地权属管理等情况。

（四）环境条件：评估遗址公园所处区域的自然资源、生态环境、景观风貌、场地内建设现状、基础设施条件与公共卫生条件等。

（五）考古和科研条件：评估考古工作历史、现状、研究成果，以及现有考古工作计划和遗址公园建设之间的关系。

（六）管理条件：评估遗址保护规划实施、管理运营体制机制、相关保护与管理设施建设、开放展示与游客服务等情况。

（七）相关规划分析：分析遗址公园规划与文物保护规划的关系，分析遗址公园所在区域的国民经济与社会发展规划、土地利用总体规划、城市总体规划等涉及遗址公园规划范围的建设、管理要求和规定。

第十条 总体设计内容包括：

（一）阐释与展示体系规划

包括阐释与展示策划、阐释与展示结构等内容。

1. 阐释与展示策划：应在文物保护规划中已有展示原则和内容的基础上，根据资源条件与现状分析构建价值阐释框架，确定阐释与展示的对象、定位、主题、内容、方法等。

2. 阐释与展示结构：应根据阐释与展示策划，构建展示空间关系，包括展示分区、展示流线、重要节点等。

（二）遗址公园总体布局

包括功能分区、交通组织、设施分布等内容。

1. 功能分区：一般应包括遗址展示区、管理服务区、预留区等，并可酌情细化。规划区域内具有重要自然、人文社会资源的，可划定专门的相关资源展示区。相关资源展示区应符合相关行业规划保护要求，并与遗址展示区相协调。其中：

1）遗址展示区：是以遗址展示为主要功能的区域，仅限于空间位置、形制和内涵基本明确的遗迹分布区域。

2）管理服务区：是集中建设管理运营、公共服务等设施为主的区域，一般应置于遗址保护范围之外。

3）预留区：是考古工作不充分或暂不具备展示条件的区域。预留区内以原状保护为主，不得开展干扰遗址本体及景观环境的建设项目。

2. 交通组织：应坚持最小干预原则，根据阐释与展示结构，合理体现遗址整体布局并组织交通系统，保证遗址展示区的可达性和遗址公园服务质量。应严格控制遗址公园内入口、集散广场与停车场的规模，妥善处理新建路网与遗址的关系。遗址公园内道路不宜过宽，铺装材质应慎用柏油等现代材料，避免过于现代化和人工化。

1）应进行出入口设计，确定游人主、次和专用出入口，及出入口内外集散广场与停车场的位置、布局与规模要求。

2）路网设计应优先考虑遗址布局和道路体系，并根据各分区的活动内容、游人容量和管理需要确定具体路线、分类分级、交通设施配备，明确道路形制与铺装特色等。

3）主要道路应具有引导游览的作用，易于识别方向。游人大量集中地区的园路要做到明显、通畅、便于集散。

3. 设施分布：应以满足最低功能需求为原则，严格控制设施数量和规模，淡化设计，确保遗址本体和周边环境的真实性和完整性。应落实策划阶段所需展陈、标识、管理设施，并结合游客需求合理配置公共服务设施，合理确定各类设施的数量、规模与位置。

1）展陈设施：可包括现场保护展示设施、遗址博物馆或陈列馆、考古工作站等。应根据实际保护展示需求及文物保护规划要求，合理选择展示方式并设置展示建构筑物等展示设施；设施建筑风格应简洁，与遗址本体和周边环境相协调；重要节点的展示方式应因地制宜；遗址博物馆或陈列馆、考古工作站、遗迹现场展示等建构筑物应严格控制体量，根据功能需求科学测算具体的建筑技术经济指标。

2）标识设施：包括标识牌、解说牌等。应根据相关规划中的阐释与展示体系要求，配合展示方式组织与展陈设施设置，明确标识系统的阐释内容、标识位置、方式与样式等。标识样式应具有可辨识性，并与环境相协调。

3）管理设施：可包括遗址公园管理中心、管理用房、安全防护设施等。管理设施应结合遗址博物馆或陈列馆等展陈设施、公共服务设施统筹考虑，严格控制设施数量和规模。应根据遗址公园管理需要，合理确定管理设施的功能、位置、体量、建筑风格等。

4）公共服务设施：可包括游客服务中心、商亭、厕所、观景亭、停车场、换乘点、垃圾桶、座椅等。应根据游客容量、遗址公园建设规模和服务需求，以满足最低功能需求为原则，确定公共服务设施的种类、数量、位置与规模等。

（三）总体景观控制

包括景观空间布局、建构筑物风貌控制、公共环境塑造等。

1. 景观空间布局：应从总体上把握、提炼符合遗址演变规律的景观特征，以及遗址周边自然资源特色，防止过度人工化，并区别于一般城市公园。应按照遗迹的分布特征规划遗址公园整体空间架构。

2. 建构筑物风貌控制：应提出建构筑物的风格、体量、规模、立面及建筑语汇等控制要求。

3. 公共环境塑造：应提出必要的环境设施的控制要求和设计原则，以及遗址公园整体氛围、游客秩序、园内各类经营行为的控制要求。

第十一条 专项规划内容包括：

根据公园具体情况，制定必要的专项规划内容，可包括考古与研究实施方案、管理运营规划、基础设施规划、竖向规划、综合防灾规划等，专项规划内容应遵循文物保护规划的原则和要求，尽量减少对遗址本体和周边环境的影响，并符合相关专业法规、标准及规范。

（一）考古与研究实施方案

考古与研究实施方案，应以遗址公园为主要工作区域，明确遗址公园规划范围内的考古工作目标、任务、研究课题等。

（二）管理运营规划

包括遗址公园管理架构、遗址公园运营模式、宣传教育计划。

1. 遗址公园管理架构：应在与遗址公园所在地相关行政管理部门充分沟通的基础上，制定遗址公园运营管理的目标、战略和架构，明确遗址公园管理机构的设置、人员、制度等构想。

2. 遗址公园运营模式：应明确运营主体和运营机制，进行游客与市场分析，对遗址公园建设、运营维护资金来源与回报（社会、经济综合效益）提出保障建议。

3. 宣传培训计划：应明确宣传教育的目标、资源、主题等；制定工作人员的专业培训方案，明确培训方式和团队建设目标等。

（三）基础设施规划

如遗址公园范围较大、建设情况复杂并对原有基础设施管网改造较多，应根据实际情况补充道路建设、电力电讯、给排水等基础设施专项规划。各专项规划应符合相应技术标准和规范，以满足最低功能需求为原则，尽量减少基础设施改造对遗址本体和周边环境的影响。基础设施管线应避开考古遗迹，主要设施应避免影响景观。

（四）竖向规划

应根据遗址埋藏深度、遗址保护要求、遗址公园场地自然状况、建设特点和使用需求等，在尽量保持原有地形地貌的情况下，标明场地控制点标高、排水坡度、坡向等，测算土方平衡等。

（五）综合防灾规划

遗址安全防范情况复杂的，应根据实际灾害因素制定综合防灾规划，包括防洪、防震、防火、防盗、防雷规划等。并根据主要灾害因素，按照相关标准合理确定灾害防治和避险的标准，提出防治措施及应急预案。

第十二条 节点设计内容：

（一）应在总体设计的指导下，科学选择遗址公园重要节点进行概念性方案设计。节点选择应包括遗址公园主要遗址展示节点、景观节点、主要出入口、重要交通节点、重要设施等。

（二）节点概念性设计应包括节点总平面设计、三维形象示意、建设控制要求等。

第十三条 投资估算内容：

根据规划内容，提出遗址公园相关项目实施的投资估算。

第三章 规划图纸

第十四条 规划图纸与内容：

（一）区位图：标明遗址公园所在地在国家、省、市等不同行政辖区的位置、所涉及的行政区划关系。

（二）遗址公园范围图：在标准地形地图上划定遗址公园范围及规划范围，明确边界和坐标点。

（三）遗存分布图：根据最新考古工作成果标明遗址的各类遗存分布情况，及其与遗址公园规划范围的关系。

（四）文物资源分析图：分类或分级表达文物资源保存、保护和利用现状，可通过系列图纸表达。遗址公园范围内如有其他文物资源的，可绘制相关文物资源分析图。

（五）区位条件分析图：标明遗址公园的外部交通条件、周边环境情况、周边基础设施分布等，可通过系列图纸表达。

（六）社会条件分析图：标明遗址公园所处区域周边相关社会资源分布、现状及与遗址间的空间关系。

（七）环境条件分析图：标明遗址公园所处区域周边自然资源分布，地貌特征，以及建筑、道路、植被等环境要素。

（八）土地利用现状图：标明规划范围内的土地利用现状，提供现状用地平衡表。

（九）考古和科研条件分析图：标明已开展考古工作的区域、历次考古工作成果、待开展考古工作的区域和实施计划。

（十）管理条件分析图：标明遗址现行保护区划范围、已实施的各类规划措施、现有管理和展示设施分布与规模、开放展示区域与游客服务设施等，可通过系列图纸表达。

（十一）相关规划分析图：标明本区域涉及的其他相关规划以及涉及遗址公园的相关要求、计划实施的建设项目情况等。

（十二）阐释与展示规划图：根据展示与阐释体系规划，表达阐释与展示结构，标明展示分区、展示流线及重要节点分布。

（十三）总平面图：在准确标识考古遗址现状的基础上清晰表达遗址公园规划范围内的主要规划内容，如主要展示对象、道路交通、设施分布等。

（十四）功能分区图：标明遗址公园的遗址展示区、管理服务区、预留区等功能分区的位置、范围、面积。

（十五）展示与标识系统设计图：标明遗址公园展示流线、各类展示方式组织与分布、博物馆等展示设施分布、各类标识分布与样式，可通过系列图纸表达。

（十六）交通组织规划图：在准确表达各类遗迹的基础上，标明遗址公园的主、次及专用出入口位置，停车场、出入口内外集散广场范围及规模，各级道路分布及交通设施配备。

（十七）设施分布图：标明各类设施的位置与规模。

（十八）景观空间布局图：表达景观文化特征及自然资源特色分析过程，标明遗址公园整体空间架构。

（十九）建构筑物风貌控制图：从风格、体量、规模、立面及建筑语汇等方面表达建构筑物景观风貌控制，可以图片示意。

（二十）公共环境景观示意图：通过景观示意图表达对重要环境设施（标识设施、雕塑小品、环卫设施、广告等）、夜景照明、绿化景观的控制要求和设计原则。

（二十一）专项规划图：根据遗址公园规划具体情况，可单独绘制考古与研究实施方案图、管理运营规划图、基础设施规划图、竖向规划图、综合防灾规划图等专项规划图纸，图纸要求应符合相关专业标准及规范。

（二十二）节点设计图：绘制节点总平面图、三维形象示意总图，图纸应清晰表达节点设计的全部内容，遗址展示节点应注明遗址本体保护与展示措施及建设控制要求。

（二十三）鸟瞰图及表达设计意向的三维示意图：遗址公园全景鸟瞰图；重要节点鸟瞰或人视效果图；展示设施、配套设施等建筑的形象示意图；雕塑小品、环卫设施等的形象示意图。

第十五条 规划图纸绘制要求：

（一）规划总平面图应根据实际面积决定可操作的比例尺度，原则上应在不小于 1：1000 精度地形图基础上绘制，总平面图比例尺为 1：500～1：2000。

（二）节点设计平面图比例尺为1：100～1：500。

（三）规划图纸中需标注图名、比例尺、指北针、图例、规划单位名称、绘制时间。

第四章　附　件

第十六条　规划附件一般包括：

（一）以往考古与研究成果。

（二）地方政府关于遗址公园立项、建设与管理的相关文件或要求。

（三）保护规划摘要内容，已实施的保护工程及竣工报告，所在地土地利用、城乡建设、重大基础设施建设等相关规划的有关要求和规定等内容；已批复公布的遗址文物保护规划总图，并标注遗址公园规划范围、分区与文物保护区划的关系，文物保护措施图、展示规划图。

文物保护工程设计文件编制深度要求（试行）

（办保函〔2013〕375号　2013年4月2日）

第一章　总　则

1.1 为加强对文物保护工程勘察设计文件编制工作的管理，规范文物保护工程申报文件的深度，保证勘察设计质量，制定本规定。

1.2 本规定根据《中华人民共和国文物保护法》、《中华人民共和国文物保护法实施条例》、《文物保护工程管理办法》等法规编制。

1.3 根据文物保护工程专业特征，将保护工程分为建筑类、遗址类、石窟寺及石刻类、安全防护类等工程。

1.4 文物保护工程涉及本规定不能涵盖的专业内容时，编制深度应符合相关行业标准的规定，编制原则和基本形式应参照本规定的要求。

1.5 文物保护工程设计一般分为现状勘察及方案设计、施工图设计两个阶段。大型和重要工程增加用于立项申请的概念性方案设计，说明项目的必要性和可行性；小型简单工程在完成现状勘察文件的基础上可以直接进入施工图设计。

1.6 文物保护工程中涉及锚固、灌浆、防风化、防渗排水、防洪、油饰彩画、壁画塑像等专项设计时，应符合第七章的相关提示与要求。

第二章　一般要求

2.1 勘察

2.1.1 现状勘察的目的是探查和评估文物保存状态、破坏因素、破坏程度和产生原因，为工程设计提供基础资料和必要的技术参数。

2.1.2 勘察主要包括：对文物的形制与结构、环境影响、保存状态以及具体的损伤、病害进行的测绘、探查、检测、调查研究并提出勘察结论等内容。

a 测绘，测量并记录文物现存状态、结构、病害及分布区的地形、地貌。

b 探查，查明文物损伤及病害的类型、程度及原因。

c 检测，对病害成因和文物的安全性进行测试检查，包括工程地质和水文地质检测、建筑材料分析试验、环境检测等；检测要符合相关专业的现行国家标准。

d 调查研究，收集文物历史资料、考古资料和历次维修资料，了解文物的原材料、原形制、原工艺、原做法，判别文物年代等。

e 勘察结论，在上述工作的基础上，对文物形制、年代、价值、环境和病害原因进行分析评估，提出文物保存现状的结论性意见和保护建议。

2.2 设计

2.2.1 方案设计依据现状勘察结果编制。

2.2.2 方案设计应达到下列要求：

a 说明保护的必要性。

b 保证技术措施的合理性和可行性。

c 确定工程项目、工程规模，工程量估算和工程造价估算。

d 指导施工图设计。

2.2.3 施工图设计，根据已批准的方案设计文件和批准文件中的修正意见编制。

2.2.4 施工图设计应达到下列要求：

a 对工程规模、工程部位、工程范围进行控制。

b 指导施工，实施对病害的具体技术性措施。

c 能据以编制工程招投标文件、编制工程预算并核算各项经济指标的准确性。

d 满足设备材料采购、基本构件制作及施工组织方案编制的需要。

2.3 文件编制

2.3.1 文物保护工程设计文件可分为勘察设计文件和施工图设计文件。

2.3.2 勘察设计文件的编排顺序

a 封面：写明方案名称、设计阶段、设计单位、编制时间。

b 扉页：写明建设单位或委托单位、勘察设计单位，并加盖单位公章和勘察设计资质专用章。写明勘察设计单位法定代表人、技术总负责人、项目主持人及专业负责人的姓名，并经上述人员签署。

c 目录。

d 现状勘察。

e 方案设计。

f 工程概算。

2.3.3 施工图设计文件的编排顺序

a 封面：写明工程名称、编制单位、编制时间。

b 扉页：写明设计单位，并加盖单位公章和勘察设计资质专用章。写明单位法定代表人、技术总负责人、项目主持人及专业负责人、审校人姓名，并经上述人员签署。

c 目录。

d 施工图设计说明。

e 施工图图纸。

f 施工图预算。

2.3.4 方案设计提交后陆续发现的新的现状勘察资料，应补充在文件中（包括图纸、文字、照片）。

2.3.5 因工程需要直接进行施工图设计时，现状勘察内容须编入施工图设计文件。

2.3.6 图纸和文字说明必须完整、准确、清晰，名称、名词应采用行业通用术语。制图应符合规范标准，比例的确定以清楚表达测绘和设计内容为原则。

2.3.7 所有图纸上都应标注出图日期、图名图号，并加盖设计单位勘察设计资质专用章。

2.3.8 所有图纸的汇签栏中都应完整地签署项目负责人、设计人、审校人等的姓名。

2.3.9 设计文件篇幅较多时，可以按序分册装订。

第三章　建筑类保护工程设计文件

3.1　适用范围

3.1.1 本章规定适用于古代、近现代建筑物和构筑物等建筑类文物（以下称为文物建筑）的抢险加固工程、修缮工程、迁移工程和原址复建工程。

3.1.2 保养维护工程可根据实际情况编制。

3.1.3 文物保护单位范围内必要的管理服务设施建设、文物库房设施建设、保护性设施建设等类工程的方案设计文件编制可参照本章规定。

3.1.4 本章规定不包括建筑内的壁画、泥塑等附属文物的保护工程。

3.2　现状勘察

3.2.1 现状勘察文件包括现状勘察报告、现状实测图纸和现状照片。

3.2.2 现状勘察报告

a 建筑历史沿革，主要反映现存建（构）筑物和附属物的始建和存续历史、使用功能的演变等方面的情况。根据需要可附必要的考古调查资料。

b 历次维修情况。说明历史上历次维修时间和内容，重点说明近期维修的工程性质、范围、经费等情况。

c 文物价值评估，主要说明文物保护单位级别、批准公布年代，分别明确文物建筑总体以及维修单体的历史价值、艺术价值、科学价值和社会价值等。

d 现状描述，明确项目范围，表述建（构）筑物的形制、年代特征和保存现状，表述病害损伤部位和隐患现象、程度以及历史变更状况，表述环境对文物本体的影响，并列出勘察记录统计表。

e 损伤和病害的成因分析和安全评估结论，主要说明勘察和调查研究的基本成果，结论要科学、准确、简洁。必要时须附有工程地质、岩土、建筑结构安全检测等有关专业的评估或鉴定报告。

3.2.3 现状实测图纸

a 区位图

文物所在的区域位置，比例一般为1∶10000～1∶50000。

b 保护范围总图

反映保护范围周边环境与文物本体的关系。比例为1∶200～1∶10000。

c 现状总平面图

（1）反映建（构）筑物的平面和竖向关系，地形标高，其他相关遗存、附属物、古树、水体和重要地物的位置。

（2）工程内容和工程范围。

（3）标明或编号注明建筑物、构筑物的名称。

（4）庭院或场地铺装的形式、材料、损伤状态。

（5）工程对象与周边建筑物的平面关系及尺寸。

（6）指北针或风玫瑰图、比例。比例一般为 1∶500～1∶2000。

d 平面图

（1）建筑的现状平面形制、尺寸。有相邻建筑物时，应将相连部分局部绘出。多层建筑应分层绘制平面图。

（2）柱、墙等竖向承载结构和围护结构布置。

（3）平面尺寸和重要构件的断面尺寸、厚度要标注完整。尺寸应有连续性，各尺寸线之间的关系准确。

（4）标注必要的标高。

（5）标注说明台基、地面、柱、墙、柱础、门窗等平面图上可见部件的残损和病害现象。

（6）建筑地面以下有沟、穴、洞室的，应在图中反映并表述病害现象。

（7）地基发生沉降变形时，应反映其范围、程度和裂缝走向。

（8）门窗或地下建筑等损伤和病害在平面图中表述有困难时，可以索引至详图表达。图形不能表达的状态和病害现象，应用文字形式注明。

（9）比例一般为1∶50～1∶200。

e 立面图

（1）建（构）筑物的立面形制特征。原则上应绘出各方向的立面；对于平面对称、形制相同的立面，可以省略。

（2）立面左右有紧密相连的相邻建（构）筑物时，应将相连部分局部绘出。

（3）立面图应标出两端轴线和编号、标注台阶、檐口、屋脊等处标高，标注必要的竖向尺寸。

（4）表达所有墙面、门窗、梁枋构件等图面可见部分的病害损伤现象和范围、程度。

（5）比例一般为1：50～1：100。

f 剖面图

（1）按层高层数、内外空间形态构造特征绘制；如一个剖面不能表达清楚时，应选取多个剖视位置绘制剖面图。

（2）剖面两端应标出相应轴线和编号。

（3）单层建（构）筑物标明室内外地面、台基、檐口、屋顶或全标高，多层建筑分层标注标高。

（4）剖面上必要的各种尺寸和构件断面尺寸、构造尺寸均应标示。

（5）剖面图重点反映屋面、屋顶、楼层、梁架结构、柱及其他竖向承载结构的损伤、病害现象或完好程度。残损的部构件位置、范围、程度。

（6）在剖面图中表达有困难的，或重要的残损、病害现象，应索引至详图中表达。

（7）比例一般为1：50～1：100。

g 结构平面图

（1）反映结构的平面关系，结构平面图可根据表达内容的不同，按镜面反射法、俯视法绘制。

（2）标注水平构件的残损、病害现象及程度、范围。

（3）比例一般为1：50～1：100。

h 详图

（1）反映基本图件难以表述清楚的残损、病害现象或完好程度、构造节点。

（2）详图与平、立、剖基本图的索引关系必须清楚。

（3）构部件特征及与相邻构部件的关系。

（4）比例一般为1：5～1：20。

3.2.4 现状照片

a 必须真实、准确、清晰，依序编排。

b 重点反映工程对象的整体风貌、时代特征、病害、损伤现象及程度等内容。

c 反映环境、整体和残损病害部位的关系。

d 与现状实测图、文字说明顺序相符。

e 现状照片应有编号或索引号，有简要的文字说明。

3.3 方案设计

3.3.1 方案设计文件包括设计说明和设计图纸两部分内容。

3.3.2 设计说明

a 设计依据。包括项目立项批准文件、有关政策法规、已批准的总体保护规划、保护及功能方面的需求（设计委托书有关内容或设计合同有关内容）等。

b 设计原则和指导思想。

c 工程性质。根据病害和问题确定工程性质，说明要达到的修复效果和景观效果。同一工程包含不同性质的子项工程时，要逐一说明。

d 工程范围和规模。工程规模应量化。

e 保护措施。针对病害采取的修缮防治措施，材料、做法的技术要求，必要时可做多种措施的方案比较，并提出推荐方案。 采用新材料或涉及建筑安全的结构材料时，应有严格的技术要求和材料的检测报告及质量标准说明。

f 说明与保护措施有关系的地理环境、气象特征、场地条件等。

3.3.3 设计图纸

a 总平面图

（1）表达工程完成后的建（构）筑物平面关系和竖向关系，反映地形标高及相应范围内的树木、水体、其他重要地物和其他文物遗存，标示工程对象、工程范围和室外工程的材料、做法，标注或编号列表注明建（构）筑物名称。

（2）表达场地措施、竖向设计，包括防洪、场地排水、环境整治、场地防护、土方工程等，标注相关主要尺寸、标高，标注工程对象和周边建（构）筑物的平面尺寸。

（3）指北针或风玫瑰图。

（4）比例一般为 1：500～1：2000。

b 平面图

（1）主要表述的内容为：台基、地面、柱、墙、柱础、门窗等平面图中所能反映、涵盖的工程内容、材料做法。

（2）反映工程实施后的平面形态、尺寸，当各面有紧密连接的相邻建（构）筑物时，应将相连部分局部绘出。以图形、图例或文字形式在图面上表述针对损伤和病害所采取的技术措施，反映原有柱、墙等竖向承载结构的平面布置、围护结构的平面布置和工程设计中拟添加的竖向承载加固的构部件的布置。

（3）标注必要的室内外标高。首层平面绘制指北针。

（4）比例一般为 1：50～1：200。

c 立面图

（1）表达工程实施之后的立面形态。原则上应绘出各方向的立面；对完全相同且无设计内容的立面可以省略。当建筑物立面上有相邻建筑时需表明两者之间的立面关系。

（2）立面图要标注两端轴线、重要标高和尺寸。柱身、墙身和其他砌体外墙面上采取的工程措施和材料做法，标注门、窗、屋盖、梁枋和其他在立面上有所反映的构部件的工程措施和材料做法，工程内容要尽可能量化。

（3）比例一般为1：50～1：200。

d 剖面图

（1）反映实施工程后的建筑空间形态，根据工程性质和具体实施部位不同，选择能够完整反映工程意图的剖面表达，如一个剖面不能达到上述目的时，应选择多个剖面绘制。

（2）工程内容主要表述地面、结构承载体、水平梁枋和梁架、屋盖等在平面图、立面图上所不能反映的构部件的工程设计措施和材料做法。

（3）比例一般为1：30～1：100。

e 详图

（1）反映基本图件难以表述清楚的构件及构造节点。

（2）详图与平、立、剖基本图的索引关系必须清楚，定位关系明确。

（3）构部件特征及与相邻构部件的关系。

（4）比例一般为1：5～1：20。

3.4 工程概算

3.4.1 基本要求

a 工程概算，应以相应的设计文件为基准进行编制。概算所列项目、数量应与方案设计文件相符，二者不能脱节。

b 工程概算依据应选择科学、适用的定额；当无定额依据时，允许以市场价格为依据进行编制。

3.4.2 编制依据

a 现状勘察与方案设计。

b 国家有关的工程造价管理的法规、政策。

c 工程所在地（或全国通用的）现行适用的专项工程和安装工程的概算定额、预算定额、综合预算定额，以及有效的单位估价表、材料和构配件预算价格、工程费用定额和有关规定。

d 类似或可比工程的造价构成或技术经济指标。

e 现行的有关材料运杂费率。

f 因工程场地条件而发生的其他规定之内的工程费用标准。

g 管理单位或业主提供的有关工程造价的其他资料。

3.4.3 概算书编排内容

a 封面（或扉页）。写明工程名称、编制单位、编制日期，应有编制人、审核人签字并加盖编制人员资质证章和法人公章。

b 概算编制说明书。内容应包括：工程概述，说明工程的规模和性质；编制依据，主要说明所选用的定额、指标和其他标准；编制方法和其他必要的情况说明。

c 概算汇总表。由明细表子目汇总、合成。依次列出直接费、间接费和取费费率、其他费用、合计和总计费用。

d 概算明细表。依序套用定额子目、编号；无定额及其他标准作为依据的子目，要特别标注清楚。

3.5 施工图设计

3.5.1 施工图设计文件包括施工图设计说明和施工图图纸。

3.5.2 设计说明包括工程概述、技术要求和工程做法说明等几部分内容，其他有关的工程地质、水文地质勘查报告或结构、材料检测评估报告应作为附件，编入设计说明文件。

3.5.3 工程概述

a 设计依据。批准的方案设计和批准文件内容。

b 工程性质。明确工程的基本属性，即保养维护工程、抢险加固工程、修缮工程、保护性设施建设工程、迁移工程、原址复建工程等。

c 工程规模和设计范围。主要表述工程所涉及的范围和子项工程组成情况。

3.5.4 技术要求和工程做法

着重表述技术措施、材料要求、工艺操作标准及特殊处理手段等方面的内容。一般应按施工工种逐一进行说明。工程中所涉及的新材料、新技术的有关资料或施工要求，应做专项说明。

3.5.5 现代材料和结构类型的文物建（构）筑物，图纸深度还应符合相关规定。

3.5.6 施工图图纸

a 总平面图

（1）反映文物的建（构）筑物的组群关系、场地地形、相关地物、坐落方向、工程对象、工程范围等内容。反映出工程对象与周围环境的相互关系。

（2）标注或编号列表说明建（构）筑物名称，注明工程对象的定位尺寸和轮廓尺寸。如涉及室外工程时，要在总图上有明确的范围标示；较简单的室外工程，允许直接在总图上标出工程内容和做法；复杂的室外工程，必须另外绘制单项工程图纸。

（3）指北针或风玫瑰图。

（4）比例一般为1：200～1：2000。

b 平面图

（1）反映空间布置及柱、墙等竖向承载结构和围护结构的布置，表述设计中拟添加的竖向承载结构布置，标明室内外各部分标高。

（2）轴线清晰，依序编号，包括：平面总尺寸、轴线间尺寸和轴线总尺寸、门窗口尺寸、柱子断面和承重墙体厚度尺寸、平面上铺装材料的尺寸和其他各种构、部件的定形、定位尺寸。单体建筑有相连的、关系密切的建筑物时，平面图中要有表达，以明确二者的相互关系。

（3）以图形、图例、文字等形式表述设计采取的技术措施、工程做法。主要表述台基、地面、柱、墙、柱础、门窗、台阶等平面图中可见部位的技术措施和工程做法。平面图中不能表述清楚的工程做法和详细构造，应索引至相应的详图表达。

（4）比例一般为1：50～1：100。

c 立面图

（1）反映建（构）筑物的外观形制特征和立面上可见的工程内容。原则上应包括各方向立面，如形式重复，而且不需标注工程做法时，允许选择有代表性的立面图。立面图上应详细标注工程部位，标注必要的标高和竖向尺寸。

（2）立面左右有相邻建（构）筑物相接时，必须绘出相接物的局部。

（3）立面图应标画两端轴线，并标注编号。立面有转折，而用展开立面形式表达时，转折处的轴线必须标明。建筑室外地平、台阶、柱高、檐口、屋脊等部位标高，竖向台基、窗板、坐凳、窗上口、门上口或门洞上口、脊高或顶点等分段尺寸和总尺寸均应标注，各道尺寸线之间关系必须明确。

（4）用图形、图例、简注等形式表述能够在立面上反映的工程措施、材料做法，明确限定实施部位。重点表达墙面、门窗、室外台阶、屋檐、山花、屋盖、可见的梁枋、屋面形式和做法等所有立面上可见内容，

（5）比例一般为1：50～1：100。

d 剖面图

（1）表述地面、竖向的结构支承体，水平的梁枋和梁架、屋盖等部分的形态、构造关系、工程措施和材料做法方面的设计内容。应选择最能够完整反映建（构）筑物形态或空间特征、结构特征和工程意图的剖切位置绘制。如某单一剖面不能满足要求时，应选择多个不同的剖切位置绘制剖面图。

（2）剖面两端标画轴线，并注明编号。标注竖向、横向的分段尺寸、定形定位尺寸、总尺寸以及构件断面尺寸、构造尺寸。单层的建（构）筑物应标注室内外地面、台基、柱高、檐口、屋顶顶点的标高，多层建（构）筑物还应标注分层标高。

（3）用图形、图例、简要文字详尽表述设计的技术措施、工程材料做法。重点表述部位为屋面构造、梁架结构、楼层结构、地面铺装铺墁的层次做法、可见的柱和其他承载结构等方面内容。实施范围有清楚界定。

（4）剖面有所反映，但须与其他图纸共同阅读才能反映的内容，除在本图标注外，还必须转引至相关图纸。对于剖面图不能详尽表述的内容，应绘出索引，引至相应的局部放大剖面和详图中表达。

（5）比例一般为 1：50～1：100。

e 结构平面图

（1）反映木结构古建筑的梁架、楼层结构、暗层结构平面布置和砖石结构古建筑、近现代建筑的梁板、基础、支承结构的平面布置。尤其是在其他图纸中难以表述清楚的平面形式和工程性内容。

（2）图面应有清楚的轴线和编号。尺寸标注包括：轴线间尺寸、轴线总尺寸、各种构部件的定位尺寸和定形尺寸、结构构件的断面尺寸等。

（3）图面表述的技术性措施、材料做法应重点表述其他图纸难以反映的设计内容和结构形态。难以在图中表述清楚的局部、节点、特殊构造，应采取局部放大平面、详图进行表述。

（4）比例一般为 1：50～1：100。

f 详图

（1）详图表述平、立、剖面等基本图不能清楚表达的局部结构节点、构造形式、节点、复杂纹样和工程技术措施等。凡在工程中需详尽表述的内容，均应首选用详图形式予以表述。

（2）详图尺寸必须细致、准确。难以明确尺寸的情况下，允许用规定各部比例关系的方式补充尺寸标注。表明在建筑中的相对位置和构造关系。详图编号应与基本图纸对应。

（3）如有特殊需要，加绘轴测图。

（4）比例一般为 1：5～1：20。

3.6 施工图预算

3.6.1 施工图预算书基本要求

a 预算必须以相应的施工图设计文件为前提编制，预算所列项目、工程量必须与设计文件的相关内容对应。

b 预算可以采用定额法编制，也可以采用实物法编制。取费标准执行国家和地方的相关规定。

c 采用预算定额法编制预算时，必须选择适用定额。某部分项目确实缺乏适用定额时，允许以市场价格为依据编制补充定额，并附综合单价的组价明细与依据。

3.6.2 预算编制依据

a 施工图设计技术文件。

b 国家和工程所在地政府有关工程造价管理的法规、政策。

c 工程所在地（或全国通用的）主管部门的现行的、适用的工程预算定额和有关的专业安装工程预算定额、材料与构配件预算价格、工程费用定额及有关取费规定和相应的价格调整文件。

d 现行的其他费用定额、指标和价格。

e 因工程场地条件而发生的其他规定之内的工程费用标准。

f 采用实物法编制预算书时，工程直接费以市场价为依据，取费标准仍应执行国家和工程所在地主管部门的相关规定。

3.6.3 预算书编排内容

a 封面（或扉页）。标写项目或工程名称、编制单位、编制日期，应有编制人、审核人签字，并加盖编制人员资质证照和编制单位法人公章。

b 预算编制说明书。其内容应包括：工程概述，说明工程的性质和规模；编制依据，对所选用的定额、指标、相关标准和文件规定进行清楚的说明；编制方法和其他必要的情况说明。

c 预算汇总表。由明细表子目汇总、合成。依次列直接费、间接费和取费费率、其他费用、合计费用。

d 预算明细表。套用定额子目要准确并编号清楚；无定额和其他标准作为依据的子目，要标注清楚。

第四章　遗址类保护工程设计文件

4.1　适用范围

4.1.1 本章规定适用于古城址、古窑址、古墓葬、古代聚落址等生产生活遗址在保养维护、抢险加固、修缮工程中进行的保护性回填、加固、支护、归安、修补等保护工程。

4.1.2 如需要对遗址本体采取附加构筑物保护，在遗址载体实施防洪工程或应用锚固工程、灌浆工程、防渗排水工程、防风化保护等措施，应进行专项设计，设计深度见相关专业的设计规定和国家现行有关技术标准，并应参考本规定第七章所列要求与提示。

4.1.3 本章规定不包括遗址内的壁画、泥塑等附属文物的保护工程。

4.2　现状勘察

4.2.1 现状勘察文件包括现状勘察报告、现状实测图纸和现状照片。

4.2.2 现状勘察报告

a 历史沿革。主要反映现存遗址和附属物的始建和存续历史、使用功能的演变等方面的情况。

b 历次维修情况。说明历史上历次维修时间和内容，重点说明近期维修的工程性质、范围、经费等情况。

c 文物价值评估。主要说明文物保护单位级别、批准公布年代；分别说明文物遗存整体以及保护对象的历史价值、艺术价值、科学价值和社会价值等。

d 现状描述。说明遗址分布，表述文物遗存的形制、年代特征和保存现状，表述病害损伤部位和隐患现象、程度以及本体和环境历史变迁的影响。

e 损伤和病害的成因分析和安全评估结论。主要说明勘察和调查研究的基本成果，结论要科学、准确、简洁，必要时可附有结构安全检测等有关专业的评估或鉴定报告。

4.2.3 根据工程需要可增加附件，内容包括考古资料调查和研究、遗址材料分析、工程地质和水文地质勘查的成果汇编。

a 考古资料调查和研究。收集考古资料，查明与遗址保护工程相关的地下遗存规模、范围边界、主要构成特点和考古学价值评估，为保护工程提供设计依据。

b 遗址材料分析。对遗址的各种材料进行物理、化学和生物学性状的定性、定量分析，为加固和修补工程提供材料学依据。

c 工程地质和水文地质勘查。查明遗址所在区域的地质构造、承载力、地下水等工程地质和水文地质的相关因素，为加固和支护遗址本体的工程设计提供相关的技术参数，对遗址的破坏程度和发展趋势做出定量评价，为保护工程设计提供基础依据。

4.2.4 遗址因条件所限暂时无法调查清楚的，应特殊说明。

4.2.5 现状实测图纸

a 区位图

标注文物所在的区域位置，比例一般为1：10000～1：50000。

b 保护范围总图

反映遗址区文物分布、保护范围周边环境与文物本体的关系，各遗存范围和遗存性质、遗存规模等。

标注遗址、遗存分布边界尺寸、指北针或风玫瑰图。

比例一般为1：200～1：10000。

c 现状总平面图

（1）标明遗址的平面和竖向关系，地形标高，其他相关遗存、植被、水体和重要地物的位置。

（2）标明工程对象的范围。

（3）标明或编号注明遗址、遗存的名称。

（4）标示遗址、遗存的轮廓边界及高程变化。

（5）标明方向和比例。比例一般为 1：500～1：5000。

d 工程对象实测图

（1）实测图应包括平、立、剖面图及详图。

（2）实测图应标明遗存体的形态、局部变化以及变形、开裂、凹洞、塌陷等状况及材质差异特征。比例一般为 1：50～1：200。

（3）对重要局部、构件、构造应测绘详图。详图与工程对象实测图的索引关系必须清楚，反映基本图件难以表述清楚的残损、病害现象或完好程度、构造节点；反映构部件特征及与相邻构部件的关系。比例一般为 1∶5～1∶20。

4.2.6 现状照片

a 现状照片必须真实、准确、清晰，依序编排。

b 重点反映工程对象的整体风貌、时代特征、病害、损伤现象及程度等内容。

c 反映环境、整体和残损病害部位的关系。

d 与现状实测图、文字说明顺序相符。

e 现状照片应有编号或索引号，有简要的文字说明。

f 根据需要，大遗址可增加卫星影像照片。

4.3 方案设计

4.3.1 方案设计文件包括设计说明和设计图纸两部分内容。

4.3.2 设计说明

a 设计依据。包括项目立项批准文件、有关政策法规、已批准的总体保护规划、保护及功能方面的需求等。

b 设计目标。

c 设计原则和指导思想。

d 工程性质。根据病害和问题确定工程性质，说明要达到的修复效果和景观效果，同一工程包含不同性质的子项工程时，要逐一说明。

e 工程范围和规模。工程规模要量化。

f 保护措施。针对病害采取修缮防治措施，材料、做法的技术要求，必要时可做多种措施的方案比较，并提出推荐方案。采用新材料或涉及遗址安全的结构材料时，应有严格的技术要求和材料检测报告及质量标准说明。如需要应用锚固工程、灌浆工程、防渗排水工程、防风化、壁画保护等措施，应进行专项设计，具体要求见附件。

g 说明与保护措施有关系的地理环境、气象特征、场地条件等。

4.3.3 设计图纸

a 总平面图

（1）标示工程对象、工程范围；标注或编号列表注明遗址的文物遗存名称。

（2）标示工程措施的布局、内容以及道路、环境整治内容、防洪、防护设施等，标注相关主要尺寸、标高。

（3）指北针或风玫瑰图。

（4）比例一般为 1∶500～1∶5000。

b 工程措施图

（1）表达技术措施所必要的单体或局部平、立、剖面图，标注工程措施、内容、材料和工艺，标注相关外包尺寸、详细尺寸、标高、剖切位置、详图索引关系、图例等，说明措施内容和范围。

（2）比例一般为 1：50～1：200。

（3）如有必要增加工程措施结构及节点详图。

c 其他相关专业，如建筑、给水排水、电、消防、安防、环保、绿化等设计图纸，按各专业相关设计标准和技术规范执行。

d 对遗址影响较大的保护构筑物应有景观分析或景观效果图。

e 场地环境设计图。

4.4 工程概算

4.4.1 基本要求

a 工程概算，以相应的设计文件为基准进行编制。概算所列项目、数量应与方案设计文件相符，二者不能脱节。

b 工程概算依据应选择科学、适用的定额；当无定额依据时，允许以市场价格为依据进行编制。

4.4.2 编制依据

a 现状勘察及方案设计。

b 国家有关的工程造价管理的法规、政策。

c 工程所在地（或全国通用的）现行适用的专项工程和安装工程的概算定额、预算定额、综合预算定额，以及有效的单位估价表、材料和构配件预算价格、工程费用定额和有关规定。

d 类似或可比工程的造价构成或技术经济指标。

e 现行的有关材料运杂费率。

f 因工程场地条件发生的其他规定之内的工程费用标准。

g 管理单位或业主提供的有关工程造价的其他资料。

4.4.3 概算书编排内容

a 封面（或扉页）。写明工程名称、编制单位、编制日期，应有编制人、审核人签字并加盖编制人员资质证章和法人公章。

b 概算编制说明书。内容应包括：工程概述，说明工程的规模和性质；编制依据，主要说明所选用的定额、指标和其他标准；编制方法和其他必要的情况说明。

c 概算汇总表。由明细表子目汇总、合成。依次列出直接费、间接费和取费费率、其他费用、合计和总计费用。

d 概算明细表。依序套用定额子目、编号；无定额及其他标准作为依据的子目，要特别标注清楚。

4.5 施工图设计

4.5.1 施工图设计文件包括设计说明和图纸。

4.5.2 设计说明包括工程概述、技术要求和工程做法说明，其他有关的工程地质、水文地质勘查报告或结构、材料检测评估报告应作为附件，编入设计说明文件。

4.5.3 工程概述

a 设计依据。批准的方案设计和批准文件。

b 工程性质。明确工程的基本类型，即保养维护工程、抢险加固工程、修缮工程、保护性设施建设工程等。

c 工程规模和设计范围。主要表述工程所涉及的范围和子项工程组成情况。

4.5.4 技术要求和工程做法

着重表述技术措施、材料要求、工艺操作标准及特殊处理手段、施工时对场地文物遗迹的保护要求等方面的内容。工程中所涉及的新材料、新技术的有关资料或施工要求应做专项说明。

4.5.5 使用的特殊材料（指非传统工艺材料），应提供实验室试验数据和现场试验报告。

4.5.6 施工图图纸

a 总平面图

标明场地措施、竖向设计，包括：防洪、场地排水、环境整治、场地防护、土方工程等，标注相关主要尺寸、标高、方向。

比例一般为 1∶200～1∶5000。

b 遗址区内施工场地控制图

施工辅助区应尽量在遗址区以外。如不能避开，应根据遗址的分布，标明施工过程中保护措施和加工、生活区的控制要求。

比例一般为1∶200～1∶2000。

c 各相关专业平、立、剖面图

按专业技术标准表达保护技术措施。需解体维修和塌落归安的构件，应通过测绘图（或影像图）绘制遗存构件现状编号图和维修、归安构件编号图，标注相关外包尺寸、详细尺寸、标高、剖切位置、详图索引关系等。

图纸比例：1∶50～1∶100。

d 重要构造做法的节点大样图

标注详细尺寸、标高、剖切位置、详图索引关系等。

4.6 施工图预算

4.6.1 施工图预算书基本要求

a 以相应的施工图设计文件为前提编制，预算所列项目、工程量，必须与设计文件的相关内容对应，严禁二者脱节和不符。

b 预算可以采用定额法编制，也可以采用实物法编制。取费标准执行国家和地方的相关规定。

c 采用预算定额法编制预算时，必须选择适用定额。某部分项目确实缺乏适用定额时，允许以市场价格为依据进行编制。

4.6.2 预算编制依据

a 施工图设计技术文件。

b 国家和工程所在地政府有关工程造价管理的法规、政策。

c 工程所在地（或全国通用的）主管部门的现行的、适用的工程预算定额和有关的专业安装工程预算定额、材料与构配件预算价格、工程费用定额及有关取费规定和相应的价格调整文件。

d 现行的其他费用定额、指标和价格。

e 因工程场地条件而发生的其他规定之内的工程费用标准。

f 采用实物法编制预算书时，工程直接费以市场价为依据，取费标准仍应执行国家和工程所在地主管部门的相关规定。

4.6.3 预算书编排内容

a 封面（或扉页）。写明项目或工程名称、编制单位、编制日期，应有编制人、审核人签字，并加盖编制人员资质证照和编制单位法人公章。

b 预算编制说明书。其内容应包括：工程概述，说明工程的性质和规模；编制依据，对所选用的定额、指标、相关标准和文件规定进行清楚的说明；编制方法和其他必要的情况说明。

c 预算汇总表。由明细表子目汇总、合成。依次列直接费、间接费和取费费率、其他费用、合计费用。

d 预算明细表。套用定额子目要准确并编号清楚；无定额和其他标准作为依据的子目，要标注清楚。

第五章　石窟寺及石刻类保护工程设计文件

5.1　适用范围

5.1.1 本章规定适用于石窟寺及石刻本体及其载体的维修加固工程和抢救工程；石窟、石刻附属的古代栈道、窟檐、排水设施等；石雕、碑刻的防风化保护工程；窟檐、栈道、保护棚、围墙、护栏等附加构筑物；防治危及文物安全的水害、地震、滑坡、崩塌、风沙等灾害治理工程。

5.1.2 本章规定不包括石窟内壁画、泥塑等附属文物的保护工程。

5.2　现状勘察

5.2.1 现状勘察文件包括现状勘察报告、现状实测图和现状照片。

5.2.2 现状勘察报告

a 历史沿革。主要反映现存石窟、石刻以及附属物的始建和存续历史、使用功能的演变等方面的情况。

b 历次维修情况。说明历史上历次维修时间和内容，重点说明近期维修的工程性质、范围、经费等情况。

c 文物价值评估。主要说明文物保护单位级别、批准公布年代；分别说明文物遗存整体以及保护对象的历史价值、艺术价值、科学价值和社会价值等。

d 现状描述。明确工程范围，说明地形地貌、水文气象、岩性、石窟的分布，表述文物遗存的形制、年代特征和保存现状，表述病害损伤部位和隐患现象、程度以及历史变更状况，评价不良地质现象、人类工程活动及环境对文物本体的影响。

e 损伤和病害的成因分析和安全评估结论。主要说明勘察和调查研究的基本成果，岩体稳定性分析及计算，节理裂隙统计（倾向、倾角、长、宽、填充物），石质文物建筑基础及构件稳定性评价，结论要科学、准确、简洁，必要时可附结构安全检测等有关专业的评估或鉴定报告。

5.2.3 根据工程需要可增加附件，内容包括考古资料调查和研究、石质材料分析、工程地质和水文地质勘查的成果汇编。

a 考古资料调查和研究。收集考古资料、查明与石窟保护工程相关的地下遗存，为保护工程提供设计依据。

b 石质材料分析。对石窟石刻材质进行物理、化学和生物学性状的定性、定量分析，为加固和修补工程提供材料学依据。

勘察工作中石质文物室内试验的主要项目：

（1）物理性质实验：岩矿鉴定，比重、密度、孔隙度、含水量、吸水率、渗透性、可溶盐、软化崩解等。

（2）物质成分分析：主要是分析风化产物及盐类对石质的影响。

（3）化学成分分析（氧化物百分含量）。

（4）力学强度（抗压、抗剪、抗拉强度试验）。

（5）水质样品试验：根据勘查目的的不同，提出不同的分析项目，多数用于评价地下水，雨水对石质文物的影响。

c 工程地质和水文地质勘查。查明文物所在区域的地貌特征、地质构造、承载力、岩体性质和风化程度、裂隙特征、地下水等工程地质和水文地质的相关因素，为加固和支护工程设计提供相关的技术参数，对遗址的破坏程度和发展趋势做出定量评价，为保护工程设计提供基础依据。

d 勘察报告中如有关于工程与水文地质勘查内容，应附有勘察任务委托书、主管机关批准文件。

5.2.4 现状实测图纸

a 区位图

标注文物所在的区域位置，比例一般为1：10000～1：50000。

b 保护范围总图

反映文物分布、保护范围周边环境与文物本体的关系，明确载体范围。

标注文物分布边界尺寸、指北针或风玫瑰图。

比例一般为1：200～1：10000。

c 区域总平面图

根据保护工程性质和规模的要求进行绘制：洞窟及造像龛的宽度和深度，在地形图上大于5毫米的应按实际标明，小于5毫米的可用符号表示其中心位置；排水防渗工程应标明微地形、地面及地下排水沟、水系及其附属物；稳定性加固工程应标明危岩、陡坎、斜坡、人工砌筑物等。

比例一般为1：200～1：2000。

d 总平面图

（1）表达文物的平面和竖向关系，地形标高，其他相关遗存、植被、水体和重要地物的位置。

（2）表达工程对象的范围。

（3）标明或编号注明文物的名称。

（4）标示岩体的高程变化。

（5）标示地形和地物的关系，标明测绘基准点并附图例；标示各文物遗存的轮廓边界、底部标高和顶部标高。

（6）标明方向和比例。比例一般为1：500～1：2000。

e 总立面图

根据设计要求选择适宜的制图投影面，一般应选择垂直面为投影面。其测量坐标系统要与国家地形测量坐标系统一。

比例一般为1：50～1：500。

f 石窟测绘图

包括单体洞窟（包括大型造像）的平面、立面、剖面测绘，表述残损状况。横、纵断面位置的选取应最大限度地表现主造像及主要龛的形态特点，对于大型洞窟或摩崖造像龛，纵横断面至少要有三个层位。

比例一般为1：20～1：100。

g 石质文物建筑测绘

按建筑类测绘要求执行，对重要物件应测绘大样图，明显断裂、倾斜现象等应在图上标明。

比例一般为1：20～1：100。

h 详图

对重要局部、构件、构造应测绘详图。

（1）详图与工程对象实测图的索引关系必须清楚。

（2）反映基本图件难以表述清楚的残损、病害现象或完好程度、构造节点。

（3）反映构部件特征及与相邻构部件的关系。

（4）比例一般为 1∶5～1∶20。

5.2.5 现状照片

a 现状照片必须真实、准确、清晰，依序编排。

b 重点反映工程对象的整体风貌、时代特征、病害、损伤现象及程度等内容。

c 反映环境、整体和残损病害部位的关系。

d 与现状实测图、文字说明顺序相符。

5.3 方案设计

5.3.1 方案设计文件包括设计说明和设计图纸。

5.3.2 设计说明

a 设计依据。包括项目立项批准文件、有关政策法规、已批准的总体保护规划、勘察结论、保护及功能方面的需求（设计委托书有关内容或设计合同有关内容）等。

b 设计原则和指导思想。

c 工程性质。根据病害和问题确定工程性质，说明要达到的修复效果和景观效果。同一工程包含不同性质的子项工程时，要逐一说明。

d 工程范围和规模。工程规模应量化。

e 保护措施。针对病害采取的修缮防治措施，材料、做法的技术要求，必要时可作多种措施的方案比较，并提出推荐方案。采用新材料或涉及建筑安全的结构材料时，应有严格的技术要求和材料的检测报告及质量标准说明。如需要应用锚固工程、灌浆工程、防渗排水工程、防风化保护等措施，应进行专项设计，具体要求见附件。

f 说明与保护措施有关系的地理环境、气象特征、场地条件等。

g 被确定使用的特殊材料（如化学灌浆材料、表面防风化材料）应提供实验室试验数据、应用实例和现场试验报告。

5.3.3 设计图纸

a 总平面图

（1）标示工程对象、工程范围；标注或编号列表注明文物名称。

（2）标示工程措施的内容、布局以及道路、防洪、场地排水、环境整治、防护设施等相关内容，标注相关主要尺寸、标高。

（3）指北针或风玫瑰图。

（4）比例一般为 1∶500～1∶2000。

b 工程措施图

表达保护措施所必要的平、立、剖面图（包括必要的分区平面图、立面图和若干纵横剖面图），标注工程措施、内容、材料和工艺，标注相关尺寸、标高、剖面位置、详图索引关系等。

比例一般为 1：50～1：200。

如有必要增加工程措施结构及节点详图。

c 其他相关专业，如建筑、水文、地质等设计图纸，按各专业相关设计标准和技术规范执行。

d 对文物影响较大的保护构筑物应有景观分析或景观效果图。

5.4 工程概算

5.4.1 基本要求

a 工程概算，应以相应的设计文件为基准进行编制。概算所列项目、数量应与方案设计文件相符，二者不能脱节。

b 工程概算依据应选择科学、适用的定额；当无定额依据时，允许以市场价格为依据进行编制。

5.4.2 编制依据

a 现状勘察与方案设计。

b 国家有关的工程造价管理的法规、政策。

c 工程所在地（或全国通用的）现行适用的专项工程和安装工程的概算定额、预算定额、综合预算定额，以及有效的单位估价表、材料和构配件预算价格、工程费用定额和有关规定。

d 类似或可比工程的造价构成或技术经济指标。

e 现行的有关材料运杂费率。

f 因工程场地条件发生的其他规定之内的工程费用标准。

g 管理单位或业主提供的有关工程造价的其他资料。

5.4.3 概算书编排内容

a 封面（或扉页）。写明工程名称、编制单位、编制日期，应有编制人、审核人签字并加盖编制人员资质证章和法人公章。

b 概算编制说明书。内容应包括：工程概述，说明工程的规模和性质；编制依据，主要说明所选用的定额、指标和其他标准；编制方法和其他必要的情况说明。

c 概算汇总表。由明细表子目汇总、合成。依次列出直接费、间接费和取费费率、其他费用、合计和总计费用。

d 概算明细表。依序套用定额子目、编号；无定额及其他标准作为依据的子目，要特别标注清楚。

第六章　安全防护类保护工程设计文件

6.1　适用范围

6.1.1 本章规定适用于各类文物的安防、消防、防雷等专项工程勘察设计文件。

6.1.2 本规定对文物建筑的安全防护设计具有通用性。对于具体的工程项目设计，执行本规定时可根据项目内容和设计范围对条文进行合理的取舍。

6.2　一般要求

6.2.1 安防、消防、防雷工程勘察设计要单独编制文件，不能混编。

6.2.2 设计内容要表述工程实施的必要性和技术措施的合理性、科学性、可靠性，根据设计文件，可宏观判定工程实施对文物可能产生的影响程度，设计文件能满足编制施工组织方案和相应的经济文件等内容的需要。

6.2.3 设计文件的主要内容包括资格报审文件、勘察设计文件、委托中规定的其他文件（人员培训规则，售后服务承诺，工程验收细则、设备设施介绍等）。

6.3　资格报审

6.3.1 资格报审文件包括立项批准文件、设计任务书、设计单位资质证明。

6.3.2 设计任务书由甲方提出的设计内容和要求，并加盖公章。

6.3.3 设计单位资质证明包括专项工程勘察设计资质证书（复印件并加盖公章）、设计单位简介和主要业绩。

6.4　现状勘查

6.4.1 现状勘察文件包括勘察报告和现状照片。

6.4.2 勘察报告

a 文物概况。包括文物的历史沿革及结构法式特征的要点说明，文物保护单位级别，文物价值综述，安全防范风险等级或消防、防雷建筑分类。

b 项目所在地的地理环境、自然气象特征、场地条件等，与工程有直接关系的灾害性事件的影响程度，以及其他的自然破坏因素。

c 专项设施现状评估

清晰表述文物区域的专项设施现状，包括已有消防、防雷、安防系统内容，分析并评估当前功能状况是否满足文物保护需求，科学论证增建或改造专项系统工程的必要性和重要性。

d 论证专项系统工程的建设对于文物本体及环境保护是否存在负面影响，以此作为设计文件制定的重要依据。

e 附必要的总平面图、已有的设施系统图和拟设防对象的平、立面现状实测图等。

f 勘察报告需甲、乙双方勘察人员签字并加盖双方单位公章。

6.4.3 现状照片

真实、准确、清晰地反映工程环境、工程对象现状；照片依序编排，并配以简要的文字说明。

6.5 方案设计

6.5.1 方案设计文件包括设计说明书、设计图纸。

6.5.2 设计说明书

a 设计依据。包括项目立项申请报告、立项批准文件、勘察结论、防护及功能方面的需求（设计任务书有关内容）、现行政策法规、规范标准、已批准的总体保护规划等。

b 设计原则和指导思想。

c 工程性质、范围和规模。指工程的基本属性、实施范围和量化后的规模。

d 设计方案做法说明和技术要求。着重表述系统构架、性能指标、设备器材构成、施工工艺要求等方面的内容。

e 实施中针对文物本体及环境所采取的必要保护措施，附属用房（中控室、消防水池和水泵房）的选址，建筑风格、对文物环境的影响分析及处理措施。

f 主要设备、器材清单附表说明。

6.5.3 安防设计内容要点

a 被盗风险评估，确定安全防范等级，重点防护部位和目标。

b 安全技术防范系统原理和系统性能指标。

c 入侵报警系统设计。

d 视频安防监控系统设计。

e 出入口控制系统设计。

f 声音复核装置（系统）设计。

g 电子巡查系统设计。

h 防爆安检系统设计。

I 安全管理系统与监控中心设计。

j 工程检测细则。

k 工程验收细则。

l 人员培训与日常管理要求。

6.5.4 消防设计内容要点

a 火灾风险评估，确定建筑防火等级。

b 火灾自动报警系统设计。

c 消防给水系统设计。

d 其他灭火设施设计。

e 消防配电系统设计。

f 工程检测细则。

g 工程验收细则。

h 人员培训与日常管理要求。

6.5.5 防雷设计内容要点

a 雷灾历史原因分析和风险评估。

b 确定防雷等级、类别，直击雷防护范围和雷击电磁脉冲保护对象。

c 建筑物的防雷设计，在符合防雷设计规范的基础上，各种管线敷设和设备安装，尤其是独立式避雷塔布置，要分析说明对文物本体和文物外观风貌的影响。

d 古树名木的防雷设计。

e 电源、消防报警、监控系统的防雷设计。

f 避雷系统材料选择、节点安装，接地体、避雷器的作用介绍等。

g 须具备反映避雷带平面定位的平面图和反映避雷带安装后形态的立面图，避雷与接地的内容应以图纸方式表述清楚。

h 日常管理要求。

6.5.6 设计图纸

a 总平面图

表达工程完成后建（构）筑物平面关系和竖向关系；反映地形标高及相应范围内的重要地物；准确标示工程对象，工程范围，专项附属建（构）筑物的具体位置及设计尺度等重要数据；标注清楚或编号列表注明建（构）筑物名称；标注工程对象与周边建（构）筑物的平面尺寸；绘出方向标及比例尺。

比例一般为 1：500～1：2000。

b 专项设计平面图、布防图（防护范围图）、中控室布置图和系统图

（1）按专业设计规范进行专项设计。绘图标准执行《房屋建筑制图统一标准》(GB/T 50001—2010)。

（2）反映工程实施后设施设备的状态、定位；尺寸标注应完备、准确；平面上绘制指北针。

（3）以图形、图例或文字形式在图面上进一步标注表述工程采取的技术措施、工程做法。

（4）比例一般为 1：50～1：200。

c 详图

某些重要部位、复杂局部节点以及安装设备可能会扰动到的文物本体安装节点，须用详图进行说明作为方案设计的组成部分。详图应精确、完整，尺寸标注清楚，定位关系明确。

比例一般为 1：5～1：20。

d 附属建（构）筑物设计方案图

设计图纸应包括单体平面图、立面图，反映附属建（构）筑物在总平面图中的位置图，并画出保护范围和建设控制地带界限，体量较大的应增加视线影响分析图和效果图。

6.6 工程概算

6.6.1 基本要求

a 工程概算，应以相应的设计文件为基准进行编制。概算所列项目、数量应与方案设计文件相符。

b 预算可以采用定额法编制，也可以采用清单法编制。允许以市场价格为依据进行编制。取费标准执行国家和工程所在地的相关规定。

6.6.2 编制依据

a 所有设计技术文件。包括：现状勘察文件、设计说明书、方案设计图纸。

b 国家和工程所在地政府有关工程造价管理的法规、政策。

c 工程所在地（或全国通用的）现行适用的消防工程和安装工程的定额标准。

d 类似或可比工程的造价构成或技术经济指标。

e 现行的有关材料运杂费率。

f 因工程场地条件发生的其他规定之内的工程费用标准。

g 管理单位或业主提供的有关工程造价的其他资料。

6.6.3 概算书编排内容

a 封面（或扉页）。写明工程名称、编制单位（公章）、编制日期，应有编制人、审核人和法人签字。

b 概算编制说明书。内容应包括：工程概述，工程的规模和性质；编制依据，所选用的定额、指标和其他标准；编制方法和其他必要的情况说明。

c 概算汇总表。由明细表子目汇总、合成。依次列出直接费、间接费和取费费率、其他费用、合计和总计费用。

d 概算明细表。依序套用定额子目、编号；无定额及其他标准作为依据的子目，要特别标注清楚。

第七章　专项设计要求与提示

7.1 原址重建工程设计

重点说明重建的必要性，评估其文物价值，尤其是复建建筑的价值，对原址现状及周边环境表述清楚。

提供必要的重建设计依据，如历史照片、图纸、考古调查、文献等相关资料。说明考证分析过程和结论。

对现存遗址遗存提出保护措施。

设计图纸应完整表达重建对象的外观形式和内部空间形态，平面和竖向的尺寸要标注完整，材料选择、结构形式等方面的内容应表达清楚。

7.2 迁移工程设计

充分阐释文物迁移的必要性、可行性，涉及地质、水文等应提交相关评估报告。

评估新迁地点的环境情况，应与原环境尽量一致，提交新址的工程地质勘查报告，也可提出二个以上新迁地点方案比选。

说明迁移工程的基本流程和实施搬迁过程的技术要求。

图纸包括现状测绘、拆卸加固、包装运输、新址归安等。图纸深度与一般维修工程图纸相同。

7.3 近现代文物建筑结构、设备改造工程设计

说明近现代文物建筑的价值评估，说明历史上及现在的使用功能情况。阐述结构变化与设备更新的必要性和合理性，为适应功能更新进行结构和设备改造的可行性。

评估改造工程对文物建筑产生的影响，特殊情况应由专业部门进行结构安全评估。

图纸应反映改造前后平、立、剖面图对比，施工中保护文物的措施。

7.4 文物保护单位保护范围内必要的配套设施建设工程设计

首先应说明保护范围的界限和保护规定。

从文物保护角度出发说明建设的必要性。

评估建筑物（或构筑物）的选址、造型、色彩和体量等方面对于文物本体的干扰和景观的影响；拟添加设施对于文物本体安全的影响程度。

图纸应反映总体平面位置、保护范围、建筑的平立面及对环境影响分析图等。

7.5 锚固工程设计

根据地质勘查报告，找出不稳定岩体的形状，位置及大小。

按岩性类别用工程类比法或经验公式确定锚杆类型和参数；或查阅有关岩体工程中的锚固设计规范。

通过勘察单位提供的现场锚杆抗拉试验确定锚杆的锚固力以及作用范围。

在上述试验基础上，设计锚杆长度、方向、间距、直径等参数，并应匹配适当，保证有足够的安全储备。

应根据不同岩土特性、场地地震烈度等变化，锚固后岩体稳定性安全系数（Ks）最高不能超过 2.5。锚杆布置在文物附近的，应充分保证文物安全，并防止锚杆锈蚀造成工程隐患。

7.6 灌浆工程设计

化学灌浆黏结方法主要用于石窟摩崖的岩体裂隙、洞窟危岩、崩塌的加固保护。它能提高其整体性强度和抗变形的能力，并可收到不改变文物原貌的效果。经常可与锚固工程结合使用。材

料的选择，操作工艺，都应经过实验、研究和检测、通过鉴定后才能使用。

灌浆材料的选择原则是：材料具有耐久性和稳定性，对岩体裂缝的黏结力接近或略大于文物及其载体的力学强度，可灌性好，室温下能固化，施工方便，对材料的色泽和毒性也应重视。

详细写出施工工艺说明、技术指标、操作规程等。

7.7 防风化工程设计

要尽量少在文物上附加新材料，应以改善文物保存的环境为重点。尤其要慎用化学材料，一般只用在风化严重，需要抢修的文物上，以延缓文物损坏的速度，且不能妨碍后人对它进行再保护。

在勘察报告基础上，对石质风化原因进一步做微观分析，确定被保护的对象及范围。

选择化学保护材料时应考虑环境、文物、材质、保护材料性能及对文物、人员的安全程度、经费可行性等因素。应对多种材料进行比较、筛选，在充分试验的基础上，确定被选用的保护材料。

详细写出施工工艺说明，如对孔隙率要求减少到什么程度，透气透水性如何控制，渗透深度的控制，如何形成梯度渐变，如何防止表面固结成膜。处理后表面不能变色，不炫光。使用的工具、喷射距离、压力大小、浓度配比、喷涂次数等，都应明确阐述。

室内试验项目主要包括：防护层的结构与形态（包括材料渗透深度，材料固结后的有效组成及重量，材料在空隙内的结构形态）；物理力学性质（孔隙率、透气性、孔隙直径与体积的分布规律、固结强度）；防止水侵入的能力（表面吸水率、饱和吸水率、孔隙指数、毛细管运动速度、透水性、憎水性）；抗风化能力（耐老化性能、抗冻融试验、安定性试验、干湿循环试验、化学稳定性、重涂性）以及其他特殊项目，如崩解、膨胀性等。根据当地实际情况，可选择其中重要、必需的项目进行试验。

现场试验项目主要包括材料的渗透深度、憎水性、透水性、固结强度等。试验步骤：根据石质文物的风化成因确定风化的类型；选择试验的地点；用实验室选定的材料进行施工；进行保护效果的检测；检测方法应尽量采用无损或微损技术。

在总结上述试验成果的基础上，编制石质文物保护的施工计划、施工工艺、资金预算和日程安排。

7.8 防渗排水工程设计

内容包括：窟顶修筑防渗排水工程；窟前地面排水工程；降低地下水位；治理窟内渗水及窟内排除潮湿结露等。

在勘察报告基础上明确：地层构造与渗水的关系，降雨量及汇水面积，地表水流向，地表水、地下水、泉水、凝结水对石质文物的影响，裂隙走向的范围与渗入窟内的通道，洞内温湿度的年月日变化规律与外界气象要素的联系。

防渗水工程设计中，应对防渗铺盖材料的名称、性能、施工方法详细说明；排水沟设计时应有可排水量的计算；在洞窟后部或下部开凿截水廊道时，对隧洞位置及断面尺寸设计要进行围岩应力场分析，证明对洞窟的稳定没有影响；岩溶地区治水要在搞清溶蚀裂隙、落水洞与渗水关系基础上进行设计；对窟内凝结水的防治设计时要有至少一年的温湿度观察资料，并阐明凝结水及气流变化规律。

7.9　防洪工程设计

涉及文物保护单位的洪水防护工程，是专业性较强的工程项目。设计单位应具有水利工程专业的设计资质证书。根据工程大小和难易程度，可聘用不同资质等级的设计单位。

委托单位应向设计单位提交设计任务书，内容包括：要求防洪工程所保护的范围；设计防洪标准（多少年一遇的洪水）；工程中对文物保护的要求；工程竣工后对文物环境的影响程度与后果评价等。

设计单位须提交的成果有：工程勘察报告、设计说明书、设计图纸及计算书等。内容包括流域概况，气象、水文测验和资料情况，径流、洪水资料分析，文物保护区的工程地质条件（地层、岩性、构造、岩土物理力学性质等），工程中对文物的保护措施等。图纸应包括工程布置总平面图，坝、堤剖面结构图，文物保护措施设计图等，以及有关表格、曲线、计算书等。

防洪工程设计的外观效果，应尽量与原有环境协调一致。

7.10　防护棚罩设计

防护棚罩是指在遗址、石窟、摩崖、墓葬等保护方案中，为了保护文物所采用现代结构材料建造的有遮蔽作用的附属保护设施。设计标准要参照相关专业的设计规范。

防护棚罩的设计首先应考虑保护文物功能的需要，外观形式要与文物及周边环境相协调，不能喧宾夺主。

棚罩的地面支撑点，应尽量设置在文物遗址之外，不能影响遗址的结构及力学稳定。

设计中要考虑排水防渗设施。如需对外展示，应满足观众参观的基本要求；同时要采取有效措施保证游客及文物本体的安全。

7.11　油饰彩画设计

详细调查现存的油饰彩画，明确说明年代、形制、做法、材料、范围和保存状况，准确评估其价值。

彩画评估时，应充分结合古建筑的年代、规格、形制、做法、功能进行分析说明。

油饰彩画原状保护方案和重新油饰的设计方案应分别编制。原状保护方案应说明原状保存部分的保护措施，如清洗、加固、粘贴等。重新油饰设计方案需说明重新油饰彩画的必要性、依据和具体做法。

油饰、地仗做法要尽可能保持传统工艺、使用传统材料。

加固、灌浆、粘接、清洗、封护等保护用新材料应进行现场试验或说明成功经验。

图纸应包括现状勘察和设计图纸、总平面图、建筑立面图、彩画大样图。图纸应满足《古代建筑彩画病害与图示》的要求。

应附必要的现状照片。

7.12 壁画塑像设计

详细调查现存的壁画、塑像，明确说明年代、形制、做法、材料、范围和保存状况，准确评估其价值。

探查壁画、塑像所依附的墙体、构筑物、岩体的稳定性和损坏、病害情况，具体说明其变形、沉降、渗漏对壁画、塑像的影响。

壁画、塑像的保护要与所在文物建筑、石窟等文物本体保护统筹考虑，科学安排保护工作程序，通过文物载体的保护，解决漏雨、渗水、稳定等问题。

多种病害共存时，要分清影响程度，提出工序安排，综合治理。

塑像的油饰、地仗做法要尽可能保持传统工艺、使用传统材料。

加固、灌浆、粘接、清洗、封护等保护用新材料和工艺应进行现场试验或说明成功经验。

具有艺术独创性的壁画、塑像，应充分理解其创作理念，对缺失、残损部分或构件不宜盲目修复。修补部分应考虑整体外观效果的协调。

调查环境影响因素，重视对文物环境的保护，如排水、防渗、防风化的防护措施。

提出有针对性的监测建议。

图纸应满足《古代壁画病害与图示》的要求。

全国重点文物保护单位文物保护工程立项报告规范文本（试行）

（办保函〔2013〕376号　2013年4月2日）

1. 文物保护单位基本信息

文物保护单位名称	
公布 批 次	
所　在　地	省（自治区、市）县（市）镇（乡、街道）村
使用管理单位	
上级主管部门	
文物保护单位简介	
文物保护单位保护工作沿革	
保护规划编制情况	□ 已经省级人民政府批准公布　　公布时间： □ 已经国家文物局批准同意　　批准时间： □ 正在编制　　预计完成时间： □ 尚未开始编制　　预计启动编制时间：

2. 项目概况

工程对象名称	
保护工程类型	□抢险加固工程　□修缮工程　□迁建工程　□安防工程 □消防工程　□防雷工程　□其他保护性设施建设工程
项目内容	
项目是否列入文物保护规划	□是　□否

3. 项目实施的必要性

4. 项目实施的可行性

基础工作描述
保障条件

5. 项目实施计划

6. 经费估算（万元）

<table>
<tr><td>经费类别</td><td>工作内容及估算</td><td>经费合计</td></tr>
<tr><td>前期经费概算</td><td></td><td></td></tr>
<tr><td>工程经费估算</td><td></td><td></td></tr>
<tr><td colspan="2">工程总估算</td><td></td></tr>
<tr><td rowspan="2">其中拟申请国家　重点文物保护　专项补助经费</td><td>拟申请国家重点文物保护专项补助前期经费
万元</td><td rowspan="2"></td></tr>
<tr><td>拟申请国家重点文物保护专项补助后期经费
万元</td></tr>
</table>

7. 附件

7.1 图纸

7.2 现状照片

7.3 相关试验、监测报告等

7.4 保护规划公布文件、保护范围和建设控制地带公布文件等

7.5 其他相关材料

立项报告编制说明

1. 立项范围

立项范围包括全国重点文物保护单位中的古文化遗址、古墓葬、古建筑、石窟寺及石刻、近现代重要史迹及代表性建筑等不可移动文物和壁画、彩塑等相关附属文物的抢险加固工程、修缮工程、保护性设施建设工程、迁建工程。安防、消防、防雷工程属保护性设施建设工程。

2. 立项报告的编制和申报

立项报告由全国重点文物保护单位的使用管理单位组织编制。由所在地文物行政部门统一向省级文物行政部门申报。

省级文物行政部门负责对工程内容、必要性、可行性、经费估算等申报内容进行科学评估，经初审同意后，向国家文物局申报。

3. 立项报告填写

3.1 编号

立项报告编号由省级文物行政部门分年度统一编写。编号由年度代码、中华人民共和国省级行政区划代码、全国重点文物保护单位类别代码和立项报告流水号组成（见对照表）。作为附属文物的壁画、彩塑的类别代码按其所在文物保护单位的类别代码归类。如古建筑中的壁画、彩塑类别代码为3。

示例：

文物保护工程名称：山西应县佛宫寺释迦塔修缮工程

编号：2013-14-3-001

附：中华人民共和国省级行政区划代码对照表

11	北京市	12	天津市	13	河北省
14	山西省	15	内蒙古自治区	21	辽宁省
22	吉林省	23	黑龙江省	31	上海市
32	江苏省	33	浙江省	34	安徽省

续附表

35	福建省	36	江西省	37	山东省
41	河南省	42	湖北省	43	湖南省
44	广东省	45	广西壮族自治区	46	海南省
50	重庆市	51	四川省	52	贵州省
53	云南省	54	西藏自治区	61	陕西省
62	甘肃省	63	青海省	64	宁夏回族自治区
65	新疆维吾尔自治区				

全国重点文物保护单位类别代码对照表

1	古文化遗址	2	古墓葬
3	古建筑	4	石窟寺及石刻
5	近代现代重要史迹和代表性建筑	6	其他

3.2　立项报告名称

封面所填立项报告名称中应明确工程对象名称和保护工程类型。

工程对象名称应明确到拟实施项目的具体单元（如单体建筑、一组建筑群、一组院落等）。

保护工程类型包括抢险加固工程、修缮工程、迁建工程、安防工程、消防工程、防雷工程和其他保护性设施建设工程。

如故宫太和殿修缮工程立项报告。

3.3　文物保护单位基本信息

3.3.1 文物保护单位名称和公布批次

是指国务院核定公布的全国重点文物保护单位名单所使用的名称和公布的批次。

3.3.2 所在地

是指申报文物保护工程的全国重点文物保护单位所坐落的地点，应以中华人民共和国行政区划所规定的行政区划单位名称填写。

3.3.3 使用管理单位

是指直接使用管理该全国重点文物保护单位的机构名称。

3.3.4 上级主管部门

是指使用管理单位的直接上级主管部门的机构名称。

3.3.5 文物保护单位简介

是指该全国重点文物保护单位的基本情况的整体介绍，包括文物构成、地上文物分布、地下文物埋藏情况等。

3.3.6 文物保护单位保护工作沿革

简要说明该全国重点文物保护单位历次维修情况、考古发掘情况等，其中应重点说明此次工程对象近年来所开展的保护工程内容、效果、经费投入情况等。三防工程应说明安防、消防、防雷设施情况及现状。

3.3.7 保护规划编制情况

根据该全国重点文物保护单位保护规划编制工作开展情况，在对应栏中打“√”，并注明相应时间。

3.4　项目概况

3.4.1 工程对象名称和保护工程类型

应与封面立项报告名称保持一致。

3.4.2 项目内容

包括拟开展的前期工作、工程内容、范围、规模和拟采取的保护措施等。三防工程应注明防护的主要部位、拟选用的主要技术和主要设备及预期效果等。

3.5　项目实施的必要性

重点描述存在的主要问题及危害性，包括问题类型、特点、位置、面积、残损程度、危害性、影响因素等。三防工程应重点说明安全风险的类型、影响因素、特点，风险部位位置、面积、现有危害，设防紧迫程度等。

3.6　项目实施的可行性

3.6.1 基础工作描述

重点描述立项保护对象已有的各项基础工作，包括测绘、勘察、考古、试验、监测、研究、保护等各项工作及成果清单。

3.6.2 保障条件

地方政府对申请立项的项目提供的相关政策条件、技术条件、管理机构、人员条件、资金条件和现场施工条件；安防、消防、防雷设施的管理运行条件等。

3.7　项目实施计划

包括前期工作安排、设计工作安排及保护工程实施工期估算等。

3.8　经费估算

包括前期经费概算、工程经费估算等。前期经费概算应根据实际工作需求重点作详细测算和列支，包括地形测绘、地质勘查、本体测绘、病害调查与评估、安全风险评估、监测、材料检测分析试验、本体修复加固试验、方案设计等。工程经费估算应根据工程内容和工程年度实施计划列支。

3.9　附件

3.9.1 图纸

包括总平面图和工程对象平面图。石窟寺需附总立面图。

总平面图应标注本次申请立项的工程对象的位置、区域及历年已完成的保护工程区域、位置、内容及完成时间。三防工程还应注明现有的安防、消防、防雷设施情况等。

工程对象平面图应标注现状及规模。

3.9.2 照片

包括整体风貌照片、工程对象照片和病害照片。

整体风貌照片应能反映工程对象与周边文物及环境的关系。

工程对象照片应能反映保护（防护）对象的基本状况、价值和安全风险。

病害照片应能详细反映保护（防护）对象的问题、病害类型、破坏形式、损伤程度等。

所有照片应标注名称、拍摄时间、拍摄方位，并配以简要说明。

3.9.3 附件

大型和重要工程应增加用于立项申请的概念性方案设计作为附件，以说明项目的必要性和可行性。

3.10　表格可根据填报内容自行增加

关于做好第七批全国重点文物保护单位保护工作的通知

（文物保发〔2013〕7号）

各省、自治区、直辖市文物局（文化厅）：

2013年3月，国务院印发了《关于核定并公布第七批全国重点文物保护单位的通知》（国发〔2013〕13号），核定公布了第七批全国重点文物保护单位1943处，另有47处项目与现有全国重点文物保护单位合并。截至目前，我国共有全国重点文物保护单位4295处。公布第七批全国重点文物保护单位是国务院在文化遗产保护工作方面作出的重大决策，对于继承和发扬民族优秀文化传统，弘扬爱国主义精神，提升国家文化软实力，建设文化遗产强国，都具有十分重要的意义。为贯彻落实国务院通知精神，做好第七批全国重点文物保护单位的保护工作，现将有关事项通知如下：

一、高度重视第七批全国重点文物保护单位保护工作。各级文物行政部门要站在传承和弘扬传统文化的战略高度，充分认识到保护第七批全国重点文物保护单位的重要意义，进一步增强紧迫感和责任感，紧紧依靠当地党委政府，密切配合各有关部门，切实加强对第七批全国重点文物保护单位保护工作的组织领导，积极争取各级财政加大文物保护经费支持力度，不断提升文物保护单位的管理能力和水平。

二、扎实推进第七批全国重点文物保护单位的各项基础性工作。尽快完善“四有”工作，会同有关部门及时划定、公布保护范围和建设控制地带，建立完善记录档案，设立保护标志和必要的保护机构，明确保护责任，实现保护管理工作的日常化、规范化和制度化。加强对不同类型、不同管理体制的全国重点文物保护单位的分析研究，积极探索工业遗产、乡土建筑、文化景观等新型文化遗产科学有效的保护与管理手段。

三、统筹规划第七批全国重点文物保护单位的保护维修工作。在全面摸清第七批全国重点文物保护单位保存状况的基础上，尽快编制文物保护规划，统筹安排文物本体维修保护、基础设施建设、环境整治等项目，集中力量实施一批文物保护重点工程。对第七批全国重点文物保护单位中保存状况较差、险情严重的文物，要抓紧组织相关单位编制、报批抢救性保护方案并尽快予以实施，及时消除文物险情和重大安全隐患，切实改善文物保护状况和保存环境。

四、不断强化第七批全国重点文物保护单位的安全防护工作。要与公安、国土、规划、建设等部门密切配合，通力协作，严厉打击文物违法犯罪活动，依法查处各类破坏全国重点文物保护单位的行为。要根据第七批全国重点文物保护单位的实际情况，明确安全责任主体，健全安全保卫队伍，完善安全管理制度，针对风险组织实施一批安全防护工程，增强防范能力，有效预防文物被盗抢、破坏和火灾等安全事故，确保文物安全。

五、切实加强高素质人才队伍建设。第七批全国重点文物保护单位公布后，文物保护管理工作任务繁重，对人才队伍建设的需求更加迫切。各地要积极创造条件，根据全国重点文物保护单位保护工作的具体需求，依托高等院校、科研院所等单位，结合工作实践和文物保护工程项目的实施，培养造就高素质的文物保护管理人才和专业技术队伍，为文物保护提供人才支撑。

六、积极推动第七批全国重点文物保护单位的宣传展示利用工作。积极宣传文物保护法律法规，提高社会各界的文物保护意识，使文物保护成为社会自觉和主动的行为。通过开展形式多样的展示利用活动，使其成为宣传、展示中华民族传统文化，对公众进行爱国主义、革命传统教育的重要阵地。妥善处理文物保护与旅游等开发建设活动、经济发展的关系，使第七批全国重点文物保护单位成为促进地方经济社会发展、改善人民生活的积极力量，推动我国文物保护工作的健康持续发展。

国家文物局

二〇一三年四月二十八日

世界文化遗产申报工作规程（试行）

（文物保函〔2013〕1595号　2013年8月13日）

第一章　总　则

第一条　为规范世界文化遗产申报工作，促进文化遗产保护管理，依据《中华人民共和国文物保护法》、文化部《世界文化遗产保护管理办法》和国家文物局《世界文化遗产申报审核管理规定》，参照联合国教科文组织《保护世界文化和自然遗产公约》、《实施世界遗产公约操作指南》（以下简称《操作指南》）及世界遗产委员会咨询机构和世界遗产中心《世界遗产资源手册——世界遗产申报准备》等，制订本规程。

第二条　本规程主要适用于已列入《中国世界遗产预备名单》并在联合国教科文组织备案，拟申报列入联合国教科文组织《世界遗产名录》的文化遗产项目，以及文化和自然双重遗产项目中的文化遗产部分。

第三条　开展世界文化遗产申报工作（以下简称“申报工作”），应当遵循加强领导、明确职责、分级负责、各司其职、分阶段推进的原则，各级政府、文物主管部门，有关管理机构，利益相关者，专业单位、专业咨询机构和专家，应当在申报工作中承担相应的责任、权利和义务。世界文化遗产申报项目所在地地方人民政府（以下简称“所在地地方政府”）是申报工作的责任主体。

第四条　申报工作应当树立正确理念，以加强保护为最终目标，以揭示和宣传文化遗产的突出普遍价值为基本要求，不断提高文化遗产保护管理水平，力求发挥文化遗产在提升人与社会综合文明素质中的积极作用。

世界文化遗产申报涉及遗产地环境建设与居民生活。既要以申报工作为契机，善于解决遗产保护与环境协调方面存在的历史遗留问题，使申报同时变为环境和谐、家园美化的过程；又要立足国情，尊重合理的历史沿革，准确解读并把握国际理念、规则和应用尺度，勤俭节约，量力而行，避免奢华之风、过度拆迁和利益相关者纷争。

第五条　围绕申报开展的保护、展示、监测和环境整治等工作，应在深入开展申报项目的突出普遍价值、真实性、完整性研究的基础上，按照“不改变文物原状”原则，最小干预，因地制宜，确保文化遗产的真实性、完整性和展示利用的可持续性。遗址保护与展示，一般不支持、不提倡复建历史上已毁损无存的文物古迹。如确有必要，需经充分论证和依法报批。

第六条 申报工作应当建立有效的宣传、教育和社会沟通渠道，鼓励遗产地开展多种形式的宣传教育活动，确保当地群众特别是利益相关者的知情权、参与权和监督权，使申报工作达成社会共识。宣传教育应注重对文化遗产的认识、保护管理、环境谐调和可持续发展，并遵守相关国际规则。

第二章 相关方的责任和义务

第七条 国家文物局负责全国世界文化遗产申报工作的项目审核、指导监督和宏观管理，并承担相应的涉外沟通工作责任。

第八条 省级人民政府负责本行政区域内申报工作的组织、领导和协调。

省级文物行政部门负责本行政区域内申报工作的项目审核和指导监督，督促所在地地方政府，制定申报工作实施计划和时间表，落实责任人、工作经费，确保各项工作如期完成。

第九条 所在地地方政府是申报工作的责任主体，负责申报工作的具体实施和工作推进，组建申报专门机构，制定相关地方规章，协调利益相关者，保证申报工作有序开展。

申报项目保护管理机构负责依法做好相关遗产的保护、管理、研究工作。

第十条 所在地地方政府应依据相关法律法规的要求，经过履行相关程序，委托具备相关专业资质和世界文化遗产保护领域从业经历的专业单位，承担申报文本和保护管理规划编制、补充和修改等工作。

第十一条 受所在地地方政府委托负责编制申报文本和保护管理规划的专业单位，应根据委托协议（合同），在约定时间内完成编制任务，并根据申报工作的阶段性进展，特别是相关国际组织的反馈要求，完成申报文本、保护管理规划的修改完善工作。

所在地地方政府和受委托的专业单位可在委托协议（合同）中，在满足申报时间和程序要求的前提下，规定双方责任、义务、工作完成时限及费用支付方式。协议（合同）双方可在出现国际咨询机构和世界遗产委员会对申报项目的评估或审议结论为“登录”、“补报”、“重报”和“不予登录”等不同情况时，约定各自相应的职责、义务和费用。

第十二条 受国家文物局委托的专业咨询机构负责按照《保护世界文化和自然遗产公约》及其《操作指南》等国际公约和相关国内法律法规的要求，开展申报项目专业评估工作。

申报项目评估实行专家评审制度。参与项目评审的专家从中国世界文化遗产专家委员会和专家库中随机产生。专家遴选应坚持回避原则。参与每个项目评审的专家人数不得少于 5 人。

第十三条 受所在地地方政府或各级文物行政部门委托，中国世界文化遗产专家委员会和专家库中的专家依照《中国世界文化遗产专家咨询管理办法》，开展申报咨询工作，供所在地地方政府或主管部门行政决策参考。

第三章　申报准备和条件

第十四条　鼓励和提倡有申报潜力和申报意向的所在地地方政府组织开展申报前期准备工作，可以包括国内外咨询、研讨活动；充分的社会动员协调，与相关部门、机构、社团组织和利益相关者达成共识；立法和规划前期工作；经费筹措；人员培训等。

第十五条　具备以下第十六条至第二十七条所列全部条件的，可以向国家文物局提交申报申请文件。如有第二十八条至三十条所列情况，应做好相关工作。

第十六条　文化遗产或其组成要素被公布为省级及以上文物保护单位，依法完成“四有”工作（划定必要的保护范围，做出标志说明，建立记录档案，并区别情况分别设置专门机构或者专人负责），并通过验收。

第十七条　开展文化遗产基础研究、价值研究和比较分析，提炼出具有说服力的突出普遍价值，包括申报列入《世界遗产名录》的适用标准、真实性、完整性及有效的保护管理体系等。

第十八条　划定申报世界遗产所必需的遗产区和缓冲区。遗产区应当包含体现突出普遍价值的所有组成要素，包括历史建筑（群）、遗址、历史街区等人文要素，以及地形、地貌、生态环境等自然要素；缓冲区应当包括与遗产紧密相关的环境，为遗产区保护提供保障，并向非遗产区协调过渡。遗产区和缓冲区的划定应关注到特有的景观特征和传统内涵。

遗产区和缓冲区区划应与文物保护单位保护范围和建设控制地带区划相衔接；因遗产区和缓冲区保护管理的要求，需要对文物保护单位保护范围和建设控制地带进行调整的，应依法履行程序。

第十九条　颁布实施文化遗产保护的地方专项法规和规章。

按照世界文化遗产保护管理要求，编制文化遗产保护管理规划，明确遗产保护管理、协调机制、阐释展示、旅游开发压力应对、风险防范、监测预警、利益相关者协调等规划内容，并已经相关地市级以上人民政府颁布实施。

第二十条　设立文化遗产保护管理专门机构，人员、经费、办公场所配备到位，并且拥有一定数量的文化遗产保护专业人员，能够保持机构良性运转。

第二十一条　文化遗产所在县级以上人民政府建立遗产保护、申遗领导和工作机制，并设立必要的办事机构。

第二十二条　开展必要的文化遗产专题研究、考古调查发掘、勘察测绘等基础工作，对遗产的发展脉络、价值特征和文化内涵有较全面、系统和清晰的了解；相关研究和考古等成果已经发表或出版。

第二十三条　除有可能同时申报列入《世界遗产名录》和《濒危世界遗产名录》的项目之外，一般申报项目均应已排除文化遗产本体明显的安全隐患，近期无须开展大规模修缮工作。

制定遗产风险防范和灾害防护的有效措施和相关规划，能够有效应对遗产面临的各种威胁。

近三年内，拟申报的遗产区和缓冲区范围内未发生损毁遗产本体、破坏遗产风貌和环境景观的事件。

第二十四条 按照相关要求和标准，设立完备的遗产监测体系、数据库和有效反应机制。

第二十五条 有基本准确、全面、恰当、生动的阐释与展示体系和设施，能够有针对性地阐释遗产特征、价值、保护现状和历史沿革等；合理设定游客承载量，并制定相应的游客管理和服务措施。

第二十六条 近三年内，拟申报的遗产区和缓冲区范围内未新增明显影响遗产真实性、完整性和环境景观的不协调建（构）筑物；原有不协调建（构）筑物已经拆除或得到有效整治；相关规划中无新建不协调建（构）筑物的计划。

第二十七条 在文化遗产的项目申报、规划编制、保护管理、展示服务、环境整治等工作中，进行必要性和可行性论证，全面评估历史发展沿革，充分考虑当地实际情况，周密测算和评判拟采取措施可能对地方政治、经济、社会等产生的影响，以公示、听证等方式征求申报项目所有利益相关者的意见。相关项目实施前应依法履行审批手续。

第二十八条 如果属于活态遗产类型的申报项目，应有确保遗产可持续保护和利用，并能保持其原有主要特征、功能、传统与活力的策略及保障机制。

第二十九条 涉及多个省、自治区、直辖市的申报项目，由相关省级人民政府协商一致后，建立省际联合申报协商工作机制，并确定牵头单位。涉及一个省、自治区、直辖市行政区域内多个市、县的，由省级人民政府建立联合申报工作机制。

第三十条 涉及外交、民族、宗教、历史疆界、国家统一等方面重大问题的申报项目，须由相关省级人民政府会商国家相关部门，并征求相关专业咨询机构意见，必要时可由国家文物局协助与国家相关部门进行会商。

第四章　工作方法和程序

第三十一条 国家文物局每年 3 月 31 日前受理省级文物行政部门提交的以下申报材料：

相关省级人民政府对申报项目的支持意见；

按照《操作指南》规范要求编制的申报文本及相关省级文物行政部门初审意见；

文化遗产保护地方专项法规、规章及颁布实施文件；

文化遗产保护管理规划等相关规划及所在地地方政府颁布实施文件；

所在地地方政府关于利益相关者协调情况说明；

涉及外交、民族、宗教、历史疆界、国家统一等方面重大问题的申报项目会商相关部门文件。

上述材料需提交纸质件、电子件各一式三份。

第三十二条 受国家文物局委托开展评估工作的专业咨询机构，在收到国家文物局转来的相关申报材料后10个工作日之内，对申报材料是否完整、是否符合本规程确定的申报条件等提出审核意见，并告国家文物局。

第三十三条 国家文物局根据专业咨询机构的审核意见，确定待考察评估项目，并委托相关专业咨询机构，组织中国世界文化遗产专家委员会和专家库专家，按照《操作指南》及本规程要求，对待考察评估项目进行现场考察和书面评估。现场考察应重点考察申报项目的保护管理情况，书面评估应重点对申报项目是否具备突出普遍价值进行评估。

专业咨询机构根据专家现场考察和书面评估意见，组织中国世界文化遗产专家委员会和专家库专家进行集体评审，形成第三年度申报项目的初审意见，并对申报文本和保护管理规划提出具体修改意见。专业咨询机构于当年5月31日前将申报项目初审意见和相关修改意见以书面文件形式提交国家文物局。

第三十四条 国家文物局于当年6月15日前，对专业咨询机构的初审意见进行研究审议，形成第三年度中国世界文化遗产申报项目的终审意见。并将终审意见及申报工作建议函告相关省级文物行政部门，由其向省级人民政府报告。

第三十五条 申报项目所在地省级人民政府研究接受国家文物局对申报项目的终审意见和工作建议后，应正式提出申报申请，并由国家文物局函商中国联合国教科文组织全国委员会。

第三十六条 所在地地方政府根据国家文物局终审意见和工作建议，组织修改完善申报文本和保护管理规划，经相关省级文物行政部门审核后，于当年8月15日前报国家文物局审核。

第三十七条 国家文物局于当年9月30日前商请中国联合国教科文组织全国委员会将申报文本提交世界遗产中心初审。

第三十八条 国家文物局在收到世界遗产中心对申报文本的初审意见后，立即通知相关省级文物行政部门，请其指导、督促所在地地方政府组织相关专业单位，根据世界遗产中心初审意见对申报文本进行必要的修改完善及英文文本核校工作。

第三十九条 相关省级文物行政部门于次年1月5日前，将修改完善后的中英文申报文本终稿（包括保护管理规划、地图、光盘、幻灯片等资料）报送国家文物局，并须附相关专业咨询机构审核意见和3名以上专家对申报文本英文终稿审校一致的意见。

第四十条 国家文物局于次年1月10日前，将申报文本中、英文终稿送达中国联合国教科文组织全国委员会；经国务院批准后，正式提交联合国教科文组织世界遗产中心。

第四十一条 国家文物局在收到世界遗产中心关于世界文化遗产申报文本终稿格式审核意见后，告知相关省级文物行政部门。

第四十二条 国家文物局指导、督促有关地方各级政府及文物行政部门，以专业准备为主，做好接受世界遗产委员会国际咨询机构对申报项目现场考察评估相关工作。

第四十三条 在世界遗产委员会国际咨询机构集体评估形成初审意见需补充材料的情况下，所在地地方政府应组织相关专业单位，按照国际咨询机构的要求完成补充材料，经相关省级文物行政部门初审后，报请国家文物局提交国际咨询机构。

第四十四条 当世界遗产委员会会议对申报项目审议决议为“补报”时，所在地地方政府应组织相关专业单位，在规定时限内完成补充材料，经相关省级文物行政部门初审后，报请国家文物局提交世界遗产中心；当世界遗产委员会决议为“重报”或“不予登录”时，所在地地方政府应组织相关专业单位，根据决议要求开展后续工作，并明确有关各方责任与义务。

第五章　其他事项

第四十五条 申报材料中涉密数据的申请、解密、公开等事宜，由所在地地方政府依法履行相关审批程序；相关涉密数据的使用、管理，应遵守国家保密法律法规。

第四十六条 申报工作所需经费原则上由所在地地方政府承担。整治、拆迁、考古、测绘、文物保护等工作所需费用可根据现行相关标准掌握；编制申报文本和相关规划等，应既保证相关专业单位获得合理报酬，又避免过高收费。

第四十七条 在申报工作中一旦出现违法行为，或引发利益相关者强烈不满造成重大负面社会影响，或未按照规定时间节点完成申报工作且持续推进不力，国家文物局将商相关省级人民政府同意后，中止或推迟申报。

第四十八条 申报文本、保护管理规划等相关申报资料和成果归委托协议（合同）双方共同所有，并报国家文物局指定的专业咨询机构备份存档；其保存、管理和使用，须遵守相关法律法规。

第四十九条 对于涉及国家领土主权、文化安全以及跨国申报等文化遗产项目，在特定情况下，国家文物局经商相关省级人民政府及国家有关部门同意后，报经国务院批准，可直接指定世界文化遗产申报项目。有关协调工作机制另行确定。

第六章　附　则

第五十条 本规程自发布之日起施行。

全国重点文物保护单位文物保护工程申报审批管理办法（试行）

（文物保函〔2014〕64号　2014年1月17日）

第一章　总　则

第一条　为规范全国重点文物保护单位文物保护工程申报审批工作，提高审批质量和效率，依据《中华人民共和国文物保护法》、《中华人民共和国文物保护法实施条例》和《文物保护工程管理办法》的有关规定，制定本办法。

第二条　本办法适用于全国重点文物保护单位的抢险加固、修缮、保护性设施建设及迁移等文物保护工程。

第三条　文物保护工程的申报审批分为立项申报审批、技术方案申报审批和经费申报审批三个环节。

第二章　立项申报审批

第四条　全国重点文物保护单位的管理机构按照《全国重点文物保护单位文物保护工程立项报告规范文本（试行）》的要求编写立项报告，报省级文物行政部门初审。

第五条　省级文物行政部门对文物保护工程的性质、内容、范围、规模等情况进行初审后，报国家文物局审批。

第六条　国家文物局对文物保护工程立项的可行性、必要性进行审核，并出具立项批复意见。

第七条　国家文物局对重大或特殊文物保护工程的立项审批，应当征询专家或咨询评估机构意见。

第三章　技术方案及经费申报审批

第八条　全国重点文物保护单位的管理机构根据国家文物局的立项批复意见，组织相关资质单位按照《文物保护工程设计文件编制深度要求（试行）》编写技术方案，报省级文物行政部门审批。

第九条 省级文物行政部门在审批前，应当将技术方案送交国家文物局确定的咨询评估机构进行评估。

咨询评估机构应当组织专家对技术方案进行评估，向省级文物行政部门提交评估报告，并报国家文物局备案。技术方案需要修改的，咨询评估机构应当提出明确的修改意见，并对修改后的技术方案进行再次评估。

省级文物行政部门根据评估报告出具方案批复意见，并将批复意见和通过评估的技术方案报国家文物局备案。

第十条 文物保护工程经费的申报与审批按照《国家重点文物保护专项补助资金管理办法》的有关规定执行。

第十一条 咨询评估机构的技术方案评估费用由委托其进行评估的文物行政部门承担。

第四章 职责与监督

第十二条 国家文物局对文物保护工程申报审批的各个环节进行指导和监督。

第十三条 省级文物行政部门应当指定专门机构或专人，依法在规定期限内完成文物保护工程立项文件的初审、技术方案的批复及备案工作，并接受国家文物局的指导和监督。

第十四条 咨询评估机构应严格按照公平公正的原则履行评估职责，在规定期限内完成评估工作，对评估报告负责，并接受国家文物局和社会监督。

技术方案评估应当在30个工作日内完成；对修改后的技术方案的再次评估，一般不应超过20个工作日。

第十五条 在文物保护工程申报审批过程中，如发现存在程序违规、弄虚作假、营私舞弊等行为的，国家文物局视情节给予通报批评、责令限期整改；对文物保护工程造成严重后果的，依法追究法律责任。

第五章 附 则

第十六条 本办法由国家文物局负责解释。

第十七条 本办法自发布之日起施行。

全国重点文物保护单位文物保护项目咨询评估机构管理办法（试行）*

（文物保函〔2014〕65号　2014年1月17日）

第一章　总　则

第一条　为规范文物保护项目咨询评估机构的管理，提高文物保护项目评审工作质量和效率，根据《中华人民共和国文物保护法》、《中华人民共和国文物保护法实施条例》和《文物保护工程管理办法》，结合文物保护项目评审工作的具体情况，制定本办法。

第二条　本办法中的咨询评估机构是指具有独立法人资格，能够独立承担文物保护项目咨询评估工作的机构。

第三条　本办法中的咨询评估工作是指咨询评估机构遵循文物保护原则、程序和标准，通过科学规范的方法对文物保护项目进行评估、论证，为文物保护项目提供咨询评估意见。

第四条　本办法中的文物保护项目是指全国重点文物保护单位的抢险加固工程、修缮工程、保护性设施建设工程和迁移工程，以及相关保护规划、展示利用、行政许可等项目。

第二章　咨询评估机构的确定

第五条　国家文物局依据客观公正、择优选择的原则，确定咨询评估机构。

第六条　咨询评估机构的遴选范围包括从事过文物保护项目咨询评估业务的企事业单位或相关社会团体。

第七条　咨询评估机构的业务范围包括全国重点文物保护单位中的古文化遗址、古墓葬、古建筑、石窟寺和石刻、近现代重要史迹及代表性建筑、壁画等文物保护工程，以及相关保护规划、展示利用、行政许可等项目的咨询评估。

第八条　申请文物保护项目咨询评估业务的企事业单位或者社会团体（以下简称申报单位），应当具备下列条件：

（一）具有独立的企事业法人资格或社团法人资格，有固定办公场所和必要的经营条件；

* 已于2017年12月27日废止。

（二）从事文物保护项目咨询评估业务5年以上，有较高的社会信誉，独立承担过不少于300项的省级以上（含省级）文物保护工程项目的咨询评估业务；

（三）技术负责人需具有10年以上从事文物保护项目相关工作经历，具有高级专业技术职称；

（四）从业人员不少于15人，其中具有高级专业技术职称的技术骨干不低于40%，应聘并固定在该单位的离退休技术人员不超过20%；

（五）有科学健全的管理制度，包括评估业务管理制度、评估质量控制制度、业务档案管理制度等。

第九条 申报单位申请文物保护项目咨询评估单项业务范围的条件，由国家文物局根据专业要求，参照第八条适当调整。

第十条 咨询评估机构由国家文物局按照以下程序确定：

（一）申报单位应当向所在地省级文物行政部门提交申报材料，经省级文物行政部门审核后，报国家文物局审查；国务院各部委直属企事业单位可直接向国家文物局提交申报材料；

（二）国家文物局对申报材料进行评议审查；

（三）经审查通过的，由国家文物局确定文物保护项目咨询评估机构并向社会公布。

第十一条 申报材料应当包括以下内容：

（一）全国重点文物保护单位文物保护项目咨询评估机构申请表；

（二）申报单位的法人证书；

（三）法定代表人和技术负责人简历、职业资格证书、职称证书、学历证书、身份证复印件；

（四）技术人员的职称证书、职业资格证书、学历证书、身份证复印件；

（五）具有代表性的文物保护项目相关咨询评估资料；

（六）其他相关证书、资料。

第三章 职能与责任

第十二条 咨询评估机构按照客观、公正、科学的原则，对文物保护项目进行前期咨询、中期评估和后期绩效评定。

第十三条 咨询评估机构接受委托对文物保护项目进行评估，提出明确的修改意见，出具同意或否决的评估结论，形成评估报告，并对评估报告负责。

第十四条 评估内容主要包括以下方面：

（一）工程项目技术文件是否规范、齐备，是否符合《文物保护工程设计文件编制深度要求（试行）》；

（二）工程项目设计单位是否具备相应资质；

（三）工程项目是否必要、可行，保护原则是否正确；

（四）工程性质、内容、范围、规模是否合理，并对工程的现状勘察结论、技术保护措施及相关技术图纸等提出明确、具体的修改意见。

第十五条 咨询评估机构不得从事与其审核范围相同的文物保护规划及方案的编制工作。

第四章 监督与管理

第十六条 国家文物局负责咨询评估机构的监督与管理，可以组织专家或委托有关机构，对咨询评估工作过程进行检查，对工作成果的实施效果进行评价。

第十七条 咨询评估机构应于每年1月31日之前，将上一年度咨询评估情况的书面总结材料报国家文物局备案。

第十八条 咨询评估机构如有以下行为的，给予通报批评、责令限期整改、暂停或终止咨询评估委托等相应处理；情节严重的，追究其法律责任：

（一）擅自转让咨询评估业务的；

（二）同时承担与业务范围相同的规划、勘察、设计、施工等工作的；

（三）故意损害文物行政部门、被评估项目相关单位权益的；

（四）与被评估项目相关单位相互串通，在工作过程中弄虚作假的；

（五）向委托人或者被评估项目相关单位索取、收受财物，或者利用业务之便，谋取其他不正当利益的；

（六）因咨询评估工作失误造成文物保护项目技术事故的。

第五章 附 则

第十九条 省级及省级以下文物保护单位的文物保护项目咨询评估工作可参照本办法执行。

第二十条 本办法由国家文物局负责解释。

第二十一条 本办法自发布之日起施行。

文物保护工程勘察设计资质管理办法（试行）

（文物保发〔2014〕13号　2014年4月2日）

一、总　则

第一条　为加强文物保护工程勘察设计资质管理，根据《中华人民共和国文物保护法》、《中华人民共和国文物保护法实施条例》、《文物保护工程管理办法》的有关规定，制定本办法。

第二条　从事古文化遗址、古墓葬、古建筑、石窟寺和石刻、近现代重要史迹及代表性建筑、壁画等不可移动文物的保护工程勘察设计资质管理，适用本办法。

第三条　文物保护工程勘察设计是指为文物保护工程而进行的调查、研究、勘察测绘、制定保护方案、工程设计及工程必要性可行性分析、技术经济分析，编制保护规划，并提供勘察成果资料、设计文件及规划文件的活动。

第四条　文物保护工程勘察设计单位应当按照本办法的规定申请资质及业务范围，取得相应等级的资质证书后，在许可的业务范围内从事文物保护工程勘察设计活动。

第五条　文物保护工程勘察设计资质等级分为甲、乙、丙级。

第六条　国家文物局负责审定文物保护工程勘察设计甲级资质，颁发甲级资质证书。

省级文物主管部门负责审定本辖区注册企、事业单位的文物保护工程勘察设计乙、丙级资质，颁发相应的资质证书。

省级文物主管部门负责文物保护工程勘察设计资质的年检和日常管理工作。

第七条　文物保护工程勘察设计资质的业务范围分为古文化遗址古墓葬、古建筑、石窟寺和石刻、近现代重要史迹及代表性建筑、壁画、保护规划等六类。

二、专业人员

第八条　文物保护工程责任设计师是指经过文物保护工程勘察设计的相关培训，并通过考核，取得相应从业范围证书的文物保护工程勘察设计专业人员。

第九条　文物保护工程责任设计师不得同时受聘于两家或两家以上文物保护工程资质单位。

第十条　文物保护工程勘察设计实行责任设计师负责制。责任设计师在主持文物保护工程勘察设计中，应当全面负责所承担项目的组织管理和质量控制，在勘察设计文件上签字并对文件质量负直接责任。

第十一条 文物保护工程责任设计师应当具备以下条件：

（一）熟悉文物保护法律法规，具有较强的文物保护意识，遵循文物保护的基本原则、科学理念、行业准则和职业操守；

（二）从事文物保护工程勘察设计相关技术工作八年以上；

（三）主持完成至少二项工程等级为一级，或至少四项工程等级为二级，且通过相应文物主管部门审批的文物保护工程勘察设计项目；或者作为主要技术人员参与完成至少四项工程等级为一级，或至少八项工程等级为二级，且通过相应文物主管部门审批的文物保护工程勘察设计项目；

（四）近五年内主持完成的文物保护工程勘察设计，没有发生因勘察设计质量问题对文物造成损坏或人员伤亡等重大责任事故。

近五年内，主持完成的文物保护工程勘察设计或相关科研项目因工程质量、管理创新、科技创新，获得国家级、省部级奖项的专业人员，申请担任文物保护工程责任设计师的，可适当放宽前款（二）、（三）项标准。

第十二条 文物保护工程责任设计师的从业范围分为古文化遗址、古墓葬、古建筑、石窟寺和石刻、近现代重要史迹及代表性建筑、壁画、保护规划等六类。

第十三条 省级文物主管部门负责组织开展文物保护工程责任设计师的培训和继续教育工作。

文物保护工程责任设计师的培训内容应当包括文物保护的法律法规、保护原则、标准规范等相关专业知识，培训时间不得少于40课时。

第十四条 文物保护工程责任设计师由全国性文物保护行业协会组织考核。经考核合格的人员，由全国性文物保护行业协会颁发文物保护工程责任设计师证书，并将名单向社会公布，同时报国家文物局备案。

前款所指的全国性文物保护行业协会由国家文物局向社会公布。

三、资质标准

第十五条 甲级资质标准：

（一）法定代表人与文物保护工程责任设计师均熟悉文物保护法律法规，具有较强的文物保护意识，遵循文物保护的基本原则、科学理念、行业准则和职业操守；

（二）经主管机关核准登记的法人单位，独立承担完成不少于十项、工程等级为二级的文物保护工程勘察设计，并已通过相应文物主管部门审批；

（三）近三年内完成的文物保护工程勘察设计中，没有发生因勘察设计质量问题造成文物损坏或人员伤亡等重大责任事故；

（四）文物保护工程责任设计师不少于5人（其中应聘并固定在该单位的离退休人员不超过

20%）；其中，每一项业务范围都应有 2 名以上具有相应从业范围的文物保护工程责任设计师；有协助责任设计师从事文物保护工程勘察设计工作的必要的专职技术人员。

第十六条 乙级资质标准：

（一）法定代表人与文物保护工程责任设计师均熟悉文物保护法律法规，具有较强的文物保护意识，遵循文物保护的基本原则、科学理念、行业准则和职业操守；

（二）经主管机关核准登记的法人单位，独立承担完成不少于十项、工程等级为三级的文物保护工程勘察设计，并已通过相应文物主管部门审批；

（三）近三年内完成的文物保护工程勘察设计中，没有发生因勘察设计质量问题造成文物损坏或人员伤亡的重大责任事故；

（四）文物保护工程责任设计师不少于 3 人（其中应聘并固定在该单位的离退休人员不超过 20%）；其中，每一项业务范围都应有 1 名以上具有相应从业范围的文物保护工程责任设计师；有协助责任设计师从事文物保护工程勘察设计工作的必要的专职技术人员。

第十七条 丙级资质标准由省级文物主管部门参照本办法，并根据本地区的实际情况制定公布。

第十八条 文物保护工程勘察设计单位应当根据自身资质等级和业务范围承担相应的勘察设计项目（文物保护工程勘察设计分级见附表）：

甲级资质的勘察设计单位可以承担其业务范围内所有级别文物保护工程的勘察设计项目；

乙级资质的勘察设计单位可以承担其业务范围内工程等级为二级及以下的勘察设计项目；

丙级资质的勘察设计单位可以承担其业务范围内工程等级为三级的勘察设计项目。

四、资质申请与审批

第十九条 申请文物保护工程勘察设计甲级资质或申请增加甲级资质业务范围的单位，应当报请所在地省级文物主管部门初审合格后报国家文物局审批。

申请乙级及以下文物保护工程勘察设计资质或申请增加乙级及以下资质业务范围的单位，应当报请所在地市、县级文物主管部门初审合格后报省级文物主管部门审批。

第二十条 近五年内，因工程质量、管理创新、科技创新获得与文物保护工程勘察设计相关的国家级、省部级奖项的文物保护工程勘察设计单位，经所在地省级文物主管部门推荐，申请文物保护工程勘察设计甲级资质的，可适当放宽第十五条（二）、（四）项标准。

第二十一条 申请文物保护工程勘察设计资质或申请增加业务范围的，应当提交以下材料：

（一）文物保护工程勘察设计资质申请表；

（二）企业单位法人营业执照副本；事业单位主管机关颁发的单位法人证书或文件；

（三）法定代表人任职文件、身份证复印件；

（四）文物保护工程责任设计师的劳动合同（事业单位为聘任合同）、任职文件、文物保护工程责任设计师证书、社会保险证明、身份证复印件；

（五）完成的具有代表性的文物保护工程勘察设计合同及审批文件。

第二十二条 国家文物局和省级文物主管部门每年第一季度组织审定文物保护工程勘察设计资质，并颁发相应的资质证书和勘察设计图纸报审章。

五、监督管理

第二十三条 文物保护工程勘察设计资质证书是从事文物保护工程勘察设计的凭证，只限本单位使用，不得涂改、伪造、转让、出借。

文物保护工程勘察设计单位出具的设计文件均应加盖勘察设计图纸报审章。

第二十四条 文物保护工程勘察设计资质证书由国家文物局监制，分为正本和副本，正本1本，副本6本，正、副本具有同等法律效力，有效期为12年。

第二十五条 在资质证书有效期内，文物保护工程勘察设计单位名称、地址、法定代表人、经济性质等发生变更的，应当在工商部门办理变更手续后三十日内，到文物保护工程资质证书发证机关办理资质证书变更手续。原证书应交回发证机关注销。

第二十六条 办理名称、地址、法定代表人、经济性质等变更手续的，应当提交以下材料：

（一）资质证书变更申请；

（二）资质证书原件；

（三）变更后的企业法人营业执照或事业单位法人证书及文件；

（四）甲级勘察设计资质单位办理变更的，应提交所在地省级文物主管部门初审文件。

第二十七条 文物保护工程勘察设计资质单位改制、合并、分立的，应当按照本办法规定重新申报材料，申请取得文物保护工程勘察设计资质。

第二十八条 省级文物主管部门每两年进行一次文物保护工程勘察设计资质年检，一般在当年第四季度进行。

第二十九条 文物保护工程勘察设计资质单位参加年检，应当提交以下材料：

（一）《文物保护工程勘察设计资质年检申报表》；

（二）文物保护工程资质证书副本原件和复印件；

（三）企业单位法人营业执照副本，事业单位主管机关颁发的单位法人证书或文件复印件；

（四）法人代表、文物保护工程责任设计师身份证复印件；文物保护工程责任设计师社会保险证明及劳动合同（事业单位为聘任合同）复印件；

（五）两年内具有代表性的文物保护工程勘察设计合同首页、签字页、批复文件的复印件。

第三十条 省级文物主管部门对符合相应资质等级标准的文物保护工程勘察设计资质单位，

应当认定年检合格，并在其资质证书副本上加盖年检合格章。

省级文物主管部门应当将甲级资质单位的年检结论，报国家文物局备案。

年检合格的文物保护工程勘察设计资质单位由文物保护工程资质证书发证机关颁发勘察设计图纸报审章。

第三十一条 省级文物主管部门对有下列情形之一的文物保护工程勘察设计资质单位，应当认定年检不合格：

（一）企业营业执照、事业单位主管机关颁发的单位法人证书或文件等证照不全，或不在有效期内的；证照信息与文物保护工程资质证书不符的；

（二）文物保护工程责任设计师发生变动，未达到相应资质等级标准的；

（三）有超越资质等级、业务范围或以其他单位的名义承揽业务的行为，由省级文物主管部门责令整改并记录在案的；

（四）有不按照经文物主管部门批复的立项报告勘察设计的行为，由省级文物主管部门责令整改并记录在案两次的；

（五）有违反文物保护工程基本原则、规范和标准进行勘察设计的行为，由省级文物主管部门责令整改并记录在案两次的；

（六）其他违法违规行为。

第三十二条 省级文物主管部门认定文物保护工程勘察设计甲级资质单位年检不合格的，应当责令其整改，整改期不得超过六个月。整改后仍不符合文物保护工程勘察设计甲级资质标准的，应当报请国家文物局依法组织听证，吊销其文物保护工程勘察设计甲级资质。

省级文物主管部门认定文物保护工程勘察设计乙、丙级资质单位年检不合格的，应当责令其整改。整改期不得超过六个月。整改后仍不符合文物保护工程勘察设计相应资质标准的，应当降低其资质等级，或依法组织听证，吊销其文物保护工程勘察设计资质。

第三十三条 文物保护工程勘察设计资质证书遗失的，应当于三十日内在媒体上声明作废，并向文物保护工程资质证书发证机关申请补发证书。

第三十四条 文物保护工程勘察设计资质单位撤销、破产倒闭的，应在三十日内将原资质证书交回原发证机关，办理注销手续。

第三十五条 在规定时间内没有参加资质年检或逾期不办理资质证书变更手续的，其资质证书自行失效。

第三十六条 对有以下行为的文物保护工程勘察设计资质单位，由省级文物主管部门责令改正，并记录在案：

（一）超越资质等级、业务范围或以其他单位的名义承揽业务的；

（二）不按照经文物主管部门批复的立项报告勘察设计的；

（三）违反文物保护工程基本原则、规范和标准进行勘察设计的。

第三十七条 对有以下行为的文物保护工程勘察设计资质单位，由文物保护工程资质证书发证机关降低其资质等级，或经依法组织听证，吊销其文物保护工程勘察设计资质：

（一）在文物保护工程勘察设计中，发生因勘察设计质量问题造成文物损坏或人员伤亡等重大责任事故的；

（二）涂改、伪造、转让、出借或采取其他不正当手段取得文物保护工程勘察设计资质证书的。

第三十八条 对弄虚作假或者以不正当手段取得文物保护工程责任设计师证书的，由发证机构注销其文物保护工程责任设计师证书。

第三十九条 对涂改、伪造、转让、出借文物保护工程责任设计师证书的，由发证机构注销其文物保护工程责任设计师证书。

第四十条 文物保护工程责任设计师在文物保护工程勘察设计中，违反有关文物保护的法律法规、基本原则、科学理念、行业准则和职业操守，造成恶劣社会影响，或因勘察设计质量问题造成文物损坏、人员伤亡等重大责任事故的，由发证机构注销其文物保护工程责任设计师证书并向社会公告。

第四十一条 由发证机构注销文物保护工程责任设计师证书的，五年内不得参加文物保护工程责任设计师考核。

六、附　则

第四十二条 本办法自发布之日起施行。

文物保护工程施工资质管理办法（试行）

（文物保发〔2014〕13号　2014年4月2日）

一、总　则

第一条　为加强文物保护工程施工资质管理，根据《中华人民共和国文物保护法》、《中华人民共和国文物保护法实施条例》、《文物保护工程管理办法》的有关规定，制定本办法。

第二条　从事古文化遗址、古墓葬、古建筑、石窟寺和石刻、近现代重要史迹及代表性建筑、壁画等不可移动文物的保护工程施工资质管理，适用本办法。

第三条　文物保护工程施工单位应当按照本办法的规定申请资质及业务范围，取得相应等级的资质证书后，在许可的业务范围内从事文物保护工程施工活动。

第四条　文物保护工程施工资质等级分为一、二、三级。

第五条　国家文物局负责审定文物保护工程施工一级资质，颁发一级资质证书。

省级文物主管部门负责审定本辖区注册企、事业单位的文物保护工程施工二、三级资质，颁发相应的资质证书。

省级文物主管部门负责文物保护工程施工资质的年检和日常管理工作。

第六条　文物保护工程施工资质的业务范围分为古文化遗址古墓葬、古建筑、石窟寺和石刻、近现代重要史迹及代表性建筑、壁画等五类。

二、专业人员

第七条　文物保护工程施工专业人员是指经过文物保护工程施工的相关培训，并通过考核，取得相应类别和从业范围证书的专业人员。

第八条　文物保护工程施工专业人员分为文物保护工程施工技术人员和责任工程师。

文物保护工程施工专业人员不得同时受聘于两家或两家以上文物保护工程资质单位。

第九条　文物保护工程施工技术人员包括各专业工种技术人员、资料员、安全员等。

第十条　文物保护工程施工技术人员应当参与文物保护工程施工相关专业技术工作三年以上，或者具有文物保护工程施工相关专业的初级技术职务。

第十一条　文物保护工程施工实行责任工程师负责制。责任工程师应当全面负责所承担的文物保护工程项目施工的现场组织管理和质量控制，并对文物安全和工程质量负直接责任。

责任工程师不得同时承担两个或两个以上文物保护工程项目施工的管理工作。

第十二条 文物保护工程责任工程师应当具备以下条件：

（一）熟悉文物保护法律法规，具有较强的文物保护意识，遵循文物保护的基本原则、科学理念、行业准则和职业操守；

（二）从事文物保护工程施工管理八年以上；

（三）主持完成至少二项工程等级为一级，或至少四项工程等级为二级，且工程验收合格的文物保护工程施工项目；或者作为主要技术人员参与管理至少四项工程等级为一级，或至少八项工程等级为二级，且工程验收合格的文物保护工程施工项目；

（四）近五年内主持完成的文物保护工程施工中，没有发生文物损坏或者人员伤亡等重大责任事故。

近五年内，主持完成的文物保护工程施工或相关科研项目因工程质量、管理创新、科技创新，获得国家级、省部级奖项的专业人员，申请担任文物保护工程责任工程师的，可适当放宽前款（二）、（三）项标准。

第十三条 文物保护工程责任工程师的从业范围分为古文化遗址古墓葬、古建筑、石窟寺和石刻、近现代重要史迹及代表性建筑、壁画等五类。

第十四条 省级文物主管部门负责组织开展文物保护工程施工专业人员的培训和继续教育工作。

文物保护工程施工专业人员的培训内容应当包括文物保护的法律法规、保护原则、标准规范等相关专业知识，培训时间不得少于40课时。

第十五条 文物保护工程责任工程师由全国性文物保护行业协会组织考核。经考核合格的人员，由全国性文物保护行业协会颁发文物保护工程责任工程师证书，并将名单向社会公布，同时报国家文物局备案。

前款所指的全国性文物保护行业协会由国家文物局向社会公布。

省级文物主管部门或受其委托的专业机构负责组织文物保护工程施工技术人员考核，考核合格的人员由国家文物局公布的全国性文物保护行业协会颁发文物保护工程施工技术人员证书。

第十六条 省级文物主管部门对本地区长期从事文物保护工程施工，熟练掌握传统工艺技术，经文物保护工程施工专业人员培训、年龄在50周岁以上的老工匠，可决定免予考核，由国家文物局公布的全国性文物保护行业协会颁发文物保护工程施工技术人员证书。

三、资质标准

第十七条 一级资质标准：

（一）法定代表人与专业人员均熟悉文物保护法律法规，具有较强的文物保护意识，遵循文物保护的基本原则、科学理念、行业准则和职业操守；

（二）经主管机关核准登记的法人单位，独立承担完成不少于十项、工程等级为二级的文物保护工程，工程质量合格，通过验收；

（三）近三年内完成的文物保护工程施工中，没有发生文物损坏或人员伤亡等重大责任事故；

（四）文物保护工程责任工程师不少于5人；其中，每一项业务范围都应有2名以上具有相应从业范围的文物保护工程责任工程师；

（五）具有15名以上文物保护工程施工技术人员，各专业工种技术人员、资料员、安全员等配置齐全；

（六）具有文物保护工程所需的专业技术装备。

第十八条 二级资质标准：

（一）法定代表人与专业人员均熟悉文物保护法律法规，具有较强的文物保护意识，遵循文物保护的基本原则、科学理念、行业准则和职业操守；

（二）经主管机关核准登记的法人单位，独立承担完成不少于十项、工程等级为三级的文物保护工程，工程质量合格，通过验收；

（三）近三年内完成的文物保护工程施工中，没有发生文物损坏或人员伤亡的重大责任事故；

（四）文物保护工程责任工程师不少于3人；其中，每一项业务范围都应有1名以上具有相应从业范围的文物保护工程责任工程师；

（五）具有10名以上文物保护工程施工技术人员；

（六）具有文物保护工程所需的专业技术装备。

第十九条 三级资质标准由省级文物主管部门参照本办法，并根据本地区的实际情况制定公布。

第二十条 文物保护工程施工单位应当根据自身资质等级和业务范围承担相应的施工项目（文物保护工程施工分级见附表）：

一级资质的施工单位可以承担其业务范围内所有级别文物保护工程的施工项目；

二级资质的施工单位可以承担其业务范围内工程等级为二级及以下的施工项目；

三级资质的施工单位可以承担其业务范围内工程等级为三级的施工项目。

四、资质申请与审批

第二十一条 申请文物保护工程施工一级资质或申请增加一级资质业务范围的单位，应当报请所在地省级文物主管部门初审合格后报国家文物局审批。

申请二级及以下文物保护工程施工资质或申请增加二级及以下资质业务范围的单位，应当报请所在地市、县级文物主管部门初审合格后报省级文物主管部门审批。

第二十二条 长期在特定区域从事特定类型文物保护工程施工，熟练掌握传统特色工艺技术，业绩突出的文物保护工程施工单位，经所在地省级文物主管部门推荐，可以向国家文物局申请取得特定范围文物保护工程施工一级资质。申请上述特定范围一级资质的单位，可适当放宽第十七条（二）、（四）、（五）条标准。

省级文物主管部门可以参照前款规定，对申请特定范围文物保护工程施工二级资质的单位，适当放宽相关标准。

第二十三条 近五年内，因工程质量、管理创新、科技创新获得与文物保护工程施工相关的国家级、省部级奖项的文物保护工程施工单位，经所在地省级文物主管部门推荐，申请文物保护工程施工一级资质的，可适当放宽第十七条（二）、（四）、（五）条标准。

第二十四条 申请文物保护工程施工资质或申请增加业务范围的，应当提交以下材料：

（一）文物保护工程施工资质申请表；

（二）企业单位法人营业执照副本；事业单位主管机关颁发的单位法人证书或文件；

（三）法定代表人任职文件、身份证复印件；

（四）文物保护工程责任工程师劳动合同（事业单位为聘任合同）、任职文件、文物保护工程责任工程师证书、社会保险证明、身份证复印件；

（五）文物保护工程施工技术人员劳动合同、文物保护工程施工技术人员证书、身份证复印件；

（六）完成的具有代表性的文物保护工程施工合同及验收文件。

第二十五条 国家文物局和省级文物主管部门每年第一季度组织审定文物保护工程施工资质，并颁发相应的资质证书。

五、监督管理

第二十六条 文物保护工程施工资质证书是从事文物保护工程施工的凭证，只限本单位使用，不得涂改、伪造、转让、出借。

第二十七条 文物保护工程施工资质证书由国家文物局监制，分为正本和副本，正本1本，副本6本，正、副本具有同等法律效力，有效期为12年。

第二十八条 在资质证书有效期内，文物保护工程施工单位名称、地址、法定代表人、经济性质等发生变更的，应当在工商部门办理变更手续后三十日内，到文物保护工程资质证书发证机关办理资质证书变更手续。原证书应交回发证机关注销。

第二十九条 办理名称、地址、法定代表人、经济性质等变更手续的，应当提交以下材料：

（一）资质证书变更申请；

（二）资质证书原件；

（三）变更后的企业法人营业执照或事业单位法人证书及文件；

（四）一级施工资质单位办理变更的，应提交所在地省级文物主管部门初审文件。

第三十条 文物保护工程施工资质单位改制、合并、分立的，应当按照本办法规定重新申报材料，申请取得文物保护工程施工资质。

第三十一条 省级文物主管部门每两年进行一次文物保护工程施工资质年检，一般在当年第四季度进行。

第三十二条 文物保护工程施工资质单位参加年检，应当提交以下材料：

（一）《文物保护工程施工资质年检申报表》；

（二）文物保护工程资质证书副本原件和复印件；

（三）企业单位法人营业执照副本，事业单位主管机关颁发的单位法人证书或文件复印件；

（四）法人代表身份证复印件；文物保护工程责任工程师、技术人员的身份证、劳动合同复印件；文物保护工程责任工程师的社会保险证明复印件；

（五）两年内具有代表性的文物保护工程施工合同首页、签字页、竣工验收证明的复印件。

第三十三条 省级文物主管部门对符合相应资质等级标准的文物保护工程施工资质单位，应当认定年检合格，并在其资质证书副本上加盖年检合格章。

省级文物主管部门应当将一级资质单位的年检结论，报国家文物局备案。

第三十四条 省级文物主管部门对有下列情形之一的文物保护工程施工资质单位，应当认定年检不合格：

（一）企业营业执照、事业单位主管机关颁发的单位法人证书或文件等证照不全，或不在有效期内的；证照信息与文物保护工程资质证书不符的；

（二）文物保护工程施工专业人员发生变动，未达到相应资质等级标准的；

（三）有超越资质等级、业务范围或以其他单位的名义承揽工程的行为，由省级文物主管部门责令整改并记录在案的；

（四）有未经相应文物主管部门许可，擅自施工；或不按照经文物主管部门批复的工程设计图纸、施工技术标准施工的行为，由省级文物主管部门责令整改并记录在案两次的；

（五）有违反文物保护工程基本原则、规范和标准施工；或使用不合格材料；或未对相关材料等进行检验、检测的行为，由省级文物主管部门责令整改并记录在案两次的；

（六）其他违法违规行为。

第三十五条 省级文物主管部门认定文物保护工程施工一级资质单位年检不合格的，应当责令其整改，整改期不得超过六个月。整改后仍不符合文物保护工程施工一级资质标准的，应当报请国家文物局依法组织听证，吊销其文物保护工程施工一级资质。

省级文物主管部门认定文物保护工程施工二、三级资质单位年检不合格的，应当责令其整改，整改期不得超过六个月。整改后仍不符合文物保护工程施工相应资质标准的，应当降低其资质等级，或依法组织听证，吊销其文物保护工程施工资质。

第三十六条 文物保护工程施工资质证书遗失的，应当于三十日内在媒体上声明作废，并向文物保护工程资质证书发证机关申请补发证书。

第三十七条 文物保护工程施工资质单位撤销、破产倒闭的，应在三十日内将原资质证书交回原发证机关，办理注销手续。

第三十八条 在规定时间内没有参加资质年检或逾期不办理资质证书变更手续的，其资质证书自行失效。

第三十九条 对有以下行为的文物保护工程施工资质单位，由省级文物主管部门责令改正，并记录在案：

（一）超越资质等级、业务范围或以其他单位的名义承揽工程的；

（二）未经相应文物主管部门许可，擅自施工的；不按照经文物主管部门批复的工程设计图纸、施工技术标准施工的；

（三）违反文物保护工程基本原则、规范和标准进行施工的；使用不合格材料或未对相关材料等进行检验、检测的；

（四）承担的文物保护工程施工项目管理混乱的；或工程质量差，造成文物安全隐患的。

第四十条 对有以下行为的文物保护工程施工资质单位，由文物保护工程资质证书发证机关降低其资质等级，或经依法组织听证，吊销其文物保护工程施工资质：

（一）在文物保护工程施工中，发生文物损坏或人员伤亡等重大责任事故的；

（二）涂改、伪造、转让、出借或采取其他不正当手段取得文物保护工程施工资质证书的。

第四十一条 对弄虚作假或者以不正当手段取得文物保护工程施工专业人员证书的，由发证机构注销其文物保护工程施工专业人员证书。

第四十二条 对涂改、伪造、转让、出借文物保护工程施工专业人员证书的，由发证机构注销其文物保护工程施工专业人员证书。

第四十三条 文物保护工程施工专业人员在文物保护工程施工中，违反有关文物保护的法律法规、基本原则、科学理念、行业准则和职业操守，造成恶劣的社会影响，或发生文物损坏、人员伤亡等重大责任事故的，由发证机构注销其文物保护工程施工专业人员证书并向社会公告。

第四十四条 由发证机构注销文物保护工程施工专业人员证书的，五年内不得参加文物保护工程施工专业人员考核。

六、附　则

第四十五条 本办法自发布之日起施行。

文物保护工程监理资质管理办法（试行）

（文物保发〔2014〕13号　2014年4月2日）

一、总　则

第一条　为加强文物保护工程监理资质管理，根据《中华人民共和国文物保护法》、《中华人民共和国文物保护法实施条例》、《文物保护工程管理办法》的有关规定，制定本办法。

第二条　从事古文化遗址、古墓葬、古建筑、石窟寺和石刻、近现代重要史迹及代表性建筑、壁画等不可移动文物的保护工程监理资质管理，适用本办法。

第三条　文物保护工程监理单位应当按照本办法的规定申请资质及业务范围，取得相应等级的资质证书后，在许可的业务范围内从事文物保护工程监理活动。

第四条　文物保护工程监理资质等级分为甲、乙、丙级。

第五条　国家文物局负责审定文物保护工程监理甲级资质，颁发甲级资质证书。

省级文物主管部门负责审定本辖区注册企、事业单位的文物保护工程监理乙、丙级资质，颁发相应的资质证书。

省级文物主管部门负责文物保护工程监理资质的年检和日常管理工作。

第六条　文物保护工程监理资质的业务范围分为古文化遗址古墓葬、古建筑、石窟寺和石刻、近现代重要史迹及代表性建筑、壁画等五类。

二、专业人员

第七条　文物保护工程监理专业人员是指经过文物保护工程监理的相关培训，并通过考核，取得相应类别和从业范围证书的专业人员。

第八条　文物保护工程监理专业人员分为文物保护工程监理员和责任监理师。

文物保护工程监理专业人员不得同时受聘于两家或两家以上文物保护工程资质单位。

第九条　文物保护工程监理员包括各专业工种监理人员、资料员、检测员等。

第十条　文物保护工程监理员应当参与文物保护工程监理相关专业技术工作三年以上，或者具有文物保护工程监理相关专业的初级技术职务。

第十一条　文物保护工程监理实行责任监理师负责制。责任监理师对所负责监理的文物保护工程负有全面的监理责任，对文物安全和工程质量负监管责任。

第十二条 文物保护工程责任监理师应当具备以下条件：

{一} 熟悉文物保护法律法规，具有较强的文物保护意识，遵循文物保护的基本原则、科学理念、行业准则和职业操守；

{二} 从事文物保护工程监理管理八年以上；

{三} 主持监理至少二项工程等级为一级，或至少四项工程等级为二级，且工程验收合格的文物保护工程项目；或者作为主要人员参与监理至少四项工程等级为一级，或至少八项工程等级为二级，且工程验收合格的文物保护工程项目；

{四} 近五年内主持完成监理的文物保护工程中，没有发生文物损坏或者人员伤亡等重大责任事故。

第十三条 文物保护工程责任监理师的从业范围分为古文化遗址古墓葬、古建筑、石窟寺和石刻、近现代重要史迹及代表性建筑、壁画等五类。

第十四条 省级文物主管部门负责组织开展文物保护工程监理专业人员的培训和继续教育工作。

文物保护工程监理专业人员的培训内容应当包括文物保护的法律法规、保护原则、标准规范等相关专业知识，培训时间不得少于40课时。

第十五条 文物保护工程责任监理师由全国性文物保护行业协会组织考核。经考核合格的人员，由全国性文物保护行业协会颁发文物保护工程责任监理师证书，并将名单向社会公布，同时报国家文物局备案。

前款所指的全国性文物保护行业协会由国家文物局向社会公布。

省级文物主管部门或受其委托的专业机构负责组织文物保护工程监理员考核，考核合格的人员由国家文物局公布的全国性文物保护行业协会颁发文物保护工程监理员证书。

三、资质标准

第十六条 甲级资质标准：

（一）法定代表人与专业人员均熟悉文物保护法律法规，具有较强的文物保护意识，遵循文物保护的基本原则、科学理念、行业准则和职业操守；

（二）经主管机关核准登记的法人单位，独立承担完成不少于十项、工程等级为二级的文物保护工程监理，工程质量合格，通过验收；

（三）近三年内监理的文物保护工程中，没有发生文物损坏或人员伤亡等重大责任事故；

（四）文物保护工程责任监理师不少于5人；其中，每一项业务范围都应有2名以上具有相应从业范围的文物保护工程责任监理师；

（五）具有10名以上文物保护工程监理员，各专业工种监理人员、资料员、检测员等配置齐全。

第十七条 乙级资质标准：

（一）法定代表人与专业人员均熟悉文物保护法律法规，具有较强的文物保护意识，遵循文物保护的基本原则、科学理念、行业准则和职业操守；

（二）经主管机关核准登记的法人单位，独立承担完成不少于十项、工程等级为三级的文物保护工程的监理，工程质量合格，通过验收；

（三）近三年内监理的文物保护工程中，没有发生文物损坏或人员伤亡等重大责任事故；

（四）文物保护工程责任监理师不少于3人；其中，每一项业务范围都应有1名以上具有相应从业范围的文物保护工程责任监理师；

（五）具有8名以上文物保护工程监理员。

第十八条 丙级资质标准由省级文物主管部门参照本办法，并根据本地区的实际情况制定公布。

第十九条 文物保护工程监理单位应当根据自身资质等级和业务范围承担相应的监理项目（文物保护工程监理分级见附表）：

甲级资质的监理单位可以承担其业务范围内所有级别文物保护工程的监理项目；

乙级资质的监理单位可以承担其业务范围内工程等级为二级及以下的监理项目；

丙级资质的监理单位可以承担其业务范围内工程等级为三级的监理项目。

四、资质申请与审批

第二十条 申请文物保护工程监理甲级资质或申请增加甲级资质业务范围的单位，应当报请所在地省级文物主管部门初审合格后报国家文物局审批。

申请乙级及以下文物保护工程监理资质或申请增加乙级及以下资质业务范围的单位，应当报请所在地市、县级文物主管部门初审合格后报省级文物主管部门审批。

第二十一条 申请文物保护工程监理资质或申请增加业务范围的，应当提交以下材料：

（一）文物保护工程监理资质申请表；

（二）企业单位法人营业执照副本；事业单位主管机关颁发的单位法人证书或文件；

（三）法定代表人任职文件、身份证复印件；

（四）文物保护工程责任监理师劳动合同（事业单位为聘任合同）、任职文件、文物保护工程责任监理师证书、社会保险证明、身份证复印件；

（五）文物保护工程监理员劳动合同、文物保护工程监理员证书、身份证复印件；

（六）完成的具有代表性的文物保护工程监理合同及验收文件。

第二十二条 国家文物局和省级文物主管部门每年第一季度组织审定文物保护工程监理资质，并颁发相应的资质证书。

五、监督管理

第二十三条 文物保护工程监理资质证书是从事文物保护工程监理的凭证，只限本单位使用，不得涂改、伪造、转让、出借。

第二十四条 文物保护工程监理资质证书由国家文物局监制，分为正本和副本，正本 1 本，副本 6 本，正、副本具有同等法律效力，有效期为 12 年。

第二十五条 在资质证书有效期内，文物保护工程监理单位名称、地址、法定代表人、经济性质等发生变更的，应当在工商部门办理变更手续后三十日内，到文物保护工程资质证书发证机关办理资质证书变更手续。原证书应交回发证机关注销。

第二十六条 办理名称、地址、法定代表人、经济性质等变更手续的，应当提交以下材料：

（一）资质证书变更申请；

（二）资质证书原件；

（三）变更后的企业法人营业执照或事业单位法人证书及文件；

（四）甲级监理资质单位办理变更的，应提交所在地省级文物主管部门初审文件。

第二十七条 文物保护工程监理资质单位改制、合并、分立的，应当按照本办法规定重新申报材料，申请取得文物保护工程监理资质。

第二十八条 文物保护工程监理单位与施工单位有隶属关系或其他有碍监理公正利害关系者，不得承担该项保护工程的监理业务。

第二十九条 省级文物主管部门每两年进行一次文物保护工程监理资质年检，一般在当年第四季度进行。

第三十条 文物保护工程监理资质单位参加年检，应当提交以下材料：

（一）《文物保护工程监理资质年检申报表》；

（二）文物保护工程资质证书副本原件和复印件；

（三）企业单位法人营业执照副本，事业单位主管机关颁发的单位法人证书或文件复印件；

（四）法人代表身份证复印件；文物保护工程责任监理师、监理员的身份证、劳动合同复印件；文物保护工程责任监理师的社会保险证明复印件；

（五）两年内具有代表性的文物保护工程监理合同首页、签字页、竣工验收证明复印件。

第三十一条 省级文物主管部门对符合相应资质等级标准的文物保护工程监理资质单位，应当认定年检合格，并在其资质证书副本上加盖年检合格章。

省级文物主管部门应当将甲级资质单位的年检结论，报国家文物局备案。

第三十二条 省级文物主管部门对有下列情形之一的文物保护工程监理资质单位，应当认定年检不合格：

（一）企业营业执照、事业单位主管机关颁发的单位法人证书或文件等证照不全，或不在有效期内的；证照信息与文物保护工程资质证书不符的；

（二）文物保护工程监理专业人员发生变动，未达到相应资质等级标准的；

（三）有超越资质等级、业务范围或以其他单位的名义承揽监理工程的行为，由省级文物主管部门责令整改并记录在案的；

（四）有不按照文物行政部门审批的工程设计图纸或者监理技术标准监理的行为，由省级文物主管部门责令整改并记录在案两次的；

（五）有违反文物保护工程基本原则、规范和标准进行监理活动；或未对相关材料等进行检验、检测的行为，由省级文物主管部门责令整改并记录在案两次的；

（六）其他违法违规行为。

第三十三条 省级文物主管部门认定文物保护工程监理甲级资质单位年检不合格的，应当责令其整改，整改期不得超过六个月。整改后仍不符合文物保护工程监理甲级资质标准的，应当报请国家文物局依法组织听证，吊销其文物保护工程监理甲级资质。

省级文物主管部门认定文物保护工程监理乙级、丙级资质单位年检不合格的，应当责令其整改，整改期不得超过六个月。整改后仍不符合文物保护工程监理相应资质标准的，应当降低其资质等级，或依法组织听证，吊销其文物保护工程监理资质。

第三十四条 文物保护工程监理资质证书遗失的，应当于三十日内在媒体上声明作废，并向文物保护工程资质证书发证机关申请补发证书。

第三十五条 文物保护工程监理资质单位撤销、破产、倒闭的，应在三十日内将原资质证书交回原发证机关，办理注销手续。

第三十六条 在规定时间内没有参加资质年检或逾期不办理资质证书变更手续的，其资质证书自行失效。

第三十七条 对有以下行为的文物保护工程监理资质单位，由省级文物主管部门责令改正，并记录在案：

（一）超越资质等级、业务范围或以其他单位的名义承揽业务的；

（二）不按照文物主管部门审批的工程设计图纸或者监理技术标准监理的；

（三）违反文物保护工程基本原则、规范和标准进行监理活动的；未对相关材料等进行检验、检测的。

第三十八条 对有以下行为的文物保护工程监理资质单位，由文物保护工程资质证书发证机关降低其资质等级，或经依法组织听证，吊销其文物保护工程监理资质：

（一）在监理的文物保护工程中，发生文物损坏或人员伤亡等重大责任事故的；

（二）涂改、伪造、转让、出借或采取其他不正当手段取得文物保护工程监理资质证书的。

第三十九条 对弄虚作假或者以不正当手段取得文物保护工程监理专业人员证书的，由发证机构注销其文物保护工程监理专业人员证书。

第四十条 对涂改、伪造、转让、出借文物保护工程监理专业人员资格证书的，由发证机构注销其文物保护工程监理专业人员证书。

第四十一条 文物保护工程监理专业人员在文物保护工程监理中，违反有关文物保护的法律法规、基本原则、科学理念、行业准则和职业操守，造成恶劣的社会影响；或发生文物损坏、人员伤亡等重大责任事故的，由发证机构注销其文物保护工程监理专业人员证书并向社会公告。

第四十二条 由发证机构注销文物保护工程监理专业人员证书的，五年内不得参加文物保护工程监理专业人员考核。

六、附　则

第四十三条 本办法自发布之日起施行。

关于进一步做好全国重点文物保护单位和省级文物保护单位集中成片传统村落整体保护利用工作的通知

（文物保发〔2014〕27号）

各相关省（自治区、直辖市）文物局（文化厅）：

2014年5月，我局启动全国重点文物保护单位和省级文物保护单位（以下简称“国保省保”）集中成片传统村落整体保护利用工作，并印发了实施方案。首批实施的51个传统村落文物保护工程总体方案已由我局或省级文物部门批复通过，并在2014年中央财政文物保护专项经费或中央补助地方文体传媒专项经费中做出安排。为进一步推动和规范相关工作的开展，现就有关事项通知如下：

一、制定并实施文物保护工程技术方案

各地应就传统村落文物保护工程总体方案所确定的文物保护修缮、展示利用和环境整治项目，抓紧编制工程技术方案，报省级文物部门审批并报我局备案后，依照轻重缓急做出进度安排。应及时开展工程项目招投标工作，及早进入实施阶段，保证开工率。新建、复建及消防工程项目须提交技术方案报我局审批；安防、防雷工程项目须向我局另行申报立项。在保证工程质量的前提下，全部项目应于2017年12月底前完成。

二、文物保护工程资质及技术方案评审要求

已确定的270处国保省保集中成片传统村落中的文物保护工程施工单位资质要求可放宽至乙级。各省可根据实际情况抓紧认定并批准公布一批乙级资质的文物保护工程施工单位，以满足未来工作开展的需要。对于传统村落文物保护工程总体方案中确定的项目，省级文物部门在审批工程技术方案时，可采取多种形式进行专业评审，如委托国家或省级第三方评审机构或组织专家评审会等。无论采取何种形式，应注意落实责任，确保评审质量。

三、编制文物保护工程技术导则，开展施工队伍培训

结合当地乡土建筑的特点和传统修缮技艺，抓紧编制传统村落文物保护工程技术导则，出台相关技术标准，用于指导工程施工，并作为工程检查验收的依据。传统村落文物保护工程施工应以具备相应资质的专业施工队伍为主，同时吸收当地村民参与，村民在各技术工种所占岗位应有一定比例。工程实施前，应对相关村民进行必要的培训，确保人员安全和工程质量。

四、做好传统村落文物保护工程项目经费的使用和管理

国保专项资金应严格按照《国家重点文物保护专项补助资金管理办法》的相关规定使用，2014 年按单体技术方案审核拨付的资金应严格用于批复方案中所列施工内容；2014 年按总体方案审核拨付的资金原则上用于文物本体维修、保护展示和三防等，其使用也应与经省级文物部门审批后报我局备案的技术方案一致；2015 年后，国保专项资金将严格按照报备我局的技术方案进行审核拨付。省保连片村落申请的中央财政资金应按照《中央补助地方文化体育与传媒事业发展专项资金管理暂行办法》的有关规定进行管理和使用。各地应严肃财经纪律，进一步加强工程资金管理，落实专项资金年度报告和结项财务验收制度，确保资金使用安全，提高资金使用效益。

五、提交第二批国保省保集中成片传统村落整体保护利用工作实施村落推荐名单

我局计划于 2014 年底前启动第二批共 120 个传统村落的整体保护利用工作。各省应对已列入我局 270 个国保省保集中成片传统村落名单、尚未开展相关工作的村落进行综合排序，选择部分文物保护工作基础较好、地方政府积极性较高的村落，形成本省第二批推荐名单，于 9 月 15 日前报送我局。我局将在此基础上确定第二批国保省保集中成片传统村落整体保护利用工作实施村落，并部署下一步工作。

六、抓紧完成前期工作，并上报进展情况

根据我局《关于印发〈全国重点文物保护单位和省级文物保护单位集中成片传统村落整体保护利用工作实施方案〉的通知》（文物保函〔2014〕651）要求，结合省级文物部门、市（县）人民政府和村委会三级机构责任分工，就本省首批 51 个传统村落各项相关工作，特别是文物保护工程进展情况，形成汇报材料，9 月 15 日前上报我局。尚未提交县级人民政府整体保护利用工作领导小组机构设置及联系方式的，须一并提交。

国家文物局

二〇一四年九月一日

关于加强古建筑日常保养维护工作的通知

（文物保发〔2015〕7号）

各省、自治区、直辖市文物局（文化厅）：

为指导各地切实做好古建筑的日常保养维护工作，完善工作制度，明确保护责任，提升管理水平，确保古建筑安全和合理使用，我局组织制定了《古建筑保养维护规程》，并就相关工作提出以下意见：

一、充分认识古建筑日常保养维护工作的必要性和紧迫性。各级文物行政部门、古建筑管理使用单位（个人）应充分认识日常保养维护工作的必要性和紧迫性，树立正确的古建筑保护理念，通过持续、规范、科学地开展日常保养维护工作，及时发现、妥善处理病害威胁，保持古建筑的良好状态，延续古建筑的使用寿命，最大限度地保存、延续古建筑的真实性和完整性。

二、坚持正确的古建筑日常保养维护工作原则。

（一）坚持预防为主原则。各级文物行政部门、地方政府、古建筑管理使用单位（个人）应树立预防性保护的理念，将日常保养维护和岁修工作作为一项重要职责，建立工作制度，及时发现、记录、汇报和妥善处理古建筑病害，保持古建筑整洁、安全、稳定的良好状态，避免小病拖成大病、小修拖成大修。

（二）坚持最小干预原则。在日常保养维护工作中，应尽量减少对文物本体及其周边环境的人为干预和影响，必须采取的干预措施应以延续现状、缓解损伤为主要目标，且只用于最必要的部分。一切技术措施应当不妨碍再次对古建筑进行保护处理，避免过度维修、过度使用、管理不善对古建筑造成不可逆转的损害。

（三）坚持抢救第一原则。古建筑管理使用单位（个人）在巡视检查中发现严重影响古建筑结构安全的情况时，应马上记录并及时上报市县级文物行政部门，在其指导下采取必要的临时性抢险加固措施，确保文物安全。市县级文物行政部门在接到报告后应及时提出处理意见；情况特别严重的，应组织开展专项巡查，并根据巡查结果明确下一步措施。

三、明确古建筑日常保养维护的工作任务和责任。

（一）古建筑管理使用单位（个人）是日常保养维护工作的责任主体，应在每年12月底前编制下一年度的巡视检查工作计划，并按计划有序开展相关工作，及时上报文物险情，汇总、整理资料档案，接受上级文物行政部门的指导、监督。

（二）市县级文物行政部门应做好监督、咨询和管理工作，审核、备案古建筑的年度巡视检查工作计划，为管理使用单位（个人）提供必要的政策和专业咨询，督促其认真履行日常保养维护责任。

（三）省级文物行政部门应做好检查、指导和监督工作，通过定期检查和抽查方式督促本地区落实古建筑日常保养维护工作，及时掌握古建筑险情状况。同时，指导市县级文物行政部门妥善处理地方上报的古建筑险情，按要求做好抢险加固工程报批工作。

四、积极探索、建立古建筑保养维护的保障体系。

（一）省级文物行政部门应全面掌握本地区古建筑保存现状，合理确定古建筑保养维护工作的总体目标、主要任务和重点区域，及时组织或指导开展专业人员培训工作。同时，积极协调相关部门和地方政府加大投入力度，为古建筑日常保养维护工作提供必要条件。

（二）各级地方政府应切实承担起文物保养维护的责任，在政策、经费、人员编制等方面给予保障，明确古建筑日常保养维护的责任主体、经费来源和保障措施，将相关工作纳入政府部门的绩效考核指标。

（二）各级文物行政部门应加强培训力度，结合人员岗前培训、职业技能培训和专项培训等普及专业知识，确保古建筑管理使用单位（个人）准确掌握保养维护工作的基本原则、主要内容和操作要求，提升人员队伍的整体素质和专业水平。国家文物局也将在培训工作中增加古建筑日常保养维护内容。

（四）国家文物局在申报、审批文物保护工程立项时，将结合古建筑保养维护情况统筹考虑工程立项的必要性和紧迫性。对因缺乏保养维护，造成文物重大险情的典型案例予以通报批评，并建议有关地方政府追究相关人员的责任；情节严重、造成古建筑损毁等重大责任事故的，将依法追究法律责任。

五、结合上述意见，现将《古建筑保养维护规程》一并印发，请你局（厅）组织、指导相关文物行政部门和古建筑管理使用单位（个人）认真学习、尽快推行。同时，可根据本地区实际情况，进一步组织编制适于地方操作的古建筑保养维护操作要求，确保相关工作贯彻落实。

国家文物局

二〇一五年三月二十三日

全国重点文物保护单位文物保护工程竣工验收管理暂行办法

（文物保函〔2016〕343号　2016年4月5日）

第一条　为加强文物保护工程项目管理，提高工程质量，规范文物保护工程竣工验收工作，根据《中华人民共和国文物保护法》、《中华人民共和国文物保护法实施条例》、《文物保护工程管理办法》及其他相关法律法规，制定本办法。

第二条　本办法适用于全国重点文物保护单位的抢险加固、修缮、保护性设施建设、迁移等文物保护工程的竣工验收（以下简称工程竣工验收）。省级文物保护单位和市、县级文物保护单位文物保护工程的竣工验收，可以参照本办法执行。

第三条　工程竣工验收由国家文物局统一管理，由审批工程技术方案的文物行政部门（以下简称竣工验收部门）组织实施。对具有重大社会影响的重点项目，国家文物局可以自行组织实施竣工验收。

第四条　省级文物行政部门应督促工程业主单位于工程竣工一年后3个月内提交工程竣工验收申请。对于一次勘察设计、分期完成的保护工程，业主单位可以对已完成并符合竣工验收条件的部分保护工程提出分期竣工验收申请。

第五条　申请工程竣工验收应符合以下条件：

（一）完成立项报告和技术方案批复规定的各项内容；

（二）有完整的技术档案和施工管理资料（资料要求详见附录一）；

（三）通过了业主和勘察设计、施工、监理单位的四方验评和工程项目原申报机关组织的初验，并对初验中提出的意见已全部整改完毕。

第六条　省级文物行政部门在接到工程竣工验收申请后，对由本级批复实施的工程项目应尽快组织实施竣工验收；对由国家文物局批复实施的工程项目，应及时上报验收申请，国家文物局根据申请组织实施竣工验收。

工程竣工验收可由竣工验收部门直接或委托专业机构开展。

第七条　工程竣工验收内容：

工程竣工验收主要包括工程审批与管理、工程质量与效果、工程档案与资料三部分内容（相关指标详见附录二)。

第八条 工程竣工验收程序:

(一)根据工程性质和内容,组建验收专家组。专家组成员应为不少于 3 人的奇数。

(二)应制订验收计划,并将验收时间、地点、内容、程序等书面通知业主单位,由其协助安排竣工验收事宜。

(三)组织现场查验时,业主、勘察设计、施工、监理单位相关负责人需在现场接受验收专家组质询。

(四)召开验收会议。

1. 听取业主、勘察设计、施工、监理单位工程情况汇报;

2. 听取工程初验情况及整改情况汇报;

3. 调阅业主、勘察设计、施工、监理单位的工程档案资料;

4. 验收专家发表意见(专家意见表详见附录三)。

(五)根据现场查验、情况汇报及专家意见,形成竣工验收报告。验收报告由工程基本情况、工程竣工验收情况及结论、工程竣工验收总结及建议三部分内容构成。

第九条 竣工验收部门应在验收结束后及时向业主单位出具工程竣工验收意见。由省级文物行政部门组织竣工验收的,应同时将验收意见和验收报告报国家文物局备案。

第十条 文物保护工程未经初验或者初验不合格的,不得投入使用;工程竣工验收不合格的,应立即停止使用,并依照工程竣工验收意见在期限内完成整改,并重新履行工程竣工验收程序。

第十一条 国家文物局对工程竣工验收进行监督检查,对工程完成后二年内未开展竣工验收的项目,予以通报;如发现验收过程中存在违反验收程序或弄虚作假行为的,将追究相关当事者责任,并撤销验收结论,责成相关省级文物行政部门重新组织验收。竣工验收中违反国家有关法律法规构成犯罪的,依法追究刑事责任。

第十二条 本办法由国家文物局负责解释。

第十三条 本办法自印发之日起施行。

附录一:文物保护工程竣工验收资料要求

一、文字部分

(一)工程竣工总结(业主单位编写)

1. 工程概况:立项报告 / 工程基本情况,开竣工日期,工程管理记录,工程预算与结算等

2. 工程主要内容

3. 工程变更情况

4. 工程特点 / 经验与教训、建议等

（二）工程管理程序资料：立项批复方案批复，招投标文件，合同，开工许可，设计、施工、监理单位资质证明等。

（三）施工资料

1. 开工申请

2. 施工组织设计

3. 图纸会审 / 技术交底记录

4. 工程勘察设计变更文件、施工洽商文件

5. 分项、分部工程验收文件

6. 分项、分部工程相关试验报告（※）

7. 施工日志

8. 工程停工、复工、检查、自检、整顿、事故处理、会商、申请、批复等相关文件

9. 各类材料产品、设备合格证明、进场检测报告

10. 工程材料、构配件、设备报审资料（※）

（四）监理资料

1. 监理大纲

2. 监理日志、月报、工程例会纪要等

3. 监理报告（监理单位编写）

（五）竣工资料

1. 工程竣工报告（施工单位编写）

2. 竣工验收申请

（六）工程经济资料：施工预算书、决算书、经费管理文件等

（七）初步验收相关文件

二、图纸部分

（一） 勘察设计图、竣工图及说明

（二） 设计变更图及说明（※）

三、影像资料

（一） 工程照片

（二） 工程录像（※）

（三） 资料汇总光盘

注：带 ※ 号为可选项，其余为必备资料。

附录二：文物保护工程竣工验收指标及评定标准

依据《中华人民共和国文物保护法》及《实施条例》，根据《文物保护工程管理办法》及文物保护工程相关规范、标准，并参照建设部、发改委、财政部等工程项目评价管理方法，确定文物保护工程竣工验收指标及评定标准如下：

一、验收指标

分为三级：

一级指标：

1. 工程程序管理

2. 工程效果与质量

3. 工程档案与资料

二级指标：

1.1 方案申报及审批

1.2　招投标

1.3　合同

1.4　工程组织管理

1.5　初验

2.1　工程效果

2.2　建筑类工程质量

2.3　遗址及其他类工程质量

3.1　设计

3.2　施工

3.3　监理

3.4　竣工

三级指标：

1.1.1 方案上报、审批的规范性

1.1.2 方案审批意见的落实情况

1.1.3 方案变更手续的规范性

1.2.1 设计招投标的规范性

1.2.2 施工招投标的规范性

1.2.3 监理招投标的规范性

1.3.1 设计合同签订情况

1.3.2 施工合同签订情况

1.3.3 监理合同签订情况

……

二、验收评定标准

根据分值权重及打分结果，评定标准分为合格、不合格。

合格：综合得分在 70 分（含，满分 100 分）且工程效果得分 17 分（含，满分 25 分）以上、工程质量得分 25 分（含，满分 35 分）以上；

不合格：综合得分在 0～69 分。

三、说明

1. 指标 1.1.1 如不合格，即方案未经上报和批准，则此工程不具备竣工验收条件。

2. 指标 2.2 和指标 2.3 根据不同类别的文物保护工程制定，如验收的工程不属于此类别则此指标项不需参照和评价。

文物保护工程竣工验收指标体系

一级指标	二级指标	三级指标	指标解释	分值权重
工程程序管理20分	方案申报审批3分	方案上报、审批的规范性	是否按程序上报，并通过审批	合格2～3分 不合格0～1分
		方案审批意见的落实情况	是否按照方案审批要求进行修改完善	
		方案变更手续的规范性	方案变更是否履行相关手续	
	招投标及合同2分	勘察设计招投标及勘察设计合同情况	是否经过招投标，招投标过程是否符合相关规定，是否签订合同，合同签订过程是否符合相关规定	合格2分 不合格0～1分
		施工招投标及施工合同情况	是否经过招投标，招投标过程是否符合相关规定，是否签订合同，合同签订过程是否符合相关规定	
		监理招投标及监理合同情况	是否经过招投标，招投标过程是否符合相关规定，是否签订合同，合同签订过程是否符合相关规定	
	施工组织管理7分	工程开工许可（备案）	工程是否具备开工许可	合格5～7分 不合格1～4分
		施工组织设计的科学性	工程组织、实施是否科学、有序、高效	
		经费使用与管理的规范性	经费使用、管理是否规范，相关制度是否健全	
		文物防护措施	施工期间文物防护措施的落实情况和效果	
		安全教育及措施	施工期间文物及安全教育的落实情况和效果	
		施工现场管理	施工现场管理措施是否到位	
	验收8分	阶段性验收情况	是否组织了阶段性验收，勘察设计、监理、建设单位是否出具验收意见，验收结论	合格5～8分 不合格1～4分
		竣工初步验收情况	是否组织了竣工初验，初验结论情况	
工程效果质量60分	工程效果25分	按批准的方案和施工图施工		合格17～25分 不合格1～16分
		文物保护原则遵守情况	是否符合不改变文物原状和最小干预的保护原则	
		外部观感效果	外部观感如何	
		传统工艺、做法	传统工艺做法是否得到了良好的执行	
		新技术、新材料	新技术、新材料的应用是否得当，效果如何	
		其他效果		

续表

一级指标	二级指标	三级指标	指标解释	分值权重
工程效果质量60分	建筑类工程质量35分	基础部分	参照材料、设备、构件的质量保证文件、材料与工艺的相关试验、分部、分项工程质量验收记录、隐蔽工程验收记录、工程监理相关记录予以评价	合格25～35分；不合格1～24分
		墙体部分		
		结构部分		
		装修部分		
		屋面部分		
		其他（油饰彩画及附属文物）		
	遗址及其他类工程质量35分（备选）	本体加固工程	参照材料、设备、构件的质量保证文件、材料与工艺的相关试验、分部、分项工程质量验收记录、隐蔽工程验收记录、工程监理相关记录予以评价	
		防渗排水工程		
		防风化工程		
		灾害治理工程		
		壁画彩塑保护		
工程档案资料20分	设计4分	勘察设计方案	内容是否完整、规范	合格3～4分 不合格1～2分
		施工图设计	内容是否完整、规范	
		设计变更记录	内容是否完整、规范	
		试验或检测报告	内容是否完整、规范	
	施工8分	施工技术交底	内容是否完整、规范	合格5～8分 不合格1～4分
		施工组织设计	内容是否完整、规范	
		施工日志	内容是否完整、规范	
		图纸会审	内容是否完整、规范	
		施工变更记录	内容是否完整、规范	
	监理6分	监理记录	内容是否完整、规范	合格4～6分 不合格1～3分
		隐蔽工程验收记录	内容是否完整、规范	
	竣工2分	竣工报告	内容是否完整、规范	合格2分 不合格0～1分
		竣工图	内容是否完整、规范	

附录三：文物保护工程竣工验收专家评分及意见表

工程名称：

一级指标	二级指标	分值	说明及意见
工程程序管理20分	方案申报及审批3分		
	招投标及合同2分		
	工程组织管理7分		
	验　收8分		
小　计			
工程效果质量60分	工程效果25分		
	工程质量35分		
小　计			
工程档案资料20分	设　计4分		
	施　工8分		
	监　理6分		
	竣　工2分		
小　计			
合　计			
专家签字 年　月　日			

文物保护工程竣工验收专家评分汇总及结论表

工程名称：

<table>
<tr><td rowspan="2">工程评分情况</td><td>专家 1</td><td>专家 2</td><td>专家 3</td><td>专家 4</td><td>专家 5</td><td>专家 6</td><td>平均分</td></tr>
<tr><td></td><td></td><td></td><td></td><td></td><td></td><td></td></tr>
<tr><td>总体评
价及完
善意见</td><td colspan="7"></td></tr>
<tr><td>后续工
程建议</td><td colspan="7"></td></tr>
<tr><td>验收
结论</td><td colspan="7">（根据评分标准分为合格、不合格）</td></tr>
<tr><td colspan="8">专家组长签字

专家签字

年　月　日</td></tr>
</table>

全国重点文物保护单位文物保护工程检查管理办法（试行）

（文物保发〔2016〕26号　2016年12月26日）

第一条　为加强文物保护工程项目管理和质量监督，规范文物保护工程检查工作，根据《中华人民共和国文物保护法》、《中华人民共和国文物保护法实施条例》、《文物保护工程管理办法》及其他相关法律法规，制定本办法。

第二条　本办法适用于全国重点文物保护单位的修缮、保护性设施建设、迁移等文物保护工程的检查工作（以下简称工程检查）。

第三条　工程检查由国家文物局统一管理，由各级文物行政部门（以下简称工程检查部门）负责实施。

第四条　工程检查内容主要包括工程程序管理情况、工程效果和质量、工程资料、工地安全等。

（一）工程程序管理情况包括：申报审批、招标投标与合同、技术交底、工程组织管理、项目单位及人员资质资格、人员到岗到位和岗前培训情况、工程检查结论、隐蔽工程验收和阶段性验收等。

（二）工程效果和质量包括：技术方案落实情况，文物保护原则遵守情况，传统工艺使用和新技术、新材料试验情况；施工技术、工艺、做法符合质量要求情况，施工材料和构件检验检测情况，工程各分部分项及重点工序的实体质量评定情况，隐蔽工程质量情况，外部观感效果和工程效果评价等。

（三）工程资料包括：与工程相关的勘察设计（如技术方案、施工图、概预算）、施工（如施工组织设计）、监理、审批、管理等方面技术类和经济类文件。

施工前的文物保存状况，拆除、更换的构件，重要施工做法，新技术和新材料的试验过程，隐蔽工程等，应保留影像档案资料。

（四）工地安全包括：工程安全规范执行、安全防护设备配置、文物及人员安全防范措施等。

第五条　工程检查应当遵循以下工作程序：

（一）工程检查部门确定检查项目和检查组人员。

（二）工程检查部门制订检查计划。

（三）现场查验。检查组查看工程现场，业主、勘察设计、施工、监理单位有关负责人提供相关工程资料并接受质询。

（四）召开检查工作会议。检查组听取业主、勘察设计、施工、监理单位工程情况汇报；检查工程档案资料，开展工程技术、程序的合规性核查。

（五）评议并反馈意见。

1. 检查组根据现场检查情况，做出合格、基本合格、不合格的检查结论，现场反馈业主、勘察设计、施工、监理单位。

2. 检查组现场填写《文物保护工程检查表》、《文物保护工程资料核查表》，并由检查组成员签名。

（六）检查组在工程检查过程中发现存在严重质量问题，应当场下达整改通知，并由业主单位及时组织整改。

第六条 检查组应在检查工作结束后10个工作日内向工程检查部门提交检查报告。检查报告应说明检查时间、组成人员、检查过程、工程情况等内容，重点说明检查中发现的问题和整改建议等，并附相关检查表格。

第七条 工程检查部门应根据检查报告，在检查结束后30个工作日内，向被检查工程的业主单位和当地文物行政部门书面反馈检查结果和整改要求，并向社会公布。

被检查工程的业主单位应当按照工程检查部门的要求，协调督促勘察设计、施工、监理单位及时开展文物保护工程整改工作。

第八条 工程检查和整改的文件资料应纳入工程档案，并作为竣工验收工作的重要依据。

第九条 各省级文物行政部门应及时了解辖区内工程检查工作开展情况，并按年度汇总、编写本省（自治区、直辖市）检查工作总报告，并于下一年度3月底前上报国家文物局。

第十条 文物行政部门未按本规定开展检查或未公布检查结果的，由上一级文物行政部门责令整改，并予以通报批评。

检查组成员存在违反检查程序、弄虚作假、徇私舞弊等行为的，由工程检查部门依法追究相关人员责任。

第十一条 工程检查工作所需经费应列入各级文物行政部门年度部门预算。

第十二条 本办法由国家文物局负责解释，自印发之日起施行。

附表1　文物保护工程检查表（例表）

<table>
<tr><td>工程名称</td><td colspan="4"></td></tr>
<tr><td>业主单位</td><td colspan="2"></td><td>勘察设计单位</td><td></td></tr>
<tr><td>施工单位</td><td colspan="2"></td><td>监理单位</td><td></td></tr>
<tr><td>开工时间</td><td colspan="2"></td><td>合同金额</td><td></td></tr>
<tr><td>拟完工时间</td><td colspan="2"></td><td>已支付工程款</td><td></td></tr>
<tr><td>工程进度情况</td><td colspan="4"></td></tr>
<tr><td>指标</td><td>分类</td><td colspan="2">评定</td><td>说明及意见</td></tr>
<tr><td rowspan="9">工程程序管理情况</td><td>申报审批</td><td colspan="2">合格□　基本合格□　不合格□</td><td></td></tr>
<tr><td>招标投标与合同</td><td colspan="2">合格□　基本合格□　不合格□</td><td></td></tr>
<tr><td>技术交底</td><td colspan="2">合格□　基本合格□　不合格□</td><td></td></tr>
<tr><td>工程组织管理</td><td colspan="2">合格□　基本合格□　不合格□</td><td></td></tr>
<tr><td>项目单位及人员资质资格</td><td colspan="2">合格□　基本合格□　不合格□</td><td></td></tr>
<tr><td>人员到岗到位和岗前培训情况</td><td colspan="2">合格□　基本合格□　不合格□</td><td></td></tr>
<tr><td>工程检查结论</td><td colspan="2">合格□　基本合格□　不合格□</td><td></td></tr>
<tr><td>隐蔽工程验收情况</td><td colspan="2">合格□　基本合格□　不合格□</td><td></td></tr>
<tr><td>阶段性验收情况</td><td colspan="2">合格□　基本合格□　不合格□</td><td></td></tr>
<tr><td rowspan="2">工程效果和质量</td><td>工程效果</td><td colspan="2">合格□　基本合格□　不合格□</td><td></td></tr>
<tr><td>工程质量</td><td colspan="2">合格□　基本合格□　不合格□</td><td></td></tr>
<tr><td rowspan="3">工程档案资料</td><td>业主单位</td><td colspan="2">合格□　基本合格□　不合格□</td><td></td></tr>
<tr><td>施工单位</td><td colspan="2">合格□　基本合格□　不合格□</td><td></td></tr>
<tr><td>监理单位</td><td colspan="2">合格□　基本合格□　不合格□</td><td></td></tr>
</table>

续表附表 1

工地 安全	工程安全 规范执行	合格□ 基本合格□ 不合格□	
	安全防护设备配置	合格□ 基本合格□ 不合格□	
	文物及人员安全防范措施	合格□ 基本合格□ 不合格□	
签字： 年 月 日			

附表 2　全国重点文物保护单位文物保护工程检查指标及解释

内容			指标解释
工程程序管理情况	申报审批	工程方案论证和审批的规范性	是否按程序上报，并通过审批
		审批意见的落实情况	是否按照方案审批要求进行完善，是否核准
		重大技术变更手续的规范性	重大技术变更是否履行相关报批手续（无重大技术变更，此项满分）
	招标投标与合同	勘察设计、施工、监理招投标和合同签订情况	是否履行招投标程序和签订合同；相关单位资质是否符合要求、是否存在分包、转包和挂靠资质承担项目问题
	技术交底	技术交底等技术服务情况	设计交底、图纸会审、技术洽商、设计变更等是否规范、及时，衔接到位
	工程组织管理	工程开工许可（备案）	工程是否办理开工许可（备案）手续
		施工组织设计的科学性	是否按照要求及时编制施工组织设计具有针对性和可操作性；施工组织设计是否实行动态管理和及时根据工程进展情况调整；是否严格执行施工组织设计要求
		文物防护措施	施工期间文物防护措施的落实情况和效果；文物构件及附属文物的保存防护措施是否到位
		施工现场管理	施工现场管理措施是否到位；施工现场材料堆放、制度标牌设置等现场管理及文明施工情况是否符合要求
		监理工作	是否编制了监理大纲，监理大纲是否科学、全面，符合工程实际需要；对重点部位、关键工序是否执行旁站监理；是否对材料、构件及见证取样等进行审查；是否参与阶段性验收、分部分项质量签认
	项目单位及人员资质资格	项目单位和人员资质资格	业主、施工、监理相关人员与招投标文件是否一致或与备案人员相一致；主要负责人的工程经验
	人员到岗到位和岗前培训情况	人员到岗到位情况	是否到位、是否认真履职；主要负责人的到岗情况
		岗前培训情况	是否进行岗前培训，是否针对工程特点设置培训内容，是否达到培训目标
	工程检查结论	工程检查结论	历次工程检查情况，检查是否合格
	隐蔽工程验收和阶段性验收	阶段性验收情况	隐蔽工程是否进行了检查；是否组织了阶段性验收；勘察设计、监理、业主单位是否出具验收意见；验收结论是否合格
工程效果和质量	工程效果	技术方案落实情况	是否按批复文件进行方案的修改，是否按批复意见组织施工；技术变更和补充设计的合理性如何，补充设计和变更是否符合文物保护需要
		文物保护原则遵守情况	是否符合不改变文物原状和最小干预的保护原则

续表附表 2

内容			指标解释
工程效果和质量	工程效果	传统工艺使用和新技术、新材料试验情况	传统工艺做法是否得到了良好的执行；如需要采用新技术、新材料，是否进行前期试验，实际效果是否符合要求
		外部观感效果和实施效果评价	方案实施后能否达到预期效果，保护措施的有效性和科学性如何；外部观感如何
	工程质量	施工技术、工艺、做法符合质量要求情况	参照材料、设备、构件的质量保证文件、材料与工艺的相关试验、分部分项工程质量验收记录、隐蔽工程验收记录、工程监理相关记录予以评价
		施工材料和构件检验检测情况	
		工程各分部分项及重点工序的实体质量评定情况	
		隐蔽工程质量情况	
工程资料	业主单位	资料（包括勘察设计文件、审批管理资料等）与工程同步情况	根据施工现场资料核查情况进行评价
	施工单位	资料内容全面情况	
	监理单位	资料手续完整情况	
工地安全	工程安全规范执行	安全规范执行情况	文物及安全教育的落实情况和效果；是否制定了安全制度，是否开展日常安全巡查
	安全防护设备配置	安全防护设施配置情况	是否有必要的安全防护设备；设备是否得到及时维护保养；设备使用情况是否良好
	文物及人员安全防范措施	文物及人员安全情况	工地无重大安全问题；安全监管是否到位；安全用水用火用电是否规范、是否存在隐患；更换下来的原有构建是否登记，是否妥善保管

附表 3　文物保护工程资料检查表（例表）

工程名称			
序号		检 查 内 容	齐全 / 不齐全
1	业主单位	工程开工许可（备案）	齐全 □　不齐全□
2		方案批复文件	齐全 □　不齐全□
3		设计方案文本	齐全 □　不齐全□
4		施工预算书（经费批复文件）	齐全 □　不齐全□
5		勘察设计、施工、监理合同	齐全 □　不齐全□
6		中标通知书（工程招投标文件）	齐全 □　不齐全□
7		业主会议纪要	齐全 □　不齐全□
8	施工单位	施工组织设计	齐全 □　不齐全□
9		施工日志	齐全 □　不齐全□
10		图纸会审记录	齐全 □　不齐全□
11		技术交底记录	齐全 □　不齐全□
12		设计变更记录	齐全 □　不齐全□
13		施工单位及人员资质检查、安全培训记录	齐全 □　不齐全□
14		施工洽商文件	齐全 □　不齐全□
15		分项、分部工程互检资料	齐全 □　不齐全□
16		材料产品、设备合格证明、进场检测报告	齐全 □　不齐全□
17		施工工序资料	齐全 □　不齐全□
18		工程相关实验报告	齐全 □　不齐全□
19		工程停工、复工记录	齐全 □　不齐全□
20		隐蔽工程签证、验收记录	齐全 □　不齐全□
21		工地例会记录	齐全 □　不齐全□
22		分项、分阶段验收记录	齐全 □　不齐全□
23		工程整顿、事故处理、会商、申请等相关文件	齐全 □　不齐全□
24	监理单位	监理计划	齐全 □　不齐全□
25		监理大纲（监理规划）	齐全 □　不齐全□
26		监理日志	齐全 □　不齐全□
27		监理月报	齐全 □　不齐全□
28		材料见证取样记录	齐全 □　不齐全□
29		旁站记录	齐全 □　不齐全□
30		工程检查及整改资料	齐全 □　不齐全□
		……	齐全 □　不齐全□
核查意见		核查人： 时间：	

附表 4　文物保护工程检查意见汇总表（例表）

工程名称：

<table>
<tr><td rowspan="2">工程评价
情况</td><td>检查
人员 1</td><td>检查
人员 2</td><td>检查
人员 3</td><td>检查
人员 4</td><td>检查
人员 5</td><td>……</td><td>评价
标准</td></tr>
<tr><td></td><td></td><td></td><td></td><td></td><td></td><td>合格；
基本合格；
不合格</td></tr>
<tr><td>总体
评价
及意见</td><td colspan="7"></td></tr>
<tr><td>后续
整改
建议</td><td colspan="7"></td></tr>
<tr><td colspan="8">签字

年　　月　　日</td></tr>
</table>

说明：

根据《中华人民共和国文物保护法》、《中华人民共和国文物保护法实施条例》、《文物保护工程管理办法》及文物保护工程相关规范、标准，并参照有关部门工程项目评价管理方法，确定文物保护工程检查指标及评定标准如下：

一、检查指标

分为三级：

一级指标：1. 工程程序管理情况

2. 工程效果和质量

3. 工程资料

4. 工地安全

二级指标：1.1 申报审批

1.2 招标投标与合同

1.3 技术交底

1.4 工程组织管理

1.5 项目单位及人员资质资格

1.6 人员到岗到位和岗前培训情况

1.7 工程检查结论

1.8 隐蔽工程验收和阶段性验收

2.1 工程效果

2.2 工程质量

3.1 业主单位

3.2 施工单位

3.3 监理单位

4.1 工程安全规范执行

4.2 安全防护设备配置

4.3 文物及人员安全防范措施

三级指标：1.1.1 工程方案论证和审批的规范性

1.1.2 审批意见的落实情况

1.1.3 重大技术变更手续的规范性

1.2.1 勘察设计、施工、监理招投标和合同

签订情况

1.3.1 技术交底等技术服务情况

1.4.1 工程开工许可（备案）

1.4.2 施工组织设计的科学性

……

二、检查评定标准

评定标准分为合格、基本合格、不合格。

三、说明：

1. 方案未经上报和批准，则此工程不合格。

2. 工地发生重大安全事故，则此工程不合格。

3. 如年度工程的工期较短、不需进行阶段性验收，或检查时尚未进行阶段性验收，在检查组认可后，“阶段性验收情况”项目可评定“合格”。

4. 如工程之前未进行过检查，在检查组认可后，“工程检查结论”项目可评定“合格”。

5.《文物保护工程资料检查表》应据实填写，并可根据各地实际情况调整项目内容，专家根据资料情况确定“工程资料”部分评价。

国家考古遗址公园创建及运行管理指南（试行）

（文物保发〔2017〕21号　2017年10月10日）

前　言

国家考古遗址公园是我国大遗址保护实践进程中所提出的新概念，是我国遗产保护理念的创新和实践。自2009年12月国家文物局印发《国家考古遗址公园管理办法（试行）》以来，我国大遗址保护和国家考古遗址公园建设进入新的历史阶段。截至目前，全国范围内共有24家国家考古遗址公园，44处古遗址、古墓葬获批立项建设国家考古遗址公园。

为贯彻落实国务院《关于进一步加强文物工作的指导意见》（国发〔2016〕17号）的精神，落实国务院推进“简政放权、放管结合、优化服务”改革的总体要求和中办、国办《关于实施中华优秀传统文化传承发展工程的意见》，切实加强大遗址保护，进一步规范国家考古遗址公园建设，国家文物局组织编制了《国家考古遗址公园创建及运行管理指南（试行）》（以下简称《指南》），以指导各地考古遗址公园的创建、运行管理等工作，推动国家考古遗址公园健康发展。

1. 基本概念

国家考古遗址公园，是指以重要考古遗址及其背景环境为主体，具有科研、教育、游憩等功能，在考古遗址保护和展示方面具有全国性示范意义的特定公共空间。

国家考古遗址公园创建，是指为实现遗址的对外开放，围绕遗址核心价值的保护、展示、阐释等所开展的一系列活动，包括前期研究、规划编制、考古调查与发掘、保护展示项目实施、配套设施建设以及立项申报等相关内容。

国家考古遗址公园运行管理，是指国家考古遗址公园正式对外开放后，其专门管理机构围绕遗址日常维护与监测、考古与研究、文化传播与公众服务等一系列的日常活动。

2. 相关法律法规和政策依据

《中华人民共和国文物保护法》（2015年）

《中华人民共和国文物保护法实施条例》（2016年）

《国家考古遗址公园管理办法（试行）》（2009年）

《国家考古遗址公园评定细则》（2009年）

《关于进一步规范考古遗址公园建设暨启动第二批国家考古遗址公园评定工作的通知》（2013年）

《国家考古遗址公园规划编制要求（试行）》（2013年）

《国家考古遗址公园评估导则》（2014年）

3. 总体内容

从时序上讲，国家考古遗址公园总体上可分为创建、运行两个阶段。创建阶段主要是指国家考古遗址公园正式对外开放前，包括立项申报、项目实施和评定申报三项内容。运行阶段是指国家考古遗址公园正式对外开放后，包括日常运行及管理和后续项目实施两项内容。

4. 创建阶段

4.1 前期准备

4.1.1 可行性研究

开展可行性研究是创建国家考古遗址公园的首要工作。国家考古遗址公园建设可行与否依赖于遗址条件、经济社会条件及管理条件等因素。地方政府应从实际出发，实事求是，牢固树立保护意识，做好可行性研究，审慎创建国家考古遗址公园。

（1）遗址条件

国家考古遗址公园创建所依托的考古遗址应满足以下条件：

具备突出的历史、艺术和科学价值，具有不可替代的国家重要性，在实证中华文明的起源发展、传承融合，彰显中华文明的特质方面具有典型性和独特性；

内涵丰富、遗存密集，且分布范围、布局和文化内涵基本清楚，体现价值的相关要素真实、完整、齐全；

考古工作基础扎实，或潜力巨大；

遗址本体及其环境保存状况良好，安全无风险或低风险。

（2）经济社会条件

区位。位于城市开发边界以内（含城市核心区和城市扩张区）的大遗址，适宜创建城市发展融合型国家考古遗址公园，通过遗址展示、景观调整等充分阐释遗址价值和内涵，并与城市布局调整、城市功能优化等相结合，实现互利双赢；位于偏远乡村的大遗址，适宜创建乡村发展融合型国家考古遗址公园，建设并形成区域考古研究与教育中心，结合美丽乡村建设，大力发展生态农业、休闲农业和乡村旅游等，实现大遗址保护利用与相关业态协调发展；位于荒野地区的大遗址，适宜创建保护型国家考古遗址公园，重点做好文物本体及其环境保护，辅以必要的考古及相关科学研究，着重体现遗址的文化价值。

经济社会发展水平。现阶段，国家考古遗址公园创建更适合于城市化程度较高、城市功能布局有序、经济社会发展态势较好、地方政府具备一定财力基础的市县。

其他资源。所依托大遗址周边其他资源优势突出的，易形成综合效益，具有优势。

（3）管理条件

法规。所依托大遗址有专门的地方性法规，或在更高层级的法规中有具体而富有针对性的专门表述。

规划。所依托大遗址有保护规划，且已由所在地省级人民政府公布实施。保护区划及相关管理规定、保护措施等关键性指标应已纳入当地城乡发展规划和土地利用规划。

边界。拟创建的国家考古遗址公园应边界清晰，并涵盖所依托大遗址的主要已知范围以及核心价值区域。

机构。所依托大遗址应设立具有独立法人资格的专门管理机构，且机构编制齐全，具有较强管理能力和专业业务能力，能够正常履行遗址日常管理维护的基本职责。

土地。国家考古遗址公园所涉及区域的土地权属清晰。属国有土地的，宜进一步明确土地使用性质和规划建设要求；属集体所有土地的，宜通过征收、租用等方式获得合法土地所有权或使用权，并根据实际需要变更土地使用性质。土地权属及使用性质调整，应注意遵守国家相关法律法规，并根据国家考古遗址公园创建的实际情况有序开展，不宜盲目实施，一哄而上。

资金。国家考古遗址公园建设所需资金来源清晰可信。除国家财政支持外，地方人民政府及遗址公园的专门管理机构可灵活运用政策，集中各个领域和行业的支持资金，用于国家考古遗址公园建设及相关建设项目。

进度。创建国家考古遗址公园应在进入立项名单后的5年内完成主体建设内容，具备对外开放条件。

4.1.2　国家考古遗址公园规划

国家考古遗址公园规划是国家考古遗址公园创建与管理的技术性文件，应以大遗址的保护规划为前提和基础，并由具有丰富考古、规划经验的专业单位编制完成。国家考古遗址公园规划成果应遵循《国家考古遗址公园规划编制要求（试行）》的相关要求。

所依托大遗址位于城市开发边界以内的，国家考古遗址公园规划设计应主动考虑将大遗址保护利用有机融入当地公民教育、旧城改造、新区发展、新农村建设、旅游发展和文化产业发展；宜把考古遗址公园建设同城市生态绿地、生态廊道、旅游廊道、城市休闲公园、观光农业等有机结合，以合理分担城市功能，实现真正的融合发展。

所依托大遗址位于偏远乡村和荒野地区的，国家考古遗址公园规划设计应格外重视“预留区”的划定，并进一步明确“预留区内以原状保护为主，不得开展干扰遗址本体及景观环境的建设项目”。

4.2 立项申报与批准

4.2.1 申报主体

国家考古遗址公园的立项申请应由考古遗址所在地县级以上人民政府提出。

4.2.2 申报材料

国家考古遗址公园的申报材料应符合《国家考古遗址公园管理办法（试行）》第五条、第七条的相关规定。

4.2.3 申报程序

国家考古遗址公园申报相关材料，应经由考古遗址所在地省级文物行政部门，向国家文物局正式提交。

4.2.4 批准程序

国家文物局在征询相关专家和专业机构意见后，作出批准或不批准的决定，并向社会公布。

4.3 项目实施

4.3.1 总体要求

经国家文物局批准立项的，可实施国家考古遗址公园建设。未经国家文物局批准立项的，亦可根据遗址保护展示的需要自行开展考古遗址公园建设。

坚持保护为主。国家考古遗址公园建设应坚持保护为主，确保遗址真实性与完整性得到最大程度的保护，在深入研究的基础上围绕遗址价值的科学阐释开展工作，重点突出遗址特色，注重通过合理的功能布局和恰当的景观设计，营造既符合遗址及其环境保护要求，又能充分阐释遗址价值的空间场景。各类设施应尽量弱化建筑设计，以满足合理、适当的功能需求为限，不宜铺张。

坚持考古的基础地位。国家考古遗址公园建设应坚持考古工作贯穿始终的基本原则。建设过程中涉及用地的项目，均应事先开展全面的考古调查、勘探以及必要的考古发掘工作。项目选址及建设等应根据考古工作结果和文物保护需要进行必要的优化和调整，确保文物安全。

坚持动态管理。国家考古遗址公园建设是一个长期的过程。随着对遗址研究和认识不断拓展和深化，国家考古遗址公园的展示体系、功能布局等都有可能面临着一定的调整和优化。因此，在充分尊重和严格执行国家考古遗址公园建设规划的同时，国家考古遗址公园建设应坚持动态管理的原则，避免机械执行规划设计，为后续工作留有余地和空间。

4.3.2 项目内容及要求

国家考古遗址公园建设是逐步落实保护规划及国家考古遗址公园规划的过程，旨在通过一系列保护、展示、环境整治以及配套服务设施、基础设施建设等项目的实施，使遗址本体及其环境得到有效保护，病害风险得到有效控制，保护压力得到一定程度缓解，并使国家考古遗址公园具备对外开放条件。

4.3.2.1 保护项目

主要内容。保护项目主要包括涉及遗址本体的抢险加固、回填保护、本体加固、保护性设施建设等内容。

相关要求。保护项目一般分为前期勘察及考古、方案设计和深化设计、施工图设计及施工三个阶段。

保护项目应坚持最小干预原则。能通过日常保养维护和加强管理予以解决的问题，原则上不进行工程干预。确需进行工程干预的，应以遗址本体的现状加固为主，重点关注结构性风险的防范，表面病害的治理应结合后续展示方式统筹考虑，避免盲目采取技术措施。

保护项目实施应坚持统筹规划，循序推进，既要避免程序脱节，又要防止过度保护和展示。充分尊重文物保护项目的实施周期，防止文物遗存受到不应有的损坏，并考虑后续展示方式，避免保护措施过度、失当。经考古发掘发现的文物遗存，经科学论证有展示需求者，保护展示工程设计批复并实施前，在对有发育趋势的病害进行即时性处理后，应尽快对文物本体进行科学回填保护。

保护项目应坚持考古先行、勘察先行的基本工作方法，所确定的保护措施应有针对性和适用性，避免简单套用。

明确保护对象。首先，应明确文物本体的分布范围。属考古发掘发现的文物遗存，以考古发掘确认的分布范围为准；属地面文物遗存的，应在文物遗存周边区域补充开展必要的考古发掘工作，以最终确定遗存的边界。其次，应明确文物性质及文物本体构成。在考古发掘过程中发现的有可能实施展示的遗迹，应及时做好临时性加固处理，以确保遗址安全。

查明文物病害。一般应由专业技术单位开展文物本体综合勘查，明确文物本体的病害类型、成因及发展趋势等。涉及防渗治理的，应开展必要的水文地质勘查。

确定保护措施。保护措施应针对文物病害统筹提出，尽量采用物理手段，确需采用化学手段的，应对拟采用的材料和技术方法进行必要的现场试验。保护措施应考虑后续展示的需求和要求，避免保护措施过度、失当。涉及保护性设施建设的，应将保护性设施内文物保存微环境的改变作为重要影响因素，对拟采取的本体保护措施做必要的调整和优化。

遗址本体病害风险较为急迫的，在开展抢险加固勘察设计的同时，应做好必要的临时性保护，以确保文物安全。

遗址保护性设施建设应慎重。坚持形式服从内容，既不能混淆遗址本体保护和保护性设施建设的主次关系，也不宜割裂二者的联系。若确需建设，在确保遗址本体安全的前提下，还应考虑遗址本体后续保护的要求，以及设施后续运行维护的成本，避免盲目建设。同时，保护性设施建设应坚持功能为主，淡化建筑形象设计，建筑风格应与遗址及其周边环境相协调，不得追求“高大上”和“新奇特”，不宜作为地标性建筑进行设计。

4.3.2.2 展示项目

主要内容。展示项目主要包括遗址现场展示、遗址博物馆（陈列馆）、遗址展示中心、标识系统等。

相关要求。

遗址展示是一个系统工程，应在专家充分论证的基础上，根据遗址性质和核心价值事先确定展示主题和目标，用以统筹后续的展示策划与设计。

遗址展示应注重价值阐释，通过文字、图片、音频、视频、讲解、沙盘、模型、情景体验、数字体验、文化景观、雕塑小品、博物馆全面解读等方式，全面揭示遗址的历史、艺术、科学、文化、社会等多方面价值。

遗址展示应注重文化策划。国家考古遗址公园作为遗址展示和阐释的特定有限空间，应充分考虑围绕遗址价值和主题进行氛围营造及临时性的场景复原，通过活动策划和组织来增强遗址展示的参与性、趣味性和吸引力，通过与观众互动来增强观众对遗址的理解和认知。

现场展示设计应依据已有考古资料、研究成果，通过各种现代技术手段对遗址本体及其真实信息的直接传递。遗址展示方式应考虑公众理解能力、符合公众审美习惯；鼓励采用遗址数字化复原及遗址现场增强现实交互展示、导览等新的展示阐释方式；遗址原则上不得原址重建，若确因展示需要，需在原址重建的，应具备坚实的考古研究基础，慎重论证，并按程序报批。

遗址博物馆是国家考古遗址公园的必要内容。遗址博物馆建设应首先确定陈列展示的主题与内容，再进行建筑设计。遗址博物馆的内容应以全面解读遗址面貌、介绍遗址历史背景、讲述与遗址相关的考古、保护、研究等成果为主，做到既科学准确、又通俗易懂。遗址博物馆建筑设计应首先服从于功能需求，不得盲目追求建筑形象设计。遗址博物馆选址既应避免对遗址本体及背景环境产生不良影响，又要充分考虑整体展示流线设计，注重与遗址的呼应、互动，形成整体展示效果。遗址博物馆的体量应与遗址规模、内涵相适应。

标识系统是体现国家考古遗址公园内涵的重要因素。标识系统应既可以广泛传播国家考古遗址公园形象，又能够为游客准确导向，并提供恰当信息。

4.3.2.3 环境整治项目

主要内容。环境整治项目主要包括：景观整治与绿化、道路调整改建、垃圾清运、基础设施改造、不协调建筑物（构筑物）的拆除或整饬等。

相关要求。

国家考古遗址公园的景观整治与绿化应与展示需求及展示布局相结合。景观语言使用和景观氛围营造应考虑历史环境与背景因素，避免单纯考虑景观效果，扰乱展示布局，冲淡展示主题。景观设计应突出历史环境修复，包括历史地层与地形地貌、与历史气候关联的植物品种等。

国家考古遗址公园范围内的现有过境交通应根据规划要求，逐步予以调整；现状道路应在进行适当改造的基础上调整为内部参观游览道路，确与展示流线和布局相冲突的，应予以拆除。

国家考古遗址公园内的环境整治应首先考虑遗址内容的有效表达和公园环境的有机协调，对于园内的民居及其他建筑物（构筑物）应在充分论证的基础上决定拟采取的措施。

4.3.2.4 配套服务设施及基础设施建设项目

主要内容。国家考古遗址公园配套服务设施建设项目包括三类：第一类是辅助展示设施，包括游客服务中心、参观游览步道、公共休息及公共卫生设施等；第二类是与国家考古遗址公园相关的管理用房、科研用房、后勤保障用房；第三类是与游客延伸诉求相关的餐饮、旅游、购物等相关配套设施。

相关要求。

考古遗址公园内的所有设施应与遗址公园环境相融合。设置指示牌时，要限制在能够满足提示信息、警示和监管需要的最低要求之内，并避免造成混乱和视觉干扰；指示牌应当具有赏心悦目的统一外观；在条件允许的情况下，开展可持续性能源设计。同时，应注意公园基础设施建设与市政管网、道路的衔接。

国家考古遗址公园道路系统设计应注意体现特色，并以满足功能需求为主。道路建设不得影响遗址氛围及遗址整体风貌，须将对自然环境和考古遗址本体的影响降至最小，并应合理凸显遗址格局，满足安全、舒适的游览体验要求。

基础配套设施要按照总体规划合理布局，外观尽量隐于周边环境中。综合设施、公共安全、办公管理设施的布设应相对集中，数量适当，既方便使用，又与遗址公园整体形象相协调。交通、导览、卫生等设施应注重外观与周边环境的整体和谐，布局、数量、设计体现便捷性、实用性。相关设施应避免破坏遗址，不得产生环境噪声、水光污染等因素，尽可能使用节能环保型能源。

4.3.3　建设主体

建立协调机制。鼓励体制机制创新，建立政府层面的部门间协调机制。建议成立以考古遗址所在地县级及以上人民政府主要领导为组长，文化（文物）、发展改革、财政、国土、环保、住建、规划、交通、水利、农业、林业等多部门组成的国家考古遗址公园建设领导小组，全面负责相关建设事宜。

明确建设单位。应指定或组建专门的国家考古遗址公园建设单位，具体负责遗址公园建设的项目实施，做到权责统一。

寻求技术支持。国家考古遗址公园建设过程中，建议建设单位与从事该遗址发掘工作的专业考古研究单位签订合作协议，以获取持续的专业技术支持，确保相关考古工作的顺利开展；同时，建议考虑聘请相关考古、文物保护等领域的专家形成相对稳定的技术咨询顾问组，以确保项目目标的顺利实现，并维护文物安全。

4.3.4 项目管理

4.3.4.1 项目前期策划

建议国家考古遗址公园建设单位委托专业单位开展有针对性的项目前期策划，把规划目标和相关设计转换成定义明确、目标清晰且具有强可操作性的项目策划文件。

在项目决策阶段，应针对遗址公园建设目标明确项目类别、功能和规格，构建项目的质量、成本和进度目标，提出项目的估算、融资和经济评价方案；在项目实施阶段，应针对每个项目阶段、每个项目类别做实现分析和计划，使项目实施的目标、过程、组织、方法、手段等更具系统性和可行性，避免项目实施的随意和盲目。

4.3.4.2 项目形成与审批

国家考古遗址公园建设，事先应按照考古遗址公园规划所确定的总体目标进行任务分解，根据任务性质、类型、资金渠道等的不同，分别形成相对独立的可实施项目，并安排相应的职能部门分别负责，签订责任状，明确责任。国家考古遗址公园建设的项目安排应坚持突出重点，分期实施，量力而行，避免贪多求快，以免导致后期运营困难。

涉及全国重点文物保护单位保护范围和建设控制地带的建设项目、文物本体保护展示项目等应依法报国家文物局批准同意，并依法履行发展改革、国土、环保、规划等相关部门的审批手续；不涉及上述内容的建设项目，亦应依法履行相关部门的审批手续。

4.3.4.3 项目招投标及采购

国家考古遗址公园建设资金主要来源为公共资金，应按照国家财政政策严格管理。鉴于文物保护与展示的特殊性，可根据专业技术的需要，依规确定工程的建设主体、项目招投标及政府采购方式。

建议优先选择“代建制 ”模式。在依规确定代建单位后，由代建单位全程代理考古遗址公园建设的招标、设备采购、工程项目管理等事宜。鼓励各地积极探索文物保护工程政府采购方式。

如国家考古遗址公园管理机构建设管理经验不足，建议聘请第三方公司对工程全过程进行跟踪审计，以确保工程建设过程的合法性并控制投资。

4.3.4.3 项目资金管理

资金需求。在建设国家考古遗址公园的过程中，需要投入资金的环节及内容主要包括以下：土地征拆、建设（含项目建议书、可行性研究报告、规划、地勘、方案、设计、施工、监理、招标代理、工程量清单和标底编制、结算审核、设备采购等）、考古（测绘、文物调查、文物勘探、考古发掘、资料整理和资料出版、专题研究）、日常养护（保养、维护、维修）、日常运营（办公、开放、巡查、监测）、文物科技保护（分析检测、可移动文物修复和复制、拓片、文物数字化、文物出土现场的应急保护）、文物保护工程、陈列布展、标志标识、环境整治、咨询论证等。

鉴于考古发现的不可预见性，在公园建设的各个阶段，应预留必要的考古工作经费。同时，为保证国家考古遗址公园建设和持续正常运营，地方人民政府应在建设阶段将国家考古遗址公园的日常养护、运营资金列入财政经常性预算。

资金筹措。国家考古遗址公园建设资金的来源渠道主要包括：国家和地方文物行业专项资金、国家其他行业专项资金、地方政府及其职能部门资金、社会资本（国有企业投资、民间投资等）。其中，国家和地方文物行业专项资金主要用于前期考古和测绘、文物本体保护展示、环境整治等，其他相关项目所需资金和运营所需资金一般由地方财政负担。

鼓励社会资本依法投入国家考古遗址公园建设。

成本控制。建设成本应在项目建设的估算（立项时）、概算（设计时）、预算（招标时）、结算（竣工时）阶段分别控制，在公园建成后的决算阶段（公园所有建设项目的建设费用的汇总）加以总结。建设单位在项目立项时应事先到当地发改部门了解超概控制线。对不可预见事项，在建设过程中应尽早与资金来源方（如当地发改委）提前申请调整概算。在报建过程中，可用公益性建设项目的名义向政府申请相应税费减免。

4.3.4.4 资质要求

对涉及文物本体的建设工程的勘察设计、施工，可以采用联合体招投标方式。使用文物行业专项补助资金进行设备采购、服务或工程的，在招投标时应满足文物行业的相关管理要求。除文物以外的归属其他行业的工程，按其所属行业的相关规定进行管理。

4.3.4.5 项目监理

除对常规建设工程进行监理外，文物保护工程的监理按相关规定办理。另外，建设单位应委托考古单位在有关工程施工现场进行考古监理，确保文物安全。施工单位应配合做好工程前期考古和工程施工过程中的考古监理和文物保护工作。

4.3.4.6 项目档案管理

在项目开始之初，国家考古遗址公园管理机构应依照归档规范进行档案管理。公园建设档案管理的主要内容有：管理组织、资金、合同、招投标及结算、规划设计文件、图纸（遥感图、航拍图、地形图、规划设计图、施工图、竣工图）、考古。

具体的档案管理应按照《全国重点文物保护单位记录档案管理规范（试行）》、《建设工程文件归档整理规范（GB/T 50328—2014）》、《田野考古勘探规程》和《田野考古工作规程》的相关要求进行操作。

4.4 评定申报与批准

国家考古遗址公园评定申请与批准，执行《国家考古遗址公园管理办法（试行）》第十条、第十一条的相关规定。

5. 运行阶段

对外开放期间，国家考古遗址公园的日常运行与管理由专门的管理机构具体负责，并应充分考虑遗址安全维护和公众服务两大基本任务，从考古与研究、日常维护与监测、遗址展示与阐释、遗址保护与环境整治、文化传播与公众服务、体制机制建设、资金管理、安全防范等方面切实履职。

5.1　机构及任务要求

国家考古遗址公园的专门管理机构应为具有独立法人资格的社会组织，接受文物管理部门的指导与监督，全权负责国家考古遗址公园范围内的文物安全、日常管理与运行等工作，不以营利为目的。国家文物局鼓励各地设立专门性的综合管理机构负责国家考古遗址公园的日常管理与运行。

5.1.1　管理机构的任务

国家考古遗址公园管理机构应按照国家文物局《国家考古遗址公园管理办法（试行）》的相关要求，切实履行以下职责：

依法履行文物保护职责；

实施遗址公园规划；

建立健全相关管理规章制度；

提供良好的卫生、服务、消防、救护等公共设施，并不断改善服务质量；

每年 3 月底前向国家文物局提交本遗址公园上一年度的年度运营报告。

5.1.2　管理机构的配置

国家考古遗址公园管理机构应合理设置，突出遗址保护、持续科研教育、管理运维等职能，并按管理需求定岗定编；应配备合理的专业技术人员，专业技术人员（包含文博、文保、工程、网络等）需达到职工总数的 40% 以上。

内设机构职能除常规性部门（行政、财务、人事、经营、安保等）外，还应涵盖：

考古及学术研究；

不可移动文物的日常养护、保护性干预、监测及巡查管理；

博物馆（文物库房）可移动文物的保护管理；

讲解和社会教育活动；

数据档案管理（四有档案等）；

工程、保洁、绿化等。

5.1.3　规章制度

为保证国家考古遗址公园正常运转，应按照国家相关政策、规范制定符合公园实际情况的具体规章制度及实施细则，具体应涵盖以下几个方面：

遗址保护（遗址监测、日常巡查和维护、保护展示工程等）；

考古研究（发掘、研究等）；

参观讲解（讲解内容、标准）；

社会教育活动和反馈；

遗址档案管理（四有档案、监测巡查档案、文保展示工程档案等）；

公园服务管理（设施设备维护、园林保洁维护规范等）；

资产财务管理（日常财务、专项资金、固定资产、无形资产）；

人力资源管理（人员培训、职称评定、绩效、考核）等；

以上制度、细则应以书面文件的形式在适当的范围内予以公布并逐项落实。

5.2 考古与研究

为支撑遗址保护、促进有效利用、服务遗址管理和展示、支持公园持续发展，国家考古遗址公园应坚持长期、主动开展持续性的考古及研究工作。

5.2.1 考古工作

国家考古遗址公园管理机构应主动邀请专业考古研究机构开展本遗址公园范围内的考古调查和发掘工作，并依法履行相应的报批手续。考古工作应遵守《田野考古工作规程》、国家文物局《关于加强大遗址考古工作的指导意见》和《大遗址考古工作要求》的相关规定。

国家考古遗址公园管理机构应与专业机构合作，定期组织开展面向社会的公众考古活动，充分发挥其教育、科普功能；考古工作应充分考虑遗址整体保护和科学展示需求；重视发掘研究工作后与遗址保护展示工作的衔接；考古发掘现场如作为公园内重要展示区域，相关保护棚架、遮蔽支护、围挡警示设施应保持与公园整体风貌相协调。同时，国家考古遗址公园应结合实际情况设置满足基本需求的考古工作站。

5.2.2 研究工作

国家考古遗址公园的考古研究工作应围绕本遗址公园所涉及古遗址古墓葬的核心价值、内涵及历史背景等主题持续开展。

研究工作应立足遗址现状，将解决实际紧迫问题和公园长远发展相结合，科学制定研究工作计划并逐步实施；研究工作应以考古学为平台，多领域、多机构合作，在科技保护、创新展示、传播共享等方面利用现代科技手段全方位展开积极探索。

国家考古遗址公园应建立健全合理激励机制，推动研究工作持续开展，促进考古遗址价值研究和考古成果在公园内的有效转化，力争做到研以致用，推动公园科学、有序、可持续发展。

5.3 日常维护与监测

国家考古遗址公园范围内古遗址古墓葬本体及相关保护性设施、公众服务设施的日常维护与监测是管理机构的常设工作，也是工作重点之一，应制定相应的专门制度和台账，安排专门部门负责，并纳入工作职责。日常维护与监测要坚持常态化、痕迹化管理，针对遗址的维护，应重视岁修，减少大修，防止因维修不当造成破坏。

5.3.1 文物本体及环境日常维护

国家考古遗址公园管理机构应建立定期巡护制度，制定文物本体保养维护工作规程，明确保养维护的基本操作程序和步骤，按照所制订的规程、标准组织实施。同时，日常维护档案应当详细、完整，并做到及时更新。

国家考古遗址公园正式对外开放后，管理机构需适时进行必要的环境日常维护，一般应包括以下内容：

调整绿化景观，协调历史风貌（主要依据考古研究成果和文献、资料）；

不和谐建筑调整、改造、拆除；

垃圾清理；

污水治理等；

实现文物本体和周边环境的完整和谐、历史环境要素与现实环境的协调、统一。

5.3.2 文物本体监测

国家考古遗址公园文物本体监测应注重影响文物本体安全的相关因素的日常监测工作，通过专项仪器监测（水文地质监测、生物监测、环境监测等专项仪器监测可通过购买服务的方式委托专业机构开展）和定期人工巡查，做好以下监测工作：

水文地质监测：地下水、文物变形、沉降、开裂、位移等地质稳定性变化；

生物监测：植物根系、微生物衍生、动物活动；

环境监测：温湿度、降水量、风沙、酸雨、雷电、地震；

人类活动影响因素监测等。

文物本体日常监测记录应详细、完整、规范。定期人工巡查和专项仪器监测应有持续完整的文字图像和数据记录。同时，国家考古遗址公园管理机构应安排专人对监测数据进行周期性整理分析，根据分析结果，采取有效的维护措施。

5.3.3 相关设备设施日常维护

相关设备设施主要包括以下几个方面：

基础配套设施，包括：道路、给水排水管网（包括水污染处理）、电力管网（包括开闭所、箱变）、照明、通信网络、园林绿化、消防、安防以及办公科研管理用房设备等；

公众服务设施，包括：交通设施（停车场、电瓶车、小火车、脚踏车、游船等）应保证外部可达和内部畅通；导览设施（引导标识标牌、公共休息设施和观景设施、公共信息图形符号设置）；综合设施（游客服务中心，特殊人群设施，邮政、健身器材，文创产品体验设施，商业文化性消费场所等）；卫生设施（废弃物管理、餐饮设施、公共卫生间等）；公共安全设施（医疗救护服务站、避难中心危险地段标志等）。

相关设备设施维护管理应制定专门制度，做到专人管理、定期保养、定时巡查、及时排查，保证设施设备正常运转，无安全隐患，达到国家相关标准。

5.4 后续项目实施

国家考古遗址公园正式对外开放后，除做好基本的文物本体及相关设备设施日常维护管理外，需根据文物保护展示的需要，组织开展必要的文物保护展示项目、环境整治项目以及各类设施建设项目等。具体可参照本指南“4.3.4 项目管理”的有关条款。

5.5 文化传播与公众服务

国家考古遗址公园是进行文化传播、开展遗产教育的重要载体，同时也是公众参观、休闲活动的重要场所。

5.5.1 文化传播

国家考古遗址公园管理机构要特别重视相关文化活动的策划与组织工作，丰富活动内容，采取灵活多样的活动形式与方式，进一步阐释遗址价值、内涵、历史背景及其所承载的中华优秀传统文化，致力于社会主义核心价值观的涵养与弘扬。应结合遗址特性和遗址公园发展情况，制订年度文化传播计划，并按计划实施。

文化传播的主要途径和方式包括但不限于以下几个方面：

遗产教育活动（历史场景复原参与体验，考古体验与认知，遗产日及博物馆日专题活动，文化遗产进校园、进社区活动等）；

文化艺术活动和民俗活动（非物质文化遗产展演等）；

与文化遗产相关的其他展演展示活动；

休闲节庆活动；

文化传播应广泛借助平面媒体、广播、电视及网站、微博、微信等网络新媒体平台以及最新的科技手段等；应倡导内容的准确生动性、形式的灵活多样性；应建立有效反馈机制，及时更新调整，形成良性循环；应避免过度娱乐化、商业化。

5.5.2 公众服务

国家考古遗址公园作为系统对外开放的单位，应致力于为游客和周边社区居民提供安全、便捷的公众服务。所有公共服务应做到机制健全有效，贯彻措施得力，定期监督检查并不断完善；以人为本，注重细节，热情周到；尊重、关怀特殊人群。公众服务按类型分，一般来讲应符合以下要求：

讲解服务，包括面向个人、团体的人工讲解、无人自助讲解等。要制定讲解服务专项制度并对外公布；要做到内容真实准确、逻辑表述清晰，运用多语种（英、日等），涵盖多人群（学生、游客、周边居民等），向每一位游客传递愉快的、富有启发性的讲解体验；鼓励更多的志愿者充实讲解队伍、填补特色讲解，使游客在知识和情感上与遗址公园建立起长久的联系。

消费型服务，包括交通、餐饮、文创产品及手工艺品消费等。要从游客的参观需求出发，注重交通的便捷性、价格的合理性、产品的独特性、食品的安全性、质量的保证性、服务的满意性，并充分保障游客权益。

问询答疑服务，包括人工答疑，网络、微信等新媒体答疑等。要做到服务热情主动；基础问题准备充分、记忆准确、查找方便；疑问题及时查证、有所依据、快速反馈。

满意度提升服务，包括问卷调研、公众座谈、游客投诉等。应持续开展满意度问卷等调查，并根据调查分析，做好园区内相关工作的调整，稳步提升公园服务内容及质量。

应急救助服务，包括游客疾病处置、溺水救助、踩踏救治等。应制定预案，并做到处置及时、妥当；信息反馈公开、准确；相关记录准确、齐全。

除上述服务要求外，国家考古遗址公园还应格外重视社区服务，主动向周边社区提供遗产教育公共服务，包括面向社区的专题讲座、社区科普、中小学生体验等。

5.6 资金管理

国家考古遗址公园管理机构应通过不同渠道和采用不同方式筹集所需资金，保证公园各项工作正常开展；应立足自身资源和产业方向，尽量形成遗址公园产业经济的可持续发展与相关资金的良性循环。

5.6.1 资金筹措

现阶段，国家考古遗址公园管理机构日常运行的资金来源以地方政府财政预算为主，自营收入为辅。管理机构应多渠道积极争取各项政府专项补贴，扩大资金来源，并应积极探索资金筹措渠道，吸纳社会资本，共同培育新型文化业态，比如文创产品、文体设施、休闲度假、生态养生等特许经营项目，以增强公园持续发展的自身造血能力。同时，管理机构还应致力于稳步提升公园的社会影响力，积极吸纳社会捐赠，提高全社会对遗址保护的关注度、参与度。

公园运行过程中可能涉及项目及资金申请渠道一览表（参考）

公园运行过程中可能涉及项目及资金申请渠道一览表（参考）	具体内容	经费申请相关部门
文保专项	规划编制	文物部门
	方案设计	
	工程实施	
	公园范围内的环境整治	
	公园文物的陈列布展	
	其他可申请专项经费的文保项目	

续表

公园运行过程中可能涉及项目及资金申请渠道一览表（参考）	具体内容	经费申请相关部门
文化传播	非遗保护、传承	文化部门
	文创开发	
	群众性活动	
	视频、音频	
	专著、刊物	文物部门或政府专项
环境、设施改善	园林绿化	林业、园林部门
	水土治理	国土、水利、环保部门
	体育、健身设施	体育部门
	园区基础设施（停车场、道路等）	旅游部门
	旅游服务设施（厕所、垃圾桶等）	
	“美丽乡村”	农业部门
	“城乡统筹”	住建部门

5.6.2　财务管理

财务管理应当严格按照各项预算、执行和审计制度，保证公园各项工作所涉及资金申报科学、使用合理。

5.6.2.1 专项资金管理

中央财政专项补助资金，应严格按照《国家重点文物保护专项补助资金管理办法》执行，其他行业专项经费应按照相关办法执行，各类专项资金都应接受财政、审计等相关部门的监督和检查；专项资金要按照规定专设账户，专款专用，先提后用，不得相互挤占和挪用。

5.6.2.2 社会捐赠管理

国家考古遗址公园可接受自然人、法人或者其他组织自愿无偿用于公益事业的财产捐赠；应当依照《慈善法》、《公益事业捐赠法》等国家有关规定，建立健全财务会计制度和受赠财产的使用制度，加强对受赠财产的管理；接受捐赠后，应当向捐赠人出具合法、有效的收据，将受赠财产登记造册，妥善保管；捐赠财产的使用应当尊重捐赠人的意愿，符合公益目的，不得将捐赠财产挪作他用。

5.6.2.3 日常财务管理

财会人员管理：应注重财会人员队伍建设，提高财会人员的整体水平；

预算管理：应加强对预算目标、预算编制、预算执行以及预算考评四个环节的管理；

收入管理：应严格执行国家物价政策，建立健全各项收费管理政策，公园的各类票据必须使用财政部门的收费票据，并切实加强收费票据的管理；

支出管理：应加强经费使用的计划性，建立健全支出管理制度和手续，严格按照批准的预算和计划所规定的用途来办理支出；

财产物资管理：必须加强领导，配备专管人员，明确分工，严密手续，定期清查，做到账物相符，库存清楚。

5.7 安全防范

国家考古遗址公园安全防范应坚持“全覆盖、零容忍、严执法、重实效”的总体要求和“安全第一、预防为主、综合治理”的工作理念。

国家考古遗址公园管理机构应设立专门的安全防范部门，做到人员配备落实到位，制度健全完善，有布置、有检查、有落实、有记录；

要加大管理力度，认真执行文物本体安全巡查制度，做好定期定点巡查工作，确保技术防范和人工巡查紧密结合；

涉及古墓葬的安全防范应作为工作重点，完善技防措施，并做好人工巡查。

馆（库）文物等场所要重点布防，必须按照《博物馆条例》等法律法规建立健全防火及紧急疏散、防盗抢、防自然灾害、防断电停电等安全措施并制定相应应急预案；

针对公园内游客，应将人力巡查与监控设备相结合，做到动态管理，并制定综合应急救援预案，以确保游客人身安全；

对破坏公园内各类设施、设备的违法行为，要加强防范，及时发现、处置并迅速上报，积极配合公安机关工作，做到迅速侦破，严厉打击；

建立文物安全奖惩制度，特别是要落实文物安全责任制，重点追究因失职、渎职造成文物损毁、被盗或流失的工作人员的行政与法律责任。

附件 1　国家考古遗址公园创建工作流程图（参考）

考古遗址公园创建阶段	主要工作内容
第一阶段 前期准备	1. 全国重点文物保护单位的“四有”工作情况。 2. 文物保护单位的考古工作情况（文物分布范围和布局、文化内涵、文物价值）。 3. 文物保护规划的公布实施情况。 4. 对文物保存保护状况、文物特色、价值特色、展示适宜性的评估。
第二阶段 可行性研究及国家考古遗址公园规划编制	1. 资源条件与现状分析（文物构成、遗址环境、遗址价值、文物保存状况、文物保护状况、区位、当地经济及社会发展水平、当地国民经济和社会发展规划、城市总体规划、土地利用规划、土地权属、周边基础设施）。 2. 考古遗址公园建设的必要性。 3. 考古遗址公园建设的可行性。 4. 考古遗址公园建设地点和建设条件。 5. 阐释和展示的资源清单、展示适宜性（保存状况、文物特色、价值特色）分析。 6. 预计实施项目及规模、分期（立项申报时、评定申报时、运营阶段）建设计划。

续表 附件1

考古遗址公园创建阶段	主要工作内容
第二阶段 可行性研究及国家考古遗址公园规划编制	7. 市场需求分析及预测。 8. 建设、运营、管理模式方案。 9. 环境影响评估。 10. 组织机构与人力资源配置。 11. 投资估算与资金筹措渠道。 12. 风险分析（筹建过程中、建设过程中、建成运营后）。 13. 社会和经济效益分析（对文物保护、地方政府、项目所在地、项目周边的短期和长期投资回报）。 14. 考古遗址公园建设对地方政府的主要配套要求（规划、土地、专门管理机构、资金）。 15. 地方政府支持意愿和地方财政支持能力。
第三阶段 立项申报	1. 地方政府成立考古遗址公园专门管理机构。 2. 专门管理机构根据《立项申报资料清单》（附件2）编制《立项申报待办事项清单及资金筹措报告》。 3. 落实工作经费，完成待办事项。 4. 专门管理机构按《立项申报资料清单》准备好资料并按规定［1］办理立项申报。
第四阶段 项目实施	1. 根据《评定申报资料清单》（附件3），按照公园规划，结合项目自身实际情况，专门管理机构编制《评定申报待办事项清单及资金筹措报告》。 2. 落实工作经费，完成待办事项。
第五阶段 评定申报	1. 专门管理机构按《评定申报资料清单》准备好资料。 2. 专门管理机构按相关规定［2］办理评定申报。
第六阶段 运营管理	1. 国家考古遗址公园的建设具有“动态性”特点。公园开放运营后仍可按需进行考古、文物保护、环境整治、基础设施等项目建设。 2. 运营阶段的建设工作可参考本指南。

注：第三阶段、第五阶段为申报环节，可独立开展。

附件2　国家考古遗址公园立项申报所需资料清单（参考）

编　号	资　料
1	《国家考古遗址公园立项申报书》
2	符合文物保护规划的《国家考古遗址公园规划》
3	已由省级人民政府公布实施的文物保护规划
4	已获批的《考古工作计划》
5	已成立了专门管理机构的证明材料
6	《国家考古遗址公园建设可行性研究报告》（含项目计划书及文物影响评估内容）
7	地方政府将建设资金、日常保养和日常运营经费纳入财政预算的书面承诺或证明文件。
8	近期所需的考古遗址公园建设用地性质及其建（构）筑物已按《考古遗址公园规划》要求调整到位或承诺评定申报前调整到位的书面文件。
9	地方政府发改、财政、规划、住建、国土等职能部门对考古遗址公园立项的支持性书面意见。

注：1. 在准备好立项申报资料后、正式申报立项之前，建议由地方政府牵头，联合文物、规划、国土财政、住建等相关政府职能部门进行实地考察。

2. 此清单为一般性清单，仅供参考。每次申报所需材料以国家文物局实时发布的评定通知为准。

附件 3　国家考古遗址公园评定申报所需资料清单表（参考）

编　号	资　料
1	《国家考古遗址公园资格评定申报书》
2	《国家考古遗址公园规划》
3	已开展保护展示项目及其他建设项目的基本情况及批准文件
4	向公众开放或具备开放条件的相关说明材料
5	考古遗址公园运行模式分析（所有权、管理权、经营权、管理模式、日常运营模式、经营模式）与前景预期（有利前景、运营阶段可能面临的问题及解决途径）的书面报告

备注： 除前述材料外，决定是否授予考古遗址公园称号的重点考核内容还包括：建设程序合法性（立项、公开招投标与采购、报建、竣工验收）；《考古遗址公园规划》、《建设项目计划书》的具体落实情况；考古遗址公园在推动遗址保护、促进考古科研、推动经济社会发展方面的作用是否到位；送审材料中是否明确了考古遗址公园的所有权、管理权、经营权的归属；专门管理机构的专业人员配置计划及实际到位情况、日常维护和日常运营资金的制度保障情况；报批报建时的税费优惠情况；是否具备处置突发事件的能力。

附件 4　国家考古遗址公园建设相关的可能项目及资金筹措渠道一览表（参考）

国家考古遗址公园建设相关的可能项目									
分类	项目名称		资金筹措主渠道	建议在何阶段实施					
				动议	可研	立项	建设	评定	运营
规划评估策划可研计划	1	考古遗址公园规划	自筹			√			
	2	考古遗址公园及周边地区保护、建设总体规划	自筹				√		
	3	考古遗址公园及周边地区保护、建设控制性详细规划	自筹				√		
	4	考古遗址公园保护展示方案设计	文物				√		
	5	考古遗址公园建设可行性研究报告（文物行业）	自筹		√	√			
	6	考古遗址公园建设项目可行性研究（地方发改）	自筹				√		
	7	考古遗址公园建设项目环境影响评价	自筹				√		
	8	考古遗址公园建设用地地质灾害危险性评估	自筹				√		
	9	考古遗址公园建设开发征用占用林地评估	自筹				√		
	10	考古工作计划	文物	√	√	√			
	11	建设项目计划书	自筹			√			
	12	所在村的概念性规划与旅游规划	自筹				√		
	13	所在村的公共空间修建性详细规划	自筹				√		
	14	所在村的商业用地控制性详细规划	自筹				√		
	15	文化旅游策划	自筹	√	√	√	√	√	√
	16	文物影响评估报告	自筹			√			
	17	文物保护规划	文物	√	√	√			

续表　附件4

国家考古遗址公园建设相关的可能项目									
分类	项目名称		资金筹措主渠道	建议在何阶段实施					
				动议	可研	立项	建设	评定	运营
文物保护	18	遗迹馆的建筑主体及装饰	文物				√		
	19	遗迹馆的陈列布展	文物				√		
	20	遗迹馆内的文物保护工程	文物				√		
	21	文物保护的前期勘测	文物	√	√	√	√	√	√
	22	考古发掘现场临时性保护	文物	√	√	√	√	√	√
	23	遗址盗洞及裸露文物掩埋	文物	√	√	√	√		
	24	数字化保护及设备采购	文物				√	√	√
	25	多媒体展示及设备采购	文物				√	√	√
	26	文物保护资料整理及报告出版	文物	√	√	√	√	√	√
	27	文物本体监测	文物	√	√	√	√	√	√
	28	其他文物保护工程	文物	√	√	√	√	√	√
	29	文物征集	自筹	√	√	√	√	√	√
考古	30	按获批考古工作计划开展的年度考古工作	文物	√	√	√	√	√	√
	31	重要遗迹点的考古工作	文物	√	√	√	√	√	√
	32	遗迹馆内的考古工作	文物	√	√	√	√	√	√
	33	考古资料整理及报告出版	文物	√	√	√	√	√	√
	34	抢救性考古工作	自筹	√	√	√	√	√	√
环境整治	35	文物保护范围内的环境整治	文物				√		
	36	文物保护范围外的环境整治	自筹				√	√	√
	37	为整治环境的征地拆迁	自筹				√		
	38	自然环境整治	自筹				√	√	√
	39	入园道路迁改	自筹				√		
	40	广电、电信线路、市政管网迁改	自筹				√		
	41	不协调建筑外立面改造	自筹				√		
	42	河道疏浚整治	自筹				√	√	√
	43	防洪工程	自筹				√	√	√
基础设施建设	44	考古遗址公园配套基础设施总体设计	自筹				√		
	45	所在村的配套工程	自筹				√	√	√
	46	入园门楼	自筹				√		

国家考古遗址公园建设相关的可能项目									
分类	项目名称		资金筹措主渠道	建议在何阶段实施					
				动议	可研	立项	建设	评定	运营
基础设施建设	47	入园道路	自筹				√		
	48	考古遗址公园游道	自筹				√		
	49	绿化	自筹				√	√	√
	50	水土保持	自筹				√	√	√
	51	污水处理	自筹				√	√	√
	52	消防泵房及控制室	自筹				√		
	53	考古遗址公园景点标志标牌	文物				√	√	√
	54	考古遗址公园外的交通指示设施	自筹				√	√	√
	55	开园主会场场平及绿化工程	自筹				√		
	56	博物馆	自筹				√	√	√
	57	管理中心	自筹				√		
	58	公共停车场	自筹				√		
	59	保障用电改造工程	自筹				√		
	60	户外照明工程	自筹				√	√	√
	61	工程建设用地的征地拆迁	自筹				√	√	√
	62	其余基础设施建设	自筹				√	√	√
安防	63	遗址安防工程	文物	√	√	√	√	√	√
	64	考古发掘现场安全保卫	文物				√	√	√
	65	考古遗址公园保安服务	自筹						√
日常运作	66	文物日常养护	自筹	√	√	√	√	√	√
	67	考古遗址公园日常养护（保养、维护、维修）	自筹			√	√	√	√
	68	考古遗址公园日常运营（办公、开放、巡查、监测）	自筹			√	√	√	√
	69	物业管理	自筹						√

备注：①此表仅供参考，实施时以具体规定［3］为准。
②可就同一项目分别向不同渠道筹集资金。
③自筹方向包括：国家文物行业外的其他部委、地方政府、发改、财政、规划、国土、交通、农业、林业、环保、公路、水利、园林、绿化、卫生、信息、科技、港口、海洋、渔业、畜牧、教育、宗教、房产管理、住建、旅游、电视、广播、文化、民政、体育等。

附件5　与国家考古遗址公园建设密切相关的政策法规（略）

文物建筑开放导则（试行）

（文物保发〔2017〕23号　2017年10月26日）

一、总　则

第一条　为科学指导和规范文物建筑开放工作，满足公共文化服务需求，确保文物和人员安全，根据《中华人民共和国文物保护法》等法律法规和标准规范制定本导则。

第二条　本导则所规定的开放条件、要求和操作规范，适用于各级文物保护单位、尚未核定公布为文物保护单位的不可移动文物中的古建筑以及近代现代重要代表性建筑等所有文物建筑，重点引导一般性文物建筑开放使用。

第三条　文物建筑开放应有利于阐释文物价值、发挥文物社会功能、保持文物安全、提升文物管理水平，在不影响文物建筑安全的前提下，依托文物建筑进行参观游览、科研展陈、社区服务、经营服务等活动。

文物建筑应采取不同形式对公众开放，现状尚不具备开放条件的文物建筑应创造条件对公众开放，鼓励机关、团体、企事业单位、集体和个人所有的文物建筑对公众开放。开放可采取全面开放或在有限的时段、有限的空间开放。

文物建筑开放应遵循正面导向、注重公益、促进保护、服务公众的原则。

第四条　具体使用文物建筑并负责开放工作的机关、团体、企事业单位、集体和个人等文物建筑的开放使用方是文物建筑开放使用的直接责任主体，应落实日常养护和管理责任。文物建筑所有权人应承担法定责任和监管责任。

第五条　鼓励各级地方人民政府出台促进文物建筑开放的激励办法和保障措施。

二、开放条件

第六条　文物建筑开放应满足以下条件：

（一）文物本体无安全隐患，具备基本的开放服务保障，符合消防、安全防范有关基本要求，能够保障人员安全和文物安全。

（二）文物建筑开放使用方责任清晰，能够承担开放的各项工作，履行文物日常保养职责。

第七条　文物建筑开放使用方应进行开放可行性评估，评估开放使用对文物的影响，根据文物保护要求和实际情况，科学制定开放策略和计划，并以恰当的方式向社会公布。

开放策略和计划需明确开放区域、开放内容、开放时间、配套服务、保养维护、安全防范等内容。

第八条 文物建筑出现下列情况应立即停止开放并公告，进行整改：

（一）开放过程中出现重大文物险情，影响文物安全和文物价值，或造成恶劣社会影响；

（二）开放过程中出现安全事故等突发事件，威胁人员安全。

整改后，文物建筑开放使用方应重新进行开放可行性评估，确定文物建筑符合开放条件后，方可对外开放。重新开放前，应及时将整改情况向社会公告。

三、功能类型

第九条 文物建筑的使用功能应综合考虑文物价值、保存状况、重要性、敏感度、社会影响力以及使用现状等确定。

第十条 文物建筑使用功能调整或改变，应进行可行性评估，客观分析影响，提升开放使用的社会效益。调整或改变功能应符合法定程序，并向社会公示。

第十一条 文物建筑开展宗教活动应符合国家有关宗教政策并履行法定程序。

第十二条 文物建筑使用功能可参照但不限于以下类型：

（一）社区服务：祠堂、会馆、书院和图书馆、学校等近现代建筑，可作为社区书屋、公益讲堂、文化站、管理用房等，开展文化活动，发挥服务功能。

（二）文化展示：文物价值、建筑特征、空间规模等方面具备条件的古建筑和行政、会堂、工业等功能的近现代建筑，可作为博物馆、展示馆、美术馆或科研展陈场所等，进行文物建筑现状展示或进行陈列布展，发挥文化传播、科研和教育功能。

（三）参观游览：宫殿、庙宇、园林、牌楼、塔幢、楼阁、古城墙、门阙、桥梁和文化纪念、交通等功能的近现代建筑，可作为参观游览对象，发挥游憩、纪念和教育功能。

（四）经营服务：民居古建筑和住宅、商业等功能的近现代建筑，在确保安全的前提下，可作为小型宾馆、客栈、民宿、店铺、茶室、传统工艺作坊等经营服务场所，发挥服务功能。

（五）公益办公：文庙、书院等古建筑和行政、金融、商肆等近现代建筑，可作为公益性机构、院校等办公场所，划定开放区域，明确开放时段，并采取信息板、多媒体、建筑实物展示等方式开放。

第十三条 鼓励文物建筑开放使用方加强文物建筑价值的发掘和综合研究，向社会公布研究成果、普及文化知识、宣传文物价值，提高公众文物保护意识。

四、开放方式和要求

第十四条 文物建筑可采用以下开放方式：

（一）景区景点中的文物建筑，应尽最大限度向公众全面开放，可根据文物建筑特点和开放需要，采取日游和夜间游览等分时段开放方式，提升游客观光体验。

（二）具备开放条件的办公、居住或存在私密性空间的文物建筑，可采取有限开放方式，明确开放区域和时间。

（三）保存状况脆弱、敏感度较高的文物建筑，应根据游客承载量采取限流措施，可推行参观游览预约制。

第十五条 文物建筑开放应重点阐释和展示其独特价值和历史文化信息，弘扬社会主义核心价值观，坚持积极健康的文化导向，提高公众审美水平。

第十六条 文物建筑阐释和展示主要采用建筑实物陈列展示、建筑图文信息展览、设计建筑游线、导览和讲解、应用多媒体和建设网站等方式，说明文物建筑的历史、艺术、科学价值及相关的社会、文化、事件、人物关系及其背景，为增进公众对文物建筑的认知。文物建筑的阐释和展示应在研究基础上，采用多种方式真实、准确、生动地展现文物建筑的价值特征。

（一）文物建筑展示方式可采取本体展示、陈列展示、标识展示、数字展示等。

（二）文物建筑阐释可采用建立图文展示系统、解说导览系统，举办文化教育活动、文化艺术活动、公众考古活动等方式。

（三）鼓励采用新技术、新理念科学阐释和展示文物建筑的价值。

（四）鼓励开展公众参与、体验、互动式活动。

第十七条 文物建筑开放使用建设应坚持最小干预原则，不得影响文物建筑原有的形式、格局和风貌，不得改变梁架结构，不得损毁文物建筑、影响文物价值。

（一）应合理控制开放使用范围、内容和强度，修缮过程中应充分考虑开放使用，避免二次装修、空间改造、设施设备装配影响文物安全。

（二）装修应确保建筑结构安全，优先使用传统材料和工艺做法，并符合节能环保及防火要求。

（三）文物建筑现状适用的空间结构和设施设备应优先利用。新增设施设备应首先评估对文物建筑结构安全的影响，有利于文物建筑装饰陈设和结构保护，与环境相协调，并利于日常巡查、监测和维修。

（四）新建设施应充分尊重现有建筑，形式、体量、规模和外观色彩应与文物建筑相协调，并按照法律法规要求履行相应报批程序。

（五）加强对捐赠行为的管理，不得以捐赠为名随意添建建筑、设施、塑像、碑刻等。

第十八条 文物建筑开放应体现公益性和社会性导向，鼓励社会力量参与文物建筑开放工作，成立志愿者队伍，提供义务讲解和免费服务。

各利益相关方应通过签订合同、协议等方式确保各方合法权益。用于经营性的开放使用活动收益应有一定比例用于文物建筑的日常保养维护。

五、日常管理与维护

第十九条 开放使用方应熟知文物保护的基本要求，加强日常开放管理和保养维护。

（一）应建立日常管理制度，并落实具体负责人和职责分工。

（二）文物建筑产权人、开放使用人应签订协议，明确文物安全、保养维护、监督管理等方面各方责任和义务。

第二十条 文物建筑的日常开放管理工作主要包括：

（一）及时向社会公布开放信息。

（二）应按照《文物消防安全检查规程》、《文物建筑消防管理规则》等相关安消防法律法规，落实安消防责任和措施，配备安消防设施设备，规范用火用电行为，制定安全措施和应急预案，做好定期安消防检查、记录和相关培训工作。

（三）定期评估开放效果，包括文物安全、开放成效、管理措施、游客和周边社区满意度等，并根据评估结果做出适当调整。

第二十一条 文物建筑的日常保养维护工作主要包括：

（一）重点巡查游客量大、开放时间长、使用频率较高的区域，了解、记录文物建筑内电力、电信、燃气、供暖、给排水等设施设备使用情况，及时排除安全隐患。

（二）定期巡查和保养维护文物建筑的屋面、大木构架、楼地面、月台、台明、栏杆等脆弱、易损部位，以及院落排水、山石、驳岸、游步道、护坡等安全隐患部位，按技术规程开展保养维护工作。发现重大文物病害及安全隐患，应及时报告上级主管部门和地方文物行政部门，并采取必要的保护措施。

第二十二条 鼓励文物建筑开放使用方开展以下工作：

（一）采用新技术动态监测文物安全、环境状况、参观人流和活动情况等，监测数据建档保管。

（二）建立公众信息平台，利用网络等新媒体、新技术及时公布科研成果、管理情况和活动信息，促进本地居民、游客、专家学者、企事业单位、志愿者等参与文物保护交流与合作，优化开放使用，推动文化建设。

附件 1　文物建筑开放参考流程

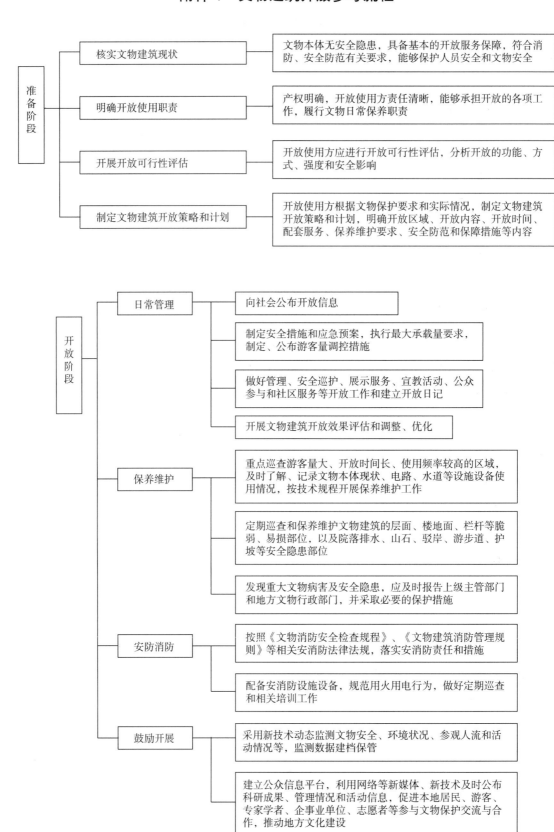

- 准备阶段
  - 核实文物建筑现状
    - 文物本体无安全隐患，具备基本的开放服务保障，符合消防、安全防范有关要求，能够保护人员安全和文物安全
  - 明确开放使用职责
    - 产权明确，开放使用方责任清晰，能够承担开放的各项工作，履行文物日常保养职责
  - 开展开放可行性评估
    - 开放使用方应进行开放可行性评估，分析开放的功能、方式、强度和安全影响
  - 制定文物建筑开放策略和计划
    - 开放使用方根据文物保护要求和实际情况，制定文物建筑开放策略和计划，明确开放区域、开放内容、开放时间、配套服务、保养维护要求、安全防范和保障措施等内容

- 开放阶段
  - 日常管理
    - 向社会公布开放信息
    - 制定安全措施和应急预案，执行最大承载量要求，制定、公布游客量调控措施
    - 做好管理、安全巡护、展示服务、宣教活动、公众参与和社区服务等开放工作和建立开放日记
    - 开展文物建筑开放效果评估和调整、优化
  - 保养维护
    - 重点巡查游客量大、开放时间长、使用频率较高的区域，及时了解、记录文物本体现状、电路、水道等设施设备使用情况，按技术规程开展保养维护工作
    - 定期巡查和保养维护文物建筑的层面、楼地面、栏杆等脆弱、易损部位，以及院落排水、山石、驳岸、游步道、护坡等安全隐患部位
    - 发现重大文物病害及安全隐患，应及时报告上级主管部门和地方文物行政部门，并采取必要的保护措施
  - 安防消防
    - 按照《文物消防安全检查规程》、《文物建筑消防管理规则》等相关安消防法律法规，落实安消防责任和措施
    - 配备安消防设施设备，规范用火用电行为，做好定期巡查和相关培训工作
  - 鼓励开展
    - 采用新技术动态监测文物安全、环境状况、参观人流和活动情况等，监测数据建档保管
    - 建立公众信息平台，利用网络等新媒体、新技术及时公布科研成果、管理情况和活动信息，促进本地居民、游客、专家学者、企事业单位、志愿者等参与文物保护交流与合作，推动地方文化建设

附件 2　文物建筑开放使用功能分析表

功能分类	功能内容	适用范围	注意事项
社区服务	社区书屋、公益讲堂、文化站、管理用房等，开展文化活动，发挥服务功能	祠堂、会馆、书院和近现代图书馆、学校等文物建筑	1. 在确保文物价值和安全的前提下，优化功能空间，适度配置设施设备。 2. 功能空间优化和设施设备安装应具有可逆性。 3. 应在明确文物建筑使用强度、游客承载量的前提下，优化建筑使用条件。同时，应制定应急措施和日常维护措施，确保文物和人员安全。
文化展示	博物馆、展示馆、美术馆或科研展陈场所等，进行文物建筑现状展示，或进行陈列布展，发挥文化传播、科研和教育功能	在文物价值、建筑特征、空间规模具备条件的古建筑和近现代行政、会堂、工业建筑等文物建筑	1. 统筹考虑文物建筑和展陈物品、家具陈设的布置与存放安全，提供良好的展陈条件和科研环境。 2. 在保证疏散安全前提下，鼓励合理、高效利用文物建筑空间。 3. 对展示参观条件的改善应适度控制。
参观游览	景观和游览对象，或参观、缅怀对象，发挥游憩、纪念和教育功能	宫殿、庙宇、园林、牌楼、塔幢、楼阁、古城墙、门阙、桥梁和近现代文化纪念、交通建筑等文物建筑	1. 注意保护文物建筑的历史景观环境。 2. 加强外部空间游线设计，组织娴静的游赏活动。 3. 不宜在文物建筑本体附加过多的展陈设施，不得任意改动原有园林围墙。 4. 可酌情增加座椅、垃圾桶等服务设施，提供基本的室外参观条件。 5. 名人故居以复原陈列为主。 6. 鼓励宣传文物建筑价值活动，如科学讲座等，增加公众的参与和互动。
经营服务	小型宾馆、客栈、民宿、店铺、茶室、传统工艺作坊等经营服务场所，发挥服务功能	民居古建筑和近现代住宅、商业建筑等文物建筑	1. 兼顾文物建筑开放使用的公益性，可采用有限开放方式，并利用展板、陈列等多种方式宣传、展示文物价值。 2. 科学确定经营活动类型和内容，以使经营活动有利于延续和传达文物建筑的价值特色。 3. 在确保文物价值和安全的前提下，优化功能空间，适度配置设施设备。 4. 应在明确文物建筑使用强度、游客承载量的前提下，优化建筑使用条件。同时，应制定应急措施和日常维护措施，确保文物和人员安全。
公益办公	公益性机构、院校等办公场所，可以划定开放区域，明确开放时段，并采取信息板、多媒体、建筑实物展示等方式开放	书院等古建筑和近现代行政、金融等文物建筑	1. 兼顾文物建筑开放的公益性，可采用有限开放方式，宣传、展示文物价值。 2. 办公功能应根据文物建筑承载力合理调整，避免过度使用，并规范用火用电行为。 3. 应制定应急措施和日常维护措施，确保文物和人员安全。

考古发掘

关于进一步加强考古发掘工作的管理的通知

（〔1973〕文物字110号）

各省、市、自治区文化局：

无产阶级文化大革命以来，我国考古发掘工作有了新的发展，出土文物已在国内外产生了一定的影响。但也存在着一些问题，有些县（市）发掘古墓葬，没有遵照法令规定，履行批准手续；有的单位到外省进行发掘，既未按规定报批，也不通过当地文化部门。特别是，在发掘过程中，某些单位不按照考古发掘的科学要求办事，只顾单纯“挖宝”，以致破坏了出土文物的科学性和历史价值。为了加强对考古发掘工作的管理，现将1964年国务院批准的《古墓葬、古遗址调查发掘暂行管理办法》重新印发，并提出以下几点说明和补充，请参照执行。

一、《古墓葬、古遗址调查发掘暂行管理办法》中，凡规定报原文化部的，一律暂时改报国家文物事业管理局。

二、凡不是配合基本建设进行的考古发掘，都必须征得当地省、直辖市、自治区文化局的同意，报国家文物事业管理局会同中国科学院审核批准。

三、凡在基本建设工程范围内配合工程进行的考古发掘，应由省、直辖市、自治区文化局组织力量进行。一般县（市）不经省、直辖市、自治区文化局同意，不得自行发掘。

四、每项发掘都必须严格按照考古学的要求，做好测绘、照相等科学记录工作，取得完整的资料，认真进行科学研究，事后写出科学发掘报告。

五、必须坚决贯彻中共中央《关于在无产阶级文化大革命中保护文物图书的几点意见》，严禁以搞副业生产或其他名义乱挖古墓葬、古遗址。

六、除在发掘现场为宣传党和国家的文物政策、向群众进行历史唯物主义教育举办的临时小型展览外，各县（市）一般不必举办固定的出土文物展览。

附件：《古墓葬、古遗址调查发掘暂行管理办法》

国家文物事业管理局

一九七三年八月一日

田野考古奖励办法（试行）*

（〔1993〕文物文字545号　1993年8月1日）

第一条　为奖励在我国田野考古工作中做出突出成绩的考古研究单位和个人，鼓励广大田野考古工作人员的积极性和创造性，促进田野考古发掘及研究工作的进步与发展，根据《中华人民共和国文物保护法》的有关规定，特制定本办法并设立国家文物局田野考古奖。

第二条　国家文物局田野考古奖的奖励范围是：由具备团体考古发掘资格的单位在我国领土（领海、内水）所进行的，经国家文物局批准的田野考古项目。

第三条　申请国家文物局田野考古奖的项目，必须具备下列条件：

1. 严格执行《田野考古工作规程》；

2. 领队人员必须切实负起现场指挥责任；

3. 出土文物及重要遗迹现象得到了应有的保护；

4. 文字、照片、绘图记录齐备并管理有序；

5. 队伍团结，作风严谨；

6. 经费开支节约、合理；

7. 安全措施严格，避免工伤事故；

第四条　国家文物局田野考古奖分为三个奖励等级：

一等奖：授予国家文物局田野考古奖状、证书，奖金一万元。

二等奖：授予国家文物局田野考古奖状、证书，奖金六千元。

三等奖：授予国家文物局田野考古奖状、证书，奖金四千元。

第五条　国家文物局设立田野考古奖评审委员会，负责田野考古奖的评审工作。评审委员会成员由国家文物局聘任，任期三年，设主任一人，副主任、委员若干人。国家文物局文物二处评审委员会的办事机构，负责日常事务工作。

第六条　国家文物局田野考古奖申报程序：

1. 省、自治区、直辖市所属单位的项目，由本单位向所在省、自治区、直辖市文物行政管理

* 已于2017年12月27日废止。

部门提出申请，经初审后，上报国家文物局。

2. 中国社会科学院、中国科学院、国家教委及国家文物局系统所属单位的项目，由本单位其直接向国家文物局提出申请。

3. 两个或两个以上考古单位进行的合作项目应向项目所在地的省、自治区、直辖市文物行政管理部门提出申请后上报国家文物局。合作单位中有中国社会科学院、中国科学院、国家教委及国家文物局系统所属单位参加也可在协商后由其直接向国家文物局提出申请。

第七条 国家文物局田野考古奖申报要求：

1. 凡申报国家文物局田野考古奖的项目的主要专业工作人员，一等奖不超过九人，二等奖不超过七人，三等奖不超过五人。

2. 凡申报国家文物局田野考古奖的考古发掘项目要填报《国家文物局田野考古奖申报书》。

3. 负责申报国家文物局田野考古奖的各省、自治区、直辖市文物行政管理部门，为申请项目的申报部门。申报部门负责申报项目的初审和申报，并负责处理申报项目的争议问题。

第八条 国家文物局田野考古奖评审办法：

1. 评审项目由国家文物局田野考古奖评审委员会评审，国家文物局批准。

2. 评委评定项目及奖励等级时，评委人数应不少于全体委员的三分之二。采取无记名投票方法确定获奖项目及奖励等级。确定获奖的赞成票数需超过评委人数半数（含半数）方为有效。

3. 凡评委是申报项目的主要专业人员，当讨论和表决该项目时应回避，不计入评委人数之内。

4. 国家文物局或评审委员会认为有必要时可委派专家赶赴现场进行检查，或调集有关发掘资料进行审评。

第九条 国家文物局田野考古奖原则上每年评审一次，所有申报项目须在每年度的十二月三十日之前上报国家文物局。评审结果由国家文物局公布。如对获奖项目有异议，必须在自公布之日起四十天之内向国家文物局提出，在此期限内如无异议，即行颁奖。

第十条 国家文物局对获奖项目授予奖状，对该项目的领队人员授予奖励证书，奖金按贡献大小合理分配。主要专业人员所得奖金原则上不少于奖金总额的80%，领队人员所得奖金原则上不少于主要专业人员所得奖金总额的40%。

第十一条 国家文物局田野考古奖奖金由国家文物局在文物事业费中列支。

第十二条 获国家文物局田野考古奖的专业人员的成绩，特别是项目领队人员的成绩应记入本人档案，并作为考核、晋升、聘任专业技术职务的重要依据之一。

第十三条 如发现已公布的国家文物局田野考古奖的项目中有弄虚作假或其他不切实际的行为，国家文物局可撤销奖励，追回奖金及所发的奖励证书和奖状。

第十四条 各省、自治区、直辖市可参照本办法制定本地区的田野考古奖励办法。

第十五条 考古调查、勘探项目可参照本办法申报国家文物局田野考古奖。

第十六条 本办法由国家文物局负责解释。

本办法自发布之日起实行。

考古发掘资格审定办法*

（1998年）

一、为了切实执行《中华人民共和国文物保护法》关于考古发掘报批手续的各项规定，保证考古发掘的科学性，对从事考古发掘工作的单位和领队，按本办法实施考古发掘资格审查认定。

二、考古发掘资格分为团体资格和个人领队资格。

具有团体领队资格的单位可申报考古发掘项目，具有领队资格的个人经具有团体资格的单位指派，担任考古发掘项目的领队。

三、申请团体资格的单位必须具备下列条件：

1. 中央单位设置的文物考古机构。高等院校考古专业。省、自治区、直辖市设置的文物考古机构。有条件的地方设置的文物考古机构。

2. 必须模范遵守《中华人民共和国文物保护法》及有关法规。具备从事考古工作的基本素质。

3. 有3～5人以上具备个人领队资格的专业人员。

4. 具备必需的考古发掘设备和协助领队工作的业务人员。

5. 具备必需的文物保护设备和技术人员。

6. 具备保证文物安全的文物库房和整理场地。

四、申请领队资格的个人必须能够胜任《田野考古工作规程（试行）》规定的考古领队的各项职责，并具备下列条件之一：

1. 1970年以前大学考古专业毕业或学历相当者，从事田野考古发掘工作5年以上，具备中级以上（含中级）专业技术职称并具有实际担任领队经历（不包括已离、退休者）。

2. 1970年以后大学考古专业毕业，从事田野考古发掘工作5年以上，考古专业研究生毕业后，从事田野考古两年以上，具备中级以上（含中级）专业技术职称，经国家文物局田野考古领队培训班或国家文物局委托指定的考古研究单位考核合格者。对于田野考古工作水平特别突出者，经国家文物局考古发掘资格评议委员会推荐提名，可申请特批，免予考核。

五、资格审定程序

* 已于2010年12月2日废止。

1. 由国家文物局聘请有关专家组成考古发掘资格评议委员会（以下简称评委会）。各省、自治区、直辖市文物行政管理部门聘请有关专家成立考古发掘资格初评组（以下简称初评组）。

2. 申请团体资格的单位，填写《考古发掘团体资格申请书》一式三份，经所在省、自治区、直辖市初评组签署初评意见，报评委会评议。对评议通过者，报国家文物局会同中国社会科学院审查，由国家文物局批准并颁发证书。

3. 申请领队资格的个人，填写《考古发掘领队资格申请书》一式三份，由所在单位报初评组签署初评意见，报评委会评议。对评议通过者，报国家文物局会同中国社会科学院审查，由国家文物局批准并颁发证书。

4. 资格审定工作原则上每年审定一次。评委会根据需要对申请进行调查或组织考核。

六、取消资格程序

对手严重违反《文物保护法》和《田野考古工作规程（试行）》的单位或个人，由国家文物局暂停或取消其考古发掘团体资格或领队资格；

七、本办法自公布之日起实行，制订、修改、解释权在国家文物局。

考古发掘管理办法

（国家文物局 1998 年第 2 号令　1998 年 7 月 15 日）

第一章　总　则

第一条　为加强考古发掘管理工作，保护我国历史文化遗产，根据《中华人民共和国文物保护法》、《中华人民共和国文物保护法实施细则》和《国务院关于加强和改善文物工作的通知》，特制定本办法。

第二条　本办法适用于在中国境内地下、内水和领海所进行的一切考古发掘和水下考古活动。

第三条　国家文物局统一管理全国考古发掘工作，一切考古发掘工作都必须履行报批手续。

第二章　资格审定

第四条　考古发掘实行团体和个人领队负责制。具有考古发掘团体领队资格的单位可申请考古发掘项目，具有考古发掘领队资格的个人经具有考古发掘团体领队资格的单位指派，担任考古发掘项目的领队。

第五条　中国社会科学院、中国科学院、国家文物局直属考古科研单位，高等院校考古系（专业）和省、自治区、直辖市所属文物考古机构及有条件的地、市所属文物考古机构，具备下列条件者可申请考古发掘团体领队资格：

（一）具备一定数量受过高等学校考古专业训练，能从事考古发掘的专业人员，其中具有考古发掘个人领队资格的专业人员不得少于 4 人；

（二）具有受过专业训练、能从事文物保护工作的科技人员；

（三）具备必需的考古发掘和文物保护设备；

（四）具备从事一般性文物保护处理的实验室；

（五）具有保证文物安全的文物库房和整理场地。

第六条　申请考古发掘个人领队资格的专业人员，必须具备下列条件：

（一）大学考古专业（含本科、硕士、博士研究生）毕业，取得中级专业技术职称后，从事考古发掘工作 2 年以上；非考古专业（含本科、硕士、博士研究生）毕业，取得中级专业技术职称后，从事考古发掘工作 2 年以上，经国家文物局田野考古培训班或国家文物局委托指定的考古研究单位考核合格者；

（二）具有独立组织考古调查、勘探、发掘的能力，胜任《田野考古工作规程》规定的领队职责，并能组织编写考古发掘报告；

（三）作为组织者之一或主要参加者，完成过一项以上较重要的考古发掘工作，并执笔完成年度考古发掘简报或作为主要成员参与完成中型考古发掘报告；

（四）在组织和实施考古发掘过程中，熟悉考古学某一领域的前沿问题，能根据学科发展趋势选定并研究有一定学术价值的课题，撰写有一定学术水平的论文。

第七条 由国家文物局组织有关部门和专家组成国家文物局考古发掘资格评议委员会负责考古发掘资格审定：

（一）申请考古发掘团体领队资格的单位，需提交考古发掘团体领队资格的申请报告，经所在省、自治区、直辖市文物行政管理部门研究同意后，报国家文物局考古发掘资格评议委员会评议；对评议通过的单位，由国家文物局审查批准并颁发证书；

（二）申请考古发掘领队资格的个人，需填写《中华人民共和国考古发掘领队资格申请书》一式两份，并提交1－2篇田野发掘简报和代表性学术论文；由所在单位推荐上报所在省、自治区、直辖市考古发掘资格初评组签署评议意见；经所在省、自治区、直辖市文物行政部门研究同意后，报国家文物局考古发掘资格评议委员会评议；对评议通过的个人，由国家文物局审查批准颁发证书；

（三）考古发掘资格审定工作原则上每一年一次，国家文物局考古发掘资格评议委员会可根据需要对申请单位和个人进行调查和组织考核。

（四）经国家文物局考古发掘资格评议委员会评议，国家文物局可注销不称职的单位和个人的考古发掘团体和个人领队资格。

第三章　项目申请和审批

第八条 申请考古发掘项目必须填写《中华人民共和国考古发掘申请书》，由考古发掘单位经发掘所在地的省、自治区、直辖市文物行政管理部门向国家文物局提出申请。

第九条 《中华人民共和国考古发掘申请书》包含下列内容：

（一）申请单位的名称及负责人姓名；

（二）发掘对象的名称、时代、级别、具体地点、面积和范围；

（三）前期准备（包括调查、勘探）情况；

（四）年度发掘点的具体位置和面积（附图）；

（五）年度发掘的时间或期限；

（六）年度发掘的学术目的、计划；

（七）发掘经费的来源和数额；

（八）领队人员的姓名、专业职称、主持完成的发掘项目和代表性学术成果；

（九）主要业务人员的姓名、专业职称、在该项目中承担的任务；

（十）对可能出现遗迹现象的保护措施和出土文物保护的技术准备情况；

（十一）连续性项目的年度报告完成情况；

（十二）其他需要说明的问题。

第十条 考古发掘单位为科学研究而进行的主动发掘申请，申请书应在每年第一季度末以前按程序上报，同时必须提交立项说明书，内容包括发掘的学术目的、立项机构、发掘计划、完成时间等。

第十一条 国家文物局会同中国社会科学院在每年第一季度至第二季度初，集中对当年各项考古发掘申请进行审议，并颁发《中华人民共和国考古发掘证照》。

第十二条 考古发掘单位配合经济建设工程的考古发掘申请，应在发掘前三十日向国家文物局提出，但因工程建设中意外发现文物或者文物面临自然破坏危险，需抢救性发掘的遗址和墓葬，经省、自治区、直辖市文物行政管理部门同意后，可以先行发掘，自发掘开工日起十五日内补报发掘申请书。

第十三条 属全国重点文物保护单位和省级文物保护单位的古遗址或古墓葬受到自然或人为破坏时，各省、自治区、直辖市文物行政管理部门应先将受破坏的情况和拟采取的保护措施，向国家文物局报告，经国家文物局同意后方可实施。需进行抢救性发掘的项目，应同时填报发掘申请书。

第十四条 未取得考古发掘团体领队资格的文物考古机构，若需对因工程建设意外发现或面临自然破坏的遗址或墓葬进行小规模抢救性发掘，应经省、自治区、直辖市文物行政管理部门同意，并指派或聘请有考古发掘个人领队资格的人员主持进行发掘工作，同时经有考古发掘团体领队资格的单位上报发掘申请书，或由省、自治区、直辖市文物考古机构审议后经省、自治区、直辖市文物行政管理部门上报发掘申请书。

第四章　项目执行和监督

第十五条 考古发掘单位和主持发掘项目的领队人员，应严格执行《田野考古工作规程》，严格执行国家文物局批准的考古发掘项目计划，确保发掘质量和文物安全。

第十六条 在考古发掘工作中，考古发掘单位应事先提出保证出土文物和重要遗迹安全的保护措施。对发掘中发现的重要遗物和遗迹，应及时采取必要的保护措施。

第十七条 考古发掘中如有重要发现，考古发掘单位应在对社会公开发表之前，经省、自治区、直辖市文物行政管理部门及时向国家文物局报告。

第十八条　国家文物局对考古发掘工地实行检查与监督制度。国家文物局可组织对考古发掘工地进行检查，内容包括《田野考古工作规程》的执行情况、领队人员的工地日记、遗迹照片和绘图记录、经费使用情况及发掘工地的安全措施情况等。

第十九条　对于重大的考古发掘项目，国家文物局可组成专家小组或指派有经验的专业人员赴现场指导发掘工作。

第二十条　年度考古发掘项目结束后，考古发掘单位应及时将发掘经过、收获和经费使用情况，向所在地的省、自治区、直辖市文物行政管理部门和国家文物局提交书面报告，并尽快编写年度考古发掘报告。

第二十一条　考古发掘项目完成后，考古发掘单位应向国家文物局提交结项报告，内容包括发掘经过、主要收获、经费的来源和使用情况、发掘现场及拟保留的遗迹现象处理保护情况、对遗址的保护建议、田野考古发掘报告的编写计划等需要说明的情况。

第五章　考古资料与发掘报告

第二十二条　考古发掘领队人员在该项考古发掘工作结束后，应及时、认真地做好出土文物、各类标本、有关资料（包括文字记录、各种登记表格、照片、图纸）的整理工作。

第二十三条　考古发掘所获得的出土文物和各种资料归国家所有。考古发掘领队人员在考古发掘项目结束后应将有关资料（包括文字记录、各种登记表格、照片、图纸）及时交本单位资料室保管，出土文物和各类标本按出土时的登记表向库房移交。考古资料移交时要有专人负责核实、接收，文物移交时要填写入库登记表。

第二十四条　考古发掘报告的编写工作要在发掘结束后的3年内完成。年度发掘报告应在当年完成编写工作。

第六章　奖励与惩罚

第二十五条　对在田野考古工作中做出突出成绩的考古发掘单位和个人，根据《国家文物局田野考古奖励办法（试行）》和其他有关规定予以表彰、奖励。

第二十六条　对没有年度发掘报告或报告不符合要求的考古发掘单位和个人，国家文物局将不再批准其下年度的发掘申请。

项目发掘报告编写工作未完成之前，国家文物局一般不再批准原考古发掘项目领队人员的新的领队发掘申请。

第二十七条　有下列行为的，视情节轻重，国家文物局可给予通报批评、暂停或取消考古发掘单位团体或个人领队资格：

（一）考古发掘单位或个人严重违反《田野考古工作规程》进行考古发掘的；

（二）考古发掘单位或个人未经文物行政管理部门批准擅自进行考古发掘的；

（三）考古发掘单位或个人未按规定及时办理或补报考古发掘申请的；

（四）考古发掘领队人员未按规定及时办理出土文物、各类标本和有关资料移交手续的。

第二十八 条违反本办法规定，造成古遗迹、古墓葬和珍贵文物损毁构成犯罪的，依法追究刑事责任。

第二十九条 任何外国机构、国际组织在中国境内进行考古调查、勘探、发掘，都应当采取与中国合作的形式。申请和审批办法按《中华人民共和国涉外工作管理办法》执行。

第七章 附 则

第三十条 水下文物的登记注册、保护管理以及水下文物的考古勘探和发掘活动的审批工作，按《中华人民共和国水下文物保护管理条例》执行。

第三十一条 原有规定如与本办法相抵触的，以本办法为准。

第三十二条 本办法由国家文物局负责解释。

第三十三条 本办法自发布之日起施行。

考古发掘品移交管理办法（试行）*

（文物保发〔1998〕038号　1998年7月31日）

第一条　为加强文物保护工作，健全考古工作管理体系，根据《中华人民共和国文物保护法》、《中华人民共和国文物保护法实施细则》和《国务院关于加强和改善文物工作的通知》，特制定本办法。

第二条　本办法适用于文物考古研究机构、博物馆和其他具备文物收藏条件的单位。

第三条　本办法中的考古发掘品是指在中华人民共和国境内地下、内水和领海所进行的考古调查、勘探、发掘活动中获得的所有实物资料。

考古发掘品属于国家所有。

第四条　本办法中的移交是指考古发掘单位将考古发掘品交至文物收藏单位，其不同于文物的调拨、交换、借用等。

国家文物局负责考古发掘品的移交工作。

第五条　考古发掘单位在考古发掘报告完成后一年内，应提出对考古发掘品的移交方案报告。

第六条　考古发掘品的移交方案报告包括下列内容：

1. 考古发掘出土单位编制的出土文物登记表及必要的照片、绘图和文字资料；
2. 发掘单位申请留作研究之用的考古发掘品目录；
3. 发掘单位对考古发掘品分配的意见或建议。

第七条　属于下列情况之一的考古发掘品移交方案，须经考古发掘所在地的省、自治区、直辖市文物行政管理部门，报国家文物局批准。

1. 全国重点文物保护单位范围内获得的考古发掘品；
2. 重大考古发现中出土的考古发掘品；
3. 中华人民共和国海域内发现的考古发掘品；
4. 经鉴定属于一级文物的考古发掘品；
5. 国家文物局认为须经审批才能移交的考古发掘品。

* 已于2010年12月2日废止

第八条 本办法第七条规定范围之外的考古发掘品移交方案，须报考古发掘所在地的省、自治区、直辖市文物行政管理部门批准，报国家文物局备案。

第九条 审批部门在对考古发掘品移交方案报告进行研究后，应及时通知有关文物收藏单位提出申请。

国家文物局可直接指定国家博物馆收藏将被移交的考古发掘品。

第十条 具备文物收藏条件的单位在接到通知后六十日内，应根据考古发掘品移交报告提出收藏申请，上报国家文物局或省、自治区、直辖市文物行政管理部门审批。

第十一条 除国家和省、自治区、直辖市所属的博物馆外，其他提出收藏考古发掘品申请的单位，必须经省、自治区、直辖市文物行政管理部门对其资格进行认定。

第十二条 考古发掘品的移交首先要考虑省、自治区、直辖市以上级别博物馆和考古研究、教学单位的需要，同时应照顾到考古发掘所在地的县、市级博物馆。

考古发掘品移交应按文物出土单位进行，不得将同一出土单位的文物分别收藏。

第十三条 发掘单位留作考古学研究、教学标本的考古发掘品，应按博物馆藏品收藏的有关规定妥善保管。

第十四条 考古发掘品移交时，发掘单位应向收藏单位提供文物登账、编目和建档所必需的原始记录资料副本。

第十五条 考古发掘品移交后，收藏单位应保证原发掘单位的研究、教学之用。

移交后的考古发掘品在展览时应注明原发掘单位。

第十六条 移交后的考古发掘品赴境外展览时，在代表团和随展人员的组成上应根据展览需要充分考虑原发掘单位人员，外方提供的展览费用应按一定比例分配给原发掘单位。移交后的考古发掘品在权益上发生争议时，由原审批部门裁决。

第十七条 博物馆所属的考古部（队）的考古发掘品移交，参照本办法执行。

第十八条 考古发掘单位无故不提交考古发掘品移交报告，或不履行文物行政管理部门批准的移交方案，应追究其有关领导的责任，并给予通报批评。

第十九条 本办法由国家文物局负责解释。

第二十条 本办法自发布之日起施行。

关于加强基本建设工程中考古工作的指导意见

（文物保发〔2006〕42号）

为进一步增强基本建设工程中考古工作的主动性、计划性、科学性，基本建设工程中考古工作应按以下工作程序和规范要求进行，确保基本建设考古工作顺利开展。

一、开展基本建设工程中考古工作，应严格履行以下工作程序

（一）在工程建设的“项目建议书”阶段，由文物考古机构收集建设项目涉及和影响区域内文物分布情况，提出初步文物保护意见，报省级文物行政部门确认后向设计单位提交《文物影响评估报告》。

（二）在工程建设的“可行性研究”阶段，由省级文物行政部门组织文物考古机构，对建设项目涉及和影响区域进行专项考古调查，编制《文物调查工作报告》，报省级文物行政部门认可后提交设计单位或建设单位。

（三）在工程建设的“初步设计”阶段，由省级文物行政部门组织具有考古勘探资质的单位，根据《文物调查工作报告》对建设项目涉及和影响区域有可能埋藏文物的地点进行勘探，向建设单位提交《考古勘探工作报告》，提交前应报省级文物行政部门备案。

（四）在工程实施前，由省级文物行政部门委托具有考古发掘资质的单位，依据《考古勘探工作报告》，编制考古发掘计划，经省级文物行政部门初步审查后报送国家文物局。考古发掘单位依据发掘计划与建设单位签订工作合同，填报考古发掘申请书，经批准后实施。如发掘计划发生变更，应及时上报。

（五）田野考古工作结束后，省级文物行政部门根据工程需要组织项目验收，并对工程建设项目进行评估。考古发掘单位应向建设单位提交《考古发掘工作报告》，并按规定填报考古发掘工作汇报表。

（六）考古发掘报告编写完成后，考古发掘单位需将发掘资料和出土文物移交给省级以上文物行政部门指定的文物收藏单位。

二、基本建设工程中的考古工作，应按照以下规范进行

（一）文物影响评估

文物影响评估是由文物考古单位依据已掌握的资料，对建设项目涉及和影响区域内文物与建设工程的相互影响做出的分析评估。

《文物影响评估报告》的内容应包括：建设项目涉及和影响区域内已有文物普查资料成果，已公布为各级文物保护单位保护范围和建设控制地带的相关资料，对项目选址及设计方案的初步建议。

涉及省级以上文物保护单位的应报国家文物局。

（二）考古调查

考古调查是对建设项目涉及和影响区域进行专门的实地踏察，全面了解文物分布以及受影响情况。

《文物调查工作报告》应由文字、图纸、照片等部分组成，必要时应附以表格说明。文字应包括调查时间、工作过程、主要收获、初步认识、文物保护建议等；图纸应包括建设项目地理位置图、文物点与建设项目的关系图、文物分布图等；照片应包括调查工作场景、重要文物点的现状、采集的文物标本等。

《文物调查工作报告》应于调查工作结束后 10 个工作日内完成。

（三）考古勘探

考古勘探主要依据《文物调查工作报告》对建设项目涉及和影响区域内的已知文物点和有可能埋藏文物的地点进行考古钻探，查明地下文物分布状况。

《考占勘探工作报告》由文字、图纸和照片等部分组成。文字内容应包括时间、地点、范围、面积、堆积深度、勘探结果、保护意见等；图纸包括文物点分布图、勘探平面图等；照片包括工作场景、遗迹、遗物等。

《考古勘探工作报告》应于勘探工作结束后 15 个工作日内完成。

（四）考古发掘

考古发掘是指确因工程建设需要，对无法避让的文物埋藏点进行的抢救性发掘，主要依据《考古勘探工作报告》和经批准的《考古发掘工作计划》进行，考古发掘工作开展前应制定文物保护预案。

考古发掘应严格按照《考古发掘管理办法》和《田野考古工作规程》进行，要充分运用现代科技手段开展多学科研究，尽可能提取更多的信息。要重视标本的采集、检测和鉴定工作。遇有重要发现，应及时报文物行政部门，并会同建设单位共同商定保护措施。

（五）验收与评估

考古发掘工作的验收应根据工程需要进行。工作结束后 7 个工作日内，考古发掘单位应书面提请省级文物行政部门组织专家会同建设单位进行考古工地验收。验收工作结束后应及时形成书面验收意见并反馈给被验收单位。

验收内容应包括考古发掘证照、资质资格，考古发掘资料，《田野考古工作规程》执行情况，发掘计划执行情况、经费使用情况以及文物和人员安全情况等。

待考古工地验收工作结束后，省级文物行政部门应组织专家根据考古发掘结果，评估建设工程对文物的影响，研提对工程建设项目的意见。涉及全国重点文物保护单位和省级文物保护单位的，应报国家文物局。

《考古发掘工作报告》应全面反映发掘工作的过程和主要收获。由文字、图纸和照片等部分组成，文字内容包括工程概况、发掘时间、地点、经过、重要发现、保护措施及建议等；图纸包括工程位置图、考古发掘地点与工程的位置关系图、考古发掘总平面图等；照片包括发掘地点地貌、发掘现场、重要遗迹遗物等。

《考古发掘工作报告》应于考古工地通过验收后 15 个工作日内提交。跨省区项目的《考古发掘工作报告》应抄报国家文物局。

（六）资料与文物移交

所有考古发掘资料严禁长期由个人保管，应在田野发掘工作结束后 60 个工作日内移交本单位资料保管部门专门保管，在进行考古发掘资料整理工作时，可依据工作计划借阅相关资料。出土文物及标本应严格按照规定移交库房保管。

（七）考古发掘报告的编写须在 3 年内完成。

三、适应工程建设管理需要，建立考古工作监理制度

（一）为进一步规范基本建设考古工作，加强对建设项目考古工作的监督，保障基本建设和考古工作顺利进行，应逐步建立基本建设考古工作监理制度。

（二）基本建设工程中的考古工作，应根据建设单位的需要开展综合监理或单项考古项目监理。省级文物行政部门根据需要也可对其他重要的考古工作组织监理。

（三）从事考古监理工作的单位和个人应当取得考古发掘资质和领队资格证书。

（四）监理工作要严格依照《中华人民共和国文物保护法》、《考古发掘管理办法》和《田野考古工作规程》以及其他相关法律、规定进行。监理单位应承担相应的法律责任。

（五）考古监理工作内容主要包括审查考古工作计划、工作方案、规程、协议等的执行情况，审查经费的使用情况，对计划变更提出意见，对发现的问题提出书面整改意见并抄送委托单位，考古工作结束后出具监理报告。

（六）监理单位须尊重被监理单位的知识产权，未经委托方和被监理单位同意，不得引用、发表监理项目的各种资料和成果。

（七）监理单位不得与被监理单位有行政或经营性隶属关系。监理业务，不得转让。不允许其他单位假借监理单位的名义执行监理业务。

（八）考古工作监理实行有偿监理。监理费用列入建设工程预算。

四、加强管理，明确职责，确保基本建设考古工作顺利开展

（一）基本建设项目的考古调查、勘探、发掘工作由省级文物行政部门统一负责协调管理和组织实施。跨省区建设项目的考古工作，由工程所在地的省级文物行政部门联合组织实施，并将实施情况抄报国家文物局；特别重要的考古项目，由国家文物局进行协调。省级以下各级文物行政部门负责协助做好本辖区内建设项目的考古发掘工作。

（二）省级文物行政部门要加强对本辖区内建设项目文物考古工作的管理，切实履行检查和监督职责。督促考古工作单位履行报批手续，严格审核考古工作计划，检查《田野考古工作规程》执行情况、领队职责的履行情况、经费使用情况以及工地安全措施等，确保基本建设考古工作符合有关法规和规范的要求。

对于重要考古发掘项目，国家文物局组织专家进行指导、检查和监督。

（三）各文物考古单位要加强内部管理，建立健全工作程序和管理制度，规范考古勘探和考古发掘工作，确保考古工作质量。同时，要加强文物保护经费的管理，确保专款专用，并自觉接受有关部门的审计。

要切实树立课题意识，对重要的考古发掘项目要事先制定出明确的课题研究计划，注重解决学术课题，提高科研水平。

要强化文物保护理念，以发掘促进保护。要积极探索新技术的推广和运用，积极开展多学科、多领域合作研究，提高考古发掘工作的科技含量。

（四）基本建设考古发掘工作要认真落实领队负责制。领队要按照《田野考古工作规程》的规定，认真履行职责，增强责任心，保证田野考古发掘工作质量和工地安全。

（五）已承担下列正在进行的考古发掘项目之一的领队，不得同时担任其他考古发掘项目的领队：

1. 主动性考古发掘项目；

2. 涉及省级以上文物保护单位的考古发掘项目；

3. 发掘面积超过 2000 平方米的考古发掘项目；

4. 其他重要考古发掘项目。

确因工作需要，需同时担任多个考古发掘项目领队的，发掘项目不得跨地市、跨工程，且发掘面积总量不得超过 3000 平方米，项目数量不得超过 3 个。

跨年度考古发掘项目原则上不得更换领队。如因特殊情况确实需要更换领队的，应及时报国家文物局同意。

（六）对于违反相关规定的，国家文物局将视情节轻重，给予通报批评、暂停或取消考古发掘单位资质或领队资格；构成犯罪的，依法追究刑事责任。

国家文物局

二〇〇七年一月十六日

田野考古工作规程

（文物保发〔2009〕6号　2009年2月17日）

第一章　总　则

第一条　田野考古工作是考古学研究的基础，也是保护文化遗产的重要手段。为贯彻执行《中华人民共和国文物保护法》，确保田野考古工作符合科学要求，特制订本规程。

第二条　田野考古工作必须服从文物保护的需要。

第三条　从事田野考古工作的单位和个人必须严格遵守本规程。

第二章　考古调查

第四条　考古调查的任务是发现、确认和研究文化遗存，为文化遗产保护提供依据。

考古调查应尽量选择避免损伤遗址文化堆积的技术。利用自然科学技术手段进行调查应与实地踏查相结合。

遗址的确认以发现原生文化堆积为准，应注意与地点的区分。

第五条　准备工作

（一）调查前应对拟调查地区已有考古成果、历史文献、地图、遥感照片，以及地质、环境等相关资料进行收集和分析研究。

（二）根据调查目的制订工作方案，包括规划调查区域、对象、内容、技术方法等。

（三）组建调查队伍，做好物质准备。

第六条　考古调查的基本内容包括调查对象的位置、范围与面积、堆积状况、年代与文化面貌、环境、保存现状等。

（一）测量遗址的地理坐标，并标注在地图上。

（二）遗址范围与面积依据已暴露文化堆积的位置，并参照地表散见遗物的分布范围确定，必要时适当辅以勘探手段。

（三）遗址的文化堆积状况包括埋藏深度、堆积层次和厚度、暴露的遗迹遗物等。可通过直接观察堆积断面，并综合各观察点的情况进行整体推断，必要时可进行勘探。

（四）有选择地采集暴露在断面上的遗物和拣选地表散落的特征遗物，以了解遗址的年代、文化面貌等。

（五）调查遗址的现代和古代景观环境。

（六）评估遗址保存现状，提出文物保护建议。

第七条 考古勘探

考古勘探是考古调查的重要手段之一。提倡各种无损伤探测新技术的研究和应用。勘探结束后，应及时完成考古勘探工作报告。

采用钻探手段进行考古勘探时，探孔应按照“错列”的方式布设，不宜过密。探孔应及时回填。

已局部暴露的城垣、夯土基址等遗迹应慎用钻探手段。

墓葬的钻探一般以探到墓口为宜。

第八条 考古调查记录

考古调查记录应包括文字、测绘和影像三种形式，构成统一的记录体系。

（一）调查的文字记录包括工作日记、调查记录表、考古调查断面观察记录表、钻探记录表等。

（二）采集的遗物必须编号记录。

（三）调查了解的遗址范围、堆积断面位置、重要遗迹现象位置、采集区以及探孔分布位置等须标注在大比例尺的遗址图上。

（四）遗址调查中发现的地层断面应测图记录。勘探所获堆积结构、层次、遗迹形状或分布范围等应有图示记录。

（五）遗址全貌和重要局部应进行摄影。重要的碑刻、题记等应制作拓片。捶拓必须遵守有关规定，确保文物安全。

（六）调查资料应登记、存档，并录入数据库。

（七）调查结束后应及时提交调查工作报告和文物保护建议。

第三章 考古发掘单位和领队职责

第九条 考古发掘单位职责

（一）指定考古发掘项目领队，监督、检查、指导领队工作。

（二）按规定上报考古发掘申请和汇报，做好跨年度或多次发掘项目的衔接工作。

（三）负责考古资料的审查、清点、保管和移交。

（四）采取措施确保工地安全，及时上报安全事故。

（五）及时上报重要发现。

第十条 领队职责

考古发掘项目实行领队负责制。

（一）主持制订发掘方案、文物保护预案，组织各项发掘准备工作。

（二）按照考古发掘执照许可内容调整发掘方案，主持发掘工作，协调各技术系统的运作，确保各项工作严格遵守本规程。

（三）及时完成考古发掘工作报告。

（四）及时上报安全事故。

（五）及时上报重要发现。

第四章　考古发掘

第十一条　考古发掘中的文物保护

（一）考古发掘位置的选择应考虑文物保护的需要。

（二）考古发掘前必须制订文物保护预案、防灾预案和安全预案，并根据考古发掘情况及时调整。重要考古发掘项目必须配备专业文物保护人员。

（三）重要迹象须慎重处置，做好相关记录，采取相应的保护措施。

（四）遇有重要发现，及时上报文物行政部门。

第十二条　考古发掘的测绘

（一）考古发掘前，应确定三维测绘坐标系统，设置测量基点。坐标系统纵轴一般取正北方向。

（二）发掘中所有测点数据的采测，必须包括相对于测量基点的三维坐标数据。

（三）根据遗址坐标系统布设探方，进行编号。

第十三条　考古发掘的作业方法

（一）探方（沟）是发掘作业的工作单位。应指定专人负责每个探方（沟）的发掘。

（二）考古发掘一般采用探方法。探方应留隔梁和关键柱。需要了解遗存堆积层位或结构时，可采用探沟解剖。

第十四条　考古发掘的原则性要求

（一）依据土质、土色、包含物及参考其他相关现象区分堆积单位。

（二）完整把握遗迹单位的边界形态。

（三）根据地层学原理，依照堆积形成的相反顺序逐一按堆积单位发掘。

（四）堆积单位是考古发掘的最小作业单位。发掘过程中，应注意把握堆积间的界面。较大或复杂的遗迹现象，应采取分部揭露的方法，如先发掘二分之一或四分之一。处理大面积层状堆积时，应控制各部分的发掘进度，保持一致。

（五）要注意观察、分析和判断遗迹或遗物间的关系，注意控制和协调工作进度。

（六）人类活动迹象清楚的活动面是重要的遗迹现象，发掘中应尽量完整揭露，详细观察，多手段记录。

（七）发掘完毕后，无特殊原因探方（沟）必须回填，并注意生态环境保护。

第十五条 发掘资料采集

（一）遗物分人工遗物和自然遗存。人工遗物应全部采集，人类遗骸、哺乳动物骨骼一般应全部采集，植物遗存、贝丘遗址内的软体动物遗骸及其他小型动物遗骸应抽样采集。必要时，遗迹、遗痕也要采集。

（二）发掘资料的采集要考虑系统性、针对性和有效性。

（三）按堆积单位采集遗物，单位归属不清的遗物单独包装。

（四）重要堆积单位的土除留取分析样品外，应全部过筛收集遗物。

（五）年代学分析样品、环境样品应按照地层序列采集。

（六）脆弱易损遗存的采集、遗痕翻模、壁画揭取、地层剖面揭取、重要遗迹的整体起取等工作，应由专业技术人员进行。

（七）所有采集品必须有相应的包装措施和详备的编号记录。

（八）抽样采集时须记录抽样方式、采样位置和采样方法。

第十六条 发掘记录

（一）发掘记录应包括文字、测绘和影像三种形式，构成统一的记录系统。指代单位的符号必须符合相关规范，编号不得重复，给出后不得更改。堆积单位的隶属关系应清楚。

（二）文字记录包括工地日记、探方日记、发掘记录表、遗迹单位总记录，以及遗迹编号、影像、资料采集和入库等登记表格。

（三）测绘记录包括发掘区总平、剖面图；探方总平面图、四壁剖面图、各层下开口遗迹平面图；遗迹平、剖面（侧视）图。

（四）影像记录包括摄影资料、摄像资料等，应重视对各种遗迹现象和发掘工作过程的描述。

（五）资料汇总与存档

1. 单个遗迹单位资料汇总。包括发掘记录表，遗迹单位总记录，遗迹平、剖面（侧视）图、细部结构图，遗物及样品采集记录，各类其他形式的记录。

2. 探方资料汇总。包括探方总记录，探方日记，探方总平面图、四壁剖面图，各层下开口遗迹平面图，探方地层关系系络图，测绘、影像、采样登记表及各类其他形式的记录。

3. 发掘区资料汇总。包括工地总日记，发掘区总平、剖面图，发掘区地层关系总系络图，测绘、影像及采样记录总表，遗迹编号记录，及各类其他形式的记录。

4. 上述资料应统一存档。

第十七条 在发掘过程中应建立临时库房，并指定专人对发掘物资、出土文物和记录资料等进行管理。

发掘结束后，发掘物资、出土文物和记录资料等应及时清点、核实、移交。

第五章　发掘资料整理

第十八条　发掘资料整理工作的主要任务包括：按照一定的技术要求对考古资料进行整理，并建立资料库；运用地层学、类型学方法分析考古资料，确认遗存的相对关系。

（一）全面核校发掘期间的记录资料。严禁改动原始记录，如原始记录有误，须另纸勘误。

（二）根据原始记录清点遗物，按单位整理、修复遗物。

（三）遗物整理的记录有文字、实测绘图（临摹）、影像、拓片等形式。文物标本应制作器物卡片。

（四）根据需要对发掘取得的人类学标本、动植物遗存、环境样品、文物标本等及时进行分析和检测。

（五）根据类型学原理检验发掘期间对遗迹单位相互关系的判断。

（六）按遗迹单位将各种资料整理记录和发掘记录汇总，建立资料库。为便于档案的管理、查询和进一步研究，可建立电子数据库。

第六章　发掘成果刊布

第十九条　发掘报告

（一）田野工作结束后应及时编写、发表发掘报告，多年发掘的大型遗址应及时发表阶段性报告。

（二）发掘报告必须客观、真实、全面、系统。

（三）发掘报告内容主要包括：遗址的自然地理环境、历史沿革、既往工作；发掘工作经过和发掘方法；文化堆积与分期；遗迹与遗物；编写者的认识；有关专业技术报告等。

第二十条　考古发掘单位应创造条件，尽可能使公众了解考古工作成果。

第七章　发掘资料管理

第二十一条　文字、测绘、影像和实物等各类资料必须由考古发掘单位负责管理，严防损坏和遗失，任何个人不得私自保存。

实物资料应与登记表所列项目相符。文字、测绘、影像等资料应与档案袋、登记册所列项目相符。

移交和接收各类资料必须履行交接手续，并记录在案。所有实物资料的处置，应在考古报告发表之后，由考古发掘单位提出方案报请主管部门批准后方可进行。

第八章　附　则

第二十二条　本规程自2009年10月1日起生效。《田野考古工作规程（试行）》同日废止。

考古发掘项目检查验收办法（试行）

（国家文物局文物保发〔2009〕36号　2009年10月22日）

第一条　为加强考古发掘项目管理，规范考古发掘项目检查、验收工作，制定本办法。

第二条　本办法适用于考古发掘项目田野工作阶段的业务检查、验收。财务和安全的检查、验收按相关规定执行。

第三条　考古发掘项目检查、验收工作，由省级文物行政部门根据国家文物局委托组织实施；国家文物局可随时对各地考古发掘项目进行抽查。

第四条　考古发掘项目检查、验收依照《考古发掘项目检查验收标准》执行。

第五条　考古发掘项目检查、验收工作程序

1. 检查由省级文物行政部门适时组织，重要考古发掘项目应进行中期检查。验收由考古发掘单位在田野工作结束后向项目所在地省级文物行政部门提出申请，省级文物行政部门在收到申请之日起10日内进行验收。

2. 检查、验收工作由省级文物行政部门组织考古、文物保护等专家组成检查、验收组实施。检查、验收组成员应不少于3人。

3. 检查、验收工作应包括：听取工作汇报，实地踏查发掘工地，检查发掘记录，查看文物库房、出土文物和标本等。

4. 检查、验收组对考古发掘项目进行评议，分别填写《考古发掘项目检查评价表》、《考古发掘项目检查意见书》或《考古发掘项目验收评价表》、《考古发掘项目验收意见书》。

5. 省级文物行政部门根据《考古发掘项目检查意见书》，要求考古发掘单位对考古发掘项目中存在的问题限期进行整改。

6. 省级文物行政部门根据《考古发掘项目验收意见书》对考古发掘项目进行验收评定，并报国家文物局备案。

7. 考古发掘单位对验收评定结论有异议的，可向项目所在地省级文物行政部门提出复审申请，经省级文物行政部门审查同意后，由省级文物行政部门重新组织验收组进行验收。

第六条　检查、验收专家须具有高级专业技术职称，在考古、文物保护及相关领域具有较高造诣。

第七条 检查验收专家须全面地了解情况，客观公正地给予评价，认真负责地填写意见。

第八条 检查、验收工作所需经费由省级文物行政部门承担。

第九条 验收结论作为评选国家文物局田野考古奖等奖项的依据。

第十条 考古调查和水下考古等项目的检查、验收工作可参照本办法执行。

第十一条 本办法自发布之日起施行。

博物馆与馆藏文物

文化部文物局关于博物馆和文物工作的几点意见（草稿）

（〔62〕文物平1496号　1962年8月22日）

博物馆和文物保护管理是建国后文化事业中新发展起来的两项事业，基础很薄，经验又少。十二年来在各级党委和文化部门的领导下，由于群众的爱护、支持，全体员工的努力，取得很大成绩；但是在发展过程中，也存在着不少缺点，乃至错误。今后为了更好地贯彻“百花齐放，百家争鸣”和“调整、巩固、充实、提高”的方针，切实改进工作，认真打好基础，特提出几点意见，供讨论参考。

（一）全国重点博物馆和各省（自治区、直辖市）直接领导的博物馆，在经过精简、调整的基础上，结合巩固、充实、提高的方针，为了明确发展方向，部门及个人的职责，建立正常的工作秩序，考虑实行“五定”：

进一步确定馆的性质、方针、任务和发展方向；

拟定五年规划；（1963～1967）

拟定组织机构和各部门职责关系；

进一步确定干部的工作岗位和专业方向；

拟定经常的工作制度和学习制度，建立正常秩序。

（二）各种类型的博物馆在陈列上都要逐渐形成完整的陈列体系。做到各具特点，百花齐放，丰富多彩；避免互相抄袭，千篇一律。

如何组成陈列？以历史或革命史博物馆为例，是这样组成的：要有思想红线挂帅，要有历史实物作基础，通过一定的历史阶段及这一阶段中重大事件，重要人物表现，要用有一定艺术水平的绘画、雕塑和具有科学价值的图表等辅助陈列品来烘托，组成形象的有感染力的陈列。博物馆的陈列要以它特有的语言向观众说话。

所谓思想红线，是指以马列主义、毛泽东思想来指导整个陈列，即以历史唯物主义观点分析、研究材料，组织具有思想性的陈列。红线是线不是面，是灵魂不是肉体，是统帅不是兵。到处都是语录、手稿、著作，就成为著作展览；把文物按时代排列入柜，也只能算文物展览；都不是历史陈列。陈列公开展出以后，除了发现政治性错误需立即修改外，应当稳定一个时期，听取各方面的意见，进行深入研究以后再进行修改，不要长年累月地无准备地修改。地方博物馆“社会主义革命和建设”部分的陈列应暂缓组织正式陈列，近几年只进行征集准备工作，有必要时，可举行专题展览。

（三）博物馆的藏品是一切业务活动的基础。做好保管工作就是为博物馆打好基础。因此，这一项工作必须大力加强，迅速走上正轨。要做到：

彻底清理藏品——凡是馆藏文物，应有确实数字，有出入账目，有分类编目卡片（进一步要有几套卡片），有简明目录，有科学记录档案。藏品要分类分级。对一级藏品（特藏品）、二级藏品（重要藏品）、三级藏品（一般藏品）、容易损坏的藏品、需要保密的藏品、资料，以及处理品，都要经过鉴选，区别对待。出土文物最好按墓葬、遗址集中保管。

首先要求完成一级藏品的科学编目工作（要求除卡片外，印出书本式的目录）和一级藏品的专库或专柜，以及特别加以科学保护的保管工作。

健全保管制度和改进保管方法。坚决消灭文物保管中的无底无数、真伪混杂的混乱现象和损毁、丢失事故，堵塞藏品保管中的漏洞。建立严格的保管制度和奖惩办法，并因地制宜适当改善库房条件和设备。做到有底有数，各得其所，妥善保管，取用方便。

每一个博物馆的馆长以及文物机构负责人需对藏品尤其是一级藏品负法律上的责任。

有条件的博物馆应逐步开展藏品的研究、鉴定和对修复、保养技术、保管方法等方面的科学研究工作。提倡向专家、技师虚心求教，尊重师长；专家、技师也要认真做好带徒弟，传知识、传技能的工作。

征集工作，是馆的重要工作之一，需要有目的、有计划的作为日常工作来进行。既不要中断，也不要乱买。

（四）博物馆的群众工作，是馆与观众之间的纽带。一个馆陈列开放以后，群众工作就成为对外的主要活动。应该采用多种多样方式进行。讲解工作是其中的主要部分，但不是全部。

讲解员要认真学习，不断提高思想水平和业务水平。除了学习本部分的知识，熟悉每一件陈列品以外，还要学习基础知识。讲解时逐步做到能深能浅，能长能短；根据不同对象，作不同的说明。回答观众问题时，能够解释清楚，要力求做到不出差错。因此，讲解员应该有必要的学习时间，在制度上加以保证。

（五）当前文物保护管理工作的首要任务是：继续贯彻国务院发布的“文物保护管理暂行条例”，大力进行宣传工作；加强对已公布的文物保护单位的管理；在深入调查研究的基础上，陆续公布各级文物保护单位，1962 年内提出第二批全国重点文物保护单位名单，报请国务院审定公布。

（六）迅速实现第一批全国重点文物保护单位的“四有”工作（有保护范围，有标志说明，有科学记录档案，有专人管理）特别是有专人管理。凡是已设专门机构（如博物馆、研究所、保管所）的保护单位，应明确这些机构的职责，提出具体要求，加强管理。有条件的机构要负责进行划定保护范围，树立标志说明和建立科学记录档案的具体工作。没有专门机构的可以在不影响生产、劳动力的条件下，延请专人负责，给予生活补助。凡是委托其他单位进行保管的，也必须具体落实到有人负责，并建立必要的检查制度。对于认真负责进行保管工作的人员，应予适当的名誉及物质奖励。

建立科学记录档案，需要有一个由简到繁，不断提高，不断完善的过程。目前，首先应从对现状进行科学记录开始，如测绘、摄影及现存文字资料、碑刻、题记等汇辑整理。记录材料，要求做到具有科学性，准确性。抄录碑刻题记需用繁体字按原刻、原件逐字录出，避免造成研究考证的困难。

（七）革命纪念建筑物、古建筑的保护，必须坚持贯彻国务院指示精神，主要是保持原状，防止继续损坏。除少数必须进行的重点修缮工程以外，不要大兴土木，大拆大改；也不要在革命纪念建筑及古建筑以外增添许多新建筑，改变了原有的面貌和气氛。

（八）基本建设战线缩短以后，除在还有基建任务地区进行有重点的考古发掘或有目的、有计划的并报经上级批准的必要的学术性小型试掘外，着重整理过去的发掘资料，巩固已有成绩。凡是过去发掘没有写出报告的，要求尽快写出具有一定学术水平的报告；凡是过去出土文物，没有进行整理编目的，要求尽快整理、编日。重要遗址墓葬的报告和文物编目清册，要上报省（自治区、直辖市）及文化部。文物在报告写出以后，尽快移交博物馆保存。

（九）加强对流散文物的收集和管理工作。历年各县、市收集、保管的文物图书资料，在省级博物馆文物机构的指导帮助下，进行彻底清理、鉴定、登记、编目工作，并尽可能改善其保管条件。对其中特别珍贵而又易于损毁的文物，尽可能集中到省级博物馆或文物机构保存，避免损失。当地如需要陈列时，可用复制品交当地陈列。

加强对文物商业的管理，总结经验，改进经营管理办法。各地应当允许外地人员通过一定手续到本地收购不是建国以后出土的文物及流散文物。既要防止“画地为牢”的情况，又要防止互拥抢购，抬高物价，甚至刺激盗掘文物的现象。这几年来经验证明，“画地为牢”或管得过死，反而会逼使私人收藏的文物遭到破坏或盗运外流。因此，对本地区文物完全冻结的做法值得重新考虑。对私人所有的文物应该允许保存，并可举办个人收藏展览。不应采取动员捐献等方式，对确实自愿捐献文物的人员，要给予适当的物质奖励和名誉奖励。收购文物要按质论价。

（十）加强薄弱环节，除充实古代建筑修整所，文物、博物馆研究所的研究设备及专业人员外，全国有条件的博物馆和文物机构应根据本身具体情况和工作需要，逐步开展文物保护的科学研究工作，并负责为兄弟馆培养这方面的人才。传统技术（如裱画、修复铜器、瓷器等）应千方百计使之传授下来，勿使中断。

文物出版社应逐步加强编辑力量及印刷设备，不断提高印刷质量及出版物的学术水平。

（十一）博物馆和文物机构除陈列和保存文物等管理工作以外，它本身同时应该又是一个学术研究机构，因此，培养训练干部是做好工作的关键。首先要学习马克思列宁主义、毛泽东著作。并要学习业务，精通业务，这是提高工作质量的关键；是进一步贯彻百花齐放，百家争鸣的前提。学习要从基础功夫做起，要踏踏实实，按部就班地进行。博物馆的业务学习还要结合博物馆本身的实际来进行，例如博物馆的研究工作中一个突出的特点是进行历史文物的研究。学习要采取不同程度的不同进修方式：例如开专门讲座请人讲解，举行学术讨论会、座谈会；到有关学校听课，参加各种有关的学术活动，与有关学术团体保持经常的联系，聘请有真才实学的老专家、技师为顾问，向老专家、老技师学习业务，学习技术，提倡读书，活跃学术研究空气。下决心作长期打算，培养出这一行的又红又专的队伍。

博物馆藏品保管试行办法

（1978年1月20日）

一、总　则

第一条　博物馆藏品是国家宝贵的文化财产，是博物馆业务活动的物质基础。必须加强博物馆藏品的保管工作，充分发挥藏品的作用，以更好地为阶级斗争、生产斗争和科学实验三大革命运动服务。

第二条　博物馆藏品必须具有历史价值、艺术价值和科学价值。藏品应分为一、二、三级。对一级藏品应重点保管；保密性藏品、经济价值贵重的藏品，在保管上应采取特别措施。

第三条　博物馆对藏品负有科学管理、保护、整理研究和提供使用的责任。保管工作要求做到：制度健全、账目清楚、鉴定确切、编目详细、保管妥善、查验方便。

第四条　藏品保管是博物馆一项经常的重要工作，必须健全岗位责任制。由馆长分工负责领导，设立专门保管部门，配备专职人员并力求稳定，加强队伍的培养，保证必要的物资设备。

第五条　保管工作人员必须认真学习马克思主义、列宁主义、毛泽东思想，坚守岗位，刻苦钻研业务，努力做到又红又专。

二、藏品的接收、鉴定、登账、编目、建档

第六条　进馆的文物、标本，必须注意搜集原始资料，认真做好科学记录，及时逐件填写入馆凭证或清册，一并交保管部门接收。然后，由鉴定小组进行鉴定分级。凡符合入藏标准的，应填写入藏凭证，及时登账、编目、入库。各种凭证应装订成册，集中保存。

第七条　鉴定小组由领导、业务人员和专家组成，负责对入馆文物、标本进行认真鉴选。要求对文物、标本确定真伪、年代、是否入藏并划分等级，做好详细记录。鉴定记录应包括鉴定意见及重要分歧意见，由专人负责整理，专件存档。

第八条　登账

1. 总登记账是国家的文化财产账，应设专人负责，不得兼管藏品库房。登记时要严格按照国家文物事业管理局规定的总账格式，逐件、逐项用不褪色黑墨水填写，字迹力求工整。如有订正，应用红墨水画双线，并由经手人在订正处盖章。总登记账应妥善保存。

2. 藏品计件：单位藏品编一个号，按一件计算。成套藏品按整体编一个号（其组成部分可列分号），也按一件计算，在备注栏内注明其实际数量，以便查对。

3. 藏品计量单位：一律按照国务院一九五九年六月二十五日公布的《统一公制计量单位中文名称方案》和国家标准计量局、中国文字改革委员会一九七七年七月二十日《关于部分计量单位名称统一用字的通知》办理。

4. 藏品时代：历史文物写考古文化期或历史年代，有具体年代的写具体年代，并加注公元纪年。革命文物一律用公元纪年，具体年代不明的写历史时期。

5. 藏品现状：应写明完残情况及重要附件等。

6. 藏品来源：写直接来自的单位（人），并注明“发掘”、“采集”、“征购”、“拨交”、“交换”、“捐赠”、“旧藏”等。凡出土文物，要写清楚出土的时间、地点和发掘单位。革命文物要写清楚与使用者或保存者的关系。

7. 总账的藏品登记号，还应写在藏品的适当部位或标签上，并回注在入馆凭证或清册上。

第九条 编目、建档

1. 必须建立藏品编目卡片。编目卡片是反映藏品情况的基本资料，是藏品保管和提供陈列、研究的重要工具。除填写总账的项目外，还必须填写鉴定意见、铭记题跋、科学记录摘要和流传经历等。编目文字必须准确、简明，并附照片、拓片或绘图。

2. 一级藏品要另行建立《一级藏品档案》和《一级藏品简目》。《一般藏品档案》包括编目卡片、动态记录等一切有关资料，逐件立档。《一级藏品简目》应上报省、市、自治区主管部门和国家文物事业管理局，格式由国家文物事业管理局统一规定。

三、藏品库房的管理

第十条 藏品应有固定、专用的库房，专人管理。库房建筑及保管设备要求安全、坚固、适用、经济。建立定期的安全检查制度，发现问题及时处理，发生重大事故，立即专案上报主管部门，按情节轻重，严肃处理。

第十一条 库房要有防火、防盗、防潮、防虫、防尘、防震的设备和措施，并根据当地的实际情况，采取必要的战备措施。库内及其附近，禁止存放易燃品及其他危险物品，库房内保持整洁，严禁烟火。

第十二条 藏品在登账、编卡后，要按科学方法分类上架。一级藏品、保密性藏品、经济价值贵重的藏品，应设立专库或专柜收藏。

第十三条 凡藏品出入库房必须办理出库、退库手续，对数量和现状，必须核对、点交清楚。

第十四条 严守库房机密，建立《库务日记》，非库房管理人员未经许可，不得进入库房。库房一般不接待参观。

第十五条 建立并严格遵守安全操作规程，坚决防止人为的损坏和玷污藏品。如有损坏，应及时报告，并严肃处理。

四、藏品的保护、修复、复制

第十六条 积极开展藏品保护的科学技术研究。对引起藏品自然损害的温度、湿度、光线、尘埃、虫害等，应经常进行观察，详细记录；从实际出发，用传统经验及现代科学技术方法防止侵害，保护藏品。根据需要与可能，建立藏品消毒、修复、复制、标本制作和科学实验等设施，培养专门技术人员，开展科学技术研究活动。

第十七条 藏品修复时，不得任意改变其形状、色彩、花纹、图案、铭刻等。修复前要做好照相记录，修复过程中要做好配方、用料、工艺过程等记录。一级藏品的修复，必须经馆长批准，由领导、群众和专门技术人员共同制定修复方案，事后整理出修复总结，归入一级藏品档案。

第十八条 经常使用的一级藏品和容易损坏的藏品，应予复制。保密性藏品一般不得复制。复制品须加标志，以免真伪混淆。

第十九条 因科学研究的特殊需要，必须从藏品上取下部分样品进行分析化验时，由领导和技术人员会同保管部门共同制定具体方案。三级藏品由馆长批准；二级藏品报省、市、自治区主管部门批准；一级藏品报国家文物事业管理局批准。

第二十条 凡采用新的保护、修复技术方法，应先经过试验，取得成效后应用。

五、藏品的提用、注销

第二十一条 馆内需要提用藏品时，必须填写凭证、经过批准，由使用部门负责保管。提取陈列的藏品，陈列开放后，要以确保安全为原则，具体制定陈列室文物安全保管办法，并经常检查执行情况，发现问题立即处理。凡未办完入藏手续的藏品一概不得提用。未陈列的藏品必须退库。藏品退库要按原凭证核对，办清手续。

第二十二条 馆外单位必须提用藏品时，一般应在馆内进行，由有关保管人员参加，用后立即收回。如系一级藏品或保密性藏品，须经馆长批准。凡藏品借出馆外，必须办理外借手续，确保安全，按期归还。一级藏品的外借，须经上级主管部门批准。

第二十三条 凡调拨、交换藏品，须经上级主管部门批准，其中一级藏品报国家文物事业管理局批准。处理无保存价值的文物或非文物，既要慎重，又要主动，处理时须报请上级主管部门批准。调拨、交换和处理藏品，必须办理登记注销手续。

第二十四条 每季末及年终，对藏品总数及增减数字，要进行统计。年终统计数字及一级藏品的增减简目，应上报省、市、自治区主管部门和国家文物事业管理局。

第二十五条 参考品、大量重复品和复制品应另行建账，其有关资料要妥善保存。

博物馆一级藏品鉴选标准（试行）

（1978 年 1 月 20 日）

为加强博物馆藏品的保管工作，充分运用革命文物、历史文物，更好地为阶级斗争、生产斗争和科学实验三大革命运动服务，博物馆应在其藏品中鉴选出一级藏品，采取措施，重点保管。

一级藏品的鉴选原则及标准如下：

鉴选原则

一、要以马克思主义、列宁主义、毛泽东思想为指导，以阶级斗争为纲，运用辩证唯物主义和历史唯物主义的观点，贯彻“古为今用”、“百家争鸣”的方针。

二、鉴选时要注意到各时期、各民族、各地区和各方面，切忌片面性，并要努力做到防宽、防漏、防差误、防偏爱。

三、对重大历史事件，革命运动和重要人物有关的文物以及重要考古发掘的集品，要注意精选，不必一律列为一级品。

四、对于具有极大揭露价值、能起反面教员作用的重要材料，可以选入，但不可过多。

鉴选标准

革命文物

1. 马克思、恩格斯、列宁、斯大林革命实践活动的重要文物。

2. 毛泽东同志革命实践和老一辈无产阶级革命家及党和国家主要领导人在革命斗争中的重要文物。

3. 中国共产党历次代表大会和党内历次路线斗争及重大历史事件的重要文物。

4. 全国著名的革命先烈、战斗英雄、劳动模范及各地区阶级斗争、生产斗争、科学实验三大革命运动中起过重大进步作用的革命团体和典型人物具有代表性、典型性的重要文物。

5. 反映民族团结和各民族在反对阶级压迫、剥削的革命斗争中具有代表性、典型性的重要文物。

6. 反映中外友好关系和相互支援具有代表性、典型性的重要文物。

7. 反映国内反动统治阶级的反动本质的典型反面材料和实物。

8. 反映帝国主义、社会帝国主义和各国反动派侵略我国的重要罪证。

历史文物

1. 反映阶级和阶级斗争的具有代表性的文物。

2. 反映中国历史上农民起义、农民战争和农民革命领袖的具有代表性的文物。

3. 反映生产力的发展、生产技术的革新和重大的科学发明创造的具有代表性的文物。

4. 反映各民族社会历史的发展和促进民族团结，加强祖国统一的具有代表性的文物。

5. 反映中外关系中的友好往来和经济、文化交流的具有代表性的文物。

6. 反映中华民族抵御外侮，反抗侵略的具有代表性的文物。

7. 有关民族英雄和革命领袖以及著名的思想家、科学家、发明家、政治家、军事家、文学家、艺术家与著名工匠的具有代表性的文物。

8. 具有极大揭露价值的反面材料和有关反面人物重要罪证的实物资料。

附：艺术藏品

1. 在艺术发展史上，各个时代的重要流派、窑口、工艺美术中有代表性的作品，或具有转折性的首创精神和独创风格的作品。历史著名的艺术家、工匠的代表作品。

2. 具有明显的地方、民族特征，能代表一个地区、一个民族或某一个时代风格的艺术水平或工艺水平（造型、纹饰、工艺制作、功用等）的典型作品。

3. 时代确切、遗存稀少，在艺术上或工艺上，有特色和重大研究价值的艺术品。

4. 有准确纪年、款识或其他重要特征，或有确切出土记录的，可以作为断代标准的艺术品。

5. 反映中外关系，国内各民族关系以及劳动人民生活、地理沿革、有重要价值的代表性艺术品。

6. 具有不同时代典型风格的，有重要价值的外国艺术品。

省、市、自治区博物馆工作条例*

（1979年6月29日）

一　总　则

第一条　省、市、自治区博物馆是国家举办的地方综合性或专门性博物馆，是文物和标本的主要收藏机构，宣传教育机构和科学研究机构，是我国社会主义科学文化事业的重要组成部分。

第二条　博物馆工作应当在马克思主义、毛泽东思想的指导下，坚持为工农兵服务，为社会主义服务的方向，贯彻“古为今用”的方针和各项文物工作政策，办成具有鲜明的民族风格和地方特色的社会主义博物馆。

第三条　博物馆通过征集收藏文物、标本，进行科学研究，举办陈列展览，传播历史和科学文化知识，对人民群众进行爱国主义教育和社会主义教育，为提高全民族的科学文化水平，为我国社会主义现代化建设做出贡献。

第四条　省、市、自治区博物馆要开展馆际间的协作，对地（市）、县博物馆进行业务辅导。推动博物馆工作经验的总结和交流。

二　藏　品

第五条　博物馆藏品是国家宝贵的科学文化财产，是博物馆业务活动的基础，根据本馆的性质和任务，主要在本地区范围内通过考古发掘、接收、征集文物，采集标本以及馆际交换等手段积累藏品。征集工作必须坚持群众路线，必须在调查研究的基础上做好详明、科学的原始记录。既要重视征集古代历史文物，也要重视征集近、现代历史文物，特别是革命文物（包括社会主义时期的文物）和民族文物。

第六条　博物馆必须加强藏品的保管工作，应有专门库房及相应设备，严格执行《博物馆藏品保管试行办法》的各项规定。博物馆对藏品负有科学管理、保护、研究和提供使用的责任。保管工作要做到：制度健全、账目清楚、鉴定确切、编目详明、保管妥善、查检方便。藏品应保持历史原状，严禁歪曲和伪造。复制品、仿制品、代用品须加标志，以免真伪混淆。

博物馆领导和保管人员要负责确保藏品特别是一级藏品的安全，有权制止违反有关文物安全

* 已于2010年12月2日废止。

规定的行为，发生事故要追究责任。

凡调拨、交换藏品，须经上级主管部门批准，一级藏品报国家文物局批准。

第七条 积极开展藏品保护科学技术研究，根据条件逐步建立专门机构，配备专门人员，增添相应设备。要总结和发展传统经验，引进先进技术，进行藏品的鉴定、保管、修复、复制和标本制作等方面的科学实验，不断提高文物保护的科学技术水平。

三 陈 列

第八条 陈列是博物馆工作的中心环节，是衡量博物馆工作质量的重要标志。要认真办好与本馆性质和任务相适应的具有地方特点的基本陈列。地方综合性博物馆一般应以地方历史（包括革命史）为重点，有条件的博物馆还要办好自然部分的陈列，逐步形成具有特色的陈列体系。在搞好基本陈列的同时，也要重视搞好临时展览。

第九条 陈列应具有较高的思想性、科学性和艺术性，遵循历史唯物主义和辩证唯物主义的原则，以阶级斗争、生产斗争和科学实验三大革命运动为内容，反映历史和自然发展的客观规律，使人民认识自己的历史和创造力量。

第十条 陈列应以本馆藏品为基础。文物和资料的运用一定要有科学根据，尊重历史的客观实际，坚持实事求是，反对篡改和歪曲。

第十一条 陈列设计必须做到形式与内容相统一，要求适用、美观、经济和具有民族风格。运用艺术表现技巧，逐步采用现代化设施，更好地突出陈列主题。建立陈列设计档案，积累陈列设计工作经验。

四 群众工作

第十二条 群众工作是博物馆联系群众、进行宣传教育的第一线。它的主要任务是通过组织群众，进行讲解，更好地发挥陈列展览的宣传教育作用。讲解员要热心为观众服务，热爱自己的专业，努力掌握专业知识和提高讲解水平，善于组织观众，结合当时当地和宣传对象的实际，进行观点鲜明、内容准确、史物结合、表述生动的讲解。

第十三条 根据博物馆的性质和陈列的内容，举办讲座，配合学校教学，编写宣传材料和组织流动展览等，加强科学普及工作。

恢复和建立“博物馆之友”群众性组织，密切同人民群众的联系。

第十四条 认真总结群众工作经验，建立业务档案，逐步采用先进的宣传工具，提高宣传教育效果。

五　科学研究

第十五条　博物馆的各项业务活动，都应该在科学研究的基础上进行。博物馆应积极开展博物馆学和有关的专业学科的研究工作。专业学科的研究，应从本馆的性质和任务出发，以藏品为基础结合文献资料进行，研究成果主要体现在陈列展览上，也可以编写学术专著。要加强基础资料工作和对国内外博物馆的情报工作，并积极配合有关部门的专业学科的研究。

第十六条　博物馆的科研工作，应当贯彻百花齐放、百家争鸣的方针，根据目前和长远需要，分别制定近期和远景科研规划，按轻重缓急，作出全面安排。有条件的博物馆，应给专家配备助手，采用传、帮、带的办法，从事科研工作和培训科研人员。成立学术研究委员会，发挥咨询、评议和指导作用。

六　组织机构

第十七条　博物馆要实行在党委领导下的馆长分工负责制，按照民主集中制的原则，统一领导全馆的政治思想工作、业务工作和后勤工作。要发扬实事求是和群众路线等优良作风，切实贯彻执行党的路线、方针、政策。

第十八条　博物馆的业务机构应根据精简原则和本馆的实际需要确定，一般可设立陈列、保管、群工等部门。博物馆的后勤工作要保证业务和科研工作的进行，努力改善职工的工作条件和生活条件。

博物馆的各工作部门，要有明确的职责范围，实行岗位责任制。

七　队伍建设

第十九条　领导干部应在提高马列主义水平的基础上，学业务，学管理，要逐步成为内行和专家。要加强队伍的建设，组织全馆工作人员认真学习马克思列宁主义、毛泽东思想，鼓励他们刻苦钻研业务，提高科学文化水平，做到又红又专。要正确执行党的干部政策和知识分子政策，注意发挥他们的特长，调动一切积极因素。

第二十条　采用专业和业余的方法培训业务人员。某些技术性较强的传统工艺，应采用举办训练班和师傅带徒弟的方法进行培训，不断提高博物馆工作人员的业务技术水平。

第二十一条　要逐步加强配备业务人员，并保持相对稳定。要保证他们每周至少有六分之五的业务活动时间。建立博物馆工作人员学术技术职称、考核、晋级和奖惩制度。

八　附　则

第二十二条　本条例自公布之日起实行，其他博物馆可根据实际情况参照执行。

关于博物馆涉外工作的通知

当前，随着旅游事业的发展，各省、市的博物馆接待国际友人的任务越来越大；国际组织、外国博物馆、出版公司、研究部门和个人同我博物馆的联系也越来越多，博物馆的涉外工作出现了新的情况。为使博物馆适应这种新的形势，正确处理涉外关系，我们认为，对国际组织、外国机构和个人提出的要求和建议要采取积极态度，对不同情况要采取不同的处理办法。对外国机构和个人的要求和建议在互利的条件下，均应给予答复。能同意的同意，报上级批准；不能同意的婉言谢绝。现对有关问题提出以下几点意见：

一、对博物馆的建立和发展历史、陈列展览、科学研究、编辑出版、组织机构和人员培训等状况，可以对外口头介绍，或提供文字资料。但事先要向对方说明，如对方利用这些资料时，应将刊载这些资料的出版物送我博物馆若干份。

二、对外国机构或个人要求我博物馆鉴定其收藏的中国文物，如有鉴定力量的可以接受。但应酌收一定鉴定费，出具鉴定书。对友好组织和个人提出的要求，可免收鉴定费，也不必出具鉴定书。

三、对外国机构和个人要求提供或自己拍摄我博物馆文物照片、资料，应按国务院和国家文物局的有关规定执行。

四、对外国机构和个人要求与我博物馆工作人员合作编写有关著作，如对方对我友好，合作条件对我有利，我又有能力合作，可报请省、市领导批准，报我局核定后，再与对方签订合作合同。

五、根据工作需要，博物馆可用本馆编印的公开出版物交换外国博物馆的出版物。

六、对我国的文物保护政策、法令和工作条例等，可对外口头介绍；凡经国务院或国家文物局正式公布的，也可对外提供书面材料。

因博物馆的涉外工作比较具体，各博物馆的条件又不同，应请各省、市文物局（文化局）会同外事部门进行研究，根据本地实际情况提出处理意见，以利博物馆执行。

国家文物事业管理局

一九七九年八月三日

关于严禁将馆藏文物图书出售作外销商品的通知

（〔1973〕文物字201号）

各省、市、自治区文化局（组）：

据有些省、市、自治区的文化部门及群众来信反映，近年来，有些单位的收购人员，曾向博物馆、图书馆、文化馆及其他文物单位，洽购馆藏文物图书，以致发生了有的县（市）博物馆或文化馆将大部分藏品出售；有的馆藏精品都被购去作为外销商品等严重情况。为此，特函请你局转知你省（市、自治区）各博物馆、图书馆、文化馆以及其它文物机构，今后馆藏文物图书一律不得自行出售。关于非文物的处理、应报请省、市、自治区批准后始得进行。并盼将各馆过去未经批准自行处理馆藏文物图书的情况告知我们。

国家文物事业管理局

一九七三年十月三十一日

关于加强我国社会主义时期文物征集保护工作的通知

（文物博发〔1999〕8号）

各省、自治区、直辖市文化厅（局）、文物局、文管会，各直属博物馆：

新中国成立以来，特别是改革开放以来，我国社会主义革命和建设事业取得了举世瞩目的伟大成就。在中国共产党的领导下，中国各族人民在半个世纪的奋斗历程中遗留下大量反映社会变迁、时代进步、具有重要纪念意义和教育作用的实物资料，即社会主义时期文物。这些文物是新中国历史的实物见证，是中华民族宝贵的历史遗产和精神财富。征集保护我国社会主义时期文物，举办反映新中国历史和发展成就的陈列展览，不仅是文物工作和博物馆工作的一项重大任务，而且对于在全社会广泛开展爱国主义、社会主义和革命传统教育，振奋民族精神，凝聚民族力量，推动有中国特色社会主义现代化建设，具有重要而深远的意义。现就加强社会主义时期文物征集保护工作通知如下：

一、要广泛深入地开展有关社会主义时期文物保护的宣传活动。各地文物部门要在文物保护法规、文物知识的宣传活动中增加保护社会主义时期文物的宣传内容，通过宣传普及，争取各级领导和有关部门的重视与支持，增强全社会保护社会主义时期文物的意识。对抢救保护有突出价值的社会主义时期文物、向文物部门捐赠社会主义时期珍贵文物的社会团体和个人，要给予相应的表彰和奖励。

二、各级文物部门和有关博物馆、纪念馆要充分认识社会主义时期文物征集保护工作的重要性和紧迫性，制定计划，完善措施，下大力气开展社会主义时期文物的征集保护工作。要抽出专门力量，对当地留存的社会主义时期文物进行一次全面普查，在普查的基础上，确定一批反映当地建国五十年来社会主义革命和建设成就、具有重大纪念意义的建筑物，由各级政府核定公布为相应级别的文物保护单位，在城市规划和建设中加以重点保护；对社会上散存的具有特殊价值的社会主义时期的典型实物和文献资料，要掌握线索，注意征集和入藏；对已入藏的社会主义时期文物，要及时进行清理、登记，弄清价值，为更好地保护和利用创造条件。

三、要大力开展有关社会主义时期文物保护、宣传工作的科学研究，对社会主义时期文物的范畴、现状、管理办法等展开深入探讨，掌握其特殊规律，制定相应的规章制度。当前要着重研究确定社会主义时期文物的征集范围、入藏和定级标准、推荐各级文物保护单位的遴选标准和办法等，逐步实现社会主义时期文物保护工作的规范化和科学化。

四、要把握机遇，乘势而上。1997 年召开的全国革命文物工作会议和 1998 年中共中央办公厅、国务院办公厅转发中宣部等六部委《关于加强革命文物工作的意见》，对革命文物包括社会主义时期文物保护工作提出了新的要求，创造了十分有利的条件。1999 年是新中国成立五十周年，有关博物馆、纪念馆应抓住这一难得的历史机遇，积极争取当地党委、政府的重视和支持，通过筹备、举办反映社会主义革命和建设五十年发展历史和成就的展览宣传活动，尽最大努力征集保护社会主义时期文物，填补馆藏空白，把我国社会主义时期文物的保护、利用和宣传工作提高到新的水平。

国家文物局

一九九九年二月十二日

关于加强陈列展览文物安全的通知

（文物博函〔2000〕320号）

各省、自治区、直辖市文化厅（局）、文物局、文管会，各直属博物馆：

近一段时间以来，一些地方的博物馆在调整陈列展览时，连续发生损坏文物的严重事故，给国家财产造成重大损失。1999年9月20日，河北省博物馆调整《满城汉墓陈列》，因工作人员疏忽大意，致使一级文物汉代玻璃耳杯撞碎在展柜立壁上。2000年2月6日，湖北省博物馆编钟馆因布展工程质量出现问题，展柜顶部玻璃坠落，砸碎在展出文物上，使4件一级文物受损。为加强陈列展览过程中的文物安全工作，确保展出文物安全，现就有关事项通知如下：

一、各级文物部门，各地文物、博物馆单位一定要从上述事故中认真总结经验，吸取教训，进一步增强展厅文物安全意识。近期内要对有关陈列展览进行一次安全检查，对发现的问题和隐患要立即采取措施予以整改。

二、各地要对博物馆展览设计、制作、布置工程进一步完善规章制度，强化管理，坚持依法办事。文物提用、布展或撤陈需移动时必须严格按操作规程办理，绝不允许违规作业，更不允许不负责任或玩忽职守，切实做到管理步步到位，每个工作环节层层把关，确保文物陈列展出安全可靠，万无一失。

三、建立上岗培训制度，对需要接触文物的人员要先进行文物安全操作培训，提高文物安全意识。未经培训人员不得接触文物。

四、一旦发生文物损伤事故，要尽快查清事故原因，提出处理意见并按规定报告上级文物主管部门。

国家文物局

二〇〇〇年六月二日

博物馆馆长专业资格条件（试行）

（文物博发〔2001〕9号　2001年3月22日）

为加强对博物馆的宏观管理和业务指导，提高博物馆馆长的素质，发挥博物馆在社会主义精神文明建设中的作用，依据国家有关法律法规和博物馆工作的实际，特制定本条件。

一、拥护中国共产党的领导，认真学习马列主义、毛泽东思想和邓小平理论，深入学习和实践江泽民同志“三个代表”的重要思想，遵守国家宪法和各项法律、法规，正确贯彻执行党的路线、方针、政策。以实事求是的思想作风和严谨科学的工作态度，全心全意为人民服务，为社会主义现代化建设服务。

二、热爱文物、博物馆事业和本职工作，模范执行《中华人民共和国文物保护法》等文物法规，恪守《中国文物、博物馆工作人员职业道德准则》。作风民主，联系群众，勤政廉洁。

三、掌握博物馆管理的理论、原则和方法，具有较强的行政和业务管理能力，能有效组织和领导博物馆开展各项工作。具有一定的社会知名度和社会活动能力。

四、一般应从事文物、博物馆工作五年或相关工作十年以上。

五、具有一定的博物馆学及与本馆性质、任务相关的人文社会科学、自然科学等专业知识。省级（含）以上博物馆馆长除应具有博物馆学及与本馆相关学科的专业知识外，还应对其中的一两门学科有较高水准的学术成果。

六、熟悉与本馆业务相关的人文、自然历史和文物标本的状况及特点，掌握历史、考古文献和其他相关学科的基础知识。省级（含）以上博物馆馆长除应具有与本馆业务相关学科的基础知识外，还应对其中的一两门学科有较深的造诣。

七、省级（含）以上博物馆馆长应具有文物、博物馆或相关专业大学本科以上文化程度和文博或相关系列高级专业技术职务；地（市）县级博物馆馆长应具有文物、博物馆或相关专业大学专科以上文化程度和文博或相关系列中级（含）以上专业技术职务。

八、省级（含）以上博物馆馆长应具有国家文物行政管理部门委托或认可的博物馆管理干部培训经历并取得结业证书；地（市）县级博物馆馆长应具有省级（含）以上文物行政管理部门委托或认可的博物馆管理干部培训经历并取得结业证书。

近现代文物征集参考范围

（文物博发〔2003〕38号 2003年5月13日）

中华人民共和国成立以来，特别是改革开放以来，近现代文物特别是革命文物征集、保护工作取得了令人瞩目的成绩。各地博物馆、纪念馆运用近现代文物向人民群众和青少年进行爱国主义、革命传统教育，普及科学文化知识，特别是传播近现代以来中国人民为民族独立和解放而艰苦拼搏的历史知识，在社会主义政治文明、精神文明和物质文明建设中发挥了重要作用。但从全国总的情况看，反映我国近现代社会发展变化的文物征集面较窄，收藏较少，反映社会主义革命和建设的文物收藏更少。这不仅难以全面反映1840年以来波澜壮阔、艰难曲折的中国近现代历史，也导致许多博物馆、纪念馆的陈列展览缺乏珍贵文物的支撑，吸引力和感染力受到局限。随着现代科学技术和经济建设的快速发展，社会生产、生活和物质条件迅猛改善，近现代历史上各类具有重要价值的实物资料在加速灭亡，抢救保护工作日趋紧迫，刻不容缓。

为加强近现代文物的征集工作，特提出以下征集范围：

一、反映中国近现代社会历史变革及有关社会历史发展的文物。

1. 近代中国（1840年～1919年“五四运动”爆发之前）重大事件、重要人物、著名烈士和爱国志士的有关文物。

2. 现代中国（1919年“五四运动”爆发～1949年9月30日）重大事件、重要人物、著名英烈和爱国志士的有关文物。

3. 当代中国（1949年10月1日中华人民共和国成立以来）重大事件、重要人物、著名英烈和爱国志士的有关文物。

重点征集：

——中国共产党成立以来重大历史事件、重要领袖人物、著名革命烈士的有关文物。

——近代以来中国各党派、团体的重大事件、重要人物和著名爱国侨领、社会知名人士的有关文物。

——近代以来中国著名的思想家、政治家、革命家、军事家、科学家、发明家、教育家、文学家、艺术家、企业家等和其他社会名流的有关文物。

——国际共产主义运动中的重大事件、重要人物，以及为中国革命和建设做出重大贡献的国际友人的有关文物。

二、反映中国近现代政治、经济、军事、科技、教育、文化、卫生、体育、宗教等方面发展的文物。

1. 有关政权建设、政治制度、政策法令等的文物。

2. 有关经济建设、经济制度、经济政策、生产技术、生产工具、重要产品等的文物。重点征集工业、农业、商品、财税、交通、海关、邮电、能源、金融（货币）等领域的代表性文物。

3. 有关国防建设、军队建制武器装备等的文物。

4. 有关科技体制、科技设备、科技发明、科技成果等的文物。

5. 有关教育制度、教育发展、重大活动和重要成果等的文物。

6. 有关文化（含艺术、新闻出版等）事业发展、重大活动和重要成果等的文物。

7. 有关卫生、体育事业发展、重大活动和重要成果等的文物。

8、有关宗教工作、宗教组织、宗教政策等的文物。

三、反映中国近现代各民族的社会发展及民族关系、民族团结、民族自治、维护祖国统一等方面的文物。

四、反映中国近现代各民族的生产活动、生活习俗、文化艺术和宗教信仰等方面的文物。

1. 各民族有代表性的生产工具、生活用品和有关宗教信仰的典型物品。

2. 各民族有代表性的年画、剪纸、风筝、皮影，雕刻、漆器。

近现代一级文物藏品定级标准（试行）

（文物博发〔2003〕38号　2003年5月13日）

第一条　为加强对近现代文物的保护和管理，深入开展爱国主义和革命传统教育，促进社会主义政治文明、精神文明和物质文明建设，根据《中华人民共和国文物保护法》、《文物藏品定级标准》等，制定本标准。

第二条　近现代文物藏品是指博物馆、纪念馆和其他文物收藏单位收藏的1840年以来的文物，按照历史、艺术、科学价值区分为珍贵文物和一般文物，珍贵文物分为一级文物、二级文物、三级文物。

本标准适用于综合类博物馆、近现代历史类博物馆、纪念馆、名人故居陈列馆（室）的近现代一级文物藏品。其他文物收藏单位、其他级别的近现代文物藏品可比照本标准确定等级。

第三条　一级文物必须是经过科学考证，确为原件、源流具有确凿依据且数量仅有或稀有的珍贵文物，并应具有以下一项或几项条件：

（一）对反映全国性重大历史事件、人物具有直接见证意义或重要佐证意义的；

（二）对反映地方性重大历史具有直接见证意义或重要佐证意义的；

（三）某一领域中的重大发明、发现，具有开创性、代表性或里程碑意义的；

（四）文物反映的物主明确并拥有很高知名度，且能反映物主主要业绩的；

（五）有确切、生动的形成经过和流传经过的；

（六）载有时代特征或特殊意义的铭文、注记或图案标志的。

第四条　近现代文物种类繁多，依其形式，用途和意义，可分为文献，手稿，书刊传单，勋章徽章证件，旗帜，印信图章，武器装备（含各种军用物品），反映社会发展的文物，反映祖国大陆与港、澳、台关系的文物，反映对外关系的文物，音像制品，名人遗物，艺术品、工艺美术品，货币、邮票等实用艺术类物品，实用器材，杂项等十六类。各类一级文物的定级壁画、蜡染、服饰、头饰、刺绣、地毯等民间艺术品、工艺品。

（一）反映近代以来中国人民反抗剥削压迫的重大事件和重要人物的文物。

（二）反映近代以来中国人民抵御外侮、反抗侵略的重大事件和重要人物的文物。

（三）反映近代以来中外关系、友好往来和政治、经济、军事、科技、文化、艺术、卫生、体育、宗教等方面相互交流的文物。

1. 中国参与创建联合国和参与联合国活动，以及参与其他国际组织、各种国际会议的有关文物。

2. 中国与世界各国建立外交关系的有关文物。

3. 中国对外交往、与其他国家合作交流的有关文物。

4. 中国参与各类国际竞赛、评比活动并获奖的有关文物。

5. 中国政府、政党及其领导人与外国政府、政党及其领导人友好交往，中国民间团体、知名人士与国际友好团体、友好人士交往的有关文物。标准，按不同种类分别确定。

第五条 文献：各种重要会议之决议、决定、宣言，各种机关（党派、政府、军队、团体及其他机构）的文书、布告、电报、报告、指示、通知、总结等原始正式文件，凡数量稀少并具有下列情况之一的，确定为一级文物：

（一）1840 年以来全国性党、政、军机构（包括太平天国、同盟会、中华民国临时政府、各民主党派等）成立后第一次印发的文告、宣言；

（二）1949 年以前有影响的地方性党、政、军机关（包括各省、市军政府、都督府、苏维埃政府等）成立后第一次印发的文书、文告；

（三）1949 年以前全国和省级以上群众团体（工会、农会、青年团等）第一次代表大会印发的重要文件；

（四）具有重大历史意义的会议的重要决议、决定、宣言等；

（五）国家首次颁布并有重要意义的法律、法规等；

（六）反映重大事件且有特殊形成经过和流传经过的文件；

（七）虽非第一次，但有重要内容，并盖有发文机关印信关防和发文者印章的，有张贴和使用痕迹的布告、文件；

（八）确知原件已无存，最早的翻印件并有特殊情节，现存数量为仅有或极其稀少的重要文献；

（九）其他具有重要历史意义或特殊意义的文献。

第六条 手稿：全国性领袖人物、著名军政人物、著名烈士、著名英雄模范人物、著名作家及各界公认的著名人物等亲笔起草的文件、电报、作品、信函、题词等的原件，凡具有下列情况之一的，确定为一级文物：

（一）著名人物为重要会议、重要事件起草的文件、电报、文告原稿；

（二）著名人物为报刊所写的有广泛影响的新闻、社论、评论原稿；

（三）著名人物作有重要批语或重要修改并保留手迹的文稿；

（四）著名人物的日记、笔记或其他记录，有重要史料价值的；

（五）著名人物为重要会议、重要活动、著名英烈人物所写的有重要内容和广泛影响的题词；

（六）著名人物为具有重要历史地位的机构、书刊等题写的名称中有特殊意义的；

（七）著名人物所写具有重要内容或对重大事件有佐证价值的信函；

（八）著名作家的代表性著作的手稿；

（九）其他具有重要历史意义或特殊意义的手稿。

第七条 书刊、传单：书刊包括书籍、报纸、期刊、号外、时事材料、文件汇编等印刷品；传单包括重大事件和历史大规模群众性运动中散发、张贴的传单、标语、漫画，重要战役的捷报，也包括交战双方向敌方散发的宣传品。数量稀少并有下列情况之一的，确定为一级文物：

（一）在全国或某一地区产生过重大影响，年代较早，存世已很稀少的书刊；

（二）具有重要历史意义的原始版本或最早版本、存世稀少的出版物；

（三）领袖或著名人物阅读过并写有重要眉批、评语和心得的书刊；

（四）反映重大历史事件，具有典型性，现存稀少或流传经过有特殊情节的书刊、传单；

（五）因战乱或其他原因，有些报刊已残缺，现存部分极珍贵，对重大史实有佐证作用的；

（六）其他具有重要历史意义或特殊意义的书刊、传单。

第八条 勋章、徽章、证件：各类奖章、勋章、奖状（立功喜报）、纪念章、机关（学校、团体）证章、证件、证书、代表证，以及其他标志符号等，有下列情况之一的，确定为一级文物：

（一）勋章（奖章）等级和受勋人身份很高，留存数量稀少的；

（二）中央级机关颁发给著名英雄模范、先进人物的勋章、奖章、奖状、证书、喜报（1949年以前颁发机关可放宽至大战略区、大行政区）；

（三）在奥运会和世界性运动会上所得的金质奖章及证书，以及打破世界纪录和全国纪录的奖章及证书；

（四）反映重大历史事件，有特殊情节的勋章、奖章、奖状、纪念章、证章；

（五）著名人物出席重要会议的代表证，编号、发怔机关及印章齐全者；

（六）物主不详，但铭文、编号齐全，或设计图案独特新颖，由权威机关制发，对重大事件有佐证作用的纪念章、证章，数量稀少的；

（七）具有重大影响的著名学校、著名人物的毕业证书和学位证书；

（八）其他具有重要历史意义或特殊 的勋章、徽章、证件。

第九条 旗帜：国旗、军旗、奖旗、舰旗、队旗、锦旗、贺幛等各种标志性、识别性旗帜，有下列情况之一的，确定为一级文物：

（一）立法机关通过的国旗、军旗设计图案及样品；

（二）在重大场合首次使用的国旗、军旗；

（三）在特殊场合使用过的国旗、军旗及其他旗帜（地球卫星第一次带上太空的国旗，第一次插上珠穆朗玛峰的国旗等）；

（四）著名英模单位在作战时或执行任务时使用的旗帜（红旗、国旗、军旗、队旗等）；

（五）高级领导机关授予著名英模单位的奖旗、锦旗；

（六）著名学校、军舰使用过的第一面校旗、舰旗等；

（七）其他具有重要历史意义或特殊意义的旗帜、贺幛、挽幛。

第十条 印信图章：国家机关、军队、政党、群众团体等使用过的关防、公章、各种印信，著名人物个人使用过的印章等，有下列情况之一的，确定为一级文物：

（一）中央国家机关（如太平天国、中华民国、北洋军阀政府、中华苏维埃共和国中央执行委员会、中华人民共和国中央人民政府、中央军委等）使用过的玺印、关防、印章；

（二）各省、市、自治区人民政府首次使用的印章；

（三）1949年以前各地军、政高级领导机关使用过的印章、关防；

（四）著名历史人物使用过的有代表性的个人印章；

（五）其他有特殊意义或流传经过的印信图章。

第十一条 武器装备：各种兵器、弹药和军用车辆、机械、器具、地图、通信器材、防护器材、观测器材、医疗器材及其他军用物品，有下列情况之一的，确定为一级文物：

（一）高级将领、重大武装起义中的领袖人物或代表人物在重要军事行动中使用过的兵器、望远镜及其他物品；

（二）著名战斗英雄或英雄单位使用过的有特殊标志、特殊功勋或被授予称号的有关兵器、机械、器具、装备及其他物品；

（三）在军事史上具有重大意义的兵器、装备、舰船、航空航天器材及其他物品；

（四）在著名战争、战役、战斗中缴获敌人的有重要意义的兵器、装备及其他物品；

（五）1949年以前各根据地兵工厂制造的有代表性的兵器及相关物品；

（六）有铭文、有特殊流传经过和特殊意义的兵器、装备及其他物品；

（七）有重要历史佐证意义，可揭露敌方侵略罪行的武器和其他军用物品；

（八）其他具有重要历史意义或特殊意义的武器装备及军用物品。

第十二条 反映社会发展的文物：反映近现代中国社会、经济、文化、科技、民族、宗教信仰及生态等各方面发展变化的重要遗存和见证物，下列具有典型性、代表性的，确定为一级文物：

（一）反映中国近现代社会性质、社会制度变化的重要文物（如签订的不平等条约、设立租界的界碑、反映帝国主义对华经济文化侵蚀，太平天国、洋务运动、推翻帝制、建立民国，中华人民共和国成立，土地制度、土地改革、农业合作化、公私合营、人民公社、“革委会”、家庭联产承包责任制等社会变革的重要文物）；

（二）反映中国经济发展的重要文物（如反映生产力发展各阶段的代表性生产工具、近代老字号企业、经济特区、国有企业、民营企业、股份制企业、基础设施建设、资源、生态、人民生活水平等的重要文物）；

（三）反映中国科技发展水平的文物（包括有重要意义的各种仪器、科学实验、重大成果、发明专利等）；

（四）反映中国教育、卫生、文化、体育等事业发展的重要文物；

（五）反映中国民族关系、民族自治区建设等方面的重要文物；

（六）反映中国国防建设（军队、民兵、武警、国防设施、国防科技等）的重要文物；

（七）其他具有重要历史意义或特殊意义的反映社会发展的文物。

第十三条 反映祖国大陆与港、澳、台关系的文物，下列具有重大意义的，确定为一级文物：

（一）反映收回台湾主权和促进台湾回归祖国的重要文物；

（二）反映中国与英国、葡萄牙谈判及收回香港、澳门主权的重要文物；

（三）反映祖国大陆与港、澳、台地区经济、文化往来等方面的重要文物。

第十四条 反映对外关系的文物：中外友好往来及政治、经济、军事、科技、文化、艺术、卫生、体育、宗教等方面相互交流的文物，下列具有重大意义的，确定为一级文物：

（一）中国代表参与联合国创建和参与联合国工作的重要文物；

（二）中国代表参与各种国际组织、国际会议活动的重要文物；

（三）反映中国与外国签订条约、发表联合声明，以及中国发布宣言、文告、照会等的重要文物；

（四）反映中国与邻国划定边界的重要文物（如界碑）；

（五）外国国家元首、政治首脑、各方面要员赠送中国领导人的有重大意义的礼品；

（六）中国与外国的城市间结为友好城市的代表性、标志性文物；

（七）与外国友好团体、民间组织交往中有典型意义的文物；

（八）其他具有重要历史意义或特殊意义的反映对外关系的文物。

第十五条 音像制品：照片（含底片）、录音带、录音唱片、纪录片、录像带、光盘等，形成时间较早、存世稀少、能反映重要人物的重要活动、对重大历史事件有佐证意义的原版作品，或流传经过中有特殊情节的原版作品，确定为一级文物。

第十六条 名人遗物：领袖人物、著名烈士、著名英模及社会各界名人的遗存物，凡不能归入以上十类文物的，除名人日常生活的一般用品外，可酌情选取最能体现名人成长过程和生平业绩的，定为一级文物。

第十七条 艺术品、工艺美术品：从两个互相区别又互有联系的角度确定一级文物。一是从近代历史的角度出发，对享有盛誉的作者创作的表现近现代重大历史题材、堪称代表作的作品，或者有极特殊的情节、特殊意义的作品，确定为一级文物；二是从艺术水平和艺术发展史的角度出发，对极少数确已受到公认的、艺术价值极高、具有时代意义的作品，确定为一级文物。

第十八条 货币、邮票等实用艺术类物品：从两个互相区别又互有联系的角度确定一级文物。一是从近现代历史的角度出发，对表现近现代重大历史题材的，或者有极特殊情节、特殊意义的实用艺术类物品，确定为一级文物；二是从艺术水平和艺术发展史的角度出发，对极少数具有时代独创性、首创性和唯一性的，确已受到公认、价值极为突出的实用艺术类物品，确定为一级文物。

第十九条 金器、银器、铜器、玉器、漆器等实用器物：材质、工艺极其珍惜或经济价值特别昂贵的，确定为一级文物。

第二十条 杂项：不能归入以上十五类文物的，列为杂项。其中确定有重大历史意义或其他特殊意义的，确定为一级文物。

第二十一条 一级文物集品的确定。集品是指那些由若干部件构成的不可分割的组合式文物藏品，如成套的报纸、期刊，多卷本文集，著名人物的多本日记，名人书信、手稿合订本，成套的军装（含军帽、军上衣、军裤、帽徽、肩章、领章、胸章、臂章、腰带、佩剑）等。凡部件齐全的，作为一个完整集品，按各类一级文物的定级标准定为一级文物（一个编号下含若干分号）；凡部件不全的，作为残缺的集品，对其中确符合一级文物定级标准的，将现有部件尚不完整的集品定为一级文物，待发现尚缺的部件后再作补充，直到补充完整。

关于加强和改进馆藏文物保护管理工作的意见

（文物博发〔2005〕22号）

馆藏文物是国家宝贵的科学文化财富，是博物馆赖以生存和发展的物质基础；馆藏文物保护管理工作是博物馆一项重大基础性工作，关乎博物馆事业的兴衰成败，是构建社会主义先进文化的重要组成部分。近年来，馆藏文物保护管理工作尽管取得了较大成绩，但还远未适应文物、博物馆事业发展的迫切需要。各地文博单位目前普遍存在着保管基础设施落后、保存环境恶劣，管理手段滞后、工作科技含量不高，保护措施不力，保护经费不足等问题，使馆藏文物面临着安全隐患和自然损毁的严重威胁。

为加强和改进馆藏文物保护工作，夯实基础，强化管理，确保祖国优秀文化遗产传之久远，特提出以下意见：

一、深入学习贯彻《文物保护法》，提高认识，健全制度，把保护管理的各项工作落到实处

《文物保护法》确立了馆藏文物保护管理的基本制度，各级文物行政部门、各类文物收藏单位要深入学习贯彻《文物保护法》和相关法规，进一步提高对馆藏文物保护管理工作重要地位和作用的认识，增强紧迫感和责任感。要认真研究当前馆藏文物保护管理工作出现的新情况和新问题，按照2002年全国文物工作会议提出的狠抓文物保护基础工作的要求，始终坚持文物工作方针，强化抢救、保护和防范意识，把加强馆藏文物保护、管理列为重大基础工作，把馆藏珍贵文物特别是一级文物列为抢救保护工作的重点，健全法规和制度体系，严格执法，加大投入，大力提高馆藏文物保护、管理工作的质量和效率。

二、摸清家底，夯实馆藏文物保护管理工作的基础

长期以来，文物博物馆行业普遍存在馆藏文物家底不清，伤损情况不明的问题，严重影响了馆藏文物保护管理工作的科学性和有效性。对此务必要高度重视，把它当作馆藏文物保护管理各项工作的重中之重予以解决。国家一级文物藏品建档、备案工作集中攻关三年，取得了重大突破，积累了丰富的经验。各地要以此为契机，根据《文物保护法》规定的馆藏文物登记、备案制度，加大工作力度，克服不利条件，有计划地摸清家底，完成馆藏文物档案的设置和备案工作。国家文物局组织开展的“文物调查及数据库管理系统建设项目”、“馆藏文物腐蚀损失调查项目”已在全国逐步推开，各地务必要抓紧做好相关准备工作，落实组织、人员和经费保障措施，加快藏品管理信息化建设的步伐。“十一五”期间要完成全国国有馆藏文物的建档、备案和数据库管理系统建设工作。

三、改善文物保护条件，推进馆藏文物安全防范和保存环境达标建设

要继续扩大专项投入，合理规划和兴建符合标准的文物库房，现有库房不符合使用要求的，应有计划地实施改造。要继续大力推进落实博物馆安全保卫工作的有关规定和博物馆按风险等级完善防护设施的达标工作，改善博物馆等文物收藏单位库房和展厅的安全设施，提高安全技术防范水平。国家重点推动省级文物收藏单位和珍贵文物集中代管单位的技防系统工程达标工作，2010年争取全部达标。要加强馆藏文物保存环境控制设施设备的配置、维护，推广我局2004年以来开展的“馆藏文物保存环境达标”试点经验，依据即将颁行的《馆藏文物保存环境试行规范》，重点推进并完成地市级以上博物馆馆藏文物保存环境的达标建设工作，使库房、展厅、文物科技保护室（修复室）的温湿度、空气质量、照度、柜架囊匣等，基本满足馆藏文物对保存环境的需求。

四、创新管理机制，逐步实现区域性馆藏文物的集中保管

要破除地方保护主义、单位保护主义的狭隘思想，充分发挥中心库房和地市级以上博物馆的区域保护中心作用，制定切实可行的集中保管办法和措施，建立长效管理机制。不具备文物保管条件的县级博物馆、文管所等，应将珍贵文物委托所在区域具备馆藏文物保存环境达标条件的中心库房和地市级以上博物馆集中代管。

近20年来，大量出土文物未能及时依法移交文物收藏单位，多保存在有关省、市的文物考古研究机构，缺乏准确的统计、鉴定、分级、登记、备案，难以实施有效的保护、管理和利用。要切实贯彻执行《文物保护法》的有关规定，遵循市场经济规律，从管理体制、运行机制等方面积极探索和开展创新实践，逐步理顺考古研究机构与文物收藏单位的关系，认真做好考古发掘文物移交工作，确保祖国珍贵文化遗产得到妥善保护。

五、增强科技意识，加大科技研究和保护力度

目前，除部分省级以上博物馆外，各级文物收藏单位普遍缺乏科技保护机构和必要的保护设备，技术力量薄弱，专业队伍乏人，经费短缺，成熟的保护技术未能得到有效推广和应用。要贯彻落实2004年全国文物科技工作会议精神，增强科技意识，加大科技研究和保护力度。重视馆藏文物保护修复传统技术的科学化，与高新技术的结合，发挥科技对文物保护的支撑和引领作用。大力支持地市级以上博物馆等文物收藏单位建立科技保护（养护、修复）室，加强专业队伍的培养和建设，充实专业技术人员，并为其开展工作提供必要的条件和经费保障。

加强文物保护科技成果的研发推广，是全国文物科技工作会议作出的重要部署，也是有效保护文物藏品的迫切要求。今年在出土木漆器保护国家文物局重点科研基地（湖北省博物馆）开展出土木漆器脱水保护技术推广试点，得到了安徽、湖南、四川等省的大力支持。今后将进一步加大工作力度，按照先试点，后推广，先局部，后整体，探索有利于科技成果推广运用的各种模式，使馆藏文物得到有效的保护。

六、切实加大投入，提高资金使用效益

各级文物行政部门、各类文物收藏单位要积极争取中央和地方财政的支持，加大对馆藏文物保护管理的资金投入，并保障合理使用。要加强馆藏文物技术保护项目的绩效考评，及时总结经验，改变目前一些文物收藏单位存在的专项资金使用效率不高，科学保护不到位的状况。从2006年起，我局将对“馆藏一、二级文物及重要出土文物科技保护”项目的实施进行逐步调整，充分发挥国家文物局重点科研基地的人才、技术优势，由其指导文物收藏单位拟定修复计划，并承担完成主要修复任务，相关经费将直接安排给承担修复任务的单位。各地要对这项工作给予充分的理解、支持和配合。其他文物的修复保护项目，也应参照此模式执行。

关于加强和改进博物馆工作的意见

（文物博发〔2006〕12号　2006年7月5日）

新中国成立以来，我国博物馆事业取得了令人瞩目的成就。当前，我国进入加快推进改革开放和现代化建设新的历史时期，中央和各级地方党委、政府日益重视发展博物馆文化，社会各界积极参与博物馆建设，博物馆事业迎来了良好的发展机遇。各地纷纷新建、改扩建博物馆，改善了博物馆的基础设施和工作面貌；文物藏品保护、陈列展览和社会服务水平逐步提高，为展示和传播中华文明，促进经济社会协调发展做出了积极贡献。与此同时，一些地区在博物馆发展中还存在不少问题，博物馆的建设、管理及运营状况与时代要求仍有较大差距，文物藏品的安全和保护等基础工作薄弱，陈列展示的创新能力不足，服务意识和水平尚待提高，这些问题在一定程度上制约了博物馆社会功能的发挥。

为贯彻落实《国务院关于加强文化遗产保护的通知》（国发〔2005〕42号），加强和改进博物馆工作，充分发挥博物馆在全面建设小康社会，繁荣社会主义先进文化中的突出价值和作用，现提出以下意见：

一、加强指导，建设功能完善、可持续发展的博物馆

（一）加强规划引导。各级文物行政部门要进一步加强对博物馆发展的战略研究和统筹规划，加强对各级各类博物馆的宏观调控和分类指导。要借鉴国际先进理念和成功经验，从实际出发，因地制宜，把增加博物馆的数量与提高质量结合起来，当前尤其要在提高质量上狠下功夫。既要着力于丰富品类、合理布局，凸显特色、完善功能，又要着力于充分论证，科学选址，确保规模适当，设施齐全，实现博物馆社会作用的有效发挥。新建各类遗址博物馆、纪念馆、生态博物馆等，应当重视环境风貌的协调；扩建、改建博物馆，应尊重原有建筑的历史传统；积极提倡将具有使用价值的历史建筑、工业遗迹等辟为博物馆。

（二）规范组织博物馆建设工程。鉴于现行基本建设管理体制，文物行政部门要加强与基本建设管理部门的沟通，明确博物馆的功能定位，完善博物馆建设的工作程序，全过程参与博物馆建设工程的管理。省级文物行政部门要按照《博物馆管理办法》第十四条的规定，加强博物馆建设工程前期可行性研究、立项、实施等环节的协调指导和评估论证，促进科学决策。要始终坚持博物馆功能优先的原则，坚持陈列大纲设计与博物馆建筑设计同步进行的原则，保障相关工艺要求

合理实现。避免不顾实际和可能，盲目追求建设规模的现象。

（三）强化法规制度的规范作用。各地要依据《中华人民共和国文物保护法》及其《实施条例》和《博物馆管理办法》等法规，积极研究制定博物馆事业发展的规划和制度建设，加强依法管理，促进博物馆事业的全面、协调、可持续发展。国家文物局将启动对现有博物馆的评估定级工作，各地也要改善藏品保管、展示和开放条件，完善服务手段，对社会功能不健全的博物馆提出整改措施，进一步树立公益文化服务形象，提高社会贡献率。

二、落实“三贴近”要求，进一步提升陈列展示和社会服务水平

（四）充分发挥博物馆的社会功能。各地要以科学发展观为统领，按照贴近实际、贴近生活、贴近群众的要求，增强博物馆的服务意识，坚持面向大众，提高陈列展览等文化产品的知识性、趣味性、观赏性、互动性和可参与性。要认真贯彻《中共中央国务院关于进一步加强和改进未成年人思想道德建设的若干意见》，充分发挥博物馆的社会教育功能，努力使博物馆教育成为青少年校外教育的重要内容和课堂教育的必要补充。各级文物行政部门要引导建立有效的馆校联系制度，实现博物馆教育与学校教育的有效衔接，探索建立博物馆参与未成年人教育、国民教育体系的长效机制。

（五）完善陈列展览和社会服务质量评价体系。各地要对已经举办和拟推出的陈列展览进行效益评估，不断提高展示宣传和社会服务的水平。国家文物局将深入推广全国博物馆陈列展览精品工程，制定《博物馆陈列展览工作规程》、《博物馆社会教育和服务工作规程》等相关标准规范，继续完善陈列展览评价体系。各级文物行政部门和博物馆行业组织要积极发挥协调指导作用，推动馆际交流，构建多层次的陈列展览协作交流平台，促进全国博物馆藏品、展览、人才、技术资源的共享共用，形成良性的联动效应。

（六）加强公众宣传，营造良好的社会环境。推进博物馆之友组织、博物馆志愿者队伍的壮大，使之成为支持博物馆发展的最坚定、可信赖的社会力量。充分运用报刊、出版物、广播、电视、互联网等传播方式，对博物馆的陈列展览和服务项目进行广泛推介，围绕5·18国际博物馆日和中国文化遗产日，精心策划，精心组织，开展丰富多彩、参与性强的纪念宣传活动，让更多的人分享博物馆文化的成果，实现博物馆与公众的相互认知，建立良好的互动关系。

三、狠抓基础工作，确保藏品安全

（七）加强文物藏品管理和登录。各地要在国家一级文物藏品建档、备案工作取得阶段性成果的基础上，以“文物调查及数据库管理系统建设项目”在全国推广为契机，加强藏品管理及信息化建设，全面完成馆藏文物登记、建档、备案等基础工作。要紧紧围绕《文物保护法》确立的馆藏文物保护管理制度，进一步完善馆藏文物建档备案、日常管理和有关人员离职清点交接等制度体系，健全和强化监督机制，防患于未然。

（八）推进对馆藏濒危文物的“抢救性”保护工作。国家文物局将继续加大对馆藏文物抢救性保护工作的支持力度。各地要针对馆藏文物保护科技支撑不足，保存环境控制不力，日常养护措施不到位，修复技术人员匮乏，经费相对紧缺，以及存在不同程度损毁等实际，编制本地区受损、濒危馆藏文物的“抢救性”保护中长期规划，明确目标任务，增加地方财政保护经费投入。同时，要采取有效措施，引导和支持博物馆建立科技保护（养护、修复）室，充实专业技术人员，改善工作条件，大力推广应用成熟技术。

（九）着力加强馆藏文物的“预防性”保护。要进一步强化预防性保护理念，大力改善馆藏文物保存条件，遏制因环境不利和管理不善致使文物受损的现象。继续加大专项投入，合理规划和兴建、改建符合《馆藏文物保存环境达标试行规范》要求的文物库房，完成中心城市博物馆馆藏文物保存环境的达标建设。以省级博物馆和珍贵文物集中代管单位为重点，完善防护设施的达标工作，确保馆藏文物安全。

四、改革创新，加强博物馆自身能力建设

（十）深化体制改革。要抓住当前正在进行的文化事业体制改革的机遇，结合博物馆事业的特点及各单位的实际，选准改革的突破点，采取行之有效的措施，推动体制创新，转换运行机制，建立“开放、流动、竞争、协作”的新机制，全面拉动博物馆的各项改革，增强博物馆的创新能力和运转活力。要从创新管理体制入手，适应社会主义市场经济要求，遵循博物馆事业自身规律，实现发展模式由封闭型向开放型的转变，加快推进博物馆事业的社会化发展。

（十一）鼓励科技创新。充分发挥博物馆的资源优势，搭建开放的研究平台，吸引并联合跨部门跨行业的科研力量，采用课题或项目方式，大力推进博物馆的科学研究，以科技创新推动博物馆的管理创新和工作创新，不断提高博物馆各项工作的科技含量。当前尤其要增强现代科技意识，注重传统技术与高新技术的集成、改良和引进、推广。

（十二）加强人才队伍建设。树立科学的人才观，坚持以人为本，把人才问题始终作为博物馆改革和发展的大事抓紧抓好。创新机制，优化环境，加大对中青年学科带头人和高层次复合型管理人才的培养力度，促进优秀人才脱颖而出。要充分利用各类教育资源，加强人才培训，逐步建立持证上岗和年检制度。突出抓好法制教育和职业道德教育，强化法规制度的约束力，增强遵纪守法的自觉性，树立爱岗敬业、大公无私的良好风尚。

可移动文物技术保护设计资质管理办法（试行）

（文物博发〔2007〕24号　2007年5月11日）

第一章　总　则

第一条　为加强可移动文物技术保护设计单位的资质管理，根据《中华人民共和国文物保护法》及其实施条例，制定本办法。

第二条　可移动文物技术保护设计单位的资质管理，适用本办法。

第三条　从事可移动文物技术保护设计工作的单位，须依照本办法申请并取得《可移动文物技术保护设计单位资质证书》，方可承担相应等级和业务范围的可移动文物技术保护的设计工作。

第四条　可移动文物技术保护设计工作包括：为开展珍贵文物、一般文物和出土文物的技术保护而从事的现状评估、病害分析、修复方案、预防性保护方案、设计与技术经济分析、分析报告或设计文本的编制等业务活动。

资质申报、审定工作每年一次；年检每年一次。

第五条　国家文物局负责审定、颁发《可移动文物技术保护设计单位资质证书》和资质年检工作。省、自治区、直辖市文物行政部门负责资质初审和日常管理工作。

第二章　资质等级标准

第六条　设计资质分为甲级和乙级。甲级设计资质承担珍贵文物、一般文物和出土文物的技术保护设计工作，乙级设计资质承担一般文物的技术保护设计工作。

第七条　甲级资质的标准：

（一）单位的主要技术人员，须从事可移动文物技术保护设计工作5年以上（含），独立承担过不少于30件珍贵文物的技术保护设计方案的编制，且设计方案获得批准；

（二）法定代表人与技术人员具有较强的文物保护意识，单位技术水平在国内同行业领先，有良好的社会信誉；

（三）单位从事可移动文物保护的专职技术人员不少于5人，其中，具有相关专业的高级技术职称的人员不少于2人，聘用的离退休技术人员不超过20%；

（四）有健全的管理制度和质量管理体系；

（五）具有设计所需的场所和专业技术条件；

（六）注册资金不少于50万元。

第八条 乙级资质的标准：

（一）单位的主要技术人员，须从事可移动文物技术保护设计工作3年以上（含），独立承担过不少于10件可移动文物技术保护设计方案的编制，且设计方案获得批准；

（二）法定代表人与技术人员具有较强的文物保护意识，单位技术水平在所在省、自治区、直辖市同行业领先，有良好的社会信誉；

（三）单位从事可移动文物技术保护的专职技术人员不少于5人，其中，具有相关专业的中级以上技术职称的人员不少于3人，聘用的离退休技术人员不超过20%；

（四）有健全的管理制度和全面质量管理体系；

（五）具有设计所需的场所和专业技术设备；

（六）注册资金不少于30万元。

第三章 资质的申请与审批

第九条 申请可移动文物技术保护设计单位资质的，须向所在地省、自治区、直辖市文物行政部门提出申请。省、自治区、直辖市文物行政部门初审后，报国家文物局审批。

第十条 申请可移动文物技术保护设计单位资质的，须提供下列资料：

（一）可移动文物保护技术保护设计单位资质申请表；

（二）申请单位法人资格证明文件；

（三）法定代表人简历、职称证书、身份证复印件；

（四）技术人员的职称证书、身份证复印件、聘用（任职）证明及相关证明；

（五）完成的可移动文物保护技术保护设计方案证明资料；

（六）单位拥有的技术设备清单；

（七）质量管理体系和安全管理的有关材料；

（八）其他相关证书、资料。

第十一条 申请可移动文物技术保护设计单位资质的，须对申请材料的真实性负责。

第十二条 可移动文物技术保护设计单位资质证书分为正本和副本，正本和副本具有同等的法律效力。

可移动文物技术保护设计单位资质证书，由国家文物局统一监制。

第十三条 取得乙级资质后从事设计业务满三年，且历年年检合格的单位，可提出升级申请。

申请资质升级，除提供本规定第十条所列资料外，还须提供原资质证书正、副本。

第四章　监督管理

第十四条　《可移动文物技术保护设计单位资质证书》只限于本单位使用，不得转让、转借、越级或超出资质证书核定的业务范围承揽业务。

第十五条　资质年检按照下列程序进行：

（一）在规定时间内向所在地省、自治区、直辖市文物行政部门提交《可移动文物技术保护设计单位资质年检表》和《可移动文物技术保护设计单位资质证书》；

（二）省、自治区、直辖市文物行政部门提出初检意见，汇总后报国家文物局，国家文物局作出资质年检意见。

国家文物局受理资质年检时间定于每年 4 月 1 日至 6 月 30 日。

第十六条　资质年检的内容是检查单位资质条件是否符合资质等级标准，是否存在质量、安全、业务活动等方面的违法违规行为。

年检意见分为：合格、不合格两种。

第十七条　单位资质条件符合资质等级标准，并在过去一年内未发生违法违规行为的，年检意见为合格。

第十八条　有下列行为之一的，单位资质年检意见为不合格，国家文物局将暂扣资质证书，责令限期整改：

（一）资质条件中人员、场所、设备或资产任何一项未达到资质等级标准的；

（二）因设计质量问题对可移动文物造成安全隐患或损害的；

（三）违反文物保护技术标准的；

（四）连续 12 个月未开展业务工作的；

（五）有违法违规行为的。

第十九条　资质年检不合格的单位须在 3 个月内补充资质条件或改正违法违规行为，国家文物局重新核定其资质等级。

第二十条　《可移动文物技术保护设计单位资质证书》遗失的，须于 30 日内在公众媒体上声明作废后，按照资质申请程序进行补领。

第二十一条　资质证书中的单位名称、地址、法定代表人等事项发生变更的，须在变更后 30 个工作日内到原审批机关办理变更、注销手续。

第二十二条　如因资质升级等情况而领取新《可移动文物技术保护设计单位资质证书》的，须将原资质证书交回原审批机关、注销。

第二十三条　资质授予单位因破产、歇业或其他原因终止业务活动的，须在 30 个工作日内，按资质申请程序办理注销手续。

第二十四条 在规定时间内未参加资质年检或逾期未办理资质证书变更手续的，其资质证书自行失效，需重新申请。

第五章 罚 则

第二十五条 涂改或者采取不正当手段骗取《可移动文物技术保护设计单位资质证书》的，吊销资质证书。

第二十六条 超越本单位资质等级、业务范围承揽业务的，责令停业整顿；情节严重的，吊销资质证书。

第二十七条 转让或转借《可移动文物技术保护设计单位资质证书》的，由审批部门给予通报批评，责令停业整顿；情节严重的，吊销资质证书。

第二十八条 因设计质量低劣，造成文物严重安全隐患或损害的，除按有关规定处理外，吊销资质证书。

第六章 附 则

第二十九条 本办法由国家文物局负责解释。

第三十条 本办法自发布之日起施行。

可移动文物修复资质管理办法（试行）

（文物博发〔2007〕25号　2007年5月11日）

第一章　总　则

第一条　为加强可移动文物修复单位的资质管理，根据《中华人民共和国文物保护法》及其实施条例，制定本办法。

第二条　可移动文物修复单位资质的管理，适用本办法。

第三条　从事可移动文物修复工作的单位，须按照本办法申请并取得《可移动文物修复单位资质证书》，方可承担相应等级和业务范围的可移动文物的修复工作。

第四条　可移动文物修复工作包括：依据具有相关等级可移动文物技术保护设计资质单位提供的设计方案，开展珍贵文物、一般文物和出土文物的修复而从事的本体保护、修复报告编写等业务活动。

第五条　国家文物局负责监制《可移动文物修复单位资质证书》、资质及年检的备案工作。省、自治区、直辖市文物行政部门负责受理资质申请、审定资质等级、颁发资质证书和年检工作。

第二章　资质等级标准

第六条　修复资质分为一级和二级。一级资质承担珍贵文物、一般文物和出土文物的修复工作，二级资质承担一般文物的修复工作。

第七条　一级资质标准：

（一）单位的主要技术人员，须从事可移动文物修复工作7年以上（含），取得中级以上文物博物专业技术职务，主持或主要参与修复不少于50件珍贵文物，且修复质量合格；

（二）法定代表人与技术人员均有较强的文物保护意识，单位技术水平在国内同行业领先，有良好的社会信誉；

（三）单位从事可移动文物保护的专职技术人员不少于7人，其中，取得中级以上文物博物专业技术职务的专职技术人员不少于5人，聘用的离退休技术人员不超过20%；

（四）有健全的管理制度和质量管理体系；

（五）具有修复所需的场所和专业技术条件；

（六）符合《文物系统博物馆风险等级和安全防护级别的规定》的相关条件；

（七）注册资金不少于 100 万元。

第八条 二级资质标准：

（一）单位的主要技术人员，从事可移动文物修复业务工作 5 年以上（含），取得中级以上文物博物专业技术职务，主持或主要参与修复不少于 50 件可移动文物，且修复质量合格；

（二）法定代表人与技术人员均有较强的文物保护意识，单位技术水平在所在省、自治区、直辖市同行业领先，有良好的社会信誉；

（三）单位从事可移动文物修复的专职技术人员不少于 5 人，其中，取得中级以上文物博物专业技术职务的专职技术人员不少于 3 人，应聘并固定在该单位的离退休技术人员不超过 20%；

（四）有健全的管理制度和质量管理体系；

（五）具有完备的可移动文物修复所需的场所和专业技术设备；

（六）符合《文物系统博物馆风险等级和安全防护级别的规定》的相关条件；

（七）注册资金不少于 50 万元。

第三章 资质申请和审批

第九条 申请可移动文物修复单位资质的，须向所在地省、自治区、直辖市文物行政部门提出申请。省、自治区、直辖市文物行政部门应当自收到申请之日起 30 个工作日内作出批准或者不批准的决定。决定批准的，省、自治区、直辖市文物行政部门向国家文物局履行备案手续，申领相应等级的《可移动文物修复单位资质证书》。决定不批准的，省、自治区、直辖市文物行政部门应当书面通知当事人并说明理由。

第十条 申请可移动文物修复单位资质证书的，须提供下列资料：

（一）可移动文物修复单位资质申请表；

（二）申请单位法人资格证明文件；

（三）法定代表人简历、职称证书、身份证复印件；

（四）技术人员的职称证书、身份证复印件、聘用（任职）证明及相关证明；

（五）修复完成的可移动文物证明资料；

（六）单位拥有的技术设备清单；

（七）质量管理体系和安全管理的有关材料；

（八）其他相关证书、资料。

第十一条 申请可移动文物修复单位资质的，须对申请材料的真实性负责。

第十二条 可移动文物修复单位资质证书分为正本和副本，正本和副本具有同等的法律效力。可移动文物修复单位资质证书，由国家文物局统一监制。

第十三条 取得二级资质后从事修复业务满三年，且历年年检合格的单位，可提出升级申请。申请资质升级，除提供本规定第十条所列资料外，还须提供原资质证书正、副本。

第四章 监督管理

第十四条 《可移动文物修复单位资质证书》只限本单位使用，不得转让、转借、越级或超出资质证书核定的业务范围承揽业务。

第十五条 可移动文物修复单位资质年检按照下列程序进行：

（一）在规定时间内向所在地省、自治区、直辖市文物行政部门提交《可移动文物修复单位资质年检表》、《可移动文物修复单位资质证书》；

（二）省、自治区、直辖市文物行政部门进行年检，年检意见汇总后向国家文物局履行备案手续；

（三）国家文物局根据年检备案情况，在媒体上进行公布。年检时间定于每年 4 月 1 日至 6 月 30 日。

第十六条 资质年检的内容是检查单位资质条件是否符合资质等级标准，是否存在质量、安全、业务活动等方面的违法违规行为。

年检意见分为：合格、不合格两种。

第十七条 单位资质条件符合资质等级标准，并在过去一年内未发生违法违规行为的，年检意见为合格。

第十八条 有下列行为之一的，年检意见为不合格，省、自治区、直辖市文物行政部门暂扣资质证书，责令限期整改：

（一）资质条件中人员、场所、设备或资产任何一项未达到资质等级标准的；

（二）未按照可移动文物保护技术设计方案进行修复的；

（三）将承担的可移动文物修复项目转包或违规分包的；

（四）违反文物保护技术标准的；

（五）因修复质量问题对可移动文物造成安全隐患或损害的；

（六）连续 12 个月未开展业务工作的；

（七）有违法违规行为的。

第十九条 资质年检不合格的单位须在 3 个月内补充资质条件或改正违法违规行为，省、自治区、直辖市文物行政部门重新核定其资质等级。

第二十条 《可移动文物修复单位资质证书》遗失的，须于 30 日内在公众媒体上声明作废后，按照资质申请程序进行补领。

第二十一条 资质证书中的单位名称、地址、法定代表人等事项发生变更的，须在变更后 30

个工作日内到原审批机关办理变更、注销手续。

第二十二条 如因资质升级等情况而领取新《可移动文物修复单位资质证书》的，须将原资质证书交回、注销。

第二十三条 资质授予单位因破产、歇业或其他原因终止业务活动的，须在30个工作日内，到原审批机关办理注销手续。

第二十四条 在规定时间内未参加资质年检或逾期未办理资质证书变更手续的，其资质证书自行失效，需重新申请。

第五章 罚则

第二十五条 涂改或者采取不正当手段骗取《可移动文物修复单位资质证书》的，吊销资质证书。

第二十六条 超越本单位资质等级、业务范围承揽业务的，责令停业整顿；情节严重的，吊销资质证书。

第二十七条 转让或转借《可移动文物修复单位资质证书》的，由审批部门给予通报批评，责令停业整顿；情节严重的，吊销资质证书。

第二十八条 未按照设计方案进行修复或修复质量低劣的，造成文物严重安全隐患或损害的，除按有关规定处理外，吊销资质证书。

第六章 附则

第二十九条 本办法由国家文物局负责解释。省、自治区、直辖市文物行政部门可以依照本办法制定具体实施细则。

第三十条 本办法自发布之日起施行。

关于做好博物馆免费开放工作的实施意见

（文物博发〔2008〕14号）

各省、自治区、直辖市文物局（文化厅、文化局）、文管会：

为贯彻落实中宣部、财政部、文化部和国家文物局《关于全国博物馆、纪念馆免费开放的通知》（中宣发〔2008〕2号，以下简称《通知》）和全国博物馆、纪念馆免费开放工作会议精神，切实做好免费开放的各项工作，提出以下意见：

一、高度重视博物馆免费开放工作

各级文物行政部门和博物馆要从贯彻党的十七大精神，体现党的为人民服务宗旨的高度，充分认识博物馆免费开放的重要意义，增强社会使命感和责任感，按照《通知》要求，加强研究，积极探索，认真规划，精心筹备，努力把免费开放工作落到实处，充分发挥博物馆的公共文化服务职能。

二、认真制订博物馆免费开放的实施方案

各地文物行政部门要深入调研国内外博物馆免费开放的做法和经验，系统梳理免费开放可能面临的新情况、新问题，明确免费开放博物馆的范围、工作目标、组织领导、实施原则、推进步骤、经费需求和保障措施，制订本行政区博物馆免费开放的实施方案、相关制度和办法。要在当地党委、政府统一领导下，加强与宣传、财政、环保、卫生、公安、交通、城建等部门的协调合作联动，精心做好筹备工作，并在免费开放实践中不断总结完善，把好事办好。

三、切实做好免费开放补助经费的测算工作

各地文物行政部门和有关博物馆要积极与当地财政部门沟通，立足本地、本馆实际，实事求是地测算博物馆免费开放的经费需求。一是可以2005～2007年间门票收入为依据，测算2008年门票补助数额。二是根据博物馆展厅面积、展线长度、基本陈列的参观时间等因素，测算博物馆的日接待观众能力，并以此测算免费开放后博物馆运转经费的增量。测算运转经费增量时，应充分考虑免费开放后保安、保洁、服务等工作量的增加，一线人员的培训，服务项目的增设等。三是为保证博物馆免费开放，研究提出必须进行的展厅文物保存环境改善、相关基础设施改造和配套的服务设施建设等项资金需求。有关运行经费增量，应按照东、中、西部分别为20%、60%、80%的比例，提出申请中央财政补助的数额。要积极与财政部门沟通，

确定相关奖励、补助办法。同时应结合免费开放的需要，研究编制有关陈列展览规划及经费需求。

四、健全安全管理制度

要根据博物馆实际和免费开放后观众增多的情况，完善安全保卫和重大安全事故管理制度，特别要制订应对文物损毁丢失、观众人身伤病、意外自然灾害等突发事件的安全预案，建立应急处理机制，既积极预防各种设施的损坏和安全事故的发生，又切实保证对已发事故的快速和妥善处置，确保免费开放的安全、规范和有序。

五、合理调控参观人数

要根据博物馆的实际接待能力和观众容量，制定和完善疏导措施。人流过大时应实施每日参观人数总量控制。可采用合理安排开放时间和调整参观线路等各种方式，实行预约参观、提前领票、免费不免票等办法，调控参观流量，确保文物与人员的安全。

六、改善管理和服务模式

针对免费开放后观众数量和结构发生的变化，各博物馆要积极改革传统管理模式，坚持寓管理于服务的方针，从细节入手，提升服务水平，彰显人文关怀。积极改进内部管理，健全服务制度，改善文物安全保护和服务设施条件，加强保安、保洁、讲解咨询等服务力量，增强服务意识，规范服务行为，做到降低门槛不降低服务标准和服务质量。

七、加强公示宣传

制订宣传方案，借助报刊、广播、电视、网络等各类媒体和公益广告平台，并在博物馆、纪念馆显著位置公示免费开放的政策措施、具体办法、文明参观须知等内容，方便公众了解和监督，引导观众有序、文明参观，营造优雅舒适的参观环境。

八、提高展示传播水平

各博物馆要加强调查研究，准确把握和适应社会文化生活的新特点和人民群众的新期待，努力提高办展的质量和水平。要按照国民教育的要求，立足于文化普及，改进创新基本陈列的内容、形式和手段，把专业性和知识性、学术性和趣味性、科学性和观赏性有机结合起来，使不同层次的人群喜欢看、看得懂、记得住。要加强馆际资源整合，精心举办各种专题展览、巡回展览，以吸引观众经常走进博物馆，使博物馆的展示服务工作更加贴近实际、贴近生活、贴近群众。

九、推动博物馆体制机制创新

免费开放为博物馆的长远发展创造了前所未有的新机遇，同时也对博物馆的内部机制、管理运行等提出了崭新要求。各地要以解决免费开放中遇到的问题与困难为契机，组织开展博物馆改革课题调研，紧紧抓住增强活力、改善服务这个重点，大力推进博物馆的内部改革和机制创新，通过优化博物馆组织结构，合理配置内部资源，完善配套激励机制，创新博物馆管理体制和运营机制，更好地面向群众、服务群众。

十、加强对免费开放工作的考评指导

各地要结合开展博物馆评估定级，研究出台博物馆免费开放工作考评办法，建立和完善博物馆质量评价体系，激励博物馆不断改进展示、服务和管理工作。要在推进2008年度博物馆免费开放中及时总结经验，加强有关资料的系统搜集和分析，尽早制订2009年度的工作方案，为实现博物馆全面免费开放做好前期准备。

国家文物局

二〇〇八年三月四日

中央地方共建国家级博物馆管理暂行办法

（文物博发〔2010〕32号　2010年9月6日）

第一章　总　则

第一条　为贯彻落实中宣部、财政部、文化部和国家文物局《关于全国博物馆、纪念馆免费开放的通知》（中宣发〔2008〕2号）和国家文物局、财政部《关于开展中央地方共建国家级博物馆工作的通知》（文物博函〔2009〕1387号），规范中央地方共建国家级博物馆的建设和管理，制定本办法。

第二条　中央地方共建国家级博物馆是由国家文物局、财政部共同认定，中央和省级人民政府联合共建的代表中华文明的地方所属重点博物馆。

第三条　中央地方共建国家级博物馆坚持择优认定、定期评估、动态调整和稳定支持的原则，其建设内容和目标是，通过调动中央与地方两个积极性，加大投入力度，大幅提高重点博物馆的藏品保护、陈列展览、科学研究、社会教育和公共服务水平，造就一批国内一流、国际先进的博物馆；构建以点带面、立足区域、辐射全国、面向世界的博物馆综合资源共享平台，推动我国博物馆整体水平迈向世界先进行列。

第四条　中央财政设立专项经费，支持中央地方共建国家级博物馆提升藏品保护、陈列展览、科学研究、人才培养、文化交流、社会教育和公共服务水平。专项经费管理办法另行制定。

第二章　管理职责

第五条　国家文物局、财政部负责中央地方共建国家级博物馆的宏观管理，主要职责是：

（一）组织编制和实施中央地方共建国家级博物馆发展规划，制定相关政策和管理制度；

（二）组织审定中央地方共建国家级博物馆年度计划和项目申请，合理安排专项资金；

（三）组织开展中央地方共建国家级博物馆承担中央支持项目的验收和绩效考评；

（四）组织开展中央地方共建国家级博物馆运行状况年度评估。

第六条　省级人民政府负责中央地方共建国家级博物馆的日常管理，主要职责是：

（一）负责本地区中央地方共建国家级博物馆的培育和推荐；

（二）指导及监督中央地方共建国家级博物馆的运行和管理；

（三）落实地方支出责任，足额安排中央地方共建国家级博物馆运行经费及事业发展所需项目经费，逐步加大投入力度，建立经费稳定增长机制；

（四）配合开展中央地方共建国家级博物馆绩效考评与年度评估。

第三章　培育与认定

第七条　中央地方共建国家级博物馆采取专家评审、行政决策的方式，从省级博物馆中有计划、有重点地遴选和培育，每5年核定一次，予以总量控制。

第八条　国家文物局会同财政部制定中央地方共建国家级博物馆认定标准，由省级人民政府组织申报。

第九条　申请认定为中央地方共建国家级博物馆的，应为已运行和对外开放两年以上的省级博物馆，并具备下列基本条件：

（一）文物藏品具有极高历史、艺术、科学价值，形成完整体系；

（二）陈列展览与本馆使命、宗旨紧密契合，社会影响力强；

（三）专业技术力量雄厚，能够承担国家重要文化遗产保护、研究和展示任务；

（四）具备良好的基础设施，文化传播与社会服务功能有效发挥；

（五）建立完善有效的管理制度，制定并向社会公布科学的中长期发展规划。

第十条　省级人民政府组织具备条件的单位填写《中央地方共建国家级博物馆认定申请报告》，审核后报国家文物局。国家文物局组织评审，商财政部择优认定。

第十一条　列为中央地方共建国家级博物馆培育对象的，培育期限一般不超过两年。省级人民政府提供培育期间所需的相关条件保障。

第十二条　中央地方共建国家级博物馆培育计划完成后，经省级人民政府审核并报国家文物局，国家文物局组织专家验收通过的，商财政部予以认定。

第四章　管理与运行

第十三条　中央地方共建国家级博物馆应完善法人治理结构，逐步实行理事会决策、馆长负责的管理体制和运行机制。理事会成员由主管部门委派，由政府相关部门的代表、馆长、职工代表以及热心博物馆事业的社会人士代表担任。

建立由本单位人员、社会相关人员组成的藏品征集、学术研究、展示教育等专业委员会制度，负责向理事会、馆长等决策、执行机构和人员提供咨询建议，落实员工和公众对博物馆经营管理的参与权。

第十四条　中央地方共建国家级博物馆馆长人选应为具有丰富博物馆管理经验和全国性学术影响的专家，馆长实行任期目标责任制，在任期内，非法定或特殊情况，不应随意更换馆长。

第十五条 中央地方共建国家级博物馆应深化人事制度改革，建立相应的竞争、激励、约束机制，优化组织结构，科学设置岗位，完善职位管理，保持合理的人员结构和规模。

应当注重学术梯队和优秀中青年队伍建设，稳定高水平专业技术队伍。

第十六条 中央地方共建国家级博物馆应制定章程、中长期发展规划和年度工作计划，经省级人民政府有关部门审核后，报国家文物局和财政部核准。

第十七条 中央地方共建国家级博物馆的省级行政主管部门应当根据共建要求，制定专门的管理制度，明晰本部门与中央地方共建国家级博物馆之间的事权责任。

中央地方共建国家级博物馆承担的省部级（含）以上藏品保护、陈列展览、科学研究、人才培养、文化交流、社会教育和公共服务重大项目，必须纳入绩效考评计划。

第十八条 中央地方共建国家级博物馆之间应建立战略协作机制，并整合全国博物馆资源，实施文化遗产保护、研究、展示、利用行动计划。

每年应有计划地举办全国性专题展览，在全国范围内进行巡展和博物馆文化推广。

第十九条 中央地方共建国家级博物馆负有对本省（区、市）和全国中小博物馆、民办博物馆加强业务指导和人员培训的义务。

积极推动中央地方共建国家级博物馆对中小博物馆的托管或连锁运营。

第二十条 中央地方共建国家级博物馆应积极推动博物馆事业社会化，引导和争取社会力量支持博物馆的建设与发展，鼓励社会力量对博物馆进行捐赠，不断壮大“博物馆之友”、博物馆志愿者队伍，发挥行业示范和引导作用。

第二十一条 中央地方共建国家级博物馆应依托文物藏品、陈列展览等文化元素，大力开发具有影响力的文化产品，创造特色鲜明、在国内外具有竞争力的创意品牌，成为博物馆文化产品研发的示范基地。

第二十二条 中央地方共建国家级博物馆应加大开放力度，保障藏品、科研资料、仪器设备的开放共享，建设成为文化遗产领域国家公共平台；并积极开展国际文化遗产、博物馆合作和交流，参与重大国际文化遗产、博物馆合作计划。

第五章 考核与评估

第二十三条 中央地方共建国家级博物馆每年末编制年度工作报告，经省级人民政府有关部门审核并出具相关意见后，于次年 2 月末之前报国家文物局和财政部，同时接受中央和地方有关部门的监督、审计。工作报告内容应包括年度计划的执行情况，藏品、展览及社会教育工作情况，人员和机构变动情况，安全、财务管理情况（含中央财政专项经费使用情况）等内容。

第二十四条 国家文物局每年组织对中央地方共建国家级博物馆的运行状况进行评估，评估结果予以公告，并作为次年中央财政专项经费安排的重要依据。评估办法由国家文物局另行制定。

第二十五条 中央地方共建国家级博物馆连续三年居于评估末位的，不再列入中央地方共建国家级博物馆序列。

第六章 附 则

第二十六条 鼓励各省（区、市）比照中央地方共建国家级博物馆的模式，按照省（区、市）地共建的原则，建设省级博物馆。

第二十七条 本办法自发布之日起施行。

文物复制拓印管理办法

（文物政发〔2011〕1号　2011 年 1 月 27 日）

第一条　为加强文物复制、拓印管理，根据《中华人民共和国文物保护法》、《中华人民共和国文物保护法实施条例》和国务院有关行政审批的决定，制定本办法。

第二条　馆藏文物的复制、拓印，适用本办法；馆藏文物的仿制，不适用本办法。

第三条　文物复制是指依照文物的体量、形制、质地、纹饰、文字、图案等历史信息，基本采用原技艺方法和工作流程，制作与原文物相同制品的活动；文物拓印是指在文物本体覆盖一定的材料，通过摹印文物上的纹饰、文字、图案等，制作拓片的活动。

第四条　文物本体及其内容涉及国家秘密的，复制、拓印活动应当按照国家保密法律法规的规定执行。

前款规定的文物及其内容的密级，按照国家保密法律法规的规定确定。

第五条　复制、拓印文物，不得对文物造成损害。

未依法区分等级的文物不得复制、拓印。因文物保存状况和文物本体特点不适宜复制、拓印的，不得复制、拓印。

为科学研究、陈列展览需要拓印文物的，元代及元代以前的，应当翻刻副版拓印；元代以后的，可以使用文物原件拓印。在文物原件上拓印的，禁止使用尖硬器具捶打。

批量制作文物复制品、拓片，不得使用文物原件。

第六条　利用文物原件进行复制、拓印应坚持少而精的原则，严格控制复制品、拓片数量。文物复制品应有表明复制的标识和数量编号，文物拓片应当标明拓印单位、时间和数量编号。

第七条　从事文物复制、拓印的单位，应当依法取得相应等级的资质证书。

第八条　复制、拓印文物，应当依法履行审批手续。

第九条　文物复制、拓印报批材料应当包括文物的收藏单位或管理机构名称，文物名称、等级、时代、质地，文物来源或所处地点，文物照片，复制品、拓片用途及数量，复制、拓印方案，文物复制、拓印单位资质等级以及合同草案等内容。

第十条　文物收藏单位或管理机构与从事文物复制、拓印的单位签订的文物复制、拓印合同草案，应当包括合作各方的名称和地址，复制品或拓片的种类、数量、质量，复制或拓印的时间、地点及方法，文物安全责任，文物资料的交接和使用方式，有关知识产权的归属，复制品或拓片的交付，违约责任，争议解决办法等内容。

第十一条 为陈列展览、科学研究等用途制作的文物复制品、拓片，应当予以登记并妥善保管，不得挪作他用。

第十二条 为销售等目的制作的文物复制品、拓片，应附有制作说明书。说明书内容应当包括文物名称、时代，文物收藏单位或管理机构名称，复制品、拓片的名称，复制或拓印单位名称，监制单位名称，制作时间，复制品或拓片数量编号。

第十三条 未经文物行政主管部门同意，国有文物收藏单位或管理机构及其工作人员不得向任何单位或个人提供文物复制、拓印模具和技术资料。

第十四条 违反本办法规定，造成文物或国家权益损害的，依法追究有关责任单位和个人的法律责任。

第十五条 不可移动文物的单体文物的复制、拓印，参照本办法执行。不可移动文物的单体文物的仿制、仿建、复建，按照国家有关规定执行。

第十六条 本办法自发布之日起施行。国家文物局1979年9月4日发布的《拓印古代石刻的暂行规定》，1998年8月20日发布的《文物复制暂行管理办法》同时废止。

关于促进生态（社区）博物馆发展的通知

（文物博发〔2011〕15号）

各省、自治区、直辖市文物局（文化厅）：

生态（社区）博物馆是一种通过村落、街区建筑格局、整体风貌、生产生活等传统文化和生态环境的综合保护和展示，整体再现人类文明的发展轨迹的新型博物馆。当前，随着城市化进程加速，大规模城乡建设持续展开，文化遗产及其生存环境受到严重威胁。促进生态（社区）博物馆发展，对于调动全社会保护文化遗产的积极性，推动文化遗产的有效保护和传承发展，建设中华民族共有精神家园，增强民族自信心和凝聚力，延续中华文脉，促进文化与经济社会全面协调和可持续发展，具有十分重要的现实意义。现就促进生态（社区）博物馆发展有关问题通知如下：

一、提高认识，加强统筹规划。要按照科学发展观的要求，充分认识发展生态（社区）博物馆的重要性，立足保护地域文化遗产、维护文化多样性，完善公共文化服务体系，将生态（社区）博物馆纳入各地文博事业发展规划和经济社会发展规划。要以生态（社区）博物馆丰富新农村和城市现代化建设的内涵和成效，加强村落文化景观、历史文化街区等新型文化遗产的抢救、保护和利用、管理，使城乡建设规划的制定和实施与文化遗产保护和博物馆事业发展规划相协调，实现生态（社区）博物馆与当地经济社会发展的良性互动。

二、突出重点，发展具有中国特色的生态（社区）博物馆。要加强生态（社区）博物馆相关文化遗产和环境资源调查，紧紧围绕突出地域文化特色，科学制定生态（社区）博物馆发展规划。生态（社区）博物馆发展必须经过科学的条件评估与决策论证，要避免对生态（社区）博物馆理念的“误用”甚至“滥用”，不切实际一哄而上。要重点依托历史文化名村（镇）、街区等保存文化遗产特别丰富的村庄、街道，发展具有丰富文化内涵和鲜明个性特点的生态（社区）博物馆。

三、拓展视野，强化生态（社区）博物馆整体保护文化遗产的功能。生态（社区）博物馆要保护、展现历史文化村落、街区富有地方特色和集体记忆的文化空间，要将古民居及各类文物的保护、利用与相关的民俗活动、传统手工艺技能的保护、传承相结合，实现文化遗产的整体性和真实性保护。要做好原有村落、社区的文化氛围和活态多元风貌的保护，村落、社区文化传承人及原住居民的保留，村落、社区文化活动的挖掘与丰富等工作，并注重遗产所在地的自然环境保护，做到文化遗产与人们生活、自然环境和谐相处。

四、积极探索，创新生态（社区）博物馆发展途径。生态（社区）博物馆是一项理论创新性和实践创造性很强的工作，要遵循生态（社区）博物馆的基本规律，结合实际情况不断丰富和完善发展模式。鼓励经济发展水平较高的东中部地区试行灵活有效的政策措施，依托历史文化村（镇）、街区发展具有特色的生态（社区）博物馆，率先建立科学有效的民族民间文化遗产保护机制。要努力推进西部和民族地区发展民族文化类生态（社区）博物馆，切实维护地区文化的多样性和特殊价值。为加强引导，国家文物局将开展生态（社区）博物馆示范点建设，并组织编制相关发展规划，科学构建全国的生态（社区）博物馆体系。

五、以人为本，加强生态（社区）博物馆教育服务工作。生态（社区）博物馆作为一种社区性的文化遗产与生态环境的传承与教育中心，要重点做好传统民居及其原住居民生活习俗、历史古迹、传统手工技艺等文化遗产密集点及相关人文环境、生态环境的维护，并通过文物保护资料中心配套的高水平陈列展览及相关文化活动，普及科学的生存与发展理念，确立和增强当地居民对自身文化的自觉和文化认同感、文化自豪感，引导和规范当地居民在和谐和经过适当改善的条件下从事传统生产生活与文化传承，投身和参与文化遗产保护和生态（社区）博物馆发展逐步成为自觉行为。

六、坚持文物工作方针，将文化遗产保护与改善经济社会发展状况有机统一起来。坚持“保护为主、抢救第一、合理利用、加强管理”的方针，要通过生态（社区）博物馆的发展，充分挖掘相关文化遗产资源的内涵，依托旅游观光、文化休闲产业，科学、合理地发挥生态（社区）博物馆推动经济社会发展的特有作用，促进资源优势转化为经济优势，推动各地区特别是农村、民族地区的产业调整。生态（社区）博物馆在旅游发展中要坚持科学发展观，因地制宜，统筹规划，整合资源，务求实效，必须有助于文化遗产和生态环境的保护，必须有助于维护和改善为旅游者提供当地特色产品和服务的传统生活和生产环境，必须符合《中华人民共和国文物保护法》等有关法律法规的规定。

七、加强协作，建立生态（社区）博物馆发展的长效机制。推广和完善“政府支持，专家指导，居民主导”的生态（社区）博物馆发展模式。各地文物行政部门要在党委、政府的支持下，加强与发展和改革、财政、建设、旅游、环保、民族、文化、农业、水利、交通等相关部门的联动，并鼓励社会力量支援，加大投入，多方共同推进生态（社区）博物馆发展。社区居民的支持和参与是生态（社区）博物馆发展的关键因素。要加强宣传，积极探索按照责、权、利相一致的原则，多种方式调动社区居民特别是年轻人保护文化遗产、发展生态（社区）博物馆的积极性，形成“遗产保护人人有责，保护成果人人共享”的和谐局面。

八、深入研究，增强理论对实践的指导作用。充分调动和利用有关高等院校和科研单位的力量，组织有关专业机构深入研究生态（社区）博物馆工作规律，借鉴国际先进理论、理念和实践经验，形成符合中国国情、具有较强针对性和适用性的生态（社区）博物馆理论体系，提高对生态（社区）博物馆的认识水平。在此基础上抓紧制定和完善生态（社区）博物馆建设和发展的评估标准，建立相应的咨询、指导、协调、督察和管理考核机制，确保生态（社区）博物馆有效实现其运营目标，最大限度地追求自然与文化、遗产与现实以及相关方面的利益与和谐。

国家文物局

二〇一一年八月十七日

民办博物馆章程示范文本

（文物博函〔2012〕2051 号　2012 年 11 月 5 日）

一、根据《民办非企业单位登记管理暂行条例》和《博物馆管理办法》、《民办非企业单位（法人）章程示范文本》等法律法规，制定此章程示范文本。

二、此文本旨在为民办博物馆制定章程提供范例文本。

三、民办博物馆制定的章程，应当包括章程示范文本中所列全部条款，可以根据实际情况作适当补充。

四、〔〕内文字为基本要求。

第一章　总　则

第一条　本博物馆的名称是__________。

〔名称应当符合《博物馆管理办法》和《民办非企业单位名称管理暂行规定》的规定〕

第二条　本博物馆的性质是__________。

〔必须载明：利用或主要利用非国有文物、标本、资料、资金等资产，自愿举办、从事社会教育和文化服务活动的非营利性社会组织〕

第三条　本博物馆的宗旨与使命是________。

〔必须载明：遵守宪法、法律、法规和国家政策，遵守社会道德风尚；遵守博物馆行业道德规范；博物馆设立的目的（为了教育、研究、欣赏的目的，收藏、保护、研究、展示人类和自然环境的见证物，为经济社会及人的可持续发展服务）〕

第四条　本博物馆的业务范围：

（一）藏品收藏：_____________；

（二）陈列展览：_____________；

（三）学术研究：_____________；

（四）社会教育：_____________；

……

〔必须具体明确，与省级文物行政部门确认的业务范围一致〕

第五条 本博物馆的登记管理机关是________；本博物馆的业务主管单位是__________。

本博物馆按照《博物馆管理办法》、《民办非企业单位登记管理暂行条例》的规定，自觉接受业务主管单位、登记管理机关组织的年度检查。

〔业务主管单位为省级文物行政部门〕

第六条 本博物馆的住所地是__________。

〔如：××省（自治区、直辖市）××市（区、县）〕

第七条 本章程中的各项条款与法律、法规、规章不符的，以法律、法规、规章的规定为准。

本章程对博物馆、举办者、理事、监事、馆长、职工具有约束力。

第二章 举办者

第八条 本博物馆的举办者是______，本博物馆由举办者提供开办藏品：____件（套）；提供开办资金：____元。

第九条 本单位开办资金______元。出资人是______；举办者或出资人应当依法办理藏品财产权的转移手续，并将开办资金足额存入博物馆在银行开设的账户________________________。

〔开办藏品、资金应符合有关法律法规的规定；如为多个提供者，应分别载明每位提供者提供的藏品、资金细目〕

第十条 博物馆成立后，应当向举办者签发接受出资证明书。

出资证明书应当载明下列事项：（一）博物馆名称；（二）博物馆成立日期；（三）博物馆注册藏品、资金；（四）举办者的名称、提供的藏品、资金和出资日期；（五）出资证明书的编号和核发日期。

出资证明书由博物馆盖章。

第十一条 举办者享有下列权利：

（一）了解本博物馆经营状况和财务状况；

（二）推荐理事和监事人选；

（三）有权查阅理事会会议记录和本博物馆财务会计报告；

（四）可以依法以举办者名字命名博物馆馆舍；

……

第十二条 举办者履行以下义务：

（一）遵守法律、行政法规及博物馆章程；

（二）协助理事会足额保障博物馆运营经费；

（三）不得滥用举办者权利损害博物馆法人独立地位和利益；

（四）在博物馆办理登记注册手续后，不得抽回所提供的藏品、资金等资产；

（五）不得要求分红；

……

第三章　法人治理

第十三条　理事会是本博物馆的决策机构，成员为　人。其中社会人士代表理事不低于理事会成员的三分之一。

理事由博物馆举办者（包括出资者）、职工代表（由全体职工推举产生）以及有关单位（业务主管单位）推选产生。

（理事会成员为3～25人的单数；有关单位主要指省级文物行政部门）

第十四条　理事每届任期________年，任期届满，连选可以连任。

〔理事任期3年或4年〕

第十五条　理事无工作报酬。

第十六条　理事应恪尽职守，每年理事会会议出席率不得低于75%。

第十七条　理事会行使下列事项的决定权：

（一）修改章程；

（二）博物馆中长期发展规划和年度计划；

（三）博物馆收藏、展览、科研、教育的方针政策；

（四）增加开办资金的方案；

（五）年度财务预算、决算方案；

（六）增加藏品的方案；

（七）处置藏品的方案；

（八）聘任或解聘馆长和其提名聘任或者解聘的本博物馆副馆长及财务负责人；

（九）罢免、增补理事；

（十）选举、罢免理事长；

（十一）内部机构的设置；

（十二）制定内部管理制度；

（十三）从业人员的工资报酬；

（十四）本博物馆的分立、合并或终止；

（十五）名称、住所、业务范围、开办资金法定代表人的变更；

……

第十八条　理事会每年召开____次会议〔至少两次〕。有下列情形之一，应当召开理事会会议：

（一）理事长认为必要时；

（二）1/3 以上理事联名提议时。

第十九条 理事会设理事长 1 名，副理事长 1～2 名。理事长、副理事长由理事会以全体理事的过半数选举产生或罢免。

第二十条 副理事长协助理事长工作，理事长不能行使职权时，由理事长指定的副理事长代其行使职权。

第二十一条 召开理事会会议，应于会议召开 10 日前将会议的时间、地点、内容等通知全体理事。理事因故不能出席，可以书面委托其他理事代为出席理事会，委托书必须载明授权范围。

第二十二条 理事会会议应由 1/2 以上的理事出席方可举行。理事会会议实行 1 人 1 票制。理事会做出决议，必须经全体理事的过半数通过。

下列重要事项的决议，须经全体理事的 2/3 以上通过方为有效：

（一）章程的修改；

（二）本博物馆的分立、合并或终止；

（三）处置藏品；

（四）聘任或解聘博物馆馆长；

（五）罢免、增补理事；

……

第二十三条 理事会会议应当制作会议记录。形成决议的，应当当场制作会议纪要，并由出席会议的理事审阅、签名。理事会决议违反法律、法规或章程规定，致使本博物馆遭受损失的，参与决议的理事应当承担责任。但经证明在表决时反对并记载于会议记录的，该理事可免除责任。

理事会记录由理事长指定的人员存档保管。

第二十四条 理事长行使下列职权：

（一）召集和主持理事会会议；

（二）检查理事会决议的实施情况；

（三）法律、法规和本博物馆章程规定的其他职权。

第二十五条 本博物馆设立馆长，馆长对理事会负责，并行使下列职权：

（一）主持博物馆的日常工作，组织实施理事会的决议；

（二）组织实施博物馆年度工作计划；

（三）拟订博物馆内部机构设置的方案；

（四）拟订内部管理制度；

（五）提请聘任或解聘副馆长和财务负责人；

（六）聘任或解聘内设机构负责人，组建高效稳定的员工队伍；

……

馆长列席理事会会议。

第二十六条 本博物馆设立监事会，其成员为 人。

监事任期与理事任期相同，任期届满，可以连选连任。

〔监事会成员人数为不得少于 3 人的单数，并推选 1 名召集人。人数较少的民办博物馆可不设监事会，但必须设 1～2 名监事〕

第二十七条 监事无工作报酬。

第二十八条 监事在举办者（包括出资者）、本博物馆职工或有关单位推荐的人员中产生或更换。监事会中的职工代表由博物馆全体职工推举产生。

理事、馆长及财务负责人，不得兼任监事。

〔有关单位主要指省级文物行政部门〕

第二十九条 监事会或监事行使下列职权：

（一）检查博物馆财务；

（二）对理事、馆长执行博物馆职务的行为进行监督，对违反法律、行政法规、博物馆章程或者理事会决议的理事、馆长提出罢免的建议；

（三）当理事、馆长的行为损害博物馆的利益时，要求其予以纠正；

（四）提议召开临时理事会会议，在理事长不履行本章程规定时召集和主持理事会会议；

（五）向理事会会议提出提案；

……

监事列席理事会会议。

第三十条 监事会会议实行 1 人 1 票制。监事会决议须经全体监事过半数表决通过，方为有效。

……

第三十一条 本博物馆的法定代表人为______。

〔法定代表人为理事长或馆长〕

法定代表人在任期间，本单位发生违反法律或者章程的行为，法定代表人承担相关责任。因法定代表人失职，导致本单位发生违法行为或者财产损失的，法定代表人应当承担个人责任。

第三十二条 本单位理事、馆长应当符合以下条件：

（一）具备专业技术能力，能够胜任单位工作；

（二）最高任职年龄不超过 70 周岁，馆长为专职；

……

第三十三条 有下列情形之一的，不得担任法定代表人：

（一）无民事行为能力或者限制民事行为能力的；

（二）担任因违法被撤销登记的民办博物馆的法定代表人，自该博物馆被撤销登记之日起未逾3年的；

（三）非中国内地居民的；

（四）法律、法规规定不得担任法定代表人的其他情形。

第三十四条 本博物馆根据业务建设、管理运行需要设置内部机构，内部机构的名称及其职能如下：

（一）____。职能：__________；

（二）____。职能：__________；

（三）____。职能：__________；

……

第三十五条 本博物馆设置学术委员会作为业务咨询指导机构，学术委员会委员由理事会聘任。除本馆专家外，应不断扩大学术委员会馆外专家比例。

第三十六条 学术委员会主要行使以下职责：

（一）指导本馆业务工作长远规划和年度计划的拟定；

（二）指导重要藏品征集、借用；

（三）指导重要陈列展览举办和引进；

（四）指导藏品处置意见的拟定；

（五）指导重点课题研究及成果推广；

……

第三十七条 本博物馆根据业务建设、管理运行需要选聘专业工作人员和招募义务工作人员。

本博物馆劳动用工、社会保险制度按国家法律、法规及国务院劳动保障行政部门的有关规定执行。

第三十八条 本博物馆理事、监事、馆长、专业工作人员，以及义务工作人员，不得从事违背博物馆行业道德规范的任何活动。

第四章 藏品管理

第三十九条 本博物馆为践行博物馆使命和服务于观众，以有限收藏为原则，制定收藏政策、标准和规划并向社会公告，健全具有自身特色的藏品体系。

所征集藏品的主要类别如下：

（一）________________；

（二）________________；

（三）________________；

……

第四十条 藏品征集方式包括：

（一）购买；

（二）接受捐赠；

（三）依法交换；

（四）法律、行政法规规定的其他合法方式。

第四十一条 本博物馆不征集有充分理由证明其涉及非法来源的文物和标本作为藏品。

第四十二条 征集的藏品属于博物馆所有，任何单位和个人不得非法侵占、私分和挪用。

第四十三条 本博物馆应按照公共信托的要求，为藏品提供恰当的存放和保管的场所，对藏品进行恰当的保护、利用和管理。

第四十四条 本博物馆根据专业标准对藏品信息进行完整记录，建立健全藏品账目档案。藏品总账、档案及时报主管的文物行政部门备案，并以适当方式向社会发布。

第四十五条 本博物馆为藏品创造和保持适宜的安全控制措施，防范人为或自然因素对藏品安全的威胁。

使用藏品时，以藏品安全为前提；当利用与安全不能兼顾时，以服从安全为原则。

第四十六条 本博物馆的法定代表人对藏品安全负责。法定代表人、藏品管理人员离任前，必须办理藏品移交手续。

第四十七条 本博物馆应维护和壮大藏品体系。只有为提高藏品质量或改进藏品组合之目的，在符合以下条件时，才可考虑依法注销藏品：

（一） 与博物馆的发展目标或收藏政策不符；

（二） 与博物馆收藏标准不符：

①多余或重复且无需用于研究之目的；

②破损严重或其恶化程度超出博物馆的保护能力范围；

③与其他馆藏藏品相比，品质极为低劣；

④获得的方式不正当或非法；

⑤该藏品为赝品。

第四十八条 注销藏品，必须由本博物馆学术委员会评估该物品的意义、特点（可更新或不可更新）、法律身份以及明确此行为是否会对博物馆及公共信托造成损害，经理事会决议通过，报省级文物行政部门批准后方可执行。

第四十九条 对已注销的藏品，可依法捐赠、移交、交换、出售、返还或销毁。

注销藏品优先转让给其他博物馆。

本博物馆举办者、理事、监事、馆长、职工或其家庭成员不得以直接或间接的方式获得注销的藏品。

有关注销决定、注销藏品和处理方式的全部记录必须被永久妥善保存。

第五十条 从对已注销藏品的处置中获得的资金或其他形式的补偿应当仅用于馆藏的收购和直接保护。如用于博物馆运营之目的，则是不可接受的。

第五十一条 本博物馆努力推动分享知识、藏品信息和藏品。

本博物馆应基于藏品及相关学术研究举办符合专业标准的陈列展览和特别活动，清晰地诠释博物馆的教育目标、理念与思想；并保证陈列展览等传播活动中呈现的信息完整、准确、科学，符合学术研究、社会信仰的普遍要求。

第五十二条 本博物馆保证每年向公众开放 个月以上（不得少于 8 个月）；并特别关注未成年人等有特殊需求的人群。

本博物馆积极促进与其他博物馆、教育科研机构及社区的交流合作。

第五章 财务管理

第五十三条 本博物馆经费来源：

（一）开办资金；

（二）政府资助；

（三）在业务范围内开展服务活动的收入；

（四）利息；

（五）捐赠；

（六）其他合法收入。

第五十四条 创收活动不得与博物馆性质和宗旨相冲突，必须保证对相关工作项目（陈列、活动）的内容及完整性的控制，不能有损于博物馆标准和观众。

第五十五条 本博物馆的资产任何单位、个人不得非法侵占、私分和挪用。

本博物馆资产用于章程规定的业务范围和事业发展，盈余不得分红。

第五十六条 执行国家规定的会计制度，依法进行会计核算，建立健全内部会计监督制度，保证会计资料合法、真实、准确、完整。

接受税务、会计主管部门依法实施的税务监督和会计监督。

第五十七条 本博物馆配备具有专业资格的会计人员。会计不得兼出纳。会计人员调动工作或离职时，必须与接管人员办清交接手续。

第五十八条 本博物馆换届或更换法定代表人之前必须进行财务审计。

第六章 终止的特殊情形

第五十九条 本博物馆以永久性为目标，非因下列情形之一的，不得终止：

（一）完成章程规定宗旨和使命的；

（二）发生分立、合并的；

……

第六十条 博物馆终止，应当在理事会表决通过后15日内，报省级文物行政部门审查同意。

第六十一条 博物馆办理注销登记前，应当在登记管理机关、省级文物行政部门和有关机关的指导下成立清算组织，清理资产和债权债务，完成清算工作。

第六十二条 博物馆终止，藏品原则上出让由其他博物馆接收。接受捐赠的藏品交由其他博物馆收藏时，应告知捐赠人。

其他剩余财产，应当按照有关法律、法规的规定处理。清算期间，不进行清算以外的活动。

第六十三条 本博物馆应当自完成清算之日起15日内，向登记管理机关办理注销登记。

第六十四条 本博物馆自登记管理机关发出注销登记证明文件之日起，即为终止。

第七章 附则

第六十五条 本章程经×年×月×日理事会表决通过。

第六十六条 本章程的解释权属理事会。

第六十七条 本章程自登记管理机关核准之日起生效。

本章程的修改，须经理事会表决通过后15日内，报省级文物行政部门审查同意，自省级文物行政部门审查同意之日起30日内，报登记管理机关核准。

关于加强博物馆陈列展览工作的意见

（文物博函〔2012〕2254号）

各省、市、自治区文物局（文化厅）：

陈列展览是博物馆向社会奉献的最重要的精神文化产品，是博物馆开展社会教育和公共服务、实现社会职能的主要载体和手段。为深入贯彻党的十八大精神和全国文物工作会议精神，充分发挥博物馆在建设优秀传统文化传承体系、弘扬中华优秀传统文化、丰富人民精神文化生活中的重要作用，现就进一步做好博物馆陈列展览工作，提高展示服务水平提出如下意见：

一、坚持公益属性。博物馆举办陈列展览，要始终坚持社会效益第一的原则，积极培育和践行社会主义核心价值观，普及科学知识，弘扬科学精神，清晰地诠释博物馆的教育目标、理念与思想，着眼于中华文明和整个人类文明的发展，反映人类最美好的目标理想和价值追求。行业类博物馆和民办博物馆的陈列展览，要面向广大公众，从较为单一的行业发展历史、企业文化、个人收藏展示，提炼升华为表现中华文明和人类文明相关领域的共同成果和价值共识。

二、突出科学品质。深入挖掘文物、标本的丰富内涵，反映最新研究成果，增加文化含量，创造导向正确、主题突出、有丰富语境、观点和故事的陈列展览，避免缺乏价值观的所谓“精品文物展”。陈列展览应充分体现博物馆通过实物反映真实历史的特征，坚持以文物、标本原件为主；使用必要的复制品、仿制品和辅助展品的，应符合学术要求，并予明示。纪念类、行业类博物馆和民办博物馆要进一步明确收藏政策，不断充实藏品体系。

三、强化教育功能。紧密结合素质教育，与教育部门特别是中、小学校完善联系机制，丰富面向或配合学校教育的陈列展览，以博物馆之长补学校教育之不足，真正使博物馆成为学校教育的“第二课堂”。常设陈列应特别清晰地标识适合未成年人认知、欣赏的重点文物、标本，充实符合青少年认知习惯的文字说明。有条件的地方，可建立专门面向未成年人的博物馆（儿童博物馆）或教育类博物馆，增加面向学生的陈列展览项目。见证历史的陈列展览在弘扬爱国主义的同时，应更加重视体现文物、标本的美学价值和审美教育作用，强调对人的审美能力的培养和训练。

四、规范设计制作。建立健全博物馆陈列展览设计制作行业资格资质认证制度，提高专业化水平。努力实现形式设计与内容设计和谐统一，突出文物、标本主角地位和观赏性，突出陈列展览的真实性和知识性。科学运用具有较高艺术水准的辅助展品和声、光、电等现代科技手段；避免与文物、标本及展览内涵无关，花费超常、牵强附会的设计制作；杜绝无历史和科学事实依据的虚拟场景、蜡像或幻影成像等形式；杜绝不必要的装饰性设计和刻意文化符号叠加。

五、提高策展能力。博物馆要不断完善基本陈列和展览，确保陈列展览与博物馆使命相一致。借鉴国内外先进经验，创新运行机制，探索实行策展人制度。发扬学术民主、艺术民主，适应社会文化生活的新特点和人民群众的新期待，强化陈列展览策划的观众导向原则，把知识性、趣味性和观赏性有机结合起来，增强陈列展览的表现力、吸引力、感染力。同时，要促进馆际交流与合作，支持省级博物馆特别是中央地方共建国家级博物馆发挥示范引领和辐射带动作用，整合区域藏品、展览、人才、技术、资金等资源，策划优秀展览项目巡回展出，弥补中小型博物馆展览资源的不足。

六、加强专业指导。省级文物行政部门要加大对行业类博物馆和民办博物馆陈列展览的业务指导力度，依据《博物馆管理办法》，做好新建立行业类博物馆和民办博物馆陈列展览大纲的评估论证，确保展陈内容符合时代要求和先进的价值导向，尽可能体现中华文化特色。积极推动打破管理体制上的壁垒，充分发挥省级（含）以上博物馆、国家一级博物馆的人才和技术优势，实施对口帮扶行业类博物馆和民办博物馆陈列展览提升计划，完善常设陈列，培养人才队伍，提升专业化水平。

各地要根据本意见，抓紧制定具体措施和办法。我局将适时对各地贯彻落实的情况进行督查。

国家文物局

二〇一二年十二月十三日

可移动文物修复管理办法

（文物博发〔2014〕25号　2014年7月29日）

第一章　总　则

第一条　为加强可移动文物修复管理，提高可移动文物修复的科学性和规范性，根据《中华人民共和国文物保护法》和《中华人民共和国文物保护法实施条例》，制定本办法。

第二条　本办法适用于博物馆、图书馆和其他文物收藏单位，以及国家机关、国有企事业单位收藏保管的可移动文物的修复。

第三条　修复可移动文物应当坚持不改变文物原状原则，全面保存和延续文物的历史、艺术、科学的信息与价值，将科学研究贯穿于修复的全过程，应认真执行文物修复操作规程和相关技术标准，采用先进、适用的技术手段和有效的管理方法，确保修复质量。

第四条　可移动文物修复包括价值评估、现状调查、病害评测、方案编制、保护修复实施、效果评估、档案建立、预防性保护等活动。

第五条　可移动文物修复应由取得可移动文物修复资质的单位承担。

第二章　资质管理

第六条　从事可移动文物修复的单位应当经省、自治区、直辖市文物行政部门批准并取得资质。

第七条　申请可移动文物修复资质的单位应具备以下条件：

（一）有7名以上具有5年以上文物修复工作经验，曾主持或主要参与50件以上珍贵文物的保护修复工作，且取得中级以上文物博物专业技术职称的主要技术人员，其中具有高级技术职称的人员不少于2人；

聘用退休人员作为主要技术人员，不得超过主要技术人员总数的20%；

主要技术人员不得同时受聘于两家或两家以上可移动文物修复资质单位。

（二）工作场所和技术设备应满足《可移动文物保护修复室规范化建设与仪器装备基本要求》（GB/T 30238—2013）规定的区域技术中心以上的标准条件和功能。

（三）文物保管场所安全条件符合《文物系统博物馆风险等级和安全防护级别的规定（GA

27—2002)》。

(四)有健全的管理制度和质量管理体系。

第八条 可移动文物修复资质申报材料:

(一)可移动文物修复资质申请表。

(二)主要技术人员的职称证书、身份证复印件、工作资历或业绩证明及聘用(任职)证明。

(三)承担过的主要可移动文物保护修复项目的相关文件。

(四)工作场所和技术设备符合《可移动文物保护修复室规范化建设与仪器装备基本要求》(GB/T 30238—2013)的证明资料。

(五)符合《文物系统博物馆风险等级和安全防护级别的规定(GA 27—2002)》条件的场所证明资料。

(六)主要管理制度和质量管理体系的相关文件。

(七)申请单位法人资格证书。

(八)省、自治区、直辖市文物行政部门需要的其他材料。

第九条 决定批准的,由省、自治区、直辖市文物行政部门颁发资质证书。

资质证书分为正本和副本,具有同等法律效力。资质证书只限于本单位使用,不得转让、转借。

第十条 自修复资质证书核发之日起30日内,省、自治区、直辖市文物行政部门应当将批准的修复资质单位向社会公布并报国务院文物行政部门备案。

第十一条 修复资质单位应在资质证书核定的业务范围内承揽业务,不受地域范围的限制。

第十二条 资质证书登记事项发生变更的,应当在变更后30个工作日内到原审批部门办理变更手续。

第十三条 因破产、停业或其他原因终止业务活动的,应当在终止业务活动30个工作日内到原审批部门办理注销手续。

第十四条 修复资质变更、注销等情况,由省、自治区、直辖市文物行政部门向社会公布并报国务院文物行政部门备案。

第三章 修复管理

第十五条 修复馆藏珍贵文物,应当报省、自治区、直辖市文物行政部门批准。修复馆藏一级文物,应当经省、自治区、直辖市文物行政部门批准后报国务院文物行政部门备案。

批准前,应出具独立第三方机构或专家评审意见。

第十六条 文物修复的申报材料应当包括:

(一)文物修复申请文件;

（二）文物修复方案；

（三）方案编制单位的资质证明；

（四）方案编制委托协议；

（五）审批部门需要的其他材料。

第十七条 文物修复的申报材料应符合下列条件，不符合的，不予批准或者要求申报单位补充齐全后审批。

（一）文物修复方案应当由具有资质的单位编制；

（二）文物修复事项属于修复资质单位业务范围；

（三）文物信息、修复的必要性和工作目标明确；

（四）修复程序及修复技术路线科学合理；

（五）预防性保护措施明确；

（六）符合我国法律、法规其他有关规定。

第十八条 文物修复工作应由具有修复资质的单位按照批准的修复方案实施。

必要时可以根据修复实际情况合理调整修复方案并报原审批部门备案。因特殊情况需要重大调整或者变更的，应当报原审批部门批准。

第十九条 修复完成后3个月内应进行验收。馆藏一级文物修复由省、自治区、直辖市文物行政部门组织验收，结果报国务院文物行政部门备案。

第二十条 文物收藏单位应当将修复方案、修复记录、验收报告、修复报告等文物修复的全部资料整理立卷，归入相应的文物档案。

第二十一条 文物收藏单位应当按照修复方案中的预防性保护措施，对修复的文物进行保护，并对文物的保存状况、保存环境，以及可能威胁到文物安全的异常情况或者其他危险因素进行定期监测并记录。

第四章 监督检查

第二十二条 可移动文物修复资质实行年度报告和公示制度。

每年1月15日前，修复资质单位应向所在地省、自治区、直辖市文物行政部门提交上一年度资质证书登记事项变动情况和开展业务活动情况的报告，并向社会公布。

第二十三条 国务院文物行政部门将组织行业协会或第三方机构对修复资质单位开展运行评估。评估规则另行制定。

第二十四条 各省、自治区、直辖市文物行政部门应根据年度报告和运行评估结果对资质单位加强指导，建立健全资质单位的管理和退出机制。

第二十五条 每年3月1日前，各省、自治区、直辖市文物行政部门应当将上一年度行政区域内馆藏文物修复基本情况（包括修复文物名录、文物等级、修复单位等）向社会公布并报国务院文物行政部门备案。

第二十六条 国务院文物行政部门将组织行业协会或第三方机构，对馆藏文物修复及管理情况进行定期检查或抽查，结果向社会公布。

第五章 附 则

第二十七条 各省、自治区、直辖市文物行政部门可根据本办法制定具体实施细则。

第二十八条 本办法自 2014 年 8 月 1 日起施行。2007 年国家文物局颁布的《可移动文物修复资质管理办法（试行）》和《可移动文物技术保护设计资质管理办法（试行）》同时废止。

第一次全国可移动文物普查数据审核工作管理办法

（办普查函〔2015〕489号　2015年2月6日）

一、为规范全国可移动文物信息登录平台（以下简称“平台”）数据审核工作，严格普查数据质量管理，确保登录的藏品信息完整、规范、准确、有效，根据《第一次全国可移动文物普查实施方案》，特制定本办法。

二、本办法所称普查数据，是指已完成登记注册的收藏单位，在平台上登录的信息。包括收藏单位基本情况，藏品的基本信息、管理信息和图像。登录信息的内容和标准依照《馆藏文物登录规范》执行。

三、本办法所称的普查数据审核工作，包括对普查登录的收藏单位信息，以及藏品的基本信息、管理信息和图像信息等进行真实性、完整性、准确性审核。审核方式包括网上及现场认定、审核。

四、普查数据审核以县域为基本单元，按照属地管理、分级负责的原则开展。

县级普查机构负责审核本行政区域各单位登录的普查数据。地市级普查机构负责审核隶属本级行政区域各单位登录的普查数据，并对辖区内各县级普查机构报送的普查数据进行复核。省级普查机构负责对本行政区域内各单位（含中央属单位）的普查数据进行终审。

经审核的普查数据由本级普查机构根据隶属关系向上级普查机构报送。国家文物局普查办对各省完成审核的数据进行抽样检查，并评定数据质量。

审核意见由各级普查机构决定并在平台上记录。

五、在进行文物认定和数据审核时，各省级普查机构可根据本省工作需要，安排部署文物藏品定级工作，并加强对本次普查新定级文物藏品数据审核。文物藏品定级依据《文物藏品定级标准》（文化部2001年第19号令）、《近现代一级文物藏品定级标准（试行）》（文物博发〔2003〕38号）开展。

六、收藏单位负责本单位藏品信息的采集、登录、检查、核对、维护。收藏单位应指定专人负责普查数据审核，确保信息的真实、完整、准确。经单位审核确认的登录信息，报送主管普查机构审核。

在平台登录的藏品信息应与藏品基础档案一致，如在认定、登录、审核过程中对藏品信息做出调整，造成平台中的藏品信息与纸质档案、账目不一致的，应当将调整情况在纸质档案、账目上予以记录说明。

七、普查机构在进行数据审核时，应对全部登录内容逐一检查核对，确定藏品性质。藏品性质按照文物、标本、资料三种类型登记，并由省级普查机构予以最终核定。省级以下（不含省级）普查机构在审核时暂时无法明确藏品性质时，可记录为存疑。

八、普查机构在进行数据审核时，如无法确定藏品登录信息，需对照藏品实物核定。普查机构对登录信息的主要指标项进行修改时，如需要征求收藏单位意见的，应当向收藏单位征求意见，并在修改后将审核和修改结果告知收藏单位。

九、各级普查机构应建立普查数据审核专家库，规范认定工作规则、程序。专家库应广泛吸收相关行业和领域的专家，组成人员的专业领域应覆盖需要审核的藏品类别。承担数据审核工作的专家，应在平台上注册登记，并对审核建议予以记录。普查机构在进行数据审核时，对于需要征求专家意见的，应当组织专家进行预审，并综合专家的审核建议出具审核结论。

十、在本次普查中新发现和认定的文物，以及审核结论为存疑的藏品，在审核中应征求专家意见。对于同一编号的藏品，应当由不少于三名以上的专家出具审核建议。专家意见不一致的，由普查机构决定最终审核结论，也可由普查机构报送至上级普查机构，由上级普查机构审核。

十一、国家文物局普查办负责对全国普查数据质量进行检查和抽查，对于文物级别为一级的藏品数据全部进行检查。抽查按照省级行政区域进行随机抽取，每一年度每省抽取检查的次数不低于 3 次，每次抽取的藏品数据数量不低于 500 条。数据质量较差的省份应当增加抽查次数。

十二、国家文物局普查办制定《第一次全国可移动文物普查数据质量评定标准》（见附件），开展数据质量评定。经抽查的普查数据，根据审核结果，划分为优、良、中、合格、差五个等级，作为基础数据计算普查数据差错率。评定为“差”的数据，占抽查数据总数 0.5% 以上的，视为抽查不通过。国家文物局普查办在抽查结束后，将抽查结果及时告知省级普查机构。

十三、国家文物局普查办在开展普查数据抽样检查时，应当组织专家对被抽查的数据进行复核审核，并提出审核建议。开展数据审核的专家，由国家文物局根据抽查数据类别从国家文物鉴定委员会、普查领导小组成员单位或相关部门推荐的专家、国家文物局各省文物进出境审核管理处以及各省普查专家库中遴选，并在全国可移动文物信息登录平台上登记注册。

十四、各级普查机构、各收藏单位应加强普查数据审核和质量管理，制定普查数据审核和质量管理的相关制度，保证普查数据质量。国家文物局普查办应当指导各省普查数据审核工作，组织普查数据审核培训。

十五、各级普查机构和收藏单位应当建立普查数据安全管理制度，加强普查数据审核中的安全和保密管理。各级普查机构和收藏单位要加强普查审核人员和账户管理，不得擅自删除、泄露普查数据，参与审核数据专家及相关人员未经收藏单位和普查机构许可，不得出于个人需要使用相关数据。未经国家文物局审核同意，不得自行公布数据审核结果。

十六、本办法自公布之日生效。

关于民办博物馆设立的指导意见

（文物博发〔2014〕21号）

各省、自治区、直辖市文物局（文化厅）：

近年来，民办博物馆发展迅速，已成为我国博物馆体系中的重要组成部分。为指导民办博物馆规范设立，提高办馆质量，促进健康发展，根据《中华人民共和国文物保护法》、《民办非企业单位登记管理暂行条例》和《博物馆管理办法》等法规、规章，结合民办博物馆发展的特点，特提出如下意见：

一、民办博物馆是指经过文物行政部门审核、民办非企业单位登记管理机关批准许可取得法人资格，利用非国有的具有历史、科学、艺术价值的人类活动和自然环境的见证物及其他非国有资产设立的博物馆。

民办博物馆的设立审核，应以属地管理为原则。

应优先发展具有门类特点、行业个性或地域文化、民族（民俗）文化代表性的民办博物馆，以及致力于抢救濒危历史见证物、填补某领域空白的民办博物馆。

二、设立民办博物馆，应当具备下列条件：

（一）具有固定的适宜的办馆场所。

馆舍应符合《博物馆建筑设计规范》等国家和行业颁布的有关标准和规范的要求，设置专用的展厅（室）、库房，以及符合国家规定的安全和消防设施。

展厅（室）面积与展览规模相适应，不低于馆舍建筑面积的40%，不低于400平方米，展厅（室）适宜对公众开放。依托历史建筑、故居、旧址等不可移动的文化遗产实物并以其原状陈列为主的博物馆，展厅（室）面积可适当放宽。

馆舍应以民办博物馆自有为主；租赁馆舍的，应提交有效的《房屋租赁证》，租期不得少于5年。由举办者或他人无偿提供使用馆舍的，应由所有者提供场地无偿使用证明。

不得租借其他博物馆作为办馆场地申请办馆。也不得使用居民住宅、餐饮场所、地下室和其他不适合办馆或有安全隐患的场地作为办馆场所。

民办博物馆的注册地，应与其馆舍地址相一致，与其章程中的地址相一致。

（二）具有与办馆宗旨相符合、构成体系的藏品及必要的研究资料。

藏品应当真实可靠且来源合法。

藏品不应少于300件（套）。依托历史建筑、故居、旧址等不可移动的文化遗产实物并以其为主要保护、研究、展示内容的博物馆，以及以大体量实物收藏为主的博物馆，藏品数量可适当放宽。

藏品应该进行造册登记。

（三）具有基本陈列计划，展览内容应当科学准确。

（四）具有必要的办馆资金和稳定的经费来源。办馆注册资金系指举办者在扣除用地、建筑、设备设施、藏品等投入外，能保证民办博物馆年度正常运作的流动资金，最低限额为50万元人民币。

举办者用实物、土地使用权、知识产权以及其他财产作为办馆出资的，所占比例不得超过其注册出资最低额度的40%，同时经具有评估资质的中介机构依法进行评估，并提供有效的权属证明。

（五）民办博物馆的名称应符合民政部《民办非企业单位名称管理暂行规定》有关要求，拟定名称需经登记管理机关预审。

（六）具有符合法律、法规规定的博物馆章程。制定章程要符合《民办博物馆章程示范文本（试行）》要求。

（七）具有依法设立由举办者或其代表、社会人士代表等人员组成的理事会（董事会）或其他形式的决策机构，其组成人数应在3人以上。其中三分之一以上的理事（董事）应当具有5年以上博物馆从业经验。民办博物馆接受政府资助或有政府财产投入的，其理事会宜有政府代表或政府指派的人员参加。

（八）配备符合条件的专职馆长或副馆长。民办博物馆的专职馆长或副馆长应具有大学专科以上学历，相关领域学有专长和5年以上博物馆从业经验，无不良博物馆从业记录，身体健康，能胜任博物馆管理工作。

（九）具有与办馆宗旨相符合、与办馆规模相适应的专业技术和管理人员，不应少于6人；其中专职人员占60%以上，且专职人员60%以上具有大专以上学历。

（十）建立符合博物馆专业要求的组织机构，具有健全的管理制度。法定代表人按章程规定产生。

（十一）举办民办博物馆的社会组织，应当具有法人资格；举办民办博物馆的个人，应当具有中国国籍，具有政治权利和完全民事行为能力。

非本地注册的社会组织，须在本地相应机构登记注册，获得许可。在本地办馆须是本地常住人口，或已在公安机关办理一年以上暂住证明的外地人口。

国家机关及国有博物馆在职人员不得以个人名义举办民办博物馆。

社会组织或者个人联合出资办馆的，须签署联合办馆协议并经公证机关公证，协议中应确定其中一方为主办者，并载明各方出资数额和方式、各方权利义务、合作期限、争议解决办法等。

属捐赠性质的藏品、资金等资产，须提交捐赠协议，载明捐赠人的姓名、捐资数额、用途和管理方法，以及相关有效证明文件。

三、设立民办博物馆，应当按照《博物馆管理办法》的相关规定，向所在地省级文物行政部门提交下列材料：

（一）博物馆设立申请书。内容包括：举办者名称或姓名，博物馆名称、地址、宗旨、业务范围、藏品与经费的来源和数额及管理使用、专业技术人员情况、内部管理体制等。

（二）博物馆章程。

（三）合法有效的藏品证明文件。包括藏品清册和图录（包括登记号、名称、类别、年代、质地、实际数量、质量、尺寸、现状、来源、藏品图片）及藏品合法来源说明、藏品鉴定证明，公证机关出具的证明藏品清册和图录中所涉及的藏品均已作为拟设立博物馆的固定资产的公证文书。

（四）基本陈列大纲（含专家论证意见）。

（五）理事会（董事会）成员名单、简历及首届筹备会议决议。

（六）拟任法定代表人，拟聘馆长、专业技术和管理人员的资格证明文件。

（七）合法有效的办馆资金证明文件（验资报告）及举办者在民办博物馆存续期间不抽逃注册资金的承诺书。

（八）举办者不要求取得经济回报（博物馆的盈利不得分配）的约定。

（九）办馆场所证明。

（十）公安、消防部门出具的办馆场所安全验收合格证明或消防备案受理凭证等文件。

（十一）登记管理机关出具的《民办非企业单位名称预登记通知书》。

（十二）举办者的资格证明文件。

（十三）所在地市（县）级文物行政部门的初审意见。

四、省级文物行政部门应当自受理申请之日起30个工作日内，组织专家或委托具有相应资质的博物馆评估机构，对举办者提供的办馆申请材料以及实际办馆条件和办馆能力，进行审核评议或评估论证，由专家或评估机构出具《审核评议意见》或《评估论证报告》。

省级文物行政部门依照法律法规规定以及《审核评议意见》或《评估论证报告》，作出“同意设立”或“不予同意设立”的审核意见，并将审核意见以书面形式在规定期限内送达申请人；作出不予同意设立意见的，应当说明理由。

审核意见应当包括对拟设立民办博物馆章程草案、财产情况（特别是藏品、资金的民办性）、藏品真实性、陈列展览科学性、拟任法定代表人基本情况、从业人员资格、场所设备、组织机构等内容的审查结论。

省级文物行政部门应及时将同意设立的民办博物馆的名称、地址、法定代表人、章程等主要信息，通过政府网站等媒体向社会公告。

五、民办博物馆经审核同意设立后，应当依据《民办非企业单位登记管理暂行条例》的规定，到主管的民办非企业单位登记管理机关申请办理法人登记。民办博物馆应当自取得法人资格之日起6个月内向社会开放，并应按规定参加文物行政部门组织的博物馆年检活动。

六、各省、自治区、直辖市文物行政管理部门或行业协会，要根据上述要求，结合实际制定本辖区民办博物馆设立的标准或办法。同时，对已设立但未达到相应条件的民办博物馆，进行整改。

特此通知。

国家文物局

二〇一四年八月一日

关于贯彻执行《博物馆条例》的实施意见

（文物博发〔2015〕5号）

各省（自治区、直辖市）文物局（文化厅）、新疆生产建设兵团文物局：

《博物馆条例》（国务院令第659号，以下简称《条例》）是国务院发布的我国博物馆行业第一部全国性法规文件。《条例》根据全面深化改革、全面依法治国的新要求和我国博物馆事业发展的实际，针对亟待解决的一些重要问题作出了明确规定，为规范博物馆监督管理、加强行政执法提供了法律依据，对于推动我国博物馆事业可持续健康发展具有重要意义。各级文物主管部门要充分认识贯彻实施《条例》的重要意义，将认真学习宣传和贯彻执行《条例》，作为贯彻落实党的十八届三中、四中全会决定的重要举措，列入重要议事日程，进一步加强对属地内博物馆发展的管理，确保《条例》的各项规定真正落到实处。现就深入学习宣传、贯彻执行《条例》提出如下实施意见。

一、增强对博物馆公益属性的认识，进一步完善博物馆社会教育和公共文化服务功能

博物馆要始终坚持公益属性，积极培育和践行社会主义核心价值观，清晰诠释博物馆的教育目标、理念与宗旨，普及科学知识，弘扬科学精神。博物馆藏品受法律保护，列入清单账册的藏品归属博物馆法人所有，包括出资举办者在内的其他任何机构和个人均不得侵犯。应加强藏品保护及研究，拓展藏品征集，推动馆际藏品资源交流共享，盘活存量资源，提高利用效率。博物馆应自觉维护博物馆声誉，维护自身权益不受侵害，不得从事文物藏品的商业经营活动。凡存在文物等藏品商业经营活动的博物馆，都必须坚决纠正。博物馆要增加面向中小学生的陈列展览项目，常设陈列应清晰地标识适合未成年人认知、欣赏的重点展品，充实符合青少年认知特征的文字说明；要结合中小学课程和教学计划，创新富有特色的教育活动项目。要完善博物馆开放服务制度，尽可能降低开放门槛；增强陈列展览的学术性、知识性、趣味性和观赏性，增加文化内涵，丰富传播形式和手段；拓展博物馆的文化休闲功能，营造良好参观氛围，使博物馆文化成果惠及更多人民群众。

二、国家大力发展博物馆事业，鼓励支持社会参与博物馆建设

国家公平对待国有和非国有博物馆。县级以上文物主管部门应按照属地管理原则，引导规划博物馆的规模、种类及布局，指导博物馆按照责权利相一致原则，承担应尽的社会责任和义务；指导新建博物馆建筑立足实际需求，注重实用功能，避免相互攀比、贪大求洋；加强历史建筑保护和文物保护单位的利用、开放。要按照博物馆行业标准和规范，依法分类开展博物馆的备案工作。国有博物馆按属地原则实行分级登记管理，由上级主管部门批准成立后，依法办理事业单位登记，并由举办者向省级文物主管部门提出备案。省级文物主管部门应向符合备案条件的出具“博物馆备案确认书”并及时向社会公告；对不符合备案条件的，应依据专业标准，出具具体的指导意见，并协助其整改完善。申请设立非国有博物馆的，举办者应当向省级文物主管部门备案；并凭省级文物主管部门出具的确认书依法办理法人登记手续；不符合备案条件的，省级文物主管部门应出具明确的文字意见。2016 年起，省级文物主管部门应在每年 3 月 1 日前，向社会公布上一年度本行政区域内已备案的博物馆名录，并向国家文物局报备。

三、确保博物馆质量和水平，强化行业指导和专业服务

博物馆通过建立在藏品体系基础上的陈列展览实现其社会价值，要加强对博物馆设立环节的指导监督，按照独立开展相关业务工作的需要，细化和准确把握博物馆设立条件。博物馆展厅（室）面积应与展览规模相适应，原则上不宜低于馆舍建筑面积的 40% 或小于 400 平方米。博物馆藏品应真实可靠且来源合法，原则上不应少于 300 件（套）。藏品应造册登记、建立档案并向社会公布。博物馆应配备具相关领域学术专长和一定博物馆从业经验、无不良从业记录的专职馆长或副馆长。博物馆举办者应深入评估、充分保障正常开放和发展所需经费。县级以上文物主管部门要在博物馆筹备阶段加强辅导。对暂不具备设立条件的，应严把质量关口，通过指导帮扶，推动条件达标。对当前不完全具备条件、但已经在文物主管部门备案的，应加强专业指导，帮助其在事业发展中逐步达标。

四、完善以理事会为核心的博物馆法人治理结构，推动事业可持续发展

落实关于分类推进事业单位改革的任务，建立具有中国特色的博物馆体系和博物馆管理体制，推动公众和社会组织参与博物馆的决策和评价，强化博物馆的公益性、增加管理的公开透明度，使理事会成为公共参与监督管理博物馆建设发展的纽带，吸纳更多的社会参与。遵循“分类推行、循序渐进、积极稳妥、不断完善”的基本原则，推动博物馆订立章程，建立和完善以理事会及其领导下的管理层为主要架构的事业单位法人治理结构，把行政主管部门对事业单位的具体管理职责交给理事会，逐步实行理事会决策、馆长负责的运行机制。推动博物馆在有关部门和社会的监督下依法自主运作，优化组织结构，改进内部管理，创新服务方式，提高运营效率，独立承担民事责任，实现发展模式由封闭型向开放型转变。

五、积极发挥博物馆行业组织的作用，推动行业自律和博物馆专业化水平提升

博物馆行业组织应进一步开发利用其在专业资源、沟通联络、协调合作等方面的独特优势，在博物馆事业多元化、专业化发展进程中，继续发挥好博物馆行业与政府管理部门之间的桥梁和纽带作用，积极建言献策，服务改革发展；积极探索和拓展行业引导、自律、规范和反映行业诉求的新功能；进一步强化服务理念，提高服务行业的能力与水平，努力做到自我完善、自我发展。

中国博物馆协会及各地各级博物馆行业组织应在博物馆专业评估的组织督导，推动评估规范化、科学化并提出针对性改进意见等方面发挥更大作用，要在博物馆设立辅导、教育项目创新指导、专家学术论证等活动中积极配合主管部门，提供专业化服务。

六、完善博物馆社会服务，加强博物馆文化产品开发

积极拓展博物馆的文化休闲、文化消费功能，丰富和完善博物馆社会服务，优化观众参观体验，增加博物馆自身发展动力，为博物馆的可持续发展发挥更大作用。支持、鼓励博物馆以体现办馆宗旨和扩大博物馆文化传播为目标，满足公众多层次、多元化、个性化文化消费和社会服务，增强博物馆自身可持续发展能力。博物馆文化产品开发应立足藏品的生动元素开发博物馆文化产品，更加注重实用性，更多体现生活气息。各级文物主管部门要大力支持博物馆文化产品的创意开发，推动博物馆联合社会资源，培育创造博物馆文化产品特色品牌，增强博物馆文化产品在文化产业和消费体系中的竞争力。

七、规范权力运行、严格依法行政

《条例》是我国文化遗产保护领域一部新的重要法规，是我国文化遗产保护法律体系建设的又一重要成果，是文物行政主管部门依法履行职责、开展博物馆领域行政管理和社会服务的依据和标尺。各级文物行政管理部门必须严格依照法定权限和程序行使权力，牢固树立有法必依、执法必严、违法必究的施政理念。要认真依据《条例》，切实履行对博物馆的监督管理职责、设立备案职责、藏品建账建档管理职责、陈列展览备案制度等法定职责。对《条例》明确禁止的行为，要及时发现，依法查处。现有规定与《条例》不一致的，一律以《条例》为准；对与《条例》精神不符的具体规定要列出清单，逐一清理、废止、修订与完善。

各地贯彻实施《条例》过程中有关重要情况和问题，请及时报告我局。

国家文物局

二〇一五年三月二十日

关于推进博物馆理事会建设的指导意见

（文物博函〔2015〕1745号　2015年4月）

为深入贯彻党的十八届三中全会通过的《中共中央关于全面深化改革若干重大问题的决定》精神，落实中共中央、国务院《关于分类推进事业单位改革的指导意见》的改革任务，建立具有中国特色的博物馆体系和博物馆管理体制，促进博物馆公共文化服务能力的提升，进一步推动公众和社会力量参与博物馆的各项决策和建设，强化博物馆的公共性、增加管理的公开透明度，现就推进博物馆理事会建设提出如下指导意见。

一、充分认识推进博物馆理事会建设的重要意义

博物馆是人类收藏记忆凭证和熔铸新文化的殿堂，是重要的公共文化机构。为确保博物馆的持续发展，不断提升博物馆的专业化水平和服务社会的能力，必须推动博物馆的体制机制改革。党的十八届三中全会在科学总结我国文化体制改革和事业单位改革经验的基础上提出博物馆等文化事业单位组建理事会，为博物馆的建设与发展指明了方向。培育和发展博物馆理事会，实现博物馆决策管理的民主化、科学化，是当前实现全面深化改革的重要任务之一。

二、遵循“分类推行、循序渐进、积极稳妥、不断完善”的基本原则

根据各类不同的博物馆办馆主体，区别对待、分类实施，因地制宜采取多种组织形式和运作模式。民办博物馆按照《民办非企业单位登记管理暂行条例》（1998年国务院令第251号）、国家文物局《关于民办博物馆设立的指导意见》（文物博发〔2014〕21号）的有关规定，订立章程、组建理事会；国有企事业单位所属博物馆，具有多个举办主体的，可通过举办单位委派、社会人士征选等方式组建理事会，增强博物馆的公共性和运营独立性；国有博物馆已经建立博物馆理事会的，要认真总结历年来各类博物馆理事会建设的经验和做法，积极探索，不断完善；正在组建理事会的，可首先完善其建议、咨询、指导、监督职能，循序渐进，在实践过程中不断加大理事会参与决策管理的深度和广度。

三、明确博物馆理事会的功能定位

博物馆理事会是博物馆的决策和监督机构，依照法律法规、国家有关政策和博物馆的章程开展工作，接受政府和社会监督，负责博物馆的发展规划、财务预决算、重大业务、章程拟定和修订等决策事项，按照有关规定履行人事管理方面的职责并监督本博物馆业务工作的运行。

四、明确博物馆理事会职责

保障博物馆机构作为法人单位在人事和财务方面的合法权益，明确理事会在重要核心管理人员的人事选拔、任命和聘用，对博物馆财政预算的审核、预算执行的监督、社会资金的筹措等方面的职责，避免博物馆理事会流于形式。博物馆理事会的职责应包含以下内容：确保博物馆的使命、宗旨和目的的持续性；确保博物馆能最广泛地为公众服务；鼓励公众积极参与博物馆的各项业务活动；根据博物馆的使命和宗旨提供相应支持，确保博物馆藏品在当前和未来的安全和维护；支持博物馆通过研究，客观准确地诠释和传播有关藏品的知识；根据博物馆的使命和宗旨，监察和批准各项制度并监督这些制度的执行；规划博物馆的工作，检查和批准博物馆目标和实现途径，监督博物馆计划的执行；通过检查、批准、监督预算和财务报告，决策博物馆财政预算支出和募集资金，保证博物馆的财政稳定；审议博物馆馆长提名并与其签订合同，评估馆长的工作；确保博物馆有充足的人员实施博物馆的各项功能。

五、规范博物馆理事会组织结构

要根据博物馆的规模、职责任务和服务对象等方面的特点，兼顾代表性和效率，合理确定理事会的构成和规模。国有博物馆的理事会应由政府有关部门、举办单位、事业单位、服务对象和其他利益相关方的代表组成。直接关系公众切身利益的博物馆，本单位以外人员的理事要占绝对多数。

六、规范制定博物馆章程

作为博物馆法人治理结构的制度载体和理事会的运行规则，博物馆要制定符合自身宗旨和使命的章程。章程应明确举办单位与理事会、理事会与管理层的关系，包括理事会的职责、构成、会议制度，理事的产生方式和任期，管理层的职责和产生方式等。博物馆章程草案由理事会通过，并经举办单位同意，再报登记管理机关核准备案。

七、处理好博物馆主管部门与理事会的关系

建立和完善以理事会及其领导下的管理层为主要架构的事业单位法人治理结构，把行政主管部门对事业单位的具体管理职责交给理事会。充分发挥理事会作用，根据实际情况做好博物馆的基本制度设计，明确博物馆理事会的设置基本标准和基本权限。博物馆理事会建立后，博物馆主管部门主要履行监督、宏观政策制定，博物馆的管理制度与规章经理事会决议后向主管部门备案。

八、加强组织领导

各地文物行政部门、博物馆主管部门和各级各类博物馆要统一思想，高度重视培育和发展博物馆理事会工作的重要性，各地文物行政部门具体负责督促落实，要开拓思路、积极引导，与有关部门积极沟通出台配套措施，促进博物馆理事会良性发展。

九、做好示范推广

各地要在各级各类博物馆中开展理事会建设示范，以点带面、全面推广。本着实事求是的态

度，认真制定示范点建设方案，推广好的做法。

十、加强培训指导

各地文物行政部门要对博物馆理事会建设工作及时跟踪指导，注意总结经验，开展各类培训，确保理事会建设顺利进行。

公共博物馆章程示范文本

（文物博函〔2015〕1745号 2015年1月27日）

第一章 总 则

第一条 为促进和保障博物馆依法办馆、科学发展，规范本馆各项业务工作，确保公共文化服务、公共信托职能的实现，根据《中华人民共和国文物保护法》、《事业单位登记管理暂行条例》、《博物馆管理办法》、《国际博物馆协会职业道德准则》、《民办非企业单位登记管理暂行条例》及其他有关规定，制定本办法。

第二条 博物馆名称为______________（英文名称为______________）。

博物馆的法定住所为______________。

第三条 本馆的举办单位是______________，登记管理机关是______________。

第四条 本馆的使命是：______________。

（示例：作为为社会及其发展服务的、向公众开放的非营利性常设机构，为教育、研究、欣赏的目的而征集、保护、研究、传播并展出人类及人类环境的物质及非物质文化遗产。）

第五条 本馆是非营利性事业组织，具有独立法人资格，依法享有和履行相应权利义务，独立承担法律责任。

第六条 馆长是博物馆的法定代表人。

第七条 本馆的业务范围是：

（一）征集、保管、保护、研究文物、标本、文献；

（二）举办各类展览和社会教育活动；

（三）传播、弘扬历史、科学、文化知识；

（四）符合本章程的博物馆其他业务范围。

第二章 理事会

第一节 理事会的构成和职责

第八条 理事会是本馆的决策、监督或咨询机构，理事会向举办单位报告工作。

第九条 本馆理事会成员名，采用委派、征选或推选方式产生，由举办单位履行任免程序，其来源与名额、产生方式为：

举办单位或政府部门代表名，由举办单位或相关政府部门委派产生；

社会公众代表名，包括各利益相关方代表、专家代表、观众代表，由举办单位面向社会征选；

本馆代表名，其中馆长一名，为当然理事，其余名由本馆推选产生。

第十条 理事会的基本职责：

（一）确保博物馆的使命、宗旨和目的的持续性；

（二）鼓励公众积极参与博物馆的各项业务活动；

（三）根据博物馆的使命和宗旨提供相应支持，确保藏品及文物在当前和未来的安全和维护；

（四）确保博物馆能最广泛地为公众服务；

（五）支持博物馆通过研究，客观准确地诠释和传播有关藏品及文物的知识；

（六）根据博物馆的使命和宗旨，监察和批准各项制度并监督这些制度的执行；

（七）规划博物馆的工作，检查和批准博物馆目标和实现途径，监督博物馆计划的执行；

（八）通过检查、批准、监督预算和财务报告，决策博物馆财政预算支出和募集资金，保证博物馆的财政稳定；

（九）审议博物馆馆长提名并与其签订合同，评估馆长的工作；

（十）确保博物馆有充足的人员实施博物馆的各项功能；

（十一）审议本馆内部薪酬分配方案、内设和分支机构设置方案；

（十二）本届理事会任期届满前三个月负责组建下届理事会，并报举办单位审议。

第十一条 理事会向举办单位提交年度工作报告和重大事项专题报告。理事会通过的决议按管理权限须报有关部门批准或备案的，应报有关部门批准或备案。

第十二条 第一届理事会由举办单位组织；理事会换届改选时，由举办单位、本届理事会共同组织，按程序选举新一届理事。

第二节 理事

第十三条 理事每届任期与理事会任期相同。每届任期五年，任期届满，根据工作需要可以连选连任。举办单位或政府部门委派的理事年龄不得超过60岁，社会人士年龄原则上不超过70岁；

第十四条 理事为非受薪的社会公益职位，不得因理事资格领取薪酬；因履行理事职责产生的交通、通讯等相关补贴，可按有关规定从本馆经费中列支。

第十五条 理事任职资格：

（一）热心社会公益，热爱文博事业，能维护本馆的权益和社会声誉；

（二）在所在行业具有一定资历和良好声望，能客观、独立表达意见；

（三）无记过以上行政处分、无违法犯罪、失信记录，且具有完全民事行为能力；

（四）熟悉并遵守有关法律法规和国家政策。

第十六条 理事享有以下权利：

（一）出席理事会会议，享有发言权、提议权、表决权、选举权和被选举权；

（二）对理事会会议和本馆重大事项的知情权、建议权和监督权；

（三）提议召开临时理事会会议；

（四）理事会赋予的其他权利。

第十七条 理事应当履行以下义务：

（一）遵守有关法律、法规和本章程，在理事职责范围内行使权利，认真履行职责；

（二）及时向本馆反映社会各界的意见与建议，广泛引导和争取社会资源支持本馆事业发展；

（三）按时参加理事会会议及相关活动，遵守并执行理事会会议决议；

（四）遵守理事会规定的其他义务。

第十八条 理事履职过程中不得有以下情形：

（一）擅自公开或使用本馆涉密信息；

（二）凭借理事身份为本人或者他人谋取不当利益；

（三）以违背本章程规定和精神的方式干扰本馆正常运作；

（四）从事其他与理事身份不符的行为。

第十九条 理事可以在任期内提出辞职。辞职应向理事会递交书面申请，经理事会表决通过后，理事资格方可终止。委派产生的理事辞职须经委派方同意。

第二十条 理事发生以下情形的，理事会应按程序终止其理事资格：

（一）任期内无正当理由连续两次或累计三次不参加理事会会议的；

（二）因本人身体健康和工作等原因，无法继续履行理事职责的；

（三）不能履行理事职责与义务、损害公共利益或本馆利益的；

（四）违反法律法规，被追究行政或刑事责任的；

（五）法律法规和本章程规定的其他情形。

第二十一条 新提名的增补理事，需经理事会以上的理事同意方能入选；增补理事需按理事的原产生方式及程序实施。

第三节 理事长

第二十二条 理事会设理事长一名。

第二十三条 理事长由举办单位提名，理事会选举任命，行使以下职权：

（一）引导理事会完成其职权，支持本馆实现各项发展目标；

（二）确定理事会的议题，召集并主持理事会会议；

（三）督促、检查理事会决议的实施情况；

（四）代表理事会签署有关文件；

（五）法律法规和理事会授予的其他职权。

第四节　理事会会议

第二十四条　理事会会议一般由理事长召集和主持。每年应至少召开两次理事会会议，会议召开前十日书面通知全体理事。理事会会议应有三分之二以上的理事出席方可举行。

第二十五条　理事长认为必要时，或有三分之一以上理事联名提议时，可召开理事会临时会议，并于会议召开前五日书面通知全体理事。

第二十六条　理事会实行民主集中制。采用记名方式投票表决，每名理事享有一票表决权。理事会决议一般事项须经全部理事的半数以上通过，重大事项须经全部理事的三分之二以上通过方可生效。

重大事项如下：

（一）拟定及修订本馆章程；

（二）审议本馆中长期发展战略和发展规划；

（三）审议本馆重大财务事项；

（四）审议本馆内部薪酬分配方案；

（五）审议本馆机构设置方案；

（六）任免本馆馆长、副馆长；

（七）审议决定本馆理事会成员的聘任和解聘。

第二十七条　理事会会议应当制作会议记录。出席会议的理事和记录人，应当在会议记录上签名。形成决议的，应当制作会议纪要，并由出席会议的理事审阅、签名。理事会会议记录应当作为本馆重要档案妥善保管。

第二十八条　理事会会议记录应当载明以下内容：

（一）出席会议的理事人员、列席人员、缺席理事及缺席事由；

（二）会议的日期、地点；

（三）主要议题及议程；

（四）参会理事的发言要点；

（五）提交表决事项的表决结果；

（六）理事会认为应当载入会议记录的其他内容。

第二十九条　理事会决议违反法律、法规或本单位章程规定，致使本馆利益遭受损失的，参与决议的理事应当承担责任。但经证明在表决时反对并记载于会议记录的，该理事可免除责任。

第三章　管理层

第三十条　本馆管理层是理事会的执行机构，向理事会负责，由馆长、副馆长和其他核心管理人员组成，实行馆长负责制。

第三十一条　馆长、副馆长和其他核心管理人员由举办单位提名，理事会任免。

第三十二条　管理层履行下列职责：

（一）组织实施理事会的决议，接受理事会的监督；

（二）编制博物馆发展规划，组织开展业务活动，实施年度工作计划等日常工作管理；

（三）编制并组织实施经费预算等财务资产管理；

（四）按照相关条例做好职工招聘、岗位晋升、人员管理、内设或分支机构的设置、薪酬发放等工作；

（五）做好文物安全工作、保障本馆内参观及活动人群的安全；

（六）根据工作需要可提议设立发展规划、薪酬与考核、展览陈列、藏品保护等咨询委员会或专业委员会。

第三十三条　馆长作为拟任法定代表人人选，经登记管理机关核准登记后，取得本单位法定代表人资格。

馆长行使下列职责：

（一）全面负责本单位业务、人事、财务、资产、征集等各项管理工作；

（二）组织制定本馆内设机构设置方案和基本管理制度；

（三）按照理事会决议主持开展工作；

（四）法律法规和本章程规定的其他职责。

第三十四条　副馆长协助馆长工作。馆长因故临时不能行使职权时，指定副馆长代行其职权。

第四章　职　工

第三十五条　本馆职工由专业技术人员、行政管理人员等组成。

第三十六条　本馆依法对职工进行聘用、考核、晋升、奖惩等，具体办法由本馆或本馆授权的相关职能部门依法另行制定和实施。

第三十七条　职工根据法律、行政法规、规章以及本章程的规定享有下列基本权利：

（一）依法开展岗位要求的工作，按其工作职责和贡献程度依法领取相应薪酬；

（二）对博物馆事务提出意见和建议，通过职工代表大会等参与民主管理；

（三）公平地获得个人发展所需的相应工作、学习和交流的机会；

（四）在工作业绩、工作能力等方面获得公正评价，公平地获得各级各类奖励及各种荣誉称号；

（五）对职称、待遇、纪律处分等涉及其切身利益的相关决定表达异议，提出申诉，并请求处理；

（六）法律、行政法规、规章、章程以及博物馆规章制度或者聘约规定的其他权利。

第三十八条 职工根据法律、行政法规、规章以及本章程的规定应当履行下列基本义务：

（一）遵守宪法、法律和博物馆职业道德，不断提高思想政治觉悟和业务水平；

（二）珍惜爱护博物馆声誉，维护博物馆利益，遵守博物馆各项规章制度；

（三）勤奋工作，恪尽职守，完成岗位要求的工作任务；

（四）法律、行政法规、规章、章程以及本馆规章制度或者聘约规定的其他义务。

第五章 资产的管理和使用

第三十九条 本馆的合法资产受法律保护，任何单位、个人不得侵占、私分、挪用。

第四十条 本馆坚持博物馆公共信托职责，所有馆藏品均为永久性收藏，按照有关法律法规合法保藏和利用。

第四十一条 本馆的经费使用应符合本馆的宗旨和业务范围。

第四十二条 本馆执行国家统一的事业单位会计制度，依法接受税务、会计、审计等主管部门监督。

第四十三条 本馆的人员工资、社保、福利待遇按照国家有关规定执行。

第四十四条 理事会换届和本馆的法定代表人离任前，应当进行经济责任审计。

第六章 终止和剩余资产处理

第四十五条 本馆有以下情形之一，应当终止：

（一）经审批机关决定撤销；

（二）合并、分立；

（三）因其他原因依法应当终止的。

第四十六条 本单位在申请注销登记前，理事会在举办单位和有关机关的指导下，成立清算组织，开展清算工作。清算期间不开展清算以外的任何活动。

第四十七条 本馆所有藏品及文物，应由政府主管部门组织清点封存，可划拨其他博物馆等机构用于公益性目的，不得用于清算偿债。

第四十八条 清算工作结束，形成清算报告，经理事会通过，报举办单位审查同意后，向登记管理机关申请注销登记。

第四十九条 本单位终止后的其他剩余资产，在相关政府部门的监督下，按照有关法律法规和本单位章程进行处置。

第七章　章程修改

第五十条　本馆有下列情形之一的，应修改章程：

（一）章程规定的事项与修改后的国家法律、行政法规的规定不符的；

（二）章程内容与实际情况不符的；

（三）理事会认为应当修改章程的其他情形。

第五十一条　理事会决议通过的章程修改案，经举办单位审查同意后，报登记管理机关核准备案。涉及事业单位法人登记事项的，须向登记管理机关申请变更登记。

第八章　附　则

第五十二条　本章程经 ×× 年 ×× 月 ×× 日理事会表决通过。自事业单位登记管理机关核准备案之日起生效。

第五十三条　本章程中的各项条款与法律、法规不符的，以法律、法规的规定为准。涉及事业单位法人登记事项的，以登记管理机关核准颁发的《事业单位法人证书》刊载内容为准。

第五十四条　本章程解释权属丁本馆理事会。

全国博物馆评估办法

（文物博发〔2016〕15号　2016年7月25日）

第一条　为加强博物馆行业管理，提高博物馆质量，充分发挥博物馆的社会服务功能，促进博物馆事业发展，依据《中华人民共和国文物保护法》、《博物馆条例》、《博物馆管理办法》，制定本办法。

第二条　凡在中华人民共和国境内，正式登记、经所在地省级文物行政部门备案的，具有文物和标本的收藏保管、科学研究、陈列展览功能，向社会开放、正常运行三年以上的各类博物馆，均可申请参加博物馆评估。

第三条　国家文物局负责制定博物馆定级评估办法、博物馆定级评估标准等，并对标准、规则的实施进行监督检查。博物馆定级评估工作具体由中国博物馆协会组织开展，遵循自愿申报、行业评估、动态管理、分级指导和公平、公正、公开的原则，按照自评、申报、评定、公布的程序进行。地方省级博物馆行业组织协助中国博物馆协会开展相关工作。

第四条　中国博物馆协会组织设立全国博物馆评估委员会。全国博物馆评估委员会负责全国博物馆评估工作的组织和管理。

地方省级博物馆行业组织设立本辖区博物馆评估委员会。省（自治区、直辖市）博物馆评估委员会在全国博物馆评估委员会的指导下，开展相应等级博物馆的评估工作。

第五条　博物馆经定级评估确定相应等级，从高到低依次为国家一级博物馆、国家二级博物馆、国家三级博物馆。一、二、三级博物馆占全国博物馆数量的比例分别控制在3%、6%、9%以内。

第六条　申请评估的博物馆应依照博物馆评估标准开展自评，填写《博物馆评估申请书》，并向属地的省（自治区、直辖市）博物馆评估委员会提出申请。

第七条　省（自治区、直辖市）博物馆评估委员会对申请评估的博物馆进行考察和评估，对一级博物馆提出推荐意见，经地方省级博物馆行业组织审核后，报送全国博物馆评估委员会评定；对二级、三级博物馆提出评定意见，经地方省级博物馆行业组织审核同意后，报送全国博物馆评估委员会复核。

第八条　全国博物馆评估委员会对省（自治区、直辖市）博物馆评估委员会推荐的一级博物馆的材料进行审核，可组织专家小组进行现场评估。

专家小组在核实材料、实地考察、咨询评议的基础上，提出现场评估报告。

全国博物馆评估委员会根据申请单位的《博物馆评估申请书》、省（自治区、直辖市）博物馆评估委员会的推荐意见和现场评估报告，进行综合评议，并以打分方式产生一级博物馆的评定意见。

第九条 全国博物馆评估委员会将一级博物馆的评定意见和二、三级博物馆的复核结果，报中国博物馆协会审定。中国博物馆协会将相应结果报国家文物局备案后向社会公布。

一个博物馆机构只能获得一个质量等级。博物馆如因机构改革出现合并重组，与现有国家一、二、三级博物馆存在隶属、包含关系的，合并重组前的博物馆等级一致的，合并重组后等级维持不变；合并重组前的博物馆等级不一致的，合并重组后，在下一次运行评估前，等级可暂维持在原先较高的等级。已获得等级的博物馆如因机构改革出现拆分的，相应的等级名额不予增加；拆分后的博物馆再次参加下一轮定级评估后，方可分别重新获得新的等级。

第十条 博物馆的等级标牌、证书由中国博物馆协会统一制作、颁发。

第十一条 被评定为相应等级的博物馆，须将等级标牌置于其主入口处的最明显位置，接受社会监督。

第十二条 博物馆定级工作每三年开展一次。初次申请定级评估的博物馆，可申请不高于二级的博物馆等级。

第十三条 各级博物馆评估机构对所评博物馆要进行监督检查和复核。复核以运行评估等方式，至少每三年进行一次。运行评估的规则等文件由国家文物局另行制定。

第十四条 等级复核工作主要由省（自治区、直辖市）博物馆评估委员会组织和实施。全国博物馆评估委员会有计划、有重点地进行一级博物馆复核。

第十五条 经复核达不到要求的博物馆，按以下方法作出处理：

（一）三级、二级博物馆达不到标准规定，省（自治区、直辖市）博物馆评估委员会根据具体情况，由地方省级博物馆行业组织作出签发警告通知书、通报批评、降低或取消等级的处理。

一级博物馆达不到标准规定，全国博物馆评估委员会根据具体情况，经中国博物馆协会核准后，作出签发警告通知书、通报批评、降低或取消等级的处理。

对于取消或降低等级的博物馆，需由相应的评定机构对外公告。降低或取消等级的通知，须报全国博物馆评估委员会和中国博物馆协会核准，并报国家文物局备案。

（二）博物馆接到警告通知书、通报批评、降低或取消等级的通知后，须认真整改，并在规定期限内将整改情况上报相应的等级评定机构。

（三）凡被降低、取消等级的博物馆，自降低或取消等级之日起三年内，不得重新申请新的资质等级。

第十六条 全国博物馆评估委员会、省（自治区、直辖市）博物馆评估委员会及其现场评估小组须严格遵循相关评估工作程序、规则和纪律，接受有关管理部门、博物馆行业、社会各界和公证机构的监督。

第十七条 申请评估的博物馆，一经核实有弄虚作假、行贿舞弊等违法违规行为的，将被取消其评估资格。

参与博物馆评估工作的专家和工作人员不得徇私舞弊。如有违纪、违规行为，一经查实，依法由相关部门给予相应处理。

第十八条 本办法自公布之日起实施。

博物馆定级评估标准

（国家文物局　文物博发〔2016〕15号　2016年7月21日）

1. 前　言

本标准的制定旨在加强博物馆质量管理，促进博物馆履行保护、诠释和推广人类的文化和自然遗产的职责，提高博物馆社会教育和公共文化服务质量，繁荣中国特色社会主义文化。

本标准在制定过程中，总结了国内博物馆的管理经验，借鉴了国内外有关资料和技术规程，并直接引用了部分国家标准或标准条文。同时，根据自《博物馆评估暂行标准》2008年起用至今近8年时间的实施情况，在原标准基础上对一些内容进行了修订，使其更加符合博物馆的发展实际。

本标准从实施之日起，代替《博物馆评估暂行标准》。

本标准由国家文物局提出。

本标准由国家文物局归口并负责解释。

本标准起草单位：国家文物局博物馆与社会文物司。

2. 范　围

2.1　本标准规定了博物馆等级划分的依据、条件及评定的基本要求。

2.2　本标准适用于全国范围内所有正式登记并经所在地省级文物行政部门备案，具有文物、标本收藏保管、科学研究、陈列展览功能的，对外开放的各类博物馆。

3. 依据的法律法规和文件

《中华人民共和国文物保护法》

《中华人民共和国教育法》

《中华人民共和国科学技术普及法》

《公共文化体育设施条例》

《博物馆条例》

《国务院关于进一步加强文物工作的指导意见》

《博物馆管理办法》

《中共中央关于印发〈爱国主义教育实施纲要〉的通知》

《中共中央宣传部　文化部　国家文物局关于进一步加强博物馆宣传展示和社会服务工作的通知》

《文化部　国家文物局关于公共文化设施向未成年人等社会群体免费开放的通知》

《中共中央宣传部　财政部　文化部　国家文物局关于全国博物馆、纪念馆免费开放的通知》

《文化部　国家发展改革委　财政部　国家文物局关于推动文化文物单位文化创意产品开发的若干意见》

《中国文物、博物馆工作者职业道德准则》

《博物馆馆长专业资格条件（试行）》

《国际博物馆协会章程》

《国际博物馆协会博物馆职业道德准则》

4. 引用的标准和规范

下列文件中的条款，通过本标准的引用而自然成为本标准的条款。凡是注日期的引用文件，其随后所有的修改版（不包括勘误的内容）或修订版均不适用于本标准。凡是不注日期的引用文件，其最新版本适用于本标准。

GA 27—2002《文物系统博物馆风险等级和安全防护级别的规定》

GB/T 16571—1996《文物系统博物馆安全防范工程设计规范》

JGJ 66—91《博物馆建筑设计规范》

GBJ 16—87《建筑设计防火规范》

GB 50193—93《高层民用建筑设计防火规范》

GB 50222—95《建筑内部装修设计防火规范》

GB 50263—97《气体灭火系统施工及验收规范》

GB 50261—96《自动喷水灭火系统施工及验收规范》

GB 3095—1996《环境空气质量标准》

GB/T 18883—2002《室内空气质量标准》

GB 50325—2001《民用建筑工程室内环境污染物控制规范》

GB 3096—1993《城市区域环境噪声规范》

GH ZB1—1999《地表水环境质量规范》

GB/T 10001.1—2000《标志用公共信息图形符号》

GB/T 17775—2003《旅游景区质量等级的划分与评定》

GB/T 24001—2004《环境管理行为规范》

GB/T 28001—2011《职业健康安全管理体系　要求》

GB 9664—1996《文化娱乐场所卫生标准》

GB 16153—1996《饭馆（餐厅）卫生标准》

GB/T 23863—2009《博物馆照明设计规范》

5. 术　语

本标准采用下列定义：

博物馆：是指以教育、研究和欣赏为目的，收藏、保护并向公众展示人类活动和自然环境的见证物，经登记管理机关依法登记的非营利组织。

藏品：是指具有收藏、研究、展示价值的文物、标本、模型等的总称。

藏品库房：是指藏品集中保存的特定建筑物。

藏品保护修复场所：是指博物馆运用传统修复工艺和现代科学技术手段对藏品进行科学分析、检测和保护、修复的特定建筑物。

展厅：是指博物馆用作向公众展示藏品的特定建筑物。

出境展览：是指单独或合作在境外（含港、澳、台地区）举办的展览。

6. 博物馆等级及标志

6.1 博物馆划分为三级，从高到低依次为一级、二级、三级博物馆。

6.2 博物馆的等级证书、标牌由中国博物馆协会统一制作和颁发。

7. 博物馆等级划分条件

7.1 一级

7.1.1 综合管理与基础设施

7.1.1.1 法人治理结构

法人治理结构完善，理事会（董事会）和监事会或其他形式的决策、监督机构健全，运行机制有效。

7.1.1.2 章程与发展规划

有正式批准和发布的博物馆章程和博物馆发展规划，年度工作计划符合发展规划要求。

7.1.1.3 建筑与环境

a）建筑功能区块布局合理，自成系统。

b）环境整洁、美观、舒适，绿化率高；室内空气质量好。

7.1.1.4 人力资源

a）人才结构、梯次合理，专业技术人员占在编人员的75%以上；高、中级管理人员具备大学以上文化程度。

b）员工考核、培训制度健全，人员、经费落实，业务培训全面，效果良好，上岗人员培训合格率达100%。

7.1.1.5 财务管理

a）财务管理制度完善并有效实施，有充足的事业经费来源和保证。

b）有多渠道、来源稳定的社会资助。

7.1.1.6 安全保障

a）一、二、三级风险单位按要求落实完善的安全防范系统，一、二、三级风险部位按要求落实完善的安全防范措施。

b）有与博物馆规模相适应的管理规范、人员配置齐全的保卫工作机构；保卫工作规章制度健全，措施得当，有处置各类突发事件的应急预案；保卫人员受过专业培训，素质高、业务精，工作程序规范、准确；档案齐全，交接班制度完善、记录齐全；定期组织安全演练。

c）消防组织健全，责任明确，管理制度完善，有处置各类火灾的应急预案；有与单位规模相适应的完善的消防设施、设备及安全、有效的防雷装置，并由专人管理，定期进行检查、维修、更新；定期组织消防演练，消防人员设备操作熟练、规范。

d）公共安全制度完善，应急预案科学、规范；安全出口、疏散通道通畅，标志醒目；应急照明、救生等设施、设备完好；节日期间有应急医护人员。

7.1.1.7 办公信息化

有功能完善、运行可靠的局域网办公信息系统。

7.1.2 藏品管理与科学研究

7.1.2.1 藏品管理

a）藏品资源与本馆的宗旨、使命相符，形成完整的体系。

b）藏品20000件/套以上，或珍贵文物2000件/套以上；具有很高的历史、文化、科学、艺术价值，或其中一类价值具世界意义。依托各类遗迹遗址、各级文物保护单位或历史建筑建设的考古古建类博物馆，可适当放宽至藏品总量达到16000件/套或三级以上珍贵文物1600件/套以上。

c）有适应本馆藏品状况、功能完善的藏品数据库。

d）有与本馆宗旨、使命相符的藏品征集政策和收藏范围；有规范的藏品征集组织与制度，对征集的藏品进行鉴定；有多种征集渠道，征集经费充足，使用合理、效果好。

e）藏品管理制度完善；藏品入藏手续齐全、资料完整；藏品总登记账清晰，账物相符；分类账准确合理，编目科学翔实；藏品档案记录规范，新入藏的藏品及时建档备案，并及时登记入藏品总账。

f）库房面积满足收藏需要；库房管理制度完善；库房设施、设备齐全，藏品存放环境达标；藏品提用手续齐全，进、出库记录完整；藏品存放科学、合理、规范；三级以上藏品均配备有符合要求的装具，一级文物和其他易损易坏的珍贵文物有专柜或专库存放，并由专人负责保管；根据藏品质地控制温湿度，照明符合设计规范要求；库房整洁，空气质量好。

g）藏品保护修复场所规模较大、设备齐全，并能有效运转；文物藏品修复资质和具备文物藏品修复资格的人员多；藏品修复、保养程序科学、规范，效果好。

7.1.2.2 学术研究与科技

a）学术机构健全，学术带头人为有全国性学术影响的专家；定期举办国际、国内学术活动；定期出版高质量的学术刊物；馆内人员经常在核心期刊发表专业论文、出版学术专著；系统收藏相关中外文学术期刊。

b）有科技部门，有素质高、结构合理的科技队伍，有较大规模的实验室及相应科研仪器设备，能独立承担国际合作项目和国家级、省部级科研课题；取得重大科技成果或引进新技术，并运用到工作中，取得显著效果。

7.1.3. 陈列展览与社会服务

7.1.3.1 影响力

a）有博物馆品牌标志，并全面、恰当地运用；有完善的博物馆宣传计划，全国性媒体经常报道博物馆动态。

b）在国内外有很高的知名度和很好的声誉；公众影响力很强，年观众50万人次以上，其中海外观众2万人次以上；经常举办出境展览或引进外展。

7.1.3.2 展示和教育

a）展厅环境优美、空气质量好，照明符合设计规范要求，展柜内微环境适宜展品保存。

b）基本陈列主题明确，鲜明体现本馆特色；策划方案科学，经过国家级专家论证；内容研究深入，展品组织得当，文字说明准确、生动、有文采；展览设计准确表达陈列主题，艺术感染力强；及时进行内容和展品更新；社会美誉度高。

c）采取多种合作模式，经常举办有全国性影响力的临时展览；临时展览有完善的前期策划和营销计划，展览的社会、经济效益好。

d）有社会教育机构和专门从事社会教育工作的人员，馆内设有专门的教育服务区；有完善的社会教育工作方案和针对不同观众群体的社会教育计划；经常与教育部门以及其他单位联系或建立共建单位，开展有针对性的教育活动，积极举办不同形式的讲座等活动，服务学校、工厂、社区和农村等不同观众群体；为省级（含）以上爱国主义教育、科普教育基地。

e）有高素质、稳定的讲解员队伍；有两种（含）以上语言的、适合不同观众群体的科学、准确、生动、有文采的讲解词；定期进行义务讲解；有针对特殊观众群体的讲解服务；有两种（含）以上语言的现代化自助语音讲解设备。

7.1.3.3 社会服务

a）有“博物馆之友”等群众组织，人员结构合理，依照章程定期开展活动；博物馆志愿者队伍稳定、具有相当规模，全部实施上岗培训，每名志愿者每年为博物馆或观众服务48小时以上。

b）博物馆每年开放时间300天以上；基本陈列定期免费开放，且在60天以上；日常免费、优惠开放制度和措施向社会公示；年免费接待青少年观众人数占观众总人数的20%以上；科学管理观众容量。

c）交通便捷，可进入性好；博物馆出入口处道路通畅，有无障碍通道；外部中、外文引导标识设置科学、合理，清楚、美观。

d）售票地点设在室内；参观游览线路合理、顺畅；观众服务中心位置合理，规模适度，设施齐全，功能体现充分，咨询服务人员配备齐全，业务熟练，服务热情；中、外文的博物馆导览等基本信息资料特色突出，品种齐全，内容丰富，文字优美，制作精美，适时更新，并免费为观众提供；基本陈列的标牌、展品等有中、外文说明；设有免费物品寄存处、特殊人群服务设施和设备、餐饮服务设施和纪念品销售服务设施等；展厅内有观众休息设施；卫生设施、设备布局合理，数量满足需要，并与环境相协调；各种设施、设备中、外文标识清楚。

e）有专门网站，设计简洁大方，界面友好，互动性强，内容丰富，信息更新及时，支持两种（含）以上语言；馆内建立有多种形式的互动式或参与式的多媒体文化、科普、教育服务设施，服务有特色、质量高。

f）文化产品本馆特色突出，种类丰富，制作精美，销售情况好。

g）提供藏品代为保管、鉴定、养护、修复及咨询等公众服务项目，公众满意度高。

h）观众调查制度健全，调查方法多样，调查成果充分运用。

7.2　二级

7.2.1 综合管理与基础设施

7.2.1.1 法人治理结构

法人治理结构完善，理事会（董事会）和监事会或其他形式的决策、监督机构健全，运行机制有效。

7.2.1.2 章程与发展规划

有正式批准和发布的博物馆章程和博物馆发展规划，年度工作计划符合发展规划要求。

7.2.1.3 建筑与环境

a）建筑功能区块布局合理。

b）环境整洁，绿化率高；室内空气质量较好。

7.2.1.4 人力资源

a）人才结构、梯次比较合理，专业技术人员占在编人员的70%以上；高、中级管理人员具备大专以上文化程度，其中80%以上具备大学以上文化程度。

b）员工考核、培训制度健全，人员、经费落实，业务培训全面，效果良好，上岗人员培训合格率达100%。

7.2.1.5 财务管理

a）财务管理制度完善并有效实施，有基本满足需要的事业经费来源和保证。

b）有稳定的社会资助。

7.2.1.6 安全保障

a）一、二、三级风险单位按要求落实完备的安全防范系统，一、二、三级风险部位按要求落实完备的安全防范措施。

b）有与博物馆规模相适应的管理规范、人员配置齐全的保卫工作机构；保卫工作规章制度健全，措施得当，有处置一般突发事件的应急预案；保卫人员受过专业培训，工作程序规范；档案齐全，交接班制度完善、记录齐全；定期组织安全演练。

c）消防组织健全，责任明确，管理制度完善，有处置特定火灾的应急预案；消防设施、设备配备合理，有安全、有效的防雷装置，并定期进行检查、维修、更新；定期组织消防演练，保卫人员熟练、规范操作消防设备。

d）公共安全制度健全，应急预案科学、规范；安全出口、疏散通道通畅，标志醒目；应急照明设备完好。

7.2.1.7 办公信息化

有局域网办公信息系统。

7.2.2 藏品管理与科学研究

7.2.2.1 藏品管理

a）藏品资源与本馆的宗旨、使命相符，形成相对完整的体系。

b）藏品10000件/套以上，或珍贵文物1000件/套以上；具有较高的历史、文化、科学、艺术价值，或其中一类价值具全国意义。依托各类遗迹遗址、各级文物保护单位或历史建筑建设的考古古建类博物馆，可适当放宽至藏品总量达到8000件/套或三级以上珍贵文物800件/套以上。

c）有基本适应本馆藏品状况、功能相对完善的藏品数据库。

d）有与本馆宗旨、使命相符的藏品征集政策和收藏范围；有规范的藏品征集组织与制度，对征集的藏品进行鉴定；有多种征集渠道，征集经费基本满足需要，使用合理、效果好。

e）藏品管理制度完善；藏品入藏手续齐全、资料完整；藏品总登记账清晰，账物相符；分类账准确合理，编目科学翔实；藏品档案记录规范，新入藏的藏品及时建档备案，并及时登记入藏品总账。

f）库房面积满足收藏需要；库房管理制度健全；库房设施、设备基本符合藏品存放环境标准；藏品提用手续齐全，进、出库记录完整；藏品存放合理、规范；二级以上藏品均配备有符合要求的装具，一级文物和其他易损易坏的珍贵文物有专柜或专库存放并由专人负责保管；库房重点部位能控制温湿度，采光照明基本符合规范要求；库房整洁、空气无异味。

g）有藏品保护修复场所和基本的设备；有文物藏品修复资质和具备文物藏品修复资格的人员；藏品修复、保养程序科学、规范，效果好。

7.2.2.2 学术研究与科技

a）学术机构健全，学术带头人为有省级学术影响的专家；定期举办省级学术活动；定期出版较高质量的学术刊物；馆内人员经常在省级刊物发表专业论文、出版学术专著。

b）有专门科技人员和必要的设施设备，能独立承担省部级科研课题，能借助或引进专业科技力量开展相关科学技术研究工作，并将有关成果运用到实际工作中。

7.2.3 陈列展览与社会服务

7.2.3.1 影响力

a）有博物馆品牌标志并有效运用；有系统的博物馆宣传计划，省级媒体经常报道博物馆动态。

b）在省内外有较高的知名度和较好的声誉；公众影响力较强，年观众30万人次以上，其中海外观众1万人次以上；经常举办国内巡展和引进展览。

7.2.3.2 展示和教育

a）展厅环境整洁，照明符合设计规范要求，珍贵文物展品的保存环境达标。

b）基本陈列主题明确，较好体现本馆特色；策划方案合理，经过省级专家论证；内容研究较深入，展品组织较得当，文字说明准确、生动；展览设计较准确地表达陈列主题，艺术感染力较强；定期进行内容和展品更新；社会美誉度较高。

c）采取多种合作模式，经常举办有省级影响力的临时展览；临时展览有周密的前期策划和营销计划，展览的社会、经济效益较好。

d）有社会教育机构和专门从事社会教育工作的人员，馆内设有专门的未成年人教育服务区；有周密的社会教育工作方案和针对不同观众群体的社会教育计划；经常与教育部门以及其他单位联系或建立共建单位，开展有针对性的教育活动，积极举办不同形式的讲座等活动，服务学校、工厂、社区和农村等不同观众群体：为省级爱国主义教育、科普教育基地。

e）有较高素质、稳定的讲解员队伍；有适合不同观众群体的科学、准确、生动的讲解词；定期进行义务讲解；有针对特殊观众群体的讲解服务；有现代化自助语音讲解设备。

7.2.3.3 社会服务

a）有“博物馆之友”等群众组织，依照章程定期开展活动。博物馆志愿者队伍稳定、有一定规模，全部实施上岗培训，每名志愿者每年为博物馆或观众服务48小时以上。

b）博物馆每年开放时间300天以上；基本陈列定期免费开放，且在60天以上；日常免费、优惠开放制度和措施向社会公示；年免费接待青少年观众人数占观众总人数的30%以上；科学管理观众容量。

c）交通方便，可进入性良好；博物馆出入口处道路通畅，一般有无障碍通道；外部中、外文引导标识设置合理，清楚、美观。

d）售票地点设在室内；参观游览线路合理、顺畅；设有观众服务中心或相应场所，咨询服务人员业务熟悉，服务热情；中、外文的博物馆导览等基本信息资料品种多，内容丰富，制作较好，并免费为观众提供；基本陈列的标牌有中、外文说明；设有免费物品寄存处、特殊人群服务设施和设备、纪念品销售服务设施等；展厅内有观众休息设施；卫生设施、设备布局合理，数量满足需要；各种设施、设备中、外文标识清楚。

e）有专门网站，网站内容有特色，定期更新；馆内有互动式或参与式的多媒体文化、科普、教育服务设施，服务有特色、质量较高。

f）文化产品本馆特色突出，种类较丰富，制作较精美，销售情况较好。

g）提供藏品代为保管、鉴定、养护及咨询等公众服务项目，公众满意度较高。

h）观众调查制度比较健全，调查方式较多，调查成果有效运用。

7.3　三级

7.3.1 综合管理与基础设施

7.3.1.1 法人治理结构

法人治理结构完善，理事会（董事会）和监事会或其他形式的决策、监督机构健全，运行机制有效。

7.3.1.2 章程与发展规划

有正式批准和发布的博物馆章程和博物馆发展规划，年度工作计划符合发展规划要求。

7.3.1.3 建筑与环境

a） 建筑功能区块布局基本合理。

b） 环境整洁，室内空气质量较好。

7.3.1.4 人力资源

a）人才结构、梯次基本合理，专业技术人员占在编人员的70%以上；高、中级管理人员具备大专以上文化程度，其中50%以上具备大学以上文化程度。

b）员工考核、培训制度健全，人员、经费落实，业务培训全面，效果良好，上岗人员培训合格率达100%。

7.3.1.5 财务管理

a）财务管理制度完善并有效实施，有基本的事业经费来源和保证。

b）有社会资助。

7.3.1.6 安全保障

a）一、二、三级风险单位按要求落实相应的安全防范系统，一、二、三级风险部位按要求落实相应的安全防范措施。

b）有与博物馆规模相适应的专职保卫人员；保卫工作规章制度健全，措施得当，有处置一般突发事件的应急预案；保卫人员受过专业培训，工作程序规范；档案齐全，交接班制度完善、记录齐全；定期组织安全演练。

c）消防责任明确，管理制度完善；有针对一般火灾的消防应急预案；消防设施、设备按要求配备，有安全、有效的防雷装置，并定期进行检查、维修、更新；定期组织消防演练，保卫人员能够熟练、规范操作消防设备。

d）公共安全制度健全，应急预案规范；安全出口、疏散通道通畅，标志醒目，应急照明设备完好。

7.3.1.7 办公信息化

有基本的行政、业务工作数据库；在编专业技术人员会熟练使用计算机，人均电脑占有率不低于50%。

7.3.2 藏品管理与科学研究

7.3.2.1 藏品管理

a）藏品资源与本馆的性质、任务相符，形成基本的体系。

b）藏品5000件/套以上，或珍贵文物500件/套以上；具有较高的历史、文化、科学、艺术价值，或其中一类价值具省级意义。依托各类遗迹遗址、各级文物保护单位或历史建筑建设的考古古建类博物馆，可适当放宽至藏品总量达到4000件/套或三级以上珍贵文物400件/套以上。

c）有藏品数据库。

d）有与本馆宗旨、使命相符的藏品征集政策和收藏范围；有规范的藏品征集组织与制度，对征集的藏品进行鉴定；征集经费使用合理、效果好。

e）藏品管理制度健全；藏品入藏手续齐全、资料完整；藏品总登记账清晰，账物相符；藏品档案记录规范；新入藏的藏品及时建档备案，并及时登记入藏品总账。

f）库房面积基本满足收藏需要；库房管理制度健全；库房设施、设备基本适应藏品存放环境要求；藏品提用手续齐全，进、出库记录完整；藏品存放规范；一级藏品均配备有符合要求的装具，一级文物和其他易损易坏的珍贵文物有专柜或专库存放并由专人负责保管；库房重点部位能控制温湿度，采光照明基本符合规范要求；库房整洁，空气无异味。

g）藏品保养制度和措施健全，效果较好

7.3.2.2 学术研究与科技

a）有学术机构，学术带头人为有地区性学术影响的专家；定期举办区域内学术活动；定期出版学术刊物；馆内人员每年在省级（含）以上刊物发表专业论文。

b）有一定科研能力，能借助或引进专业科技力量开展相关科学技术研究工作，并将有关成果运用到实际工作中。

7.3.3. 陈列展览与社会服务

7.3.3.1 影响力

a）有博物馆品牌标志；有较为系统的博物馆宣传计划，地区级媒体经常报道博物馆动态。

b）在省内有较高的知名度和较好的声誉；公众影响力较强，年观众10万人次以上；定期举办省内巡展和引进展览。

7.3.3.2 展示和教育

a）展厅环境整洁，照明符合设计规范要求，珍贵文物展品的保存环境基本达标。

b）基本陈列主题明确，体现本馆特色；策划方案比较合理，省级专家参加论证；内容研究具有一定深度，展品组织较合理，文字说明准确；展览设计较好表达陈列主题；不定期进行内容和展品更新；有一定社会美誉度。

c）采取多种合作模式，定期举办有地区性影响力的临时展览；临时展览有前期策划和营销计划，展览的社会效益较好。

d）有社会教育机构和专门从事社会教育工作的人员；有具体可行的社会教育工作方案和针对不同观众群体的社会教育计划；经常与教育部门以及其他单位联系或建立共建单位，开展有针对性的教育活动，积极举办不同形式的讲座等活动，服务学校、工厂、社区和农村等不同观众群体；为地市级爱国主义教育、科普教育基地。

e）有较高素质、稳定的讲解员队伍；有适合不同观众群体的科学、准确、生动的讲解词；定期进行义务讲解；有针对未成年观众群体的讲解服务。

7.3.3.3 社会服务

a）博物馆志愿者队伍稳定、有一定规模，全部实施上岗培训，每名志愿者每年为博物馆或观众服务48小时以上。

b）年开放时间300天以上；基本陈列定期免费开放，且在60天以上；日常免费、优惠开放制度和措施向社会公示；年免费接待青少年观众人数占观众总人数的40%以上；科学管理观众容量。

c）交通方便，可进入性较好；博物馆出入口处道路通畅；外部引导标识设置比较合理，清楚、美观。

d）售票地点设在室内；参观游览线路基本合理、顺畅；设有观众咨询服务场所，服务人员业务熟悉，服务热情；博物馆导览等基本信息资料内容丰富，制作较好，并免费为观众提供；设有免费物品寄存处和纪念品销售服务设施等；卫生设施、设备布局合理，数量满足需要。

e）文化产品开发体现本馆特色。

f）提供藏品代为保管、养护及咨询等公众服务项目。

g）定期进行观众调查，并尽可能运用调查成果。

8. 评分细则

8.1 本细则共计 1000 分，共分为三个大项，各大项分值为：综合管理与基础设施 200 分；藏品管理与科学研究 300 分；影响力与社会服务 500 分。评估时，综合管理与基础设施项最低分值应在 80 分（含）以上；藏品管理与科学研究项最低分值应在 100 分（含）以上；陈列展览与社会服务项最低分值应在 200 分（含）以上。

8.2 一级博物馆需达到 800 分，二级博物馆需达到 600 分，三级博物馆需达到 400 分。

8.3 评分细则计分表（附后）。

9. 申请书

9.1 博物馆定级评估申请书分为《国家一级博物馆定级评估申请书》、《国家二、三级博物馆定级评估复核申请书》。

9.2 申请参评的博物馆均应填写相应的申请书，经省级博物馆行业组织审核（或评定）后，报送全国博物馆评估委员会评定（或复核）

9.3《国家一级博物馆定级评估申请书》、《国家二、三级博物馆定级评估复核申请书》（附后，略）。

非国有博物馆章程示范文本

（文物博发〔2016〕29号 2016年12月30日）

说　明

一、根据《博物馆条例》、《民办非企业单位登记管理暂行条例》、《民办非企业单位（法人）章程示范文本》等有关法律法规，制定本示范文本。

二、本示范文本旨在为非国有博物馆制定章程提供范例。

三、〔　〕内文字为基本要求，*为可选项，可以根据实际情况作适当补充。

第一章　总　则

第一条　本博物馆的名称是＿＿＿＿＿＿。

〔名称应当符合《博物馆条例》和《民办非企业单位名称管理暂行规定》的规定〕

第二条　本博物馆的性质是利用或者主要利用非国有资产自愿举办的，经登记管理机关依法登记的非营利组织。

第三条　本博物馆遵守宪法、法律、法规和国家政策，遵守社会道德风尚，信守博物馆职业道德，提供诚信服务。

本博物馆的宗旨是＿＿＿＿＿＿。

〔必须载明：以教育、研究和欣赏为目的，收藏、保护并向公众展示（概述基于本馆定位的藏品体系），为经济社会及人的可持续发展服务。〕

第四条　本博物馆的登记管理机关是＿＿＿＿；本博物馆的业务主管单位是＿＿＿＿＿。

本博物馆按照《博物馆条例》、《民办非企业单位登记管理暂行条例》的规定，自觉接受登记管理机关、业务主管单位及相关职能部门的监督管理。

〔业务主管单位为省级文物行政部门，下同〕

第五条　本博物馆的住所地是＿＿＿＿＿。

〔如：××省（自治区、直辖市）××市（区、县）〕

第六条　本章程中的各项条款与法律、法规、规章不符的，以法律、法规、规章的规定为准。

第二章　举办者、开办藏品、资金和业务范围

第七条　本博物馆的举办者是＿＿＿＿＿＿。

举办者享有下列权利：

（一）了解本博物馆经营状况和财务状况；

（二）推荐理事会、监事会的理事和监事人选；

（三）有权查阅理事会会议记录和本博物馆财务会计报告；

（四）可以依法以举办者的姓名、名称作为博物馆馆名；

……

举办者履行下列义务：

（一）遵守法律、行政法规及博物馆章程；

（二）协助理事会为博物馆运营提供保障经费；

（三）不得滥用举办者权利损害博物馆法人独立地位和利益；

（四）在博物馆办理登记注册手续后，不得抽回、撤回、转移所提供的藏品、资金等资产；

（五）不得要求分红；

……

第八条　本博物馆开办藏品：＿＿＿件（套）；开办资金：＿＿＿元。

〔开办藏品、资金应符合有关法律法规的规定；若存在多个出资者，应分别载明每位出资者提供的藏品数量和出资金额〕

第九条　本博物馆的业务范围：

（一）藏品收藏：＿＿＿＿＿＿＿＿＿；

（二）陈列展览：＿＿＿＿＿＿＿＿＿；

（三）学术研究：＿＿＿＿＿＿＿＿＿；

（四）社会教育：＿＿＿＿＿＿＿＿＿；

……

〔必须具体明确，与业务主管单位确认的业务范围一致〕

第十条　举办者向博物馆提供的藏品，应依法办理财产权转移手续；举办者提供的开办资金，应通过会计师事务所办理验资。开办藏品、资金转移手续完成后，相应藏品、资金等资产即为本博物馆法人财产。

〔藏品财产权转移通过签订捐赠协议予以明确〕

第十一条　本博物馆成立后，向举办者签发接受出资证明书。

出资证明书内容包括：（一）博物馆名称；（二）博物馆成立日期；（三）博物馆注册藏品、资

金；（四）举办者的名称及其提供的藏品、资金和出资日期；（五）出资证明书的编号和核发日期。

出资证明书由博物馆盖章。

第三章　组织管理制度

第十二条　本博物馆设理事会，其成员为______名，理事会是本博物馆的决策机构。

理事每届任期______年，任期届满，连选可以连任。

〔理事会成员为3～25人，以单数为宜；理事每届任期3年或4年〕

第十三条　理事由举办者（包括出资者）代表、职工代表和社会人士代表（政府部门代表、专家代表、公众代表）组成，理事来源、名额和产生方式为：

举办者（包括出资者）代表______名，由举办者（包括出资者）推选产生；

职工代表______名，由全体职工推选产生；

社会人士代表______名，其中包括政府部门代表______名，由有关单位推选产生，其余通过邀请或征选的形式产生。

〔有关单位包括省级文物行政部门或博物馆所在地政府民政、财政、文物等相关部门，下同。凡接受政府资助或有政府财产投入的非国有博物馆，必须有业务主管单位推荐的理事参与治理〕

第十四条　理事会行使下列事项的决定权：

（一）制订、修改博物馆章程；

（二）制订、审议博物馆中长期发展规划和年度计划，确保博物馆的宗旨、业务范围和目的的持续性；

（三）制订、审议博物馆收藏、展览、科研、教育的方针政策，确保博物馆能最广泛地为公众服务；

（四）支持博物馆通过研究客观准确地诠释和传播有关藏品及文物的知识；

（五）根据博物馆的宗旨和业务范围审议和批准各项内部管理制度并监督制度的执行；

（六）审议、批准、监督博物馆财务预算、决算方案，对博物馆重大财务支出、募集资金、增加开办资金等事项行使决策权，监管博物馆法人财产，确保博物馆拥有独立、稳定的法人财产权；

（七）审议、批准、监督博物馆征集、接受捐赠和处置藏品的有关方案，监督博物馆藏品管理工作，确保博物馆藏品妥善管理和有序传承；

（八）选举产生理事长、副理事长，罢免、增补理事；

（九）聘任或解聘馆长，根据馆长提名聘任或者解聘本博物馆的副馆长和财务负责人；

（十）审议本馆内部薪酬分配方案、内部机构设置方案；

（十一）在本届理事会任期届满前拟定下届理事会组织方案，主持理事会换届事宜；

（十二）决定博物馆的分立、合并或终止，在博物馆终止时负责拟定藏品及法人财产处置方案；

（十三）为博物馆运营筹集保障经费；

（十四）履行法律法规及其他规定明确的理事会职责。

……

第十五条 理事会设理事长 1 名，副理事长 1～2 名。理事长、副理事长由理事会以全体理事的过半数选举产生或罢免。

第十六条 副理事长协助理事长工作，理事长不能行使职权时，由理事长指定的副理事长代其行使职权。

第十七条 理事会会议每年召开　次〔至少两次〕。有下列情形之一的，应当召开理事会会议：

（一）理事长认为必要时；

（二）1/3 以上理事联名提议时。

第十八条 召开理事会会议，应于会议召开 10 日前将会议的时间、地点、内容等通知全体理事。理事因故不能出席的，可以书面委托其他理事代为出席理事会，委托书必须载明授权范围。

第十九条 理事会会议应由 1/2 以上的理事出席方可举行。理事会会议实行 1 人 1 票制。理事会决议一般事项必须经全体理事的半数以上通过。

下列重要事项的决议，须经全体理事的 2/3 以上通过方为有效：

（一）章程的修改；

（二）博物馆的分立、合并或终止；

（三）藏品注销及处置；

……

凡接受政府资助的藏品、资金等资产的处置，需经政府部门代表理事的同意后，方为有效。

第二十条 理事会会议应当制作会议记录。形成决议的，应当当场制作会议纪要，并由出席会议的理事审阅、签名。理事会决议违反法律、法规或章程规定，致使本博物馆遭受损失的，参与决议的理事应当承担责任；但经证明在表决时有理事反对并记载于会议记录的，持反对意见的理事可免除责任。

理事会记录由理事长指定的人员存档保管。

第二十一条 理事长行使下列职权：

（一）召集和主持理事会会议；

（二）检查理事会决议的实施情况；

（三）法律、法规和本博物馆章程规定的其他职权。

第二十二条 本博物馆聘任馆长对理事会负责，并行使下列职权：

（一）主持本馆的日常工作，组织实施理事会的决议；

（二）组织实施本馆年度业务活动计划；

（三）拟订本馆内设机构方案；

（四）拟订内部管理制度；

（五）提请聘任或解聘副馆长和财务负责人；

（六）聘任或解聘内设机构负责人；

……

馆长列席理事会会议。

第二十三条 本博物馆设监事（或监事会），其成员为______人。

监事任期与理事任期相同，任期届满，可以连选连任。

〔监事会成员为不得少于3人的单数，并推选1名召集人。人数较少的非国有博物馆可不设监事会，但必须设1～2名监事〕

第二十四条 监事在举办者（包括出资者）、本博物馆职工或有关单位推荐的人员中产生或更换。监事会中的职工代表由博物馆全体职工民主选举产生。

理事、馆长及财务负责人，不得兼任监事。

第二十五条 监事会或监事行使下列职权：

（一）依法监督理事会、馆长按照章程开展活动；

（二）列席理事会会议，有权向理事会提出质询和建议；

（三）监督法定代表人的工作，检查财务和会计资料；

（四）有权向业务主管单位、登记管理机关及税务、会计主管部门反映情况；

（五）提议召开临时理事会会议，在理事长不履行本章程规定时召集和主持理事会会议；

……

第二十六条 监事会会议实行1人1票制。监事会决议须经全体监事过半数表决通过，方为有效。

第二十七条 本博物馆根据业务建设、管理运行的需要，设置内部机构，内设机构的名称及其职能如下：

（一）______。职能：____________；

（二）______。职能：____________；

（三）______。职能：____________；

……

***第二十八条** 本博物馆设置学术委员会作为业务咨询指导机构，学术委员会委员由理事会聘任。学术委员会包括本馆专家和馆外专家。

***第二十九条** 学术委员会主要行使以下职责：

（一）指导本馆业务工作长远规划和年度计划的拟定；

（二）指导重要藏品征集、借用；

（三）指导重要陈列展览举办和引进；

（四）指导藏品处置意见的拟定；

（五）指导重点课题研究及成果推广；

……

第四章　法定代表人

第三十条　本博物馆的法定代表人为__________。

〔法定代表人为理事长或馆长〕

第三十一条　有下列情形之一的，不得担任法定代表人：

（一）无民事行为能力或者限制民事行为能力的；

（二）因故意犯罪被判处刑罚，自刑罚执行完毕之日起未逾 5 年的；

（三）担任因违法被撤销登记证书的非国有博物馆的法定代表人，并负有个人责任的，自该博物馆被撤销登记之日起未逾 3 年的；

（四）非中国内地居民的；

（五）法律、法规规定不得担任法定代表人的其他情形。

第五章　藏品管理与展示服务

第三十二条　本博物馆为践行博物馆使命和服务于公众，以有限收藏为原则，制定收藏政策、标准和规划并向社会公告，健全具有自身特色的藏品体系。

藏品主要类别如下：

（一）________；

（二）________；

（三）________；

……

第三十三条　本博物馆藏品取得方式包括：

（一）购买；

（二）接受捐赠；

（三）依法交换；

（四）法律、行政法规规定的其他合法方式。

第三十四条　本博物馆不接收来源不明或者来源不合法的藏品。

第三十五条　本博物馆的藏品属于博物馆所有，任何单位和个人不得非法侵占、私分和挪用。

第三十六条 本博物馆根据相关法律法规及专业标准为藏品提供恰当的存放和保管场所，对藏品进行恰当的保护、利用和管理。

第三十七条 本博物馆根据专业标准对藏品信息进行完整记录，建立藏品账目及档案。藏品属于文物的，区分文物等级，单独设置文物档案，建立严格的管理制度。

藏品账目及档案、文物藏品档案报业务主管单位备案。

第三十八条 本博物馆为藏品创造和保持适宜的安全控制措施，防范人为或自然因素对藏品安全的威胁。

使用藏品时，以藏品安全为前提；当利用与安全不能兼顾时，以服从安全为原则。

第三十九条 本博物馆的法定代表人对藏品安全负责。法定代表人、藏品管理人员离任前，必须办结藏品移交手续。

第四十条 本博物馆对藏品注销从严掌握、谨慎处理。只有在符合以下条件时，才可考虑依法注销藏品：

（一）不够本馆收藏标准的；

（二）因腐蚀损毁等原因无法修复并无继续保存价值的。

第四十一条 本博物馆注销藏品，需由馆长提出申请，组织专家组评估，经理事会审议、批准，报业务主管单位批准并向社会公示后方可执行。

注销文物藏品，应严格依照有关文物保护法律、行政法规的规定执行。

有政府部门代表参加的非国有博物馆理事会，在审议注销文物藏品议案时，政府部门代表享有一票否决权。

第四十二条 本博物馆对已注销的藏品，可通过捐赠、移交、交换、出售、返还或销毁等方式依法处置。

注销藏品处置方案应当与注销藏品申请一并经理事会审议、批准，报请业务主管单位批准并向社会公示。

注销藏品优先转让给其他博物馆。

本博物馆举办者、理事、监事、馆长、职工或其家庭成员及其他利益相关方，不得以直接或间接的方式获得注销的藏品。

有关注销决定、注销藏品处置方案、处置结果等全部记录，须永久妥善保存。

第四十三条 从对已注销藏品的处置中获得的资金或其他形式的补偿、收益，仅限用于本博物馆藏品的征集和保护，不得用于其他方面。

第四十四条 本博物馆努力推动分享藏品信息和知识。依托藏品及相关学术研究，举办符合专业标准的陈列展览和知识传播活动，清晰地诠释博物馆的教育目标、理念和措施，保证陈列展览等传播活动所呈现的信息完整、准确、科学，符合学术研究、社会信仰的普遍要求。

第四十五条　本博物馆保证每年向公众开放　个月以上（不得少于8个月）；并特别关注未成年人等有特殊需求的人群。

本博物馆积极促进与其他博物馆、教育科研机构及社区的交流合作。

第四十六条　本博物馆每年向社会发布年度报告，公开本博物馆的组织情况、藏品情况、展览活动情况、资产管理使用情况和接受、使用捐赠、资助的有关情况等，主动接受社会监督。

第六章　资产管理、使用原则及劳动用工制度

第四十七条　本博物馆经费来源：

（一）开办资金；

（二）政府资助；

（三）在业务范围内开展服务活动的收入；

（四）利息；

（五）捐赠；

（六）其他合法收入。

第四十八条　本博物馆不从事文物等藏品的商业经营活动。从事其他商业经营活动不得与博物馆性质和宗旨相冲突，必须保证对相关工作项目（陈列、活动）的内容及完整性的控制，不能有损于博物馆标准，不能损害观众利益。

第四十九条　本博物馆应当制定法人财产管理制度，并建立法人财产清单，清单应当报业务主管部门备案。本博物馆的法人财产任何单位、个人不得非法侵占、私分和挪用。

本博物馆资产用于章程规定的业务范围和事业发展，盈余不得分红。

第五十条　本博物馆执行国家规定的会计制度，依法进行会计核算，建立健全内部会计监督制度，保证会计资料合法、真实、准确、完整。

本博物馆接受税务、会计主管部门依法实施的税务监督和会计监督；接受业务主管部门委托审计机构开展的法人财产管理情况（包括藏品管理情况、资产管理使用情况和接受、使用捐赠、资助的有关情况）专项审计。

第五十一条　本博物馆配备具有专业资格的会计人员。会计不得兼出纳。会计人员调动工作或离职时，必须与接管人员办清交接手续。

第五十二条　本博物馆换届或更换法定代表人之前必须进行财务审计。

第五十三条　本博物馆按照《民办非企业单位登记管理暂行条例》的规定，自觉接受登记管理机关组织的年度检查。按照《博物馆条例》有关规定，主动向业务主管部门提交藏品、陈列展览等备案材料。

第五十四条　本博物馆根据业务建设、管理运行的需要，选聘专业工作人员和招募义工。

劳动用工、社会保险制度按国家法律、法规及国务院劳动保障行政部门的有关规定执行。

本博物馆工作人员不得从事违反国家法律法规、违背博物馆行业道德规范，损害公共利益或本馆利益的活动。

第七章　章程的修改

第五十五条　本博物馆有下列情形之一的，应修改章程：

（一）章程规定的事项与修改后的国家法律、行政法规的规定不符的；

（二）章程内容与实际情况不符的；

（三）理事会认为应当修改章程的其他情形。

第五十六条　本章程的修改，须经理事会决议通过后 15 日内，报业务主管单位审查同意，自业务主管单位审查同意之日起 30 日内，报登记管理机关核准。

第八章　终止程序和终止后资产的处理

第五十七条　本博物馆以永久性为目标，非因下列情形之一的，不得终止：

（一）未完成章程规定宗旨和使命的；

（二）发生分立、合并的；

……

第五十八条　本博物馆在理事会关于博物馆终止的决议通过后 15 日内，向登记管理机关和业务主管单位报告。

第五十九条　博物馆办理注销登记前，应当在登记管理机关、业务主管单位和有关机关的指导下成立清算组织，清理资产和债权债务，完成清算工作。清算期间，不进行清算以外的活动。

第六十条　本博物馆终止后，藏品优先转让给宗旨相同或者相近的博物馆。没有宗旨相同或者相近的博物馆接收，由业务主管单位主持转给其他博物馆，并向社会公告。

其他剩余财产，按照有关法律、法规的规定处理。

第六十一条　本博物馆自完成清算之日起 15 日内，向登记管理机关办理注销登记，并向业务主管单位报告。

第六十二条　本博物馆自登记管理机关发出注销登记证明文件之日起，即为终止。

第九章　附　则

第六十三条　本章程经 ×××× 年 ×× 月 ×× 日理事会表决通过。

第六十四条　本章程的解释权属理事会。

第六十五条　本章程自登记管理机关核准之日起生效。

社会文物

文物商店工作条例（试行）*

（〔1981〕文物字343号　1981年7月17日）

一、总　则

第一条　文物商店是国家设立的文物事业单位，在其内部实行企业管理。它的主要任务是通过商业手段，收集流散在社会上的文物使之得到保护，为博物馆（院）和有关科研部门提供藏品和资料，并把完成这一任务作为检验文物商店工作成绩的重要尺度。同时，将一般不需要由国家收藏的文物投放市场，满足国内文物爱好者需要，或为国家创造较高的外汇收入。

第二条　各地文物商店在行政上受当地文物（文化）主管部门领导。各省、市、自治区文物商店，在业务上接受中国文物商店总店的指导，并对所辖地区的文物商店、文物收购站实行管理或业务指导。

第三条　文物商店要严格执行国家保护文物的各项政策和法令。文物商店工作人员必须遵纪守法、廉洁奉公，模范地遵守文物工作人员守则。

第四条　文物商店收购的文物，凡符合收藏标准的，应优先提供给博物馆（院）。

适于对外销售的文物，要坚持“少出高汇、细水长流”的方针，只能零售，不能批发。

二、管理体制

第五条　凡设立不对外销售的地、市文物商店或收购站，须经省、自治区文物（文化）主管部门批准，并报国家文物事业管理局备案。

凡设立对外销售的外宾门市部，应经省、自治区文物（文化）主管部门同意并报请国家文物事业管理局批准。

所有文物商业网点的设立，均由省、市、自治区文物商店向中国文物商店总店备案。

第六条　文物商店应根据工作需要，设立必要的机构。为了严格管理制度，在业务上收购、保管和销售三个部门必须分设。

第七条　文物商店要树立正确的经营思想作风，建立、健全必要的规章制度。严格遵守财经

*　已于2017年12月27日废止。

纪律，加强财务监督，贯彻增收节支的方针。

第八条 文物商店不同于一般商业，为使流散在社会上的文物得到保护和收购业务的正常开展，流动资金应采取适当方式予以保证。资金来源或报请当地财政、行政部门拨款，或由销售利润中扣除。

第九条 在内部实行企业管理的文物商店，其职工的工资、福利、奖金、医疗等物质待遇，可参照当地企业规定结合实际情况，提出方案，经当地文物（文化）主管部门批准后执行。

三、收购工作

第十条 根据国家规定，文物商店及其委托的代购部门是各地区统一的文物收购部门。各级文物商店都应大力宣传文物保护政策和积极开展文物收购工作。

第十一条 在文物收购工作中，要贯彻执行文物收购政策，端正经营思想，收购价格要做到按质论价、公平合理。

第十二条 收购文物时，必须有两名以上收购人员参加。要严格文物收购手续和制度，对出售文物者要认真查验证件。

第十三条 收购文物原则上应在本辖区内进行，如经有关方面协商同意，并经文物（文化）主管部门批准，也可在商定区域内收购。

第十四条 为了疏通文物商业渠道，提倡店与店之间在自愿互利的基础上，开展联营协作，搞好货源调剂工作。

第十五条 文物收购人员要不断加强政策和法制观念，努力学习文物鉴定知识，不断提高业务水平，改善服务态度，切实搞好文物收购工作。

四、保管工作

第十六条 文物库房应把安全和科学管理放在首位。要努力改善库房条件，采取有效措施，做好防火、防盗、防腐、防蛀等工作。对文物库房的安全防护设施要定期检查。

第十七条 要严格文物保管制度，认真履行文物出入库手续，做好登记建账工作，做到账物一致。凡属珍贵文物，都应实行重点保管。对库存文物要定期盘点。

第十八条 建立、健全库房管理人员的岗位责任制，凡进入库房均须两人以上，与库房无关人员未经批准不得入内。

五、销售工作

第十九条 门市经营的文物商品，须经国家文物管理部门鉴定，并钤盖火漆标识方能出售。其价格要严格执行国家的统一规定。要明码标价，不折不扣。

提供给博物馆（院）和科研部门的藏品和资料，收费应低于市场售价，一般可按收购费用加必要的手续费。

第二十条 门市工作人员必须衣着整洁，作风正派，讲究文明礼貌，不断提高服务质量。

第二十一条 文物商店接待外国顾客要严守外事纪律，热情友好，不卑不亢；另一方面，不得对国内顾客歧视、冷遇。要严格执行国家外汇管理规定，严禁套汇、逃汇。

六、组织建设

第二十二条 文物商店的各级领导人员应带头坚持四项基本原则，努力学习马列主义、毛泽东思想，努力学习保护文物的各项方针政策和业务知识，不断提高自己的管理水平。

第二十三条 加强思想政治工作，切实组织好职工的政治学习，不断进行爱国主义和文明礼貌的教育。鼓励和支持职工刻苦钻研业务，提高科学文化水平，做到又红又专。要正确执行党的干部政策和知识分子政策。关心群众生活，充分发扬民主，调动一切积极因素，团结全体职工为社会主义文物事业做出贡献。

第二十四条 专业队伍的建设关系到文物事业的发展，要采取多种有效的方式加强职工培训工作。要制定规划，在不太长的时期内，培养一批忠诚党的文物事业、具有较高水平的业务骨干和人才。

第二十五条 文物商店的业务人员应保持稳定。要建立、健全考核晋级制度和奖惩制度。招收和调入新职工时需经考核，择优录用。

七、附　则

第二十六条 本条例自国家文物事业管理局批准后执行。各地文物商店可根据自己的具体情况，制定相应的工作细则。

关于加强文物拍卖标的鉴定管理的通知

（〔1996〕文物字1187号）

各省、自治区、直辖市文化厅、文物局、文管会：

《中华人民共和国拍卖法》将于1997年1月1日正式实施，与之配套的《文物拍卖管理办法》尚未颁布，在这一阶段，为切实加强和搞好对文物拍卖标的鉴定、许可工作的规范管理，根据有关法律、法规，特作如下通知：

一、国家文物局负责制定文物拍卖标的鉴定、许可的管理办法和标准，审定文物拍卖标的鉴定机构资格，对鉴定、许可工作进行检查、指导和监督。

二、省、自治区、直辖市文物行政管理部门负责对住所地行政区域内文物拍卖人的文物拍卖标的进行鉴定、许可，或委托具备资格的设区的市文物行政管理部门进行鉴定、许可。

拍卖人到住所地之外的省、自治区、直辖市进行文物拍卖，应先向拍卖活动所在地的文物行政管理部门提供有效的文物拍卖标的鉴定、许可证明。

三、下列文物不得作为文物拍卖的拍卖标的：

1.依照法律应当上缴国家的出土文物；

2.依照法律应当移交文物行政管理部门的文物，包括国家各级执法部门在查处违法犯罪活动中依法没收、追缴的文物等；

3.依照法律应当作价移交文物行政管理部门的文物，包括银行、冶炼厂、造纸厂和废旧物资回收部门等从其回收、冶炼物中拣选的文物等；

4.国有博物馆、图书馆等文物收藏单位的文物藏品；

5.国有文物经营单位收存的一级和二级文物；

6.属于国有资产，未经文物行政管理部门和国有资产管理部门批准拍卖的文物；

7.物主处分权有争议的文物；

8.其他依法律规定不得投入流通的文物。

四、文物拍卖标的征集来源：

1.境内依法批准的文物经营单位持有的、经鉴定允许销售的文物；

2.境内法人（不包括1项）或自然人合法持有的文物；

3.境外法人或自然人合法持有的文物。

五、文物拍卖人为使竞买人了解文物拍卖标的是否允许携运出境，可事先征求国家文物出境鉴定机构意见，对不允许携运出境的文物予以明确标示。

买受人如将买得文物携运出境，须依法另行办理文物出境鉴定手续。

凡属来自境外的文物拍卖标的，在境内办理委托拍卖时，委托人或拍卖人应事先向中国海关和国家文物出境鉴定机构办理该物品暂时入境及复出境手续。

六、委托人委托拍卖文物时，必须出示本人身份证件，提供确实住址，说明文物来源，提供合乎法律的完全处分权证明。

七、对于境内法人或自然人合法持有并投拍的文物，如文物行政管理部门鉴定确认具有特别重要的历史、科学、艺术价值，可指定对其进行定向拍卖，竞买人范围限于国有博物馆等文物收藏研究机构或国有企事业单位。

八、文物行政管理部门对拍卖人征集的文物的鉴定、许可，是指依法审查该文物可否作为文物拍卖标的，或限制竞买人范围。

非经司法部门提出司法鉴定要求，文物行政管理部门不负责对文物拍卖标的出具真伪鉴别证明或价值评估证明。

参加文物拍卖标的鉴定的专家，不得在文物拍卖人处任职或获取利益。

文物行政管理部门会同物价行政管理部门制定文物拍卖标的鉴定收费的标准。

九、文物拍卖人应在发布拍卖公告前规定的期限内，将文物拍卖标的全部资料报送文物行政管理部门申请鉴定。文物行政管理部门组织鉴定后，将文物拍卖标的资料和鉴定许可意见报国家文物局核准。

文物拍卖人报送的文物拍卖标的资料必须逐件标明征集来源范围：

A：境内依法批准的文物经营单位；

B：境内法人（不包括A项）或自然人；

C：境外法人或自然人。

十、文物拍卖人对文物拍卖标的必须进行登记，记录文物拍卖标的名称、特征，委托人和买受人姓名、住址、身份证件号码，以及文物拍卖标的来源和处分权情况。记录资料至少应保存三年。其中一级文物的资料应经文物行政管理部门报国家文物局备案。

国家拍卖行政管理部门、文物行政管理部门和公安部门必要时可以要求查阅文物拍卖人的有关记录资料，并有责任对资料内容保守秘密。

十一、文物拍卖人在文物拍卖活动结束后规定的期限内，将该次文物拍卖情况分别向有关拍卖行政管理部门和文物行政管理部门提交书面报告。

国家文物局

一九九六年十二月二十四日

关于整顿和规范文物市场秩序的通知*

（文物保发〔2001〕52号）

各省、自治区、直辖市文化厅（局）、文物局、文管会：

为了贯彻落实全国整顿和规范文化市场秩序电视电话会议精神，根据《国务院办公厅关于进一步整顿和规范文化市场秩序的通知》（国办发〔2001〕59号）及全国整顿和规范市场经济秩序领导小组办公室的统一部署，文化部、国家文物局决定在全国范围内开展文物市场治理整顿工作，重点解决文物市场存在的一些突出问题，如文物监管物品交易场所数量过多过滥，经营者普遍超范围经营；少数文物购销经营单位违规经营；不具备文物拍卖条件的企业从事文物拍卖业务，文物拍卖标的不按规定进行鉴定、许可；无明确标识的文物复仿制品和赝品充斥市场，甚至一些不法经营者以制作、买卖文物复制品为名，倒卖国家禁止进入流通领域的文物；文物走私屡禁不止，大量珍贵文物流失境外。这些问题不仅扰乱了正常的文物流通秩序，直接损害了人民群众的利益，而且客观上进一步诱发了盗掘古遗址、古墓葬和盗窃古建筑构件、田野石刻及馆藏文物的犯罪活动，影响了文物保护事业的健康发展，同时也有损我国改革开放的国际形象。开展整顿和规范文物市场工作，已经成为当务之急。现将有关事项通知如下：

一、清理整顿文物监管物品市场

文物监管物品必须在依法批准的文物监管物品经营场所内销售，统一管理。

设立文物监管物品交易市场，首先应经省、自治区、直辖市文物行政管理部门审核批准，然后分别向公安机关、工商行政管理部门申领《特种行业许可证》和营业执照。各部门要公开审批程序，严格把关。按照审批权力与责任挂钩的原则，建立审批责任追究制度。

经批准设立的文物监管物品交易市场必须成立由所在市、区文物、工商、公安等部门参加的监管机构，依法对市场内的经营者及其销售物品进行管理。

申请销售文物监管物品的经营者须经省、自治区、直辖市文物行政管理部门或其授权的地方文物行政管理部门审核许可，并经公安、工商部门审核批准，办理登记手续后方可经营。因犯《中华人民共和国刑法》第二编第六章第四节所列妨害文物管理罪及走私、抢劫、盗窃、贪污文物

* 已于2016年4月18日废止。

罪受过刑事处罚的，不得经营文物监管物品。

省、自治区、直辖市文物行政管理部门根据本地区具体情况确定文物监管物品交易市场和经营者资格的复审期限。

境外机构及个人不得独资、合资或合作经营文物监管物品及开办文物监管物品交易市场。

国家文物局、国家工商行政管理局、公安部、海关总署1992年联合下发的《关于加强文物市场管理的通知》中对文物监管物品的内容已经作出明确界定，必须严格执行，不得突破。省、自治区、直辖市文物行政管理部门或其授权的地方文物行政管理部门可以根据本地区具体情况对文物监管物品的售前登记、鉴定作出规定。

各省、自治区、直辖市文物行政管理部门应会同公安、工商行政管理等部门对已开办的文物监管物品交易市场进行清理整顿，不符合规定的一律关闭。整顿期间，停止审批新的文物监管物品交易市场。

二、整顿和规范文物购销经营单位的经营活动

依法批准成立的文物购销经营单位销售文物前，应当主动报请国家文物局认定的文物出境鉴定机构进行鉴定，经鉴定不允许出境的文物应建立专门档案，珍贵文物须报省、自治区、直辖市文物行政管理部门备案，属一级文物的，应报国家文物局备案；销售时，应当真实提供文物的名称、年代、瑕疵及是否允许出境等基本情况，明码标价。不得以假乱真，以次充好。文物购销经营单位设立代购代销点须经省、自治区、直辖市文物行政管理部门审核批准，同一单位不得同时经营代购和代销两项业务。违反上述规定的，由文物行政管理部门会同工商行政管理部门依法处罚。

三、规范文物拍卖市场

拍卖企业经营文物拍卖，应当具备《中华人民共和国拍卖法》规定的条件，同时须经所在省、自治区、直辖市文物行政管理部门批准。各省、自治区、直辖市文物行政管理部门要严格执行国家文物局《关于加强文物拍卖标的鉴定管理的通知》（〔96〕文物字第1187号）的规定，对住所地行政区域内文物拍卖人的所有文物拍卖标的进行鉴定，并在文物拍卖人发布拍卖公告15日前将鉴定意见报国家文物局备案，属于珍贵文物的，须经国家文物局核准。违反上述规定的，文物行政管理部门应提请当地工商行政管理部门依法查处。

四、清理文物复仿制品市场，取缔非法经营

所有文物复仿制品必须做出明确标识并注明监制机构，销售时要明确告知购买者。不得以假乱真，更不得以经营文物复仿制品为名，买卖出土文物、国有馆藏文物。对已经进入流通领域而未作标识的文物复仿制品要限期清理。违反规定的，由工商行政管理部门依法取缔。构成犯罪的，依法追究刑事责任。

五、加强海关监管，打击文物走私

所有文物购销经营单位、文物拍卖企业、文物监管物品交易市场均应明确告知购买者，如需携运、邮寄所购文物或文物监管物品出境，须到国家文物局认定的文物出境鉴定机构办理出境鉴定、许可手续。各海关应根据《中华人民共和国海关法》和海关总署颁发的《海关对旅客携运和个人邮寄文物出口的管理规定》及文化部颁发的《文物出境鉴定管理办法》，进一步加大监管力度，严厉打击文物走私活动。

本通知发出后，各省、自治区、直辖市文化文物行政管理部门要在党委、政府的领导下，结合本地区文物市场现状，尽快同公安、工商行政管理、海关等部门制定切实可行的治理整顿工作方案。各有关部门要切实负起责任，对文物监管物品交易市场、文物购销经营单位、文物拍卖企业，严格进行清理、审查、整顿，严厉打击非法经营活动，确保治理整顿工作取得实效。今年10月底以前，将本地区部署和开展文物市场整顿工作的情况报国家文物局。国家文物局将会同有关部门组成工作组分赴各地，对文物市场整顿工作进行督促检查。

国家文物局

二〇〇一年九月十七日

文物拍卖管理暂行规定

（文物办发〔2003〕46号　2003年7月14日）

第一条　为加强对文物拍卖的规范管理，保护祖国历史文化遗产，根据《中华人民共和国文物保护法》、《中华人民共和国拍卖法》和《中华人民共和国文物保护法实施条例》等有关法律法规，制订本规定。

第二条　以下列物品为拍卖标的的拍卖活动，适用本规定：

1.1949年以前的各种艺术品、工艺美术品；

2.1949年以前的文献资料以及具有历史、艺术、科学价值的手稿和图书资料；

3.1949年以前，反映各民族社会制度、社会生产、社会生活的代表性实物；

4.1949年以后，与重大历史事件、革命运动或者著名人物有关的，具有重要纪念意义、教育意义或者史料价值的实物；

5.1949年以后，国家文物局公布的列入限制出境范围的中国已故著名书画家作品。

第三条　依法设立的拍卖企业从事本规定第二条所列文物拍卖活动的（以下称文物拍卖企业），须经所在地的省、自治区、直辖市文物行政部门审核同意后，向国家文物局申请文物拍卖许可证。

第四条　申请文物拍卖许可证时，应当提供下列材料：

1. 拍卖企业设立时，所在地的省、自治区、直辖市拍卖行业管理部门的审核许可文件和工商行政管理部门颁发的营业执照复印件；

2. 注册资本的验资证明；

3.5名以上取得高级文物博物专业技术职务的文物拍卖专业人员的资格证明材料；

4. 所在地的省、自治区、直辖市文物行政部门的审核意见。

第五条　国家文物局应当自收到申请之日起30个工作日内作出批准或者不批准的决定。决定批准的，发给文物拍卖许可证；决定不批准的，应当书面通知当事人并说明理由。文物拍卖许可证不得出租、出借或转让。

第六条　从事文物拍卖的专业人员应当符合下列条件并取得文物拍卖专业人员资格：

1. 熟知国家文物保护的法律、法规和规章；

2. 具备一定的文物保护知识和鉴定能力；

3. 具备一定的文物拍卖运作知识和能力。

第七条 文物拍卖专业人员资格由国家文物局认定。经认定合格的，发给文物拍卖专业人员资格证书。

第八条 国家文物局对取得文物拍卖许可证的拍卖企业和取得文物拍卖专业人员资格证书的人员进行年审。

第九条 文物拍卖企业应当在每年三月底之前向所在地的省、自治区、直辖市人民政府文物行政部门报送年审表。

省、自治区、直辖市人民政府文物行政部门根据企业经营情况和文物拍卖专业人员从业情况提出初审意见后报国家文物局；国家文物局作出合格或者不合格的年审结论，并发布公告。

第十条 文物拍卖企业拍卖的文物，在拍卖前必须经所在地的省、自治区、直辖市人民政府文物行政部门审核。

省、自治区、直辖市人民政府文物行政部门审核拍卖标的时应当征求有关文物专业机构或专家意见。不能形成一致意见的，应当报国家文物局审核。

文物行政部门不负责对文物拍卖标的出具真伪鉴别证明或价格评估证明。

参加文物拍卖标的审核的专家，不得在文物拍卖企业任职。

第十一条 省、自治区、直辖市人民政府文物行政部门应当在拍卖公告发布日 15 日前将拍卖标的资料及审核意见报国家文物局备案。

第十二条 下列文物不得作为文物拍卖标的：

1. 依照法律应当上交国家的中国境内出土的文物；

2. 依照法律应当移交文物行政部门的文物，包括国家各级执法部门在查处违法犯罪活动中依法没收、追缴的文物；

3. 银行、冶炼厂、造纸厂以及废旧物资回收单位拣选的文物；

4. 国有文物收藏单位以及其他国家机关、部队和国有企业、事业组织等收藏、保管的文物；

5. 国有文物购销经营单位收存的珍贵文物；

6. 非国有馆藏珍贵文物；

7. 物主处分权有争议的文物；

8. 其他依法律法规规定不得流通的文物。

第十三条 文物拍卖企业为使竞买人了解文物拍卖标的是否准许携运出境，可事先征求文物进出境审核机构意见。买受人如将文物携运出境，须依法另行办理文物出境审核手续。

第十四条 文物拍卖企业在境外征集的文物拍卖标的，携运入境时，应向海关申报，经海关将文物加封后，交由当事人报文物进出境审核机构办理临时进境手续。

临时进境文物在境内的滞留期一般不超过十二个月，如有特殊需要，应当办理延期手续，延期不得超过六个月。

第十五条 来自境外的文物拍卖标的拍卖成交后需要出境时，符合下列情形之一的，按国家有关私人携带文物出境的规定办理手续：

1. 买受人为境内公民或法人的；

2. 在境内滞留时间超过本办法第十四条规定的期限的。

第十六条 国家对文物拍卖企业拍卖的珍贵文物拥有优先购买权。

国家文物局和省、自治区、直辖市文物行政部门可以要求拍卖企业对拍卖标的中具有特别重要历史、科学、艺术价值的文物定向拍卖，竞买人范围限于国有文物收藏单位。

第十七条 文物拍卖企业应当在文物拍卖活动结束后30天内，按照《中华人民共和国文物保护法实施条例》第四十三条第一款规定的内容，将该次文物拍卖记录报所在地的省、自治区、直辖市文物行政部门备案。

国家优先购买的文物的拍卖纪录，由省、自治区、直辖市文物行政部门报国家文物局备案。

第十八条 文物拍卖企业未经省、自治区、直辖市文物行政部门批准，不得利用互联网举行文物拍卖活动。经批准可以利用互联网举行文物拍卖活动的文物拍卖企业，在开展文物拍卖活动时，应当遵守本规定的规定。

第十九条 文物拍卖企业违反本规定的，由文物行政部门责令改正。情节严重的，由原发证机关吊销许可证书。

第二十条 本规定自发布之日起实施。

关于对申领和颁发文物拍卖许可证有关事项的通知

（文物博发〔2003〕95号）

各省、自治区、直辖市文物局（文化厅、文管会）：

为加强文物保护，规范文物拍卖经营活动，促使文物市场健康有序的发展，根据《中华人民共和国文物保护法》、《中华人民共和国拍卖法》、《中华人民共和国文物保护法实施条例》、《文物拍卖管理暂行规定》，国家文物局《整顿和规范文物市场秩序的通知》（文物保发〔2001〕052号）和国家文物局、国家经济贸易委员会、公安部、文化部、海关总署、国家工商行政管理总局联合颁发的“关于印发《整顿规范文物市场方案》的通知”（文物保发〔2001〕第57号）的有关精神，现就申领和颁发文物拍卖许可证的有关事项通知如下：

一、拍卖企业从事文物拍卖活动，必须依法申领和取得文物拍卖许可证。截至2004年4月30日止，凡未取得文物拍卖许可证的拍卖企业，不得从事文物拍卖经营活动。

二、申领和批准颁发文物拍卖许可证，要符合法律法规规定，遵循优存劣汰、分类经营、严格管理、稳步发展的整体布局原则。

文物拍卖经营范围按品种分为以下三类：

（一）陶瓷、玉、石、金属器等；

（二）书画、古籍、邮品、手稿及文献资料等；

（三）竹、漆、木器、家具、纺织品等。

根据文物市场现状，为保护古遗址、古墓葬等不受破坏，对经营第一类文物从严控制。现未从事文物拍卖的拍卖企业申领许可证，暂批准其经营第二、三类文物或第二类文物。

三、各地应抓紧对现有文物拍卖企业有关人员的高级文物博物专业技术职务的评聘工作。

四、高级文物博物专业技术职务的文物拍卖专业人员资质的认定。

（一）委托各省级文物行政主管部门进行文物拍卖专业人员资格的初审。申报文物拍卖专业人员资格的材料，由拍卖企业统一报送。

（二）申领文物拍卖许可证的企业，不具有5名以上高级文物博物专业技术职务人员的，不足名额可采取临时措施，允许聘请具有高级文物博物专业技术职务离退休一年以上的人员，但该人员须符合以下条件：

①非国家、省、市级文物鉴定委员会委员；

②非参与文物拍卖标的、文物商店销售和文物出入境审核的人员；

③非受聘于两家（含）以上拍卖企业的人员。

五、拍卖企业要严格按照规定要求报送申报材料。

（一）申报文物拍卖专业人员资格的，在申报时应提供下列材料：

（1）文物拍卖专业人员资格申报表（附件一）一式三份。

（2）有关证明材料原件或复印件，学历、学位证书、专业技术职务证书、接受国家和省级有关部门组织的培训证明的复印件由所在单位加盖印章。

（3）所在单位出具的良好职业道德证明。

（二）依法设立的拍卖企业，申领文物拍卖许可证，除提供本企业文物拍卖专业人员资格申报材料外，还应提供下列材料：

（1）文物拍卖许可证申请表（附件二）一式三份；

（2）所在地的省、自治区、直辖市文物行政部门的审核意见及拍卖行业、特种行业和工商行政管理部门审核许可设立拍卖企业文件的复印件；

（3）注册资本的验资证明；

（4）已从事文物拍卖经营活动的拍卖企业，应加密上报 2001 年至 2003 年规定的文物拍卖记录（附件三）一式三份，图录和标的闪存盘（USBFLASH）。

（5）有关申报材料不得弄虚作假，一经发现，立即取消该企业的申报资格。

六、申报程序

（一）各省、自治区、直辖市文物行政部门负责将初审合格材料汇总后，统一报送国家文物局。

（二）国家文物局对符合条件的拍卖企业，颁发《文物拍卖许可证》，并在新闻媒体发布公告。

七、拍卖企业要加强人才培养，使专职人员符合法规规定的条件。应逐年减少聘用离退休人员，从 2006 年 12 月 30 日起，各文物拍卖企业报请年检或申领文物拍卖许可证，不得聘用离退休人员申请文物拍卖专业人员资格。

附件：

一、文物拍卖专业人员资格申报表（略）

二、文物拍卖许可证申请表（略）

三、文物拍卖记录表（略）

国家文物局

二〇〇三年十二月二十四日

关于实施《文物出境审核标准》的补充通知

文物博发〔2007〕35号

各省、自治区、直辖市文物局（文化厅、文管会）：

2007年6月5日，我局公布实施《文物出境审核标准》，原《文物出口鉴定参考标准》同时废止。为确保《文物出境审核标准》的顺利执行，现将有关事项补充通知如下：

一、《文物出境审核标准》印发前，各地文物商店所存已按《文物出口鉴定参考标准》审核并加盖火漆印的文物，出境时一律按《文物出境审核标准》重新进行审核。

二、《文物出境审核标准》印发前，已为个人购买准备携运出境并持有正式税务发票的文物，出境时可按《文物出口鉴定参考标准》进行审核，时间截至2007年9月1日止。

特此通知。

国家文物局

二〇〇七年七月二十五日

文物拍卖企业资质年审管理办法*

（文物博函〔2011〕2号　2011年1月5日）

第一条　为规范文物拍卖企业资质年审工作，根据《中华人民共和国文物保护法》、《中华人民共和国拍卖法》和国家文物局《文物拍卖管理暂行规定》等法律法规，制定本办法。

第二条　本办法所称文物拍卖企业资质年审，系指国务院文物行政部门和省级文物行政部门对取得文物拍卖资质的拍卖企业文物拍卖活动和专业人员从业等情况进行定期检查审核的监督管理制度。

年审结果作为是否许可文物拍卖企业继续从事文物拍卖活动的依据。

第三条　年审工作每两年开展一次，凡取得文物拍卖资质的拍卖企业均须参加。

第四条　国务院文物行政部门负责管理全国文物拍卖企业资质年审工作。

省级文物行政部门负责本辖区内文物拍卖企业资质年审的初审工作。

第五条　文物拍卖企业须于审核年度的6月30日前向所在地省级文物行政部门报送年审材料，内容包括：

（一）《文物拍卖企业资质年审申报表》（见附件）；

（二）上两年度文物拍卖经营情况报告；

（三）《文物拍卖许可证》（副本原件，如许可证有效期届满须交回正本原件）；

（四）上一年度工商行政管理部门年检合格的《企业法人营业执照》及商务行政管理部门年检合格的《拍卖经营许可证》（均为副本复印件，并加盖企业公章）；

（五）上两年度文物拍卖图录及拍卖记录（纸质和电子文本各一份）；

（六）上两年度省级文物行政部门审核历次文物拍卖活动的核准文件（复印件）；

（七）企业聘用的文物拍卖专业人员的资格证书及双方签订的劳动合同，或聘用的文博高级职称人员的身份证、职称证、退休证及双方签订的聘用协议（均为复印件）。

企业聘用文博高级职称人员的年龄不得超过70周岁。如企业新聘用符合条件的文博高级职称人员，还须提供人员所在地省级文物行政部门出具的该人员非国家、省、市级文物鉴定委员会委

*　已于2017年12月27日废止。

员，以及非文物拍卖标的审核、文物商店销售和文物进出境审核人员的证明文件。

第六条 省级文物行政部门应于7月31日前完成文物拍卖企业资质年审的初审工作，根据文物拍卖企业证照、经营和人员从业等情况提出初审意见，连同企业报送材料一并报国务院文物行政部门。

第七条 国务院文物行政部门应于9月30日前完成文物拍卖企业资质年审的复核工作，并向社会公布年审结果。

第八条 国务院和省级文物行政部门在年审工作中发现需要进一步核实情况的，可要求文物拍卖企业补报材料或进行相关调查。

第九条 年审结果合格的文物拍卖企业，由国务院文物行政部门在其《文物拍卖许可证》副本上加盖年审合格章后发还。

第十条 文物拍卖企业无故未按期提交年审材料，由国务院文物行政部门撤销其文物拍卖资质。

第十一条 有下列情形之一的文物拍卖企业，由国务院文物行政部门责令其限期整改或暂停其文物拍卖资质：

（一）一个自然年度内未独立举办一场文物拍卖会的；

（二）因故未按要求报送年审材料的；

（三）擅自拍卖国家禁止经营文物的；

（四）从事文物购销经营活动的；

（五）文物拍卖活动未经省级文物行政部门事前核准的；

（六）未对文物拍卖活动进行规范记录并向国务院文物行政部门办理备案手续的；

（七）文物拍卖专业人员或文博高级职称人员聘用不符合相关要求的；

（八）超出《文物拍卖许可证》核定的经营范围征集文物拍卖标的的；

（九）超出《文物拍卖许可证》核定的经营范围从事文物拍卖活动的；

（十）涂改、出租、出借或转让《文物拍卖许可证》的；

（十一）其他违规行为，尚未达到撤销文物拍卖资质处罚程度的。

第十二条 有下列情形之一的文物拍卖企业，由国务院文物行政部门撤销其文物拍卖资质：

（一）擅自拍卖国家禁止经营的文物，产生严重不良社会影响或构成犯罪的；

（二）有违法违规行为，拒不接受调查处理，或不按期整改，情节严重的；

（三）企业股权变更后，成为外资企业、中外合资企业、中外合作企业的；

（四）提交虚假材料或者采取其他欺诈手段隐瞒重要事实取得《文物拍卖许可证》的；

（五）《企业法人营业执照》被工商行政管理部门吊销或《拍卖经营许可证》被商务行政管理机关吊销的。

第十三条 被暂停文物拍卖资质的拍卖企业，可在暂停期终止后，申请恢复文物拍卖资质。

第十四条 被撤销文物拍卖资质的拍卖企业，由国务院文物行政部门收回《文物拍卖许可证》，企业须依法到工商行政管理部门办理变更登记或者注销登记，且三年内不得申请文物拍卖资质。

第十五条 本办法由国务院文物行政部门负责解释。

第十六条 本办法自发布之日起施行。

文物拍卖标的审核办法

（文物博发〔2016〕4号　2016年3月9日）

第一章　总　则

第一条　为加强对文物拍卖标的审核管理，规范文物拍卖经营行为，依据《中华人民共和国文物保护法》、《中华人民共和国文物保护法实施条例》等法律法规，制定本办法。

第二条　本办法适用于《中华人民共和国文物保护法》、《中华人民共和国文物保护法实施条例》等法律法规规定、需经审核才能拍卖的文物。

第三条　文物拍卖标的由省、自治区、直辖市人民政府文物行政部门（以下简称“省级文物行政部门”）负责审核。

第四条　国家文物局对省级文物行政部门文物拍卖标的审核工作进行监督指导。

第二章　申请与受理

第五条　拍卖企业应在文物拍卖公告发布前20个工作日，提出文物拍卖标的审核申请。

省级文物行政部门不受理已进行宣传、印刷、展示、拍卖的文物拍卖标的的审核申请。

第六条　拍卖企业应向注册地省级文物行政部门提交文物拍卖标的审核申请。

拍卖企业在注册地省级行政区划以外举办文物拍卖活动的，按照标的就近原则，可向注册地或者拍卖活动举办地省级文物行政部门提交文物拍卖标的审核申请。

两家以上注册地在同一省级行政区划内的拍卖企业联合举办文物拍卖活动的，由企业联合向省级文物行政部门提交文物拍卖标的审核申请。

两家以上注册地不在同一省级行政区划内的拍卖企业联合举办文物拍卖活动的，按照标的就近原则，由企业联合向某一企业注册地或者拍卖活动举办地省级文物行政部门提交文物拍卖标的审核申请。

联合拍卖文物的拍卖企业，均应具备文物拍卖资质。其文物拍卖资质范围不同的，按照资质最低的一方确定文物拍卖经营范围。

第七条　拍卖企业须报审整场文物拍卖标的，不得瞒报、漏报、替换标的，不得以艺术品拍卖会名义提出文物拍卖标的审核申请，不得以“某代以前”、“某某款”等字眼或不标注时代的方式逃避文物拍卖标的监管。

第八条 拍卖企业申请文物拍卖标的审核时，应当提交下列材料：

（一）有效期内且与准许经营范围相符的《拍卖经营批准证书》、《企业法人营业执照》及《文物拍卖许可证》的复印件；

（二）《文物拍卖标的审核申请表》；

（三）标的清册（含电子版）；

（四）标的图片（每件标的图片清晰度 300dpi 以上）；

（五）标的合法来源证明（如有）；

（六）文物拍卖专业人员出具的标的征集鉴定意见；

（七）省级文物行政部门要求提交的其他材料。

其中，材料（一）、（二）、（三）、（五）、（六）须以书面形式加盖企业公章提交，材料（三）、（四）提交电子材料。

第九条 省级文物行政部门对拍卖企业提出的文物拍卖标的审核申请，应当根据下列情况分别处理，并告知企业：

（一）文物拍卖经营资质有效，申请材料齐全，符合相关法律法规规定的，决定受理；

（二）文物拍卖经营资质无效，或者不属于审核范围的，决定不予受理；

（三）申请材料不齐全或者不符合相关规定的，要求补充。

第十条 省级文物行政部门受理文物拍卖标的审核申请后，须按照《中华人民共和国行政许可法》第四十二条有关规定，应于 20 个工作日内作出审核决定。符合《中华人民共和国行政许可法》第四十二条、第四十五条相关情形的，不受该时限限制。

第三章　审核与批复

第十一条 省级文物行政部门在作出文物拍卖标的审核决定前，可委托相关专业机构开展文物拍卖标的审核工作。

文物拍卖标的应当进行实物审核。

第十二条 文物拍卖标的审核须由 3 名以上审核人员共同完成，其中省级文物鉴定委员会委员不少于 1 名。审核意见由参加审核人员共同签署。

审核过程中，省级文物行政部门可要求拍卖企业补充标的合法来源证明及相关材料。

第十三条 下列物品不得作为拍卖标的：

（一）依照法律应当上交国家的出土（水）文物，以出土（水）文物名义进行宣传的标的；

（二）被盗窃、盗掘、走私的文物或者明确属于历史上被非法掠夺的中国文物；

（三）公安、海关、工商等执法部门和人民法院、人民检察院依法没收、追缴的文物，以及银行、冶炼厂、造纸厂及废旧物资回收单位拣选的文物；

（四）国有文物收藏单位及其他国家机关、部队和国有企业、事业单位等收藏、保管的文物，以及非国有博物馆馆藏文物；

（五）国有文物商店收存的珍贵文物；

（六）国有不可移动文物及其构件；

（七）涉嫌损害国家利益或者有可能产生不良社会影响的标的；

（八）其他法律法规规定不得流通的文物。

第十四条 合法来源证明材料包括：

（一）文物商店销售文物发票；

（二）文物拍卖成交凭证及发票；

（三）文物进出境审核机构发放的文物进出境证明；

（四）其他符合法律法规规定的证明文件等。

第十五条 未列入本办法第十三条的文物，经文物行政部门审核不宜进行拍卖的，不得拍卖。

第十六条 省级文物行政部门依据实物审核情况出具决定文件，并同时抄报国家文物局备案。备案材料应包含标的清册、图片（含电子材料）、合法来源证明（如有）等。

两家以上拍卖企业联合举办文物拍卖活动的，审核决定主送前列申请企业，同时抄送其他相关省级文物行政部门。

第十七条 文物拍卖标的审核决定，不得作为对标的真伪、年代、品质及瑕疵等方面情况的认定。

第四章 文物拍卖监管

第十八条 拍卖企业应在文物拍卖图录显著位置登载文物拍卖标的审核决定或者决定文号。

第十九条 省级文物行政部门应以不少于10%的比例对文物拍卖会进行监拍。监拍人员应按照《文物行政处罚程序暂行规定》等相关规定，对拍卖会现场出现的违法行为采取相应措施。

第二十条 拍卖企业应于文物拍卖会结束后30个工作日内，按照《中华人民共和国文物保护法实施条例》第四十三条相关规定，将文物拍卖记录报省级文物行政部门备案。

第二十一条 省级文物行政部门应当对照文物拍卖标的审核申请材料对文物拍卖记录进行核查，及时发现并查处拍卖企业瞒报、漏报、替换文物拍卖标的等违法行为。

第二十二条 省级文物行政部门应加强对拍卖企业标的征集管理，将文物拍卖标的审核情况记入拍卖企业和专业人员诚信档案，作为对拍卖企业和专业人员监管的重要依据。

第五章 附 则

第二十三条 本办法自发布之日起实施。

文物出境进境

对外国人、华侨、港澳同胞携带、邮寄文物出口鉴定、管理办法

（〔1977〕文物字92号　1977年10月19日）

第一条　根据国务院发布《文物保护管理暂行条例》第十四条、第十六条和国发〔1974〕132号文件第五条的规定，制定本办法。

第二条　外国人、华侨、港澳同胞携带、邮寄文物出口，必须事先做好鉴定工作，钤盖火漆标识、开具出口鉴定证明书，以便海关验放。

第三条　文物出口鉴定火漆印章，由国家文物事业管理局统一制作，颁发给指定的北京、上海、天津、广州四口岸的省、市文化、文物行政领导机关掌握。

第四条　经国家文物局指定的省、市、自治区的文物行政部门，应当按照《文物出口鉴定参考标准》，对文物商店、友谊商店、外轮供应公司、古旧书店的文物予以鉴定。这些单位在柜台展售的文物，必须是经过鉴定可以出口的文物，并钤盖火漆标识。不能直接钤盖的，用线系在文物上，在线结处钤盖火漆标识。出售文物时应详细填写货号、品名、年代、规格等发票内容，并向顾客说明注意保存发票和保持火漆标识的完整，以便出口时查验。

第五条　外国人、华侨、港澳同胞如有旧存文物需要出口时，应向北京、上海、天津、广州四口岸之一的海关申报，并经四口岸之一的文物行政部门鉴定，符合出口标准的钤盖火漆标识，并发给《文物出口鉴定证明书》。证明书上应写明品名、年代、规格、特征。

第六条　今后新生产的仿制文物和文物复制品可以采用在生产时做暗记的办法。目前文物商店、友谊商店、外轮供应公司在向外国人、华侨、港澳同胞出售仿制文物和文物复制品时，应将物品的名称、质地、花纹、颜色、尺寸和生产年代详细地写在发票上，并加盖复制品或仿制品戳记，海关凭发票查验放行。

暂时入境文物复出境管理规定

（国家文物局、海关总署　文物发〔1995〕295号　1995年1月20日）

第一条　根据《中华人民共和国文物保护法》、《中华人民共和国海关法》及有关文物进境管理法规，制定本规定。

第二条　暂时进境文物系指因修复、展览、销售、拍卖等原因暂时携带、运输、邮寄文物出境，待有关活动结束后复运出境的文物。

第三条　携带、运输、邮寄暂时进境文物进境，应在进境时向海关书面申报，并报明有关文物需要复运出境。进境地海关将有关文物加封后，交由当事人送往国家文物局指定的文物出境鉴定站办理复出境手续。

第四条　文物出境鉴定站在验核海关封志完好无损后，对每件暂时进境文物钤盖编号为“C”字头的火漆标识，并同时开具《文物出境许可证》。暂时进境文物复运出境时，海关凭上述火漆标识和许可证放行。

第五条　国家文物局指定下列文物出境鉴定站办理暂时进境文物复出境手续：

国家文物出境鉴定北京站、天津站、上海站、广东站、江苏站、浙江站、福建站、云南站。

第六条　进境时未申报、海关封志出现破损或进境后未办理复出境鉴定手续的文物，另按《中华人民共和国海关对旅客携运和个人邮寄文物出口的管理规定》办理出境手续。

第七条　违反规定携带文物出境的，海关将依照《中华人民共和国文物保护法实施细则》、《中华人民共和国海关法行政处罚实施细则》及其他法规的有关规定处罚。

第八条　本规定自1995年5月1日起执行。

文物出国（境）展览管理规定（试行）

（文物外发〔1997〕29号　1997年7月1日）

第一章　总　则

第一条　为加强文物出国（境）展览的统一管理，严格审批程序和权限，确定保护出国（境）展览的文物安全，使文物出国（境）展览更好地弘扬中华民族优秀文化，为我国改革开放事业和总体外交路线服务，取得最佳社会效益和经济效益，根据《中华人民共和国文物保护法》和有关法规，特制定本管理规定。

第二条　本规定所指文物出国（境）展览是指我国在外国及境外举办的各类文物展览。

1. 我国政府与外国政府间文化交流协定确定的文物展览。

2. 我国各省、自治区、直辖市与外国省市间的友好交流举办的文物展览。

3. 我国有关博物馆与国外博物馆之间为学术交流而举办的文物展览。

4. 在香港特别行政区举办的文物展览。

5. 在台湾、澳门举办的文物展览。

第三条　文物出国（境）展览的展品必须是经文物部门注册、登记、确定级别的，其中主要展品应是在国内报刊发表或国内正式展出过的。

第四条　为确保出国（境）展览文物的安全，易损文物、一级孤品及元代以前（含元代）绘画，不得出国（境）展览。

第五条　国家文物局负责全国文物出国（境）展览的归口管理和宏观调控，其职责是：

1. 统筹安排和组织大型文物出国（境）展览。

2. 协调平衡各省、自治区、直辖市的文物出国（境）展览计划。

3. 认定各省、自治区、直辖市举办文物出国（境）展览的资格。

4. 监督和检查文物出国（境）展览的情况。

5. 查处文物出国（境）展览中有重大影响的违纪事件。

第六条　出国（境）文物展览一般采取有偿展出的方式，但不采取租赁方式。

第二章　文物出国（境）展览组织者的资格

第七条　下列部门和机构经国家文物局审核认定后，可取得承办文物出国（境）展览资格：

1. 省、自治区、直辖市文化厅、文物局。

2. 省、自治区、直辖市级博物馆。

3. 具有较丰富的文物藏品、具备较好的文物保管条件和陈列展示水平、具有一定的专业研究力量的博物馆。

4. 经国家文物局授权专门从事文物出国（境）展览的单位。

第八条　各省、自治区、直辖市文化厅、文物局与中国文物交流中心等，经批准后可具有代行第七条第三项所列单位统筹办理有关文物出国（境）展览的资格。

第三章　文物出国（境）展览项目的审批

第九条　项目报批程序：

1. 由展览主办单位向各所在省、自治区、直辖市文化厅、文物局提出项目申请并附有关资料。

2. 各省、自治区、直辖市文化厅、文物局对项目申请及相关资料进行审核，认定合格后于6个月前报国家文物局。

3. 展览主办单位是国家文物局直属单位的，展览项目直接报国家文物局。

4. 展览项目经国家文物局审核后报文化部或国务院审批。展品超过一百二十件（套）或展品中一级文物超过百分之二十的展览项目报国务院审批；展品在一百二十件（套）（含一百二十件）以内或一级品占百分之二十以下的展览项目，报文化部审批。

5. 展览项目经批准后，文物出国（境）展览的协议书（草案）、目录、估价单由国家文物局审批。

第十条　申报项目必须提供下列文件：

1. 合作方的有关背景资料、资信证明、邀请信。

2. 双方草签的展览意向书或协议书草案。

协议书内容包括：

（1）展览举办单位、机构、所在地及国别；

（2）展览的名称、时间、出展场地；

（3）展品的安全、运输、保险、赔偿的责任和费用；

（4）展品的点交方式及地点；

（5）展览代表团、随展人员的安排及其费用支付情况；

（6）展览费用的支付方式；

（7）展览印刷品照片的提供及利益分配。

3. 展品目录和展品估计。

展品目录按国家文物局颁发的统一表格填写，并附清单，填写内容包括：

（1）文物的名称、年代、级别、尺寸、质地、来源；

（2）展品展出和发表情况；

（3）展品照片；

（4）展品的状况。

展品估价必须按文物自身的价值进行估算，不得根据对方的要求随意更改、降低估价。

第十一条 未经批准，任何单位和个人不得对外作出有关文物出国（境）展览承诺或擅自与外国签订有关文物出国（境）展览的正式协议书。

第十二条 文物出国（境）展览协议书、展品目录、展品估价等，一经批准，不得随意更改，确需要改须重新报国家文物局批准。

第十三条 出国展览应严格遵守协议规定的展期，一般不予延长。确需延长时间的，应在展览结束前三个月经国家文物局按有关规定报批，未经批准，任何单位和个人不得与对方正式签约。

第四章 文物出国（境）展览的人员派出及其他

第十四条 文物出国（境）展览代表团人员的组成应以文物部门人员为主，必须有熟悉文物展览的专业人员参加。

第十五条 文物出国（境）展览，必须配备随展组监督协议执行情况。随展组人员应选派热爱祖国，忠于祖国，有强烈的责任心，熟悉展品情况的博物馆馆员以上人员（或从事文物保管工作五年以上的人员）参加，其中必须包括具有文物保管工作经验的人员。大型文物展随展组组长应由具有副研以上职称的业务人员担任。随展人员必须维护国家的主权和利益，维护民族尊严，在对外交流中不卑不亢，严格遵守外事纪律。

第十六条 为确保文物安全，各出展单位必须指定专人负责包装工作。

第十七条 制作展览图录的照片原则上由我方提供，不得允许对方自行摄制。重要文物展览的电视宣传和文告需要摄录展品的事先应征得我方主办单位的同意，未经批准，不得允许对方随意摄录。

第十八条 各主办单位在展览结束后一个月内，向国家文物局写出有关文物安全及展出情况的正式报告。

第五章 罚 则

第十九条 对违反本规定，未经批准擅自与对方签订展览协议的，国家文物局有权终止展览项目，并对有关人员予以警告、通报、暂停或取消举办文物出国（境）展览资格的处罚。

第二十条 对违反本规定，在申报展览项目过程中弄虚作假的，一经查实，国家文物局有权立即停止其举办文物出国（境）展览活动，追究当事人和有关领导者的责任。

第二十一条 对文物出国（境）展览活动中，玩忽职守，徇私舞弊，使文物受到损害，给国家造成损失的，国家文物局有权给予取消其参与文物出国（境）展览资格，由其主管部门视情节轻重，给予当事人和直接领导者以相应的行政处分。构成犯罪的，由司法机关追究刑事责任。

第六章 附则

第二十二条 外系统展览涉及文物出境的，参照本规定办理。

第二十三条 原发布的规定凡有与本规定相抵触的内容以本规定为准。

第二十四条 本规定由国家文物局负责解释。

第二十五条 本规定自一九九七年七月一日施行。

关于重申文物出入境管理有关规定的通知

（文物博发〔1998〕23号）

各省、自治区、直辖市文化厅（局）、文物局、文管会：

近年来，随着社会主义市场经济的发展，文物市场异常活跃，出入海关的文物数量逐年增多。为了进一步加强文物出入境管理，严厉打击文物走私分子的非法活动。我局重申文物出入境的有关政策和规定如下：

一、根据《中华人民共和国文物保护法》及其《实施细则》和《文物出境鉴定管理办法》，下列物品均必须进行文物出境鉴定：

1. 凡一九四九年中华人民共和国成立以前中国和外国制作、生产或出版的陶瓷器、金银器、铜器及其他金属器、玉石器、漆器、玻璃器皿、各种质料的雕刻品，雕塑品，家具、书画、碑帖、拓片、图书、文献资料、织绣、文化用品、邮票、货币、器具、工艺美术品等；

2. 一九四九年以后，我国已故近、现代著名书画家、工艺美术家的作品等；

3. 古脊椎动物与古人类化石。

二、有关文物出境鉴定，必须由国家文物局批准的下列省、自治区、直辖市文物行政主管部门设立的文物出境鉴定站负责办理：北京、天津、上海、广东、江苏、浙江、福建、云南。

三、凡经鉴定允许出境的文物，一律钤盖允许出境的标识和有关出境证明、发票。

如：

1. “A”字头火漆印为文物商店提供鉴定允许携带出境所用。出境时，必须持印有《文物商店统一发票》和钤盖编号“A”字头火漆标识。

2. “B”字头火漆印为私人携带旧存文物允许出境所用。出境时，必须持印有《文物出境许可证》和钤盖编号“B”字头的火漆标识。

3. “C”字头火漆印为暂时入境文物复运出境所用。凡境外携带、邮寄、运输文物暂时入境时，必须向海关提出书面申报，并说明有关文物需要复运出境。入境地海关必须将有关文物加封后，交由当事人送往国家文物局指定的文物出境鉴定站办理复出境手续。出境时，必须持印有《文物出境许可证》和钤盖编号“C”字头的火漆标识。

四、严禁持有旧货市场（古玩城）发票、拍卖公司发票和其他未经国家文物局批准经营文物的销售单位发票出境；严禁贴有“文检”字样标识的旧工艺品（旧货或文物）出境。若需携带文物出境，必须到具有文物出境鉴定资格的工作站办理有关出境手续。

五、严禁使用“仿品”、“复制品”等内容的发票携带旧工艺品或文物出境。存有疑问的可请当地文物出境鉴定站或当地文物行政管理部门鉴定。

六、未经国家文物局批准，严禁文物拍卖人私自将文物拍卖标的携运出境；买受人如将买得文物携运出境，须依法按照私人携带文物出境办法，另行办理文物出境鉴定手续。

七、文物出境使用的“火漆印”、《文物出境许可证》、《文物商店统一发票》是文物出境的主要凭证，是提供海关允许放行的重要标识。因此，凡携带出境手续完备的文物出境时，海关关员应把器物上钤盖的“火漆印”和《文物出境许可证》或《文物商店统一发票》进行技术处理（即毁坏火漆印，在证书和发票上注明“已出关”字样），严禁让其携带完整火漆印和没有注销的证书和发票出关。

八、违反以上规定的，逃避海关监管，运输、携带、邮寄国家禁止出口文物出境的，依照有关法律追究其刑事责任。

国家文物局

一九九八年五月三日

一九四九年后已故著名书画家作品限制出境的鉴定标准

（文物博发〔2001〕42号 2001年11月15日）

为了保护国家文化遗产，加强管理，下列已故著名书画家全部作品列入文物出境限制范围：

一、作品一律不准出境者（10人）

王式廓 何香凝 李可染 林风眠 徐悲鸿 高崙（剑父） 黄质（宾虹） 傅抱石 潘天寿 董希文

二、作品原则上不准出境者（23人）

于右任 于照（非闇） 丰子恺 石鲁 齐璜（白石） 刘奎龄 刘海粟 张爰（大千） 沈尹默 吴作人 吴湖帆 陈云彰（少梅） 陆俨少 林散之 赵朴初 高嵡（奇峰） 钱松嵒 郭沫若 黄胄 蒋兆和 谢稚柳 溥儒（心畬） 颜文樑

三、精品不准出境者（107人）

丁衍庸 马叙伦 马一浮 马晋 王贤（个簃） 王心竟 王伟 王雪涛 王叔晖 王福庵 王襄 王蘧常 方人定 方济众 邓散木 邓尔疋 叶浅予 叶恭绰 戈荃（湘岚） 白蕉 冯迥（超然） 冯建吴 田世光 古元 朱屺瞻 朱家济 朱复戡 吕凤子 刘子久 刘继卣 刘凌沧 江寒汀 关良 吴家琭（玉如） 吴茀之 吴显曾（光宇） 吴华源 吴桐（琴木） 吴徵（待秋） 吴熙曾（镜汀） 陈之佛 陈子奋 陈子庄（石壶） 陈年（半丁） 陈秋草 张大壮 张书旂 张克和（石园） 张宗祥 张其翼 张振铎 张肇铭 李英（苦禅） 李铁夫 李耕 李琼玖 陆翀（抑非） 陆维钊 来楚生 沙孟海 宋文治 何瀛（海霞） 余任天 应野平 邵章 苏葆桢 郑昶（午昌） 郑诵先 周仁（怀民） 周思聪 周肇祥 周元亮 赵少昂 赵起（云壑） 赵望云 罗惇（复堪） 胡小石 胡佩衡 贺天健 容庚 徐宗浩 徐操 秦裕（仲文） 陶一清 钱君匋 唐云 高二适 顾廷龙 诸乐三 郭味蕖 曹克家 常书鸿 黄幻吾 黄君璧 黄秋园 黄般若 黄新波 商承祚 章士钊 董揆（寿平） 谢之光 谢无量 傅增湘 黎冰鸿 溥伒 溥佺 蔡鹤汀

一七九五到一九四九年间著名书画家作品限制出境鉴定标准

（文物博发〔2001〕42号 2001年11月15日）

根据国内存量，避免出现空白，下列著名书画家全部作品列入文物出境限制范围：

一、作品一律不准出境者（20人）

王文治（梦楼） 王宸（蓬心） 邓石如（顽伯） 任熊（渭长） 张惠言（皋文） 赵之谦（撝叔） 华冠（吉崖） 段玉裁（茂堂） 刘彦冲（泳之） 金礼赢（五云） 洪亮吉（雅存） 余集（秋室） 费丹旭（晓楼） 徐三庚（袖海） 董婉贞（双湖） 张崟（夕庵） 虚谷（倦鹤） 改琦（七芗） 黄易（小松） 蕃恭寿（莲巢）

二、作品原则上不准出境者（32人）

王杰（伟人） 王鸣盛（礼堂） 方薰（兰士） 永瑆（少厂） 林则徐（少穆） 冯敏昌（伯求） 铁保（梅庵） 纪昀（晓岚） 伊秉绶（墨卿） 任颐（伯年） 严复（几道） 奚冈（铁生） 吴荣光（荷屋） 钱杜（叔美） 沈宗骞（芥舟） 孙星衍（渊如） 刘墉（石庵） 姚鼐（姬传） 翁方纲（覃溪） 陈师曾（衡恪） 钱大昕（竹汀） 汪承霈（时斋） 吴俊卿（昌硕） 李叔同（弘一） 袁枚（子才） 钱坫（十兰） 戴熙（醇士） 黎简（二樵） 法式善（梧门） 梁同书（山舟） 梁启超（任公） 董诰（蔗林）

三、精品和各时期代表作品不准出境者（193人）

丁以诚（义门） 丁佛言（松游） 万上遴（辋冈） 任预（立凡） 尤荫（水村） 文鼎（后山） 王引之（伯申） 王礼（秋言） 王芑孙（惕甫） 王学浩（椒畦） 王昶（德甫） 王闿运（湘绮） 王素（小梅） 王懿荣（正孺） 计芬（小隅） 龙启瑞（翰臣） 包世臣（慎伯） 任薰（阜长） 石韫玉（琢堂） 冯洽（秋鹤） 冯誉骥（展云） 司马钟（绣谷） 万承纪（廉山） 左宗棠（季高） 江介（石如） 朱文新（涤斋） 朱为弼（椒堂） 那彦成（绎堂） 朱鹤年（野云） 朱孝纯（子颖） 朱昂之（青立） 朱本（素人） 朱偁（梦庐） 朱熊（梦泉） 阮元（芸台） 许乃钊（信臣） 毕沅（秋帆） 毕涵（焦麓） 毕简（仲白） 汤金钊（敦甫） 汤贻汾（雨生） 汤涤（定之） 达受（六舟） 刘德六（子和） 祁寯藻（叔颖） 吴鼒（山尊） 何翀（丹山） 沙馥（山春）

余启祥（春帆） 余绍宋（越园） 吴大澂（清卿） 何绍基（子贞） 宋湘（芷湾） 吴熙载（让之）
吴庆云（石仙） 宋光宝（藕堂） 沈曾植（寐叟） 吴榖祥（秋农） 吴锡麟（榖人） 汪昉（叔明）
汪葑（芥亭） 李育（梅生） 陆恢（廉夫） 宋葆淳（倦陬） 汪启淑（秀峰） 李兆洛（申耆）
汪恭（竹坪） 李鸿章（少荃） 李修易（乾斋） 张之万（子青） 张之洞（香涛） 张兆祥（龢庵）
张如芝（墨池） 张洽（月川） 张问陶（船山） 张廷济（叔未） 张伯英（勺甫） 张泽（善子）
张祥河（诗舲） 张培敦（研樵） 张度（叔宪） 张敔（雪鸿） 张裕钊（廉卿） 张槃（小蓬）
张熊（子祥） 张燕昌（芑堂） 陈介祺（簠斋） 张穆（石舟） 陈鸿寿（曼生） 陈希祖（玉方）
陈树人（猛进） 陈豫钟（秋堂） 招子庸（铭山） 苏六朋（枕琴） 严钰（香府） 金启（耘麓）
金城（北楼） 郑孝胥（苏戡） 陈澧（兰甫） 杨岘（藐翁） 杨守敬（惺吾） 武亿（虚谷）
苏长春（仁山） 林纾（琴南） 居巢（古泉） 杨沂孙（濠叟） 英和（煦斋） 周镐（子京）
俞礼（达夫） 罗天池（六湖） 罗振玉（雪堂） 赵魏（晋斋） 姚元之（伯昂） 姚文田（秋农）
俞樾（曲园） 俞明（涤凡） 姚燮（梅伯） 胡远（公寿） 赵秉冲（研怀） 胡锡珪（三桥）
洪范（石农） 姜渔（笠人） 姜筠（颖生） 姜熏（晓泉） 赵之琛（次闲） 赵光（蓉舫）
钮树玉（蓝田） 倪田（墨耕） 郭尚先（兰石） 郭麐（频伽） 殷树柏（云楼） 翁同龢（叔平）
翁雒（小海） 真然（莲溪） 秦祖永（逸芬） 秦炳文（谊亭） 桂馥（未谷） 徐世昌（菊人）
徐坚（綅亭） 莫友芝（郘亭） 高剑僧（秋溪） 高树程（迈庵） 陶樑（凫芗） 钱松（叔盖）
钱维乔（竹初） 钱伯垌（鲁斯） 钱泳（梅溪） 钱慧安（吉生） 钱振鍠（名山） 顾麟士（鹤逸）
顾沄（若波） 顾光旭（晴沙） 顾洛（西梅） 顾皋（缄石） 顾莼（南雅） 顾鹤庆（弢庵）
章炳麟（太炎） 顾蕙（墨庄） 康有为（长素） 黄山寿（旭初） 黄均（榖原） 曹贞秀（墨琴）
梁章钜（茝林） 梁蔼如（青崖） 屠倬（琴坞） 盛大（子履） 黄钺（左田） 程庭鹭（序伯）
黄培芳（香石） 萧俊贤（厔泉） 曾国藩（涤生） 萧愻（谦中） 曾熙（家髯） 曾燠（宾谷）
程璋（瑶笙） 焦循（理堂） 舒位（铁云） 瑛宝（梦禅） 董洵（小池） 蒋宝龄（霞竹）
蒋莲（香湖） 蒋敬（敬之） 谢兰生（里甫） 蒲华（作英） 鲍俊（逸卿） 阙岚（雯山）
翟大坤（云屏） 翟继昌（琴峰） 熊景亭（笛江） 缪炳泰（象贤） 潘思牧（樵侣） 戴衢亨（莲士）

文物出境展览管理规定

（文物办发〔2005〕13号　2005年5月27日）

第一章　总　则

第一条　为加强文物出境展览的管理，根据《中华人民共和国文物保护法》和《中华人民共和国文物保护法实施条例》，制定本规定。

第二条　本规定所称文物出境展览，是指下列机构在境外（包括外国及我国香港、澳门特别行政区和台湾地区）举办的各类文物展览：

（一）国家文物局；

（二）国家文物局指定的从事文物出境展览的单位；

（三）省级文物行政部门；

（四）境内各文物收藏单位。

第三条　出境展览的文物应当经过文物收藏单位的登记和定级，并已在国内公开展出。

第四条　国家文物局负责全国文物出境展览的归口管理，其职责是：

（一）审核文物出境展览计划，制定并公布全国文物出境展览计划；

（二）审批文物出境展览项目；

（三）组织或指定专门机构承办大型文物出境展览；

（四）制定并定期公布禁止和限制出境展览文物的目录；

（五）监督和检查文物出境展览的情况；

（六）查处文物出境展览中的违法、违规行为。

第五条　省级文物行政部门负责本行政区域文物出境展览的归口管理，其职责是：

（一）核报文物出境展览计划；

（二）核报文物出境展览项目；

（三）协调文物出境展览的组织工作；

（四）核报禁止和限制出境展览文物的目录；

（五）核报展览协议书及展览结项有关资料；

（六）监督和检查文物出境展览的情况；

（七）查处文物出境展览中的违法、违规行为。

第六条 文物出境展览应确保文物安全。文物出境展览的承办单位应落实文物安全责任制，并对文物安全负全责。

第七条 举办文物出境展览应适当收取筹展费、文物养护费等有关费用。

第二章 文物出境展览的审批和结项

第八条 文物出境展览，应当报国家文物局批准。其中一级文物展品超过 120 件（套），或者一级文物展品超过展品总数的 20% 的，由国家文物局报国务院审批。

第九条 年度计划的报批程序：

（一）国家文物局指定的从事文物出境展览的单位，各省级文物行政部门以及境内文物收藏单位，应在每年的 5 月底前向国家文物局书面申报下一年度文物出境展览计划。地方各级文物行政部门所辖的文物收藏单位的出境展览计划，应经省级文物行政部门提出意见后报国家文物局。

（二）国家文物局应于每年的 6 月底前制定并公布下一年度全国文物出境展览计划。

第十条 文物出境展览项目的报批程序：

（一）国家文物局指定的从事文物出境展览的单位，各省级文物行政部门以及境内文物收藏单位，应在展览项目实施的 6 个月前提出项目的书面申请报国家文物局审批。地方各级文物行政部门所辖的文物收藏单位举办出境展览，应经省级文物行政部门提出意见后报国家文物局审批。

（二）国家文物局应自收到申请之日起 30 个工作日内作出批准或者不批准的决定。决定批准的，发给批准文件；决定不批准的，应书面通知当事人并说明理由。

第十一条 文物出境展览项目的书面申请应包括下列内容：

（一）合作各方的有关背景资料、资信证明和境外合作方的邀请信。

（二）经过草签的展览协议书草案，内容包括：

1. 举办展览的机构、所在地及国别；

2. 展览的名称、时间、出展场地；

3. 展品的安全、运输、保险，及赔偿责任和费用；

4. 展品的点交方式及地点；

5. 展览派出人员的安排及所需费用；

6. 展览有关费用和支付方式；

7. 有关知识产权问题。

（三）展品目录、文物出境展览展品申报表和展品估价。文物出境展览展品申报表应按国家文物局制定的统一格式填写，并附汇总登记表。

上述书面申请应另附电子文本一份。

第十二条 下列文物禁止出境展览：

（一）古尸；

（二）宗教场所的主尊造像；

（三）一级文物中的孤品和易损品；

（四）列入禁止出境文物目录的；

（五）文物保存状况不宜出境展览的。

第十三条 下列文物限制出境展览：

（一）简牍、帛书；

（二）元代以前的书画、缂丝作品；

（三）宋、元时期有代表性的瓷器孤品；

（四）唐写本、宋刻本古籍；

（五）宋代以前的大幅完整丝织品；

（六）大幅壁画和重要壁画；

（七）唐宋以前的陵墓石刻及泥塑造像；

（八）质地为象牙、犀角等被《濒危野生动植物物种国际贸易公约》列为禁止进出口物品种类的文物。

第十四条 未经批准，任何单位和个人不得对外作出文物出境展览的承诺或签订有关的正式协议书。

第十五条 经批准的文物出境展览协议书草案、展品目录、展品估价等，如需更改应重新履行报批程序。

第十六条 文物出境展览的承办单位应于展览协议书签订之日起 1 个月内将展览协议书报送国家文物局备案。

第十七条 文物出境展览的承办单位应于展览结束之日起 2 个月内向国家文物局提交文物出境展览结项备案表、结项报告及展览音像资料。

第三章　出境展览文物的出境及复进境

第十八条 出境展览的文物出境，应持国家文物局的批准文件，向文物进出境审核机构申请，由文物进出境审核机构审核、登记，并从国家文物局指定的口岸出境。海关凭国家文物局的批准文件和文物进出境审核机构出具的证书放行。出境展览的文物复进境，应向海关申报，经原文物进出境审核机构审核查验后，凭原文物进出境审核机构出具的证书办理海关结项手续。

第十九条 文物出境展览的期限不得超过 1 年。因特殊需要，经原审批机关批准可以延期；

但是，延期最长不得超过1年。

第四章　文物出境展览的展品安全

第二十条　文物出境展览的承办单位应对出境展览的文物进行严格的安全检查，现状不能保证安全的文物一律不得申报出境展览。

第二十一条　出境展览的文物应当按照经批准的展品估价保险。出境展览文物保险的险种至少应包括财产一切险和运输一切险。

第二十二条　文物出境展览的点交应当在符合文物保管条件和安全条件的场地进行。点交现场应当采取有针对性的安全保卫措施，严格规定点交流程。点交记录应详尽准确。

第二十三条　出境展览文物的包装工作应严格按照技术规范执行。由包装公司承担文物出境展览的包装工作时，包装公司应具备包装中国文物展品的资信和能力，承办单位负责对包装工作进行监督和指导。

第二十四条　文物出境展览的运输工作应由具备承运中国文物展品的资信和能力的运输公司承担。承办单位负责对运输工作进行监督和指导。

第二十五条　文物出境展览的承办单位应确保境外展览的场地、设施和方式符合中国文物陈列的安全要求。

第二十六条　制作展览图录的照片原则上由出境展览的承办单位提供，不得允许外方合作者自行拍摄。重要文物展览的电视和广告宣传需要摄录展品的，由出境展览的承办单位根据《文物拍摄管理暂行办法》的规定执行。

第五章　文物出境展览人员的派出

第二十七条　文物出境应派出代表团参加展览开幕活动，并配备工作组参与展品点交，监督和指导陈列的布置和撤除，监督展览协议书的执行情况。根据展览工作的需要，展览承办单位应派出工作组评估境外展览的场地和设施是否符合中国文物陈列的要求。

第二十八条　文物出境展览工作人员应热爱祖国，维护国家的主权和利益，维护民族尊严，严格遵守外事纪律，熟悉展览及展品情况。工作组应由具有中级以上专业技术职务的人员（或从事文物保管等工作五年以上的人员）参加。大型文物展览工作组组长应由具有高级专业技术职务的人员担任。

第二十九条　出境展览的承办单位应当为文物出境展览工作人员在境外工作期间安排人身安全及紧急医疗保险。

第六章　罚　则

第三十条　违反本规定，有下列行为之一的，由国家文物局根据情节轻重，给予警告、通报批评、暂停文物出境展览等处罚：

（一）未经批准，签订文物出境展览协议书的；

（二）未如实申报文物出境展览项目有关内容的；

（三）工作人员玩忽职守，造成文物灭失、损毁，或其他恶劣影响的；

（四）未经批准，延长文物出境展览时间或在境外停留时间的；

（五）未在规定期限内报送文物出境展览协议书、结项备案表和结项报告，或未如实填写文物出境展览展品申报表及结项备案表的。

暂停文物出境展览的时间视情节轻重确定，最短时间为 1 年。

第七章　附　则

第三十一条　文物出境展览合同纠纷的解决适用中国法律。

第三十二条　其他收藏文物的单位举办文物出境展览，参照本规定执行。

第三十三条　国家文物局原发布的有关规定凡有与本规定相抵触的内容，以本规定为准。

第三十四条　本规定由国家文物局负责解释。

第三十五条　本规定自颁布之日起施行。

文物出境审核标准

（文物博发〔2007〕30号　2007年6月5日）

说　明

一、为加强我国文化遗产保护，防止珍贵文物流失，根据《中华人民共和国文物保护法》、《中华人民共和国文物保护法实施条例》，制定本标准。

二、文物进出境审核机构在开展文物出境审核工作时，执行本标准。

三、本标准以1949年为主要标准线。凡在1949年以前（含1949年）生产、制作的具有一定历史、艺术、科学价值的文物，原则上禁止出境。其中，1911年以前（含1911年）生产、制作的文物一律禁止出境。

四、少数民族文物以1966年为主要标准线。凡在1966年以前（含1966年）生产、制作的有代表性的少数民族文物禁止出境。

五、现存我国境内的外国文物、图书，与我国的文物、图书一样，分类执行本标准。

六、凡有损国家、民族利益，或者有可能引起不良社会影响的文物，不论年限，一律禁止出境。

七、未列入本标准范围之内的文物，如经文物进出境审核机构审核，确有重大历史、艺术、科学价值的，应禁止出境。

八、本标准所列文物分属不同审核类别的，按禁止出境下限执行。

九、本标准由国家文物局负责解释并定期修订。

十、本标准实施后，此前国家文物局发布的其他规定与本标准不一致的，以本标准为准。

审核类别		禁　限
1. 化石		
	古猿化石、古人类化石以及与人类活动有关的第四纪古脊椎动物化石	一律禁止出境
2. 建筑物的实物资料		

续表

审核类别		禁　限
2.1 建筑模型、图样	建筑的木制模型、纸制烫样、平面立面图、内部装修画样及工程作法等	一九一一年以前的禁止出境
	具有重要历史、艺术、科学价值的	一九四九年以前的禁止出境
2.2 建筑物装修、构件	包括园林建筑构件	一九一一年以前的禁止出境
	具有重要历史、艺术、科学价值的	一九四九年以前的禁止出境
3. 绘画、书法		
3.1 中国画及书法		一九一一年以前的禁止出境 一九一一年后参照名单执行
	肖像、影像、画像、风俗画、战功图、纪事图、行乐图等	一九四九年以前的禁止出境 属于本人或其亲属的肖像、影像、画像等不在此限
3.2 油画、水彩画、水粉画	包括素描（含速写）、漫画、版画的原作和原版等	一九四九年以前的禁止出境 一九四九年后参照名单执行
	具有重大历史、艺术价值，产生广泛社会影响的	一律禁止出境
3.3 壁画	宫殿、庙宇、石窟、墓葬中的壁画等	一九四九年以前的禁止出境
	近现代著名壁画的原稿、设计方案及图稿	一律禁止出境
4. 碑帖、拓片		
	碑碣、墓志、造像题记、摩崖等拓片及套帖	一九四九年以前的禁止出境
	古器物拓片，包括铭文、纹饰及全形拓片	一九四九年以前的禁止出境
	新发现的重要的或原作已毁损的石刻等拓片	一律禁止出境
5. 雕塑		
	人像、佛像、动植物造型及摆件等	一九一一年以前的禁止出境
	名家作品	参照名单执行
	具有重大历史、艺术价值，产生广泛社会影响的	一律禁止出境
6. 铭刻		
6.1 甲骨	包括残破、无字或后刻文字及花纹的甲骨和卜骨	一律禁止出境
6.2 玺印		一九一一年以前的禁止出境
	名家制印	参照名单执行
	历代官印，包括玺、印、戳记等	一律禁止出境
	各类军政机构、党派、群众团体使用过的，以及其他有特殊意义的印章、关防、印信等；著名人物使用过的有代表性的个人印章	一九四九年以前的禁止出境
6.3 封泥		一律禁止出境

续表

审核类别		禁　限
6.4 符契	包括符节、铁券、铅券、腰牌等	一九一一年以前的禁止出境
6.5 勋章、奖章、纪念章		一九一一年以前的禁止出境
	反映重大历史事件，有特殊意义的；颁发给著名人物的；有重要艺术价值的	一九四九年以前的禁止出境 属于本人或其亲属的不在此限
6.6 碑刻	历代石经、刻石、碑刻、经幢、墓志等	一九四九年以前的禁止出境
6.7 版片	书版、图版、画版、印刷版等	一九四九年以前的禁止出境
7. 图书文献		
7.1 竹简、木简	包括无字的	一律禁止出境
7.2 书札		一九一一年以前的禁止出境
	名人书札	一九四九年以前的禁止出境 属于本人或其亲属的一般来往函件不在此限
7.3 手稿		一九一一年以前的禁止出境
	涉及重大历史事件的或著名人物撰写的重要文件、电报、信函、题词、代表性著作的手稿等	一律禁止出境 属于本人的信函、题词、代表性著作的手稿等不在此限
7.4 书籍		一九一一年以前的禁止出境
	存量不多的木版书及石印、铅印的完整的大部丛书，如图书集成、四部丛刊、丛书集成、万有文库等	一九四九年以前的禁止出境
	有重要历史、学术价值的报刊、教材、图册等	一九四九年以前的禁止出境
	有重大影响的出版物的原始版本或最早版本	一九四九年以前的禁止出境
	有领袖人物重要批注手迹的	一律禁止出境
	地方志、家谱、族谱	一九四九年以前的禁止出境
7.5 图籍	各种方式印刷和绘制的天文图、舆地图、水道图、水利图、道里图、边防图、战功图、盐场图、行政区划图等	一九四九年以前的禁止出境
	非公开发售的各种地图等	一律禁止出境
7.6 文献档案		一九一一年以前的禁止出境
	有重要历史价值的	一律禁止出境
	重大事件或历次群众性运动中散发、张贴的传单、标语、漫画等	一律禁止出境
	重要战役的战报及相关宣传品等	一律禁止出境
8. 钱币		

续表

审核类别		禁　限
8.1 古钱币	各种实物货币、金属称量货币、压胜钱、金银钱等	一九一一年以前的禁止出境
8.2 古钞	宝钞、银票、钱票、私钞等	一九一一年以前的禁止出境
8.3 近现代机制币	金、银、铜、镍等金属币和纪念币	一九四九年以前的禁止出境
8.4 近现代钞票	具有重要历史、艺术、科学价值的	一九四九年以前的禁止出境
8.5 钱范	古代各种钱范和近代各种硬币的模具	一律禁止出境
8.6 钞版	各时期各种材质的钞版	一律禁止出境
8.7 钱币设计图稿	包括样钱、雕母、母钱等	一律禁止出境
9. 舆服		
9.1 车船舆轿		一九一一年以前的禁止出境
9.2 车具、马具		一九一一年以前的禁止出境
9.3 鞋帽		一九一一年以前的禁止出境
9.4 服装		一九一一年以前的禁止出境
9.5 首饰		一九一一年以前的禁止出境
9.6 佩饰		一九一一年以前的禁止出境
10. 器具		
10.1 生产工具		一九一一年以前的禁止出境
	反映近现代生产力发展的代表性实物，如工业设备、仪器等	一九四九年以前的禁止出境
10.2 兵器		一九一一年以前的禁止出境
	中国自制的各种枪炮	一九四九年以前的禁止出境
	名人使用过的或有记年记事铭文的	一律禁止出境
10.3 乐器	包括舞乐用具	一九一一年以前的禁止出境
	已故著名艺人使用过的	一律禁止出境
10.4 仪仗		一九一一年以前的禁止出境
10.5 度量衡	包括附件	一九一一年以前的禁止出境
10.6 法器	包括乐器、幡、旗等	一九一一年以前的禁止出境
10.7 明器	各种材质所制的专为殉葬用的俑及器物	一九一一年以前的禁止出境
10.8 仪器	包括日晷、罗盘、天文钟、天文仪、算筹等有关天文历算的仪器和科学实验仪器及其部件	一九四九年以前的禁止出境
10.9 家具	各种材质的家具及其部件	一九一一年以前的禁止出境
	黄花梨、紫檀、乌木、鸡翅木、铁梨木家具	一九四九年以前的禁止出境

续表

审核类别		禁　　限
10.10 金属器	青铜器	一九一一年以前的禁止出境
	金、银、铜、铁、锡、铅等制品	一九一一年以前的禁止出境
10.11 陶瓷器	包括具有历史、艺术、科学价值的残片	一九一一年以前的禁止出境
	官窑器、民窑堂名款器，有纪年、纪事或作为历史事件标志性的器物及残件	一九四九年以前的禁止出境
	名家制品	参照名单执行
10.12 漆器		一九一一年以前的禁止出境
	名家、名作坊或有名人款识的制品	参照名单执行
10.13 织绣品	各种织物、刺绣及其制成品和残片，包括附属于手卷、画轴、册页上的包首、隔水等所用织绣品	一九一一年以前的禁止出境
	地毯、挂毯等	一九一一年以前的禁止出境
	成匹的各种绸、缎、绫、罗、纱、绢、锦、棉、麻、呢、绒等织物	一九四九年以前的禁止出境
	织绣、印染等名家制品	参照名单执行
	缂丝、缂毛（包括残片）	一九四九年以前的禁止出境
10.14 钟表		一九一一年以前的禁止出境
10.15 烟壶		一九一一年以前的禁止出境
	名家制品	参照名单执行
10.16 扇子	包括扇骨、扇面	一九一一年以前的禁止出境
	名家制品	参照名单执行
11. 民俗用品		
11.1 民间艺术作品	年画、神马、剪纸、泥人等各种类型的民间艺术作品	一九一一年以前的禁止出境
	具有重要艺术价值的	一九四九年以前的禁止出境
11.2 生活及文娱用品	灯具、锁具、餐具、茶具、棋牌、玩具等	一九一一年以前的禁止出境
	稀有的具有地方特色的代表性实物和民间文化用品	一九四九年以前的禁止出境
12. 文具		
12.1 纸		一九一一年以前的禁止出境
		一九四九年以前的禁止出境
12.2 砚		一九一一年以前的禁止出境
		一九四九年以前的禁止出境
12.3 笔		一九一一年以前的禁止出境

续表

审核类别		禁　　限
12.4 墨		一九四九年以前的禁止出境
12.5 其他文具		一九一一年以前的禁止出境
		一九四九年以前的禁止出境
13. 戏剧曲艺用品		
		一九一一年以前的禁止出境
		一九四九年以前的禁止出境
14. 工艺美术品		
14.1 玉石器		一九一一年以前的禁止出境
		一九四九年以前的禁止出境
14.2 玻璃器		一九一一年以前的禁止出境
14.3 珐琅器		一九一一年以前的禁止出境
14.4 木雕		一九一一年以前的禁止出境
14.5 牙角器		一律禁止出境
		一九一一年以前的禁止出境
14.6 藤竹器		一九一一年以前的禁止出境
14.7 火画		一九一一年以前的禁止出境
14.8 玻璃油画		一九四九年以前的禁止出境 属于本人或其亲属的肖像画不在此限
		一九一一年以前的禁止出境
14.9 铁画		一九四九年以前的禁止出境
15. 邮票、邮品		
		一九一一年以前的禁止出境
		一九四九年以前的禁止出境
		一律禁止出境
		一律禁止出境
16. 少数民族文物		
16.1 民族服饰		一九六六年以前的禁止出境
16.2 生产工具		一九六六年以前的禁止出境
16.3 民俗生活用品		一九六六年以前的禁止出境
16.4 建筑物实物资料		一九六六年以前的禁止出境

续表

审核类别		禁　　限
16.5 民族工艺品		一九六六年以前的禁止出境
16.6 宗教祭祀、礼仪活动用品		一九六六年以前的禁止出境
16.7 文献、书画、碑帖、石刻		一九六六年以前的禁止出境
16.8 名人遗物		一律禁止出境

关于加强文物进出境审核工作的通知

（文物博发〔2008〕60号）

各省、自治区、直辖市文物局（文化厅、文管会）：

为贯彻落实《文物进出境审核管理办法》，加强文物进出境审核管理，我局于近期开展了文物进出境审核机构核查工作。经核查发现，近年来，虽然我国文物进出境审核工作取得了新的进展，抢救保护了大量珍贵文物，为防止文物流失做出了重要贡献，但仍然存在着机构建设薄弱、专业人才匮乏、工作经费紧张、技术手段落后等突出问题，与《文物进出境审核管理办法》的要求和当前审核工作的现实需要还有较大差距。现就进一步加强文物进出境审核工作的相关事宜，通知如下：

一、推进机构建设

根据核查情况，我局已授予北京等14个国家文物出境鉴定站文物进出境审核资质，并授权其在履行文物进出境审核职能时，使用“国家文物进出境审核管理处”的名称进行工作。我局将继续积极支持相关省、自治区、直辖市设立文物进出境审核机构，对已符合规定条件的机构依法授予文物进出境审核资质。我局将定期组织对文物进出境审核机构进行评估、考核，对工作实绩突出的机构予以表彰和奖励，对工作滞后的机构责令整改，对长期未能达标的机构暂停或撤销其文物进出境审核资质，逐步建立文物进出境审核机构动态管理机制。

二、加强人才培养

各相关省级文物行政部门要选派品行好、具有一定文物鉴定基础的中青年专业人员到文物进出境审核机构工作，确保文物进出境审核机构足额配置专职文物鉴定人员。充分发挥文物进出境责任鉴定员的重要作用，专职文物进出境责任鉴定员的任用、调动应当由所在省级文物行政部门报我局备案。我局将进一步加大文物进出境责任鉴定员的培训、考核工作力度，加强培训的针对性和绩效考核，提高鉴定人员的专业素质和政策水平。

三、加大经费投入

各相关省级文物行政部门要会同有关部门采取有力措施，设立文物进出境审核工作的专项经费，加大对文物进出境审核机构的资金投入，切实保障文物进出境审核工作的正常开展。我局将按照《文物进出境审核管理办法》的规定，对文物进出境审核机构的业务经费予以补助。

四、增强科技检测能力

各文物进出境审核机构应努力发挥优势，与相关科研机构加强合作，在充分利用传统文物鉴定方法的同时，更多地利用现代科技手段，增强文物进出境审核工作中的科技检测能力。为此，我局将积极支持有条件的文物进出境审核机构逐步建立区域性的文物科技检测中心。

国家文物局

二〇〇八年十一月四日

关于被盗或非法出口文物有关问题的通知

（文物博发〔2008〕64号）

各省、自治区、直辖市文物局（文化厅、文管会）：

近日，我局已通过不同渠道，明确表示反对购买佳士得公司拟于2009年2月在法国巴黎拍卖的圆明园海晏堂鼠首和兔首铜像，得到了社会公众的广泛理解和支持。现就有关事宜通知如下：

一、我国是联合国教科文组织《关于禁止和防止非法进出口文化财产和非法转让其所有权的方法的公约》和国际统一私法协会《关于被盗或者非法出口文物的公约》的缔约国，中国政府也明确向国际社会声明保留收回历史上被盗和非法出口的文物的权利。被盗和非法出口的文物，是我国文化遗产的重要组成部分，应当依照相关国际公约和我国相关法律规定，通过外交、法律和国际合作途径追索，也鼓励通过捐赠等方式促成流失海外文物回归。购买被盗或非法出口的文物，将纵容破坏文物的违法犯罪行为，进一步伤害我民族感情，动摇国际公约、我国法律及中国政府声明的权威性。

二、各级文物行政部门要采取切实措施，劝阻我境内机构和个人参与竞拍、购买任何被盗或非法出口的中国文物，包括在战争期间被劫掠出境的中国文物。政府设立的文物收藏机构以及登记注册的各类博物馆，不得购买被盗或非法出口的文物。

三、对社会各界关心海外流失文物的爱国热情，各级文物行政部门要积极鼓励引导，加强对有关国际公约和我国法律、文物工作方针政策的宣传普及，使公众对我国文化遗产事业的成就和工作目标有进一步了解，并积极参与到各项工作中来。

专此。

国家文物局

二〇〇八年十一月二十日

关于启用2009年版文物进出境审核文件和火漆印章的通知

（文物博发〔2009〕16号）

各省、自治区、直辖市文物局（文化厅、文管会）：

为进一步规范和加强文物进出境审核工作，我局决定启用2009年版的文物进出境审核文件和火漆印章。现就有关事项通知如下：

一、文物进出境审核文件

我局制定了2009年版的文物出境许可证、文物复仿制品证明、文物禁止出境登记表、文物临时进境审核登记表和文物出境审核申请表等5种文物进出境审核文件。

各国家文物进出境审核管理处（以下简称管理处）负责从所在省（直辖市）各口岸申报进出境文物的审核事项。文物出境，应由携运人向管理处报请审核，提交文物出境审核申请表。管理处对经审核允许出境的文物，应当出具文物出境许可证；对不允许出境的文物，应当填写文物禁止出境登记表并发还携运人；对属于文物复仿制品的，可以应海关或携运人的要求，出具文物复仿制品证明。文物出境许可证和文物复仿制品证明自开具之日起3个月内有效。

文物临时进境，应经海关加封后，由携运人向管理处报请审核。管理处经审核，对海关封志完好无损的进境文物予以登记，填写文物临时进境审核登记表。对海关封志已经破损的，不予办理文物临时进境登记。

临时进境文物复出境时，应由携运人向原审核、登记的管理处申报，并提交文物出境审核申请表、文物临时进境审核登记表。管理处对照进境记录审核无误后，收回文物临时进境审核登记表，出具文物出境许可证。

二、火漆印章

我局制定了2009年版的火漆印章。各管理处均配发2009年版文物出境火漆印章、文物复仿制品出境火漆印章各4枚，文物临时进境火漆印章各2枚。2009年版火漆印章中心仍沿用文物外销标识图案，图案开口处加汉字宋体“出”字为文物出境标识，加“进”字为文物临时进境标识，加“仿”字为文物复仿制品出境标识。外圈上方标注大写英文“SACH”（我局英文名称“State

Administration of Cultural Heritage”的缩写），下方标注数字为管理处编号。

管理处对经审核允许出境的文物，标明文物出境火漆标识。应海关或携运人的要求为文物复仿制品出具证明的，标明文物复仿制品出境火漆标识。

文物临时进境，由管理处审核、登记后，标明文物临时进境火漆标识。临时进境文物复出境时，管理处审核无误后，去除文物临时进境火漆标识，标明文物出境火漆标识。

三、换领和启用

2009 年 6 月 30 日前，各管理处应到我局社会文物处交回 1994 年版火漆印章，换领 2009 年版火漆印章。

自 2009 年 7 月 1 日起，2009 年版的文物出境许可证、文物临时进境审核登记表、文物复仿制品证明、文物禁止出境登记表、文物出境审核申请表等文物进出境审核文件和火漆印章正式启用。管理处停止使用旧版的文物出境许可证、临时文物进境登记表。

特此通知。

国家文物局

二〇〇九年四月二十七日

文物入境展览管理暂行规定

（文物博发〔2010〕23号　2010年6月8日）

第一条　为加强文物入境展览的管理，根据《中华人民共和国文物保护法》及其实施条例等相关法规，制订本规定。

第二条　本规定所称文物入境展览，是指文物系统的博物馆等文物收藏单位（以下简称举办单位），利用外国及香港、澳门特别行政区和台湾地区博物馆提供的文物，在境内举办的公益性展览。

第三条　文物入境展览应当符合中华人民共和国法律法规和政策，及国际组织关于保护文化财产及促进国际交流的公约规范。

第四条　国家文物局负责全国文物入境展览的管理，履行以下职责：

（一）制定文物入境展览管理的政策和规定；

（二）审核文物入境展览项目；

（三）监督、协调文物入境展览项目实施。

第五条　省级文物行政部门负责本行政区域文物入境展览的管理，履行以下职责：

（一）监督文物入境展览管理政策和规定的执行；

（二）核报文物入境展览项目；

（三）监督、协调文物入境展览项目实施；

（四）核报展览协议书及展览结项材料。

第六条　举办单位应当于展览项目实施前3个月，向省级文物行政部门提交申请。省级文物行政部门初审同意后，报国家文物局审核。申请材料包括：

（一）文物入境展览申报表（包括文物入境展览展品目录及展品登记表）；

（二）展览协议书草案（包括展览的名称、时间、地点、展品目录，及展品安全、保险、点交、运输、知识产权的使用与保护，境外来华人员、展览相关费用等，双方的权利和义务）；

（三）文物提供方出具的证明文物真实性和来源合法性的法律文件；

（四）展览举办各方的有关背景资料、资信证明；

文物入境展览申报表和展览协议书草案应同时报送纸质和电子文档各一份。

省级文物行政部门初审意见应当包括：展览缘由，主（承）办单位，展览名称、时间、地点，展品数量，展品保险估价，筹展及人员费用，入境口岸等内容，及联系人、联系方式。

第七条 文物入境展览展品涉及《濒危野生动植物种国际贸易公约》所规定的濒危物种制品的，申报时应当附具国家有关部门的批准文件。

第八条 经核准的文物入境展览协议书草案、展品目录等，如需修改或者变更的，应当重新履行报审手续。

第九条 举办单位应当于展览协议书签订之日起1个月内，将协议书副本报省级文物行政部门审核，并报国家文物局备案。

第十条 举办单位应当负责入境展品的安全，并确保展览的场地、设施和展示方式符合文物展览的要求。

第十一条 举办单位应于展览结束之日起2个月内，将展览结项备案表、结项报告及相关音像资料，报省级文物行政部门审核，并报国家文物局备案。

第十二条 文物入境展览的展品进境，举办单位应持国家文物局的核准文件，由指定的文物进出境审核机构审核、登记，并从指定的口岸进境。入境展览的文物复出境，应向原进境口岸申报，经原文物进出境审核机构审核查验后，办理海关手续。

第十三条 违反本规定，有下列行为之一的，由国家文物局根据情节轻重，给予警告或暂停举办文物入境展览等处分：

（一）未如实申报文物入境展览项目申请材料的；

（二）未经核准，擅自签订文物入境展览协议书的；

（三）展览内容不当，造成恶劣社会影响的；

（四）造成文物安全责任事故的；

（五）未及时报送文物入境展览协议书、结项备案表和结项报告的。

第十四条 本规定自发布之日起施行。

文物进出境责任鉴定员管理办法

（文物博发〔2010〕42号　2010年12月16日）

第一章　总　则

第一条　为加强对文物进出境责任鉴定员（以下简称责任鉴定员）的管理，根据《中华人民共和国文物保护法》、《中华人民共和国文物保护法实施条例》和《文物进出境审核管理办法》，制定本办法。

第二条　责任鉴定员是指获得国家文物局规定的鉴定资格，并在文物进出境审核机构承担文物进出境审核业务，签署文物进出境审核文件的文物鉴定专业人员。

第三条　责任鉴定员应当依据国家有关法律法规要求，科学、客观、公正地开展文物进出境审核工作，承担相应的法律责任。

第二章　鉴定资格认定

第四条　责任鉴定员鉴定资格认定，原则上实行全国统一的分类考试制度。边疆省区民族类文物责任鉴定员的考试，经国家文物局批准后可以单独组织。

第五条　参加责任鉴定员鉴定资格考试的人员应具备以下条件：

（一）拥护中华人民共和国宪法，遵守有关文物保护的法律法规，具有良好的品行；

（二）具有大学本科以上学历和文物博物专业中级以上职称，或在国有文物收藏单位工作五年以上；

（三）身体健康，具有正常履行职责的身体条件；

（四）国家文物局规定的其他条件。

第六条　按照统一安排，报名者应当向省级文物行政主管部门报名，经国家文物局审查合格后参加考试。

第七条　考试合格人员，由国家文物局颁发《文物进出境责任鉴定员资格证》并在国家文物局政府网站予以公布。

第八条　取得《文物进出境责任鉴定员资格证》并在文物进出境审核机构工作的人员，由国家文物局向海关部门备案。

未取得《文物进出境责任鉴定员资格证》的人员不得从事文物进出境审核业务。

第三章　权利和义务

第九条　责任鉴定员享有下列权利：

（一）独立表达鉴定审核意见；

（二）要求申请人如实提供审核业务所需的相关信息和资料；

（三）拒绝办理单证不真实、手续不齐全的审核业务；

（四）参加文物行政主管部门组织的相关业务培训；

（五）参加其他文物门类的鉴定资格考试；

（六）法律法规规定的其他权利。

第十条　责任鉴定员履行下列义务：

（一）认真履行文物进出境审核机构职责和工作规定；

（二）完成上级部门指派的审核任务；

（三）如实表达审核意见，对审核结论负责；

（四）保守在审核过程中知悉的商业秘密或个人隐私；

（五）参加文物行政主管部门举办的有关业务培训；

（六）法律法规规定的其他义务。

第四章　监督和管理

第十一条　国家文物局负责全国文物进出境审核管理工作，负责组织鉴定资格考试、鉴定培训和责任鉴定员年检等工作。

第十二条　国家文物局就下列事项对责任鉴定员进行监督检查：

（一）遵守相关法律法规的情况；

（二）遵守文物进出境审核工作程序和执行文物出境审核标准的情况；

（三）遵守职业道德和职业纪律的情况；

（四）法律法规规定的其他事项。

第十三条　文物进出境审核机构应当定期将责任鉴定员名单报国家文物局备案；责任鉴定员发生变化的，应当于30日内报国家文物局备案。

第十四条　文物进出境审核机构负责对所属责任鉴定员进行管理和考核，并实行差错登记制度。

第十五条　因进出境审核工作需要，文物进出境审核机构确需聘用具有鉴定资格退休人员的，由所在文物进出境审核机构向主管部门和国家文物局提出申请，经批准后聘用。

第十六条　国家文物局建立责任鉴定员管理数据库，对责任鉴定员遵守法律法规、遵守职业道德和职业纪律、履行工作职责、培训考核、差错、年检等情况实施动态管理。

第十七条　国家文物局每两年对责任鉴定员进行一次考核。

第十八条　责任鉴定员不得在文物商店或者拍卖企业任职、兼职，不得以责任鉴定员名义从事商业性文物鉴定活动。

第五章　奖励和处分

第十九条　有下列事迹之一的责任鉴定员，由国家文物局给予精神鼓励或者物质奖励，并可作为申报评定文物博物系列高级专业技术职务任职资格的一项主要业绩：

（一）认真执行文物保护法律、法规，保护文物贡献突出的；

（二）长期从事文物进出境审核工作，严格执行文物进出境审核标准，做出显著成绩的；

（三）在文物鉴定的科学技术、学术研究方面有重要成果的。

第二十条　有下列行为之一的责任鉴定员，由上级主管部门视情节轻重，依法给予相应行政处分；构成违法或犯罪的，依法予以处理；受到开除处分或者行政、刑事处罚的，由国家文物局吊销其《文物进出境责任鉴定员资格证》：

（一）不履行本办法第十条规定，情节严重的；

（二）1 年内出现 3 次以上审核差错记录，后果严重的；

（三）未按规定接受国家文物局考核的；

（四）伪造、变造、买卖或者盗用、涂改文物进出境审核文件、印章、标识、封志的；

（五）其他违反文物进出境法律法规，情节严重的。

第六章　附　则

第二十一条　本办法自发布之日起施行。

关于规范文物出入境展览审批工作的通知

（文物博函〔2012〕583号）

各省、自治区、直辖市文物局（文化厅）：

近年来，各地积极贯彻落实国家文物局发布的《文物出国（境）展览管理规定》和《文物入境展览管理暂行规定》，文物出入境展览水平和质量不断提高。为进一步加强文物出入境展览管理，促进文物出入境展览交流的专业化、科学化，现就规范文物出入境展览审批有关事项通知如下：

一、加强策划展览能力建设，制订科学的展览大纲。博物馆等文物出入境展览举办单位，要坚持以我为主、为我所用的原则，加强与境外合作博物馆沟通协作，充分做好展览前期准备特别是展览大纲研究编制，强调展览的思想性、学术性。要积极组织我方专家主动参与展览选题、内容设计、形式设计和图录编制以及有关学术研讨、宣传推广各项活动的方案拟订及论证，充分体现我方最新研究成果，科学、准确传播中华文化和人类优秀文明成果，更好地满足公众多元化的精神文化需求。

二、科学遴选文物展品，确保文物展品安全。博物馆等文物出入境展览举办单位，要坚持文物安全第一的原则，从符合博物馆标准的角度，加强评估论证，强化安全措施，确保文物展品安全。一级文物中的孤品和易损品，未定级文物、未在国内正式展出过或未在国内报刊公开发表的文物和其他保存状况差不适宜出境展览的文物，以及处于休眠养护期的文物，一律不得出境展览。要避免选用博物馆基本陈列（含原状陈列）中的文物特别是核心文物出境展览，切实维护基本陈列（含原状陈列）的完整性。

三、完善交流机制，确定合适的合作办展主体。博物馆等文物出入境展览举办单位，要加强境外合作办展博物馆资格和条件的评估论证。鼓励深化与境外知名博物馆直接合作办展，积极创造条件逐步实现互换展览。加强出境展览中拟同场展出除我方文物之外的中国文物展品，以及入境展览中拟包含的非文博机构或私人的文物展品的真实性和来源合法性的评估论证，确保展览符合博物馆标准。

四、完善申报材料，严格按规定履行审批手续。博物馆等文物出入境展览举办单位，要编制严谨规范的展览项目申报文本，并附展览方案和展览大纲。省级文物行政部门要严把文物出入境展览项目初审关，对拟举办的文物出入境展览组织专家评估论证，重点针对展览方案和展览大纲、文物清单、安全保障、境外合作单位资质、展览协议草案、文物保险估价等提出明确意见，上报文件中应附专家评估论证意见。要严格遵循展览审批时限，确保做到出境展览项目实施前6个月、入境展览项目实施前3个月上报我局审批。今后凡不按规定时限申请许可的出入境展览项目，我局原则上不予受理。

五、加强资料收集，及时建立完善的档案。博物馆等文物出入境展览举办单位应加强展览全过程相关资料的系统收集，建立完备的展览档案，展览结束后要及时全面总结，并于展览结束之日起2个月内，将展览结项备案表、结项报告及相关音像资料报省级文物行政部门审核后报我局备案。今后凡不按规定及时办理文物出入境展览结项备案的，我局将暂停审批其新的文物出入境展览项目。

特此通知。

国家文物局

二〇一二年三月十二日

1949年后已故著名书画家作品限制出境鉴定标准（第二批）

（文物博发〔2013〕3号　2013年2月4日）

为了保护国家文化遗产，加强管理，下列已故著名书画家相关作品列入文物出境限制范围，作为对2001年颁发的《一九四九年后已故著名书画家作品限制出境的鉴定标准》的补充：

一、作品一律不准出境者（1人）

吴冠中

二、作品原则上不准出境者（2人）

关山月　陈逸飞

三、代表作不准出境者（21人）

于希宁　王朝闻　白雪石　亚　明　刘旦宅　刘炳森　许麟庐　启　功　张　仃　宗其香

郑乃珖　彦　涵　娄师白　黄苗子　萧淑芳　崔子范　程十发　蔡若虹　黎雄才　潘絜兹

魏紫熙

出境展览文物安全规定（试行）*

（文物博函〔2013〕1612号　2013年8月27日）

第一条　为了提高文物安全管理水平，有效防范出境展览文物安全事故，根据《中华人民共和国文物保护法》等法律法规，制定本规定。

第二条　本规定适用于博物馆等文物出境展览承办单位举办出境展览的文物安全工作。

文物出境展览承办单位应切实履行职责，积极会同相关文物收藏单位等境内外合作机构落实文物安全责任制，确保文物安全。

第三条　各级文物行政主管部门及有关部门或机构，文物出境展览承办单位、文物收藏单位的负责人和工作人员，对本辖区、本单位出境展览文物安全事故的防范、发生，负有领导责任或者直接责任。

第四条　文物出境展览承办单位应优选具有良好资信的境外博物馆作为合作伙伴，首次举办中国文物展览或距最近一次举办中国文物展览三年以上的境外展场，必须通过现场评估确保展场设施条件符合文物陈列的安全要求。

第五条　出境展览文物遴选，必须严格遵照国家有关法律法规，坚持以我为主，现状不能保证安全的文物一律不得申报出境展览。

第六条　文物收藏单位必须建立健全文物借展制度，对拟出境展览文物组织文物、展览、科技保护等领域专家，结合文物（修复）档案，对文物本体连接的牢固性、腐蚀度、外表装饰脱落程度、脆弱性，以及是否能够经受移动和长途运输等进行严格的安全状况评估，专家署名的书面意见应作为文物出境展览项目申报文本的附件。

文物出展前，文物收藏单位应再次核查参展文物安全状况并进行必要保养加固。

文物收藏单位对文物安全状况评估意见的真实性负全责。

第七条　省级文物行政主管部门应严格履行文物安全监管核报职责，针对本辖区拟出境展览的文物的安全状况组织专家核查论证，专家署名的书面意见应作为出境展览项目初审意见的附件。

第八条　必须为出境展览的文物购买墙对墙保险，险种至少应包括财产一切险和运输一切险。

* 已于2017年12月27日废止。

第九条 出境展览文物的点交必须由文物出境展览承办单位与境外合作方直接进行，并严格执行《馆藏文物展览点交规范（WW/T 0019—2008）》。点交现场应符合文物安全保管条件并采取有针对性的安全保卫措施。点交记录应详尽准确，至少包括以下内容：（一）文物基本信息；（二）文物修复情况及有伤部位；（三）拿持、包装、运输文物的注意事项；（四）文物陈列要求。

第十条 出境展览文物的包装、运输须遵循《文物运输包装规范（GB/T 23862—2009）》。

出境展览文物的包装、运输由第三方提供服务的，文物出境展览承办单位应当或要求境外合作方通过公开招标方式，优选具有良好资信的包装、运输服务商。

包装、运输合同须详尽载明文物包装质量、安全运达要求及违约赔偿责任，违约赔偿责任应包括验收合格方能支付运输合同尾款（不低于总款 30%）；如因包装、运输不当造成文物损毁，除按规定扣除合同尾款外，由文物出境展览承办单位联合文物收藏单位和境外合作方与包装、运输服务商共同委托专家对文物价值及损失情况进行评估，提出损失金额，包装、运输服务商应据此在 1 个月内给予赔偿。

文物出境展览承办单位应监督和指导文物包装、运输服务商制定和落实科学严密的包装、运输（含通关）方案，包装、运输方案应符合文物收藏单位的专业技术要求和标准；对重要和结构复杂的易损文物，还应要求包装、运输服务商采取有针对性的特殊包装、运输措施，最大限度降低风险。

第十一条 文物出境展览承办单位应委派熟悉展览及出展文物的高级专业人员为组长的工作组，全程监督和指导进行文物布撤展，布撤展方案应符合文物收藏单位的专业技术要求和标准；对重要和结构复杂的易损文物布撤展，应安排文物收藏单位的专业人员特别加强操作监管。

第十二条 文物出境展览承办单位与境外合作方签署的展览协议，须详尽载明文物展出及保存的安全要求及违约赔偿责任和金额。文物出展受损，除赔偿修复费用外，须同时赔偿文物的减值损失。

第十三条 出境展览突发文物安全事故，须立即将受损文物从展览撤出并妥善保存，做好详细受损情况记录并由现场第一负责人在第一时间向文物出境展览举办单位汇报并附书面受损报告。

文物出境展览举办单位和文物收藏单位确认文物受损后，按程序上报省级文物行政部门和国家文物局，并按实际情况和文物损坏程度向有关机构索赔。

受损文物的修复，须按国家有关规定执行。

第十四条 违反本规定，有下列情形之一的，分别给予处罚：

（一）文物出境展览承办单位未落实安全管理责任，监管不力造成文物安全事故的，追究单位负责人和直接责任人的责任。

（二）文物收藏单位、省级文物行政部门未按规定对文物安全状况进行评估、核查，造成文物安全事故的，追究单位负责人和直接责任人的责任。

（三）文物收藏单位未按规定对文物包装、运输、布撤展提出专业技术要求和标准并配合抓好落实，造成文物安全事故的，追究单位负责人和直接责任人的责任。

（四）凡对文物安全事故不按规定上报或隐瞒不报、谎报、拖延报告或者阻挠事故查处的，追究单位负责人的责任。

（五）对发生文物安全事故的包装、运输服务商，在其完成彻底整改前不得与其合作，事故记录作为其今后服务申请审查的依据；2 年内发生 2 起以上文物安全事故的，自最近事故之日起三年内不得与其合作。

（六）对发生文物安全事故的文物出境展览承办单位、文物收藏单位、省级文物行政部门，国家文物局视情节轻重给予警告、通报批评、暂停文物出境展览等处罚，暂停文物出境展览最短时间为 1 年。

第十五条　本规定自发布之日起施行。

关于博物馆申请办理犀角类中国文物藏品进口许可有关事项的通知

（文物博发〔2014〕35号）

各省、自治区、直辖市文物局（文化厅）：

为鼓励境外中国文物回流，经商国家林业局，现就犀角类中国文物藏品进口许可有关事项通知如下：

一、我国境内博物馆以公益性活动为目的，以接受捐赠、征集等方式从境外进口的犀角类中国文物藏品，可作为犀角制品中的特例申请犀角类中国文物藏品进口许可。申请办理范围限为国有国家一级博物馆。

二、博物馆应按照《国家林业局2006年第6号公告》第十三项“进出口国际公约限制进出口的野生动物或其产品审批”的要求，向省级林业行政主管部门申请，经其审核后上报国家林业局；同时，经省级文物行政主管部门向我局申请确认，阐述拟进口藏品的价值和意义，我局将视情确认并致函国家林业局。

三、博物馆需在境内运输、展示上述文物藏品的，须按照《国家林业局2006年第6号公告》第十一项“出售、收购、利用国家一级保护陆生野生动物或其产品审批”的要求，向省级林业行政主管部门申请，经其审核后上报国家林业局。

四、博物馆应在上述文物藏品经批准进口后的30个工作日内为其建立档案，并报省级文物行政主管部门备案。

五、上述文物藏品应永久收藏，不得用于转让、抵押、质押和出租等商业性用途。

特此通知。

国家文物局

二〇一四年十一月二十日

文物拍卖管理办法

（文物博发〔2016〕20号　2016年10月20日）

第一章　总　则

第一条　为加强文物拍卖管理，规范文物拍卖行为，促进文物拍卖活动健康有序发展，根据《中华人民共和国文物保护法》、《中华人民共和国拍卖法》、《中华人民共和国文物保护法实施条例》等法律法规，制定本办法。

第二条　在中华人民共和国境内，以下列物品为标的的拍卖活动，适用本办法：

（一）1949年以前的各类艺术品、工艺美术品；

（二）1949年以前的文献资料以及具有历史、艺术、科学价值的手稿和图书资料；

（三）1949年以前与各民族社会制度、社会生产、社会生活有关的代表性实物；

（四）1949年以后与重大事件或著名人物有关的代表性实物；

（五）1949年以后反映各民族生产活动、生活习俗、文化艺术和宗教信仰的代表性实物；

（六）列入限制出境范围的1949年以后已故书画家、工艺美术家作品；

（七）法律法规规定的其他物品。

第三条　国家文物局负责制定文物拍卖管理政策，协调、指导、监督全国文物拍卖活动。

省、自治区、直辖市人民政府文物行政部门负责管理本行政区域内文物拍卖活动。

第二章　文物拍卖企业及人员

第四条　依法设立的拍卖企业经营文物拍卖的，应当取得省、自治区、直辖市人民政府文物行政部门颁发的文物拍卖许可证。

第五条　拍卖企业申请文物拍卖许可证，应当符合下列条件：

（一）有1000万元人民币以上注册资本，非中外合资、中外合作、外商独资企业；

（二）有5名以上文物拍卖专业人员；

（三）有必要的场所、设施和技术条件；

（四）近两年内无违法违规经营文物行为；

（五）法律、法规规定的其他条件。

第六条 拍卖企业申请文物拍卖许可证时，应当提交下列材料：

（一）文物拍卖许可证申请表；

（二）企业注册资本的验资证明，历次股权结构变动情况记录；

（三）《企业法人营业执照》正本及副本复印件；《拍卖经营批准证书》正本及副本（含变更记录页）复印件；

（四）文物拍卖专业人员相关证明文件、聘用协议复印件；

（五）场所、设施和技术条件证明材料。

第七条 省、自治区、直辖市人民政府文物行政部门应当于受理文物拍卖许可证申领事项后30个工作日内作出批准或者不批准的决定。决定批准的，发给文物拍卖许可证；决定不批准的，应当书面通知当事人并说明理由。

第八条 文物拍卖许可证不得涂改、出租、出借或转让。

第九条 省、自治区、直辖市人民政府文物行政部门对取得文物拍卖许可证的拍卖企业进行年审，年审结果作为是否许可拍卖企业继续从事文物拍卖活动的依据。

第十条 省、自治区、直辖市人民政府文物行政部门应当于开展文物拍卖许可证审批、年审、变更、暂停、注销等工作后30日内，将相关信息报国家文物局备案。

第十一条 文物拍卖专业人员不得参与文物商店销售文物、文物拍卖标的审核、文物进出境审核工作；不得同时在两家（含）以上拍卖企业从事文物拍卖活动。

第三章 文物拍卖标的

第十二条 拍卖企业须在文物拍卖会举办前，将拟拍卖标的整场报省、自治区、直辖市人民政府文物行政部门审核。报审材料应当由文物拍卖专业人员共同签署标的征集鉴定意见。

联合开展文物拍卖活动的拍卖企业，均应取得文物拍卖许可证。

第十三条 省、自治区、直辖市人民政府文物行政部门受理文物拍卖标的审核申请后，应组织开展实物审核，于20个工作日内办理审核批复文件，并同时报国家文物局备案。

参加文物拍卖标的审核的人员，不得在拍卖企业任职。

第十四条 下列物品不得作为拍卖标的：

（一）依照法律应当上交国家的出土（水）文物，以出土（水）文物名义进行宣传的标的；

（二）被盗窃、盗掘、走私的文物或者明确属于历史上被非法掠夺的中国文物；

（三）公安、海关、工商等执法部门和人民法院、人民检察院依法没收、追缴的文物，以及银行、冶炼厂、造纸厂及废旧物资回收单位拣选的文物；

（四）国有文物收藏单位及其他国家机关、部队和国有企业、事业单位等收藏、保管的文物，以及非国有博物馆馆藏文物；

（五）国有文物商店收存的珍贵文物；

（六）国有不可移动文物及其构件；

（七）涉嫌损害国家利益或者有可能产生不良社会影响的标的；

（八）其他法律法规规定不得流通的文物。

第十五条 拍卖企业从境外征集文物拍卖标的、买受人将文物携运出境，须按照相关法律法规办理文物进出境审核手续。

第十六条 国家对拍卖企业拍卖的珍贵文物拥有优先购买权。国家文物局可以指定国有文物收藏单位行使优先购买权。优先购买权以协商定价或定向拍卖的方式行使。

以协商定价方式实行国家优先购买的文物拍卖标的，购买价格由国有文物收藏单位的代表与文物的委托人协商确定，不得进入公开拍卖流程。

第十七条 拍卖企业应当在文物拍卖活动结束后30日内，将拍卖记录报原审核的省、自治区、直辖市人民政府文物行政部门备案。省、自治区、直辖市人民政府文物行政部门应当将文物拍卖记录报国家文物局。

第四章 附 则

第十八条 国家文物局和省、自治区、直辖市人民政府文物行政部门应当建立文物拍卖企业及文物拍卖专业人员信用信息记录，并向社会公布。

第十九条 文物拍卖企业、文物拍卖专业人员发生违法经营行为，国家文物局和省、自治区、直辖市人民政府文物行政部门应当依法予以查处。

第二十条 拍卖企业利用互联网从事文物拍卖活动的，应当遵守本办法的规定。

第二十一条 本办法自颁布之日起实施，《文物拍卖管理暂行规定》同时废止。

革命文物

关于认真贯彻落实党中央、国务院的部署，做好红色旅游中的文物保护工作的通知

（文物保发〔2005〕7号）

各省、自治区、直辖市文物局（文化厅、文管会）：

2004年底，中共中央办公厅、国务院办公厅印发了《2004～2010年全国红色旅游发展规划纲要》（以下简称《纲要》）。2月21～22日，经国务院批准，全国红色旅游工作协调小组牵头单位中宣部、国家发展改革委、国家旅游局组织召开了“全国发展红色旅游工作会议”。全国红色旅游工作协调小组成员单位民政部、财政部、建设部、铁道部、交通部、文化部、民航总局、国家文物局、中央文献研究室、中央党史研究室以及各省、自治区、直辖市发展改革委、党委宣传部、旅游局的相关负责同志出席会议，就相关工作进行了研究、部署。根据中央领导同志相关指示和《纲要》精神，结合文物系统的职责任务，现就有关工作安排通知如下：

一、深刻认识发展红色旅游的重要意义，为发展红色旅游创造良好条件

红色旅游主要是指以中国共产党领导人民在革命战争时期建树丰功伟绩所形成的纪念地、标志物等为载体，以其承载的革命历史、革命事迹和革命精神为内涵，组织接待旅游者开展缅怀学习、参观游览的主题性旅游活动。各类革命旧址及相关文物是其参观游览的主要对象。发展红色旅游的主要目的是在全面保护革命历史文化遗产的前提下，寓思想道德教育于文化娱乐、观光游览之中，用群众喜闻乐见的形式对广大人民群众特别是青少年进行爱国主义和革命传统教育，同时推动革命老区的经济社会发展。发展红色旅游不仅是一项关系巩固党的执政地位的政治工程，一项关系革命老区经济社会发展和群众生活水平提高的富民工程，也是一项关系发展先进文化的文化工程。各级文物部门要从提高建设社会主义先进文化能力、巩固党的执政地位的战略高度，从弘扬伟大民族精神、为建设中国特色社会主义培养合格接班人的战略高度，从树立和落实科学发展观、促进革命老区经济社会发展的战略高度，从全面推进文物保护事业发展高度，深刻认识党中央、国务院决定在全国发展红色旅游的重要意义。按照职责分工，依法做好相关革命历史文化遗产的保护管理工作，积极为发展红色旅游创造良好的参观游览条件，会同相关部门认真落实

《纲要》确定的原则和任务，确保红色旅游的健康发展。

二、认真学习贯彻《纲要》，把革命文物保护工作切实落到实处

《纲要》深刻阐述了发展红色旅游的重要意义和指导思想，明确了工作目标、原则、主要任务以及对策措施，是做好红色旅游相关工作的纲领性文件。《纲要》明确“文物部门负责相关革命文物保护规划编制和文物征集、展陈、维修等方案的制定落实”。各级文物部门要在认真学习、领会《纲要》的基础上，根据《纲要》确定的坚持把社会效益放在首位，按照真实性、完整性要求，在有效保护革命历史文化遗产基础上，合理开发利用红色旅游资源，避免过度开发对遗产及其环境造成破坏等基本原则，努力实现《纲要》提出的“重点革命历史文化遗产的挖掘、整理、保护、展示和宣讲等达到国内先进水平，列入全国重点文物保护单位的革命历史文化遗产，在规划期内普遍得到修缮”的要求，把《纲要》交给文物系统的工作任务切实落到实处。主要包括：

（一）革命旧址等不可移动文物的保护维修

《纲要》确定的30条红色旅游精品线路、100多个经典景区涉及了包括五十余处全国重点文物保护单位在内的各类不可移动文物。这些文物的具体管理单位分别隶属于各级党政机关及相关部门，管理方式、水平差异较大。针对这种情况，各级文物部门必须依据《中华人民共和国文物保护法》等法律法规的规定，指导、督促列入《纲要》的文物保护单位、景点等的管理单位按照相关规范，聘请有资质的勘察设计单位认真、及时地完成本单位文物保护规划、维修方案的编制工作，并依法通过审批，按国家有关规定组织实施。为确保各项工作安排合理、有序、科学，避免因计划不周而导致的浪费乃至损害文物安全现象的发生，应优先编制文物保护规划，统筹安排文物保护维修、环境治理、基本设施建设、文物利用等工作。今年是抗日战争胜利六十周年，为配合相关纪念活动的开展，各地应首先抓紧进行抗日战争时期革命旧址保护规划、维修方案编制等工作，并依法通过审批后组织实施。

各级文物部门应认真指导、督促相关方面严格遵守文物保护法律法规的有关规定，在对革命文物进行维修、环境整治、建设必要的保护展陈设施等工作时“做到修旧如故，保持原有风貌，力戒奢华铺张”。各级文物部门要在加强方案审核、把关的同时，特别注意实施过程中的监管和检查验收工作，确保保护规划确定的原则、目标不折不扣的得到落实，维修工程质量达到设计要求，并创建一批优质工程。

（二）涉及革命旧址保护范围、建设控制地带的建设项目

针对革命老区基础设施普遍比较薄弱，交通不便，革命历史文化遗产保护设施缺乏、展陈条件落后等问题，《纲要》提出了加强相关基础设施建设和环境整治的任务。主要包括道路、文物保护展览设施等。这些建设项目中有相当部分涉及文物保护单位保护范围和建设控制地带。各级文物部门要根据《文物保护法》的相关规定，从项目前期调研、立项阶段就积极主动参与相关工作，

依法对项目选址、方案设计等提出具体意见和建议，确保这些建设项目从一开始就符合文物保护法规和当地人民政府依法确定的文物保护措施的相关规定和要求。坚决避免因选址不当、方案设计不科学等问题对文物及其环境的真实性、完整性和严肃性造成不良影响乃至破坏，杜绝因此产生的不必要的浪费。同时，认真依法履行职责，在严格把关的基础上，做好服务工作，确保这些建设项目按照国家相关法规和《纲要》的要求顺利实施。

（三）相关革命文物的征集与展示

可移动的革命文物是我国文物宝库的重要组成部分，是祖国优秀的文化遗产。随着时间的推移，流散在民间的反映中国共产党领导人民在革命战争时期建树丰功伟绩的文物因各种原因逐步减少甚至消失。各级文物部门和有关革命博物馆、纪念馆、纪念地要加强相关工作规划和计划，采取有效措施，抓紧向社会，特别是向老干部、老红军、烈士遗孤等广泛征集史料实物，使革命文物的收藏、展示更加丰富。文物征集要突出重点，拓宽范围，富有针对性。与此同时，努力推进馆藏革命文物保护的规范化、制度化和现代化建设，可与国家一级文物藏品建档工作相结合，有计划地完成馆藏革命文物登记、建档、备案等基础工作，加快藏品管理信息化的步伐。大力改善藏品保存环境，运用成熟技术，加强对有关文物的抢救性和预防性保护。陈列展览和社会服务项目要坚持“三贴近”原则，加强统筹安排，研究开发专题，实施品牌战略，有效整合资源，不断推陈出新。要善于运用多媒体、信息、互联网等现代科技手段拓展和加强革命文物的传播和服务功能。完善对未成年人等社会群体的免费开放制度，充分发挥相关博物馆、纪念馆、纪念地等爱国主义教育基地的整体效应。

特此通知。

国家文物局

二〇〇五年三月二十四日

关于加强革命文物工作的通知

（文物政发〔2016〕13号）

各省、自治区、直辖市文物局（文化厅），各计划单列市文物局（文化局），新疆生产建设兵团文物局：

革命文物是我国文物资源的重要组成部分，是激发爱国热情、振奋民族精神的深厚滋养，是弘扬革命传统、传承中华文化的重要载体。加强革命文物工作，对培育社会主义核心价值观、实现中华民族伟大复兴的中国梦具有重要意义。为切实加强革命文物工作，根据《国务院关于进一步加强文物工作的指导意见》（国发〔2016〕17号）和《中共中央办公厅 国务院办公厅印发〈关于加强革命历史类纪念设施、遗址和全国爱国主义教育示范基地工作的意见〉的通知》（中办发〔2016〕28号），现就有关事项通知如下。

一、夯实革命文物工作基础

各地文物部门要依托第三次全国文物普查和第一次全国可移动文物普查成果，梳理形成革命文物资源目录和专题数据库。做好馆藏革命文物的清理、定级、建账和建档工作。制定馆藏革命文物征集计划，加强革命文物调查征集工作。

各地文物部门要将价值突出的革命文物报经当地人民政府核定公布为相应级别的文物保护单位。落实“四有”工作，依法划定保护范围，做出标志说明，建立记录档案，设置专门机构或指定专人负责管理，及时上报完成情况。

各地文物部门要对本辖区革命文物保护情况进行一次全面排查，掌握革命文物的保存状况、保护需求、项目组织、基础设施和管理使用情况，建立排查档案，并将排查结果报国家文物局备案。对存在险情的革命文物，应视轻重缓急，制订保护修复计划。

二、切实加强革命文物保护

加强革命文物保护利用规划编制，鼓励革命文物分布密集地区、重点省份组织编制区域性革命文物保护利用专项规划，做好延安革命旧址、抗战文物、红军长征遗迹等具有重大影响和纪念意义的革命旧址群保护利用规划编制工作。对革命文物重点省份在项目立项、规划编制、业务指导和经费保障上予以支持鼓励。

实施革命旧址维修保护三年行动计划，组织实施一批具有重大影响和示范意义的革命旧址保护重点工程，显著改善革命文物的保护状况。实施馆藏革命文物修复计划，及时抢救修复濒危珍贵革命文物，优先保护材质脆弱的珍贵革命文物。对存在重大险情的革命旧址和馆藏革命文物，应及时开展抢救性保护和修复。各地文物部门要在项目报批上开辟“绿色通道”，在资金安排上予以保障。

加强革命文物的安全防范设施建设，完善革命文物监测调控设施，改善革命文物藏品保管、陈列展览条件，确保革命文物安全。新建改扩建纪念设施，要充分论证、从严控制，严格按程序履行报批手续。对与革命文物环境气氛不相协调的经营活动和娱乐设施，要进行清理整顿。

三、充分发挥革命文物的公共服务和社会教育作用

加强对革命文物的研究阐释，深入挖掘革命文物的思想内涵和时代价值。拓展革命文物的展示利用，被列为各级文物保护单位的革命旧址应尽可能对公众开放。尚不具备开放条件的，应在重点区域开辟宣传展示空间，或在合适位置设立纪念标志或铭牌说明。建立革命旧址、博物馆、纪念馆与周边学校、党政机关、企事业单位、驻地部队、城乡社区的共建共享机制，有计划地组织大中小学生、党员干部、部队官兵和各界群众到革命文物场所参观学习。

坚持有址可寻、有物可看、有史可讲、有事可说，策划一批主题突出、导向鲜明、内涵丰富的陈列展览精品。在保持博物馆、纪念馆基本陈列和革命旧址原状陈列相对稳定的前提下，深化研究、及时补充彰显时代精神的展陈内容。开展省际、馆际间革命文物馆藏资源、主题展览的交流与合作。改进展陈方式，加强大纲撰写、形式设计、实物制作、展品布置，应用现代科技手段，推广移动客户端导览服务，增强革命文物陈列展览的生动性、参与性和体验性。

将革命文物展示利用纳入“互联网+中华文明”行动计划的支持范围。大力发展红色旅游，培育以革命文物为支撑的研学旅行和体验旅游精品线路，打造文物旅游品牌，支持革命老区振兴发展。结合中国共产党成立95周年和红军长征胜利80周年纪念活动，精心设计活动内容和活动载体，拓展社会教育覆盖面。各地文物部门要结合重大历史事件和重要历史人物纪念活动、重要节庆活动，依托革命文物资源，举办面向社会特别是青少年的主题展览和流动展览，开展独具特色的宣传教育活动。

各地文物部门要切实落实保护责任，积极加强与相关部门的协调配合，齐抓共管，形成工作合力。国家文物局将加强对各地革命文物工作的督促检查，建立“双随机”抽查机制，实行革命文物保护情况通报制度。各地文物部门于2016年12月1日前将贯彻落实情况报送我局。

特此通知。

国家文物局

二〇一六年六月二十九日

文物科学技术

文物科学技术进步奖励办法（试行）*

（1991 年 6 月 17 日）

第一条　为奖励在推动文物科技进步工作中做出成绩的单位和个人，充分发挥广大文物科技人员的积极性和创造性；以促进文物事业的发展，根据《中华人民共和国科学技术进步奖励条例》有关规定，结合文物部门实际情况，制定本办法。

第二条　本办法奖励的范围包括：应用于文物事业的新的科学技术成果，推广、采用已有的先进科学技术成果，科学技术管理以及标准、计量、科学技术情报工作等。

第三条　具备以下条件之一的，可申请国家文物局文物科学技术进步奖：

1. 应用于文物事业的新的科学技术成果（包括新产品、新技术、新工艺、新材料、新设计等），属于：

（1）国内首创的；

（2）本行业先进的；

（3）经过实践应用证明是有重大社会效益和经济效益的。

2. 在推广、转让、应用已有的科学技术成果工作中，做出创造性贡献并取得重大社会效益或经济效益的。

3. 在文物保护、研究项目中，采用新技术，做出创造性贡献并取得重大社会效益或经济效益的。

4. 在科学技术管理和标准、计量、科学技术情报等工作中，做出创造性贡献并取得特别显著效果的。

第四条　国家文物局文物科学技术进步奖分为四个奖励等级：

一等奖授予文物科技进步奖状、证书、奖金五千元；

二等奖授予文物科技进步奖状、证书、奖金三千元；

三等奖授予文物科技进步奖状、证书、奖金二千元；

* 已于 2010 年 12 月 2 日废止。

四等奖授予文物科技进步奖状、证书、奖金一千元。

第五条 奖励标准：

1. 国内首创，技术上达到国际同类先进水平，有重大社会效益或经济效益的，并可在全国范围内推广应用的，可评为科技进步一等奖；

2. 国内首创，技术上接近国际同类先进水平，有较大的社会效益或经济效益的，并可在众多省市推广应用的，可评为科技进步二等奖；

3. 国内首创，技术上达到国内同类先进水平，有一定的社会效益或经济效益的，并可在部分省市推广应用的，可评为科技进步三等奖；

4. 国内首创，技术上达到本行业先进水平，有一定的社会效益或经济效益的，并可在本省或本单位推广应用的，可评为科技进步四等奖。

第六条 设立国家文物局文物科技进步奖评审委员会，负责文物科学技术进步奖评审工作。评审委员会任期三年，设主任一人，副主任、委员若干人。国家文物局文物处作为评审委员会的办事机构，负责日常事务工作。

第七条 国家文物局文物科学技术进步奖申报程序：

1. 凡申报的文物科研项目，均由各省、自治区、直辖市文物行政管理部门先行评审，凡评上省、自治区、直辖市文物（文化）科技进步三等奖（含三等奖）以上项目才能申报国家文物局文物科学技术进步奖；

2. 文物系统几个单位合作完成的科研项目，由科研项目的承担单位会同合作研究单位联合上报，不得单独上报；

3. 文物系统和其他系统合作完成的科研项目，如科研项目的承担单位不属于文物系统，则按承担单位的行政隶属关系上报。

4. 受文物部门委托的或由文物部门组织鉴定的非文物系统单位或个人完成的项目，由文物部门委托单位及负责鉴定单位评审上报。

第八条 国家文物局文物科学技术进步奖申报要求：

1. 凡申报国家文物局文物科技进步奖的项目，必须出具应用单位已使用半年以上，其性能稳定可靠，具有社会效益或经济效益的证明。

2. 凡申报国家文物局文物科技进步奖项目的主要完成人员，一等奖不超过九人，二等奖不超过七人，三等奖不超过五人，四等奖不超过三人。

3. 凡申报国家文物局文物科技进步奖的项目要填报《国家文物局文物科技进步奖申报书》。

4. 负责申报国家文物局文物科技进步奖的各省、自治区、直辖市文物行政管理部门，统称为项目的申报部门，申报部门负责申报项目的初审和申报，并负责处理申报项目的争议问题。

第九条 国家文物局文物科学技术进步奖评审办法：

1. 评审项目采取主审员审查办法，每个项目在评委中确定三名主审员负责主审。评审前主审员应熟悉主审项目材料，并写出主审意见。评审时由项目主审员介绍该项目情况，并提出奖励等级。

2. 评委评定项目奖励等级时，采取无记名投票方法进行，超过评委人数半数（含半数）方为有效。

3. 在评奖过程中，凡评委是评奖项目的主要完成人，当讨论和表决该项目时应回避，不计入评委人数之内。

4. 评审的项目根据评审工作需要确定是否展示形象资料或实物，或请该项目研究人员现场答辩。

第十条 国家文物局文物科学技术进步奖按照国家科技进步奖评审年限评审，原则上每年评审一次，评审结果由国家文物局批准以后公布。如对获奖项目有异议，必须在公布后三个月内提出，并由国家文物局负责处理；在此期限如无异议，即行颁奖。

第十一条 对获奖项目的研究单位授予奖状，对主要研究人员授予奖励证书，奖金按贡献大小合理分配。主要研究人员所得奖金原则上不得少于奖金总额的70%。获奖项目的奖金不征收奖金税。

第十二条 获奖项目的奖金不得重复发放。如获奖项目经过上一级评审委员会评定提高了奖励等级，其奖金只补发给差额部分。其余部分奖金可作为原授奖单位的奖励基金，但此款不得挪为他用。

第十三条 国家文物局文物科学技术进步奖奖金由国家文物局在文物事业费中列支。

第十四条 获国家文物局文物科学技术进步奖的个人成绩，应记入本人档案，并作为考核、晋升、聘任专业技术职务的重要依据之一。

第十五条 如发现申报国家文物局文物科学技术进步奖的项目中有弄虚作假或剽窃他人成果的行为，国家文物局将撤销奖励，并追回奖金及所发的奖励证书和奖状。

第十六条 省、自治区、直辖市文物科技奖励办法可参照本办法制定，奖金在地方文物事业经费中列支。

第十七条 本办法由国家文物局负责解释。

本办法自发布之日起施行。

文物科学技术成果鉴定办法（试行）

（国家文物局 1991 年 6 月 17 日）

第一条 为了加强文物科学技术成果（以下简称科技成果）的管理，健全科技成果鉴定制度，促进科技成果的推广应用，根据《中华人民共和国国家科学技术委员会科学技术成果鉴定办法》，结合文物部门实际情况，制定本办法。

第二条 本办法所指科技成果包括：

1. 属自然科学范畴，阐明自然现象、特征、规律及其内在联系的，在学术上有新见解，并对科学技术发展具有指导意义的理论研究成果；

2. 解决文物事业发展中科学技术问题的具有新颖性、先进性和实用价值的新产品、新技术、新工艺、新材料、新方法等应用技术成果；

3. 推动文物科技工作科学决策和管理现代化、对促进文物科技进步和文物事业协调发展起重大作用的软科学研究成果。

第三条 国家文物局主管全国文物系统的科技成果鉴定工作，主持或委托有关单位对重大科技成果进行技术鉴定。省、自治区、直辖市文物行政管理部门主管当地文物系统的科技成果鉴定工作，主持或委托有关单位对基层单位申请的科技成果进行鉴定。

第四条 列入国家文物局和省、自治区、直辖市文物行政管理部门年度计划的项目，应由任务下达部门组织鉴定；除重点项目外，一般项目也可委托下级科技管理部门组织鉴定。未被列入年度科技计划的项目，应由申请单位向所在省、自治区、直辖市文物行政管理部门申请鉴定。

第五条 非文物系统完成的文物科技成果，其上级主管部门可委托文物行政管理部门按本办法的规定组织鉴定。

第六条 科技成果完成单位和个人在向上级行政管理部门申请科技成果鉴定时，必须提交《科学技术成果鉴定申请书》和完整的学术、技术资料。组织鉴定部门接到申请书后，应进行认真的审查，如是计划内项目，应由计划成果管理部门根据科研合同或计划任务书共同进行审核，于三十天内就以下问题作出决定，并通知申请鉴定的单位和个人：

1. 是否同意鉴定；

2. 鉴定的形式；

3. 鉴定委员会委员名单；

4. 其他事宜。

第七条 对申请鉴定的科技成果，组织鉴定的单位应聘请有关专家组成鉴定委员会，委员会由七人以上（含七人）组成，其中设主任委员一人，副主任委员、委员若干人，鉴定委员会由主任委员主持；项目的完成人员不参加鉴定委员会，项目完成单位的同行专家参加鉴定委员会人数应控制在七分之二以下；鉴定委员会成员应具备以下条件：

1. 具有同行业或同领域的高、中级专业技术职务（通讯鉴定均需高级专业技术职务）；

2. 具有较高的学术或技术水平和较丰富的实际经验；

3. 具有良好的职业道德。

第八条 科技成果鉴定时可采取以下的鉴定形式：

1. 会议鉴定：由鉴定委员会，以会议形式进行审查并提出鉴定意见；

2. 验收鉴定：文物保护工程中的科技成果，由鉴定委员会，按照计划任务书（或合同）规定的验收标准和方法进行评价、测试并提出鉴定意见；

3. 通讯鉴定：对理论研究成果可由鉴定委员会采取通信方式对该项目的学术水平作出评价。

第九条 鉴定委员会成员应对被鉴定项目的技术内容予以保密。

第十条 具备以下条件的科学技术成果可申请鉴定：

1. 完成项目任务，达到规定的技术要求；

2. 学术或技术资料齐全，并符合科技立档要求。

（1）科学理论成果的学术资料主要包括：学术论文、在国内外学术刊物发表情况的证明及有关的评价材料。

（2）应用技术成果的技术资料主要包括：计划合同或任务书、研制报告、技术指标测试报告、成果使用报告（使用日期在六个月以上，使用单位二个以上）。

（3）软科学成果的技术资料主要包括：技术合同或任务书、总体研究报告、专题论证报告、调研报告（包括国内外研究情况对照）采用部门的证明材料。

第十一条 有权属争议的项目，应在争议解决以后申请鉴定。

第十二条 属于下列情况之一的，可视同已通过鉴定：

1. 技术上成熟，已在实践中广泛使用的应用技术成果，由成果完成单位持实施单位出具的经济效益或社会效益证明（在本单位实施应用的，由本单位的上级主管部门审核证明），连同第十条2款所列资料，经省、自治区、直辖市文物行政管理部门或国家文物局批准后，分别颁发《视同鉴定证书》；

2. 经中国专利局授予专利权的发明专利，实施后取得经济效益的，由实施单位出具证明，连同必要的技术文件由上级主管部门批准后，颁发《视同鉴定证书》。

第十三条 科学技术成果鉴定意见的内容：

1. 科学理论成果：所需学术或技术资料是否齐全并符合要求，发表后被引用情况报告；对项目研究的目的和意义的评价；该成果的论点是否明确、论据是否充分，有关数据是否准确；该成果的学术价值、创新点与同类成果水平的比较以及达到的水平；存在的问题和改进的建议；

2. 应用技术成果：所需学术或技术资料是否齐全并符合要求；是否达到计划任务书（或合同）规定的技术指标；有关技术文件中的技术数据、图表是否准确、完整；该项成果的技术水平以及与国内外同类技术所具有的创新点；是否能推广应用；存在的问题及今后改进的建议；

3. 软科学成果：所需学术或技术资料是否齐全并符合要求；是否达到课题要求的标准和目的；应用情况和实践检验效果；存在的问题及今后改进的建议。

第十四条 组织鉴定单位对鉴定报告审核、批准后，对鉴定合格的科技成果颁发按国家科委统一规定格式制作的《科技成果鉴定证书》。

第十五条 对应聘参加科技成果鉴定的专家，组织鉴定的单位应支付一定的技术咨询费。

第十六条 本办法由国家文物局负责解释。

本办法自发布之日起施行。

文物科学技术项目开题及经费管理办法

（国家文物局　文物博发〔2000〕56号　2000年10月17日）

第一条　为了规范和加强文物科学技术研究项目（以下简称文物科研项目）的立项和管理工作，根据中华人民共和国科学技术部发布的《国家重点基础研究发展规划项目管理暂行办法》，结合文物部门的实际情况，制定本办法。

第二条　国家文物局主管全国文物系统的文物科研项目的申请受理、资格审查及组织评审等工作。

第三条　国家文物局制定近期及中长期文物保护、博物馆方面的科研规划，组织、协调文物系统及其他系统的有关科研单位对重要文物科研项目进行研究开发。

第四条　国家文物局选聘对文物保护、博物馆、科技考古等学科有较丰富的理论知识和实践经验、熟悉国内外文物科技发展状况的专家组成文物科技评议委员会。评议委员会受国家文物局的委托，对科研项目开题报告进行评审。

第五条　文物科研项目评审分预审和综合评审两个步骤进行。

1. 预审　根据申报项目情况，由国家文物局遴选符合申请条件的课题。

2. 综合评审　综合评审会议由文物科技评议委员会主持，通过集体讨论及记名投票方式对项目进行综合评议，提出项目评审意见和优先立项顺序。

第六条　国家文物局对科技评议委员会提出的项目立项意见进行审定后立项。

第七条　申请文物科研项目开题应具备下列条件：

1. 申请研究项目以文物系统的科研机构为主。

2. 有重要科学意义和重要应用价值的研究工作。尤其是结合我国文物事业发展需要，填补空白，社会效益或经济效益明显的科研工作。

3. 有创新的学术思想，科学、可行的研究路线或技术方案。有明确、先进的研究目标，研究重点突出，能针对关键性文物保护、博物馆方面的科学问题组织多学科研究人员开展综合研究。

4. 有一定水平的学术带头人和一支学术思想活跃、科研业绩优秀、团结协作、结构合理的科研队伍。

5. 具有必要的研究条件，有必要的工作积累。研究时间有可靠的保证。

第八条 文物科研项目设立课题组长，实行课题组长负责制。

每个项目一般只设一名课题组长，课题组长年龄一般不超过60岁，确实需要时，年龄放宽至65岁。超过65岁不再担任课题组长，但可作为项目的学术顾问。

课题组长必须实际主持申请项目的研究工作，并具有以下条件之一：

1. 具有高级以上专业技术职务，从事文物保护、博物馆方面的科学研究工作；

2. 具有学士学位，5年以上从事文物保护、博物馆方面的科学研究工作；

3. 具有硕士学位（含同等研究生学历），2年以上从事文物保护、博物馆方面的科学研究工作；

4. 具有博士学位。

第九条 文物科研项目的立项按照统一计划定期进行部署，研究期限一般不超过三年。同一年度每一开题者和主要合作者申请的项目不得超过两项。

第十条 国家文物局鼓励本系统科技人员与其他系统合作申请科研开题。

第十一条 文物科研项目承担单位将《文物科研项目开题申请书》一式三份报省、自治区、直辖市文物行政管理部门审查后，统一报送国家文物局。

每年科研项目开题申请书报审截止日期为三月三十一日。

第十二条 科研项目承担单位和省、自治区、直辖市文物行政管理部门，要加强文物科研项目开题申报工作的指导和组织协调，对科研项目开题申请书进行审查和筛选，对其内容的真实性、研究方案和技术路线的可行性、经费预算的合理性以及研究条件的可靠性等签署审核意见。合作单位也要在科研项目开题申请书上签署意见，加盖公章。

第十三条 文物科研项目的经费主要来自国家文物局科研专项拨款的三项费用（即科学研究、新产品试制、中间试验），专门用于开展文物保护、博物馆方面的科研工作。

第十四条 国家文物局负责对科研项目开题经费进行审核、监督、检查等管理工作。

第十五条 《文物科研项目开题申请书》一经批准，即列入年度计划，由国家文物局和省、自治区、直辖市文物行政管理部门及科研项目承担单位三方正式签订《文物科技三项费用合同书》。

第十六条 文物科研项目经费用于项目实施期间直接需要的开支，如项目所需的人员费、设备费、材料费、外协费、资料费、技术措施等项目经费，不得超范围使用。

第十七条 项目经费必须单独核算，专款专用。国家文物局或委托其他机构对经费的使用和管理进行定期监督检查和跟踪了解；对数额较大的经费使用进行专项审计。项目承担单位及上级主管部门负责对经费的管理和使用情况进行经常性的检查、监督。

第十八条 文物科研项目结题时，由项目负责人填写《国家文物局文物科研开题项目工作总结》，经省、自治区、直辖市文物行政管理部门审核后，一式二份报国家文物局。

第十九条 凡有下列情形之一者，不再审议其新的科研项目开题申请书：

1. 无正当理由而未按时完成文物科研开题项目者；

2. 不按时提交《文物科研开题项目进度情况汇报表》、《文物科技三项费用收支使用情况汇报表》、《国家文物局科研开题项目工作总结》者。

第二十条 凡有下列情形之一者，暂停下拨科技三项费用，并由财务、审计部门予以调查，提出处理意见：

1. 超范围使用科技三项费用者；

2. 挪用科技三项费用者；

3. 在技术实施过程中出现重大失误或造成重大损失者。

第二十一条 各申报及评议、审查单位对送审的《文物科技项目开题申请书》的内容应予保密。

第二十二条 本办法自公布之日起执行。

第二十三条 本办法由国家文物局负责解释。

文物科学技术成果鉴定办法

（文物博发〔2000〕56号　2000年10月17日）

第一条　为了加强文物科学技术成果（以下简称科技成果）的管理，促进科技成果的完善和科技水平的提高，加速科技成果推广应用，根据中华人民共和国科学技术委员会发布的《科学技术成果鉴定办法》，结合文物部门实际情况，制定本办法。

第二条　国家文物局主管全国文物系统的科技成果鉴定工作，负责组织或委托有关单位主持对重大科技成果进行技术鉴定。

第三条　非文物系统完成的文物科技成果，其上级主管部门可委托文物行政管理部门按本办法的规定组织鉴定。

第四条　列入国家文物局科技计划（以下简称文物科技计划）内的应用技术成果（以下简称科技成果），以及未列入科技计划的重大应用技术成果，按照本办法进行鉴定。

第五条　下列科技成果不组织鉴定：

1. 基础理论研究成果。

2. 软科学研究成果。

3. 已申请专利的科技成果。

4. 已转让实施的科技成果。

5. 文物事业单位自行开发的一般科技成果。

第六条　科技成果鉴定时可以根据项目内容和科技成果的特点选择下列鉴定形式：

1. 验收鉴定：由鉴定委员会按计划任务书（合同书）规定的验收标准和方法，对科技成果进行评价测试。

2. 会议鉴定：由同行专家采用会议形式对科技成果作出评价。需要进行现场考察、测试，并经过讨论答辩才能作出评价的科技成果，可以采用会议鉴定形式。

3. 函审鉴定：由同行专家通过书面审查有关技术资料，对科技成果作出评价。不需要进行现场考察、测试和答辩即可作出评价的科技成果，可以采用函审鉴定形式。

第七条　需要鉴定的科技成果，由科技成果完成单位或者个人向上级行政管理部门提交《科学技术成果鉴定申请书》。

第八条 申请科技成果鉴定，应当符合本办法第四条的规定，并具备下列条件：

1. 已完成合同的约定或者计划任务书规定的任务要求；

2. 不存在科技成果完成单位或者人员名次排列异议和权属方面的争议；

3. 技术成果资料齐全，主要包括：计划合同书或任务书、研制报告、技术指标测试报告、国内外技术发展的背景资料以及引用参考文献目录、成果使用报告（使用日期在六个月以上，使用单位二个以上）。

4. 有经省、自治区、直辖市科学技术委员会或者国家文物局认定的科技信息机构出具的查新结论报告。

第九条 组织鉴定单位应当在收到鉴定申请之日起三十天内，明确是否受理鉴定申请，并作出答复，通知申请鉴定的单位和个人：

1. 是否同意鉴定；

2. 鉴定的形式；

3. 鉴定委员会委员名单。

第十条 对申请鉴定的科技成果，组织鉴定的单位应聘请有关专家组成鉴定委员会，委员会由七人以上（含七人）组成，其中设主任委员一人，副主任委员、委员若干人，鉴定委员会由主任委员主持；项目的参与人员不参加鉴定委员会，项目完成单位的同行专家参加鉴定委员会人数应控制在七分之二以下。

第十一条 组织鉴定单位或者主持鉴定单位聘请的同行专家应当具备下列条件：

1. 具有高级技术职务（特殊情况下可聘请不多于四分之一的具有中级职务的中青年科技骨干）；（函审鉴定均需高级专业技术职务）

2. 对被鉴定科技成果所属专业有较丰富的理论知识和实践经验，熟悉国内外该领域技术发展的状况；

3. 具有良好的科学道德和职业道德。

第十二条 组织鉴定单位或者主持鉴定单位应当在确定的鉴定日期前十天，将被鉴定科技成果的技术资料送达承担鉴定任务的专家；参加鉴定工作的专家，在收到技术资料后，应当认真进行审查，并准备鉴定意见。

第十三条 参加鉴定工作的专家在鉴定工作中应当对被鉴定的科技成果进行全面认真的、实事求是的技术评价，并对所提出的评价意见负责。

第十四条 科技成果鉴定的主要内容是：

1. 是否完成合同或计划任务书要求的指标；

2. 技术资料是否齐全完整，并符合规定；

3. 科技成果的创造性、先进性和成熟程度；

4. 科技成果的应用价值及推广条件和前景；

5. 存在的问题及改进意见。

第十五条 组织鉴定单位和主持鉴定单位应当对鉴定结论进行审核，并签署具体意见。鉴定结论不符合本办法有关规定的，组织鉴定单位或者主持鉴定单位应当及时指出，并责成鉴定委员会或者函审组改正。

第十六条 经鉴定通过的科技成果，由组织鉴定单位颁发《科学技术成果鉴定证书》。

第十七条 对参加鉴定工作的专家，由组织鉴定单位酌情发给技术咨询费，费用由成果完成单位支付。

第十八条 国家文物局对正在进行或者已经完成的科技成果鉴定，发现确有错误，有权责令其授权组织鉴定的机关或者主持鉴定单位及时纠正；对错误严重而又处理不当的，有权组织复核和查处。

第十九条 完成科技成果的单位或者个人窃取他人的科技成果的，或者在鉴定过程中徇私舞弊、弄虚作假的，一经查实，组织鉴定单位应当中止鉴定。已经完成鉴定的，应当予以撤销。已经给国家、社会造成损失的，由其所在单位或者上级主管机关给予直接责任人员行政处分。

第二十条 组织鉴定单位或者主持鉴定单位的工作人员在鉴定工作中玩忽职守、以权谋私、收受贿赂的，由其所在单位或者上级主管机关给予行政处分。

第二十一条 参加鉴定工作的专家玩忽职守，故意作出虚假结论，造成不良后果的，由其所在单位或者上级主管机关给予行政处分，并取消其承担鉴定任务的资格。

第二十二条 参加鉴定的有关人员，未经完成科技成果的单位或者个人同意，擅自披露、使用或者向他人提供或转让被鉴定科技成果的关键技术的，应当依据有关法规，追究其法律责任；给科技成果完成单位或者个人造成损失的，应当赔偿损失。

国家文物局有权对已鉴定的科技成果，定期向文物系统披露，涉及秘密技术的，依照《中华人民共和国保守国家秘密法》和科学技术保密的有关规定处理。

第二十三条 本办法自公布之日起施行。

第二十四条 本办法由国家文物局负责解释。

文物保护科学和技术研究课题管理办法*

（文物办发〔2003〕63号　2003年9月11日）

第一章　总　则

第一条　为促进我国文物保护科学和技术研究的繁荣与发展，加强对研究课题的管理，根据《中华人民共和国文物保护法》和《中华人民共和国科学技术进步法》、《中华人民共和国科学技术普及法》等有关法律，参照《国家科技攻关计划管理办法》和《国家社科基金管理办法》等有关规定，结合文物保护事业实际，制定本办法。

第二条　文物保护科学和技术研究课题（以下简称“科研课题”）必须坚持文物工作方针，遵循文物保护事业发展规律，积极探索，开拓创新，更好地为党和政府决策服务。

第三条　科研课题以国家资助为主，面向全国文物、博物馆单位和高等院校、科研院所等，公平竞争，择优立项，保证重点。

第四条　科研课题分为重点课题、一般课题两类，研究期限一般不超过三年。重点课题指列入《文物保护科学和技术研究课题指南》（以下简称《课题指南》）的课题；一般课题指自拟课题。

第二章　课题组织管理

第五条　科研课题的管理采取国家文物局、课题组织单位、课题承担单位分级管理的方式，实行目标管理与过程管理相结合，重点管理与一般管理相结合。

第六条　国家文物局是科研课题的主管部门，其主要职责是：

（一）组织文物保护事业科学和技术发展战略研究；

（二）制定近期及中长期文物保护事业科学和技术发展规划、重点任务，编制《课题指南》；

（三）审定立项课题及其经费预算，批复课题实施计划，建立科研课题库；

（四）督促、检查科研课题的实施过程，组织课题中期检查，协调并处理课题执行中有关重大问题；

（五）组织课题验收，登记课题产生的科研成果，按规定管理课题成果的知识产权。

---

*　已于2017年12月27日废止。

国家文物局设立文物保护科学和技术研究课题管理办公室（以下简称课题办），负责科研课题日常管理事宜。

第七条 课题组织单位由国家文物局直接委托，可以是国家文物局直属单位、省级文物行政部门或其他具有一定组织协调能力的单位。课题组织单位的主要职责是：

（一）接受国家文物局委托组织编制重点课题可行性研究报告；

（二）提出课题承担单位及课题经费预算安排建议；

（三）落实课题约定支付的配套经费及其他支持条件；

（四）组织课题的实施，监督、检查课题的执行情况，汇总、上报课题年度执行情况及有关信息报表，协调并处理课题实施过程中出现的有关问题；

（五）审核课题验收的有关文件资料，提出课题验收申请。

第八条 课题承担单位主要职责是：

（一）严格执行课题申请书承诺的各项任务，提供课题合同书中承诺的有关支持条件，完成课题预定的目标；

（二）及时报告课题实施过程中出现的重大问题；

（三）按要求编报课题年度执行情况和有关信息报表，提交课题验收的全部文件资料，并进行档案归档。

第三章 课题立项管理

第九条 课题办每年第一季度公布《课题指南》，并于公布之日起受理申报。

第十条 凡有条件承担课题研究任务的法人或自然人均可申报科研课题，法人申报课题应指定课题负责人。

第十一条 课题负责人应具有副高级（含）以上专业技术职务；不具备此项条件者，须有两名同专业的高级专业技术人员的书面推荐。

第十二条 课题负责人必须是课题实施全过程的实际组织者和指导者，应有三分之二以上时间，担负实质性的研究工作。课题负责人可根据课题实施的需要，打破单位、行业界限进行优化组合，择优聘用课题组成员。

第十三条 课题负责人每次只能承担一项课题，所从事的课题尚未完成，不得申报新课题。禁止同一课题多头申报。

第十四条 科研课题重点资助符合下列条件者：

（一）对文物保护事业发展具有重要意义，围绕文物保护工作的重点、难点或当前亟待解决的、具有重要应用前景的课题；

（二）学术思想新颖，立论根据充分，研究目标明确，研究内容具体，研究方法和技术路线合理、可行，可获得重要进展的前沿课题；

（三）有稳定的研究队伍，课题负责人与课题组成员具有较高的研究水平和可靠的时间保证，课题承担单位能提供基本的研究条件。

第十五条 在条件相近时，优先支持属于下列情况的研究课题：

（一）45周岁以下、获省部级奖励的优秀中青年的申请课题；

（二）少数民族地区和中西部地区的申请课题；

（三）创新性、应用性强的课题；

（四）跨区域、跨学科联合研究的课题和学科生长点。

第十六条 课题承担单位、课题负责人必须认真、准确地填报《文物保护科学和技术研究课题立项申请书》，由课题组织单位审核后报送课题办。

第十七条 为保证科研课题立项评审工作的规范和体现公平、公开、公正原则，课题办按照以下程序，对每年的申报课题进行评审的组织工作：

（一）负责组织课题的初审工作，遴选符合申报条件的课题；

（二）对初审合格的课题分送从国家文物局专家库中选择的有关专家函审；每一课题至少须经三名相同或相近学科的专家评议，并提出函审意见；每一课题以函审专家过半数同意推荐立项为函审通过标准；对有争议课题可另聘请专家复议；

（三）负责对通过函审的课题组织立项评审，聘请相关领域的专家组成年度课题立项评审委员会，评委会主任由国家文物局领导担任；评委会组成人员中，60%的评委要经由国家文物局专家库随机产生；申请课题的有关人员不再担任评委；通过公开评议和记名投票的方式评出拟立项课题和优先立项顺序，并提出资助经费建议，其中自筹经费课题单列；

（四）对评审结果进行复核，报国家文物局审批；待审批同意后，对获准立项课题及经费资助安排在媒体上进行为期15天的公示，接受社会监督和评议。

第十八条 通过公示的课题，国家文物局与课题组织单位及课题承担单位正式签订《文物保护科学和技术研究课题立项合同书》（以下简称合同）。合同经三方签字后生效，课题正式启动，课题负责人即成为课题责任人。凡因课题负责人方面的原因未签署合同的，立项资格自行取消。

第十九条 立项课题实行课题责任人负责制，课题责任人在批准的计划任务和预算范围内享有自主权。

第二十条 课题的评审工作实行回避制度。参加评审工作的专家遇到审议与本人直接有关的课题时，必须回避。

第二十一条 参加评审工作的全体人员共同遵守以下规定：

（一）严格遵守有关的保密规定；

（二）保护课题负责人的知识产权，不得擅自复制、抄录和留用申请书；不得泄露或以任何形式剽窃申请书内容；

（三）不得泄露同行评议人姓名、评审过程中的意见和未经审批的评审结果；

（四）课题评审会的有关资料和评审记录，在课题评审结束后由课题办收回存档。

第四章 课题实施管理

第二十二条 科研课题实行年度检查制度和年度执行情况报告制度，检查课题的进度、质量和经费使用情况。课题责任人须在课题规定期限过半时，向课题办提交课题研究中期报告。

第二十三条 科研课题应在合同规定执行期结束后 3 个月内，由国家文物局按照以下程序，对课题组织验收：

（一）课题承担单位在合同期满后，15 日内提出课题验收的书面申请和相关课题材料，报送课题组织单位；

（二）课题组织单位在接到课题的验收申请后，15 日内初步审核提交材料的完整性和课题完成情况，提出书面意见，向国家文物局申请课题验收；

（三）国家文物局在接到课题组织单位提交的验收申请和有关材料后，15 天内明确是否予以验收，并给予回复。国家文物局聘请有关专家组成科研课题验收委员会，验收委员会采取公开评议和记名投票方式进行。国家文物局对验收委员会提交的结项评审意见进行核准。

第二十四条 科研课题验收结论分为通过验收和不通过验收。

科研课题的计划目标和任务已按照合同要求完成，经费使用合理，为通过验收；

科研课题的任务未按照合同要求完成，或所提供的验收文件、资料、数据不完整或不真实，或研究过程及结果等存在纠纷尚未解决，或经费使用中存在问题，均为不通过验收。

第二十五条 科研课题验收结论意见由国家文物局通知课题组织单位和课题承担单位。

第二十六条 课题实施过程中，经核实有下列情形之一者，应对课题进行调整，并暂停拨款：

（一）经费开支不符合本办法及有关规定的；

（二）需要变更课题责任人、课题承担单位的；

（三）需要改变课题名称、成果形式、技术路线，对研究内容有重大调整的；

（四）未能按计划完成研究任务的，要求延期半年以上（最多不超过一年）；

（五）有其他重要事项变更的。

凡属上述情形被暂停拨款者，须由课题责任人和承担单位提交书面申请，经国家文物局审核同意后，恢复拨款。

第二十七条 凡有下列情形之一者，国家文物局将撤销课题，并予以通报。被撤销课题的课题责任人三年内不得申请新课题，并视情节轻重追究有关人员的责任：

（一）研究成果有严重政治问题；

（二）研究成果学术质量低劣，研究技术滞后；

（三）剽窃他人成果；

（四）未经国家文物局批准，擅自变更课题责任人、研究内容、研究路线；

（五）逾期不提交延期申请，或延期到期后仍不能完成；

（六）初次验收未能通过，经修改后半年内重新验收，仍未能通过；

（七）配套的自筹资金或其他条件不能落实；

（八）违反财务制度。

被撤销课题的课题责任人三年内不得申请新课题，并视情节轻重追究有关人员的责任。

第二十八条 需要调整或撤销的科研课题，由课题组织单位提出书面意见，报国家文物局核准后执行。必要时，国家文物局可直接根据实施情况进行调整或撤销。

第二十九条 被撤销的科研课题由课题承担单位和课题责任人对课题实施情况作出书面报告，经课题办核查后报国家文物局备案。

第五章　课题经费管理

第三十条 科研课题经费由国家文物局文物保护事业科研专项补助、课题组织单位和课题承担单位配套等构成，鼓励引导社会资金投入。

第三十一条 课题经费一次核定，分期拨付，包干使用，超支不补。课题期限在一年以内，立项当年拨付 70%，课题结项验收后拨付 30%；课题期限在一年以上，立项当年拨付 40%，中期报告评估合格后拨付 40%，课题结项验收后拨付 20%。

第三十二条 课题经费必须单独核算，专款专用，不得截留、挤占或挪用。

第三十三条 使用课题经费购置的固定资产，其使用权和经营权一般归课题承担单位（合同中另有注明的除外），必须纳入课题承担单位的固定资产账户进行核算与管理。

第三十四条 课题通过验收后，课题责任人应会同课题承担单位财务部门清理历年收支账目，如实编制《文物保护科学和技术研究课题结项验收自评估报告》中的经费决算表。

第三十五条 自筹经费课题的经费筹集、使用和管理必须符合国家有关财务制度及本管理办法的规定。

第六章　课题成果管理

第三十六条 通过验收的课题，课题承担单位应当按照《科技成果登记办法》进行科技成果登记。

第三十七条 课题成果如果公开出版或发表，应在醒目位置标明“国家文物局文物保护科学和技术研究课题”字样。

第三十八条 国家文物局对有重要学术价值或实际应用价值的课题成果予以推广。对在文物保护事业科学和技术方面有重要发明创造或其他重要贡献的单位或个人，予以精神鼓励或物质奖励。有关办法另行制定。

第七章 附 则

第三十九条 本办法自发布之日起执行。以往发布的相关管理办法和规定凡与本办法不一致者，以本办法为准。

第四十条 本办法由国家文物局解释，并自发布之日起施行，请遵照执行。

文物保护科学和技术研究课题招标评标暂行办法

（文物办发〔2003〕86号　2003年11月21日）

一　总则

第一条　为体现全社会参与的原则，优化科技资源配置，提高科技经费的使用效益，促进公平竞争，规范文物保护科学和技术研究招标课题（以下简称招标课题）的评标活动的管理和监督，根据《中华人民共和国招标投标法》、《中华人民共和国文物保护法》和《国家科研计划课题招标投标管理暂行办法》，特制定本办法。

第二条　招标课题是指国家文物局根据国家文化遗产保护与宏观管理的需要，依照《文物保护科学和技术研究课题管理办法》设立并采取招标方式选定承担单位及负责人的课题。招标分公开招标和邀请招标。

第三条　招标课题的招标投标评标工作应当遵循公平、公开、公正、择优和诚实信用的原则。

第四条　具备下列条件之一的课题，可以不实行招标投标：

（一）涉及国家安全和国家秘密的；

（二）只有两家以下（含两家）潜在投标人可供选择的；

（三）国家法律法规及国家文物局规章规定的其他情况。

二　组织工作

第五条　招标课题的招标投标评标工作由国家文物局文物保护科学和技术研究课题管理办公室（以下简称课题办）实行归口管理。

第六条　课题办负责组织招标课题的招标投标评标工作，负责组建招标委员会，负责委托公证人员。根据实际情况，课题办可委托国家文物局直属单位，或具有资格的招标代理机构组织。

第七条　招标组织单位负责起草招标文件，包括招标公告或投标邀请书，并发布或出售招标文件。

第八条　公证人员按照招标文件验证投标人资格和投标文件完整性。

第九条　评标委员会由招标人和受聘的技术、经济、管理等方面的专家组成，总人数为5人以上的单数，其中受聘的专家不得少于成员总数的三分之二。投标人或与投标人有利益关系的人员不得进入评标委员会。

三 评标程序

第十条 招标课题评标工作指开标、评标与中标。

第十一条 开标按招标文件规定时间、地点进行。开标由招标人主持，邀请有关单位代表和投标人参加。

第十二条 开标时：由招标人委托的公证人员检查投标文件的密封情况并公证。确认无误后，由工作人员当众开启并宣读投标人名称、投标报价及其他主要内容。开标过程记录在案，招标人代表、投标人代表和公证人员在开标记录上签字或盖章。

第十三条 评标委员会负责评标，对所有投标文件进行审查。有下列情况之一的，其投标无效：

（一）投标文件未加盖投标人公章或法定代表人未签字的；

（二）投标文件印刷不清、字迹模糊的；

（三）投标文件与招标文件规定的实质性要求不符的；

（四）投标文件没有满足招标文件规定的招标人认为重要的其他条件的；

（五）投标人在评标工作前提出退出，并附有书面申请的。

第十四条 评标委员会可以要求投标人作简要陈述，并对投标文件中含义不明确的地方以口头或书面方式进行必要的澄清、说明或答辩，但投标人在进行澄清、说明或答辩时，不得超过投标文件的范围，不得改变投标文件的实质性内容，不得阐述与问题无关的内容，未经允许不得向评标委员会提供新的材料，招标组织单位或中介机构负责对投标人的澄清、说明或答辩的内容记录在案。

第十五条 评标委员会按照招标文件中规定的综合评标标准和方法对投标文件进行综合性评价比较。设有标底的，应参考标底。

第十六条 评标委员会委员写出推荐意见并进行记名投票。由公证人员及工作人员负责监票、计票工作，向评标委员会公布投标人的得票数，并经由公证人员签字认可。

第十七条 评标委员会依据评标结果，提出书面评标报告，向招标人推荐中标候选人。评标报告作为定标的重要依据，包括以下主要内容：

（一）对投标人进行综合排名，依据投票表决结果，推荐中标候选人；

（二）对中标人的技术方案评价，技术、经济风险分析；

（三）对中标人的承担能力与工作基础评价；

（四）需进一步协商的问题及协商应达到的指标和要求；

（五）其他意见或建议。

第十八条 招标人根据书面评标报告和推荐的中标候选人确定中标人。招标人也可以授权评标委员会直接确定中标人。

第十九条 每一招标课题一般确定一个中标人，特殊情况下也可根据需要确定两个中标人。不同的中标人应采用不同的技术方案独立完成中标课题。

第二十条 评标委员会或招标人经评审，认为所有投标都不符合招标文件要求的，可以否决所有投标。必须进行的课题，招标人应当依照《文物保护科学和技术研究课题管理办法》确定课题承担单位，必须招标进行的，依照本程序重新招标。

第二十一条 招标人应在招标文件规定的投标有效期结束日30个工作日前完成评标和定标工作。定标后，招标人与中标人签署《文物保护科学和技术研究课题立项合同书》，并将中标结果予以公告。

四 招标评标活动经费

第二十二条 招标人对招标组织单位的招标评标活动所产生的费用，按招标课题标底的5%给予补助，最低补助金额1万元。

第二十三条 招标组织单位对评标委员会成员应给予劳务补贴，有关标准参照国家有关规定执行，并依法代扣代缴个人所得税。

五 工作责任

第二十四条 招标组织单位有下列行为之一者，由归口管理部门责令改正，并视情节轻重，给予警告、通报批评．取消评标资格的处罚，并按有关规定处以罚款。

（一）违反招标代理过程中有关招标人的规定的；

（二）违反或未达到与招标人签署书面代理协议规定的内容的：

（三）串通招标人、投标人损害国家利益、社会公共利益或其他人合法权益的；

（四）其他违反法律法规的行为。

第二十五条 投标人有下列行为之一者，由归口管理部门责令改正，已被选定为中标者的，中标无效；给招标人造成损失的，应当承担赔偿责任。

（一）提供虚假投标材料的；

（二）串通投标的；

（三）向招标人或招标代理机构行贿的；

（四）中标后不与招标人签订合同的；

（五）中标后向他人转让中标课题，或将中标课题的关键性或核心工作委托他人完成的；

（六）其他违反法律法规的行为，

第二十六条 评标委员会成员有下列行为之一者，由归口管理部门给予警告、通报批评、取消其担任评标委员会成员资格的处罚。

（一）非法收受财物或其他好处的；

（二）评标结果未公布前，向他人透露对投标文件评审和比较情况的；

（三）中标人未与招标人签署合同书前，向他人透露中标候选人推荐情况的；

（四）其他违反法律法规的行为，

第二十七条 课题办的工作人员在评标活动中徇私舞弊，滥用职权或玩忽职守的，由国家文物局给予行政处分。

第二十八条 因发生违法违规行为而被宣布中标无效时，应当按本办法和招标文件中规定的条件，从其余投标人中重新确定中标人，或重新招标。

六 附则

第二十九条 招标投标评标活动中，本办法未做规定事宜，遵照《中华人民共和国招标投标法》和《文物保护科学和技术研究课题管理办法》等有关规定执行。

第三十条 本办法由国家文物局负责解释。

第三十一条 本办法自发布之日起施行。

文物保护科学和技术创新奖励办法（试行）*

（文物博发〔2004〕40号　2004年7月6日）

第一章　总　则

第一条　为鼓励和表彰在文物保护科学和技术方面有重要发明创造或者其他重要贡献的单位或者个人，根据《中华人民共和国文物保护法》，参照《国家科学技术奖励条例》，制订本办法。

第二条　国家文物局设立文物保护科学和技术创新奖（以下简称“科技创新奖”），每年组织评审一次。

第三条　科技创新奖励工作贯彻尊重知识、尊重人才、鼓励创新的方针。

第四条　科技创新奖励工作遵循公平、公正、公开的原则。

第二章　奖励范围与等级

第五条　科技创新奖授予以下方面做出突出贡献的单位和个人：

（一）在基础性研究中，有重要科学发现、具有重要科学价值或得到国内外相关领域的科学界普遍认可，对本领域的科学理论、科学方法和科学技术发展具有重要意义的；

（二）在文物保护中应用的新产品、新工艺、新材料，具有先进性和创新性，创造显著社会效益或者经济效益的；

（三）在文物保护科学和技术成果推广工作中创造显著社会效益或者经济效益的；

（四）在重大文物保护工程项目中，应用先进科学技术，具有显著示范作用的；

（五）在文物保护的管理、标准化和信息化等方面，做出重要贡献或者取得显著效果的。已获得省部级以上（含省部级）科技奖项的不在推荐范围之内。

第六条　科技创新奖分为一等奖、二等奖2个等级。一等奖授予单位奖状，个人证书、奖金10万元；二等奖授予单位奖状，个人证书、奖金5万元。科技创新奖每次授奖项目总数不超过10项，一等奖项目不超过2项，各奖项可以空缺。

* 已于2017年12月27日废止。

第三章　评审机构及职责

第七条　国家文物局设立文物保护科学和技术创新奖励办公室，负责科技创新奖励的日常工作。

第八条　国家文物局聘任有关专家组成科技创新奖励评审委员会，负责科技创新奖的评审工作。

第九条　评审委员会委员候选人在国家文物局专家库中随机抽选，委员可以连任。

（一）评审委员会设主任委员 1 人，副主任委员 2 人，委员总数不超过 25 人；

（二）评审委员会下设基础性研究、应用研究和管理科学研究评审组；

（三）申报科技创新奖的项目主要完成人员，不得担任评审委员。

第四章　申报、推荐、评审和授予

第十条　科技创新奖励申报要求：

（一）凡申报科技创新奖励项目的单位，须按要求填报《文物保护科学和技术创新奖申报书》；

（二）中报项目主要完成人员的限额为：一等奖不超过 9 人，二等奖不超过 7 人。

第十一条　凡由多家单位合作完成的科研项目，由项目第一完成单位按程序申报。

第十二条　科技创新奖申报项目由下列单位推荐：

（一）省、自治区、直辖市文物行政管理部门；

（二）受国家文物局委托的单位或部门。

第十三条　推荐单位负责受理、审核申报材料的完整性并推荐，处理推荐申报项目的争议问题，配合获奖项目的复审工作。

第十四条　科技创新奖励评审要求：

（一）评审项目采取主审员审查方式，评审委员会根据每个推荐申报项目确定 3 名评审委员负责审查，写出审查意见；

（二）评审会议应当有 2/3 以上（含 2/3）的委员参加方为有效，否则视为无效；

（三）评审委员评定项目奖励等级时，采取一次记名投票方法进行，得票超过评委人数单数（含半数）为有效。推荐项目获得一等奖票数未满半数时，计入二等奖得票数。

（四）评审委员会根据申报项目的评审需要，可要求申报者提供必要的实证材料，或该项目主要完成人员现场说明。

第十五条　评审委员会根据投票结果提出推荐奖励项目的意见，并向国家文物局提出获奖项目候选名单和奖励等级的建议。

第十六条　国家文物局根据评审委员会的建议，做出获奖项目及奖励等级的决定。科技创新奖励项目名单及奖励等级，授奖前在“历史文化遗产保护领域科技平台”和《中国文物报》等有关媒体公示。自公示之日起 15 天内，如有异议，由文物局受理书面意见并进行处理；如无异议，即行授奖。

第十七条 奖金由项目负责人在项目组内按劳分配。

发给项目完成人的奖金，按照《中华人民共和国所得税法》第四条规定，免征个人所得税。

第十八条 科技创新奖奖金从国家文物局项目经费中列支。

第五章 罚 则

第十九条 剽窃、剥夺他人的发现、发明和其他科学技术成果的，或者以其他不正当手段骗取科技创新奖的，由国家文物局核实后撤销其奖励，追回奖金，予以通报。

第二十条 推荐单位提供虚假意见，协助他人骗取科技创新奖的，由国家文物局核实后通报批评；情节严重的，暂停或者取消其推荐资格。

第二十一条 参与科技创新奖励评审活动和有关工作的人员在评审活动中弄虚作假、徇私舞弊的，依法给予行政处分。

第六章 附 则

第二十二条 本办法由国家文物局负责解释。

第二十三条 本办法自公布之日起施行。

国家文物局重点科研基地管理办法（试行）

（文物博函〔2004〕1081号　2004年8月13日）

第一章　总　则

第一条　为规范和加强我国历史文化遗产保护领域重点科研基地（以下简称科研基地）的设立和运行管理，鼓励历史文化遗产保护的科学研究，促进科技成果的推广和应用，提高科学技术水平，根据《中华人民共和国科学技术进步法》、《中华人民共和国文物保护法》，制定本办法。

第二条　科研基地是国家科技创新体系的重要组成部分，具有组织历史文化遗产保护领域高水平基础研究和应用技术研究、聚集和培养优秀科学家、开展学术交流的重要职能。

第三条　科研基地的主要任务是围绕历史文化遗产保护领域的重大需求，开展创新性研究，解决该领域中的重大科技问题，获取原始创新成果和自主知识产权。

第四条　科研基地作为相对独立的科研实体，依托文博单位、高等院校、科研院所等机构，实行“开放、流动、联合、竞争”的运行机制。

第五条　国家文物局对科研基地实行合理布局、总量控制、定期评估、优胜劣汰的管理原则。

第二章　管理机构与职责

第六条　科研基地实行国家文物局、省级文物行政部门和依托单位三级管理。

第七条　国家文物局是科研基地的宏观管理部门，主要职责是：

（一）组织编制和实施科研基地总体规划和发展计划，制定相关政策和规章；

（二）科研基地的认定、撤销；

（三）组织审定科研基地承担的重点科技创新项目及重要国际合作项目，并安排必要经费；

（四）组织对科研基地及其所承担项目的验收、评估和考核。

设立国家文物局重点科研基地管理办公室，具体负责日常管理工作。

第八条　省级文物行政部门是科研基地的组织单位（以下简称组织单位），主要职责是：

（一）指导及监督科研基地的运行和管理；

（二）负责本地区申报科研基地的审核和推荐工作；

（三）审定科研基地学术委员会组成；

（四）落实科研基地运行的配套经费；

（五）配合国家文物局进行年度评估与考核。

第九条 依托单位具体负责科研基地运行管理，主要职责是：

（一）为科研基地提供政策支持、后勤保障、经费配套等条件；

（二）负责公开招聘科研基地主任；

（三）协助组织单位配合国家文物局做好对科研基地的评估与考核。

第三章 申请与认定

第十条 科研基地按照依托单位申请、组织单位推荐，国家文物局认定的程序产生。

第十一条 拟申报的科研基地应具备以下条件：

（一）主要研究方向符合历史文化遗产保护领域科学和技术发展战略目标，具备承担重点科技创新项目及重要国际合作项目、进行跨学科综合研究和培养高层次人才的能力；

（二）在所从事的研究领域内有知名的学术带头人，学术水平高、年龄与知识结构合理、敢于创新的研究群体，良好的科研传统和学术氛围；

（三）固定的研究场所和一定规模的研究实验条件；

（四）应确保科研基地正常运转所需经费投入；

（五）有利于科技创新的管理制度。

第十二条 申报程序：

（一）申报科研基地由依托单位提出、填写《国家文物局重点科研基地认定申请书》，上报组织单位；

（二）组织单位对申请书进行审核，择优推荐，上报国家文物局。

第十三条 认定程序：

（一）国家文物局负责组建专家组，专家组成员由相关研究方向的学术专家和管理专家组成，一般 7 － 9 人，依托单位人员原则上不担任专家组成员。专家组协助完成科研基地的遴选工作；

（二）专家组对申报材料进行初审，产生初审清单，其数量不超过计划数的两倍；

（三）专家分组赴通过初审的依托单位实地考察，提出考察意见；

（四）专家组根据考察意见进行综合评估，确定优先次序，产生预备清单。预备清单和综合评估意见在历史文化遗产保护领域科技平台、《中国文物报》等媒体公示，公示期十五天；

（五）国家文物局根据专家综合评估意见和公示结果，审核认定科研基地名单。

第十四条 国家文物局根据认定的科研基地名单向依托单位颁发科研基地证书、授牌。

第四章 运行与管理

第十五条 科研基地实行主任负责制。

第十六条 科研基地主任面向社会公开招聘，经组织单位审核同意后，由依托单位聘任，报国家文物局备案。

科研基地主任任期3年，每年在岗工作时间不少于9个月。

科研基地主任的一般任职条件是：（1）本领域国内外知名的学术带头人；（2）具有较强的组织协调能力和凝聚力；（3）身体健康，年龄不超过55岁。

科研基地设立一名专职副主任，由依托单位推荐，主任聘任，负责科研基地的日常管理。

科研基地人员由科研基地主任根据工作需要进行聘任。

第十七条 科研基地设立学术委员会。学术委员会由国内外相关研究领域的专家组成，人数一般不少于7人，其中依托单位的学术委员不超过总人数的三分之一，中青年学术委员不少于三分之一。

学术委员会主任和委员由科研基地推荐，经组织单位核准，报国家文物局备案，由科研基地聘任。

学术委员会主任的任职条件是：（1）学术造诣高，在一线工作的国内外相关领域专家；（2）年龄一般不超过65岁。

学术委员会委员的年龄一般不超过65岁，任期为3年。每次换届更新率不低于30%。

第十八条 学术委员会是科研基地的学术咨询机构，主要任务是审议科研基地的研究方向和任务、年度科研工作计划和报告。学术委员会会议半年至少召开一次。

第十九条 科研基地承担的研究课题参照《文物保护科学和技术研究课题管理办法》执行。

第二十条 科研基地采取多种形式开展国内外学术交流与合作研究，每年举办一次国内学术活动，每三年举办一次国际学术交流活动。

第二十一条 按照国家有关知识产权的政策和法规，加强知识产权保护。科研基地的研究成果属国家文物局和依托单位共有；科研成果的申报、登记、评奖按国家有关规定办理；科研成果的发表均应署依托单位和科研基地的名称。

第二十二条 加强科研基地仪器设备的管理，提高使用效益。凡符合国家有关标准和具备开放条件的仪器设备，都要对外开放。

第二十三条 加强科研基地信息化工作。科研基地必须建立内部信息管理系统，有独立的网站或网页，及时发布科研基地的动态信息，并保持运行良好。

第五章　评估与考核

第二十四条　国家文物局每年按照《国家文物局重点科研基地评估规则》对科研基地进行评估和考核。

第二十五条　科研基地每年年终编制国家文物局重点科研基地年度工作年报，依托单位配合组织单位对科研基地工作进行评估，报国家文物局考核。

第二十六条　科研基地年度考核结论分为通过和未通过。对考核未通过的科研基地，在组织单位监督下限期半年整改，整改后仍未通过者，予以撤销。

第六章　附　则

第二十七条　国家文物局重点科研基地统一命名为“国家文物局重点科研基地 --××（类别）××（依托单位）研究中心或实验室”，英文名称为Key ×× of ××（依托单位），State Administration for Cultural Heritage。

第二十八条　本办法自发布之日起执行。

第二十九条　本办法的解释权属国家文物局。

文物保护科学和技术研究课题评审程序暂行规定*

（文物博发〔2005〕19号　2005年8月23日）

第一章　总　则

第一条　为规范文物保护科学和技术研究课题（以下简称“科研课题”）评审工作，根据《科学技术评价办法（试行）》和《文物保护科学和技术研究课题管理办法》（以下简称《课题管理办法》），制定本规定。

第二条　科研课题的立项评审、阶段性检查、结项验收评审，以及招标课题中标后的管理工作，适用于本规定。

第三条　科研课题评审的组织工作由国家文物局科研课题管理办公室（以下简称“课题办”）负责。

第二章　初　审

第四条　科研课题的初审包括形式审查和复核两个阶段。通过初审的课题进入立项评审。

第五条　课题组织单位依据课题承担单位、课题负责人填报的《文物保护科学和技术研究课题申请书》，对申报课题进行形式审查，并签署审查意见。审查内容包括：（一）申请手续是否完备，申请书填写是否规范；（二）重点课题的选题和内容是否依照《文物保护科学和技术研究课题指南》；自由申报课题是否属于科研课题的支持范畴；（三）课题负责人及课题组成员是否具备《课题管理办法》规定的申请资格，在过去三年内，是否曾因违反国家文物局的有关规定而被撤销课题。

第六条　课题组织单位将通过形式审查的《文物保护科学和技术研究课题申请书》报送课题办，由课题办进行复核，遴选出符合申报条件的课题。

第三章　立项评审

第七条　科研课题的立项评审分为函审和会审两个阶段。通过函审的科研课题进入会审阶段。

* 已于2016年6月2日废止。

第八条 立项评审应从科研课题的创新性、必要性和重要性，以及研究方案、研究基础、经费预算的合理性和可行性等方面，对科研课题进行综合评价。

（一）创新性。根据课题申报的研究目标、研究内容、研究方法、查新内容等，综合评价课题在理论、方法和应用等方面的创新值。

（二）必要性和重要性。在审阅课题选题和研究内容的基础上，综合评价课题是否切合国家文物局现阶段工作重点和长远目标。

（三）研究方案。依据课题研究目标、研究内容、前人研究成果、课题的难点和关键问题、进度计划等，综合评价课题研究方案的合理性和可行性。

（四）研究基础。参照相关研究领域已有研究成果，考察课题组人员结构、负责人及成员的前期研究成果，以及完成课题所需的仪器设备及其他研究条件是否完备。

（五）经费预算。依据课题研究内容、工作量和难度，审核经费总额和科目预算是否合理。

第九条 课题办从文物保护科学和技术专家库（以下简称“专家库”）中随机选取与课题相同或相近学科的专家进行函审。

参加每一课题立项函审的专家不得少于3名。

第十条 函审专家的函审结论分为推荐评审和不推荐评审两种。课题以函审专家过半数同意推荐评审为函审通过。

第十一条 国家文物局根据年度课题申报情况，组建该年度课题立项评审委员会。

立项评审委员会主任委员由国家文物局领导担任。委员会中60%以上（含）的评委须从专家库中随机选取产生，其余评委由课题办根据课题会审需要另行聘请。

第十二条 课题立项会审分为初评和终评两个步骤。

初评由相应类别的专业评审组负责，终评由立项评审委员会负责。

第十三条 专业评审组设组长1名，组长和成员合计为不少于5人的单数，由课题办根据课题类别，遴选随机抽取和聘请的评委组成。

专业评审组根据答辩和审议情况，进行记名投票，以得票率达到三分之二以上（含）作为通过初评。

专业评审组对评出的拟立项课题按得票数高低进行优先排序，并提出经费资助建议，其中自筹经费的课题单列。

第十四条 立项评审委员会对专业评审组的初评意见进行复核，向课题办提交终评结论，由课题办报请国家文物局审批。审批同意后，将获准立项课题及经费资助意见在媒体上进行为期15天的公示，接受社会监督和评议。

第十五条 通过公示的课题，由国家文物局与课题组织单位及课题承担单位共同签订《文物保护科学和技术研究课题立项合同书》（以下简称“立项合同”）。

第十六条 未批准立项的课题，由课题办将归纳整理的评审意见，隐去函审专家和评审委员的姓名后，反馈课题申请人。

第四章 阶段性检查

第十七条 课题责任人至少每3个月应向课题组织单位和课题办汇报一次课题的进展情况，并提交工作简报。工作简报内容应包括：课题实施进度、阶段性研究成果、重要会议的会议纪要等。

课题组织单位应在每年10月31日前，对其所组织课题的进度、质量、经费使用等情况进行总结，并向课题办提交年度总结报告。

第十八条 课题责任人须按立项合同约定的时间，向课题办提交课题研究中期报告。课题办在收到课题中期报告后30个工作日内，组织课题的中期评审工作。

第十九条 课题的中期评审工作，由课题办组织，中期评审组负责完成。中期评审组成员一般不少于5人，并推举一名组长主持评审工作。

中期评审组中应包括参加过该课题立项函审的专家或会审委员；如需增补成员，由课题办根据课题的专业特点从专家库中随机选取。

第二十条 中期评审组应依据立项合同和阶段性检查中的有关汇报材料，对课题研究中期报告的内容进行评议，审查课题计划任务完成情况、阶段性成果、存在的问题、改进措施、下一阶段研究内容和计划，以及经费使用情况等，提出中期评审意见，并将课题研究中期报告和中期评审意见提交课题办。

第二十一条 课题办可根据需要，对课题的研究进展情况进行抽查。有关抽查工作的安排，应提前一周通知课题责任人。

第二十二条 阶段性检查中发现需要调整或撤销课题的，依照《课题管理办法》第二十六、二十七、二十八、二十九条执行。

第五章 结项验收评审

第二十三条 课题承担单位在合同期满后15个工作日内，向课题组织单位提出课题验收的书面申请，并提交《文物保护科学和技术研究课题结项验收申请表》中规定的全部材料。

第二十四条 课题组织单位在接到课题结项验收申请后15个工作日内，对提交材料的完整性、课题成果形式、数量等进行初步审核，提出书面意见，向课题办申请课题结项验收。

第二十五条 科研课题的结项验收评审分为函审和会审两个阶段。

第二十六条 课题办从专家库中随机选取与课题相同或相近学科的专家进行结项函审。

参加每一课题结项函审的专家不少于3名。

第二十七条 科研课题结项函审专家在接到结项验收材料后的 7 个工作日内，对课题计划任务完成情况、研究成果、经费使用情况等作出评价，向课题办提交书面结项函审意见。

第二十八条 课题办依照本规定第十一条提出的立项评审委员会产生办法，聘请专家组成结项验收委员会，完成课题结项验收工作。

结项验收委员会设主任委员一名。主任委员和成员合计为不少于 5 人的单数。

第二十九条 结项验收委员会在评议结项验收全部材料，以及参考结项函审意见的基础上，对课题计划任务完成情况、研究成果、经费使用情况等作出评价。

在结项验收评审中，结项验收委员会可根据需要，要求课题责任人答辩或进行实地考察。

第三十条 结项验收委员会采取记名投票方式，对课题验收结论进行表决，向课题办提交表明结项验收结论的验收意见。

结项验收结论分为通过验收和不通过验收，以表决得票率达到三分之二（含）以上的验收结论为有效结论。

第三十一条 有以下情况之一的，应为不通过验收。

（一）未按立项合同要求完成研究任务的。

（二）所提供的验收文件、资料、数据不完整或不真实的。

（三）研究过程存在纠纷、研究成果的知识产权存在争议尚未解决的。

（四）经费支出严重违反立项合同约定的。

第三十二条 结项验收意见由课题办报请国家文物局审批。审核通过后由课题办负责通知课题组织单位和课题承担单位。

第六章 回避、保密、监督

第三十三条 课题评审工作实行回避制度。

（一）所有参与被评审课题的人员及其近亲属，不得担任该课题的评审专家。

（二）评审专家遇到与本人存在利益关系的单位、个人的课题评审时，不得参与该课题的评审工作。

（三）评审专家及其近亲属与被评审课题的负责人存在纠纷尚未解决的，不得参与该课题的评审工作。

（四）遇到其他可能影响作出公正性评审结论的，评审专家应予回避。

第三十四条 参加课题审核评价工作的全体人员应严格遵守下列保密规定，必要时签署保密协议。

（一）保护课题组的知识产权，不得擅自复制、抄录和留用评审材料，不得泄露或以任何形式剽窃课题评审材料的内容。

（二）不得泄露评审专家姓名、评审过程中的意见和未经批准的评审结果，以及其他有可能影响审核评价工作公正性或损害国家和课题组权益的信息。

（三）评审工作结束后，向课题办交回课题的评审材料、评审记录和其他有关资料。

第三十五条 为了保证科研课题评审过程的公开性、公正性和公平性，保证科研课题评审工作的严肃性和科学性，国家文物局对参加科研课题评审的专家、有关单位和人员的工作实施监督。对在评审活动中有违规违纪行为的，由国家文物局给予通报批评；情节严重的，由有关部门依据法律法规追究其责任。

第七章 附 则

第三十六条 本规定自发布之日起施行。

第三十七条 本规定由国家文物局负责解释。

文物保护科学和技术评审与咨询专家管理办法（试行）

（文物博发〔2005〕20号　2005年8月23日）

第一章　总　则

第一条　为规范文物保护科学和技术评审与咨询工作，充分发挥文物保护科学和技术专家（以下简称“专家”）的作用，根据《科学技术评价办法（试行）》，制订本办法。

第二条　本办法所称专家是指受国家文物局委托，以独立身份从事和参加国家文物局科研课题评审、招投标评审、科研奖励评审、科研成果鉴定评审，以及从事和参加科技规划、科技政策、重大科研项目和课题的咨询等活动的科研人员、工程技术人员和管理人员。

第二章　专家的遴选

第三条　专家应具备以下条件：

（一）具有良好的职业道德和较高的业务素质，在评审与咨询活动中能够以客观公正、廉洁自律、遵纪守法为行为准则；

（二）了解有关文物保护方面的法律、法规，熟悉文物保护科学和技术的发展现状和方向；

（三）具有高级专业技术职称或者具有同等专业水平，精通业务，在其专业领域享有一定声誉；

（四）本人愿意以独立身份从事和参加国家文物局有关评审与咨询活动，并接受国家文物局的监督与管理；

（五）没有违法违纪等不良记录；

（六）国家文物局要求的其他条件。

第四条　专家候选人应提供以下材料：

（一）教育背景及工作简历；

（二）学历、学位及专业资格证书；

（三）研究或工作成就简况，包括学术论文、科研成果等；

（四）证明本人身份的有效证件；

（五）本人所在单位或专业学会（协会）出具的评荐意见。

第五条 专家候选人主要采取单位推荐或自我推荐的方式产生，由国家文物局科研课题管理办公室（以下简称“课题办”）负责受理专家候选人申报的组织工作。

第六条 课题办对候选专家进行资格审查，采取投票表决方式，提出审查意见，报国家文物局审核。经核准获取资格的专家，其信息录入文物保护科学和技术专家库（以下简称“专家库”）。专家库中的专家按学科领域和专业方向进行分类。

国家文物局也可根据需要直接遴选专家进入专家库。

第三章 专家的权利与义务

第七条 在评审或咨询活动中，专家享有以下权利：

（一）对有关评审或咨询制度以及相关情况的知情权；

（二）了解评审或咨询目的，并可要求查阅与评审或咨询活动有关的材料；

（三）在评审或咨询过程中，不受任何单位或个人的干预，充分发表个人意见；

（四）在评审活动中，独立行使投票表决权；

（五）可要求在评委会结论中记录不同意见；

（六）在提交书面理由的情况下，可拒绝在评委会结论上签字；

（七）按有关规定获得相应劳务报酬；

（八）相关法律、法规规定的其他权利。

第八条 在评审或咨询活动中，专家承担下列义务：

（一）积极参加国家文物局有关评审与咨询活动，提供客观、公正、具体、明确的评审或咨询意见，并对所签署的意见负责；

（二）严格遵守评审与咨询工作的保密规定，不向外界泄露具有保密要求的评审或咨询情况，以及相关材料的内容；

（三）如在评审活动中发现违规行为，应及时向评审工作的组织单位反映情况；

（四）对与自己有利害关系的评审、咨询活动主动提出回避；

（五）参加有关文物保护科学和技术的公益性咨询活动；

（六）参加国家文物局组织的其他相关工作；

（七）接受国家文物局的监督和管理；

（八）相关法律、法规规定的其他义务。

第四章 专家的使用与管理

第九条 国家文物局根据工作需要在专家库中选取相关专家从事和参加评审与咨询活动。专家选取应遵循随机性、权威性和回避性的原则。

第十条 选取专家时，首先按实际需要等额选取有效专家，另行抽取5位候补专家，按抽中时的先后顺序依次排序，以备依次递补。

专家选取及确定的结果应记录备案。

第十一条 如专家库中的专家无法满足评审或咨询活动的需要，国家文物局可直接聘请专家库以外的专家参加评审或咨询活动。

第十二条 专家在参加评审活动时应严格遵守回避原则。

（一）所有参与被评审事项的人员及其近亲属，不得担任该事项的评审专家。

（二）评审专家遇到与本人存在利益关系的单位、个人的评审事项时，不得参与该事项的评审工作。

（三）评审专家及其近亲属与被评审事项的负责人存在纠纷尚未解决的，不得参与该事项的评审工作。

（四）遇到其他可能影响作出公正性评审结论的，评审专家应予回避。

第五章　专家的监督管理

第十三条 课题办负责对评审与咨询活动进行监督和协调，主要工作包括：

（一）监督专家在从事和参加评审或咨询活动时是否遵循公平、公正、客观的原则；

（二）在评审或咨询活动中及时发现问题，并进行协调；

（三）考查评价专家评审或咨询意见质量、工作态度和义务履行情况等；

（四）对国家文物局的专家管理工作提出改进意见和建议。

第十四条 对于在评审活动过程中有违规行为的专家，国家文物局视情况予以处理。

第十五条 国家文物局对专家实行动态管理。专家违反本办法，情节严重的，经核实无误，由国家文物局从专家库中予以除名。

第十六条 对于在评审与咨询工作中表现突出的专家，国家文物局视情况予以表彰奖励。

第六章　附　则

第十七条 本办法自发布之日起试行。

第十八条 本办法由国家文物局负责解释。

文化遗产保护领域国家科技支撑计划课题第三方机构评估咨询管理暂行办法

（文物博发〔2007〕16号　2007年4月18日）

第一章　总　则

第一条　为规范第三方机构在国家文物局组织的文化遗产领域国家科技支撑计划（以下简称“支撑计划”）课题中的评估咨询工作，推动和保障支撑计划课题的顺利实施，根据《科技评估管理暂行办法》、《国家科技支撑计划管理暂行办法》和《文化遗产保护领域国家科技支撑计划课题管理暂行办法》，制定本办法。

第二条　本办法中的第三方机构是指具有法人资格，并受国家文物局委托，独立开展支撑计划课题评估咨询工作的机构。

第三条　本办法中的评估咨询是指第三方机构对支撑计划课题的执行情况、组织管理、配套条件落实、经费管理、预期前景和课题绩效等进行独立评估，并为国家文物局对支撑计划课题的管理决策提供咨询意见。

第四条　本办法中的课题是指国家文物局组织的支撑计划项目下属课题；专题是指支撑计划课题下属专题。

第二章　第三方机构的遴选

第五条　国家文物局依据公开申请、择优选择的原则，确定第三方机构。

第六条　第三方机构的遴选范围包括：科研院所、高等院校、文物博物馆单位和专门从事科技评估咨询业务的科技服务机构。

第七条　第三方机构须组建由专业技术人员、科技管理人员和财务管理人员组成的评估咨询专家支持系统。评估咨询专家应具备以下条件：

（一）具有良好的科学精神和职业道德，能够独立、客观、实事求是地提出评估咨询意见；

（二）主持或参与过国家科技计划项目或国家文物局文物保护科学和技术研究课题；

（三）在以往的科技评估咨询活动中无违反评估咨询专家行为规范或徇私舞弊、滥用职权及玩忽职守等行为；

（四）专业技术人员应具有高级专业技术职务或者具有同等专业技术水平，从事被评估课题所属领域或行业专业技术工作满5年以上，并具有较高的学术、技术水平，熟悉被评估课题所属领域或行业的最新科技发展状况，了解本领域或行业的科技活动特点与规律；

（五）科技管理人员应熟悉课题评估的基本业务，掌握课题评估的基本原理、方法和技巧；熟悉相关经济、科技方面的法律、法规和政策以及国家科技支撑计划有关管理规定。

第八条 国家文物局科研课题管理办公室（以下简称“课题办”）负责第三方机构遴选的组织工作，并按以下程序进行：

（一）国家文物局在“文化遗产保护领域科技平台”上发布第三方机构的遴选通知；

（二）第三方机构申请者在国家文物局发布遴选通知后的一个月内，选定拟评估咨询的支撑计划课题，填写《文化遗产保护领域国家科技支撑计划课题评估咨询机构资格认定申请书》，报送课题办；

（三）课题办组织专家会议对申请者进行资格审查，根据专家意见初步确定第三方机构，报国家文物局科技主管部门审定；

（四）国家文物局科技主管部门与审定的第三方机构签订评估咨询委托合同（以下简称“合同”），经双方签字盖章后生效；

（五）课题办在合同生效后五个工作日内以书面形式通知课题承担单位。

第三章 评估咨询程序和内容

第九条 第三方机构组织对课题的执行计划和执行情况进行评估咨询。每次评估咨询活动不超过3天。

第十条 第三方机构在合同签订后一个月内进行课题执行计划评估咨询，在被评估课题的执行期内每半年进行一次课题执行情况评估咨询。

第十一条 第三方机构在每次评估咨询活动前一个月，以书面形式通知课题承担单位，并对课题承担单位应做的准备工作提出明确的要求。

第十二条 第三方机构评估咨询专家通过审阅资料、听取汇报、实地考核、观看演示、提问质询等方式对课题的执行计划和执行情况进行评估咨询，每次参加评估咨询活动的专家应为3～7人。

第十三条 第三方机构主要从以下方面对课题的执行计划进行评估咨询，指出课题执行计划中存在的问题，分析其原因，并提出改进建议。

（一）课题的研究基础（包括相关研究工作的积累和已取得的研究成果，已具备的科研条件和缺少的科研条件）；

（二）课题的研究内容及任务分解；

（三）课题和各专题拟解决的主要技术难点和关键技术问题；

（四）课题和各专题拟采取的技术路线及技术措施；

（五）课题和各专题的主要创新点；

（六）课题和各专题的执行进度计划；

（七）课题和各专题设置的阶段性目标；

（八）课题和各专题的风险分析及对策。

第十四条 第三方机构主要从以下方面对课题的执行情况进行评估咨询，指出课题执行过程中存在的问题，考察和分析其原因，并提出调整或改进建议。

（一）课题和各专题的执行进度情况；

（二）课题和各专题阶段性目标的完成情况；

（三）课题和各专题执行计划的变更情况；

（四）课题和各专题技术路线的执行情况；

（五）课题和各专题技术措施的实施情况；

（六）课题和各专题主要技术难点和关键技术问题的解决情况；

（七）课题和各专题主要考核的技术指标（如形成的知识产权、技术标准、新技术、新产品、新装置、论文专著等数量、指标及其水平等）的完成情况；

（八）课题和各专题下一阶段主要的技术风险；

（九）课题和各专题的组织管理情况；

（十）课题和各专题的经费使用情况。

第十五条 第三方机构应在每次评估咨询活动结束后15日内，出具详细的评估咨询报告，报送课题办。

第四章 义务与责任

第十六条 第三方机构应当履行以下义务：

（一）按照科学、客观、独立、保密的原则开展评估咨询工作；

（二）跟踪了解课题的进展情况，发现重大问题及时向国家文物局汇报；

（三）定期组织专家开展评估咨询活动，并按合同要求提交评估咨询报告。

第十七条 课题承担单位和参与单位应当履行以下义务：

（一）积极配合第三方机构的评估咨询工作，按时参加第三方机构组织的评估咨询活动，并根据第三方机构的要求及时准确地提供相关资料和信息；

（二）及时通知第三方机构参加课题承担单位或参与单位组织的与课题有关的会议，并提供会议纪要。

第十八条 第三方机构若有以下行为的，由国家文物局给予通报批评、减扣或追回课题评估咨询经费、中止评估咨询委托等相应处理，情节严重的交由相关部门处理，追究其相应责任。

（一）未经国家文物局科技主管部门批准，转让评估咨询业务；

（二）未经国家文物局科技主管部门许可，将评估咨询报告的部分或全部内容以任何方式提供给他人或公开发布；

（三）未经国家文物局科技主管部门和课题承担单位的同意，将所评估咨询课题的有关文件和资料以任何方式提供予他人，或利用评估咨询活动得到的非公开技术秘密为本机构或他人谋取私利；

（四）故意损害国家文物局、课题承担单位、课题参与单位的相关权益；

（五）因工作失误造成重大损失。

第十九条 课题承担单位或参与单位若有以下行为的，国家文物局给予警告、通报批评等相应处理。

（一）不按第三方机构要求提供评估咨询的相关资料和信息；

（二）不配合或无故阻挠第三方机构的评估咨询工作。

第五章 附 则

第二十条 本办法自发布之日起施行。

文化遗产保护领域国家科技支撑计划课题管理暂行办法

（文物博发〔2007〕17号　2007年4月18日）

第一章　总　则

第一条　为加强文化遗产保护领域国家科技支撑计划项目的规范化、科学化管理，保障支撑计划项目目标的完成，根据《国家科技计划项目管理办法》、《国家科技支撑计划管理暂行办法》、《国家科技支撑计划专项经费管理办法》和《文物保护科学和技术研究课题管理办法》，制定本办法。

第二条　本办法中的课题是指由国家文物局负责组织的支撑计划项目下属课题；本办法中的专题是指支撑计划课题下属专题。

第二章　课题组织管理

第三条　国家文物局是文化遗产保护领域国家科技支撑计划项目及课题的组织管理部门，其主要职责是：

（一）组织课题的评估评审，择优确定课题承担单位和项目最终技术或产品集成的负责单位，签订课题任务书；

（二）监督和检查课题的执行情况和经费使用情况，协调并处理课题执行过程中出现的有关问题；

（三）组织课题验收，对课题进行绩效考评。

第四条　课题承担单位为具有较强科研能力和条件、运行管理规范、具有独立法人资格的科研院所、高等院校及文物博物馆单位等，其主要职责是：

（一）按要求编写课题可行性研究报告和课题任务书；

（二）按照签订的课题任务书所确定的各项任务，组织研究队伍，落实配套条件，完成课题预定的目标；

（三）按规定管理课题经费；

（四）按要求编报课题年度计划、课题年度执行情况和有关信息报表，及时报告课题执行中出现的重大问题，提交课题验收的全部文件资料；

（五）监督各专题的执行情况和经费使用情况；

（六）按要求进行成果登记并对课题所形成的成果资料（包括技术报告、论文、数据、评价报告等）进行归档；

（七）在课题实施前与各参与单位签订协议，明确对课题执行中产生的知识产权及成果转化权属，按照有关政策法规，保护各方权益；

（八）接受国家文物局委托的第三方机构进行评估咨询。

第五条 课题参与单位由课题承担单位确定，其主要职责是：

（一）根据课题承担单位分配的专题研究任务，完成支撑计划课题中的专题预定目标；

（二）按规定使用和管理专题经费；

（三）及时与课题承担单位及其他课题参与单位沟通专题的执行情况；

（四）配合课题承担单位编报课题年度计划、课题年度执行情况和有关信息报表。

第三章 课题立项管理

第六条 国家文物局遵循“公开、公平、公正”的原则，按照公开申报、择优委托的方式确定课题承担单位。

第七条 课题申报单位根据课题申请指南，有针对性地选择课题，填写《国家科技支撑计划课题申请书》及相关材料，报送国家文物局。

第八条 申报课题应满足以下条件：

（一）申报单位是中华人民共和国境内注册的法人单位，法人代表具有中国国籍，包括研究院所、高等院校、文物博物馆单位等；

（二）申报单位设立课题专门财务账户，实行单独管理，单独核算，并保证配套资金到位；

（三）课题负责人具有中华人民共和国国籍，年龄在60岁以下（含），具有高级专业技术职务，具有较高的学术水平、优秀的科研业绩和开拓创新能力，具有较强的组织协调能力，无不良科研行为，从事相关领域研究或技术开发五年以上；

（四）课题负责人用于课题研究时间不少于本人工作时间的60%。

第九条 经立项评估评审后通过的课题，由国家文物局与课题承担单位签订支撑计划课题任务书，由科技部业务主管司（局）核准后课题正式启动。

第四章 课题实施管理

第十条 课题承担单位在课题正式启动后的一个月内编制课题执行计划书，报送国家文物局备案。课题执行计划书应包括以下内容：

（一）课题现有的研究基础分析；

（二）课题的研究内容与任务分解；

（三）各专题拟实施的技术路线及课题的总体技术路线设计；

（四）课题和各专题拟解决的关键技术问题和主要技术难点分析；

（五）课题和各专题的主要创新点；

（六）课题和各专题的执行进度计划；

（七）课题和各专题执行期内各年度预期完成目标；

（八）课题和各专题的风险分析及对策；

（九）各专题的年度经费预算及课题年度经费预算；

（十）各专题及课题拟召开的年度学术会议计划；

（十一）课题组织实施方案。

第十一条 课题承担单位应当确定1～2名课题秘书，协助课题负责人进行课题的组织管理工作。

第十二条 支撑计划课题实行年度报告制度。课题承担单位按要求编制年度计划执行情况报告和有关信息报表，并于每年10月15日前上报国家文物局；执行期在当年度不足三个月的课题可在下一年度一并上报。

第十三条 实施周期三年以上的课题须进行中期评估。课题承担单位应在课题规定期限过半后一个月内向国家文物局提交中期报告。国家文物局组织专家对课题的执行情况进行中期评估。

第十四条 国家文物局实行第三方机构评估咨询制度。第三方机构对课题执行情况、组织管理、配套条件落实、经费管理、预期前景、课题绩效等进行独立的评估。

第三方机构咨询的管理办法，由国家文物局另行制订。

第十五条 课题在实施过程中出现以下情况的，应及时调整或撤销：

（一）技术情况发生重大变化，造成课题原定目标及技术路线需要修改；

（二）匹配的自筹资金或其他条件不能落实，影响课题正常实施；

（三）课题所依托的工程已不能继续实施；

（四）技术引进、国际合作等发生重大变化导致研究工作无法进行；

（五）课题的技术骨干发生重大变化，致使研究工作无法正常进行；

（六）由于其他不可抗拒的因素，致使研究工作不能正常进行。

第十六条 需要调整或撤销的课题，课题承担单位应向国家文物局提出书面意见，并详细说明课题需要调整或撤销的原因，由国家文物局报科技部核准后执行。

第十七条 确定撤销的课题，由课题承担单位对已开展工作、经费使用、已购置设备仪器、阶段性成果、知识产权等情况做出书面报告，报国家文物局核查备案。

第十八条 对不按时上报年度报告材料或信息，以及不接受监督检查的课题，采取缓拨、减拨、停拨经费等措施，要求课题承担单位限期整改。整改不力的课题，视情节分别给予通报批评、追回已拨付经费、取消其参加支撑计划课题资格等处理。

第十九条 课题参与单位或专题负责人弄虚作假、剽窃他人科技成果，一经查出，课题承担单位或课题负责人应及时报国家文物局，经国家文物局核实后取消课题参与单位或专题负责人参加支撑计划课题的资格，追回已拨付经费，并向社会公开，五年内不得承担或参与支撑计划。课题承担单位或课题负责人故意隐瞒事实，一经查出，撤销立项，追回已拨付课题经费，并向社会公开，五年内不得承担或参与文化遗产保护领域支撑计划课题。

第五章 课题验收管理

第二十条 课题在规定执行期结束后两个月内组织验收。课题承担单位须向国家文物局提出书面验收申请；国家文物局在接到验收申请后一个月内组织课题验收。

第二十一条 课题承担单位在执行期结束后两个月仍未提出验收申请的，国家文物局将对有关单位或责任人进行通报。课题因故不能按期完成的，课题承担单位应提前三个月向国家文物局提出书面延期申请，由国家文物局报科技部批准后按新方案执行；如未能批准，课题仍需按原定期限进行验收。

第二十二条 验收形式主要包括：会议审查验收，网上（通信）评审验收，实地考核验收，功能演示验收等。国家文物局根据课题的特点和验收需要，选择其中一种方式或联合多种方式进行验收。

第二十三条 国家文物局组织专家组对课题的任务完成情况进行评估。专家组由9～13名相同及相关领域的专家组成。

第二十四条 验收专家在审阅资料、听取汇报、实地考核、观看演示、提问质询的基础上，独立提出意见，经专家组详尽讨论或由专家组长归纳汇总，形成验收结论意见，并在结论意见中提出成果今后的应用推广建议。

第二十五条 课题验收结论分为通过验收、不通过验收。

（一）课题计划目标和任务已按照考核目标要求完成，经费使用合理，为通过验收。

（二）凡具有下列情况的，为不通过验收：

1. 课题目标任务完成不到85%的；

2. 所提供的验收文件、资料、数据不真实，存在弄虚作假；

3. 未经申请或批准，课题负责人、考核目标、研究内容、技术路线等发生变更；

4. 超过课题任务书规定的执行年限半年以上未完成，并且事先未做出说明；

5. 经费使用存在严重问题。

第二十六条 因提供文件资料不详、难以判断等导致验收意见争议较大，或课题的成果资料未按要求进行归档和整理，或研究过程及结果等存在纠纷尚未解决，为需要复议。需要复议的课题，应在首次验收后的半年内，针对存在的问题做出改进或补充材料，再次提出验收申请。若未再提出申请或未按要求进行改进或补充材料，视同不通过验收。

第二十七条 课题验收结论由国家文物局书面通知课题承担单位。

第二十八条 未通过验收的课题，国家文物局将对有关单位或责任人进行通报。其中，因违反有关政策法规和科技计划管理制度未通过验收的，取消其五年内承担支撑计划课题的资格。

第二十九条 国家文物局组织专家组对课题成果进行后评价。在课题验收一年后，对其成果应用状况和效益进行综合评价。

第六章 经费管理

第三十条 课题经费是指在课题组织实施过程中与研究开发活动直接相关的、由国家科技支撑计划专项经费支付的各项费用。课题经费的开支范围一般包括设备费、材料费、测试化验加工费、燃料动力费、差旅费、会议费、国际合作与交流费、出版 / 文献 / 信息传播 / 知识产权事务费、劳务费、专家咨询费、管理费等。

第三十一条 课题承担单位应当严格按照下达的课题预算执行，一般不予调整，确有必要调整时，应当按照以下程序进行核批：

（一）课题总预算不变、课题合作单位之间以及增加或减少课题合作单位的预算调整，应当由课题负责人协助课题承担单位提出调整意见，经国家文物局审核同意后报科技部批准；

（二）课题支出预算科目中劳务费、专家咨询费和管理费预算一般不予调整。其他支出科目，在不超过该科目核定预算 10%，或超过 10% 且科目调整金额不超过 5 万元的，由课题承担单位根据研究需要调整执行；其他支出科目预算执行超过核定预算 10% 且金额在 5 万元以上的，由课题负责人协助课题承担单位提出调整意见，经国家文物局审核同意后报科技部批准。

第三十二条 课题承担单位应当按照规定编制课题经费年度财务决算报告。课题经费下达之日起至年度终了不满三个月的课题，当年可不编报年度决算，其经费使用情况在下一年度的年度决算报表中编制反映。课题决算报告由课题承担单位财务部门会同课题负责人编制，于次年 3 月 20 日前报国家文物局审核。

第三十三条 在研课题的年度结存经费，结转下一年度按规定继续使用。课题因故终止，课题承担单位财务部门应当及时清理账目与资产，编制财务报告及资产清单，报送国家文物局审核后，由科技部组织进行清查处理。

第三十四条 预算执行过程中实行重大事项报告制度。在课题实施期间出现课题计划任务调整、课题负责人变更或调动单位、课题承担单位变更等影响经费预算执行的重大事项，课题负责人、课题承担单位应当及时报国家文物局批准。

第三十五条 课题完成后，课题承担单位应及时向国家文物局提出财务验收申请。

第三十六条 对于预算执行过程中，不按规定管理和使用专项经费、不及时编报决算、不按规定进行会计核算的课题承担单位，予以停拨经费或通报批评，情节严重的终止课题。对于未通过财务验收，存在弄虚作假，截留、挪用、挤占专项经费等违反财经纪律的行为，取消有关单位或个人今后三年内申请文化遗产保护领域科研项目的资格，并向社会公告。同时建议有关部门给予纪律处分。构成犯罪的，依法移送司法机关追究刑事责任。

第七章 知识产权与成果管理

第三十七条 课题取得的成果要按照《科技成果登记办法》等有关规定进行登记和管理。涉及国家秘密的，执行《科学技术保密规定》。课题形成的知识产权，其归属和管理按照有关知识产权的法律法规和政策规范性文件的规定执行。课题承担单位应当加强知识产权的产生、管理和保护工作。

第三十八条 课题承担单位在课题启动实施前，应与各参与单位约定成果和知识产权的权益分配，不得有恶意垄断成果和知识产权等行为。如课题承担单位违反成果和知识产权权益分配约定，在五年内不得参与支撑计划课题。

第三十九条 课题形成的论文、专著、产品和技术的宣传推广必须标注“国家科技支撑计划资助”字样及项目编号，不做标注的成果，评估或验收时不予认可。

第四十条 课题承担单位应按照科技部有关科学数据共享和科技计划项目信息管理的规定，按时上报课题有关数据和成果。

第八章 附 则

第四十一条 本办法自发布之日起施行。

国家文物局重点科研基地运行评估规则

（文物博发〔2007〕23 号　2007 年 5 月 11 日）

第一章　总　则

第一条　为加强国家文物局重点科研基地（以下简称科研基地）的管理，规范科研基地的评估工作，根据《国家文物局重点科研基地管理办法（试行）》，制定本规则。

第二条　对科研基地的运行状况进行评估，旨在鼓励先进，淘汰落后，调整布局，提高科研基地的创新能力，推动科研基地实行“开放、流动、联合、竞争”的运行机制，促进科研基地的健康发展。

评估项目包括：科研基地的总体定位与发展潜力、研究水平与社会贡献、队伍建设与人才培养、开放交流与运行管理等。

第三条　评估工作贯彻“公平、公正、公开”的原则。

第四条　国家文物局定期组织对科研基地的评估。原则上每两年评估一次。评估工作由国家文物局重点科研基地管理办公室（以下简称：基管办）负责实施。

第二章　评估组织

第五条　国家文物局主管评估工作，主要职责是：

（一）制订评估规则和评估指标体系；

（二）确定评估任务；

（三）审核评估实施方案和评估专家名单；

（四）监督评估工作的实施并接受申诉；

（五）审核评估报告，确定并公布评估结果。

第六条　基管办负责评估工作的实施，主要职责是：

（一）受理评估申报；

（二）制定评估实施方案和评估细则；

（三）组织专家评估，提交评估报告；

（四）承担国家文物局委托的其他工作。

第七条 科研基地的组织单位协助组织评估工作，主要职责是：

（一）配合国家文物局组织依托单位和科研基地参加评估工作；

（二）审核、报送科研基地及其依托单位的申报材料。

第八条 科研基地依托单位协助实施评估工作，主要职责是：

（一）组织科研基地开展评估准备工作；

（二）审核评估申报材料的真实性和准确性；

（三）为科研基地参加评估提供工作支持和相关保障。

第九条 参评科研基地应认真准备和接受评估，准确真实地提供相关材料，不得以任何方式影响评估的公正性。

第三章 评估程序

第十条 每年 11 月 1 日前，国家文物局确定次年计划评估的科研基地名单，并通知参评科研基地的组织单位和基管办。

第十一条 参评科研基地的组织单位在科研基地评估名单下达后 3 个月内，向基管办提交《国家文物局重点科研基地运行评估申报书》及相关材料。

第十二条 基管办负责制定评估实施方案，于评估前的 2 个月内报国家文物局审批。

第十三条 基管办组织专家评估。参评专家应从国家文物局专家库中随机抽选。专家评估分为通信评估和现场评估两个阶段。

第四章 通信评估

第十四条 通信评估的主要任务是：客观评价科研基地的学术和研究水平。

第十五条 通信评估在申报截止之日后的 2 个月内完成。通信评估按专业方向分组进行，每组专家为不少于 5 名的奇数。

第十六条 通信评估专家对科研基地代表性研究成果进行评价，并提出评估意见。

第十七条 代表性研究成果指评估期限内，以科研基地固定人员为主产生的，符合科研基地发展方向的，有科研基地署名的科研成果；对国内外合作研究的成果，合理衡量其适当权重。

第五章 现场评估

第十八条 现场评估的主要任务是：全面了解和评价科研基地的运行状况，检查与核实科研基地取得的成绩，明确指出科研基地存在的问题和努力方向。

第十九条 现场评估在通信评估结束后的 2 个月内完成。现场评估按专业方向分组进行，每组至少包括 2 名通信评估专家和 1 名科研管理专家；基管办指定 1 名专家担任专家组组长。

第二十条 现场评估由专家组组长主持，评估的主要内容包括：

（一）听取科研基地主任的工作报告；

（二）考察仪器设备共享管理和运行情况，核实科研成果，抽查实验记录，了解科研基地开放交流及人才队伍建设情况；

（三）进行个别访谈，召开座谈会等。

第二十一条 科研基地主任的工作报告，应当对评估期限内科研基地运行状况进行系统总结。

第二十二条 专家组根据现场评估情况，提出书面评估意见，提交基管办。

第六章 评估结论

第二十三条 现场评估结束后15日内，基管办向国家文物局提交评估报告及其他相关材料，并拟定对科研基地的初步评估结果。

第二十四条 国家文物局审核评估报告，确定最终的评估结果，并予以公示，公示期为10天。评估结果分为合格、基本合格和不合格3个等级。

第二十五条 评估结果为“基本合格”的科研基地，应根据国家文物局提出的意见和要求进行改进，一年后由基管办组织复评，复评的内容和程序仍按本规则执行。若复评结果仍未达到“合格”标准，按“不合格”处理。

第二十六条 评估结果为“不合格”的科研基地，将被取消国家文物局重点科研基地资格。被取消资格的科研基地依托单位两年内不得申报国家文物局重点科研基地。

第七章 附　则

第二十七条 科研基地评估费用纳入国家文物局科研管理经费。基管办和参与评估的工作人员不得利用评估活动谋取利益。

第二十八条 科研基地现场评估的会务接待工作，不得委托参评科研基地或科研基地依托单位承办。

第二十九条 参与评估的工作人员要严格遵守保密规定。

第三十条 评估专家应当严格遵守国家法律、法规和政策，科学、公正、独立地行使职责和权利。

第三十一条 评估工作实行回避制度。与科研基地有直接利害关系者不得参加评估。科研基地可提出希望回避的专家名单并说明理由，与评估申报书一并上报。

第三十二条 本规则自发布之日起施行。